제4판

사례와 이론

# 자본시장법

김병연 · 권재열 · 양기진

박영사

# 제 4 판 머리말

자본시장법을 세상에 출간한 후에 2년여 꼴로 개정작업이 이루어져 벌써 4판을 내놓게 되었다. 자본시장법령의 빈번한 개정도 있었고, 불공정행위 규제 분야에도 의미있는 판결들이 나왔지만, 무엇보다도 '주식 · 사채등의 전자등록에 관한 법률'이 2019년 9월부터 시행됨에 따라 자본시장 실무의 근본적인 변화가 이루어지는 일이 있었기에 오히려 개정작업이 늦은 감이 있다. 집합투자 분야에 관한 개정안들이 국회에 계류중인지 1년 이상이 지났음에도 답보상태에 있어서 더 이상 개정판을 미룰 수가 없었다.

자본시장법에 대한 기본적인 이해를 제공하고, 전문가들에게도 필수적인 사항 중심으로 법령의 내용을 전달하려는 집필의도 때문인지 다수의 법학전문대학원에서 교재로도 사용이 되고 있어서 책임감을 느낀다. 그에 맞는 개정작업이 되었는지 두렵기도 하다. 저서를 집필함에 있어서 가장 중요한 것은 기본적인 사항들에 대한 이해를 정확히 전달할 수 있는 것이어야 한다는 저자들의 공통 철학을 계속 유지하기 위해 기존의 분량을 크게 벗어나지 않고자 하였다.

촉박한 일정 가운데에서도 항상 책의 완성도를 높여주시는 박영사 김선민 부장님에게 다시 한 번 감사를 드리는 바이다.

2019년 8월

저자 일동

# 머 리 말

「자본시장과 금융투자업에 관한 법률」(자본시장법)은 과거의 증권거래법, 선물거래법, 간접투자자산운용업법, 신탁업법, 한국증권선물거래소법, 종합금융회사에 관한 법률 등 6개 법률을 통합하여 제정된 법이어서 그 규제범위가 매우 방대하다. 그럼에도 불구하고 많은 실무가와 권위자들이 자본시장법을 잘 풀이한 관련서적과 논문들이 많이 출간되고 있어 이 분야에서도 이론적 발전이 현격하게 이루어지고 있다. 자본시장법에 오랜 기간 동안 관심을 가져 온 저자들로서도 이제는 조금이라도 이 법의 발전에 기여해야겠다는 생각이 들어 본서를 세상에 상재하게 되었다. 물론 본서의 작성에 기존의 여러 서적과 논문의 도움을 많이 받았음은 더 말할 나위가 없다.

본서는 법학전문대학원과 법과대학 고학년에서 이루어지는 자본시장법 관련 강의의 교재에 사용할 목적으로 집필되었다. 기존에 출판된 자본시장법 관련 서적들은 1,000여 페이지를 넘나드는 것이 대부분이어서 정규 강의에 사용하기에는 다소 부담스럽다고 느낀 경험이 있다. 이에 저자들은 과감하게 분량을 줄이면서도 자본시장법을 이해하는 데 꼭 필요한 사례와 이론들은 그 양에 상관없이 상세하게 다루기로 하였다. 사실 자본시장법은 역동적으로 활동하는 자본시장을 규제하는 법률이다 보니 사례연구를 통한 이해가 가장 효율적이다. 이 때문에 본서는 판례는 물론이고 금융감독원의 실무서에 소개되어 있는 사례까지도 인용하고 있다. 그러나 사례를 제대로 이해하기 위해서는 그 사례에 적용될 이론을 경시해서는 안 된다고 판단하여 본서에서는 자본시장법과 그 관련사례의 이해에 필요한 이론까지 설명하고 있다.

저자들은 이러한 거창한 목적을 가지고 집필을 진행하였지만 본서가 출판되는 현재의 시점에서 과연 독자들의 기대에 부응할지 걱정이 앞선다. 다만, 증권규제 및 자본시장 관련법제의 여러 분야에 걸친 연구논문을 집필하고 실무계에서도 활발한 활동을 하는 건국대학교 법학전문대학원의 김병연 교수, 자본시장법과 회사법 강의를 담당하는 경희대학교 법학전문대학원의 권재열 교수, 금융감독원에서의 실무경험을 풍부하게 가진 전북대학교 법학전문대학원의 양기진 교수가 함께 모여서 여러 차례 회의와 토론을 거친 연구의 결과물이라는 사실에 대해서는 자부심을 가지고 있다.

본서가 시장성이 높지 않을 것임에도 불구하고 흔쾌히 출판을 허락한 박영사에 감사드린다. 바쁜 일정중에서 출판작업을 지원해준 김선민 부장님과 문선미 씨께 또한 감사드린다.

2012년 3월

김병연 · 권재열 · 양기진

# 차 례

## 제1장 자본시장법의 개요

## 제 2 장 금융투자상품, 증권, 파생상품

## 제 3 장 금융투자업자

## 제 4 장 발행시장의 규제

## 제 5 장 유통시장에서의 공시규제

# 제 7 장 기업인수합병 관련규제

## 제 8 장 내부자거래 관련규제

## 제 9 장 시세조종등 관련규제

* 이 책에서는 '자본시장과 금융투자업에 관한 법률'을 '자본시장법' 또는 '법'으로 표기하였습니다. 이 법의 시행령은 '법 시행령' 또는 '시행령'으로 표기하였습니다.

## 〈그림 차례〉

## 〈표 차례〉

# 참고문헌

## 1. 국내문헌

### [단 행 본]

김건식, 「증권거래법」, 두성사, 2000.
김건식/송옥렬, 「미국의 증권규제」, 홍문사, 2001.
김건식/정순섭, 「새로 쓴 자본시장법」, 두성사, 2013.
김규진 외 4인, 「Private Equity 투자」, 첨단금융출판사, 2005.
김성태/이희동, 「대한민국을 바꾸는 자본시장통합법」, 한스미디어, 2008.
김정수, 「자본시장법원론」, 서울파이낸스앤로그룹, 2014.
변제호 외 4인, 「자본시장법」, 지원출판사, 2009.
성희활, 「자본시장법 강의」, 캐피탈북스, 2019.
윤승한, 「자본시장법해설」, 삼일인포마인, 2009.
이광윤 외, 「신행정판례연구」, 삼영사, 2001.
이철송, 「회사법강의」, 박영사, 2014.
임재연, 「자본시장법」, 박영사, 2019.
정동윤, 「회사법」, 법문사, 2000.
정찬형, 「상법강의(하)」, 박영사, 2013.

금융감독원, 「기업공시실무안내」, 2010(출처: http://www.fss.or.kr −이하 금융감독원에 관한 참고문헌 출처 동일).
금융감독원, 「기업공시실무안내」, 2013.
금융감독원, 「기업공시실무안내」, 2015.
금융감독원, 「사모투자전문회사 실무안내」(약칭: 2011년 PEF 실무안내), 2011.
금융감독원(기업공시제도실), 「사업보고서에 대한 이해: 유통시장에 대한 규제」, 2009.
금융감독원(자본시장본부), 「자본시장 불공정거래 판례 분석」, 2009.
금융감독원, 「기업공시실무안내」, 2018.
금융감독원, 「합병 등 특수공시 관련 실무 안내서」, 2017.
금융위원회·금융감독원·한국거래소·금융투자협회, 「안전한 자본시장 이용법: 시장질서 교란행위 사례와 예방」 해설서, 2015.

자본시장통합법연구회, 「자본시장통합법 해설서」, 한국증권업협회, 2007.

증권예탁원, 「증권예탁결제제도」, 법문사, 2003.

한국예탁결제원, 「증권예탁결제제도」, 2018.

한국증권법학회, 「자본시장법주석서」(Ⅰ), (Ⅱ), 박영사, 2009.

[논 문]

강대섭, "공정공시에 관한 연구," 「상사판례연구」 제10집 제1권, 한국상사판례학회(2005).

강대섭, "금융투자상품 개념의 포괄주의와 기능별 영업행위 규제의 검토," 「법학연구」 제51권 제1호, 부산대학교(2010).

권기훈, "선물업자의 설명의무," 「상사판례연구」 제17집, 한국상사판례학회(2004).

권순일, "증권투자권유자의 책임에 관한 연구 — 한국 · 미국 · 일본의 판례를 중심으로 —," 서울대학교 대학원 박사학위논문(2002).

김병연, "미국 판례법상 시장사기이론(The Fraud on-the-market Theory)과 증권거래법상 손해배상책임에 있어서 인과관계의 문제," 「비교사법」 제11권 제1호, 한국비교사법학회(2004).

김병연, "미국증권법상 Regulation FD(Fair Disclosure)," 「상사법연구」 제21권 제1집, 한국상사법학회(2002).

김병연, "증권투자권유규제에 대한 소고 — 자본시장통합법(안)과 관련하여 —," 「비교사법」 제14권 제1호, 한국비교사법학회(2007).

김병연, "차입매수(Leveraged Buyout)와 배임죄의 적용: 신한LBO 및 한일합섬LBO 사례와 관련하여," 「상사법연구」 제29권 제1호, 한국상사법학회(2010).

김병연, "주식·사채등의 전자등록제도의 도입에 관하여," 「증권법연구」 제19권 제3호, 한국증권법학회(2018. 12).

김연미, "2018년도 자본시장법 주요 판례의 검토," 「상사판례연구」 제32집 제1권, 한국상사판례학회(2019. 3).

김용섭, "행정법상 신고와 수리," 「판례월보」 제352호, 판례월보사(2000).

김용재, "자본시장통합법상 과당매매규제의 개선에 관한 제언," 「증권법연구」 제8권 제2호, 한국증권법학회(2007).

김택주, "증권투자권유에 있어서 주의의무," 「동아법학」 제26호, 동아대학교(1999).

김홍기, "ELS 델타헷지의 정당성과 시세조종에 관한 연구 — 대상판결: 대법원 2016. 3. 24. 선고 2013다2740 판결을 대상으로," 「상사판례연구」 제29권 제2호, 한국상사판례학회(2016).

김홍기, "자본시장통합법상 파생상품 규제의 내용과 제도적 개선과제," 「증권법연구」 제

9권 제 1 호, 한국증권법학회(2008).

김효연, "자본시장법상 종합금융투자사업자규제,"「BFL」 제60호, 서울대학교 금융법센터 (2013).

김희준, "TRS 거래에 관한 법적 연구,"「상사판례연구」 제31집 제 3 권, 한국상사판례학회 (2018. 9).

박태현, "차입매수에 있어서의 이사의 신인의무,"「인권과 정의」 제369호, 대한변호사협회(2007).

서규석·박선종, "일임매매약정과 과당매매,"「기업법연구」 제13집, 한국기업법학회(2003).

성희활, "2014년 개정 자본시장법상 시장질서 교란행위 규제 도입의 함의와 전망,"「증권법연구」 제16권 제 1 호, 한국증권법학회(2015).

성희활, "공정공시제도의 발전적 개편방안에 관한 연구,"「증권법연구」 제 5 권 제 2 호, 한국증권법학회(2004).

성희활, "자본시장과 금융투자업에 관한 법률의 수시공시 규제체계에 대한 고찰,"「법과 정책연구」 제 8 집 제 1 호, 한국법정책학회(2008).

성희활, "자본시장법상 불공정거래의 규제; 자본시장법상 연계 불공정거래의 규제현황과 개선방향 — 주가연계증권(ELS) 연계거래를 중심으로,"「금융법연구」 제 6 권 제 2 호, 한국금융법학회(2009).

송종준, "예측정보의 부실공시와 민사책임구조,"「증권법연구」 제 1 권 제 1 호, 한국증권법학회(2000).

송종준, "회사법상 LBO의 배임죄 성부와 입법과제: 신한 및 한일합섬 LBO 판결을 계기로 하여,"「증권법연구」 제10권 제 2 호, 증권법학회(2009).

송호신, "시세조종행위에 대한 자본시장통합법의 규제,"「한양법학」 제20권 제 3 집, 한양법학회(2009).

심 영, "은행의 건전성규제 제도,"「중앙법학」 제 7 집 제 2 호, 중앙법학회(2005).

안성포, "시세조종행위와 손해배상책임,"「법학논총」 제29권, 단국대학교 법학연구소, 2005.

안수현, "(가칭)자본시장통합법과 소비자보호법의 접점 — '금융소비자'의 보호 —,"「증권법연구」 제 7 권 제 2 호, 한국증권법학회(2006).

양기진, "ELS 헤지활동에 관한 판결 동향과 투자자보호 쟁점: 시세조종 의도 판단시의 이해상충회피·관리의무를 중심으로,"「증권법연구」 제17권 제 2 호, 한국증권법학회(2016).

양기진, "개정상법상의 합자조합에 관한 연구: 합자조합의 법적 실체성 및 조합원의 지위에 관하여,"「홍익법학」 제13권 제 1 호, 홍익대법학연구소(2012).

양기진, "투자전문회사의 사원간 관계에 관한 연구," 서울대학교 대학원 박사학위논문(2007).

양기진, “합자회사에 관한 몇 가지 쟁점 및 개선방향,” 「선진상사법률연구」 제72호, 법무부(2015).

양기진, “수익형 부동산 분양의 자본시장법상 규제 모색,” 「증권법연구」 제17권 제 1 호, 한국증권법학회(2016).

양기진, “자본시장법상 중요사항 판단기준의 분석 — 대법원 2015. 12. 23. 선고 2013다88447 판결을 중심으로,” 「선진상사법률연구」 통권 제86호, 법무부(2019. 4).

양석완, “금융기관의 설명의무와 조언의무,” 「법과 정책」 제10호, 제주대학교(2004).

연강흠, “대형 금융투자회사의 출현전망과 과제,” 「증권」 제128호, 한국증권업협회(2006).

유석호 · 윤영균, “사모투자전문회사의 실무상 쟁점과 과제,” 「증권법연구」 제14권 제 2 호, 한국증권법학회(2013).

이병래, “자본시장통합법의 투자자보호제도 — 선진화의 실천적 함의를 중심으로 —,” 「BFL」 제22호, 서울대학교 금융법센터(2007).

이상훈, “신한 · 온세통신 · 한일합섬 LBO 판결에 대한 분석 및 비판,” 「상사판례연구」 제30집 제 1 권, 한국상사판례학회(2017).

이영철, “금융투자상품의 투자권유에 있어서 설명의무,” 「성균관법학」 제20권 제 3 호, 성균관대학교(2008).

이창원 · 이상현 · 박진석, “LBO의 기본구조 및 사례분석,” 「BFL」 제24호, 서울대학교 금융법센터(2007).

이채진, “투자자문업자의 주의의무,” 「금융법연구」 제 6 권 제 2 호, 한국금융법학회, 2009.

이철송, “증권거래관련 손해배상청구제도의 구조,” 「인권과 정의」 제277호, 대한변호사협회(1999).

임정하, “총수익스왑약정과 자본시장법상 대량보유보고규제,” 「증권법연구」 제18권 제 1 호, 한국증권법학회(2017).

전 욱, “자본시장과 금융투자업에 관한 법률상의 금융투자자보호제도에 관한 고찰,” 「저스티스」 통권 제107호, 한국법학원(2008).

전성인, “사모펀드와 금융시스템의 안정,” 「금융리스크리뷰」 창간호, 예금보험공사, 2004.

정순섭, “유가증권 개념에 관한 일고,” 「증권선물」 제 7 호, 증권선물거래소(2005).

정순섭, “포괄주의에 따른 ‘증권’ 개념의 확장 — 금융투자상품에 있어서 투자성의 요소를 중심으로,” 「투신」 제60호, 자산운용협회(2006).

정윤모, “금융투자업자의 영업행위규제와 투자자 보호,” 「증권」 제132호, 한국증권업협회(2007).

정준우, “증권업자의 부당한 투자권유행위의 합리적 규제방안,” 「비교사법」 제11권 제 3 호, 한국비교사법학회(2004).

한기정, “자본시장통합법 제정방안과 금융고객 보호제도의 선진화,” 「BFL」 제18호, 서울대학교 금융법센터(2006).
홍복기, “주식의 임의매매와 부당권유로 인한 손해배상청구,” 「상사판례연구」 제15권, 한국상사판례연구회(2003).

[기타자료]

금융감독원, “15년 PEF 동향 및 시사점,” 보도자료(2016. 4. 26.).
금융감독원, “경영참여형 사모집합투자기구(PEF) 현황”(2016. 8. 31.).
금융감독원, “공매도 공시제도 도입 등에 따른 투자자 유의사항 안내,” 보도자료(2016. 6. 27.).
금융감독원, “증권회사의 ELS 및 DLS 발행 등 현황,” 보도자료(2011. 1. 17.).
금융감독원, “최근의 ELS 동향 및 투자자보호 강화방안,” 보도자료(2006. 8. 1.).
금융감독원, 「기업공시 실무안내」, 2018. 12 양기진, “신유형 불건전/불공정거래 양태 및 규제방향,” 증권법학회세미나 토론문(2016. 11. 19.).
금융위원회, “공매도 과열종목 지정을 확대하고, 공매도 관련 규제 위반에 대한 조사 및 제재를 강화하겠습니다,” 보도자료(2017. 8. 24.).
금융위원회·금융감독원, “PEF 운영 관련 법령해석 안내,” 보도자료(2015. 2. 10.).
금융위원회·금융감독원, “사모펀드 활성화를 위한 「자본시장법」 및 하위법령 개정안 일괄 시행에 따른 주요 변경 사항 안내,” 보도자료(2015. 10. 23.).
김화진·김병연·김용재, “증권관련 업무 겸업과 이해상충 해결방안,” 한국증권업협회 연구용역보고서(2006. 10.).
매일경제, “檢, 엘리엇 전격수사”(2018. 5. 2.).
매일경제, “금감원 특사경 ‘증선위원장 선정 사건만’ 업무 범위 확정(종합)”(2019. 5. 2.), https://www.mk.co.kr/news/economy/view/2019/05/286636/
머니투데이방송, “제2의 ‘골드만삭스사태’ 막아라. 공매도 모범규준 11월 시행”(2019. 6. 25.).
신인석, “자본시장통합법 시행령 공청회 자료,” 한국금융연구원(2008. 4. 21.).
자본시장Weekly, “공개매수 현황 분석,” 2014-25호(2014. 7. 1.- 7. 7.).
한국거래소, “공매도 과열종목 지정제도 개선안 시행 안내,” 보도참조자료(2017. 9. 21.).
한국경제, “LBO로 온세통신 인수, 배임 아니다,” 2015. 3. 20. 출처: http://www.hankyung.com/news/app/newsview.php?aid=2015032034151

## 2. 외국문헌

Richard A. Brealey & Stewart C. Myers, *Principles of Corporate Finance* (4th ed.), New

York: McGraw-Hill, 1991.

Susanna Kim Ripken, "The Dangers and Drawbacks of the Disclosure Antidote: Toward a More Substantive Approach to Securities Regulation," *58 Baylor Law Review* 139, 2006.

Mark A. Sargent, "State Disclosure Regulation and the Allocation of Regulatory Responsibilities," in *Contemporary Issues in Securities Regulation* (Marc I. Steinberg ed.), Stoneham, MA: Butterworth, 1988.

資本市場研究會 編,「移用者の視点からみた投資サ―ビス法」, 財經詳報社, 2006.

※ 책의 본문에 인용된 참고문헌은 단행본이나 학회지 등에 수록된 논문을 구별하지 아니하고 저자의 이름과 인용페이지만 표기하였음.

※ 동일한 저자의 단행본이나 논문이 복수인 경우에는 출간된 연도를 저자의 이름 뒤 괄호안에 표기하여 구분하였음(예컨대 김병연(2004), 000면).

# 1장

# 자본시장법의 개요

# 제 1 절 증권시장과 증권규제

〈사 안〉

甲 주식회사는 휴대폰에 필수적인 배터리를 생산하는 회사로, 경기도 용인에 본점을 두고 있고, 1997년 한국거래소에 상장되어 보통주 시가총액 600억에 달하고 있으며, 현재 주당 30,000원에 거래되고 있다. 최근 甲 회사가 기존의 배터리보다 성능이 20% 향상된 신제품의 개발이 막바지에 이르렀다는 언론보도가 있었다.
甲 회사의 이사회는 신제품의 생산을 위해 공장라인의 건설을 위하여 필요한 자금을 조달하기 위한 방법을 다각도로 모색하고 있다. 한편 A는 퇴직금으로 받은 3억원으로 주식투자를 하려던 차에 위의 정보를 접하고 甲 회사에 대한 투자를 하기로 결심하였다. 甲 회사에 대한 주식투자를 하기 위해서 A는 어떠한 절차를 밟아야 할까?

## Ⅰ. 증권시장의 구조와 중요성

### 1. 증권시장의 구조와 인수인의 역할

증권시장은 증권등을 발행, 인수,[1] 모집하는 단계인 발행시장과 발행된 증권이 거래되는 유통시장으로 구분된다.[2] 발행시장(primary market)은 증권의 발행인(issuer)이 발행한 증권(securities)을 투자자들이 최초로 취득하는 시장을 말하며, 유통시장(secondary market)은 투자자들이 보유하고 있는 증권을 서로 거래하는 시장을 말한다. 이러한 증권시장을 통하여 기업은 자금을 조달하고 투자자들은 수익을 창출할 기회를 가지게 된다.[3]

---

1) 증권을 모집·사모·매출하는 경우 제 3 자에게 그 증권을 취득시킬 목적으로 그 증권의 전부 또는 일부를 취득하거나(총액인수), 그 증권의 전부 또는 일부를 취득하는 자가 없는 경우 그 나머지를 취득하는 것(잔액인수)을 내용으로 하는 계약을 체결하는 행위를 말한다(법 제 9 조 제11항).

2) 증권시장을 발행시장과 유통시장으로 구분하는 것은 대법원 판례에서도 언급되고 있다. 대법원 2010. 8. 19. 선고 2008다92336 판결 참조.

3) 전통적으로 주식등의 증권이 거래되는 시장을 증권시장이라고 불러왔으며, 현대에 들어서서 옵션, 선물 등의 파생상품과 구조화증권 등의 신종증권을 포함하기 위하여 증권시장의 외연을 확대하여 자본시장이라는 용어를 병행하여 사용한다. 구 증권거래법 시절에는 법규제가 미흡한 분야가 있었으나, 자본시장과 금융투자업에 관한 법률이 제정·시행되면서 규제의 공백이 없어지고 자본시장이라는 용어로 통합되어 사용하고 있다.

**그림 1-1** 증권시장의 구분

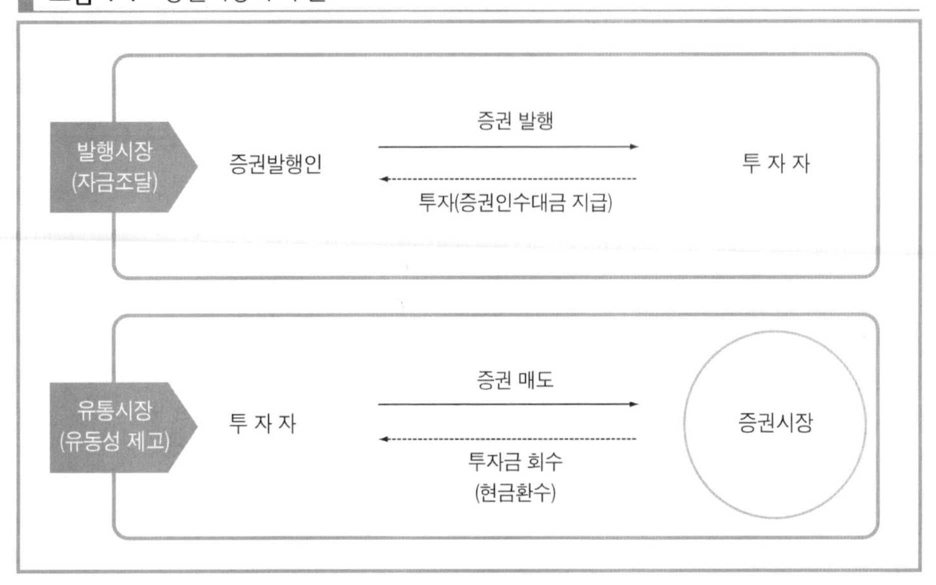


발행시장은 최초로 시장에 증권이 등장하는 공모발행(public offering)이라는 점에서,[1] 특히 최초의 기업공개(initial public offering: IPO)의 특성상 당해 증권의 가치평가가 어렵고, 투자판단에 필요한 정보의 부족함이 상존하게 되며, 그 결과 투자자들은 증권시장에 대한 신뢰와 투자에 대한 확신을 가지기 힘들게 된다. 이러한 부족함을 채워주는 것이 바로 인수인(underwriter)을 통한 주식의 발행 또는 매각이다. 인수인은 일반적으로 시장에서 증권의 딜러(dealer) 또는 브로커(broker)의 역할을 하면서 활동적인 시장의 유지에 도움이 된다.[2] 인수인의 시장에서의 평판(reputation)을 신뢰하고 투자자들은 인수인을 통하여 청약을 하거나 증권의 매입을 하게 되는 것이다. 이러한 점을 감안하여 각국의 증권관계법은 인수인에게 증권의 발행과 관련하여 엄격한 책임을 묻고 있다.

## 2. 공모와 사모

발행시장에서 증권이 시장에 발행되는 방법에는 공모와 사모가 있는데, 공모

1) 새로운 주식이 발행되는 것이 대표적인 경우이나 이외에도 기발행주식의 매출과 더불어 공사채의 모집 등도 발행시장에서 이루어진다.
2) 즉 유통시장의 거래를 구체화시키는 것은 브로커와 딜러라고 할 수 있다.

(public offering)는 다시 모집과 매출로 구분된다. 모집은 신규로 발행되는 증권취득[1]의 청약을 권유하는 것을 말하며, 매출은 이미 발행된 증권과 관련하여 매도의 청약을 하거나 매수의 청약을 권유하는 것[2]을 말한다. 모집과 매출을 통해 기술적으로 시간적인 간격을 이용하여 법의 규제를 회피하려는 시도를 막기 위하여 법에서는 별도의 조치를 두고 있다. 즉 취득청약의 권유(모집의 경우) 또는 매도청약이나 매수청약의 권유(매출의 경우)일로부터 과거 6개월 이내 동일 유가증권의 모집 또는 매출을 합산하여 계산하게 된다(법 제 9 조 제 7 항·제 9 항). 공모에 해당되면 투자자 보호를 위해 신고서 제출 등 법이 정하는 일정한 절차에 따라서 증권의 발행을 하여야 한다. 이에 반하여 사모발행(private placement)은 비교적 소규모 내지 소액의 금액에 해당되는 증권이 시장에 발행되는 경우에 공모에 적용되는 규제를 일정 부분 면제하는 것을 말한다. 즉 증권발행인이 직접 소수의 투자자(50인 미만)에게 증권을 발행하는 것을 말하며, 이외에도 미국법상 accredited investors를 의미하는 전문적인 투자자(시행령 제11조 제 1 항 제 1 호)나 연고자(시행령 제11조 제 1 항 제 2 호)에게 증권이 발행되는 경우는 자본시장과 금융투자업에 관한 법률(이하 '자본시장법'이라 함)의 적용으로부터 면제한다.

이 외에도 증권의 본질상 공모발행규제가 면제되는 면제증권[3](exempted securities)과 거래의 특성을 감안하여 규제가 면제되는 면제거래[4](exempted transaction)로 분류하기도 한다.

## Ⅱ. 유가증권과 금융투자상품

### 1. 구 증권거래법상 '유가증권' 규제체계

과거 증권거래법하에서는 시장에서의 거래의 대상(혹은 업 인가의 대상) 혹은 규제의 대상이 되는 개념을 '유가증권'이라는 것으로 규제하였다. 즉 유가증권이

1) 모집의 경우 '매수·매도' 대신 '취득'이라는 용어를 사용하는 이유는 거래대상이 아직 미발생 상태의 증권이므로 그 거래를 매매거래로 볼 수 없기 때문이다. 김건식/정순섭, 170면.

2) 미국의 경우 분매(distribution)의 개념을 사용하고 있으며, 이 경우도 발행시장으로 간주되며 당해 대주주는 증권법상 발행인으로 간주된다.

3) 국채 및 지방채(법 제118조), 특수채(시행령 제119조 제 1 항), 투자성 있는 예금과 보험(법 제77조), 기타 면제증권(시행령 제119조 제 2 항) 등이 있다.

4) 사모(50인 기준), 소규모발행(10억; 시행령 제120조) 등이 여기 해당된다.

라는 개념은 증권업에서는 영업의 대상을 확정하는 의미가 있었고, 증권거래법의 측면에서는 규제의 대상을 확정짓는 의미가 있었다.[1] 자본시장법의 경우에도 투자자 보호의 규제와 산업법적인 규제를 하나의 법률에서 행한다는 점에서 이러한 규제의 틀은 그대로 유지되고 있다.[2]

구 증권거래법은 유가증권을 크게 3가지 유형으로 구분하여 규정하였다.[3] 즉 ① 기본적으로 한정적 열거주의를 채택하여 구 증권거래법이 적용되는 증권을 동법 제2조 제1항에서 구체적으로 나열하였으며(소위 '열거유가증권'), ② 한정적 열거주의의 문제점을 보완하기 위하여 동법 시행령에게 새로운 금융상품을 유가증권으로 지정할 수 있도록 위임하였고(소위 '지정유가증권'), ③ 구 증권거래법은 기본적으로 유가증권으로서의 성질과 다르더라도 투자자 보호를 위해서 이른바 '의제유가증권'의 영역을 정하여 규정하였다.

## 2. 금융투자상품 개념에 있어 포괄주의 규제체제의 도입

자본시장법은 '금융투자상품'의 개념을 도입하였다. 구 증권거래법의 규제방식인 열거적 방식을 포기하고 금융투자상품의 개념을 추상적으로 정의함으로써 향후 출현할 모든 금융투자상품을 법률의 규제대상으로 포섭하고자 함과 동시에 금융투자회사의 취급가능 상품과 투자자 보호규제의 대상을 대폭 확대하였다. 즉, 자본시장법의 시행 전의 법체계에서는 증권거래법상 유가증권의 개념, 간접투자자산운용업법상 간접투자의 대상, 선물거래법상 투자대상물 등으로 구분되어 있음은 물론 신탁업법상 신탁대상자산 등으로 개별적인 법의 영역에서 별도의 규제대상자산으로 구분되어 있었다.[4] 자본시장법에서는 명칭과 형태를 불문하고 원본손실이 발생할 가능성, 즉 투자성이 있는 모든 금융상품을 금융투자상품

---

1) 이러한 규제형식을 'one set 규제'라고 부르고 있다. 김건식/정순섭, 53면.

2) 김건식/정순섭, 53-54면.

3) 구 증권거래법은 기관별·상품별 규제제도를 채택하고 있는데, 이러한 규제방식은 전술한 바와 같이 새로운 형태의 상품이 등장하는 경우 실질적으로 유가증권의 영역으로 포섭하기가 어려워지고 그 결과 증권회사의 영업범위가 제한된다는 점이 문제였다. 이러한 규제형식의 문제점과 신종증권의 출현으로 인한 규제의 어려움과 공백을 다룬 자료로는 김병연/박세화, 유가증권의 개념 및 구분기준에 관한 연구(사단법인 한국증권법학회 연구용역보고서), 2004. 12. 참조.

4) 자본시장법은 과거 증권거래법, 선물거래법, 간접투자자산운용업법, 신탁업법, 종합금융회사에 관한 법률, 한국증권선물거래소법을 통합하여 제정되었으므로, 기존 법에서 차이가 있던 규제대상을 통합하는 의미를 가진다.

**그림 1-2 자본시장법 제정 전후의 금융상품 분류**

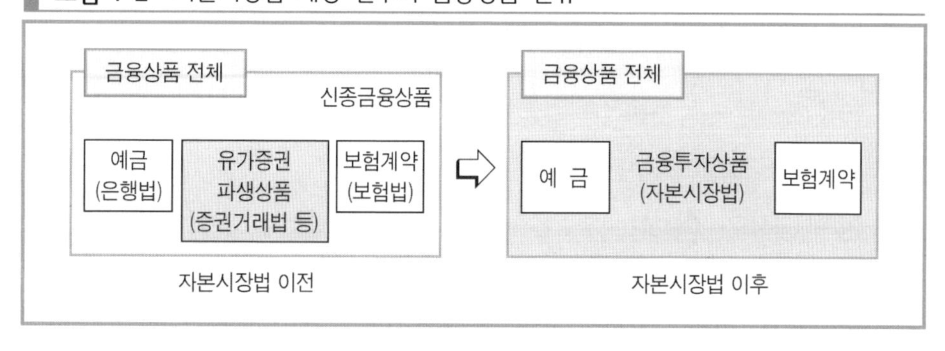


으로 정의하고,[1] 이를 다시 원본초과손실이 발생할 가능성이 있는지를 기준으로 하여 증권과 파생상품으로 구분하여 후자에 대하여는 보다 강한 투자자 보호규제를 적용하는 것을 기본원칙으로 하고 있다. 결과적으로 자본시장법에서는 기존의 유가증권 개념의 핵심인 유통성보다는 투자성을 더 중요시하여, 금융투자상품을 투자성(원본손실가능성)이라는 개념적 특징을 통해 정의함으로써 원본손실가능성이 있는 모든 금융상품을 자본시장법의 규율대상이 되게 하였다.[2]

한편, 자본시장법은 증권의 개념을 포괄주의로 전환하면서 파생결합증권(derivatives linked securities)과 투자계약증권(investment contract securities)이라고 하는 새로운 개념을 도입하였다.[3] 파생결합증권은 증권의 수익이 외생적 지표[4]에 따라 결정되는 모든 증권을 포괄하는 개념이고, 투자계약증권은 증권의 수익이 복수의 투자자로부터 조성된 자금을 바탕으로 공동사업을 영위하는 자의 노력에 따라 결정되는 모든 증권을 포괄하는 개념이다.[5] 이러한 개념들은 본질적으로 포괄성을 가

1) 자본시장법에서는 규제대상이 되는 금융투자상품을, '위험을 부담하면서 이익을 얻거나 손실을 회피할 목적으로 발행인 또는 거래상대방에게 현재 또는 장래의 특정 시점에 금전등을 지급하기로 약정함으로써 취득하는 권리'로 정의하고 있다(법 제 3 조 제 1 항).

2) 이에 따라 금융투자업자가 취급할 수 있는 금융상품의 범위가 크게 확대되고 결과적으로 투자자 보호의 공백도 사라지게 될 것으로 기대된다.

3) 파생결합증권과 투자계약증권의 개념이 필요한 이유는, 전통적인 증권 개념으로 쉽게 포섭되지 않는 각종 구조화 상품(structured product) 등 신종증권을 증권 개념에 포괄하기 위한 것이다. 파생결합증권은 2005년 구 증권거래법 시행령 개정 시 도입된 개념으로서 싱가폴의 차액계약(contract for differences)의 개념을 원용한 것이고, 투자계약증권은 미국 증권법상 투자계약증권 개념과 미국 판례법상 투자계약 증권의 개념을 원용한 것이다.

4) 제 4 조 제 7 항 · 제10항 참조.

5) 미국 1933년 증권법상 투자계약(investment contract)의 개념을 도입한 것이다. 이에 관해서

지고 있는 것이어서 자본시장법이 채택하고 있는 포괄주의와도 일치하고, 특히 새로운 유형의 투자상품을 자본시장법의 규제영역으로 포섭하는 기능을 할 것으로 보인다.[1)]

### 3. 기업자금조달의 주된 형식: 주식과 사채

기업이 자금을 조달하는 방법은 여러 가지가 있다. 첫째, 은행 등의 금융권으로부터 차입하는 방법이 있으나, 이에는 차입에 대한 담보제공의 부담이 있고 원금의 상환과 이자지급의 부담도 있다. 둘째, 소위 자기자본의 형식을 가지는 주식을 발행하여 조달하는 방법이 있다. 주식을 발행하게 되면 사채(社債)나 대출과는 달리 인수주식의 납입대금이 회사의 자기자본을 구성하게 되므로 상환의무가 없다는 장점이 있다. 주식에는 여러 가지 유형이 있는데, 대표적인 것이 보통주(common stock)와 우선주(preferred stock)이다. 보통주는 이익배당이나 잔여재산의 분배와 같은 재산적 급여에 있어서 기준이 되는 주식을 말하며, 우선주는 보통주보다 우선적 지위가 인정된 주식이다. 셋째, 회사가 채권(債券)을 발행하는 방법이다. 채권은 주식과 달리 타인자본이라고 부르며, 자금차입의 경우와 같이 원금의 상환과 이자의 지급을 하여야 하지만, 상장되는 등 시장에서 거래된다는 점에서 일반적인 자금차입과는 차이가 있다. 현행 상법상 특별한 사채로서 주식으로 전환되는 전환사채와 사채에 신주인수권이 붙어 있는 신주인수권부사채 등을 비롯하여 2011년 상법개정으로 새로 도입된 이익참가부사채, 교환사채, 파생결합사채(상법 제469조 제 2 항 제 1 호-제 3 호)가 있다.

## Ⅲ. 증권시장에 대한 엄격한 규제와 투자자 보호

증권이 발행되어 시장에서 거래되기 위해서는 여러 가지 단계를 거치게 된다. 투자자가 매매수탁기관[2)]을 통하여 거래하는 장내시장(거래소의 유가증권시장, 코스닥시장, 선물·옵션시장)을 비롯하여 'free board'와 같은 장외시장, 증권회사 점

---

는 후술한다.

1) 자본시장통합법연구회 편, 77-80면.

2) 금융투자회사가 이 역할을 하게 되는데, 금융투자회사는 직접투자의 경우에는 투자매매업 또는 투자중개업으로, 간접투자의 경우에는 집합투자업 혹은 단순 판매회사의 형태로, 그리고 신탁업의 경우에는 수탁회사의 기능을 하게 된다.

두거래 및 당사자 간 직접거래와 같은 장외시장에서 거래가 이루어지게 되고, 이러한 거래의 결과는 한국거래소(이하 '거래소'로 줄임)의 청산(clearing)과정을 거쳐 한국예탁결제원(이하 '예탁결제원'으로 줄임)(유가증권시장, 코스닥시장, free board, 채권장외시장)과 거래소(선물·옵션시장)에서 결제(settlement)가 이루어지게 된다.

증권시장은 새로운 증권이 시장에 발행되고 투자자들이 증권을 상시 거래하는 곳이기 때문에 투자자의 보호를 위한 제도의 완비는 매우 중요하다. 왜냐하면 투자자의 보호 없이는 자금투자의 주체인 투자자의 시장에 대한 신뢰가 없어지고 그 결과 시장의 발전은 어렵게 되기 때문이다. 이에 증권시장에서는 정확한 정보를 투자자에게 제공하기 위한 공시제도가 운영되고 있고, 그에 따라 다양한 형태의 공시의무가 증권의 발행인에게 부과된다. 그러나 투자자 보호를 위하여 지나친 공시의무를 부과하는 것은 자금조달비용의 상승으로 인한 기업의 어려움을 가중시키기 때문에 투자자의 보호와 공시의무의 부과 상호 간에는 균형이 있어야 한다.

투자자 보호는 투자자가 정확한 투자판단을 할 수 있는 여건을 만드는 것에서 시작되어야 한다. 이를 위해서는 기업에 관한 정보의 정확성을 담보할 수 있고 기업가치를 정확히 파악할 수 있는 시스템이 갖추어져야 한다. 기업정보에 대한 분석을 통하여 기업정보의 정확성을 제고하고 기업 가치에 대한 평가기능을 수행하는 것이 바로 시장분석가(market analyst)와 투자자문업자(investment adviser)들이다.[1)]

공시제도의 필요적 존재 기저에는 이른바 효율적 자본시장 가설(Efficient Capital Market Hypothesis: ECMH)이 있다. 즉 증권의 가격에 영향을 미치는 모든 정보가 반영되어 있는 시장이 효율적인 시장이라는 가설인데, 모든 시장참여자의 이해관계가 모두 최적의 상태로 이루어지는 시장의 완전성(integrity)을 위하여 모든 정보가 시장에 공개되어야 한다는 것이다. 물론 이러한 시장은 현실적으로 존재하지 않는다. 그러나 투자자 보호라는 목적을 이루기 위해서는 가능한 한 효율적 시장을 위한 강제공시(mandatory disclosure)제도의 운영은 기본적으로 필요하다. 적절하고 충분한 정보의 제공이 있어야만 시장에 대한 투자자의 신뢰가 유지되기 때문이다.

공시제도의 운영 외에도 증권시장에 대한 규제는 다양하게 존재한다. 즉 시장에 대한 감독시스템의 존재인데, 현재 한국은 공적규제와 자율규제로 이루어진

---

1) 이러한 자들이 선행매매(front running)와 같은 불공정거래를 할 가능성이 있는 까닭에 이에 대한 규제장치가 자본시장법에 마련되어 있다.

이중규제체제(dual regulatory system)로 이루어져 있다. 공적규제의 중심에는 제정법 중심의 규제권한 및 인·허가권을 보유한 금융위원회를 중심으로 하여 금융위원회와 증권선물위원회의 집행기관의 역할 및 검사기관의 역할을 하는 금융감독원이 있다. 자율규제의 영역에는 법령위반의 위험성이 높은 시장에서의 불공정거래유형에 대하여 규제함으로써 건전한 시장질서를 유지하고자 하는 역할을 하는 한국거래소가 있다. 또한 공적규제의 인력적, 시간적, 전문적인 한계로 인하여 시장에서의 직접 거래에 있어서 뿐만 아니라 인수행위, 건전한 영업행위, 전문인력관리 등을 하는 금융투자협회에 의한 여러 가지 영역에서 자율규제의 중요성은 높아지고 있다.

증권시장의 건전성과 완전성을 유지하기 위한 여러 가지 법령상 규제 위반이 발생한 경우에 피해를 입은 자를 보호하기 위해서 다양한 제도적 장치가 마련되어 있다. 이러한 장치는 손해배상청구의 민사적 구제수단을 비롯하여, 2005년 도입된 집단소송제도(class action)[1] 및 공적규제기관과 자율규제기관(self-regulatory organization: SRO)에 의해서 이루어지는 분쟁조정제도가 있다. 이외에도 과징금 등 행정적인 제재와 형사적인 제재도 추가적으로 갖추어져 있다.

## Ⅳ. 거래소 시장과 장외시장

증권이 거래되는 장소는 크게 거래소라고 하는 장내시장(exchange)과 장외시장(over-the-counter market: OTC)의 2가지로 구분될 수 있다. 그러나 이러한 구분은 단순한 장소적 개념에 따라 구분되는 것은 아니고, 시장의 운영과 관리 등에 있어서의 차이에 따라 구분되는 것이라고 할 수 있다. 정규시장인 거래소시장은 거래소에 상장[2](listing)된 증권을 가지고 있는 사람들의 거래가 중개인(증권회사)을 통

---

1) 「증권관련 집단소송법」에 의하면, 주권상장법인이 발행한 증권의 매매 또는 그 밖의 거래로 인한 손해로서, 증권신고서 거짓기재 등으로 인한 배상책임(제125조), 정기·수시공시서류에 관한 거짓의 기재 등에 의한 배상책임(제162조)(이 경우 제161조에 따른 주요사항보고서의 경우는 제외), 회계감사인의 손해배상책임(제170조), 미공개중요정보 이용행위의 배상책임(제175조), 시세조종의 배상책임(제177조), 부정거래행위 등의 배상책임(법 제179조)에 따른 손해배상청구에 대하여 집단소송이 인정된다(제 3 조).

2) '상장'이라 함은 거래소가 거래를 위해서 정형화되어진 주식등을 거래소에서의 매매 대상으로 하기 위하여 해당 거래소에 일정한 자격이나 조건을 갖춘 거래물건으로서 등록하는 것을 말한다. 이에 관해서는 제 2 절 Ⅱ.에서 자세히 다룬다.

해서 이루어지고,[1] 이러한 거래체결의 상황과 매매정보들이 실시간으로 제공되며 거래소는 매매체결을 보증하는 공간을 의미한다고 할 수 있다. 이에 반해서 장외시장은 증권을 매도하려는 사람이나 매수하려는 사람이 직접 거래의 상대방을 찾아서 거래가 체결되는 곳이라고 할 수 있다.

거래소는 결국 개념적으로 floor라고 하는 거래가 이루어지는 일종의 공간적 특성[2]을 전통적으로 가진 상설적·계속적 시장으로서 정부규제가 아닌 자율규제로 운영되는 회원제[3]의 거래장소를 말한다. 이러한 거래소는 매도주문과 매수주문이 최적의 상태에서 만나는 가격으로 체결되는 경쟁매매시장(auction market)의 형태로 운영되는 것이 일반적이다.[4] 거래소보다 비조직화된 시장을 의미하는 장외시장은 증권회사 창구에서 이루어지는 점두거래나 당사자 간 직접대면거래 등의 형태로 이루어진다. 그러나 이러한 두 시장 간의 차이점은 전자기술의 발달로 인하여 많이 희석화되었다. 우리나라의 경우 현재 한국거래소가 운영한 거래소시장과 증권업협회가 운영한 코스닥시장이 있었으나, 2004년 증권선물거래소의 출범과 더불어 거래소가 유가증권시장, 코스닥시장, 파생상품시장을 운영하게 되었고, 증권업협회(현재의 금융투자협회)는 2005년 7월 장외시장의 성격을 가진 free board시장을 개설하였다.

거래소는 매매체결방식의 차이에 따라서 주문주도형 시장(order-driven market)과 호가주도형 시장(quote-driven market)으로 분류된다. 전자는 고객 간 주문의 일치(match)에 의해 거래가 성립되는 경쟁매매시장(auction market)이며, 후자는 딜러의 호가를 보고 딜러와 고객 간에 거래가 성립하는 시장(dealer market)이다. 주문

---

1) 이른바 회원권(seat)을 가진 자인 증권회사와 같은 금융투자회사만이 거래소시장에서 거래가 가능하다.

2) 과거에는 floor라고 하는 공간적 개념이 거래소의 주요 개념 중의 하나였으나, 현재는 전산화되어 모든 거래가 이루어지므로 직접 floor가 거래의 장소가 되지는 않는다. 다만 미국 NYSE는 여전히 floor의 개념을 적용하고 있다.

3) 최근에는 한국 거래소를 비롯하여 세계적인 거래소들은 주식회사 형태로 변화되었다. 이러한 변화의 주된 목적은 자금 조달에 유리한 형태라는 점과 인수합병(M&A)에 유리한 형태라는 점 등이 고려되었다. 이러한 거래소의 주식회사화와 관련하여, 규제기능과 시장운영기능 간 이해상충(conflict of interests)의 가능성으로 인하여 공공적 기능의 약화될 위험성을 지적하기도 하고, 규제분야에서의 자원배분의 왜곡, 그리고 자시장 상장(self-listing)의 문제점 등이 지적된다. 이에 대한 대책으로는 규제기능의 독립성(외부기관 또는 내부독립부서)을 제고하고 정부의 감독을 강화하거나 공익대표이사의 제도 등의 활용을 이야기한다.

4) 이와는 달리 딜러시장(호가주도형 시장)에서는 딜러의 호가를 보고 고객이 딜러를 선택하여 거래가 이루어진다.

주도형시장에서는 거래비용이 저렴하고, 신속한 거래가 이루어지는 반면, 시장의 변동성이 크고 브로커가 고객의 중개인으로 거래를 수행함으로써 수수료가 발생한다. 이에 반해 호가주도형 시장은 신속한 거래가 어렵고 거래비용이 상대적으로 높지만, market maker의 역할을 통하여 시장안정성을 높인다는 특징이 있다.[1]

## Ⅴ. 자본시장 규제법률

자본시장을 규제하는 법률은 2007년 자본시장법이 제정되기 전까지 증권시장을 규제하던 구 증권거래법[2]이 대표적 법률이었고, 이 밖에 선물시장을 규제하는 선물거래법과 펀드시장을 규제하는 간접투자자산운용업법이 있었다.

2009년 자본시장법이 시행되기 전까지 자본시장 규제의 법원(法源)은 증권거래법, 선물거래법, 상법, 주식회사의 외부감사에 관한 법률, 금융감독기구 설치에 관한 법률, 증권투자신탁업법, 증권투자회사법,[3] 신탁업법, 종합금융회사에 관한 법률 등의 법률들과 금융감독위원회(현 금융위원회) 규정, 증권의 발행 및 유통규제에 관한 감독규정, 증권거래소규정, 증권업협회규정 등이 있었다. 2007년 제정된 자본시장법은 당시 자본시장의 규제 법률인 증권거래법, 선물거래법, 간접투자자산운용업법, 종합금융회사에 관한 법률, 신탁업법, 증권선물거래소법을 통합하여 이루어졌다.[4] 이외에도 2019. 9. 16.부터 주식·사채등의 전자등록에 관한 법률이 시행되어 자본시장 규제기능의 역할을 하게 된다.

자본시장을 규제하는 법률의 특성은 시장에서의 거래를 관장하는 거래적 측면과 금융투자업규제를 하는 규제적 측면의 양면을 모두 가지고 있다. 거래적 측면에서는 자본시장에서의 매매결제제도, 증권예탁결제제도, 위탁매매제도 등의 제도가 있으며, 규제적 측면에서는 발행시장과 유통시장에서의 정보공시규제 및 단

---

1) 딜러시장에서 딜러는 수수료와 매수와 매도를 통해 이익을 획득할 가능성이 있다.

2) 1962년 1월 15일 제정, 법률 제972호. 증권거래법은 1962년 제정된 이후, 1976년 증권거래법 전면 개정으로 증권관리위원회와 증권감독원을 설치하여 규제의 수준을 높였다.

3) 구 증권투자신탁업법과 구 증권투자회사법은 간접투자자산운용업법(2003년)으로 흡수되었다.

4) 미국의 증권규제체계는 The Securities Act of 1933, The Securities Exchange Act of 1934, The Investment Company Act of 1940, The Investment Advisors Act of 1940을 기본구조로 하여 이루어졌으며, 이후 중요한 법률로는 The Securities Investor Protection Act of 1970, 2002년의 Sarbanes & Oxley Act, 2008년 금융위기 이후 금융개혁법인 Dodd-Frank Act 등이 있다.

기매매차익 반환, 내부자거래, 시세조종, 공매도제한 등과 같은 불공정거래규제 등의 제도가 있다. 또한 자본시장 규제 법률은 설립·허가·감독 등과 같은 행정법적 측면의 성격과 벌칙규정을 가진 형사법적 특징도 동시에 가지고 있다.

# 제 2 절 자본시장의 구조

## Ⅰ. 거래소 및 시장참여자, 청산결제제도, 예탁결제제도의 상관관계

### 1. 청산결제제도

증권시장과 파생상품시장에서의 매매거래는 거래상대방을 확인할 수 없는 비대면적 거래가 집단적·대량적·반복적으로 이루어진다. 따라서 증권의 실물인도 등 일반적인 방법으로 결제한다면 시장참가자는 막대한 결제자금 및 결제증권을 직접 조달하여야 하고, 그 결과 막대한 결제사무비용의 지불은 물론이고 결제의 불이행이 이루어지는 경우 시장에 대한 신뢰의 문제가 발생할 수 있다. 특히 현선연계거래 등으로 인하여 일부분에서의 결제의 불이행은 증권시장과 파생상품시장에서의 연쇄적인 피해를 가져올 수도 있다. 따라서 자본시장 성립과 운영의 기초(infrastructure)가 되는 청산과 결제가 적시에 신속하게 처리될 수 있도록 고도로 표준화·정형화된 결제방법과 위험관리장치가 요구된다.[1]

청산은 매매거래체결 후 매도자가 인도하여야 할 증권수량과 매수자가 지급하여야 할 금액을 확정하는 것으로서 매매보고, 매매확인, 채권·채무계산 등의 절차로 이루어진다.[2] 즉 청산기관이 회원 간에 성립된 매매거래에 개입하여 모든 매도자에 대해서는 매수자, 모든 매수자에 대해서는 매도자가 됨으로써, 중앙거래당사자(Central Counter Party: CCP)의 지위에서 매도·매수자간(즉 CCP와 회원 간) 채권·채무를 차감하여 확정하고 결제기관에 결제지시를 하며 결제가 이행되기까지 결제를 보증하는 일련의 절차를 말한다. 이와 같이 매도자·매수자로서 CCP의 업무를 수행하는 기관을 청산기관(Clearing Organization)이라고 한다. 따라서 회원의 결제불이행이 발생되면 CCP가 법률 및 규정에서 정한 절차에 따라 결제불이행을

1) 출처: 한국거래소(http: //www.krx.co.kr).
2) 한국증권법학회(Ⅱ), 600면.

**그림 1-3 청산 및 결제프로세스**[1]

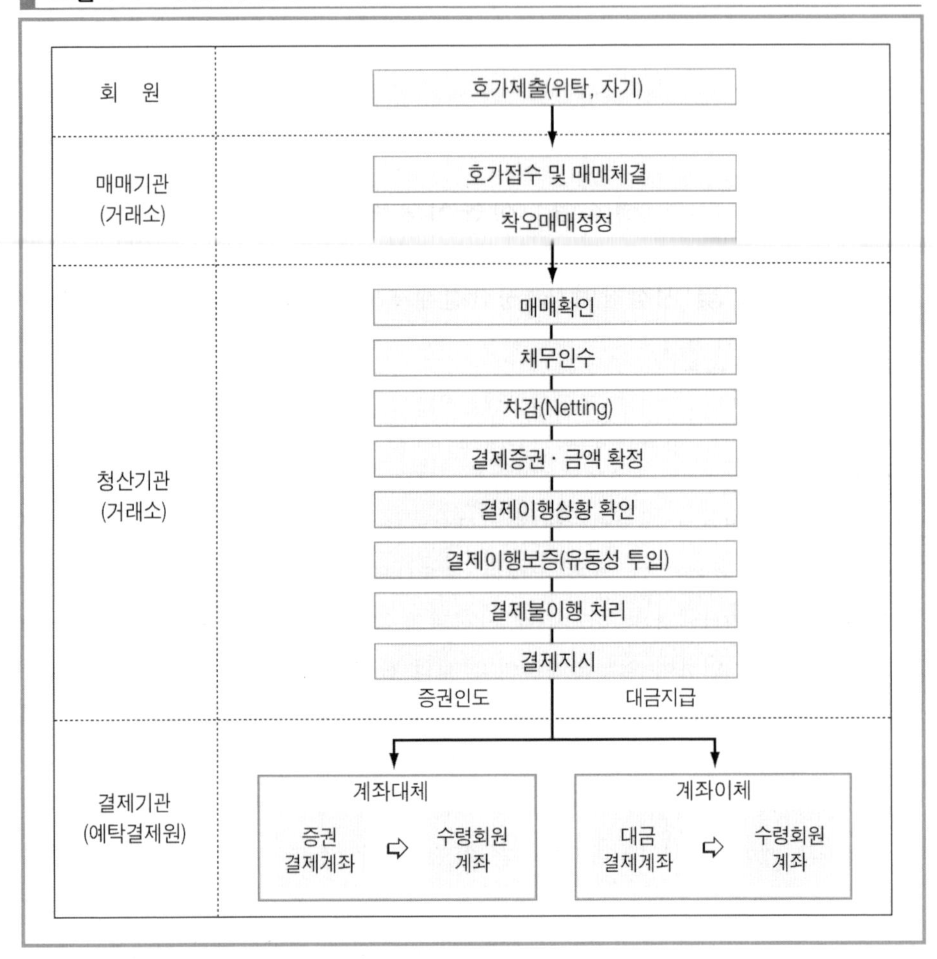


처리(결제불이행회원에 대한 조치, 결제이행재원의 투입, 최종 결제이행책임 등)한다. 한국에서는 한국거래소가 채무인수 방식을 통하여 CCP 역할을 수행한다.[2]

자본시장법은 거래소가 증권시장 및 파생상품시장의 청산기관으로서 매매거래에 따른 매매확인, 채무인수, 차감, 결제증권·결제금액의 확정, 결제이행보증,

---

1) 출처: 한국거래소(http://www.krx.co.kr).

2) 거래소 규정으로는 회원관리규정(제21조), 유가증권시장업무규정(제73조), 코스닥시장업무규정(제29조) 및 파생상품시장업무규정(제94조)에 거래소가 회원의 매매거래에 따른 채권·채무를 인수할 수 있는 근거가 마련되어 있다.

결제불이행에 따른 처리 및 결제지시 업무를 수행하도록 정하고 있다(법 제378조). 또한 청산결제업무의 원활화를 위해서 자본시장법은 거래소의 업무규정에 결제방법을 정하고(법 제393조), 회원에 의한 손해배상공동기금을 적립하며(법 제394조), 회원보증금(법 제395조)·위탁증거금 및 거래증거금(법 제396조)을 적립하여 채무변제에 충당하도록 하고 있다(법 제397조). 거래소는 회원의 매매거래 위약으로 인한 손해배상책임을 지고(법 제399조), 거래소가 채무변제순위에 있어서 다른 채권자보다 우선하는(법 제400조) 등 거래소가 실질적인 CCP 기능을 수행할 수 있도록 하고 있다.

결제는 청산과정을 통해 확정된 채권·채무를 CCP와 회원 간에 증권(품목)인도 및 대금지급의 방법으로 이행함으로써 매매거래를 종결시키는 것이다.[1] 증권시장에서의 증권인도와 대금지급 업무는 증권시장에서의 결제기관인 예탁결제원이 수행하고,[2] 파생상품시장에서의 품목인도와 대금지급 업무는 파생상품시장에서의 결제기관인 거래소가 수행한다(법 제378조 제 2 항). 결국 한국의 경우 증권시장의 경우 청산기관은 거래소이고 결제기관은 예탁결제원인 반면, 파생상품시장에서의 청산기관 및 결제기관은 모두 거래소이다.[3]

### 2. 결제불이행 발생 시 청산 및 결제

결제불이행이 발생하는 경우의 조치에 대하여는 거래소 업무규정에서 정하고 있다.[4] 거래소는 결제회원이 매매거래의 결제(파생상품시장의 경우 거래증거금 포함)를 이행하지 아니하거나 그 우려가 있다고 인정되는 경우 지급정지 또는 거래정지 등의 조치를 취할 수 있다.[5]

결제회원이 매매거래의 결제를 이행하지 아니할 우려가 있는 경우로는 결제회원에 의한 지급정지, 회생절차개시 신청이 있는 경우, 발행한 어음 또는 수표가 부도로 되거나 은행과의 거래가 정지 또는 금지된 경우, 금융위원회로부터 영업정지 조치를 받은 경우 등을 예시하고 있다.

---

1) 한국증권법학회(Ⅱ), 600면; 증권예탁원, 33면.

2) 증권시장에서 결제를 위한 증권의 인도는 예탁결제원이 운영하는 계좌 간 대체의 방식으로 이루어져야 하고, 대금의 지급은 결제위험의 제거를 위하여 증권의 인도와 동시에 이루어져야 한다. 한국증권법학회(Ⅱ), 601면.

3) 한국증권법학회(Ⅱ), 770면.

4) 유가증권시장업무규정 제76조, 코스닥시장업무규정 제32조, 파생상품시장업무 규정 제107조 참조.

5) 출처: 한국거래소(http://www.krx.co.kr).

거래정지는 일정한 기간을 정하거나 그 사유가 소멸될 때까지 매매거래의 전부 또는 일부를 정지하는 조치이며, 지급정지는 해당 결제회원이 거래소로부터 수령할 예정인 증권(파생상품시장의 경우 차감결제기초자산)의 전부 또는 일부나 현금의 전부 또는 일부를 지급정지하는 조치를 말한다. 파생상품시장의 경우에는 거래증거금도 지급정지 대상이 된다.

#### (1) 일괄정산(유가증권시장업무규정 제76조, 코스닥시장업무규정 제32조, 파생상품시장업무규정 제107조, 코넥스시장업무규정 제49조)

거래소는 지급정지된 현금 및 증권(파생상품시장의 경우 차감결제현금, 차감결제기초자산 또는 거래증거금)으로 해당 회원에 대한 채권회수에 충당하거나, 해당 결제회원이 거래소에 납부할 결제증권 및 결제대금(파생상품시장의 경우 차감결제기초현금 또는 차감결제기초자산)과 상계할 수 있는데, 이때 결제회원의 거래소에 대한 채권 및 채무의 기한의 이익은 상실된 것으로 본다. 거래소는 지급정지한 증권(파생상품시장의 경우 차감결제기초자산)을 매도하거나 지급정지 한 현금으로 증권을 매수할 수 있다.

#### (2) 파생상품시장 거래정지회원의 미결제약정 해소(파생상품시장업무규정 제109조)

거래소는 거래정지회원으로 하여금 일정한 기간을 정하여 미결제약정을 자발적으로 해소하게 할 수 있으며, 거래정지회원의 자발적인 미결제약정 해소가 곤란하다고 인정되거나 정한 기간 내에 미결제약정 해소가 이루어지지 않는 경우 다른 결제회원을 지정하여 미결제약정을 해소시킬 수 있다.

거래소가 미결제약정을 강제로 정리하는 방법에는 미결제약정의 정리와 미결제약정의 인계 두 가지가 있다. 미결제약정의 정리는 미결제약정을 소멸시키는 매도, 매수, 최종결제 또는 권리행사로서 거래소는 거래정지회원의 자기계산에 의한 미결제약정 및 거래정지회원의 위탁자 미결제약정에 대해 다른 결제회원을 지정하여 미결제약정을 정리하게 할 수 있다. 미결제약정의 인계는 거래정지회원의 위탁자 미결제약정을 다른 결제회원으로 하여금 인계받게 하는 방법으로서 위탁자의 미결제약정 완전 해소 여부가 위탁자의 자율에 맡겨지게 된다.

#### (3) 결제불이행에 따른 손실보전(회원관리규정 제25조)

결제회원이 증권 및 파생상품시장에서의 매매거래에 따른 채무를 이행하지 아니하는 경우 증권 및 파생상품거래와 관련하여 거래소에 예탁한 증거금, 보증금 그 밖에 해당 결제회원이 수령할 금전등과 함께 해당 결제회원의 공동기금을 사용하여 손실을 보전한다.

결제불이행회원의 자산으로 손실을 보전할 수 없는 경우 거래소는 결제불이행이 발생한 증권시장 또는 파생상품시장의 다른 결제회원이 적립한 공동기금을 사용하여 손실을 보전하는데, 다른 결제회원의 부담액은 각 결제회원이 적립한 금액의 비율에 따라 안분한 금액이 된다. 공동기금으로 손실을 보전할 수 없는 경우 거래소는 거래소가 적립한 결제적립금 등 거래소의 재산으로 손실을 보전한다.[1)]

#### (4) 결제불이행 회원에 대한 구상권 행사(법 제399조·제400조)

거래소는 회원의 매매거래의 위약으로 인하여 발생하는 손해에 관하여 배상의 책임을 진다. 거래소가 손해를 배상한 때에는 위약한 회원에 대하여 그 배상한 금액과 이에 소요된 비용에 관하여 구상권을 갖는다. 회원이 매매거래에 따른 채무를 이행하지 아니하여 거래소 또는 다른 회원에게 손해를 끼친 경우 그 손해를 입은 거래소 또는 다른 회원은 그 손해를 끼친 회원의 회원보증금·거래증거금 및 공동기금 지분에 대하여 다른 채권자보다 우선하여 변제받을 권리를 갖는다.

#### (5) 결제불이행에 따른 조치의 해지신청(유가증권시장업무규정 제76조의2, 코스닥시장업무규정 제32조의2, 파생상품시장업무규정 제109조의2, 코넥스시장업무규정 제50조)

거래소가 기간을 정하지 않고 채무불이행 결제회원의 거래를 정지한 경우 해당 결제회원은 거래정지의 사유가 해소된 때 거래소에 대해 거래정지 조치의 해지를 신청할 수 있다.

#### (6) 기타 조치

거래소가 회원의 매매거래의 위약으로 인하여 발생하는 손해를 배상한 때에는 그 사실을 금융위원회에 보고하여야 한다(시행령 제363조).

거래소는 결제회원에 대하여 채무불이행 조치를 하는 경우 필요하다고 인정하는 때에는 소속직원을 파견하여 원활한 결제를 하도록 지원할 수 있다(유가증권

1) 김정수, 722면.

시장업무규정 제76조, 코스닥시장업무규정 제32조, 파생상품시장업무규정 제107조, 코넥스 시장업무규정 제49조).

## Ⅱ. 상장 및 상장폐지제도

### 1. 개 요

상장(listing)은 증권이 거래소(exchange)에서 거래될 수 있는 대상으로 정해지는 것을 말한다. 증권이 거래소에서 매매되면 일반적으로 증권의 발행회사의 신용도에 대한 평가가 이루어졌다는 것이므로 증권을 발행하는 회사는 증자 등에 있어서 유리하게 되고, 따라서 상장을 할 유인이 생기게 된다. 투자자의 입장에서도 사회적인 검증이 이루어졌다는 점에서 투자위험의 예측이 어느 정도 가능해지기 때문에 상장되어 있는 그 회사의 증권을 거래하기를 원하게 된다. 거래소의 입장에서는 자기 거래소에서 거래되는 물건의 상품성을 높여야만 거래소의 공신력이 제고되므로 기업가치가 좋은 회사의 증권을 상장하려 하고 그 결과 일정한 요건(상장심사기준)을 설정해서 선별하고 있다.

상장 및 상장폐지결정은 시장에서 기업의 사회적 가치의 척도에 직접적 영향을 끼치는 매우 중요한 것이므로 상장심사 및 상장폐지결정의 가부는 기업들이 납득할 수 있어야 하고, 또 이의를 제기할 수 있는 절차가 보장되어야 하는지 등에 관하여 살펴볼 필요가 있다. 이를 위하여 상장 및 상장폐지결정의 법적 성질이 무엇이며, 그에 관한 규정의 법적 성질 및 기준의 적절성에 대한 논의가 필요하다.

### 2. 관련판례 (1)

| 대법원 2007. 11. 15. 선고 2007다1753 판결[상장폐지결정무효확인] |
|---|
| 【판시사항】<br>[1] 주식회사 한국증권선물거래소와 유가증권 상장신청법인 사이에 체결되는 상장계약 및 그 상장폐지결정의 법적 성질<br>[2] 주식회사 한국증권선물거래소가 제정한 유가증권상장규정의 법적 성질 |

[3] 주식회사 한국증권선물거래소가 제정한 유가증권상장규정의 특정 조항을 무효라고 보아야 하는 경우
[4] 주권상장법인이 회사정리절차의 개시신청을 하였다는 이유만으로 상장폐지결정을 하도록 정한 구 유가증권상장규정의 상장폐지조항의 효력(무효)

**【기초 사실】**

가. 당사자들의 지위

충남방적 주식회사(이하 '원고 회사'라고 한다)는 1976. 6. 29. 피고의 전신인 한국증권거래소에 주권을 상장한 주권상장법인으로서, 2002. 12. 12. 대전지방법원으로부터 회사정리절차개시결정을 받고, 2003. 9. 19. 정리계획인가결정을 받은 정리회사이고, 원고는 위 법원으로부터 그 관리인으로 선임된 자이며, 피고는 한국증권선물거래소법에 따라 2005. 1. 27. 한국증권거래소, 한국선물거래소 및 코스닥증권시장을 통합하여 설립된 통합 증권거래소이다.

나. 유가증권상장규정 중 상장폐지 관련 규정의 변경 과정

(1) 원고 회사에 대한 회사정리절차가 개시된 시점인 2002. 12. 12. 당시 적용되던 통합 전 한국증권거래소의 유가증권상장규정(2002. 3. 30. 시행. 이하 '구 상장규정'이라고 한다)은 제42조의2 제 1 항 제 8 호에서는 회사정리절차개시신청을 관리종목 지정사유로 정하였고, 제37조 제 1 항 제 3 호에서는 주권상장법인이 회사정리법의 규정에 의하여 정리절차개시의 신청을 한 후 법원의 정리절차 개시결정일 익일부터 기산하여 2년마다 한국증권거래소가 심사하여 주권상장법인으로서의 적격성이 인정되지 아니하는 경우 혹은 정리절차개시신청 기각, 정리절차개시결정 취소, 정리계획 불인가 및 정리절차폐지의 결정 등이 있을 때에는 당해 주권의 상장을 폐지한다고 규정하였다.

(2) 그런데 그 이후 개정된 한국증권거래소의 유가증권상장규정(2003. 1. 1. 시행. 이하 '개정 상장규정'이라 한다)은 제37조 제 1 항 제 9 호에서 회사정리법의 규정에 의하여 정리절차개시의 신청을 한 경우에 거래소는 당해 주권의 상장을 폐지하도록 정하였고(이하 위 제37조 제 1 항 제 9 호를 '이 사건 상장폐지조항'이라 한다), 부칙 제 4 조에서 "이 규정의 시행 당시 종전의 제42조의2 제 1 항 제 8 호의 규정에 의하여 관리종목으로 지정된 주권상장법인에 대하여는 제37조 제 1 항 제 9 호의 개정규정에 불구하고 2004. 12. 31.까지는 종전의 제37조 제 1 항 제 3 호 (나)목의 규정을 적용하며, 2004. 12. 31.까지 회사정리절차가 종결되지 아니하는 경우에는 당해 주권의 상장을 폐지한다."고 규정하였다.

(3) 이후 위 부칙 규정이 다시 개정되었는바, 한국증권거래소의 유가증권상장규정(2004. 12. 27. 시행) 부칙 제 2 항(이하 위 부칙 제 2 항을 '이 사건 부칙조항'이라 한

다)은 "유가증권상장규정(2003. 1. 1. 시행) 부칙 제 4 조를 다음과 같이 개정한다. 위 부칙 제 4 조 규정 시행 당시 종전의 제42조의2 제 1 항 제 8 호의 규정에 의하여 관리종목으로 지정된 주권상장법인에 대하여는 제37조 제 1 항 제 9 호의 개정규정에 불구하고 관리종목으로 계속 지정하고, 회사정리절차종료의 사실이 확인된 때에는 그 익일부터 관리종목지정을 해제하며, 정리절차개시결정의 취소, 정리계획 불인가 및 정리절차폐지의 결정 등이 있는 때에는 당해 주권의 상장을 폐지한다. 다만, 2004년 사업보고서를 기준으로 이 규정 제15조의2 제 1 항 각 호(제 6 호 및 제 7 호를 제외한다)의 요건을 구비하지 아니한 경우로서 2005. 3. 31.까지 회사정리절차가 종결되지 아니하는 경우에는 당해 주권의 상장을 폐지한다."고 규정하고 있으며, 위 제15조의2 제 1항은 주권의 재상장심사요건에 관한 조항으로 제 1 호에서 자본금, 자기자본 및 상장예정주식수, 제 2 호에서 매출액, 제 3 호에서 주식의 분산요건, 제 4 호에서 재무내용, 제 5 호에서 감사인의 감사의견, 제 6 호에서 합병에 관하여 각 재상장요건을 규정하고 있는데, 특히 제 4 호의 (가)목에서는 "최근 사업연도에 영업이익, 경상이익 및 당기순이익이 있고, 동 영업이익, 경상이익 및 당기순이익 중 적은 금액이 최근 사업연도 말 현재 자기자본의 100분의 5 이상이거나 25억 원 이상일 것"을 재상장요건으로 규정하고 있다.

(4) 피고의 유가증권시장상장규정(2005. 1. 27. 시행. 이하 '현행 상장규정'이라고 한다) 부칙 제 3 조는 위 규정 시행 전의 행위에 대한 관리종목지정 및 상장폐지 등의 적용에 있어서는 종전 한국증권거래소의 유가증권상장규정에 의한다고 규정하고 있다.

(5) 한편, 현행 상장규정 제95조 제 1 항 제11호에서는 공익과 투자자 보호 및 시장관리를 위하여 피고가 필요하다고 인정하는 경우에는 피고가 유가증권의 매매를 정지할 수 있도록 정하여져 있다.

다. 구 상장규정이 적용될 당시 회사정리절차를 신청한 원고 회사는 2002. 11. 19. 경 관리종목으로 지정되었으나, 2005. 3. 31.까지 위 회사정리절차가 종결되지 아니하였고, 최근 사업연도인 2004. 1. 1.부터 2004. 12. 31.까지의 회계기간 동안 원고 회사에게 영업손실 금 21,136,505,106원, 경상손실 금 52,099,912,080원 및 당기순손실 금 52,099,912,080원이 발생하여 재상장요건을 충족시키지 못하게 됨에 따라, 피고는 2005. 3. 11.경 원고 회사의 주권에 관하여 매매거래정지조치를 취한 후 2005. 3. 31. 원고 회사에게 이 사건 부칙조항에 따라 상장폐지절차를 진행할 예정임을 통지하였다(이하 '이 사건 상장폐지결정'이라 한다).

**【당사자들의 주장】**

가. 원고의 주장

원고는, ① 최종부도가 발생하거나 혹은 은행거래가 정지된 경우, 최근 사업연도의 사업보고서상 자본금 전액이 잠식된 경우 등 파산의 위험이 반영된 일반적인 상장폐지사유가 있음에도 불구하고, 그와 같은 사유에 해당하지도 않는 주권상장법인이 회사정리절차개시신청을 하였다는 이유만으로 당해 법인의 주권을 상장폐지하도록 한 이 사건 상장폐지조항은, 부실기업의 회사정리절차신청을 사실상 봉쇄하여 '갱생가능성'에 대한 법원의 구체적인 판단을 통해 보호할 수 있었던 당해 주권상장법인과 기존 주주의 이익을 희생시키는 것으로서 헌법상 비례의 원칙에 위반되어 무효이고, ② 이 사건 부칙조항 역시, 이미 관리종목으로 지정되어 상장을 계속 유지할 수 있었던 원고 회사의 법적 지위를 사후 개정에 의하여 소급적으로 박탈하고 있고, 상장 유지를 위하여 통상의 상장법인에 대해서는 요구하지 않는 재상장요건을 원고 회사와 같은 정리기업에 대해서만 갖출 것을 요구함으로써 평등원칙에 반하여 무효이므로, 위 각 규정에 근거하여 이루어진 이 사건 상장폐지결정도 당연히 무효라고 주장한다.

나. 피고의 주장

이에 대하여 피고는, ① 회사정리절차개시신청을 하였기 때문이 아니라 주권재상장 요건을 갖추지 못하였기 때문에 원고 회사의 주권상장이 폐지될 상황에 처한 것이므로, 이 사건 상장폐지조항은 이 사건 상장폐지결정과 관련이 없고, ② 설령 그렇지 않다고 하더라도, 2000년 및 2001년에 이르러 관리종목으로 지정된 부실기업이 전체 상장법인의 17%에 이르게 되고 투기적 거래가 빈번하게 됨에 따라, 투자자 보호를 위하여 상장폐지요건을 강화하는 과정에서 이 사건 상장폐지조항 및 부칙조항 등이 도입된 것인바, 투자부적격 부실기업의 주권을 계속 상장시킴으로써 기존 주주가 부담할 위험이 잠재적 투자자들에게 전가될 수 있는 위험을 방지할 필요가 있고, 실제로 회사정리절차를 신청한 많은 기업들이 다른 사유로 상장폐지될 만큼 부실의 정도가 심한 점에 비추어 보면, 이 사건 상장폐지조항이 위법한 규정이라고 볼 수 없으며, ③ 이 사건 부칙조항도 이미 회사정리절차개시결정이 이루어진 부실기업에 대하여 재상정요건이 구비되지 않을 경우 장래를 향하여 상장폐지하겠다는 것이어서 소급입법에 반하거나 정상적인 상장기업과 차별하는 것이라고 볼 수 없으므로, 이 사건 상장폐지결정 역시 무효로 볼 수 없다고 주장한다.

**【판결요지】**

[1] 주식회사 한국증권선물거래소는 한국증권선물거래소법 제 4 조의 규정에 따라 설립된 주식회사로서, 그 유가증권시장에 유가증권의 상장을 희망하는 발행회사와

주식회사 한국증권선물거래소 사이에 체결되는 상장계약은 사법상의 계약이고, 상장회사의 신청이 없는 상태에서의 주식회사 한국증권선물거래소에 의한 상장폐지 내지 상장폐지결정은 그러한 사법상의 계약관계를 해소하려는 주식회사 한국증권선물거래소의 일방적인 의사표시이다.

[2] 주식회사 한국증권선물거래소가 증권거래법의 규정에 따라 제정한 유가증권상장규정은, 행정기관이 제정하는 일반적, 추상적인 규정으로서 법령의 위임에 따라 그 규정의 내용을 보충하는 기능을 가지면서 그와 결합하여 대외적인 구속력을 가지는 법규명령이라고 볼 수는 없고, 증권거래법이 자치적인 사항을 스스로 정하도록 위임함으로써 제정된 주식회사 한국증권선물거래소의 자치 규정에 해당하는 것으로서, 상장계약과 관련하여서는 계약의 일방 당사자인 주식회사 한국증권선물거래소가 다수의 상장신청법인과 상장계약을 체결하기 위하여 일정한 형식에 의하여 미리 마련한 계약의 내용, 즉 약관의 성질을 갖는다.

[3] 주식회사 한국증권선물거래소가 제정한 유가증권상장규정은 법률의 규정에 근거를 두고 상장법인 내지 상장신청법인 모두에게 당연히 적용되는 규정으로서 실질적으로 규범적인 성격을 가지고 있음을 부인할 수 없어 관련 법률의 취지에 부합하지 않는 사항을 그 내용으로 할 수는 없고, 주식회사 한국증권선물거래소는 고도의 공익적 성격을 가지고 있는 점을 감안하면, 위 상장규정의 특정 조항이 비례의 원칙이나 형평의 원칙에 현저히 어긋남으로써 정의관념에 반한다거나 다른 법률이 보장하는 상장법인의 권리를 지나치게 제약함으로써 그 법률의 입법 목적이나 취지에 반하는 내용을 담고 있다면 그 조항은 위법하여 무효라고 보아야 한다.

[4] 회사정리절차의 개시신청을 하였다는 이유만으로 그 기업의 구체적인 재무상태나 회생가능성 등을 전혀 심사하지 아니한 채 곧바로 상장폐지결정을 하도록 한 구 유가증권상장규정(2003. 1. 1. 시행)의 상장폐지규정은, 그 규정으로 달성하려는 '부실기업의 조기퇴출과 이를 통한 주식시장의 거래안정 및 투자자 보호'라는 목적과 위 조항에 따라 상장폐지될 경우 그 상장법인과 기존 주주들이 상실할 이익을 비교할 때 비례의 원칙에 현저히 어긋나고, 또한 구 기업구조조정 촉진법에 따른 공동관리절차를 선택한 기업에 비하여 차별하는 것에 합리적인 근거를 발견할 수 없어 형평의 원칙에도 어긋나 정의관념에 반한다. 아울러 위 상장폐지규정은 회사정리절차를 선택할 경우에 과도한 불이익을 가하여 구 회사정리법(2005. 3. 31. 법률 제7428호 채무자 회생 및 파산에 관한 법률 부칙 제2조로 폐지)에 기한 회생의 기회를 현저하게 제한하고 회사정리절차를 통하여 조기에 부실을 종료할 기회를 박탈함으로써 사실상 구 회사정리법상 보장된 회사정리절차를 밟을 권리를 현저히 제약하는 것이어서, 부실이 심화되기 전에 조기에 회사를 정상화

하도록 하려는 구 회사정리법의 입법 목적과 취지에 반한다. 따라서 위 상장폐지 규정은 무효이다.

## 3. 관련판례 (2)

【서울남부지법 2009. 6. 15. 자 2009카합613 결정(상장폐지결정등효력정지가처분)】

【판시사항】

[1] 코스닥시장 상장규정이 상장폐지의 사유와 근거를 당해 기업에 서면으로 통지하도록 한 취지 및 그 통지에 명시 또는 적시하여야 할 내용과 정도

[2] 상장폐지기준 해당 결정 통지에 상장폐지 근거 규정과 상장적격성에 관한 사유만을 명시하였을 뿐 당해 기업이 어떠한 행위로 근거 규정에 해당하는지를 알 수 있을 정도로 구체적인 사실을 적시하지 않은 사안에서, 위 상장폐지기준 해당 결정은 상장규정 제40조 제 1 항에 위배되고 이에 터잡은 상장폐지 결정도 위법하다고 한 사례

[3] 코스닥시장 상장규정 제38조 제 2 항 제 5 호 (가)목의 상장폐지 사유에 해당함을 이유로 한 상장폐지 결정이 적법한 것으로 인정되기 위한 요건

[4] 코스닥시장 상장규정 제38조 제 2 항 제 5 호 (가)목의 상장폐지 사유에 해당함을 이유로 상장폐지 결정을 통지받은 기업이, 자구이행을 통하여 조달한 자금 중 일부를 재무구조의 개선과 무관하게 사용한 것이 인정되지만 이를 제외한 나머지 조달 자금만으로도 자본 관련 상장폐지요건을 해소할 수 있어, 상장폐지 요건을 회피한 것으로 볼 수 없다고 한 사례

[5] 상장폐지 결정을 할 때 상장폐지 요건의 회피행위로 삼지 않았던 사유를 상장폐지 결정의 효력을 다투는 소송중에 추가하는 것이 허용되는지 여부(원칙적 소극)

[6] 상장폐지 결정 통지를 받은 기업에 그 결정의 효력을 다툴 피보전권리가 있고, 가처분으로 주권 정리매매절차의 진행 등을 중지할 급박한 보전의 필요성도 인정된다고 한 사례

【결정요지】

[1] 코스닥시장 상장규정이 상장폐지의 사유 및 근거를 당해 기업에 서면으로 통지하도록 한 취지는, 상장폐지가 당해 기업에 미치는 심대한 불이익을 감안하여 한국거래소가 스스로 자신의 결정 과정과 내용을 검토하여 보게 함으로써 자의적이고

편의적인 결정을 방지하는 한편, 당해 기업에 상장폐지 결정에 이르게 된 사유를 명확하게 알려 당해 기업 등 이해관계인으로 하여금 상장폐지에 대한 이의신청절차 또는 사법적 구제절차에 적절히 대처할 수 있게 하기 위한 것이다. 그리고 위와 같은 규정 취지에 비추어 보면, 한국거래소는 상장폐지의 사유 및 근거를 제시함에 있어서, 상장폐지의 근거가 되는 법령과 규정 등을 명시하여야 함은 물론 당해 기업이 어떠한 사실로 인하여 그 근거 규정에 해당하는지를 알 수 있을 정도로 구체적인 사실을 적시하여야 하고, 이러한 상장폐지의 사유 및 근거를 빠뜨린 하자는 당해 기업이 상장폐지 통보 당시 그 취지를 알고 있었다거나 그 후 알게 되었다고 하여도 치유될 수 없다.

[2] 한국거래소가 코스닥시장 상장규정 제38조 제 2 항 제 5 호 (가)목의 상장폐지 사유에 해당한다고 보아 상장폐지 심사대상 기업에 한 상장폐지의 근거 및 사유의 통지가, 상장폐지의 근거가 되는 규정과 상장적격성에 관한 사유만을 명시하였을 뿐 당해 기업의 어떠한 행위를 상장폐지 요건을 회피하기 위한 것으로 보았는지를 알 수 있을 정도로 구체적인 사실을 전혀 적시하지 않아 위 기업으로 하여금 상장폐지실질심사 대상으로 선정된 사유를 이의신청단계에서 충분히 다툴 수 없도록 하는 것이어서 상장규정 제40조 제 1 항에 위배되므로, 상장폐지기준 해당 결정과 이에 터잡은 상장폐지 결정이 위법하다고 한 사례.

[3] 코스닥시장 상장규정 제38조 제 2 항 제 5 호 (가)목의 상장폐지 사유에 해당함을 이유로 한 상장폐지 결정이 적법한 것으로 인정되기 위해서는, 첫째, 코스닥시장 상장기업의 자구이행이 재무구조의 개선과 무관하게 상장폐지 요건을 회피하기 위한 것이어서 그 기업이 상장폐지실질심사 대상에 해당하여야 하고(현행 상장규정은 상장폐지실질심사를 할 수 있는 경우를 한정하고 있으므로 이에 해당하지 않으면 설령 상장적격성이 없다고 하더라도 상장폐지를 시킬 수 없다), 둘째, 기업의 계속성, 경영의 투명성 또는 기타 코스닥시장의 건전성 등을 종합적으로 고려할 때 그 기업이 코스닥시장 상장기업으로서의 적격성이 없어 상장폐지가 필요하다고 인정되어야 한다.

[4] 코스닥시장 상장규정 제38조 제 2 항 제 5 호 (가)목의 상장폐지 사유에 해당함을 이유로 상장폐지 결정을 통지받은 기업이, 자구이행을 통하여 조달한 자금 중 일부를 재무구조의 개선과 무관하게 사용한 것이 인정되지만 이를 제외한 나머지 조달 자금만으로도 자본 관련 상장폐지요건을 해소할 수 있어, 상장폐지 요건을 회피한 것으로 볼 수 없다고 한 사례.

[5] 상장폐지의 사유와 근거를 당해 기업에 서면으로 통지하도록 하고, 그에 대하여 당해 기업이 이의신청을 할 수 있도록 한 코스닥시장 상장규정 제40조 제 1 항,

제 2 항의 규정 취지에 비추어, 상장폐지 결정을 할 때 상장폐지 요건의 회피행위로 삼지 아니한 사유를 상장폐지 결정의 효력을 다투는 소송중에 추가하는 것은, 당초의 사유와 추가된 사유 사이에 기본적 사실관계가 동일하지 아니한 이상, 허용되지 아니한다.

[6] 상장폐지 결정이 절차적으로나 실체적으로 위법하므로 그 결정의 통지를 받은 기업은 그 효력을 다툴 피보전권리가 있고, 나아가 해당 규정에 따른 주권상장폐지 조치가 진행되고 있는 이상, 그 기업의 갱생과 자본잠식 상태의 해소에 적극 협조하여 정당한 기대를 가지게 된 기존 투자자의 보호를 위하여, 한국거래소의 자발적 의사와는 별도로 가처분으로써 그 절차의 진행을 중지할 급박한 보전의 필요성이 인정된다고 한 사례.

## Ⅲ. 증권예탁결제제도, 실질주주제도, 전자등록제도

### 1. 증권예탁결제제도

증권예탁결제제도는 증권을 대량으로 보유하고 있는 증권회사나 기관투자가 등의 예탁자가 중앙예탁기관(예탁결제원)에 계좌를 개설하여 증권을 집중예탁하고, 증권의 양도나 질권설정 등의 권리이전에 있어서 실물증권의 인도(delivery)를 하는 대신 계좌부간 대체기재의 방법으로 대금의 지급(payment)을 하는 제도를 말한다.[1)]

증권예탁결제제도는 자본시장법 제 6 편 제 2 장 제 1 절 한국예탁결제원(법 제294조), 금융위원회 규정, 예탁결제원 및 전자등록기관의 예탁결제업무규정에 의하여 운영된다. 자본시장법에는 증권예탁결제제도뿐만 아니라 그 운영기관인 예탁결제원의 운영과 조직에 관한 사항도 정하고 있다. 또한 자본시장법은 민사법의 특별법의 지위를 가지고 있으므로 민사법 기타 법규가 필요한 범위 내에서 보충적인 효력을 가지고, 그 밖에 내용은 그 하위 규정인 예탁결제원의 업무규정 등 계약에 의하여 규정된 바에 따르되, 그러한 규정에도 정하여지지 않은 사항에 대하여는 민사법 등 일반원리를 적용받게 된다.

### 2. 실질주주제도

예탁결제원은 예탁증권에 대하여 자기명의로 명의개서를 하게 된다(법 제314

1) 증권예탁원, 28면.

**그림 1-4** 증권예탁결제제도의 운영구조[1)]

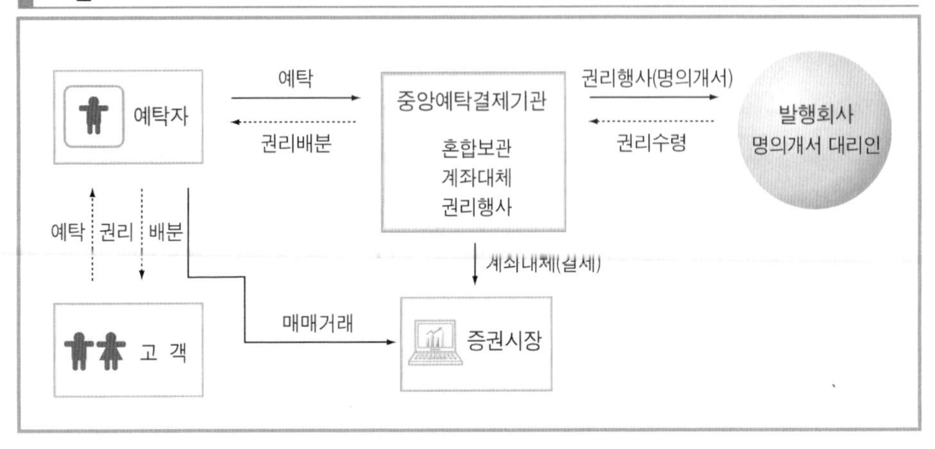


조 제2항, 증권등 예탁업무규정 제47조). 따라서 발행회사의 주주명부에는 기재되어 있지 않지만 주식에 대한 실질적인 소유권이 있는 실질주주의 개념이 발생한다.[2)] 예탁결제제도에서 실질주주라 함은 예탁자를 통하여 예탁결제원에 예탁되어 있는 주권의 실제소유자를 말하며 자본시장법에서는 이를 '예탁주권의 공유자'로 정의하고 있다(법 제315조). 실질주주제도는 주식의 발행회사가 특정한 날을 정하여 주주에게 각종 권리를 부여하게 되는 경우 그 특정한 날 현재 예탁결제원에 예탁된 주권의 실제소유자인 실질주주를 확정하고 이들의 권리행사를 예탁결제원이 대신하는 업무체계를 말한다. 예탁결제원은 예탁결제원의 이름으로 명의개서된 주식에 대하여는 예탁자의 신청이 없더라도 상법상 주권불소지신고(상법 제358조의2)의 권리와 주주명부의 기재 및 주권에 관하여 주주로서의 권리를 행사할 수 있다(법 제314조 제3항).[3)] 즉 주주권의 근본적인 변화를 가져오는 권리는 예탁결제원이 행사하지 않으며, 따라서 의결권·이익배당청구권·신주인수권 등은 실질주주가 행사한다.

---

1) 출처: 한국예탁결제원(http://www.ksd.or.kr).

2) 증권예탁원, 149면.

3) 주권에 관한 권리라 함은 주권의 병합·분할의 청구, 회사합병 등으로 주권의 교체가 있는 경우 그 교체청구, 준비금의 자본전입, 주식배당, 신주인수권의 행사 등에 의해 발행하는 주권의 수령, 주권상실시의 공시최고의 신청 등에 관한 권리를 말한다(예탁업무규정 제49조 제2항).

## 3. 전자등록제도

### (1) 개　　요

『주식·사채 등의 전자등록에 관한 법률(2019. 9. 16 시행)』(이하 '전자등록법'이라 함)은 '주식등'이 나타내는 권리가 실물의 형태로 전혀 발행되지 아니하고 전자적 방법을 통하여 등록발행하고 전산장부상으로만 권리의 양도·담보의 설정·권리의 행사가 이루어지는 제도이다. 전자등록법이 시행되면 기존의 공사채등록법 및 전자단기사채등의 발행 및 유통에 관한 법률은 폐지된다(부칙 제2조).[1]

전자등록법 시행 이후에 발행되는 주식등의 경우에는 새로운 법률의 규정에 따라 전자적으로 등록하면 되겠지만, 기존에 이미 발행되어 주식등의 소유자가 직접 보유하고 있는 경우나 예탁기관에 예탁된 주식등, 그리고 발행 당초부터 불발행되어 있는 경우에는 어떻게 전자등록제도 하에서 조치할 것인지에 관하여는 부칙에서 별도로 정하고 있다. 먼저 ① 기존의 증권시장에 상장된 주식등(전자등록법 제25조 제1항 제1호), ② 자본시장법에 따른 투자신탁의 수익권 또는 투자회사의 주식(동조 제1항 제2호), 그리고 ③ 그 밖에 권리자 보호 및 건전한 거래질서의 유지를 위하여 신규 전자등록의 신청을 하도록 할 필요가 있는 주식등으로서 대통령령으로 정하는 주식등(동조 제1항 제3호)은 발행인이 전자등록법 제25조에 따른 신규 전자등록신청을 하지 않더라도 전자등록법 시행일로부터 전자등록주식등으로 전환된다(부칙 제3조 제1항).

다음으로 사채권등에 표시된 권리로서 전자등록법 시행 당시 그 사채권등이 예탁결제원에 예탁되지 아니한 금액 또는 수량에 대해서는 법 시행에도 불구하고 전자등록주식등으로 자동으로 전환되지 아니하며, 그 사채권등이 종전의 「공사채등록법」에 따라 예탁결제원에 등록된 공사채로서 전자등록 법 시행 당시 예탁결제원에 예탁되지 아니한 금액 또는 수량에 대해서는 법 시행 후 해당 공사채에 대하여 대통령령으로 정하는 방법 및 절차에 따라 그 소유자의 신청을 받아 전자등록주식등으로 전환된다(부칙 제3조 제2항).

실물의 존재를 전제로 하는 기존 제도 하에서는 실물 보관비용의 절감, 증권의 위·변조, 분실위험 등을 방지하는 한편, 권리행사의 집중화로 투자자의 편의를

---

1) 자세한 내용은 김병연, "주식·사채 등의 전자등록제도의 도입에 관하여," 『증권법연구』 제19권 제3호(2018. 12), 35면 이하 참조.

제고하기 위하여 예탁제도를 운영하고 있다(자본시장법 제308조 이하). 그런데 전자등록제도는 현행법상 주권불소지제도, 채권등록제도와 예탁결제제도가 결합된 제도로서 전자등록제도가 도입되는 경우에는 원칙적으로 예탁제도를 유지할 이유가 없다. 그러나 예탁제도를 폐지하는 경우 일부 발행인의 경우에는 전자등록제도로 이행하지 않고 예탁제도도 이용하지 못하게 되어 거래비용과 불편의 증가를 가져오므로 과도기적으로는 예탁제도에서 전자등록제도로의 이행이 원활하게 이루어질 수 있도록 할 필요가 있다. 그리고 전자등록제도가 도입되면 실물증권이 폐지되므로 증권의 발행 및 명의개서 대행 업무는 발생하지 않게 되며, 발행회사의 'corporate actions'와 관련된 일정관리 및 주주 등에 대한 각종 통지업무만 존속될 것이다.

### (2) 전자등록기관 및 계좌관리기관

전자등록기관은 주식등의 전자등록에 관한 제도의 운영을 위하여 전자등록업으로 허가를 받은 100억원 이상의 자기자본을 갖춘 주식회사이다(법 제2조 제6호 및 제5조 제2항). 전자등록업을 영위하는 것은 허가제로 운영되기 때문에 복수의 전자등록기관이 존재할 수 있지만, 기존 예탁결제제도를 운영·관리하고 있는 한국예탁결제원이 전자등록기관 허가를 받은 것으로 간주되기 때문에(부칙 제8조) 전자등록법 시행 시점에서 전자등록기관은 한국예탁결제원이 된다.

계좌관리기관은 자본시장법상 일부 금융투자업자를 비롯한 기타 법률상 금융기관으로서 고객계좌를 관리하는 자를 말한다(법 제2조 제7호). 전자등록기관은 전자등록업으로 허가를 받아야 하지만, 계좌관리기관은 별도의 허가요건을 필요로 하지 아니하고 자본시장법상 금융투자업자, 은행법상 은행, 보험업법상 보험회사등인 경우 그 업무를 하는 것이 가능하다(법 제19조).

### (3) 전자등록절차 및 효과

주식등의 발행인은 전자등록기관에 등록을 하는 경우 발행인관리계좌를 개설하며(법 제21조 제1항), 전자등록기관은 발행인별로 발행인관리계좌부를 작성하여 관리한다(동조 제2항). 전자등록주식의 권리자가 되려는 자는 계좌관리기관에 고객계좌를 개설하여야 하며(법 제22조 제1항), 계좌관리기관은 권리자별로 고객계좌부를 작성하여 관리하여야 한다(동조 제2항). 계좌관리기관은 고객계좌부에 전자등록된 '전자등록주식등'의 총수량 또는 총금액을 관리하기 위하여 전자등록기관에 고객관리계좌를 개설하여야 하며(동조 제 3 항), 이 경우 전자등록기관은 계좌관리기관별로 고객관리계좌부를 작성하여야 한다(동조 제 4 항). 이러한 형태는 기존의 예탁결제제도 하에서 증권회사가 고객계좌부를 작성·관리하고, 예탁기관인 예탁결제원이 예탁자계좌부를 작성·관리하는 것과 동일한 구조라고 할 수 있다.

발행등록의 경우 발행인이 해당 주식등의 종목별로 발행내역에 관하여 전자등록신청서 또는 사전심사신청서를 작성하여 전자등록기관에 제출함으로써(법 제25조 제 3 항) 전자등록을 신청하게 된다. 계좌간 대체의 전자등록, 즉 전자등록주식등의 양도의 경우에는 계좌간 대체를 하려는 자가 해당 전자등록주식등이 전자등록된 전자등록기관 또는 계좌관리기관에 계좌간 대체의 전자등록을 신청하여야 한다(법 제30조 제 1 항). 권리의 소멸 등에 따른 변경·말소의 전자등록을 하려는 자는 해당 전자등록주식등이 전자등록된 전자등록기관 또는 계좌관리기관에 신규 전자등록의 변경·말소의 전자등록을 신청하여야 한다(법 제33조 제 1 항).

전자등록계좌부에 전자등록된 자는 해당 전자등록주식등에 대하여 전자등록된 권리를 적법하게 가지는 것으로 추정됨으로써(법 제35조) 권리추정력을 가진다. 전자등록이 이루어진 경우 발행인은 전자등록주식등에 대해서는 증권 또는 증서를 발행해서는 아니 되며(법 제36조 제 1 항), 이를 위반하여 발행된 증권 또는 증서는 효력이 없다(동조 제 2 항). 그리고 이미 주권등이 발행된 주식등이 신규 전자등록된 경우 그 전자등록주식등에 대한 주권등은 기준일부터 그 효력을 잃게 되며, 기준일 당시 「민사소송법」에 따른 공시최고절차가 계속 중이었던 주권등은 그 주권등에 대한 제권판결의 확정, 그 밖에 이와 비슷한 사유가 발생한 날부터 효력을 잃는다(동조 제 3 항). 전자등록된 주식등에 대하여 질권을 설정·말소하는 경우에는 질권설정자의 전자등록계좌에 질물이라는 사실과 질권자를 전자등록하는 방법으로 한다(법 제31조 제 2 항). 신탁과 관련하여서는 전자등록주식등이 전자등록된 전자등록기관 또는 계좌관리기관에 신탁재산이라는 사실을 표시하거나 말소의 전자등록을 하여야 하며(법 제 32조 제 1 항), 이로써 제 3 자에게 대항력을 갖추게 된다(법 제35조 제 4 항).

실물이 완전히 없는 전자등록제도 하에서도 기존의 민법의 경우처럼 주식·사채 등의 선의취득을 인정할 것인지도 문제이다. 현행 민법에서는 누구든지 무기명채권의 적법한 소지인에 대하여 그 반환을 청구하지 못하지만, 소지인이 취득한 때에 양도인이 권리 없음을 알았거나 중대한 과실로 알지 못한 때에는 그러하지 아니하다고 규정함으로써(민법 제524조, 제514조) 선의취득을 인정하고 있다. 전자등록제도의 경우 선의로 중과실 없이 전자등록계좌부의 권리 내용을 신뢰하고 소유자 또는 질권자로 전자등록된 자는 해당 전자등록주식등에 대한 권리를 적법하게 취득하는 것으로 하고 있다(법 제35조 제5항).

### (4) 전자등록제도 하의 권리행사

전자등록주식등으로서 기명식 주식등의 발행인은 전자등록기관에 일정한 날을 기준으로 소유자명세의 작성을 요청하여야 한다(법 제37조 제1항). 소유자명세가 작성되어 발행인에게 통지되면 발행인은 통지받은 사항과 통지 연월일을 기재하여 주주명부를 작성·비치하여야 한다(동조 제6항). 따라서 소유자명세에 의하지 않고 양도인이나 양수인이 개별적으로 증명서를 작성하여 발행인에게 제출하여 명의개서를 신청하는 것은 허용하지 않는다고 보아야 한다.

전자등록법은 개별적인 주주권의 행사와 관련하여 소유자증명서 제도와 소유내용의 통지제도를 두고 있다. 전자등록기관은 전자등록주식등의 소유자가 자신의 권리를 행사하기 위하여 해당 전자등록주식등의 전자등록을 증명하는 소유자증명서의 발행을 신청하는 경우에는 이를 발행하여야 하며, 이 경우 계좌관리기관에 고객계좌를 개설한 전자등록주식등의 소유자는 해당 계좌관리기관을 통하여 신청하여야 한다(법 제39조 제1항). 계좌관리기관이 이러한 신청을 받은 경우 전자등록주식등의 소유 내용 및 행사하려는 권리의 내용, 그 밖에 대통령령으로 정하는 사항을 지체 없이 전자등록기관에 통지하여야 한다(동조 제2항). 전자등록기관이 소유자증명서를 발행하였을 때에는 발행인 등에게 그 사실을 지체 없이 통지하여야 하며(동조 제3항), 해당 전자등록주식등이 전자등록된 전자등록기관 또는 계좌관리기관은 전자등록계좌부에 그 소유자증명서 발행의 기초가 된 전자등록주식등의 처분을 제한하는 전자등록을 하여야 하고, 그 소유자증명서가 반환된 때에는 그 처분을 제한하는 전자등록을 말소하여야 한다(동조 제4항). 전자등록주식등의 소유자는 소유자증명서를 발행인에게 제출함으로써 권리를 행사할 수 있다(동조 제5항).

한편 전자등록기관은 전자등록주식등의 소유자가 자신의 그 소유 내용을 발행인등에게 통지하여 줄 것을 신청하는 경우에는 그 내용을 통지하여야 하고, 이 경우 계좌관리기관에 고객계좌를 개설한 전자등록주식등의 소유자는 해당 계좌관리기관을 통하여 신청하여야 한다(법 제40조 제 1 항). 계좌관리기관은 이 신청을 받으면 전자등록주식등의 소유 내용 및 통지 내용, 그 밖에 대통령령으로 정하는 사항을 지체 없이 전자등록기관에 통지하여야 한다(동조 제 2 항).

소유자증명시의 발행과 소유내용의 통지는 권리를 행사할 자가 누구라는 점을 알려 준다는 점에서 유사하다. 단지 소유자증명서는 실물로 발행되는 일종의 증거증권이라는 점에서 차이가 있을 뿐이다. 그런데, 명의개서가 아직 이루어지지 않은 상태에서 소유자증명서나 소유내용의 통지를 가지고 주주권을 행사할 수 있는지에 대하여 의문이 생길 수 있는데, 전자등록법이 소유자증명서를 제출함으로써 권리를 행사할 수 있다고 하고 있고(법 제39조 제 5 항) 소유자는 통지된 내용에 대하여 소유자로서의 권리를 행사할 수 있다고(법 제40조 제 4 항) 규정하고 있기 때문에 명의개서 없이도 권리행사가 가능하다고 보아야 할 것이다.

(5) 초과분에 대한 해소의무

전자등록제도 하에서 초과기재의 발생가능성이 있는가 하는 문제는, 결국 시스템을 운영하는 주체가 사람이라는 점에서 전산시스템의 오류가 없다고 하더라도(즉 시스템의 안정성 문제와는 별도로 하더라도) 발생가능성을 완전히 부정할 수는 없다. 계좌관리기관은 고객계좌부에 전자등록된 주식등의 종목별 총수량 또는 총금액이 고객관리계좌부에 기록된 전자등록주식등의 종목별 총수량 또는 총금액을 초과하는 경우에는 지체 없이 그 초과분을 해소하여야 한다(법 제42조 제 1 항). 초과분이 발생한 경우에는 초과분 해소의무가 이행될 때까지 그 의무가 발생한 계좌관리기관의 고객계좌부에 해당 전자등록주식등의 권리자로 전자등록된 자는 그에 대한 권리를 발행인에게 주장할 수 없다(법 제43조 제 1 항).

전자등록기관은 계좌관리기관등 자기계좌부에 전자등록된 주식등의 종목별 총수량 또는 총금액과 고객관리계좌부에 기록된 전자등록주식등의 종목별 총수량 또는 총금액의 합이 발행인관리계좌부에 기록된 전자등록주식등의 종목별 총수량 또는 총금액을 초과하는 경우에는 대통령령으로 정하는 바에 따라 지체 없이 그 초과분을 해소하여야 한다(법 제42조 제 2 항). 초과분 해소의무가 이행될 때까지 해당 전자등록주식등의 권리자로 전자등록된 자로서 그에 대한 권리를 발행인에게 주장할 수 없다(법 제43조 제 2 항). 위와 같은 권리행사의 제한으로 인하여 해당 전자등록주식등의 권리자에게 손해가 발생한 경우 해소의무를 부담하는 자는 해당 손해를 배상하여야 하며(동조 제3항), 초과분 해소의무를 이행한 계좌관리기관 또는 전자등록기관은 각각 해당 초과분 발생에 책임이 있는 자에게 구상권을 행사할 수 있다(동조 제5항).

## Ⅳ. 금융투자상품거래청산업

자본시장법 2013년 4월 개정에서는 자본시장에서 청산기능의 주체가 되는 금융투자상품거래청산업에 관한 규정을 신설하였다. "금융투자상품거래청산업"이란 금융투자업자 및 대통령령으로 정하는 자("청산대상업자")를 상대방으로 하여 청산대상업자가 대통령령으로 정하는 금융투자상품의 거래("청산대상거래")를 함에 따라 발생하는 채무를 채무인수, 경개(更改), 그 밖의 방법으로 부담하는 것을 영업으로 하는 것을 말한다(법 제9조 제25항). 자본시장법상 금융투자상품거래청산업을 영위하기 위해서는 인가를 취득하여야 한다(법 제323조의2).

이러한 금융투자상품거래청산회사에 관한 규정의 신설은 기존의 거래소가 독점의 청산기구가 아님을 말해주는 것이지만, 현실적으로는 여전히 거래소가 독점적인 청산기구라고 보아야 한다. 왜냐하면 거래소가 자본시장법령에 따라 증권시장 및 파생상품시장에서의 매매거래(다자간매매체결회사에서의 거래 포함)에 따른 청산기관업무와 파생상품시장에서의 결제기관으로 지정된 것으로 간주하고 있기 때문이다(법 제378조, 부칙〈법률 제11845호, 2013. 5. 28.〉 제15조 제3항).

결국 금융투자상품거래청산회사는 증권시장 및 파생상품시장에서의 매매거래 및 다자간매매체결회사에서의 거래를 제외한 장외거래를 청산대상으로 삼게 된다. 이는 장외파생거래 등의 결제불이행 위험을 축소하기 위한 G20 정상회담의 합의사항을 국내에 수용하기 위해서 취해진 조치이다. 이에 따라서 금융투자업자는 다른 금융투자업자 및 대통령령으로 정하는 자(외국금융투자업자를 말함)와 대통령령으로 정하는 장외파생상품의 매매 및 그 밖의 장외거래(그 거래에 따른 채무의 불이행이 국내 자본시장에 중대한 영향을 줄 우려가 있는 경우로 한정함)를 하는 경우 금융투자상품거래청산회사, 그 밖에 이에 준하는 자로서 대통령령으로 정하는 자(외국금융투자상품거래청산회사를 말함)에게 청산의무거래에 따른 자기와 거래상대방의 채무를 채무인수, 경개, 그 밖의 방법으로 부담하도록 하여야 한다(법 제166조의3, 시행령 제186조의3).

## Ⅴ. 증권금융회사

주권발행회사들이 목적으로 하는 자본시장에서의 자금조달을 위해서는 무엇보다도 활발한 금융투자상품의 발행과 유통이 이루어져야 한다. 그러한 목적을 위해서는 무엇보다도 금융투자상품의 거래에 있어서 중요한 매개적 역할을 하는 금융투자업자들이 신속하게 자금을 조달할 수 있어야 한다. 이를 위해서 자본시장법은 증권금융업무[1]를 비롯하여 신탁업무, 집합투자재산의 보관·관리업무, 증권대차업무, 보호예수업무 등을 수행하기 위해서(법 제326조) 증권금융회사제도를 운영하고 있다(법 제324조).

증권금융회사는 자본시장의 건전한 발전을 위해서 필요한 제도라는 점에서 증권시장의 개장 초기인 1950년대부터 설립되었다. 자본시장법상 증권금융회사로 인가받기 위해서는 상법상 주식회사이어야 하고 500억원 이상의 자기자본요건 등의 요건(법 제324조)을 갖추어야 금융위원회로부터 인가받아야 하는데, 현재 증권금융회사로서 인가받은 회사는 한국증권금융회사가 유일하다. 증권금융회사가 아닌 자는 "증권금융" 또는 이와 유사한 명칭을 사용하여서는 아니 되며(법 제325조), 자본시장법에 따른 인가를 받지 아니하고 증권금융업무를 영위할 수 없도록 함으로써(법 제323조의21) 무인가 증권금융업무를 금지하여 자본시장의 건전한 자금의 이동을 담보하고 있다.

## Ⅵ. 신용평가회사

자본시장법상 금융투자상품의 원활한 거래를 위해서는 금융투자업자는 물론이고 투자자들이 투자대상자산의 가치에 대한 신뢰를 가질 수 있어야 한다. 이러

---

1) 법 제326조 제 1 항에 따르면 증권금융업무는 다음과 같다.
   1. 금융투자상품의 매도·매수, 증권의 발행·인수 또는 그 중개나 청약의 권유, 청약, 청약의 승낙과 관련하여 투자매매업자 또는 투자중개업자에 대하여 필요한 자금 또는 증권을 대여하는 업무
   2. 거래소시장에서의 매매거래(다자간매매체결회사에서의 거래를 포함한다) 또는 청산대상거래에 필요한 자금 또는 증권을 제378조 제 1 항에 따른 청산기관인 거래소 또는 금융투자상품거래청산회사를 통하여 대여하는 업무
   3. 증권을 담보로 하는 대출업무
   4. 그 밖에 금융위원회의 승인을 받은 업무

한 점을 반영하여 자본시장법의 많은 부분에서 신용평가와 관련된 규정들을 두고 있다.[1] 신용평가 분야는 외국의 경우 무디스(Moodys), 피치(Fitch), 스탠다드앤드푸어스(Standard & Poor's) 등 익숙한 기관들이 활동하고 있지만, 특히 한국의 자본시장에서는 활동이 거의 전무하다시피 하고, 인수인의 역할을 하는 금융투자회사들의 신용과 역할들에 의해 대체되어 왔다고도 할 수 있다. 자본시장법은 2013년 5월 개정에서 신용평가회사 제도를 인가주의로 하여 도입하였다.

자본시장법상 신용평가업을 영위하려는 자는 상법상 주식회사여야 하고 자기자본이 50억원 이상일 것 등의 일정한 요건을 갖추어서 금융위원회의 인가를 받아야만 신용평가업을 영위할 수 있다(법 제335조의3). 신용평가는 공정하게 이루어져야 하는 것이 핵심이므로 자본시장법은 신용평가회사 및 그 임직원에게 신용평가에 관한 업무를 함에 있어 독립적인 입장에서 공정하고 충실하게 업무를 수행할 것을 요구함(법 제335조의9)은 물론, 신용평가와 관련하여 이해상충의 관계에 있을 가능성이 큰 대규모기업집단과 금융기관의 개입을 차단하고자 하는 제도적 장치[2]를 두고 있다.

자본시장법은 신용평가회사의 겸영업무와 부수업무에 대하여도 규제하고 있다. 신용평가회사는 제263조에 따른 채권평가회사의 업무와 기타 대통령령이 정하는 업무[3]를 겸영할 수 있다(법 제335조의10 제 1 항). 또한 신용평가회사는 은행, 그 밖에 대통령령으로 정하는 금융기관의 기업 등에 대한 신용공여의 원리금상환 가능성에 대한 평가 업무, 은행, 보험회사, 그 밖에 대통령령으로 정하는 금융기관의 지급능력, 재무건전성 등에 대한 평가 업무, 그 밖에 대통령령으로 정하는 업무[4]를 부수업무로 영위할 수 있다.

---

1) 자본시장법 제125조, 제444조를 비롯하여 동법 시행령 제11조, 제40조, 제80조 등 참조.

2) 법 제335조의3 제 2 항 제 1 호에 따르면, 상호출자제한기업집단에 속하는 회사가 100분의 10을 초과하여 출자한 법인과 대통령령으로 정하는 금융기관이 100분의 10을 초과하여 출자한 법인, 그리고 이러한 법인들이 최대주주인 법인은 신용평가업인가를 받지 못하도록 규제하고 있다.

3) 아직 시행령에 의해 정하여진 기타 겸영업무는 없다.

4) 시행령 제324조의7 제 2 항에 따르면, 사업성 평가, 가치평가 및 기업진단업무, 신용평가모형과 위험관리모형의 개발 및 제공 업무, 기타 금융위원회가 정하여 고시하는 업무를 부수업무로 영위할 수 있다.

# 2장

# 금융투자상품, 증권, 파생상품

1절 금융투자상품의 개념 및 유형
2절 증권의 개념 및 유형
3절 자본시장법상 새로운 증권의 유형
4절 파생상품의 개념 및 유형

# 제 1 절 금융투자상품의 개념 및 유형

## Ⅰ. 금융투자상품의 의의

자본시장법은 '금융투자상품'을 "이익을 얻거나 손실을 회피할 목적으로 현재 또는 장래의 특정 시점에 금전 그 밖에 재산적 가치가 있는 것(이하 '금전등')을 지급하기로 약정함으로써 취득하는 권리로서, 그 권리의 취득을 위하여 지급하였거나 지급하여야 할 금전등의 총액(판매수수료 등 대통령령이 정하는 금액을 제외한다)이 그 권리로부터 회수하였거나 회수할 수 있는 금전등의 총액(해지수수료 등 대통령령이 정하는 금액을 포함한다)을 초과하게 될 위험(이하 '투자성'이라 한다)이 있는 것"으로 정의하고 있다(법 제3조 제1항).

### 1. 금융투자상품의 기능적 정의

자본시장법은 금융투자상품을 기능적으로 원칙적인 개념정의를 하고 구체적인 규제영역을 확정지음에 있어서는 단계적 정의방식을 도입하고 있다.[1] 자본시장법이 택하고 있는 기능적 개념정의방식은 규제대상상품의 기능과 위험을 기초로 하여 추상적으로 정의하고, 일반적 개념정의의 추상성을 명시적인 포함규정 및 배제규정을 통하여 구체화함으로써 실제 운용과정에서 발생할 수 있는 법적 불확실성을 사전에 제거하고자 하는 것이다.

금융투자상품의 정의에 있어서 기능을 그 요소로 한다는 것은 금융투자상품의 개념정의에 있어서 금융투자상품의 투자성(위험)이라고 하는 경제적 기능을 기초로 파악한다는 것인데,[2] 경제적 기능을 기초로 금융투자상품의 개념을 정의하는 것은 다음과 같은 규제적인 측면에서의 장점이 있다. 즉 금융투자상품의 기능은 일정한 것이므로 안정적인 규제의 행사와 그에 따른 예측가능성이 확보될 수 있다는 점이다. 그 결과 투자성이라는 경제적 기능을 수행하는 상품을 모두 금융투자상품으로 포섭함으로써 종래의 한정적 열거주의 규제체계하에서의 금융투자상품의 개념정의가 가진 한계, 즉 법에 열거되지 아니한 새로운 금융투자상품에

1) 정순섭(2006), 1-14면.

2) 자본시장통합법연구회 편, 89면.

대한 규제의 곤란함을 극복할 수 있게 되었다.

## 2. 금융투자업의 업무단위 구성요소로서의 금융투자상품

금융투자상품의 개념은 자본시장법상 금융투자업 업무단위의 대상이 되고 있다.[1] 투자매매업은 자기의 계산으로 금융투자상품의 매수·매도·발행·인수·청약 등을 하는 업으로 정의되며, 투자중개업은 타인의 계산으로 금융투자상품의 매수·매도·청약 등을 하는 업으로 정의된다. 집합투자업은 2인 이상의 투자자로부터 금전등을 모아 투자자로부터 일상적인 운용지시를 받지 않으면서 재산적 가치가 있는 투자대상자산을 취득·처분, 그 밖의 방법으로 운용하고, 그 결과를 투자자에게 배분하여 귀속시키는 업으로 정의된다.[2] 신탁업의 개념은 구 신탁업법상의 개념이 그대로 유지되었는데, 다만, 과거 원본 보전이 한시적으로 허용되고 있던 개인연금신탁, 연금신탁업은 금융투자업으로 규율하지 않도록 하였다.[3] 투자일임업과 투자자문업의 개념은 금융투자상품에 대한 서비스로 한정하였으므로 금융투자상품 이외의 자산에 대한 투자일임 내지 투자자문은 금융투자업이 아니다.[4]

자본시장법은 금융투자업 규제를 '금융기능'에 대하여 적용하는 것을 원칙으로 하고 있는데, 결과적으로 금융기능은 '금융투자업의 유형 + 금융투자상품의 범위 + 투자자'의 조합에 의한 여러 가지 유형으로 규제를 받는다. 전술한 바와 같이 금융투자업은 6개 종류의 세부적인 업으로 구성되고, 금융투자상품은 증권, 장내파생상품, 장외파생상품으로 구분되며, 투자자는 일반투자자와 전문투자자로 분류되고 있다.[5]

---

1) 금융투자업에의 진입규제의 경우, 금융기능별로 진입규제의 요건을 정하여 놓고 인가받고자 하는 금융기능별 진입요건을 만족하는지 여부를 심사하는 소위 'add-on 방식'이 도입되었다. 'add-on 방식'하에서는 금융투자업을 영위하고자 하는 자는 원하는 금융기능을 신청서상의 박스에 체크하여 해당 진입요건에 해당하는 요건을 맞추어 인가를 받게 된다. 인가를 받은 후 필요한 기능을 추가하고자 하는 경우에도 해당 금융기능이 요구하는 진입요건을 맞춰 인가를 받으면 된다. 투자일임업과 투자자문업은 인가제가 아닌 등록제로 운영된다.

2) 이러한 집합투자의 개념정의에도 불구하고 사모 등 집합투자에 해당되지 않는 경우(법 제6조 제4항 각 호 참조)와 이러한 예외에 해당되지만 집합투자로 보는 경우(동조 제5항 참조)도 있다.

3) 담보부사채신탁법에 따른 담보부사채에 관한 신탁업과 저작권법에 따른 저작권신탁관리업의 경우에는 신탁업으로 보지 아니한다(법 제7조 제5항).

4) 이외에도 금융투자업에 관한 규정이 적용 배제되는 경우도 있다(법 제7조 참조).

5) 법 제9조 제5항 및 제6항 참조.

### 3. 금융투자상품의 범위확대와 투자자 보호의 강화

'투자자의 보호'는 자본시장법을 관통하고 있는 핵심적인 이념 중 하나이다. 이것은 증권관계법을 두고 있는 다른 나라에서도 마찬가지인데, 한국에서는 종래 증권거래법의 모법이라고 할 수 있는 미국의 연방증권규제법도 투자자 보호를 그 기본목적으로 하고 있다. 기관투자자와 같은 전문투자자와 비교할 때, 일반투자자는 자기방어능력, 즉 정보수집과 투자판단의 정확성이 떨어지기 때문에 법에서 그 차이를 메워주어야 한다.[1] 그렇지 않다면 일반투자자들은 시장을 신뢰하지 않고 외면하게 되어 결국은 장기적으로 자본시장의 발전에도 장애요인이 되기 때문이다.

한편 구 증권거래법은 오로지 '증권'에 대한 투자를 그 보호대상으로 삼고 있다. 미국의 경우 주식이나 사채와 같은 전형적인 유형의 증권은 물론이고 투자계약과 같은 매우 다양한 투자대상도 증권의 범위에 포함시키고 있다. 한국 자본시장법에서는 종래 증권거래법상의 증권 개념을 보다 확대시키고, 전술한 바와 같이 다양한 금융투자상품의 개념정의에 있어서 포괄적으로 접근하고 있다. 자본시장법상 포괄주의 규제체제와 기능별 규제체제가 함께 적용됨에 따라 자본시장에서의 투자자 보호의 공백이 존재하지 않게 된다. 즉 포괄주의 규제체제로 인하여, 새롭게 등장하는 금융투자상품에 원본손실가능성(투자성)이 내포되어 있으면 자본시장법상 금융투자상품에 포섭되기 때문에 자본시장법상 투자자 보호규제를 피해갈 수 없다. 또한 기능별 규제체제가 적용됨에 따라 누가 금융투자업을 영위하건 간에 자본시장법상 규제를 적용받는다. 이처럼 금융투자상품의 개념이 횡적으로 넓어지고 금융투자업의 개념이 종적으로 넓어짐에 따라 모든 자본시장 영역에서 투자자 보호가 철저하게 이루어지게 되는 것이다.

## Ⅱ. 금융투자상품의 투자성(원본손실위험)

자본시장법상 금융투자상품의 투자성은 원본손실위험을 의미한다. 여기서 원본손실위험은 "금융투자상품의 취득을 위하여 지급하였거나 지급하여야 할 금전

1) 자신을 보호할 능력을 갖춘 기관투자자와 같은 전문투자자에 대하여는 법이 후견자적 역할을 적극적으로 할 필요성이 없으므로 자본시장법의 주된 보호대상이 아니다.

등의 총액(판매수수료 등 대통령령이 정하는 금액[1] 제외)이 당해 금융투자상품으로부터 회수하였거나 회수할 수 있는 금전등의 총액(해지수수료 등 대통령령이 정하는 금액[2] 포함)을 초과하게 될 위험"을 의미한다. 즉 원본손실가능성을 '투자성'으로 규정하고 있다.

한편 금융투자상품에 있어서 원본손실위험 ― 투자성― 은 금융투자상품의 유통가능성을 전제로 하는 개념으로서 주로 시장위험(market risk)에 의한 손실가능성을 의미한다. 이것은 신용위험(credit risk)에 의한 손실가능성(예컨대 발행인의 도산)과 같은 비시장적인 요소에 대하여, 금융투자상품을 '약정함으로써 취득하는 권리' ―계약상의 권리― 로 규정함으로써 투자성을 판단함에 있어서 비시장적 요소를 배제하고 있다는 것을 의미한다. 또한 보험상품에 있어서 위험보험료와 예금의 중도해지수수료의 투자성을 고려하면 이들 상품이 자본시장법상 금융투자상품으로 분류될 가능성이 있지만, 자본시장법상 금융투자상품의 유통가능성과 은행·보험업 간 구분의 존재 등에 비추어 볼 때 동법의 적용대상에서 제외하고 있다. 이 밖에 이와 관련된 구체적인 범위는 대통령령에서 정하도록 위임하고 있다.

## Ⅲ. 증권과 파생상품의 구분기준

자본시장법은 금융투자상품의 세부적인 구분단위로서 증권과 파생상품을 구별하고 있으며, 그 구체적인 구분기준은 추가지급의무의 유무에 따른다(법 제4조 제1항). 자본시장법상 세부적인 금융투자상품의 구분단위에 대하여 본다면, 제1

---

1) 법 시행령 제3조(원본금액의 범위) ① 법 제3조 제1항 각 호 외의 부분 본문에서 "판매수수료 등 대통령령으로 정하는 금액"이란 다음 각 호의 금액을 말한다.
   1. 법 제58조 제1항에 따른 수수료, 법 제76조 제4항에 따른 판매수수료(이하 "판매수수료"라 한다), 그 밖에 용역의 대가로서 투자자, 그 밖의 고객이 지급하는 수수료
   2. 보험계약에 따른 사업비 및 위험보험료
   3. 그 밖에 금융위원회가 정하여 고시하는 금액

2) 법 시행령 제3조(원본금액의 범위) ② 법 제3조 제1항 각 호 외의 부분 본문에서 "해지수수료 등 대통령령으로 정하는 금액"이란 다음 각 호의 금액을 말한다.
   1. 법 제236조 제2항에 따른 환매수수료(이하 "환매수수료"라 한다), 그 밖에 중도해지로 인하여 투자자, 그 밖의 고객이 지급하는 해지수수료(이에 준하는 것을 포함한다)
   2. 제세금
   3. 발행인 또는 거래상대방의 파산 또는 채무조정 등으로 인하여 투자자, 그 밖의 고객이 회수를 할 수 없는 금액
   4. 그 밖에 금융위원회가 정하여 고시하는 금액

단계로 금융투자상품에 대한 일반적 정의를 시도하고, 제 2 단계로 명시적으로 금융투자상품에 포함되는 대상을 열거한 후, 제 3 단계로 금융투자상품으로부터 명시적으로 배제되는 것을 규정함으로써 금융투자상품의 개념정의에 있어서 단계적 정의방식을 채택하고 있다.[1)]

## 1. 일반적 정의

자본시장법은 대상상품의 기능과 위험을 기초로 금융투자상품에 대한 일반적, 기능적 정의를 규정하고 있는데(법 제 3 조 제 1 항), 여기서 말하는 기능과 위험은 각각 투자와 손실회피, 그리고 투자성을 의미하는 것이다.

## 2. 명시적 포함

자본시장법은 금융투자상품에 포함되는 상품으로서 증권과 장내 파생상품 및 장외 파생상품을 명시적으로 세분화하여 규정하고 있다(법 제 3 조 제 2 항). 추상적으로 개념정의되어 있는 금융투자상품의 일반적 정의에 대하여 구체적인 경우를 예시함으로서 다소 그 불확실성을 제거하고 있다. 자본시장법이 기본적으로 채택하고 있는 negative시스템에 따라 자본시장법 제 4 조와 제 5 조는 이들 증권과 파생상품에 대해서도 포괄적 정의를 제시하고 있다. 동시에 자본시장법은 증권과 관련해서는 구체적인 세부증권의 유형들을 제시함으로써 구체화를 시도하고 있다.

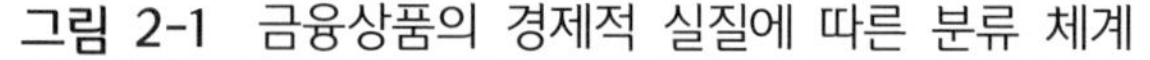
그림 2-1 금융상품의 경제적 실질에 따른 분류 체계

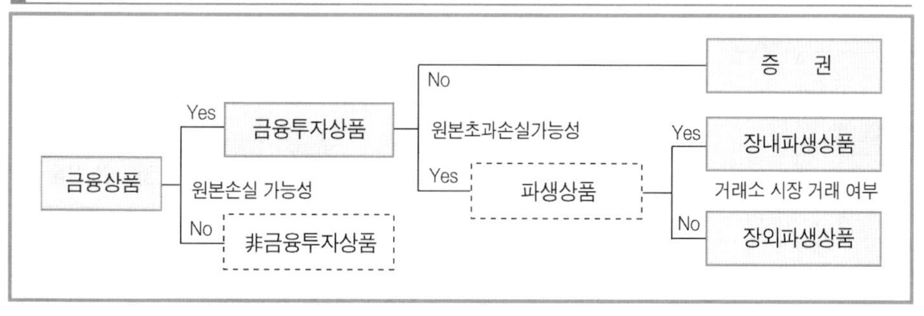


1) 김정수, 60면.

### 3. 명시적 배제

자본시장법은 금융투자상품의 범위를 설정함에 있어서 그로부터 배제되는 몇 가지를 열거하고 있다. 즉 금융투자상품에 포함되지 않는 상품으로서 원화로 표시된 양도성예금증서(CD)와 금융투자상품의 특성 등을 고려하여 금융투자상품에서 제외하더라도 투자자 보호 및 건전한 거래질서를 해할 우려가 없는 관리형신탁과 관련한 수익권 등은 명시적으로 배제하는 규정을 두고 있다(법 제 3 조 제 1 항 단서).

양도성예금증서는 양도성이 인정되는 결과 자본시장법에서 말하는 원본손실 위험성과 투자성의 요소가 크지 않다고 볼 측면이 있고, 만기가 짧아 금리변동에 따른 가치변동이 적기 때문에 이를 명시적으로 배제한 것이다. 또한 신탁법에 따른 수익증권발행신탁(신탁법 제78조 제 1 항)이 아닌 신탁의 수익권[1]과 금융투자상품의 특성상 금융투자상품에서 제외하더라도 투자자 보호 및 건전한 거래질서를 해할 우려가 없는 경우는 원본손실이 인정되지 않으므로 금융투자상품에 포함되지 않는다.[2]

### 4. 금융투자상품의 개념판단 구조[3]

**표 2-1 금융투자상품의 개념판단 구조**

<table>
<tr><th>구 분</th><th>판단사항</th><th colspan="3">판단결과</th></tr>
<tr><td>기본 원칙</td><td colspan="4">[금융투자상품]의 정의는 제 3 조와 제 4 조 제 1 항, 동조 제 3 항 내지 제 8 항 및 제 5 조의 누적적 적용으로 확보</td></tr>
<tr><td rowspan="3">1단계</td><td rowspan="3">제 3 조의 금융투자상품에 대한 일반적 정의에 해당하는가?</td><td>예</td><td colspan="2">제 2 단계로</td></tr>
<tr><td rowspan="2">아니오</td><td colspan="2">〈1〉 예금 혹은 보험</td></tr>
<tr><td colspan="2">〈2〉 비금융상품</td></tr>
<tr><td rowspan="3">2단계</td><td rowspan="3">제 4 조 제 1 항의 증권에 대한 일반적 정의에 해당하는가?</td><td>예</td><td colspan="2">제 3 단계로</td></tr>
<tr><td rowspan="2">아니오</td><td colspan="2">파생상품</td></tr>
<tr><td>장내</td><td>장내파생상품</td></tr>
</table>

1) 즉 수탁자가 처분 권한을 위탁자(신탁계약에 따라 처분권한을 가지고 있는 수익자는 포함)의 지시에 따라서만 신탁재산의 처분이 이루어지는 신탁이나, 신탁계약에 따라 신탁재산에 대하여 보존행위 또는 그 신탁재산의 성질을 변경하지 아니하는 범위에서 이용·개량 행위만을 하는 신탁이 그러한 경우이다(법 제 3 조 제 1 항 제 2 호).

2) 그 결과 자본시장법상 투자권유규제나 불공정거래행위규제는 적용되지 않는다.

3) 자본시장통합법연구회 편, 110면.

| | | | |
|---|---|---|---|
| | | 장외 | 장외파생상품 |
| 3단계 | 제 4 조 제 3 항 내지 제 8 항에 구체적으로 열거된 증권의 종류 중 어디에 해당하는가? | | |
| | 〈1〉 채무증권, 지분증권, 수익증권, 중권에탁증권 | 예 | 채무증권 등 |
| | | 아니오 | 〈2〉로 |
| | 〈2〉 투자계약증권 | 예 | 투자계약증권 |
| | | 아니오 | 〈3〉으로 |
| | 〈3〉 파생결합증권 | 예 | 파생결합증권 |

# 제 2 절 증권의 개념 및 유형

## Ⅰ. 증권의 의의

### 1. 3단계 정의방식

자본시장법상 증권에 대한 정의는 일반적 정의와 명시적 포함 그리고 명시적 배제의 3단계 정의방식을 채택하고 있다(〈표 2-2〉 참조). 먼저, 증권의 일반적 정의를 시도한 후, 명시적으로 포함되는 상품과 명시적으로 제외되는 상품을 열거하여 포괄성의 목적을 달성함과 동시에 구체성을 확보함으로써 법적 확실성을 제고하고 있다.

**표 2-2** 증권의 정의

| 구 분 | 내 용 | 비 고 |
|---|---|---|
| 일반적 정의 | 증권(제 4 조 제 1 항) | |
| 명시적 포함 | 증권(제 4 조 제 2 항-제 8 항) | 채무증권, 지분증권, 수익증권, 투자계약증권, 파생결합증권, 증권예탁증권 |
| | 증권으로 간주되는 것(제 4 조 제 9 항) | 증권 미발행 |
| 명시적 제외 | 금융투자업의 적용배제(제 7 조) | |

## 2. 증권의 개념 요소

자본시장법은 증권을 "내국인 또는 외국인이 발행한 금융투자상품으로서 투자자가 취득과 동시에 지급한 금전등 외에 어떠한 명목으로든지 추가로 지급의무(투자자가 기초 자산에 대한 매매를 성립시킬 수 있는 권리를 행사하게 됨으로써 부담하게 되는 지급의무를 제외한다)를 부담하지 아니하는 것"으로 정의하고 있다(법 제4조 제1항).

첫째, 증권의 발행주체에 내국인과 외국인을 모두 포함함으로써 자본시장법의 역외적용(법 제2조)을 실현하고 있다. 둘째, 증권의 개념을 정함에 있어서 위험의 정도를 사용하여 원본손실요건 즉 투자성을 요구하면서도 추가지급의무를 부담하지 않는다고 하고 있으며 추가지급의무요건은 파생상품과의 구분을 위한 중요한 기준이 되고 있다. 다만, '소유자가 그 증권 또는 증서에 대한 매매 또는 거래를 성립시킬 수 있는 권리를 행사'함으로써 추가지급의무가 발생하는 경우는 명시적으로 제외하고 있다. 즉 증권매입대금은 취득시점에 전액 지급조건이라는 것인데, 이는 이른바 현물인도에 의한 결제가 이루어지는 경우에 이를 위한 대금의 지급을 추가지급으로 볼 가능성을 없애기 위한 것이다.[1)]

## 3. 증권의 종류

자본시장법상 증권의 종류는 이른바 전통적인 증권인 채무증권, 지분증권, 수익증권, 증권예탁증권과 새로운 증권인 투자계약증권과 파생결합증권으로 구분할 수 있다. 특히 새로운 증권 유형으로서의 투자계약증권과 파생결합증권은 포괄주의의 도입을 위하여 추가한 것이다. 세부적인 증권 유형에 대하여는 현행법상 존재하는 증권 유형을 열거하고 말미에 '이와 유사한 것'을 포함하여 포괄주의의 취지를 실현하고 있다.

---

1) 이는 과거 증권거래법상 인정되고 있는 구분기준을 그대로 도입한 것이다. 즉 구 증권거래법 시행규칙 제1조의3 제2항 제2호는 "발행자는 증권 또는 증서의 인도와 동시에 그 대금을 전액 수령할 것"이라는 전액지급요건을, 그리고 동 시행규칙 제1조의3 제2항 제3호는 "소유자는 증권 또는 증서의 존속기간 동안 제2호의 규정에 따라 지급된 대금 외에 어떠한 명목으로 추가적인 지급의무를 부담하지 아니할 것," 즉 추가지급의무요건을 증권과 파생상품의 구분기준으로 명시하고 있다.

## Ⅱ. 전통적인 증권

이른바 전통적인 증권의 개념과 종류를 살펴보면 다음과 같다.

첫째, 채무증권은 국채증권, 지방채증권, 특수채증권(법률에 의하여 직접 설립된 법인이 발행한 채권), 사채권, 기업어음증권(기업이 사업에 필요한 자금을 조달하기 위하여 발행한 약속어음으로서 대통령령이 정하는 요건[1]을 갖춘 것), 그 밖에 이와 유사한 것으로 채무를 표시하는 것을 뜻한다(법 제 4 조 제 3 항). 이는 타인자본 조달수단으로서 채무를 표시하는 증권을 '채무증권'이라는 명칭으로 일반화한 것을 제외하고는 과거 증권거래법상 정의와 큰 차이가 없다.

둘째, 지분증권은 주권, 신주인수권을 표시하는 것, 법률에 의하여 직접 설립된 법인이 발행한 출자증권, 상법에 의한 합자회사, 유한회사, 익명조합의 출자지분, 민법에 의한 조합의 출자지분, 그 밖에 이와 유사한 것으로서 출자지분을 표시하는 것을 의미한다(법 제 4 조 제 4 항). 이것 역시 타인자본 조달수단으로서 지분을 표시하는 증권을 '지분증권'이라는 명칭으로 일반화한 것을 제외하고는 과거 증권거래법상 정의와 큰 차이는 없다. 다만 합자회사의 무한책임사원이나 민법상 조합의 출자지분과 같이 무한책임을 지는 지분을 증권으로 파악하여야 하는지에 대하여 의문이 있을 수 있다. 생각건대, 자본시장법 제 4 조 제 1 항의 증권에 대한 일반적 정의에서 그 요건의 하나로 명시하고 있는 추가지급의무 요건에 따르면 무한책임사원은 제외되어야 한다.

셋째, 수익증권은 금전신탁계약서에 의한 수익증권(법 제110조), 집합투자업자에 있어서 투자신탁의 수익증권(법 제189조), 그 밖에 이와 유사한 것으로서 신탁의 수익권이 표시되는 것으로 정의된다(법 제 4 조 제 5 항).

넷째, 증권예탁증권은 채무증권, 지분증권, 수익증권, 투자계약증권, 파생결합

---

1) 법 시행령 제 4 조에 따르면, 법 제 4 조 제 3 항(기업어음증권의 요건)에서 '대통령령으로 정하는 요건'이란 기업의 위탁에 따라 그 지급대행을 하는 다음 각 호의 어느 하나에 해당하는 자가 교부한 '기업어음증권'이라는 문자가 인쇄된 어음용지를 사용하는 것을 말한다.
  1. 다음 각 목의 어느 하나에 해당하는 자(이하 "은행"이라 한다)
     가. 「은행법」에 따라 인가를 받아 설립된 은행(같은 법 제59조에 따라 은행으로 보는 자를 포함한다)
     나. 「은행법」 제 5 조에서 은행으로 보는 신용사업 부문
     다. 「농업협동조합법」에 따른 농협은행
  2. 한국산업은행법에 따른 한국산업은행
  3. 중소기업은행법에 따른 중소기업은행

증권을 예탁받은 자가 그 증권이 발행된 국가 외의 국가에서 발행한 것으로서 그 예탁받은 증권에 관련된 권리가 표시된 것을 말한다(법 제4조 제8항). 증권예탁증권에 대해서는 과거 증권거래법이 국내 예탁증권만을 유가증권으로 규정하고 있던 것을 해외 예탁증권을 포함하도록 확대하였다. 국내 예탁증권은 발행주체를 전자등록기관으로 한정하고 있지만(법 제298조 제2항), 해외 예탁증권에 대해서는 대상증권 및 발행주체에 대한 제한이 없다.

## 제3절 자본시장법상 새로운 증권의 유형

### Ⅰ. 파생결합증권

#### 1. 파생결합증권의 개념과 요건[1)]

과거 증권거래법상 유가증권의 개념은 소위 열거주의에 의하여 규제되었으므로 새로운 유형의 여러 가지 파생결합증권을 규제하기 위해서는 추가적인 입법으로 해결하는 수밖에 없었다. 이에 반해 자본시장법은 파생결합증권이라는 개념을 도입하여 "기초자산의 가격, 이자율, 지표, 단위 또는 이를 기초로 하는 지수 등의 변동과 연계하여 미리 정하여진 방법에 따라 지급하거나 회수하는 금전등이 결정되는 권리가 표시된 것"을 말한다(법 제4조 제7항)고 규정하고 있다.[2)] 그리고 자본시장법은 기초자산의 범위를 확대하여 금융투자상품, 통화, 일반상품, 신용위험 그 밖에 자연적, 환경적, 경제적 현상 등에 속하는 위험으로서 평가가 가능한 것으로 매우 포괄적으로 정의함으로써 파생결합증권의 영역을 넓히고 있다(법 제4조 제10항).[3)]

---

1) 정순섭(2005), 11-17면.

2) 법 제4조 제7항에서는 제1호-제5호까지의 예외를 규정하고 있다.

3) 법 제4조(증권) ⑩ 이 법에서 "기초자산"이란 다음 각 호의 어느 하나에 해당하는 것을 말한다.
  1. 금융투자상품
  2. 통화(외국의 통화를 포함한다)
  3. 일반상품(농산물, 축산물, 수산물, 임산물, 광산물, 에너지에 속하는 물품 및 이 물품을 원료로 하여 제조하거나 가공한 물품, 그 밖에 이와 유사한 것을 말한다)
  4. 신용위험(당사자 또는 제3자의 신용등급의 변동, 파산 또는 채무재조정 등으로 인한 신용의 변동을 말한다)
  5. 그 밖에 자연적, 환경적, 경제적 현상 등에 속하는 위험으로서 합리적이고 적정한 방법

기초자산의 범위를 확대하게 되면 보험계약과의 구분 및 도박과의 구분이 문제된다. 즉 기초자산의 종류와 레버리지의 수준에 따라서 금융투자상품에 대한 투자와 도박의 경계선이 희미해질 가능성이 있다. 이러한 가능성에 대비하여 자본시장법에서는 금융투자업자가 영업으로서 행하는 금융투자상품거래는 형법상 도박죄에 해당하지 않는다는 규정을 두고 있다(법 제10조).

## 2. 파생결합증권의 형태

자본시장법상 파생결합증권의 현실적인 형태는 취급하는 금융기관에 따라서 그 명칭과 상품의 내용에 다소 차이가 있다. 파생결합증권이라고 하는 용어에서 나타나듯이 통상적으로 원금이 보장되는 증권의 형태와 그렇지 않은 파생상품의 결합이기 때문에 그 내용에 있어서 다양한 상품이 존재한다.

파생결합증권의 대표적인 상품이 주가연계증권(ELS)인데, 주가지수 및 특정주식의 가격변동에 따라 사전에 정한 조건에 따라 조기 및 만기상환의 수익률이 결정되는 구조이므로 원본손실의 가능성이 높기 때문에[1] 장외파생상품 겸영인가를 취득한 증권회사만 발행이 가능하다. 원금보장형 주가연계증권을 주식보다 상대적으로 안전성이 높은 사채를 기초자산으로 하여 구성된 상품이 주가연계파생결합사채(Equity-linked Bond: ELB)이다. ELB는 주로 은행권에서 취급하기 때문에 원금보장형으로 보지만, 중도해지하는 경우 손실이 발생할 수 있기 때문에 완전한 원금보장형은 아니다. 원금보장이 되는 주가연계 파생결합증권의 형태도 있는데, 은행권에서 취급되는 주가연계예금(Equity-linked Deposit: ELD)이 그것이다. 주가연계예금에서는 예금자보호법에 따라 원금이 보장되고, 주가지수의 상승에 따라 추가적인 수익을 기대할 수 있는 상품이다. ELS와 ELD의 중간적인 형태가 주가연계펀드(Equity-linked Fund: ELF)이다. ELF는 원금보존추구형이라고 할 수 있는데, 개별주식이나 주가지수와 연계하여 수익률이 정해진다는 점에서는 ELS와 동일하지만, 펀드의 형태로 판매되고 운용되므로 원금이 상실될 가능성이 낮다는 점에서 ELS와 ELD의 중간 형태라고 할 수 있다. 이외에도 주가연계신탁(Equity-linked Trust: ELT)도 있는데, 주가연계증권을 특정금전신탁 계좌에 편입해서 판매하는 은

---

에 의하여 가격, 이자율, 지표, 단위의 산출이나 평가가 가능한 것

1) 실제 판매 시에는 원금 보장여부에 따라서 원금보장형, 원금 일부분 보장형, 원금비보장형 상품으로 나뉘고 있다.

행의 신탁상품이며, 역시 원금이 보장되지 않는다. 이하에서는 대표적인 파생결합증권인 주가연계증권에 대하여 자세히 살펴보고자 한다.

### 3. ELS의 증권성과 파생상품성

#### (1) 개　요

자본시장법상 주가연계증권(Equity-linked Securities: ELS)은 파생결합증권의 한 종류로 분류될 수 있으며(법 제4조 제7항), 기초자산의 가격·이자율·지표·단위 또는 이를 기초로 하는 지수 등의 변동과 연계하여 미리 정하여진 방법에 따라 지급하거나 회수하는 금전등이 결정되는 권리가 표시된 것을 말한다. ELS는 전통적인 유가증권의 분류에서 본다면 어느 것에도 포함되기 힘든, 소위 맞춤형으로 설계된 신종증권이다.

#### (2) ELS의 상품구조

ELS는 연결된 개별주가·주가지수 등 기초자산의 변동에 따라 수익률이 결정된다. 증권사는 ELS의 기초자산이 하락하면 사고, 상승하면 팔아 수익을 낸다. 증권사는 기초자산에 따라 개별종목인 경우 주식현물이나 주식선물을 거래하고, 주가지수인 경우는 지수선물을 주로 거래한다.

일반적으로 주식형펀드는 주가지수가 상승해야 이익이 발생하지만, 조기상환형 등 일부 ELS는 주가가 일정수준 이내로 하락해도 수익이 발생할 확률이 높다. 금융공학적으로 치밀하게 계산된 모형을 바탕으로 운용되기 때문이다.

기초자산의 가격변동에 따라 원금손실이 발생할 수 있으며, 예금자 보호법에 의해 보호되지 않는다. ELS 투자자금에 대한 최종지급의무는 발행 증권회사에 있다.

#### (3) ELS의 특징

1) **조기상환형**(Step-Down)

조기상환형은 개별종목 혹은 주가지수를 기초자산으로 하며, 보통 만기는 3년이고 일정 기간(보통 3, 4, 6개월)마다 조기상환 기회를 부여하고 있다. 이 경우 조기상환조건은 일정기간마다 만족시켜야 하는데, 이와 관련하여 불공정행위의 가능성이 있어서 문제가 되어[1] 금융위원회가 ELS의 조기상환과 관련하여 기준을 마련하였다.

조기상환형 ELS의 경우 최초 기준가격의 일정 수준(보통 50-60%) 미만으로 하락한 적이 없는 경우에는 원금보장 조건이 만족된다. 그러나 만기 때까지 해당 종목의 주가가 미리 정하여진 기준가격 아래에 있으면 해당 종목 하락률이 투자수익률로 확정돼 원금의 손실이 발생하게 된다. 그리고 만기 때까지 원금손실구간(녹인 배리어; Knock-In Barrier)까지 내려갔느냐의 여부에 따라 원금보장 조건이 달라진다. 즉 원금손실구간까지 떨어진 후 만기 때까지 조기상환조건을 만족시키지 못하면 기초자산의 하락률로 수익률이 결정된다. 기초자산이 두 개일 경우에는 두 가지 자산 중 낮은 하락률이 수익률로 확정되기 때문에 원금 비보장형이 많다.

2) 녹아웃(Knock-Out)형

기초자산은 KOSPI 200 등 주가지수가 주된 대상이 되고 있으며 만기는 보통 1년이다. 녹아웃형의 수익구조는 최초기준지수에 대비하여 일정 수준을 초과한 적이 있으면 정해진 수익률로 확정되고, 초과하지 못하면 만기 때 지수상승률의 일정비율을 수익률로 확정된다.

만기는 대부분 1년으로 짧기 때문에 조기상환이 불가능한 것이 일반적이고 원금보장형이 대부분이다.[2] 녹아웃은 만기 전에 기초자산이 상승해 상승한계가격(녹아웃 배리어; Knock-Out Barrier)을 치면 정해진 수익률이 확정되는 식이다. 대신 수익지급은 만기 때 이뤄진다. 만일 조기에 녹아웃 되지 않으면 만기 때 지수상승률에 따라 수익률이 결정된다. 만기 때 지수상승률의 90-120% 가량을 수익으로 챙길 수 있다. 따라서 투자자는 증권사 상담을 통해 상승한계가격을 낮게 잡아 빨리 수익을 확정하든지, 아니면 반대로 상승한계가격을 높게 잡아 만기 때 지수상승률에 따라 수익을 받든지 결정[3]할 수 있다. 큰 폭의 주가상승이 예상될 경우에는 상승한계가격이 높은 상품이 유리하다.

---

1) 위험의 회피를 위해 운용사가 소위 '델타헤지'방식을 채택하여 조기상환일 즈음에 상환자금을 마련한다는 명목으로 기초자산을 매각하여 결과적으로 조기상환의 기회가 무산되는 경우가 많았다. 이 때문에 투자자들의 불만이 고조되었으며 불공정행위의 의혹을 받아왔다.

2) 기초자산의 하락에 관한 우려는 그다지 문제되지 않는다.

3) 현실적으로는 투자자 개인이 결정하는 것은 아니고 이미 설계된 상품이 시장에 판매되는 것을 매수할 뿐이다.

### (4) ELS의 운용과 불공정거래의 가능성 사례연구

#### 1) Royal Bank of Canada: ○○스마트 주가연계증권 10호 사례

본 사례는 ○○증권이 판매한 ELS의 백투백 거래은행인 Royal Bank of Canada (RBC)를 상대로 32억 원 규모의 증권관련 집단소송을 제기한 것이다. 위 피고은행이 위 ELS의 만기일인 2009년 4월 22일 기초자산을 대량 매도하여 기초자산의 가격이 하락함으로써 약정된 만기수익금 지급조건을 충족하지 못해 투자손실을 본 것이 문제가 되었다. 이에 대하여 시세조종(법 제176조 제 4 항 제 3 호) 및 부정거래행위(법 제178조 제 1 항 제 1 호)를 근거로 증권관련 집단소송이 제기되었다.

위 ELS의 만기기준일인 2009년 4월 22일 기초자산인 SK보통주 주가가 만기평가일에 최초기준가격의 75% 이상이면 투자자들에게 만기수익금이 지급되는 내용으로 되어 있는데, 장 마감 10분 전까지 SK보통주의 주가가 122,000원으로 최초기준가격의 76%를 상회하고 있었다. 그런데 장 마감을 앞두고 이날 거래량의 40%를 웃도는 SK보통주 13만주의 매물이 쏟아졌고 장 종료 시 최초 기준가격의 74.6%인 119,000원으로 떨어졌다. 결국 장 종료 직전까지 122% 정도의 수익을 기대하던 투자자들은 장 종료 후 오히려 −25.4%의 손해를 보게 되었다.

피해를 본 투자자들은 RBC의 행위는 자본시장법에서 금지하는 부정거래에 해당된다고 주장하면서 집단손해배상소송을 허가해 달라는 청구를 하였고, 대법원은 이를 허가하는 결정[1]을 하였다.

#### 2) 2009년 ELS관련 거래소의 조치 사례

##### (가) 개 요

2009년 A증권, B증권, C증권의 경우에도 Royal Bank of Canada 사건의 ELS의 경우처럼 조기상환일에 기초자산의 대량 매도가 이루어져서 조기상환의 기회를 놓친 것에 대하여 불공정행위가 문제되었다.

##### (나) 조치내용

위의 3가지 사례 모두 공정거래질서를 저해하는 호가제출·매매거래에 의한 증권시장의 공신력 실추가 문제 되었다.[2] 먼저 A증권의 경우를 살펴보면, A증권

1) 대법원 2015. 4. 9. 선고 2013마1052 결정. 이 결정은 집단소송 허가에 대한 것이며 ELS 헤지운용사의 손해배상책임이 인정될 것인지는 앞으로 지켜보아야 한다.

2) 한국거래소 시장감시규정 제 4 조 제 1 항 제 1 호·제 2 호·제 4 호·제11호·제12호가 문제된 사안이다.

회사는 상품계좌를 통하여 발행한 'A증권 제357회 주가연계증권(ELS)'의 조기상환일인 2009. 4. 15일에 甲회사 보통주 144,263주를 집중적·계속적으로 매도하였으며, 특정 시간대에(14 : 30-14 : 50분) 집중적·계속적인 매도주문행위(62회, 60,500주, 매도관여율: 64.5%)와 종가시간대의 과다한 체결관여(5회, 78,763주, 매도관여율: 81.1%)로 인해 2009. 4. 15일 甲회사 보통주의 시세하락이 초래되어 결과적으로 A증권회사가 발행한 ELS의 조기상환이 무산되었다. 이에 대하여 A증권은 델타헤지거래[1]로 인하여 매도하였을 뿐 의도적인 가격하락의 의사는 없었다고 항변하였으나, 한국거래소 시장감시위원회는 거래소에서 계도한 「헤지거래 과정에서의 시세관여행위 등과 관련한 유의사항」(2008. 12. 16.)의 미준수는 물론이고, 헤지거래라 하더라도 종가 등 특정시간대에 집중할 경우 기초자산인 해당 주식의 시세 등에 부당한 영향을 주는 경우에는 시장감시규정 제 4 조(공정거래질서저해행위 금지)에 위반될 수 있음을 통보·공지하였음에도 동 유의사항을 준수하지 않았다고 보았고, 더 나아가 투자자의 이익을 우선해야 할 공정·신의의 원칙(한국거래소 회원관리규정 제27조·제28조)을 위반하였다고 결정하였다. 즉 자연스런 시장수급에 의한 가격에 따라 조기상환을 기대하던 투자자의 이익을 도외시하고 자사 헤지물량 처분에만 유의하는 등 회원관리규정상 법규준수 의무 및 공정·신의의 원칙을 위반하였다고 본 것이다.

B증권의 경우에도, 상품계좌를 통하여 발행한 제195회 주가연계증권(ELS)의 조기상환일인 2005. 11. 16일에 乙회사 보통주 98,190주(접속매매시간: 12,190주, 종가시간: 86,000주)를 매도하였으며, 종가단일가결정시간대에 예상체결가대비 저가(-500~-2,000원) 또는 직전가격(109,000원)대비 저가(-500~-1,500원)의 과도한 매도주문(134,000주, 매도주문관여율: 79.4%)을 9회에 걸쳐 집중적·계속적으로 제출하여 86,000주(매도체결관여율: 95.3%)를 체결함으로써, 결과적으로 동 종목의 종가가 직전체결가(109,000원) 대비 1,000원 하락하여 108,000원으로 마감되는 등 2005. 11. 16일 乙회사 보통주의 시세하락이 초래되어 결과적으로 ELS의 조기상환이 무산되는 결과가 발생하였다.

C증권의 경우에도 역시 유사한 사안이다. C증권이 발행한 ELS의 조기상환일(2009. 4. 14.)에 헤지물량을 청산하는 과정에서 종가단일가결정시간대 시장수급상황에 비해 과도한 수량의 매도계획을 수립함으로써, 종가단일가결정시간에 대량

1) 이는 ELS 기초자산의 가격변동에 따른 위험을 회피하기 위하여 기초자산을 매입하거나 매도하는 행위를 의미한다(서울중앙지방법원 2010. 7. 1. 선고 2009가합90394 판결).

매도주문을 제출하여 거래함으로써 종가단일가 시세형성에 부당한 영향을 미쳤으며, 특히 종가단일가결정시간대(14 : 50－14 : 54)에 예상체결가대비 저가(－300~－1,150원)의 과다한 매도주문(4회, 350,000주)을 제출하여 체결(200,000주, 매도관여율: 57.55%)시킴으로써, 동 종목의 종가단일가가 직전 체결가(14 : 49 : 49, 32,150원) 대비 250원 하락한 31,900원으로 형성되는 데 관여한 사실이 발생하였고, 결국 동 호가의 배제 시 가상종가단일가격(32,450원)이 조기상환평가가격(32,300원) 이상으로 형성된 사실로 볼 때, 혐의계좌의 종가단일가시간대에 과도한 매매관여가 시세를 조기상환평가가격 이하로 하락시키는 결과를 초래하였다고 판정되었다.

(다) 대법원의 입장

최근 대법원은 위 B증권사 사안에 대하여 중간평가일 거래종료 직전에 주식을 대량 매도하여 종가를 하락시킴으로써 중도상환조건을 달성시키지 못하게 한 행위는 투자자보호의무를 게을리한 것이며 신의성실에 반하는 행위라 하였다.[1)]

### (5) ELS의 판매와 투자자 보호

#### 1) 금융투자업 인가의 문제

(가) 문제의 개요

ELS의 발행과 관련되어 그 증권성 혹은 파생상품성에 따라 증권의 매매업 및 중개업의 인가가 필요한지 아니면 시행령 별표의 내용에 따라 장외파생상품의 인가도 필요한지 여부에 대한 논란이 있다. 즉 자본시장법상 파생결합증권인 ELS의 '발행'이 아닌 '판매'만을 위해서 장외파생상품 인가가 요구되는가 하는 점이다.

자본시장법은 증권의 '발행'과 관련하여 금융투자매매업 인가를, 증권 중에서 동법 시행령 제7조 제1항 각 호에서 정하는 파생결합증권의 경우 장외파생상품의 인가를 추가로 요구하고 있다. 그런데 파생결합증권인 ELS와 관련하여서는 동 증권의 '발행'이 아닌 단순한 '판매'를 포함하는 의미의 증권의 '취급'[2)]에 있어서도 증권의 투자매매업 인가뿐 아니라 장외파생상품의 투자매매업 인가를 요구하는 것이 실무에서 감독당국의 입장인데, 이는 의문스럽다.[3)]

1) 대법원 2015. 5. 14. 선고 2013다2757 판결.

2) 최근 ELS 관련 세미나 관련 자료에는 ELS의 '취급'이라는 용어를 사용하고 있으며, 이는 감독당국과 실무계에서 비공식적으로 사용하고 있는 용어로 보인다.

3) 위와 같은 감독당국의 입장의 배경은 구 간접투자자산운용업법부터 있어오던 것을 답습하는 것으로 보이는데, 감독당국이 자본시장법의 시행과 더불어 과거 구 증권거래법하의 입장을 계속해서 취하는 것이 자본시장법의 입법취지와 '발행'만을 규정하고 있는 법규정에 반

(나) 근 거

구 증권거래법에서는 금감위가 업무인가 시 수행 가능한 증권회사의 겸영업무 중 하나로서 '장외파생금융상품거래 및 그 거래의 주선, 중개, 대리업무'를 규정하고, 2005년 3월 시행령 개정 당시 유가증권 개념 정의 규정에 ELS의 개념을 정의하는 규정을 신설한 바 있다(시행령 제2-3조 제1항 제7호). 이러한 규정에도 불구하고 감독기관은 ELS를 장외파생상품의 일종으로 인식하여 겸영업무 인가를 획득한 회사에 한하여 ELS 거래 등 업무를 허용하였는데, 이는 투자자 보호를 위한 목적으로 판단되며, 자본시장법하에서도 투자자 보호 등을 명분으로 하여 동일한 입장을 유지하는 것으로 보인다.[1)]

(다) 문 제 점

파생결합증권인 ELS의 '발행'이 아닌 단순한 '판매'에 대하여 장외파생상품의 투자매매업인가를 요구하는 것은 자본시장법 제정의 취지에 반한다. 자본시장법의 제정취지 중 하나는 금융투자업자로 하여금 소정 요건을 갖출 경우 법규에서 금지하는 사항 이외에는 자유롭게 다양한 금융투자업을 영위할 수 있도록 하는 것이며, 이는 이른바 자본시장법의 4가지 큰 틀에 속하는 '포괄주의'(negative system) 및 업무의 겸영을 인정하는 당연한 결과인데, 명백한 법적 근거 없이 장외파생상품에 관한 투자매매업의 인가 없는 금융투자회사의 ELS 판매를 금지하는 것은 위와 같은 자본시장법 제정의 취지에 반한다.

둘째, 자본시장법의 명문규정에 반한다. 자본시장법은 파생결합증권과 관련된 인가에 있어서, 동 증권의 '발행'에 있어서는 증권의 투자매매업뿐만 아니라 장외파생상품에 대한 투자매매업 인가를 요구하고 있다. 따라서 발행이 아닌 단순한 '판매'에 대하여도 장외파생상품에 대한 투자매매업 인가를 요구하는 것은 법의 명문규정에 반한다.

셋째, 금융투자회사의 다양한 수익창출모델 및 방법에 대한 지나친 제약으로 작용할 수 있다. 자본시장법상 증권의 투자매매업을 하는 금융투자회사가 파생결합증권인 ELS를 '발행'하기 위해서는 자본시장법 시행령 [별표 1]의 [비고 1]의 내용에 따라 장외파생상품의 인가가 필요하다. 새로운 인가를 받기 위해서는 시간적, 절차적, 금전적 부담이 발생한다. 따라서 장외파생상품의 '발행'이 주된 영업

---

하는 것이 아닌가 하는 의문이 있다.

1) 이는 현재 금융감독원 관련부서의 입장이다.

영역이 아닌 금융투자회사에게는 굳이 장외파생상품의 인가를 요구할 필요가 없다. 결국 감독당국의 현재 입장은 장외파생상품의 '판매'를 부수적으로 영위하고자 하는 금융투자회사의 수익창출 모델을 제약하는 것이며, 또한 장외파생상품 인가를 가진 금융투자회사가 장외파생상품 인가를 보유하지 않은 금융투자회사에 대한 ELS 판매를 통한 수익창출방법을 취할 수 없게 만들기 때문이다.

넷째, 자본시장법 제66조에 의하면 금융투자매매업자 또는 투자중개업자는 금융투자상품의 매매에 관한 청약 또는 주문을 받은 경우 사전에 그 투자자에 대하여 자기가 투자매매업자인지 투자중개업자인지를 밝혀야 한다. 이는 고객의 이해관계를 보호하기 위함인데, ELS의 '판매' 내지 '취급'과 관련하여 투자중개업자임을 밝힌다면 고객보호장치를 행하는 것이므로 굳이 장외파생상품의 투자매매업 인가를 요구할 필요는 없는 것이다.

2) 자본시장법상 ELS의 규제원칙과 쟁점에 대한 판단

(가) 자본시장법상 ELS에 대한 규제원칙(ELS의 파생결합증권성과 예외적 취급)

현행 자본시장법상 ELS는 증권의 6가지 유형 중 하나인 파생결합증권에 속하므로 증권에 관한 투자매매업 인가가 있으면 발행이 가능한 것이 원칙이다. 한편 자본시장법상 정의규정 자체에는 발행주체의 제한이 없는데, 이는 종래 증권거래법 시행규칙에서 발행주체로서 '장외파생상품업 인가를 받은' 증권사를 그 요건으로 요구하던 것(구 증권거래법 시행규칙 제 1 조의3 제 1 항·제 2 항 제 1 호)과는 차이가 있다.[1] 따라서 원칙상 자본시장법상 증권의 발행이 허용되는 투자매매업 또는 투자중개업 인가가 있으면 증권의 유형에 속하는 '파생결합증권'인 ELS의 발행 또는 판매를 할 수 있다. 그런데 자본시장법 시행령 [별표 1] 중 [인가업무 단위 및 최저자기자본]의 [비고 1]에서, "제 7 조 제 1 항 각호의 파생결합증권의 발행은 투자매매업의 금융투자업인가를 받은 자가 장외파생상품 투자매매업인가를 받은 경우만 해당한다"라고 규정함으로써 파생결합증권의 '발행'에 대해서만 장외파생상품 투자매매업 인가를 추가적으로 요구하는 것이 파생결합증권의 발행에 대한 법상의 예외적인 취급이다.

(나) 쟁점에 대한 판단과 검토의견

① 자본시장법상 법원칙 관련 검토 ELS는 자본시장법 제 5 조에서 규정하고

---

1) 한국증권법학회(Ⅰ), 25면.

있는 파생상품이 아님은 법규정상 명확하다. 자본시장법상 파생결합증권의 '판매'에 대하여서는 명시적으로 규정하고 있지 않으며, 따라서 '판매'의 경우 파생결합증권의 일종인 ELS의 판매는 법령에서 구체적인 별도의 규제에 관한 명문의 규정이 없는 한 다른 '증권'의 판매와 동일하게 취급되어야 한다.

② **발행과 판매의 차이 관련 검토** 증권의 '발행'은 원칙적으로 이른바 '딜러'의 역할을 전제로 하여 자기위험으로 증권을 투자자들에게 '발행'하여 인수시키는 것이므로, 발행과 관련된 위험부담을 '딜러' 역할을 하는 금융투자회사에게 부담시킨다. 그러나 증권의 '판매'는 일반적으로 이른바 'brokerage'의 역할을 전제로 하여 타인이 발행한 증권을 수수료의 취득을 목적으로 발행인과 투자자 사이에서 중개하는 역할을 하는 것이므로 딜러가 부담하는 위험과는 다른 차원에서 인식되어야 한다. 따라서 증권의 투자매매업 인가를 가진 금융투자회사가 파생결합증권인 ELS의 '발행'과 관련해서는 파생결합증권에 대한 예외적인 취급을 규정한 자본시장법 시행령 [별표 1]의 규정에 따라 장외파생상품의 투자매매업 인가를 요구하는 것이 당연한 것이지만, 단순히 다른 발행인이 '발행'한 증권을 가져와서 '판매'만을 하는 경우에도 '발행'의 경우와 동일한 인가를 요구하는 것은 법의 명문규정에 없는 규제이다.

③ **투자자 보호 관련 검토** 자본시장에는 수많은 종류의 ELS상품이 발행 및 판매되고 있다. 2003년 3조 규모였던 ELS의 발행규모는 2006년에는 20조 규모로 성장하였고, 2015년에는 77조 규모가 되어 주식형펀드의 발행규모를 능가하기까지 성장하였다. 이러한 사실은 ELS의 발행과 관련하여 투자자 보호의 중요성이 더욱 절실하게 요구되었다는 것을 의미하며, 현실적으로 2008년 금융위기 이전보다 안전성이 높은 상품의 발행이 많아지기는 하였다. 즉 하한배리어가 없거나 동 배리어의 수준이 낮아 원금손실 발생가능성이 비교적 낮은 상품이 증가한 것도 사실이다.[1] ELS와 관련된 감독당국의 입장은 투자자 보호의 관점에서 접근한다면 다음의 사항은 납득이 간다. 즉 위험성의 측면에서 일반적인 단순한 '증권'보다 높은 '파생결합증권'의 경우, 투자자에게 발생한 위험이 큰 것이 사실이므로 파생결합증권에 대한 전문성과 인가를 가진 금융투자회사에게 이를 맡김으로써 투자자 보호에 만전을 기하고자 하는 취지로 이해될 수도 있다. 그러나 감독당국의 입장대로 한다면, 파생상품결합증권뿐만 아니라 파생상품집합투자증권 또한 '파생

1) 금융감독원, "증권회사의 ELS 및 DLS 발행 등 현황," 보도자료(2011. 1. 17.), 출처: http://fss.or.kr.

상품 등'에 포함되는 금융투자상품의 하나로서 위험성이 높은 상품이므로 투자자 보호의 차원에서 장외파생상품 인가 없는 회사는 파생상품 집합투자증권 또한 판매할 수 없다는 것으로 되어 불합리하다. 실무에서는 파생상품 집합투자증권은 장외파생상품 인가 없이도 판매되고 있다.

결론적으로 ELS의 '발행'의 경우가 아닌 '판매'의 경우에는 증권의 투자매매업 또는 투자중개업 인가만으로 가능한 것으로 해석하는 것이 자본시장법의 제정취지와 법상 명문의 규정에 적합하다. 한편 투자자 보호의 관점에서 엄격하게 접근한다 하더라도, 원금보장 및 원금비보장을 비롯한 다양한 상품구조를 가진 ELS를 같은 기준을 가지고 일괄적으로 취급하는 것은 제도의 경직된 운영에 해당한다. 그리고 투자자 보호의 관점에서 ELS의 딜러의 역할을 하게 되는 '발행'과 브로커의 역할을 하게 되는 '판매'는 반드시 구별해서 취급하여야만 동 제도의 세밀한 운영에 부합하는 것이며, 금융투자회사의 다양한 수익창출모델 및 방법을 제공하는 것이다.

## Ⅱ. 투자계약증권

### 1. 의　　의

투자계약증권은 "특정 투자자가 그 투자자와 타인 간의 공동 사업에 금전등을 투자하고 주로 타인이 수행한 공동 사업의 결과에 따른 손익을 귀속 받는 계약상의 권리가 표시된 것"을 말한다(법 제4조 제6항). 이는 미국 1933년 증권법상 투자계약(Investment Contract) 개념을 도입한 것으로서 미국증권법상 증권에 대한 개념정의에서 중요하게 취급되는 이른바 'Howey 기준'을 원용하여 개념 정의를 하고 있다. 투자계약증권이라는 개념은 자본시장법이 취하는 금융투자상품의 포괄주의의 입장에서 도입된 것으로서 이는 기존의 주식, 수익증권, 상법상 익명조합의 지분, 집합투자증권(간접투자증권) 등의 전통적인 유형의 증권뿐 아니라 비정형 집합투자지분과 같은 새로운 유형의 증권도 포괄하는 기능을 갖는다.

한편 집합투자증권과 투자계약증권과의 차이점에 관하여 이를 명확히 구분하여 이해하여야 한다고 보는 견해도 없지 않으나, 후자는 모든 유형의 집합투자증권을 포괄하는 개념이므로 특정한 증권이 자본시장법상 집합투자증권(법 제9조 제21항)에 해당된다면 투자계약증권의 해당 여부를 판단할 필요가 없이 자본시장법의 적용대상으로 보고(즉 금융투자상품으로서), 해당 집합투자기구에 관한 규정(즉 업 규제의 측면에서)의 적용을 받는다. 자본시장법상 허용된 투자기구형태(vehicle)를 활용하지 않는 등 집합투자증권의 요소를 충족하지 못하는 경우에는 투자계약증권으로 포섭하여(즉 금융투자상품으로서) 자본시장법상의 투자자 보호규제를 적용한다. 즉 이 두 가지 개념은 서로 보완적으로 작용하여 금융투자상품의 포괄주의를 완성하는 기능을 한다고 평가할 수 있다. 이하에서는 미국 증권법의 적용대상인 증권개념의 포괄주의에 대하여 살펴본다.

## 2. 미국 연방증권법상 증권(securities)의 개념정의

### (1) 미국의 증권규제 체제 및 증권의 개념정의 방식

미국은 증권 규제에 있어 상품별·기관별 규제를 채택하고 있는 전형적인 국가이며, 증권의 개념 정립방법을, 절충주의 즉 열거주의를 기본으로 하면서 투자계약과 같은 포괄적 개념을 도입하여 해석[1] 여하에 따라서 특정한 상품을 증권의 범위로 포함시킬 수 있는 여지를 열어두고 있다.[2]

증권의 개념정의를 함에 있어서 투자계약과 같은 포괄적인 개념을 가지고 있다고 하는 것은 이러한 개념을 탄력적으로 적용할 수 있게 된다는 장점이 있는 반면, 이와 반대로 투자계약이라고 하는 추상적인 개념을 가지고 해석 여하에 따라 증권 여부를 판단하게 되어 법적 불확실성을 안겨준다는 단점도 동시에 가지고 있다. 따라서 법규상 증권의 범주에 포함시킬 것인가 여부를 판단함에 있어서 탄력성을 가진다는 것은 필요하지만, 추상적인 개념만을 법에서 제공함으로써 법적 불확실성을 남겨 놓기보다는 미국 증권관계법의 경우처럼 법에서 증권의 범주에 포함될 수 있는 판단기준을 가능한 많이 제시하도록 하는 것이 시장참여자들에게는 현실적으로 유익하고 중요하다.

### (2) 미국 연방 증권관계법상 증권의 개념정의와 한계

1933년 증권법 제 2 조(a)(1)에서는 어음, 주식, 사채 등과 같은 구체적인 증권

1) 궁극적으로는 법원의 판결을 의미한다.
2) 증권규제관련 연방법들은 각각 고유의 증권 정의규정을 가지고 있으나, 상호간 거의 유사하다. 다시 말하자면, 1933년 증권법(The Securities Act of 1933), 1934년 증권거래소법(The Securities Exchange Act of 1934), 1940년 투자회사법(The Investment Company Act of 1940) 등의 법률에서는 증권의 개념정의를 나름대로 가지고 있으나 그 내용면에서는 거의 유사한 면을 보이고 있다.

의 유형들을 열거함과 아울러 '투자계약'이나 '기타 통상적으로 증권으로 알려진 이익이나 증서'와 같은 추상적이고 포괄적인 증권의 개념유형을 규정하고 있다. 이는 시장에서 일반적으로 거래되는 전형적인 증권의 유형을 나열함으로써 법적 확실성과 예측가능성을 도모함과 동시에 새로운 증권의 유형이 등장하는 경우에 탄력적으로 대응할 수 있도록 함에 있어서 유익한 방법이라고 할 수 있다.

1933년 증권법상 규정된 증권을 크게 3가지 유형으로 나누어 보면, ① 법적으로 주식 또는 단기 채권으로 간주되는 증서, ② 금융기관 또는 보험회사나 저축대부조합이 발행한 투자증서 등의 특별한 유형, ③ 주식, 단기 채권 또는 전통적인 증권이 아닌 이익추구사업에의 투자증명서 등이 있다. 이러한 미국 연방증권법상 증권의 범위에 대한 결정 방법은 대상의 형식적인 명칭이 아니라 경제적 실질을 중시하고 있다는 점이 특색이다. 따라서 유가증권의 개념을 규정하면서, ① 권리를 표창하는 증권 또는 증서의 존재를 반드시 요구하지 않고, ② 주식이라는 명칭을 사용하여도 경제적 실질 테스트 여하에 따라 증권법상의 증권에 포함시키지 않기도 하며, ③ 권리의 유통성을 필수요건으로 하지 않는다.

1934년 증권거래소법도 제 3 조(a)(10)에서 개념정의를 하고 있는데, 1933년 증권법의 개념정의 범위에서 채무증서(evidence of indebtedness)가 빠져 있고 석유·가스 등의 광업권에 대한 권리에 관한 문언이 다소 상이한 정도의 적은 차이만 있을 뿐 그 내용이 거의 동일하다. 1940년 투자회사법(Investment Company Act) 제 2 조(a)(36)도 증권 개념에 관하여 유사한 규정을 두고 있다.

한편 미국 증권관계법이 증권의 개념 정의에 관하여 투자계약과 같은 포괄적인 개념으로써 그 범위를 확장하는 방법은 과거에는 그 효용성을 발휘하였지만, 최근 많이 이용되고 있는 파생상품결합물의 영역에서 발생하는 신종파생상품 전체를 포섭하기에는 부족한데, 이는 기본적으로 기관별·상품별 규제제도의 한계라고도 할 수 있다. 그리하여 미국에서는 장외파생상품을 증권법의 규제대상에서 제외하고 별도의 입법을 통하여 규제하는 방식으로 해결하고 있다.[1)]

---

1) 자본시장법에서 파생결합증권을 증권의 유형 중에 포함시키고 있는 것은 이런 점에서 의미가 있다.

### (3) 투자계약

#### 1) 의 의

미국 증권법상 증권의 유형 가운데 중요한 논의 대상이 되는 것 중의 하나는 주식, 단기 채권 또는 전통적인 증권이 아닌 이익추구사업에의 투자증서를 의미하는, 즉 실질적인 의미의 투자계약의 개념이다. 이러한 투자계약의 개념은 매우 광범위하여 미국에서 특정한 권리나 증서가 유가증권에 해당되느냐의 여부에 관한 분쟁에 있어서 매우 중요한 기준이 되고 있으며, 미국 증권법상 증권의 개념정의를 함에 있어서 포괄적인 요소의 대명사로서 새로운 유형의 증권을 포섭하는 기능을 해왔다.

이러한 투자계약에 관한 미국의 대표적인 사례로써 미 연방대법원의 SEC v. W. J. Howey 사건[1]이 있는데, 동 사건에서 미 연방대법원은 증권의 개념으로 포섭될 수 있는 대상인가를 판단함에 있어서 사용될 수 있는 투자계약의 판단기준을 제시하였다. 이를 소위 Howey 기준이라고 하며, 이 기준은 그 후 실제의 사례에서 다소 수정이 되는 면이 없지는 않았지만 아직도 투자계약 여부를 판단하는 데 있어서 중요한 기준으로 이용되고 있다.

#### 2) SEC v. W. J. Howey 사건의 개요

피고회사는 일반투자자들에게 플로리다주에 있는 오렌지 밭을 분양하였는데, 대부분의 투자자들이 타 지역에 거주하였을 뿐만 아니라 오렌지농사에 대한 경험이 없었기 때문에 피고회사가 제공하는 분양된 밭에 대한 대리경작, 수확과 판매 등에 관한 서비스계약까지도 동시에 체결할 수밖에 없었다. 또한 피고회사는 오렌지 밭을 분양하면서 투자자들에게 서비스계약을 체결할 것을 권유하였고 또 그렇게 하는 것이 유리하다고 하였다. 그런데 동 서비스계약에 따르면 오렌지 밭의 관리권한은 회사가 가지고 투자자는 수확 시에 행하는 검사결과에 따라 이익을 배분받는 권리를 가지게 된다고 하는 것이 계약의 주요 내용이었다.

미국 증권거래위원회(Securities and Exchange Commission: SEC)는 Howey회사가 운영한 오렌지 밭의 분양, 경작, 수확과 판매에 대한 대행계약 등이 1933년 증권법 제 2 조상의 투자계약에 해당됨에도 불구하고 증권의 등록신고서(registration statement)를 제출함이 없이 자금을 공모하였다는 이유로 연방법원에 금지명령을 신청하였는데, 이에 대한 판단을 함에 있어서 연방대법원은 투자계약(investment contract)에

---

1) SEC v. W. J. Howey Co., 328 U.S. 293 (1946).

대한 의미 있는 개념정의인 이른바 Howey기준을 제공하였다. 이에 따르면 증권법상의 투자계약은 "특정인이 공동의 사업에 자신의 자금을 투자하되, 경영에는 참가하지 아니하고 오로지 사업자나 제3자의 노력으로부터 수익을 기대하는 계약"[1]이라고 판시하였다. 이에 대하여 항을 바꾸어서 자세히 보기로 한다.

3) Howey Test의 **구체적 내용**

첫째, 투자자들의 투자목적은 공동의 사업(in a common enterprise)을 영위하기 위한 것이어야 한다. 이와 관련하여 판례에서 주로 문제가 되는 것은 수직적 공동성(vertical commonality: 모집인과 투자자와의 이해관계 일치 문제)만 존재하면 되는지 아니면 수평적 공동성(horizontal commonality: 다수의 투자자들 사이의 이해관계 일치 문제)도 엄격하게 요구할 것인지 하는 점이었다. '수직적 공동성'이란 '투자자와 사업자 사이에' 사업의 성패와 관련하여 공동의 이해관계가 있어야 한다는 것이다. 따라서 이론적으로는 한 명의 투자자만 있어도 공동성은 충족할 수 있다. 그 대표적인 예가 일임매매계좌의 경우이다. 일임매매계좌에서 손해를 본 투자자가 그 계좌설정이 투자계약에 해당한다고 주장하면서 미국증권법상의 구제수단인 계약의 취소와 원금의 상환을 구하는 경우이다. 이 경우 수직적 공동성만을 요구한다면 투자자의 청구를 받아들일 수도 있다. 최근의 판례는 수평적 공동성을 엄격히 요구하고 있다.[2] '수평적 공동성'에서는 투자자들의 자금을 모아서 공동의 펀드가 조성된다는 점이 중요하다. 증권업자와 일임매매계약을 체결한 투자자가 다수인 경우에도 그 계약은 증권업자와 각 투자자 사이에 개별적으로 체결되는 것이므로 투자자들 사이의 공동성을 결하여 투자계약으로 볼 수 없다는 견해를 취하였다.[3]

이러한 기준에 의하면 부동산거래는 일반적으로는 증권에 해당되지 않지만,

1) 이의 원문은 "the person invests his money in a common enterprise and is led to expect profit solely from the efforts of the promoter or a third party"이다.

2) 미국 국채가격을 기초로 한 유가증권스왑에 대해 연방지방법원은 공동사업의 요건에 해당되지 않는다는 것을 이유로 투자계약이 아니라고 판결한 바 있다(Procter & Gamble Co. v. Bankers Trust Co., 925 F. Supp. 1270, 1278 (S. D. Ohio, 1996)). 동 사건에서 법원은 P&G가 다른 기업이나 개인과 함께 하나의 영업기구에 자금을 모으지도 않았고 스왑의 가치는 피고은행의 기업가적 노력이 아닌 시장의 역학에 의하여 결정되는 것이라는 점에서 공동사업요건성을 부인하였다.

3) Milnarik v. M-S Commodities, Inc., 457 F.2d 274 (7th Cir. 1972); Hirk v. Agri-Research Council, Inc., 561 F.2d 96 (7th Cir. 1977).

Howey 사건에서처럼 의존할 수밖에 없는 '서비스'계약과 함께 이루어진다면 투자계약에 해당될 가능성이 높다. 대표적인 예로 휴양지 콘도미니엄을 분양하는 경우, 그것이 투자계약에 해당하는지 여부가 문제된다. 이러한 콘도미니엄은 소유자가 늘 거주하는 것이 아니기 때문에, 관리회사가 위탁을 받아 이 콘도미니엄을 제3자에게 임대하여 주고, 그 임대수익을 소유자와 관리회사가 나누어 갖는 경우가 많으므로 공동성의 관점에서 판단하여야 한다. 즉 SEC는 콘도미니엄의 매수인들 사이에 '공동성'이 존재하는 경우, 다시 말해서 특정 콘도미니엄의 임대수익을 특정 매수인에게 지급하는 것이 아니라, 관리회사가 그 콘도미니엄 전체를 관리하면서 여기서 나온 전체 임대수익을 매수인들에게 안분비례하여 지급하는 경우라면 투자계약으로 보았으며, 판례도 부동산 중개업자가 이러한 콘도미니엄의 매수를 권유한 경우에도 '투자계약'이 존재한다고 보고 있다.[1] 여기에서 투자계약의 존재 여부는 콘도미니엄의 임대수익이 매수인들에게 '공동으로' 귀속되는지 여부에 달려 있다.

둘째, 투자계약이 성립되기 위해서는 자금의 투자(investment of money)가 있어야 하는데, 여기에서 금전이라 함은 반드시 현금을 의미하는 것은 아니고, 어음이나 증권 등 계약법상 적법한 약인(consideration)에 해당하는 것이면 어느 것이나 충분하다.

셋째, 투자자들로부터 투자된 금전으로부터 발생하게 되는 수익이 오로지 사업자나 제3자의 노력에 의한 것이어야 하는데, 이와 같은 요건을 요구하는 근거는 사업경영에 참여하는 투자자는 이미 그 사업에 대해서 충분한 정보가 있어서 구태여 증권법상의 보호가 필요 없는 것이고, 자금을 투자하는 투자자들은 사업운영에 대하여 거의 혹은 전혀 모르는 상태이어야만 증권법상 보호를 필요로 하는 투자자라 하는 이유 때문이다.[2]

---

1) Hocking v. Dubois, 885 F.2d 1449 (9th Cir. 1989)(en banc), cert. denied, 494 U.S. 1078 (1990). 예컨대 실제 각 매수인이 분배받는 임대수익이 자신의 콘도미니엄이 실제로 임대된 기간에 따라 달라지는 경우에는 위와 같은 '수평적 공동성'이 없는 것으로 보아 투자계약의 존재를 인정하지 않는다.

2) 가끔 문제가 되고 있는 피라미드형 거래의 증권성 여부 논의에서 보듯이, 투자계약으로 인정되어 규제되는 것을 회피하기 위하여 사업자가 투자자의 일부를 하위가입자 유치에 참여시키거나 보고서를 제출하게 하는 등의 행위를 하게 하여 경영에 참여시키고 있는 경우가 문제이다. 이러한 경우에 관하여 미국 법원은 투자자 이외의 자들의 노력이 부정할 수 없을 정도로 중대하고, 사업의 성패를 좌우하는 필수적인 경영상의 노력인지를 기준으로 하여 투

마지막 요건으로서, 사업자(자금모집인)나 제 3 자의 경영에서 발생하는 결과로서의 수익을 기대하는 계약이어야 한다. 이 요건은 투자에 대한 수익을 기대하지 않는 것이 법이 당연히 예상하는 사항이 아니라는 점에서 논의가 필요 없는 요건으로 인식되는 면도 있다. 그런데 여기에서의 수익은 반드시 금전일 필요는 없으나 수익을 창출함에 있어서 위험성이 존재하여야 한다는 점이 특징이다.[1] 조합지분(partnership interest)의 경우 증권성 여부를 결정함에 있어서 가장 중요한 요소는 조합의 이익이 '제 3 자의 노력에 의하여' 발생하는가 하는 점이다. 따라서 일반적으로 조합의 업무에 관여하게 되는 일반조합원(general partner)의 지분은 증권이 아니고, 수동적으로 단지 자금만 투자한 유한책임조합원(limited partner)의 지분은 증권이 된다. 여기서 조합의 이익이 '제 3 자의 노력에 의하여' 발생하는지 여부는, 그 지분의 명칭과는 아무런 상관없이, 실질적으로 그 투자자가 조합의 업무에 얼마나 참여하고 있는지에 의하여 결정한다. 예컨대 조합지분에 관한 가장 대표적인 사건인 Williamson 판결[2]에서 연방법원은 일반조합원인 경우에도, 그 투자자가 ① 계약상 조합의 업무에 관여할 권리가 제한되거나, ② 그 사업에 경험이 없어서 실제로 업무에 관여할 능력이 없거나, 또는 ③ 실제로 현재 사업을 경영하고 있는 자에게 대단히 의존적인 경우에는 그 투자자의 지분은 '증권'으로 볼 수 있다고 판시하고 있다. 반면에 명목상으로는 유한책임조합원이지만, 조합의 업무에 적극적으로 참여하고 있다면, 그 지분은 '증권'이 될 수 없다.

### (4) 새로운 투자대상의 증권성

연방대법원의 Howey 기준은 투자계약이 증권에 해당하는지의 여부를 판단할 때 적용하는 것이며, 법문상 명백히 '증권'으로 규정된 것을 증권이 아니라고 판단하는 경우에는 Howey 기준이 아닌 각각에 해당되는 고유의 기준을 사용한

---

자계약여부를 판단함으로써, 동 요건의 완화를 통해 사기적인 피라미드식 franchise에 대하여 투자계약에 해당한다고 하여 규제하고 있다. SEC v. Glenn W. Turner Enterprises, Inc., 474 F.2d 476 (9th Cir. 1973). 즉 '오로지'라는 표현의 절대적 구속력을 부인하고, 투자자 이외의 자들의 노력이 부정할 수 없을 정도로 중대하고 사업의 성패를 좌우하는 필수적인 경영상의 노력인 경우가 아니라면 투자자들이 참여가 있다고 하여도 투자계약에 해당된다는 것을 인정하고 있다.

1) 위험성이 없이 원금이 보장되거나 확정된 이자나 배당을 받기로 하는 등의 계약은 투자계약이 아니며, 예컨대 주택조합의 지분을 취득하는 것과 같은 것은 수익에 대한 기대가 없으므로 투자계약이 아니다. United Housing Foundation, Inc. v. Forman, 421 U.S. 837 (1975).

2) Williamson v. Tucker, 645 F.2d 404 (5th Cir. 1981).

다. 1990년 Reves 판결[1]에서 연방대법원은 Howey 기준은 투자계약 이외의 유형에는 적용되지 않는다는 점을 명시하였다. 따라서 법문상 증권으로 열거된 항목을 증권이 아니라고 판단할 때에는 각각 Howey 기준이 아닌 고유한 기준을 사용하게 된다.[2]

투자계약의 유형에 관하여 미국 연방증권법상 Howey 기준을 적용한다고 하더라도 실제로 어떠한 경우가 투자계약으로서 증권에 해당하는지 여부는 판단하기 어려운 경우가 많다. 일반적으로 법원이 사용하는 기준에 따르면 첫째, 투자대상의 질과 증권의 판매방식의 적절성을 보며 둘째, 법적 형식보다는 경제적 실질을 중요하게 취급하여, 투자자가 형식적으로는 경영에 관여할 권한이 있더라도 실질적으로 사업자에게 의존할 수밖에 없는 경우에는 증권으로 인정될 가능성이 높다. 셋째, 투자대상이 증권법 이외의 다른 법에 의하여 보호를 받는 경우에는 증권으로 인정되지 않을 가능성이 높다.[3]

사원연금(pension plan)의 경우도 증권성과 관련하여 복잡한 측면이 있다. 우선 사원의 가입이 강제되는 경우와 그렇지 않은 경우가 있고(compulsory vs. voluntary), 회사가 납입금 전부를 부담하는 경우와 사원도 납입금의 일부를 부담하는 경우가 있다(non-contributory vs. contributory). 또한 나중에 받게 될 연금액이 연금기금의 운용실적에 따라 변하는 경우와 고정되어 있는 경우가 있다. Howey 기준에 비추어 보면, 우선 '공동성'이나 '제 3 자의 노력'이라는 고정된 경우라면 '수익에 대한 기대'가 있다고 보기 어려울 것이다. 또한 사원이 전혀 납입금을 부담하지 않는 경우라면 '자금을 투자'한 것으로 볼 수 있는지 의문이다.[4]

### 3. 수익형부동산의 투자계약증권성

수익형부동산이라 함은 향후의 임대수익을 기대하며 건물의 객실을 지어 아

1) Reves v. Ernst & Young, 494 U.S. 56 (1990).

2) Howey 기준은 법문상 열거되지 않은 항목이 '투자계약'이라는 일반개념을 통하여 증권에 포함되는지 여부를 판단할 경우에만 이용된다.

3) 은행이 발행하는 CD의 증권성에 대하여 문제된 적이 있는데, 연방대법원은 이에 대하여 CD가 장기부채증서와 비슷하기는 하지만, 연방은행규제로 충분히 규제되고 있으므로, 이를 증권으로 볼 이유가 없다고 판시하였다. Marine Bank v. Weaver, 455 U.S. 551 (1982).

4) 이러한 논의는 1979년 Teamsters 판결에서 본격적으로 이루어졌다. 이 사건에서는 회사가 납입금 전부를 납부하고 가입이 강제되는, 고정금액 지급의 사원연금이 문제가 되었지만 앞서 언급한 이유로 '투자계약'으로 인정되지 못하였다. International Broth. of Teamsters, Chauffeurs, Warehousemen and Helpers of America v. Daniel, 439 U.S. 551 (1979).

파트처럼 분양하는 부동산으로 분양형 호텔, 분양형 오피스텔 등을 예로 들 수 있다. 수익형부동산의 투자자들은 시행사의 객실상품을 포함하여 임대관리회사의 운영노하우를 신뢰하고 투자하지만, 분양단계에서 투자자들에게 제공되는 정보가 미흡한 것이 사실이다. 수익을 기대한 수분양자들에게 수익형부동산의 분양 및 임대관리를 묶은 상품은 자본시장법상 투자계약증권으로 규율이 가능할 것으로 보인다.

수익을 기대하여 수익형부동산을 분양받고자 하는 투자자는 시행사와 분양계약을 맺고 시행사측의 투자권유에 따라서 임대관리회사와 운영계약을 맺는 것이 일반적인 계약형태이다. 임대관리회사는 위탁받은 객실을 운영하여 수익을 창출한 뒤 투자자에게 수익을 배분하게 된다. 이러한 투자형태에 대하여 미국 연방대법원이 투자계약 여부를 판단함에 있어서 제시한 Howey 기준과 증권성 여부를 판단함에 있어서 경제적 실질기준 등을 적용해 본다면, 다수의 투자자로부터 공동의 사업에 대한 투자가 있고 타인(임대관리회사)의 노력에 의한 수익의 발생을 기대하는 내용이므로 우리나라 자본시장법상 투자계약증권의 요건을 충족한다. 다만, 수익의 발생이라는 면에서 확정수익을 보장한다든지, 일정 기간 투자자가 사용권을 가지거나, 등기의 존재 또는 재매입 약정이 있는 경우에는 원본손실위험성이 결여되어 투자계약증권으로 보기 어렵다는 지적이 있을 수 있다. 그런데, 경제적 실질을 살펴보면 수분양자들은 재매입 약정 때문에 투자하는 것이 아니라 임대에서 얻게 될 '이익'에 대한 기대를 주목적으로 하여 투자판단을 하는 것이고, 투자계약증권성 여부를 판단함에 있어서 개별 계약의 내용이 아니라 투자구조의 경제적 실질을 고려하여 판단할 필요가 있다. 따라서 수익형 부동산 분양시 분양을 하는 시행사가 별개의 임대관리회사를 세우더라도 전체 투자구조를 감안하여 투자계약증권으로 규율하는 것이 적절하다.[1)]

---

1) 양기진, "수익형 부동산 분양의 자본시장법상 규제 모색," 「증권법연구」 제17권 제1호 (2016), 참조.

# 제 4 절 파생상품의 개념 및 유형

## Ⅰ. 개 관[1]

자본시장법은 파생상품을 선도, 옵션 또는 스왑의 어느 하나에 해당하는 투자성 있는 것으로 정의하고 있다(법 제 5 조 제 1 항). 선도는 "기초자산이나 기초자산의 가격, 이자율, 지표, 단위 또는 이를 기초로 하는 지수 등에 의하여 산출된 금전등을 장래의 특정시점에 인도할 것을 약정하는 계약"으로, 옵션은 "당사자 어느 한쪽의 의사표시에 의하여 기초자산이나 기초자산의 가격, 이자율, 지표, 단위 또는 이를 기초로 하는 지수 등에 의하여 산출된 금전등을 수수하는 거래를 성립시킬 수 있는 권리를 부여하는 것을 약정하는 계약"으로, 스왑은 "장래의 일정기간 동안 미리 정한 가격으로 기초자산이나 기초자산의 가격, 이자율, 지표, 단위 또는 이를 기초로 하는 지수 등에 의하여 산출된 금전등을 교환할 것을 약정하는 계약"으로 각각 정의되어 있다(법 제 5 조 제 1 항 제 1 호 내지 제 3 호).

결국 자본시장법상 파생상품이라 함은 자본시장법상 금융투자상품의 개념을 충족하면서 동시에 선도, 옵션 또는 스왑 중 어느 하나에 해당되는 계약상의 권리라고 할 수 있다.[2] 이러한 자본시장법의 입장은 파생상품의 정의를 체계화시킴으로써 기존의 열거주의하에서 포함할 수 없었던 새로운 유형의 파생상품 개발에 대한 장애를 상당 부분 제거하였다고 평가되고 있다.[3] 파생상품은 정형화된 거래소에서 거래되느냐의 여부에 따라 장내파생상품과 장외파생상품으로 나누어진다.

## Ⅱ. 증권과 파생상품의 구분[4]

증권과 함께 투자성이 있는 것으로서 금융투자상품의 일부를 구성하는 파생상품은 증권과의 구분기준이 문제된다. 일반적으로 금융투자상품은 '이익을 얻거나 또는 손실을 회피할 목적'을 동시에 가지고 있는 경우가 많기 때문에 이러한

1) 자본시장통합법연구회 편, 102-103면.
2) 김홍기, 96면.
3) 김홍기, 96면.
4) 자본시장통합법연구회 편, 110면.

내용이 증권과 파생상품을 구분하는 절대적인 기준이 되기는 어렵다.

증권의 정의에 관한 자본시장법 제4조 제1항과 함께 제5조 제1항의 규정을 해석하면 구분기준은 결국 원본에 대비한 손실비율의 정도에 있다. 즉 원본 대비 손실비율과 금융투자상품의 종류에서 보는 바와 같이 원본 대비 손실비율이 100% 이하인 경우를 증권, 100%를 초과하는 경우를 파생상품으로 보는 것이다(〈표 2-3〉 참조). 이러한 구분기준은 파생상품이 장외에서 상대계약으로 거래되거나 장내에서 상장되어 거래되는 경우에는 문제되지 않을 것이며, 주로 파생상품이 증권의 형태를 취하고 있는 경우에 의미가 있다. 따라서 예컨대 옵션을 매입하는 경우에는 프리미엄을 원본으로 인식하여도 그 손실범위는 프리미엄에 한정되므로 원본손실위험이 없고 증권에 해당한다고 볼 여지가 있다. 그러나 옵션이 장외에서 계약형으로 거래될 경우에는 이를 증권으로 구분할 필요가 없으며, 파생상품으로 판단하여야 한다.

한편 투자자가 취득과 동시에 지급한 금전등 외에 어떤 명목으로든지 추가로 지급의무를 지게 되면 증권이 될 수 없다(법 제4조 제1항). 따라서 본 조항의 반대해석에 의하면 추가지급의무를 지는 것이 파생상품이라고 할 수 있다. 왜냐하면 금융투자상품은 증권과 파생상품으로 나누어지기 때문인데, 이와 관련하여 추가지급의 가능성과 관련하여 견해의 차이가 발생할 수 있다. 즉 추가지급의 가능성을 파생상품의 요건으로 볼 수도 있고, 아니면 파생상품의 경우 추가지급의 가능성이 요구되어지는 것으로 볼 수도 있다. 만일 후자의 입장을 취한다면[1] 자본시장법상 증권의 유형 중의 하나인 파생결합증권과 파생상품 간의 구분이 어렵게 된다. 이러한 결과는 우선 자본시장법의 명문규정과도 충돌하며, 옵션의 성격을 가진 증권의 발생을 허용하고 증권의 영역으로 포섭하였던 기존의 증권거래법의

**표 2-3 원본 대비 손실비율과 금융투자상품의 종류**

| 범 위 | 손실비율≦0% | 0%<손실비율≦100% | 100%<손실비율 |
|---|---|---|---|
| | 원본보전형 | 원본손실형 | 추가지급형 |
| 상 품 | 예금, 보험 | 증 권 | 파생상품 |

1) 김홍기, 109면.

입장과도 배치된다.[1] 또한 이것은 파생상품의 범위를 지나치게 확장하는 결과를 가져오는 것이어서 오히려 투자자 보호를 강화하려고 하는 자본시장법의 취지와도 배치된다. 결국 파생상품은 원본손실과 추가지급의무라는 요소를 기준으로 하여 그 영역을 증권과 명확히 구분하는 것이 투자자 보호의 입장에도 일치한다.

1) 구 증권거래법 역시 말 그대로 '파생상품'을 규율하는 법이 아니고 '증권'을 규율하는 법이었기 때문이다. 물론 구 증권거래법의 적용대상과 자본시장법의 적용대상이 상이하지만, 기본적으로 구 증권거래법에서 확장하였던 파생상품적 성격을 지닌 증권도 일반적으로 추가지급의 가능성은 없었다.

# 3장

# 금융투자업자

1절 금융투자업자의 인가 및 등록
2절 금융투자업자의 지배구조 및 건전경영의 유지
3절 금융투자업의 공통 영업행위 규칙
4절 투자매매업자 및 투자중개업자의 영업행위 규칙
5절 집합투자업자의 영업행위 규칙
6절 투자자문업자 및 투자일임업자의 영업행위 규칙
7절 신탁업자의 영업행위 규칙
8절 온라인소액투자중개업자 특례

# 제1절 금융투자업자의 인가 및 등록

## Ⅰ. 금융투자업자 규제의 개요

### 1. 금융투자업 진입규제

각국의 자본시장관련법들은 투자자의 보호와 자본시장에서의 건전한 질서를 유지하기 위하여 일정한 요건을 갖춘 자에 한하여 금융투자업을 영위할 수 있도록 규제하고 있어, 자격 미비자가 금융투자업을 영위하는 것은 원칙적으로 금지된다. 한국의 자본시장법도 투자자를 보호하고 금융투자업을 건전하게 육성하기 위해 금융투자업의 영위에 대한 진입규제를 마련하고 있다(법 제11조·제17조).

자본시장법은 투자자가 노출되는 위험의 크기에 따라 금융투자업에 대하여 인가제와 등록제를 차별적으로 적용한다. 고객과 채권·채무관계에 있게 되거나 고객의 자산을 수탁하는 경우 인가제가 적용되고, 그렇지 않은 경우에는 상대적으로 완화된 진입규제방식인 등록제가 적용된다. 즉 등록제를 택하고 있는 투자자문업과 투자일임업을 제외한 다른 금융투자업을 영위하려면 금융투자업 인가를 받아야 한다(법 제11조).

### 2. 금융기능별 진입규제 방식으로 전환

자본시장법은 종래 금융기관별 규제 체제에서 금융기능별 규제 체제로 전환하였다. 기존에는 증권거래법, 선물거래법, 간접투자자산운용업법 등 자본시장과 관련된 개별 법률별로 각각의 규제대상 금융투자회사를 증권회사, 선물회사, 자산운용회사, 신탁회사 등으로 구분하였다. 이들 개별 법률들은 당해 법에서 규제대상으로 삼고 있는 각 금융투자회사의 행위만을 규제하는 방식을 채택하였다. 그 결과 동일한 금융기능임에도 불구하고 개별 규제법에 따라 별도의 규제시스템을 마련하다 보니 권역별 규제차익(regulatory arbitrage)이 발생하여 투자자 보호에 있어서 공백이 발생하였다. 이 문제를 해결하기 위하여 자본시장법은 자본시장관련 법들을 단일법으로 통합하면서 동일한 금융기능에 대해서는 그 기능을 수행하는 주체에 상관없이 동일한 인가 및 등록요건이 적용되도록 금융기능별로 진입요건을 마련하였다. 또한 자본시장법은 금융투자회사가 필요한 업무단위를 추가함

## 표 3-1 금융투자업의 인가업무단위

(단위: 억원)

| 코 드 | 금융투자업 종류 | | 금융투자상품 범위 | | | 투자자 | 최저 자기자본 |
|---|---|---|---|---|---|---|---|
| 1-1-1 | 투자매매업 | 인수포함 | 증권 | | | 일반+전문 | 500[1] |
| 1-11-1 | | | | 채무증권[2] | | 일반+전문 | 200[1] |
| 1-111-1 | | | | | 국공채[2] | 일반+전문 | 75[1] |
| 1-12-1 | | | | 지분(집합제외)[2] | | 일반+전문 | 250[1] |
| 1-13-1 | | | | 집합투자증권[2] | | 일반+전문 | 50[1] |
| 11-1-1 | | 인수제외 | 증권 | | | 일반+전문 | 200[1] |
| 11-11-1 | | | | 채무증권[2] | | 일반+전문 | 80[1] |
| 11-111-1 | | | | | 국공채[2] | 일반+전문 | 30[1] |
| 11-112-1 | | | | | 사채[2] | 일반+전문 | 40[1] |
| 11-12-1 | | | | 지분(집합제외)[2] | | 일반+전문 | 100[1] |
| 11-13-1 | | | | 집합투자증권[2] | | 일반+전문 | 20[1][3] |
| 11r-1r-1 | | | | RP대상증권[4] | | 일반+전문 | 60 |
| 12-112-1 | | 인수만 | 증권 | 채무증권[2] | 사채[2] | 일반+전문 | 60[1] |
| 1-2-1 | | | 장내파생 | | | 일반+전문 | 100[1] |
| 1-21-1 | | | | 주권기초 | | 일반+전문 | 50[1] |
| 1-3-1 | | | 장외파생 | | | 일반+전문 | 900[1] |
| 1-31-1 | | | | 주권기초 | | 일반+전문 | 450[1] |
| 1-32-1 | | | | 주권외기초 | | 일반+전문 | 450[1] |
| 1-321-1 | | | | | 통화·이자율 기초 | 일반+전문 | 180[1] |
| 1a-1-2 | | | 증권(다자간매매체결대상상품 및 상장증권예탁증권) | | | 전문 | 300 |
| 2-1-1 | 투자중개업 | | 증권 | | | 일반+전문 | 30[1] |
| 2-11-1 | | | | 채무증권[2] | | 일반+전문 | 10[1] |
| 2-12-1 | | | | 지분(집합제외)[2] | | 일반+전문 | 10[1] |
| 2-13-1 | | | | 집합투자증권[2] | | 일반+전문 | 10[1] |
| 2r-1r-2 | | | | RP대상증권[4] | | 전문 | 5 |
| 2-2-1 | | | 장내파생 | | | 일반+전문 | 20[1] |
| 2-21-1 | | | | 주권기초 | | 일반+전문 | 10[1] |
| 2-3-1 | | | 장외파생 | | | 일반+전문 | 100[1] |
| 2-31-1 | | | | 주권기초 | | 일반+전문 | 50[1] |
| 2-32-1 | | | | 주권외기초 | | 일반+전문 | 50[1] |
| 2-321-1 | | | | | 통화·이자율 기초 | 일반+전문 | 20[1] |
| 2a-1-2 | 투자중개업 | | 증권(다자간매매체결대상상품 및 상장증권예탁증권) | | | 전문 | 200 |
| 2i-11-2i | 투자중개업 | | 증권 | 채무증권 | | 전문 | 30 |
| 3-1-1 | 집합투자업 | | 모든펀드(혼합펀드) | | | 일반+전문 | 80[1] |
| 3-11-1 | | | | 증권펀드(MMF포함) | | 일반+전문 | 40[1] |
| 3-12-1 | | | | 부동산펀드 | | 일반+전문 | 20[1] |
| 3-13-1 | | | | 특별자산펀드 | | 일반+전문 | 20[1] |
| 4-1-1 | 신탁업 | | 모든신탁재산 | | | 일반+전문 | 250[1] |
| 4-11-1 | | | | 금전만신탁 | | 일반+전문 | 130[1] |
| 4-12-1 | | | | 금전제외신탁 | | 일반+전문 | 120[1] |
| 4-121-1 | | | | | 부동산신탁 | 일반+전문 | 100[1] |

1) 전문투자자만을 대상으로 하는 경우 1/2 경감(코드 번호는 0-0-2 형태)
2) 해당 증권을 기초로 하는 증권예탁증권 포함
3) 자신이 운용하는 집합투자기구의 집합투자증권을 매매하는 경우 1/2 경감 적용
4) RP대상증권: 국공채, 상장법인·공기업 공모사채, 보증사채, 공모 ABS·MBS, 수익증권 등

**표 3-2** 금융투자업의 등록업무단위 (단위: 억원)

| 코드 | 금융투자업 종류 | 투자대상자산의 범위 | 투자자 유형 | 최저 자기 자본 |
|---|---|---|---|---|
| 3-14-1 | 전문사모 집합투자업 | 법 제229조 제 1 호- 제 5 호까지의 규정에 따른 집합투자기구 | 적격투자자 (법 249조의2) | 10 |
| 5-1-1 | 투자자문업 | 증권, 장내파생상품, 장외파생상품 및 제 6 조의2 각 호에 따른 투자대상자산 | 일반+전문 | 2.5 |
| 5-21-1 | 투자자문업 | 집합투자증권, 파생결합증권, 환매조건부 매매, 제 6 조의2 제 3 호에 따른 투자대상자산, 파생결합증권과 유사한 증권으로서 금융위원회가 정하여 고시하는 채무증권 | 일반+전문 | 1 |
| 6-1-1 | 투자일임업 | 증권, 장내파생상품, 장외파생상품 및 제 6 조의2 각 호에 따른 투자대상자산 | 일반+전문 | 15 |
| 6-1-2 | 투자일임업 | 증권, 장내파생상품, 장외파생상품 및 제 6 조의2 각 호에 따른 투자대상자산 | 전문 | 5 |

* 비고

1. 법 제 8 조 제 9 항 각 호의 어느 하나에 해당하는 자에 대하여 법 제18조 제 2 항 제 2 호(3-14-1의 업무단위에 대해서는 법 제249조의3 제 2 항 제 2 호를 말한다)에 따른 자기자본을 적용할 때 해당 법령에서 요구하는 자본금(이에 준하는 금액을 포함한다)을 제외한 금액을 기준으로 한다.
2. 자기자본을 산정하는 경우 최근 사업연도 말일 이후 등록신청일까지의 자본금의 증감분을 포함하여 계산한다.

* 대통령령 제29495호 2019년 1월 15일 개정 부칙 제 7 조(투자자문업 및 투자일임업 등록에 관한 경과조치) 참조

① 이 영 시행 당시 종전의 별표 3에 따라 5-1-1, 5-1-2, 5-2-1, 5-2-2, 5-3-1 및 5-3-2의 투자자문업을 등록한 자는 별표 3의 개정규정에 따라 5-1-1의 투자자문업을 등록한 것으로 본다.
② 이 영 시행 당시 종전의 별표 3에 따라 6-1-1, 6-2-1 및 6-3-1의 투자일임업을 등록한 자는 별표 3의 개정규정에 따라 6-1-1의 투자일임업을 등록한 것으로 본다.
③ 이 영 시행 당시 종전의 별표 3에 따라 6-1-2, 6-2-2 및 6-3-2의 투자일임업을 등록한 자는 별표 3의 개정규정에 따라 6-1-2의 투자일임업을 등록한 것으로 본다.

으로써 업무 영역을 확장하는 업무단위 추가(add-on) 방식을 채택하였다.

첫째, 인가제를 채택한 금융투자업의 진입요건은 등록제를 채택한 금융투자업에 비해 엄격하게 설정하였다. 객관적인 요건만을 요구하는 등록제[1]와 달리 사업계획의 타당성과 같은 감독당국의 재량적인 판단을 허용하는 요건을 추가하였다. 인가제 내에서도 고객과 채권채무관계를 가지는 금융투자업에 대해서는 고객

1) 등록제의 경우에는 사실상의 인가제나 허가제로 운영되지 않도록 하기 위하여 사업계획의 타당성과 같은 주관적인 판단이 개입되는 진입요건을 요구하지 않되 등록처리 기한을 2개월로 법률에 명시하였다.

의 자산을 수탁하는 금융투자업에 비해 강화된 요건을 마련하였다. 따라서 금융투자업에 대해서는 ① 투자매매업, ② 투자중개업·집합투자업·신탁업, ③ 투자자문업·투자일임업의 순으로 진입요건의 수준이 정해진다.

둘째, 금융투자상품의 특성을 진입요건에 반영하였다. 취급대상 금융투자상품의 위험크기에 따라 장외파생상품 등 위험 금융투자상품을 대상으로 하는 인가에 대해서는 일반 금융투자상품에 비해 강화된 진입요건을 설정하였다.

셋째, 투자자의 특성 특히 위험감수능력을 고려하여 일반투자자를 상대로 하는 금융투자업의 경우에는 전문투자자를 상대로 하는 경우보다 강화된 진입요건을 설정하였다.

### 3. 위반 시 제재

자본시장법 제11조의 무인가 영업행위 금지 규정의 실효성을 확보하기 위하여 동 조항을 위반한 경우에는 징역이나 벌금과 같은 형사처벌을 부과한다(법 제444조 제1호). 즉 법 제11조를 위반하여 금융투자업인가(변경인가 포함)를 받지 아니하고 투자자문업 및 투자일임업을 제외한 금융투자업을 영위한 자는 5년 이하의 징역 또는 2억원 이하의 벌금에 처한다.

금융위원회는 금융투자업자가 거짓, 기타 부정한 방법으로 금융투자업의 인가를 받은 경우, 인가조건을 위반한 경우, 인가요건의 유지의무를 위반한 경우에는 금융투자업 인가를 취소할 수 있다(법 제420조 제1항). 특히 금융투자업 인가와 등록이 모두 취소된 경우에는 금융투자업자는 무인가 및 무등록업자로 되어 해산된다(법 제420조 제2항).

금융투자업 인가(변경인가 포함)를 받지 아니하고 투자매매업, 투자중개업, 집합투자업, 신탁업을 영위한 경우에는 금융투자업자 및 그 임직원에 대한 처분 및 업무 위탁계약 취소·변경 명령의 사유가 된다(법 [별표 1] 참조).

## Ⅱ. 금융투자업의 인가

### 1. 인가업무 단위의 구분기준

인가업무 단위는 금융투자업, 금융투자상품, 투자자라는 3가지 사항을 구성요소로 하는 금융기능을 중심으로 정해지는데, 그 구체적인 사항은 대통령령에 위임되어 있다(법 제12조 제 1 항, 시행령 제15조 제 1 항·[별표 1]).

금융투자업을 영위하려는 자는 ① 금융투자업의 종류, ② 금융투자상품의 범위, ③ 투자자의 유형을 조합하여 설정되는 1단위의 금융기능을 '인가업무 단위'로 하여 그 전부나 일부를 선택하여 금융위원회로부터 1개의 금융투자업인가를 받아야 한다. 예를 들어 일반투자자(투자자)를 상대로 하여 증권(금융투자상품)의 투자매매업(금융투자업)을 영위하는 업무단위를 선택하거나, 전문투자자를 상대로 하여 장내파생상품(금융투자상품)의 투자자문업(금융투자업)을 영위하는 업무단위를 선택할 수 있으며, 이 2가지 업무단위를 모두 선택할 수도 있다.

인가업무단위의 전제로서 인정되는 금융투자업의 종류에는 투자매매업, 투자중개업, 집합투자업, 신탁업이 있으며, 투자매매업 중에서 인수업만을 업무단위로 할 수도 있다. 인가업무단위의 전제가 되는 금융투자업의 종류 중에서 투자자문업과 투자일임업이 제외되는 이유는 이들 업(業)이 인가대상이 아니라 등록대상이기 때문이다.

## 2. 인가요건

금융투자업을 영위하려는 자는 자본시장법에서 정하는 인가요건을 모두 갖추어야 하는데, 이들 요건은 7가지로 대별되며(법 제12조 제 2 항), 필요한 세부적인 사항은 대통령령으로 정한다(법 제12조 제 3 항). 이하에서 중요한 내용을 소개하면 다음과 같다.

첫째, 금융투자업자가 되려면 상법상의 주식회사이거나 대통령령으로 정하는 금융기관[1]이어야 한다. 외국 금융투자업자[2](외국 법령에 따라 외국에서 금융투자업에 상당하는 영업을 영위하는 자를 말함)로서 외국에서 영위하고 있는 영업에 상당하

1) 여기서 '대통령령으로 정하는 금융기관'이란 ① 한국산업은행법에 따른 한국산업은행, ② 중소기업은행법에 따른 중소기업은행, ③ 한국수출입은행법에 따른 한국수출입은행, ④ 농업협동조합법에 따른 농업협동조합중앙회 및 농협은행, ⑤ 수산업협동조합법에 따른 수산업협동조합중앙회 및 수협은행, ⑥ 은행법에 따른 외국금융기관의 국내지점, ⑦ 보험업법에 따른 외국보험회사의 국내지점, ⑧ 그 밖에 금융위원회가 정하여 고시하는 금융기관 중 어느 하나에 해당하는 금융기관을 말한다(법 시행령 제16조 제 1 항).

2) 외국 금융투자업자(이하 "외국 금융투자업자"라 한다)는 다음 각 호의 요건에 적합하여야 한다(법 시행령 제16조 제 2 항).
   1. 별표 2 제 4 호 나목부터 마목까지의 요건을 갖출 것
   2. 외국 금융투자업자에 대한 본국의 감독기관의 감독내용이 국제적으로 인정되는 감독기준에 부합될 것

는 금융투자업 수행에 필요한 지점, 기타 영업소를 설치한 자이어야 한다.

둘째, 최저자기자본 요건을 충족하여야 한다. 인가업무 단위별로 5억원 이상으로서 대통령령에서 정하는 금액 이상의 자기자본을 보유하여야 한다. 자본시장법 시행령은 [별표 1]에서 인가업무단위별 최저 자기자본을 정하고 있다. 따라서 취급하려는 인가업무의 단위가 추가되면 될수록 보유해야 하는 자기자본의 금액이 증가하게 된다.

셋째, 사업계획이 타당하고 건전하여야 한다. 다른 인가요건들이 객관적인 기준을 제시하고 있는 데 비해 이는 일종의 적합성 기준(fit and proper test)으로 인가를 하는 감독당국자의 재량이 개입될 수 있는 여지를 허용하고 있는 진입요건이다(시행령 제16조 제 4 항).

넷째, 인적설비와 물적설비 요건을 충족하여야 한다. 투자자의 보호가 가능하고 그 영위하고자 하는 금융투자업을 수행하기에 충분한 인력과 전산설비, 기타 물적 설비를 갖추어야 한다. 이러한 인력과 전산설비, 그 밖의 물적 설비는 ① 영위하려는 금융투자업에 관한 전문성과 건전성을 갖춘 주요직무 종사자와 업무수행을 위한 전산요원 등 필요한 인력을 적절하게 갖추고, ② 전산설비 등의 물적 설비를 갖추어야 한다(시행령 제16조 제 5 항). 또한 대통령령으로 정하는 건전한 재무상태와 사회적 신용을 갖출 것이 요구되지만(법 제12조 제 2 항 제 6 의2호), 이것은 진입요건으로만 요구되고 인가유지요건에서는 제외된다(법 제15조).

다섯째, 임원이 「금융회사의 지배구조에 관한 법률」 제 5 조의 결격사유에 해당하여서는 안 된다. 여기서 '임원'이란 이사와 감사를 말한다(법 제 9 조 제 2 항). 임원의 결격사유로 열거되어 있는 사항들을 살펴보면, 미성년자, 피한정후견인, 피성년후견인과 같은 제한능력자, 파산선고를 받고 아직 복권되지 않은 자 등이다.

여섯째, 대주주요건을 충족하여야 한다. 대주주는 충분한 출자능력, 건전한 재무상태 및 사회적 신용을 구비하여야 한다. 대주주에는 최대주주의 특수관계인인 주주를 포함하며, 최대주주가 법인인 경우에는 그 법인의 중요한 경영사항에 대해 사실상 영향력을 행사하고 있는 자로서 대통령령으로 정하는 자를 포함한다. 여기서 대통령령으로 정하는 자란 최대주주인 법인의 최대주주[1]와 최대주주인 법인의 대표자를 말한다(시행령 제16조 제 7 항). 다만 법인의 성격 등을 고려하여 금

---

1) 최대주주인 법인을 사실상 지배하는 자가 그 법인의 최대주주와 명백히 다른 경우에는 그 사실상 지배하는 자를 포함한다.

융위원회가 정하여 고시하는 경우에는 최대주주인 법인의 최대주주를 제외한다. 대주주는 [별표 2]의 요건에 적합하여야 한다(시행령 제16조 제 6 항).[1] 외국금융투자업자인 경우에는 충분한 출자능력, 건전한 재무상태 및 사회적 신용을 갖추어야 한다.

일곱째, 금융투자업자와 투자자 간, 특정투자자와 다른 투자자 간의 이해상충을 방지하기 위한 체계를 갖추어야 한다. 이해상충을 방지하기 위하여 법 제44조에 따라 이해상충이 발생할 가능성을 파악·평가·관리할 수 있는 적절한 내부통제기준을 갖추고, 법 제45조 제 1 항 및 제 2 항 각 호의 행위가 발생하지 아니하도록 적절한 체계를 갖추어야 한다(시행령 제16조 제 9 항). 자본시장법은 금융투자업자가 영위할 수 있는 업무의 범위를 자본시장관련업으로 확대하여 기존의 분업주의 대신 겸업주의로 전환함으로써 업자와 투자자 간의 이해상충이 발생할 가능성이 전보다 증가되었다. 그리하여 자본시장법은 투자자 보호를 위해 금융투자업의 겸영에 따른 이해상충을 상시적으로 관리하기 위한 내부통제시스템(internal control system)의 설치를 의무화하고 있다. 이에 따르면 내부관리시스템을 통해 이해상충의 발생 가능성을 파악한 경우에는 이해상충의 내용을 투자자에게 공시하도록 하고(disclosure), 이해상충의 가능성을 해소한 후 서비스를 제공하여야 하며(control), 그럼에도 불구하고 해소가 불가능한 경우에는 투자자에 대한 서비스를 중단하여야 한다(avoid). 또한 투자매매업과 집합투자업처럼 업무의 성격상 본질적으로 이해상충의 가능성이 큰 금융투자업의 경우 조직분리, 임직원 겸직제한 등과 같은 추가적인 정보교류 차단장치(Chinese wall)의 설치를 의무화하였다.

## 3. 인가절차

### (1) 인가신청서의 제출

먼저 투자매매업, 투자중개업, 집합투자업, 신탁업의 인가를 받으려는 자는 금융위원회에 인가신청서를 제출하여야 한다. 인가신청서에는 상호, 본점과 지점, 그 밖의 영업소의 소재지, 임원에 관한 사항, 영위하려는 인가업무 단위에 관한 사항, 자기자본 등 재무에 관한 사항, 사업계획에 관한 사항, 인력과 전산설비 등

1) 다만, 다음 각 호의 어느 하나에 해당하는 경우에는 금융위원회가 그 요건을 달리 정하여 고시할 수 있다.
1. 법 제 8 조 제 9 항 각 호의 어느 하나에 해당하는 자가 금융투자업인가를 받고자 하는 경우
2. 금융투자업자가 다른 회사와 합병·분할하거나 분할합병을 하는 경우

의 물적 설비에 관한 사항, 대주주나 외국 금융투자업자에 관한 사항, 이해상충방지체계에 관한 사항, 그 밖에 인가요건의 심사에 필요한 사항으로서 금융위원회가 정하여 고시하는 사항을 기재하여야 하고(시행령 제17조 제1항), 일정한 서류를 첨부하여야 한다. 다만, 인가신청자의 부담을 완화시켜주기 위하여 예비인가 신청을 한 경우에는 본인가 신청 시 참조방식을 이용할 수 있도록 하였다. 즉 금융투자업 인가를 받으려는 자는 법 제14조에 따른 예비인가를 신청한 경우로서 예비인가 신청 시에 제출한 예비인가신청서 및 첨부서류의 내용이 변경되지 아니한 경우에는 그 부분을 적시하여 이를 참조하라는 뜻을 기재하는 방법으로 인가신청서의 기재사항 중 일부를 기재하지 아니하거나 그 첨부서류의 제출을 생략할 수 있다(시행령 제17조 제3항).

### (2) 금융위원회의 심사 및 결정

자본시장법은 신속한 절차의 진행을 위하여 금융위원회의 심사기간을 제한하는데, 인가신청서를 접수한 날로부터 3개월(법 제14조에 따른 예비인가를 받은 경우에는 1개월) 이내에 금융투자업 인가 여부를 결정하여야 한다(법 제13조 제2항). 그리고 금융투자업인가를 받은 자는 그 인가를 받은 날부터 6개월 이내에 영업을 시작하여야 한다(시행령 제17조 제10항).

금융위원회는 금융투자업인가의 신청내용에 관한 사실 여부를 확인하고, 이해관계자 등으로부터 제시된 의견을 고려하여 신청내용이 인가요건을 충족하는지 여부를 심사한다(시행령 제17조 제5항). 금융투자업인가의 신청내용을 확인하기 위하여 필요한 경우에는 이해관계자, 발기인 또는 임원과의 면담 등의 방법으로 실지조사를 할 수 있다(시행령 제17조 제6항). 또한 금융위원회는 금융투자업인가의 신청이 있는 경우에는 이해관계자 등의 의견을 수렴하기 위하여 신청인, 신청일자, 신청내용, 의견제시의 방법 및 기간 등을 인터넷 홈페이지 등에 공고하여야 한다(시행령 제17조 제7항). 접수된 의견 중 금융투자업인가의 신청인에게 불리하다고 인정되는 의견에 대하여는 이를 금융투자업인가의 신청인에게 통보하고, 기한을 정하여 소명하도록 할 수 있다(시행령 제17조 제8항). 금융시장에 중대한 영향을 미칠 우려가 있는 경우 등 필요하다고 인정되는 경우에는 금융위원회가 공청회를 개최할 수 있다(시행령 제17조 제9항). 이 경우 그 결과와 이유를 지체 없이 신청인에서 문서로 통지한다. 인가신청서에 흠결이 있는 경우에는 그 보완을 요구할 수 있고(법 제13조 제 2 항), 흠결 보완기간 등은 심사기간에 산입하지 않는다(법 제13조 제 3 항).

### (3) 조건부 인가 및 인가의 공고

금융위원회는 금융투자업 인가를 하는 경우 경영의 건전성 확보 및 투자자 보호에 필요한 조건을 붙일 수 있다(법 제13조 제 4 항). 조건부 금융투자업인가를 받은 자는 사정의 변경, 기타 정당한 사유가 있는 경우에 금융위원회에 조건의 취소 또는 변경을 신청할 수 있으며, 이 경우 금융위원회는 2개월 이내에 조건의 취소 또는 변경 여부를 결정하고, 그 결과를 지체 없이 신청인에게 문서로 통지하여야 한다(법 제13조 제 5 항). 금융투자업인가에 조건을 붙인 경우 금융위원회는 그 이행 여부를 확인하여야 한다(시행령 제17조 제11항).

금융위원회는 금융투자업인가를 하거나 인가조건을 취소 변경한 경우에 인가내용, 인가조건이나 조건취소나 변경의 내용 등을 관보 및 인터넷 홈페이지 등에 공고하여야 한다(법 제13조 제 6 항).

### (4) 기존 금융투자업자에 대한 진입규제의 특례: 신고에 의한 인가

자본시장법 공포 후 1년이 경과한 날(2008년 8월 4일) 당시 제 6 조 제 1 항 각 호에서 열거하는 투자매매업, 투자중개업, 집합투자업, 신탁업의 어느 하나에 상당하는 업을 영위하고 있는 자는 그 영위하고 있는 업무의 범위에서 법 제15조의 인가유지요건을 갖추어 자본시장법 공포 후 1년이 경과한 날부터 2개월 이내(2008년 10월 3일)에 금융위원회에 신고할 수 있었다(부칙 제 5 조 제 1 항).

신고인은 법 제15조의 인가유지요건을 갖추지 아니한 것으로 통보받은 경우에도 법 제11조에 불구하고 이 법 시행 후 6개월(2009년 8월 3일)까지는 종전에 영위하고 있는 업무를 영위할 수 있었다. 이 경우 그 업무를 영위하는 범위에서는 이 법에 의한 금융투자업자로 간주되었다(부칙 제 5 조 제 3 항).

## 4. 인가요건의 유지, 추가 및 변경

### (1) 인가요건의 유지

금융투자업자의 인가 시 진입요건은 원칙적으로 이후에도 계속 충족해야 하는 유지요건이므로 진입 시 적격성이 지속되어야 한다(법 제15조). 다만, 자기자본

요건이나 대주주나 외국 금융투자업자 요건만큼은 대통령령으로 정하는 바에 따라 완화된다. 즉 진입요건의 일부를 완화하여 적용하는데, 이는 결과적으로 유지존속요건보다는 진입요건이 엄격하다는 의미가 된다.

먼저, 자기자본의 경우 인가 시 인가업무 단위별 최저자기자본의 70% 수준을 유지하도록 완화하였는데, 유지요건의 충족 여부는 매 회계연도말을 기준으로 하며, 특정 회계연도말을 기준으로 유지요건에 미달한 금융투자업자는 다음 회계연도말까지는 그 유지요건에 적합한 것으로 본다(시행령 제19조 제1항 제1호). 이는 자본유지요건의 충족 여부는 1년에 1회 평가하되 이에 일시적으로 미달하더라도 1년이라는 유예기간을 부여하고 있는데, 이는 영업의 계속적인 영위를 가급적이면 허용한다는 의미이다.[1)]

다음으로 대주주의 진입요건을 보면, 출자능력 요건으로서 자기자본요건과 출자금요건이, 재무건전성 요건으로 부채비율(비금융기관) 혹은 재무건전성기준(금융기관)이, 그리고 사회적 신용 요건으로서 부실금융기관의 대주주가 아니고 벌금형(최대주주와 특수관계인에게 적용) 이상이 없을 것이 요구된다. 그러나 대주주의 유지요건의 경우에는 대주주의 재무건전성 요건이나 출자능력요건은 그 적용이 배제되고 사회적 신용 요건만 적용되는데, 사회적 신용 요건마저도 완화되어 부실금융기관의 대주주가 아니고 5억원 이상 벌금형(최대주주에게만 적용)이 없을 것만이 요구된다(시행령 제19조 제1항 제2호).

한편 인가요건으로 요구되는 '대통령령으로 정하는 건전한 재무상태와 사회적 신용을 갖출 것'(법 제12조 제2항 제6의2호)은 인가유지요건에서는 제외된다(법 제15조).

### (2) 업무의 추가 및 인가의 변경

#### 1) 개 요

금융투자업자는 금융투자업의 진입단계에서도 다양한 업무단위를 선택할 수 있지만, 인가 이후에도 필요한 업무단위를 추가로 자유롭게 선택할 수 있다. 인가업무 이외에 다른 업무를 추가하려는 경우에는 금융위원회에 변경인가를 받아야 한다. 이 경우 자본시장법 입법 시에는 예비인가제도를 적용하지 않는 것으로 하였으나, 2009년 2월 3일 개정에서 예비인가제도를 적용하였다(법 제16조 제1항).

---

1) 김정수, 165면.

그러나 변경인가 시 대주주요건에 대하여는 대통령령으로 정하는 완화된 요건에 의하였다(법 제16조 제 2 항).[1]

2) 기존 금융투자업자의 업무단위 추가에 대한 인가 특례

자본시장법 공포 후 1년이 경과한 날(2008년 8월 4일) 당시 법 제 6 조 제 1 항에서 규정하고 있는 금융투자업의 어느 하나에 상당하는 업을 영위하고 있는 자는 그 영위하고 있는 업무에 인가업무 단위 또는 등록업무 단위를 새로 추가하고자 하는 경우에는 법 공포 후 1년이 경과한 날부터 2개월(2008년 10월 3일) 이내에 종전에 영위하고 있는 업무와 새로 추가하고자 하는 업무 단위를 종합하여 금융투자업 인가 또는 금융투자업 등록을 신청할 수 있었다(법 부칙 제 6 조 제 1 항).

이 경우 인가의 요건과 신청·심사 등에 관하여는 법 제12조·제13조를 준용하고, 등록의 요건과 신청·검토에 관하여는 법 제18조·제19조를 준용하였다. 다만, 종전에 영위하고 있는 업무의 인가요건과 등록요건에 관하여는 법 제15조의 인가유지요건과 법 제20조의 등록유지요건을 준용하였다. 이는 기존에 자본시장 관련업을 영위하고 있는 증권회사나 선물업자, 자산운용회사 등에 대해서는 신고에 따른 진입특례를 인정하면서 일응 진입이 되었다고 전제하면서 진입요건이 아닌 유지요건을 요구한 것이다.

인가 또는 등록을 신청한 자는 인가 또는 등록이 거부된 경우에도 법 제11조 및 제17조에 불구하고 법 시행 후 6개월(2009년 8월 3일)까지는 종전에 영위하고 있는 업무를 영위할 수 있었으며, 이 경우 그 업무를 영위하는 범위에서 자본시장법에 의한 금융투자업자로 보았다.

## Ⅲ. 금융투자업의 등록

### 1. 등록업무

#### (1) 개 요

금융투자업 중에서 투자자문업과 투자일임업에 대해 보다 완화된 진입규제가

---

1) 입법 당시에는 변경인가 시 대주주요건에 대해서 진입요건보다 완화된 유지요건을 적용하였으나, 2009년 2월 3일 개정에서 삭제(법 제16조 제 2 항 삭제)하여 완화된 유지요건의 적용을 인정하지 않게 되었다가, 다시 2010년 3월 12일 개정으로 신설된 조문에 의하면 대통령령으로 완화된 요건을 적용하는 것으로 되었다.

적용된다. 그러나 등록은 반드시 해야 한다(법 제17조). 이를 위반하여 금융투자업 등록을 하지 않고 투자자문업이나 투자일임업을 영위한 자, 거짓이나 기타 부정한 방법으로 금융투자업 등록(변경등록)을 한 자에 대해서는 3년 이하의 징역이나 1억원 이하의 벌금을 부과한다(법 제445조).

금융위원회는 금융투자업자가 거짓, 기타 부정한 방법으로 금융투자업을 등록한 경우나 등록요건의 유지의무를 위반한 경우에는 금융투자업 등록을 취소할 수 있으며(법 제420조 제1항), 금융투자업 인가와 등록이 모두 취소된 경우에는 금융투자업자는 무인가 및 무등록업자로 되어 해산하게 된다(법 제420조 제2항).

금융투자업 등록(변경등록 포함)을 받지 아니하고 투자자문업, 투자일임업을 영위한 경우에는 금융투자업자 및 그 임직원에 대한 처분 및 업무 위탁계약 취소·변경 명령의 사유가 된다(법 [별표 1]).

### (2) 등록업무단위

등록업무 단위 역시 인가업무 단위와 마찬가지로 금융투자업, 금융투자상품, 투자자라는 3가지 사항을 구성요소로 하는 금융기능을 중심으로 정해진다(법 제18조 제1항). 예컨대 일반투자자(투자자)를 상대로 하는 증권(금융투자상품)의 투자자문업(금융투자업)을 영위하는 업무단위를 선택하거나, 전문투자자를 상대로 하는 장외파생상품(금융투자상품)의 투자일임업(금융투자업)을 영위하는 업무단위를 선택하거나, 이 2가지 업무단위를 모두 선택할 수 있다.

## 2. 등록요건

등록제는 인가제보다는 완화된 진입규제이다. 그런데 등록요건을 너무 엄격하게 설정하면 인가제나 허가제에 유사한 형태로 등록제가 운영될 우려가 있으므로 인가제보다는 완화된 요건을 설정할 필요성이 있다. 금융투자업자는 자본시장법에서 정하는 자기자본, 인력, 대주주 등과 같은 6가지 등록요건을 모두 구비하여야 하며(법 제18조 제2항), 등록제하에서는 사업계획의 타당·건전성과 같은 적합성 기준은 적용되지 않는다. 자세한 내용은 다음과 같다.

첫째, 투자자문업이나 투자일임업을 영위하는 금융투자업자가 되려면 상법상의 주식회사이거나, 대통령령으로 정하는 금융기관이어야 하고 외국 투자자문업자로서 투자자문업의 수행에 필요한 지점, 기타 영업소를 설치한 자이거나 또는 외국 투자일임업자로서 투자일임업의 수행에 필요한 지점, 기타 영업소를 설치한 자이어야 한다. 다만 외국 투자자문업자나 투자일임업자로서 국내에 영업소를 설치하지 않고 외국에서 직접 국내 거주자를 상대로 영업을 하거나 통신수단을 이용하여 업무를 영위하는 경우에는 이러한 요건의 적용이 면제된다.

둘째, 자기자본에 있어서는 등록업무 단위별로 1억원 이상으로서 대통령령에서 정하는 금액 이상의 자기자본을 보유하여야 한다. 따라서 취급하려는 등록업무의 단위가 추가되면 될수록 보유해야 하는 자기자본의 금액이 증가하게 된다. 최저자기자본 요건을 구체적으로 살펴보면, 투자자문업의 경우 일반투자자를 대상으로 하면 5억원이 그리고 전문투자자만을 대상으로 하는 경우에는 그 1/2인 2.5억원이 소요된다. 투자일임업의 경우에는 일반투자자를 대상으로 하면 15억이 필요하고 전문투자자만을 대상으로 하면 그 1/2인 7.5억원이 소요된다(법 시행령 [별표 3]). 또한 대통령령으로 정하는 건전한 재무상태와 사회적 신용을 갖출 것이 요구되지만(법 제18조 제 2 항 제 5 의2호), 이것은 등록 시 요건으로만 요구되고 등록유지요건에서는 제외된다(법 제20조).

셋째, 투자자문업을 영위하려는 자는 대통령령으로 정하는 수 이상의 투자권유자문인력을 갖추어야 하며, 투자일임업을 영위하려는 자는 대통령령이 정하는 수 이상의 투자운용인력을 갖추어야만 한다. 다만 외국 투자자문업자나 투자일임업자로서 국내에 영업소를 설치하지 않고 외국에서 직접 국내 거주자를 상대로 영업을 하거나 통신수단을 이용하여 업무를 영위하는 자가 해당 국가에서 이러한 인력에 상당하는 자를 상기 수 이상으로 확보하고 있는 때에는 이러한 요건을 구비한 것으로 간주한다.

넷째, 임원이 미성년자, 피한정후견인, 피성년후견인과 같은 제한능력자, 파산선고 등 금융회사지배구조법 제 5 조의 결격사유에 해당하여서는 안 된다.

다섯째, 금융투자업등록을 하려는 자의 대주주는 사회적 신용을 갖추어야 한다.[1] 외국 투자자문업자나 외국 투자일임업자의 경우에도 그 대주주는 사회적 신용을 갖추어야 한다.

---

1) 여기서 사회적 신용이란 대주주가 별표 2 제 1 호부터 제 3 호까지 또는 제 5 호(라목 제외)에 해당하는 자인 경우 같은 표 제 1 호 마목의 요건을 갖출 것, 그리고 대주주가 별표 2 제 4 호 또는 제 5 호 라목에 해당하는 자인 경우 같은 표 제 4 호 가목·라목·마목의 요건을 갖출 것을 말한다(시행령 제21조 제 5 항).

## 3. 등록절차

### (1) 등록신청서의 제출

투자일임업이나 투자자문업의 등록을 하려는 자는 금융위원회에 등록신청서를 제출하여야 한다(법 제19조 제 1 항). 투자일임업이나 투자자문업의 등록 시에는 예비등록제도가 마련되어 있지 않고 등록제도가 일원적으로만 운영된다. 등록신청서에는 상호, 본점의 소재지, 임원에 관한 사항, 영위하려는 등록업무 단위에 관한 사항, 자기자본 등 재무에 관한 사항, 투자권유자문인력 또는 투자운용인력에 관한 사항, 대주주나 외국 투자자문업자 또는 외국 투자일임업자에 관한 사항, 이해상충방지체계에 관한 사항 등을 기재하여야 한다(시행령 제22조 제 1 항). 또한 등록신청서에는 ① 정관(이에 준하는 것 포함), ② 본점의 위치와 명칭을 기재한 서류, ③ 임원의 이력서 및 경력증명서, ④ 등록업무 단위의 종류와 업무방법을 기재한 서류, ⑤ 재무제표와 그 부속명세서(설립 중인 법인 제외), ⑥ 투자권유자문인력 또는 투자운용인력의 현황을 확인할 수 있는 서류, ⑦ 등록신청일(등록업무 단위를 추가하기 위한 등록신청 또는 겸영금융투자업자의 등록신청의 경우에는 최근 사업연도 말) 현재 대주주의 성명 또는 명칭과 그 소유주식수를 기재한 서류, ⑧ 대주주나 외국 투자자문업자 또는 외국 투자일임업자가 법 제18조 제 2 항 제 5 호 각 목의 요건을 갖추었음을 확인할 수 있는 서류, ⑨ 이해상충방지체계를 갖추었는지를 확인할 수 있는 서류 등을 첨부하여야 한다(시행령 제22조 제 2 항).

한편, 등록신청서를 제출받은 담당 직원은 행정정보의 공동이용을 통하여 법인등기부 등본을 확인하여야 한다(시행령 제22조 제 3 항). 또한 금융위원회는 금융투자업등록의 신청내용에 관한 사실 여부를 확인하고, 그 신청내용이 등록요건을 충족하는지 여부를 검토하여야 한다(시행령 제22조 제 4 항).

### (2) 금융위원회의 검토 및 결정

신속한 절차의 진행을 위하여 등록신청서를 접수한 날로부터 2개월 이내에 금융투자업 등록 여부를 결정하여야 한다. 이 경우 그 결과와 이유를 지체 없이 신청인에서 문서로 통지한다. 등록신청서에 흠결이 있는 경우에는 그 보완을 요구할 수 있다(법 제19조 제 2 항). 등록신청서의 흠결 보완기간 등은 검토기간에 산입하지 않는다(법 제19조 제 3 항).

금융위원회는 금융투자업 등록 여부를 결정함에 있어서 등록거부사유로 정해진 내용을 보면, 금융투자업등록요건을 구비하지 못하거나, 등록신청서를 거짓으로 작성하거나, 또는 등록신청서 흠결의 보완요구를 불이행한 것과 같은 사유가 없는 한 등록을 거부할 수 없다(법 제19조 제 4 항). 이것은 규제당국의 재량권을 인정하는 허가제와 다른 등록제의 특성이라고 할 수 있다.

### (3) 등록의 공고

금융위원회는 금융투자업등록을 결정한 경우 투자자문업자 등록부나 투자일임업자 등록부에 필요한 사항을 기재하여야 한다. 또한 등록 결정한 내용을 관보 및 인터넷 홈페이지 등에 공고하여야 한다(법 제19조 제 5 항).

### (4) 기존 금융투자업자에 대한 진입규제의 특례: 신고에 의한 등록

자본시장법 공포 후 1년이 경과한 날(2008년 8월 4일) 당시 법 제 6 조 제 1 항 각 호에서 열거하는 투자자문업이나 투자일임업의 어느 하나에 상당하는 업을 영위하고 있는 자는 그 영위하고 있는 업무의 범위에서 법 제20조의 등록유지요건을 갖추어 자본시장법 공포 후 1년이 경과한 날부터 2개월 이내(2008년 10월 3일)에 금융위원회에 신고할 수 있었다(부칙 제 5 조 제 1 항).

금융위원회는 신고를 받은 경우에는 신고인이 법 제20조의 등록유지요건을 갖추었는지를 확인하여 법 시행일 전일(2009년 2월 3일)까지 그 결과를 신고인에게 통보하여야 했다. 이 경우 법 제20조의 등록유지요건을 갖춘 것으로 통보받은 자는 법 시행일에 금융투자업 등록을 한 것으로 간주하였다(부칙 제 5 조 제 2 항).

신고인은 자본시장법 제20조의 등록유지요건을 갖추지 아니한 것으로 통보받은 경우에도 법 제17조에 불구하고 이 법 시행 후 6개월(2009년 8월 3일)까지는 종전에 영위하고 있는 업무를 영위할 수 있었다. 이 경우 그 업무를 영위하는 범위에서 이 법에 의한 금융투자업자로 간주하였다(법 부칙 제 5 조 제 3 항).

## 4. 등록요건의 유지, 추가 및 변경

### (1) 등록요건의 유지

금융투자업의 등록업자도 인가업자와 동일하게 진입이후에도 계속 충족해야 하는 유지요건으로 규정하여 진입 시 적격성이 지속되도록 하고 있다(법 제20조).

다만 일부 요건은 완화하여 적용한다. 유지요건 중에서 진입요건보다 완화된 요건은 자기자본요건과 대주주요건의 2가지이다.

먼저, 자기자본의 경우 등록 시 등록업무 단위별 최저자기자본의 70% 수준을 유지하도록 완화하였다. 유지요건의 충족 여부는 매 월말을 기준으로 하며, 특정 월말을 기준으로 유지요건에 미달한 금융투자업자는 해당 월말로부터 6개월이 경과한 날까지는 그 유지요건에 적합한 것으로 간주한다(시행령 제23조 제1호). 이는 자본유지요건의 충족 여부는 1년에 12회 평가하되 이에 미달하더라도 반년간은 유예기간을 부여한다는 의미이다.

다음으로 대주주의 유지요건의 경우에는 대주주의 출자능력, 재무건전성 요건은 출자 이후인 점을 감안하여 적용을 배제되고, 보다 완화된 사회적 신용 요건만 적용된다. 대주주의 진입요건을 보면, 출자능력 요건으로서 자기자본요건과 출자금요건이, 재무건전성 요건으로 부채비율(비금융기관) 혹은 재무건전성기준(금융기관)이, 그리고 사회적 신용 요건으로서 부실금융기관의 대주주가 아니고 벌금형(최대주주와 특수관계인에 적용) 이상이 없을 것이 요구된다. 그러나 대주주의 유지요건을 보면, 출자능력 요건이나 재무건전성 요건은 적용되지 않고, 다만 사회적 신용 요건만 적용된다. 그리고 사회적 신용 요건마저도 완화되어 부실금융기관의 대주주가 아니고 5억원 이상 벌금형(최대주주만 적용)이 없을 것만이 요구된다(시행령 제23조 제2호).

### (2) 업무의 추가 및 등록의 변경

금융투자업자는 등록 이후에도 필요한 업무단위를 추가할 수 있다. 등록업무 이외에 다른 업무단위를 추가하려는 경우에는 금융위원회에 변경등록을 하여야 한다. 변경등록 시 대주주요건에 대해서는 진입요건보다는 완화된 유지요건이 적용된다.[1]

자본시장법 공포 후 1년이 경과한 날(2008년 8월 4일) 당시 법 제6조 제1항에서 규정하고 있는 금융투자업의 어느 하나에 상당하는 업을 영위하고 있는 자는 그 영위하고 있는 업무에 인가업무 단위 또는 등록업무 단위를 새로 추가하고

---

1) 본 조문은 2009년 2월 3일 개정으로 제21조 제2항이 삭제되었다가, 다시 2010년 3월 12일 개정으로 동일한 내용이 신설되었다. 다만 그 전에는 제20조의 완화된 요건을 적용한다고 되어 있었으나 개정된 신설조문에 의하면 대통령령으로 정하는 완화된 요건을 적용하는 것으로 변경되었다. 인가요건유지 완화의 경우와 동일한 상황이다.

자 하는 경우에는 법 공포 후 1년이 경과한 날부터 2개월(2008년 10월 3일) 이내에 종전에 영위하고 있는 업무와 새로 추가하고자 하는 업무 단위를 종합하여 금융투자업 인가 또는 금융투자업 등록을 신청할 수 있었다(법 제6조 제1항).

이 경우 인가의 요건과 신청·심사 등에 관하여는 법 제12조·제13조를 준용하고, 등록의 요건과 신청·검토에 관하여는 법 제18조·제19조를 준용하였다. 다만, 종전에 영위하고 있는 업무의 인가요건과 등록요건에 관하여는 법 제15조의 인가유지요건과 법 제20조의 등록유지요건을 준용하였다. 이는 기존에 자본시장 관련업을 영위하고 있는 증권회사나 선물업자, 자산운용회사 등에 대해서는 신고에 따른 진입특례를 인정하면서 진입요건이 아닌 유지요건을 요구한 것이다.

인가 또는 등록을 신청한 자는 인가 또는 등록이 거부된 경우에도 법 제11조·제17조에 불구하고 법 시행 후 6개월(2009년 8월 3일)까지는 종전에 영위하고 있는 업무를 영위할 수 있었다. 이 경우 그 업무를 영위하는 범위에서 자본시장법에 의한 금융투자업자로 보았다.

결과를 통보받은 신청인 중 인가 또는 등록이 거부된 자는 법 시행일부터 3개월(2009년 5월 3일) 이내에 요건을 갖추어 금융위원회에 다시 인가 또는 등록을 신청할 수 있었다. 금융위원회는 인가 또는 등록의 신청을 받은 경우에는 인가 또는 등록의 요건을 갖추었는지를 심사 또는 검토하여 법 시행일부터 6개월(2009년 8월 3일) 이내에 그 결과를 신청인에게 통보하여야 했다.

## 제 2 절 금융투자업자의 지배구조 및 건전경영의 유지

### Ⅰ. 총 설

자본시장법의 제정에 따라 금융시스템에 대한 규제체계는 은행법, 자본시장법, 보험업법 및 서민금융관련 법률로 구성되었다. 은행, 보험회사 등은 자본시장법이 아닌 기존의 관련업법에 따라 규제를 받게 되는 것이 원칙이다. 그런데 금융회사의 지배구조에 관한 사항들도 독립된 기관별 규제로서 각 관련업법에 따라 규제되고 있었는데, 2016년 8월 1일부터 은행업, 금융투자업, 보험업, 저축은행업, 여신전문금융업, 금융지주 등 6개 금융업권 금융회사의 지배구조의 통일성을 기하기 위해서 「금융회사의 지배구조에 관한 법률」(이하 '지배구조법'이라 함)이 시행되었다.

지배구조법에 따르면 모든 금융회사 임원의 자격요건, 이사회의 구성 및 운영, 내부통제제도 등 금융회사 지배구조의 전반적인 내용이 이 법에 따라 규제되는 것이 원칙이다. 지배구조법이 제정되기 이전에도 금융업권별로 큰 차이가 있었던 것은 아니지만, 금융기능을 공통적으로 수행하는 모든 유형의 금융회사에게 공통적으로 적용되는 지배구조의 틀을 제공하는 것은 예금자, 투자자, 보험계약자 등 금융소비자를 보호한다는 차원에서는 나름대로의 의미가 있다(지배구조법 제1조). 그러나 모든 금융기관에 대하여 적용되는 것은 아니다. 구체적으로는, 금융회사의 국외현지법인(국외지점 포함), 자본시장법상 겸영금융투자업자(법 제8조 제9항), 자본시장법상 역외투자자문업자 또는 역외투자일임업자(법 제100조 제1항)에게는 지배구조법이 적용되지 아니한다(동법 제3조 제1항).

## Ⅱ. 금융투자업자의 지배구조

### 1. 대주주에 대한 규제

#### (1) 대주주의 개념

대주주는 최대주주와 주요주주로 나눌 수 있다. '최대주주'란 금융투자업자의 의결권 있는 발행주식(출자지분 포함) 총수를 기준으로 본인 및 그와 특수한 관계가 있는 자(특수관계인)[1]가 누구의 명의로 하든지 자기의 계산으로 소유하는 주식(그 주식과 관련된 증권예탁증권 포함)을 합하여 그 수가 가장 많은 경우의 그 본인을 말한다(지배구조법 제2조 제6호). '주요주주'란 ① 누구의 명의로 하든지 자기의 계산으로 당해 금융투자업자의 의결권 있는 발행주식 총수의 100분의 10 이상의 주식(그 주식과 관련된 증권예탁증권 포함)을 소유한 자 또는 ② 임원(업무집행책임자는 제외)의 임면 등의 방법으로 금융회사의 중요한 경영사항에 대하여 사실상의 영향력을 행사하는 주주로서 단독으로 또는 다른 주주와의 합의·계약 등에 따라 대표이사 또는 이사의 과반수를 선임한 자나 경영전략·조직변경 등 주요 의사결정이나 업무집행에 지배적인 영향력을 행사한다고 인정되는 자로서 금융위원회가

---

1) 특수관계인의 범위는 지배구조법 시행령 제3조 참조.

정하여 고시하는 주주에 해당하는 자 또는 자본시장법에 따른 투자자문업, 투자일임업, 집합투자업, 집합투자증권에 한정된 투자매매업·투자중개업 또는 온라인소액투자중개업 외의 다른 금융투자업을 겸영하지 아니하는 경우에는 임원인 주주로서 의결권 있는 발행주식 총수의 100분의 5 이상을 소유하는 사람, 겸영하는 경우에는 임원인 주주로서 의결권 있는 발생주식 총수의 100분의 1 이상을 소유하는 사람도 주요주주에 해당된다(지배구조법 제 2 조 제 6 호, 동법 시행령 제 4 조).

### (2) 대주주변경의 승인

#### 1) 승인대상 및 면제

투자자문업자와 투자일임업자를 제외한 금융투자업자의 대주주가 되고자 하는 자는 금융위원회의 승인을 받아야 한다(지배구조법 제31조 제 1 항). 대주주의 변경은 사전승인이며 승인을 받지 아니한 경우에는 제재의 대상이 된다.

승인의 대상이 되는 대주주에는 최대주주의 특수관계인인 주주를 포함하는데, 대통령령이 정하는 일정한 자는 제외된다(동법 시행령 제26조 제 4 항). 최대주주가 법인인 경우 그 법인의 중요한 경영사항에 대하여 사실상 영향력을 행사하고 있는 자로서 최대주주인 법인의 최대주주(최대주주인 법인을 사실상 지배하는 자가 그 법인의 최대주주와 명백히 다른 경우에는 그 사실상 지배하는 자 포함)와 최대주주인 법인의 대표자가 포함된다. 단, 금융위원회가 정하여 고시하는 경우에는 최대주주인 법인의 최대주주는 제외될 수 있다.

#### 2) 승인요건

지배구조법 시행령 [별표 1]은 대주주 변경요건을 설정함에 있어서 대주주의 형태에 따라 그 요건을 구분하고 있다. 즉 대주주가 금융기관, 기금등, 내국법인(경영참여형 사모집합투자기구등은 제외), 내국인 개인, 외국법인, 외국인 개인(주식취득대상 금융회사가 금융지주회사인 경우만 해당), 경영참여형 사모집합투자기구등인 경우로 나누어서 그 요건을 정하고 있다(동법 시행령 [별표 1] 참조).

#### 3) 대주주변경의 보고

투자자문업과 투자일임업의 경우는 금융위원회에 등록을 한 후 영업행위를 하도록 하고 있으므로, 대주주변경승인을 받을 필요는 없으나 대주주가 변경된 경우에는 이를 2주 이내에 금융위원회에 보고하도록 하고 있다(지배구조법 제31조 제 5 항).

대주주의 변경승인을 필요로 하는 금융투자업(투자매매업, 투자중개업, 집합투자업, 신탁업)과 함께 투자자문업이나 투자일임업을 영위하는 경우에는 대주주 변경승인을 받으므로 승인이 보고를 대체하나, 그 외의 경우에는 대주주가 변경된 때로부터 2주 이내에 금융위원회에 보고하여야 한다.

4) 위반에 대한 제재

금융위원회의 사전승인 없이 주식을 취득하여 대주주가 된 경우, 금융위원회는 취득주식을 6개월 이내의 기간을 정하여 처분을 명령할 수 있다(지배구조법 제31조 제3항). 승인을 받지 아니하고 주식을 취득한 자는 승인 없이 취득한 주식의 취득분에 대하여 의결권을 행사할 수 없다(동법 동조 제4항).[1]

금융위원회의 사전승인 없이 주식을 취득하여 금융투자업자의 대주주가 된 자 또는 승인을 받지 아니하고 취득한 주식에 대한 처분명령에 위반하여 주식을 처분하지 아니한 자는 1년 이하의 징역 또는 3천만원 이하의 벌금에 처해진다(동법 제42조 제1항).[2] 법인의 대표자나 법인 또는 개인의 대리인·사용인, 그 밖의 종업원이 그 법인 또는 개인의 업무를 수행함에 있어 이를 위반하는 행위를 한 경우에는 그 행위자를 벌하는 외에 그 법인 또는 개인에게도 벌금형을 과한다(동법 동조 제3항).

## 2. 임원에 대한 규제(결격사유)

상법은 이사와 감사의 자격에 대하여 특별한 제한을 하고 있지 않지만, 감사는 당해 회사 및 자회사의 이사, 지배인 또는 그 밖의 사용인을 겸하지 못하도록 하고 있다(상법 제411조). 금융회사 임원은 이사, 감사, 상법에 따른 집행임원 및 업무집행책임자를 말하며(지배구조법 제2조 제2호), 투자자 보호 및 건전한 거래질서를 확보하기 위해 임원에 대한 소극적 결격사유를 정하고 있다(지배구조법 제5조).

지배구조법 제5조에서 정한 결격사유에 해당하면 임원으로 선임되지 못할 뿐만 아니라 임원이 된 후에도 이에 해당하면 자동적으로 그 직을 상실한다. 객관적인 성격을 가지는 소극적 결격사유 외에도 금융투자업자의 임원에 관한 공익성 등의 요건이 있는데, 이는 최근 강조되는 윤리적 측면을 반영한 것이라고 할 수 있다. 즉 금융투자업자의 임원은 금융에 대한 경험과 지식을 갖추어야 함은 물론 금융투자업의

1) 따라서 기존에 소유하고 있던 부분에 대한 의결권은 제한되지 않는다.
2) 징역과 벌금을 병과할 수 있다(지배구조법 제42조 제2항).

공익성 및 건전경영과 신용질서를 해칠 우려가 없는 자여야 한다. 임원의 자격 요건에 관한 구체적인 사항도 동법 시행령(시행령 제 7 조 참조)에서 자세하게 규정하고 있다. 주요 결격사유 중에는 우리나라 또는 외국의 금융관련 법령에 따라 형사제재, 행정제재 등을 받은 경우가 포함된다. 구체적인 금융관련법령은 시행령에서 규정하고 있다(시행령 제 5 조).

### 3. 이사회 및 이사회내 위원회

#### (1) 이사회의 구성 및 운영

지배구조법은 금융회사가 이사회를 구성함에 있어서 사외이사를 3인 이상 두어야 하고(제12조 제 1 항), 사외이사가 이사 총수의 과반수가 되도록 요구하고 있다(동조 제 2 항). 다만, 대통령령이 정하는 일정한 금융회사의 경우[1]에는 사외이사가 이사 총수의 4분의 1 이상으로 하여야 한다(동조 제 2 항 단서). 만일 금융회사가 사외이사의 사임·사망 등의 사유로 이사회 구성요건에 미치지 못하게 된 경우에는 그 사유가 발생한 후 최초로 소집되는 주주총회에서 그 요건을 충족하도록 조치하여야 한다(동조 제 3 항).

이사회는 매년 사외이사 중에서 이사회의 의장을 선임하여야 하는 것이 원칙이다(제13조 제 1 항). 사외이사가 아닌 자를 의사회 의장으로 선임할 수도 있으나, 이 경우에는 그 사유를 공시하고 사외이사를 대표하는 자('선임사외이사')를 별도로 선임하여야 한다(동조 제 2 항). 지배구조법은 선임사외이사로 하여금 사외이사 전원으로 구성되는 사외이사회의 소집 및 주재, 사외이사의 효율적인 업무수행을 위한 지원, 사외이사의 책임성 제고를 위한 지원에 관한 업무를 수행하도록 하고 있다(동조 제 3 항). 지배구조법이 이사회 의장을 사외이사로 하는 것을 원칙적으로 요구하는 것은 이사회 운영의 중립성을 보장하기 위한 것이고, 매년 선임하도록 하는 것도 외부의 영향력으로부터의 자유와 권한의 고착성을 방지하기 위한 것이다. 사외이사 외의 자가 이사회 의장을 맡는 경우에는 이사회 운영이 편향적으로 흐르는 것을 방지하기 위해서 선임사외이사를 별도로 선임하는 한편 사외이사회의를 별도로 운영하고 있다고 볼 수 있다.

지배구조법은 전체 이사들에 의한, 그리고 사외이사들에 의한 원활한 이사회

---

1) 동법 시행령 제12조 참조.

운영을 확보하기 위한 제도적 장치로서 금융회사 및 그 임직원에게 적극적인 협조의무를(제13조 제4항), 금융회사로 하여금 이사회의 구성과 운영, 이사회내 위원회의 설치, 임원의 전문성, 경영승계 등과 관련하여 지켜야 할 구체적인 원칙과 절차인 소위 '지배구조내부규범'을 마련할 의무를 부과하고 있다(제14조 제1항).[1] 지배구조법 제13조 제4항에서 정하고 있는 협조의무 등을 위반한 자에 대하여는 5천만원 이하의 과태료를 부과하며(제43조 제1항 제5호), 또한 금융회사와 임직원이 이를 위반한 경우에는 금융위원회가 행정적인 조치를 할 수 있다.[2]

(2) 이사회내 위원회의 구성 및 운영

금융회사는 이사회 내에 위원회를 두어야 하는데, 상법 제393조의2에 따른 임원후보추천위원회, 감사위원회, 위험관리위원회, 보수위원회를 두어야 하고(제16조 제1항 제1문), 이 경우 감사위원회는 상법 제415조의2에 따른 감사위원회로 본다(제16조 제1항 제2문). 그런데 금융지주회사가 발행주식 총수를 소유하는 자회사 및 그 자회사가 발행주식 총수를 소유하는 손자회사(손자회사가 발행주식 총수를 소유하는 증손회사를 포함하며, 이하에서는 '완전자회사등'이라 함)는 경영의 투명성 등 대통령령으로 정하는 요건[3]에 해당하는 경우에는 사외이사를 두지 아니하거나 이사회내 위원회를 설치하지 아니할 수 있다(제23조 제1항).

한편 금융회사의 정관의 정함이 있는 경우에는 감사위원회가 보수위원회의 역할을 대신할 수 있다(제16조 제2항). 그러나 최근 사업연도 말 현재 자산총액이 5조원 이상인 금융회사의 경우에는 감사위원회가 보수위원회의 권한을 대신할 수 없다(제16조 제2항 단서, 동법 시행령 제14조). 3명 이상의 위원으로 구성되는 금융회사의 임원후보추천위원회는 금융회사의 주주총회 또는 이사회에 대하여 임원을 추천하게 되는데(제17조 제1항·제2항), 임원 중에서 사외이사 후보를 추천하는 경

1) '지배구조내부규범'은 이사회의 구성방법 및 절차, 소집절차 및 의결권 행사방법, 이사회 및 이사의 권한과 책임, 이사의 자격요건, 이사의 선임과 퇴임기준 및 절차에 관한 사항을 담고 있다(동법 시행령 제13조 제1항 제1호).

2) 금융회사에 대하여는 위법행위에 대한 시정명령 또는 중지명령, 금융회사에 대한 경고 또는 주의(법 제34조 제1항 각 호), 조치공표명령 또는 게시명령, 개선요구 또는 개선권고, 수사기관에의 고발 또는 통보(법 시행령 제29조 각 호)의 조치가 내려질 수 있고, 금융회사의 임직원에 대하여는 해임요구, 직무정지, 문책경고, 주의적 경고, 주의(이상 임원에 대한 제재조치), 면직, 정직, 감봉, 견책, 주의(이상 직원에 대한 제재조치)(법 제35조) 등의 조치가 내려질 수 있다.

3) 동법 시행령 제18조 참조.

우에는 주주제안권을 행사할 수 있는 주주[1]가 추천한 사외이사 후보를 포함시켜야 한다(제17조 제 4 항).

사외이사는 모든 위원회에서 중요한 위치를 차지하고 있다. 지배구조법은 감사위원회의 경우 사외이사가 3분의 2 이상이 될 것을 요구하고 있고(제19조 제 2 항), 다른 위원회의 경우 사외이사가 과반수가 될 것을 요구하고 있다(제16조 제 3 항). 또한 금융회사로 하여금 충분한 자료나 정보를 제공하도록 요구하고 있고(제18조 제 1 항), 사외이사도 금융회사에 대하여 그 직무를 수행할 때 필요한 자료나 정보의 제공을 요청할 수 있으며, 이 경우 금융회사는 특별한 사유가 없으면 이에 따라야 한다(동조 제 2 항).

### 4. 감사위원회

감사위원회는 3명 이상의 이사인 감사위원으로 구성되며, 1명 이상의 감사위원은 회계 또는 재무 전문가이어야 한다(제19조 제 1 항).[2] 감사위원인 이사를 선임하거나 해임하는 권한은 주주총회에 있는데(제19조 제 6 항 본문), 선임의 경우에는 의결권 없는 주식을 제외한 발행주식 총수의 100분의 3을 초과하는 수의 주식을 가진 주주는 그 초과하는 주식에 관하여 의결권을 행사할 수 없으며(동조 제 6 항 단서, 상법 제409조 제 2 항), 회사는 정관으로 100분의 3보다 더 낮은 비율을 정할 수 있다(상법 제409조 제 3 항). 그런데 최대주주, 최대주주의 특수관계인, 그리고 이러한 자들의 계산으로 주식을 보유하는 자와 이러한 자들에게 의결권을 위임한 자가 소유하는 금융회사의 의결권 있는 주식의 합계가 그 금융회사의 의결권 없는 주식을 제외한 발행주식 총수의 100분의 3을 초과하는 경우 그 주주는 100분의 3을 초과하는 주식에 관하여 감사위원이 되는 이사를 선임하거나 해임할 때에 의결권을 행사하지 못하고(제19조 제 7 항 본문), 다만 금융회사는 정관으로 100분의

---

1) 지배구조법에서 정하는 주주제안권의 행사요건은 의결권 없는 주식을 제외한 발행주식 총수의 100분의 3 이상에 해당하는 주식을 가질 것을 요구하는 상법의 경우보다 완화되어 의결권 있는 발행주식 총수의 1만분의 10 이상에 해당하는 주식을 보유한 자이지만 6개월의 계속 보유요건을 요구하고 있다는 점에서 상법과 차이가 있다(지배구조법 제33조 제 1 항 참조)

2) 상근감사 및 사외이사가 아닌 감사위원의 자격요건에 관하여는 법 제 6 조 제 1 항·제 2 항을 준용한다. 다만, 해당 금융회사의 상근감사 또는 사외이사가 아닌 감사위원으로 재임(在任) 중이거나 재임하였던 사람은 제 6 조 제 1 항 제 3 호에도 불구하고 상근감사 또는 사외이사가 아닌 감사위원이 될 수 있다(법 제19조 제10항).

3보다 낮은 비율을 정할 수 있다(동조 제7항 단서).

감사위원회는 사외이사가 감사위원의 3분의 2 이상이어야 하고(제19조 제2항), 금융회사는 감사위원의 사임·사망 등의 사유로 감사위원의 수가 법 제19조 제1항·제2항에 따른 감사위원회의 구성요건에 미치지 못하게 된 경우에는 그 사유가 발생한 후 최초로 소집되는 주주총회에서 제1항·제2항에 따른 요건을 충족하도록 조치하여야 한다(동조 제3항). 감사위원 후보는 임원후보추천위원회에서 위원 총수의 3분의 2 이상의 찬성으로 의결한다(제19조 제4항).

최근 사업연도 말 현재 자산총액이 1천억원 이상인 금융회사[1]는 회사에 상근하면서 감사업무를 수행하는 상근감사를 1명 이상 두어야 하고(법 제19조 제8항 본문), 다만, 이 법에 따른 감사위원회를 설치한 경우[2]에는 상근감사를 둘 수 없다(동조 제8항 단서). 상근감사를 선임하는 경우에도 역시 감사 선임 시에 적용되는 의결권 행사의 제한에 관한 제7항 및 상법 제409조 제2항·제3항을 준용한다(법 제19조 제9항).

한편 금융회사는 감사위원이 되는 사외이사 1명 이상에 대해서는 다른 이사와 분리하여 선임하도록 하고 있다(제19조 제5항). 이는 감사위원의 선출방식으로 이야기되는 '일괄선출방식'과 '분리선출방식' 중에서 후자에 따라 감사위원인 이사를 선임하는 것으로서 소수주주의 보호라는 점에서 적절하다.

## 5. 대주주의 건전성 규제 및 소수주주권

### (1) 대주주의 건전성 유지

금융회사[3]가 발행한 주식을 취득·양수하여 대주주가 되고자 하는 자는 건전

---

1) 「여신전문금융업법」에 따른 신용카드업을 영위하지 아니하는 여신전문금융회사로서 주권상장법인이 아닌 경우에는 최근 사업연도 말 현재 자산총액이 2조원 이상인 경우가 여기에 해당되며(제19조 제8항 본문, 시행령 제16조 제3항 본문), 다만 외국 금융회사의 국내지점이나 영업소, 주주총회일 또는 사원총회일로부터 6개월 이내에 합병 등으로 인하여 소멸하는 금융회사, 「채무자 회생 및 파산에 관한 법률」에 따라 회생절차가 개시되거나 파산선고를 받은 금융회사, 해산을 결의한 금융회사는 제외한다(시행령 제16조 제3항 각 호).

2) 감사위원회 설치 의무가 없는 금융회사가 이 조의 요건을 갖춘 감사위원회를 설치한 경우를 포함한다(제19조 제8항).

3) 「은행법」에 따른 인가를 받아 설립된 은행, 「금융지주회사법」에 따른 은행지주회사, 「상호저축은행법」에 따른 인가를 받아 설립된 상호저축은행, 「자본시장과 금융투자업에 관한 법률」에 따른 투자자문업자 및 투자일임업자, 「여신전문금융업법」에 따른 시설대여업자, 할부금융업자, 신기술사업금융업자는 제외한다(제31조 제1항).

한 경영을 위하여 「독점규제 및 공정거래에 관한 법률」(이하 '공정거래법'이라 함), 「조세범 처벌법」 및 금융관련법령을 위반하지 아니하는 등 대통령령으로 정하는 요건[1]을 갖추어 미리 금융위원회의 승인을 받아야 한다(제31조 제 1 항 본문). 다만, 대통령령으로 정하는 자[2]는 그러하지 아니하다(제31조 제 1 항 단서).

금융회사 주식의 취득이 기존 대주주의 사망에 따른 상속·유증·사인증여로 인하여 주식을 취득·양수하여 대주주가 되는 경우에는 기존 주주가 사망한 날로부터 3개월 내에 금융위원회에 승인을 신청하여야 한다(제31조 제 2 항, 시행령 제26조 제 5 항 제 1 호). 그리고 담보권의 실행, 대물변제의 수령 또는 그 밖에 이에 준하는 것으로서 금융위원회가 정하여 고시하는 원인에 의하여 주식의 취득 등을 통하여 대주주가 되는 경우에는 주식 취득 등을 한 날로부터 또는 다른 주주의 減資 또는 주식처분 등의 원인에 의하여 대주주가 되는 경우에는 대주주가 된 날부터 1개월 이내에 금융위원회에 승인을 신청하여야 한다(제31조 제 2 항, 시행령 제26조 제 5 항 제 2 호·제 3 호).

금융위원회는 금융회사[3]의 최대주주 중 최다출자자 1인('적격성 심사대상')[4]에 대하여 2년[5]마다 변경승인요건 중 공정거래법, 「조세범 처벌법」 및 금융관계법령을 위반하지 아니하는 등 적격성 유지요건[6]에 부합하는지 여부를 심사하여야 한다(법 제32조 제 1 항). 금융회사는 적격성 심사대상인 최대주주 중 최다출자자가 적격성 유지조건을 충족하지 못하는 사유가 발생한 사실을 인지한 경우에는 지체 없이 그 사실을 금융위원회에 보고하여야 한다(동조 제 2 항). 금융위원회는 심사 결과 적격성 심사대상이 적격성 유지조건을 충족하지 못하고 인정되는 경우 6개월 이내의 기간을 정하여 금융회사의 경영건전성을 확보하기 위한 조치[7]를 이행할 것을 명할 수 있다(동조 제 4 항).

금융위원회는 적격성 심사대상에 대한 심사 결과 지배구조법 제32조 제 1 항

---

1) [별표 1]의 요건을 말한다.

2) 국가, 예금보험공사, 한국산업은행 등 동법 시행령 제26조 제 4 항 각 호에서 정하는 자들이다.

3) 법 제31조 제 1 항의 금융회사를 말한다.

4) 동법 시행령 제27조 제 1 항 참조.

5) 다만, 법 제32조 제 2 항에 따라 해당 금융회사가 금융위원회에 보고하는 경우 또는 법 제32조 제 1 항에 따른 적격성 심사대상과 금융회사의 불법거래 징후가 있는 등 특별히 필요하다고 인정하는 경우에는 2년 이내의 기간으로 할 수 있다(시행령 제27조 제 2 항).

6) 동법 시행령 제27조 제 4 항 참조.

7) 법 제32조 제 4 항 참조.

에서 정하는 바와 같이 금융관계법령(시행령 제27조 제3항)을 위반하여 금고 1년 이상의 실형을 선고받고 그 형이 확정된 경우(제32조 제5항 제1호)나 그 밖에 건전한 금융질서 유지를 위해 대통령령으로 정하는 경우(동조 제5항 제2호)로서 법령 위반 정도를 감안할 때 건전한 금융질서와 금융회사의 건전성이 유지되기 어렵다고 인정되는 경우에는 5년 이내의 기간으로서 대통령령으로 정하는 기간[1] 내에 적격성 심사대상이 보유한 금융회사의 의결권 있는 발행주식(최다출자자 1인이 법인인 경우에는 그 법인이 보유한 해당 금융회사의 의결권 있는 발행주식을 말함) 총수의 100분의 10 이상에 대하여는 의결권을 행사할 수 없도록 명할 수 있다(제32조 제5항).

(2) 소수주주권

지배구조법은 금융회사의 주주들로 하여금 6개월의 보유기간요건을 충족한 상태에서 상법에서 정하는 여러 가지 소수주주권을 행사하는 것을 허용하고 있다(제33조). 이러한 소수주주권은 소수주주들의 권리를 보호하기 위한 것으로서 상법상 일반적인 주식회사 및 상장회사에 관한 특례규정(상법 제542조의6)과 그 취지를 같이한다. 그런데 지배구조법은 보유기간요건을 상법상 상장회사 특례규정의 경우와 같이 요구하면서도 지주수 요건은 상장회사에 관한 특례규정보다 더 완화하고 있다.[2]

## Ⅲ. 건전경영의 유지

### 1. 경영건전성 감독

(1) 총　설

자본시장 관련 금융기관은 다른 산업부문에 비하여 많은 규제와 감독이 대상이 되어왔는데, 주된 규제의 내용은 진입규제, 업무행위 규제, 건전성 규제로 분류할 수 있다. 진입규제는 금융투자업을 영위하고자 하는 자를 심사함으로써 부적격

---

1) 현재 5년으로 되어 있다(시행령 제27조 제7항).

2) 상법상 상장회사 특례규정은 일반 주식회사에 적용되는 소수주주권의 행사요건인 지주수 요건을 대폭 완화하면서 보유기간요건을 요구하고 있는데, 과거 구 증권거래법상 판례는 상장회사에게 요구되는 보유기간을 충족하지 못하였다고 하더라도 특례규정이 아닌 상법상 지주수 요건을 충족하면 권리의 행사를 허용하였다(대법원 2004. 12. 10. 선고 2003다41715 판결).

자가 금융시스템에 진입하는 것을 사전에 차단하고, 인가나 허가기준에 위반하는 행위가 발생한 경우 등에 인가 또는 허가를 취소할 수 있도록 하여 자본시장의 건전성을 확보하는 것을 목적으로 한다. 업무행위 규제는 금융기관이 고객(투자자)을 상대로 영업을 할 때 고객을 보호하기 위한 목적으로 이루어진다.[1)]

건전성 규제는 금융기관이 파산한 경우 당해 금융기관의 고객을 보호할 목적과 시스템 위험(system risk)의 방지를 주된 목적으로 하는 경우로 나눌 수 있다. 금융기관이 고객과 직접적인 채권채무관계를 가지거나 금융기관의 파산으로 인해 고객이 무담보채권자가 되는 경우에는 당해 금융기관 고객을 보호하기 위해 개별 금융기관의 건전경영을 유지하도록 함으로써 가능한 한 금융기관의 부실을 방지하고자 한다. 이에 반해 시스템 위험의 방지는 일종의 거시적인 측면에서 접근하는 것인데, 금융시스템의 안정성을 유지하여 금융기관의 고객, 채권자, 투자자를 보호하고자 한다. 시스템 위험은 특히 은행의 경우에 가장 많이 존재하여 모든 국가에서 가장 엄격한 건전성 규제를 하고 있다.[2)]

금융투자업자의 경우는 은행과 같은 정도의 시스템 위험을 많이 가지고 있지는 않다. 왜냐하면 금융투자업자의 고객은 자신의 책임하에 투자를 하는 것이 원칙이기 때문이다. 그러나 금융거래의 자유화 및 국제화로 금융기관의 경영이 시장리스크에 크게 영향을 받고 있기 때문에 자본시장에 있어서 리스크관리의 중요성이 강조되고 있는 추세이다.

### (2) 재무건전성기준과 유지

금융투자업자는 영업용순자본을 총위험액 이상으로 유지하여야 한다(법 제30조 제1항). 영업용순자본이란 금융투자업자의 자본금과 준비금 그 밖에 자본금과 유사한 기능을 하는 자산에 해당하는 금액에서 고정자산과 그 밖에 유동화 즉 현금화가 어려운 고정자산에 해당하는 금액을 공제한 금액을 말한다. 총위험액이란 자산 및 부채에 내재하거나 업무를 수행하는 데 발생할 수 있는 위험을 금액으로 환산하여 이를 모두 합한 금액을 말한다.

영업용순자본을 유지하도록 하는 것은 금융투자업자의 건전성을 제고하여 시스템 위험을 방지하고 부실경영으로 인해 금융투자업자의 고객 등에 대한 피해를

---

1) 한국증권법학회(Ⅰ), 152면.
2) 한국증권법학회(Ⅰ), 153면.

최소화하기 위한 것이므로 대부분의 금융투자업자가 영업용순자본의 유지의무를 부담한다. 다만, 금융투자업자의 부실경영이나 파산이 시스템 위험을 가져오지 않고 고객에 대해서도 피해를 주지 않는 경우에는 영업용순자본 유지의무를 부과하지 않는다. 따라서 ① 투자자문업자 또는 투자일임업자(다른 금융투자업을 경영하지 아니하는 경우만 해당), ② 집합투자업자(집합투자증권 외의 금융투자상품에 대한 투자매매업 또는 투자중개업을 경영하는 자는 제외)(시행령 제34조 제1항).

금융투자업자는 매 분기의 말일을 기준으로 영업용순자본에서 총위험액을 뺀 금액을 기재한 서면을 해당 분기의 말일부터 1개월(45일 이내로서 대통령령으로 정하는 기간) 이내에 금융위원회에 보고하여야 하고, 보고기간 종료일로부터 3개월간 본점과 지점, 그 밖의 영업소에 비치하고 인터넷 홈페이지 등을 이용하여 공시하여야 한다(법 제30조 제3항).

### (3) 경영건전성기준

금융투자업자 영업용순자본을 총위험액 이상으로 유지하도록 하는 것과 함께 자기자본비율, 자산건전성, 유동성에 관한 기준을 금융위원회가 설정하고 금융투자업자가 이를 준수하여야 한다(법 제31조 제1항). 이러한 경영건전성기준은 금융투자업자가 영위하는 금융투자업의 종류를 고려하여 금융투자업자별로 기준을 다르게 정함으로써 각 금융투자업에 따른 위험수준에 따라 규제기준을 조절하고 있다(법 제31조 제2항).

한편 금융투자업자의 경영건전성 확보를 위한 경영실태 및 위험에 대한 평가실시를 금융위원회가 의무적으로 하게 되어 있었으나, 2009년 2월 3일 개정에 의하여 임의적인 평가실시가 원칙이 되고 다만 자산규모 등을 고려하여 대통령령이 정하는 일정한 금융투자업자에게 대하여만 의무적 실시로 변경되었다(법 제31조 제3항).[1]

---

1) 여기에서 말하는 금융투자업자는 다음과 같다(시행령 제35조 제2항).
  1. 경영실태에 대한 평가의 경우에는 다음 각 목의 어느 하나에 해당하지 아니하는 금융투자업자
    가. 다자간매매체결회사
    나. 제179조에 따른 채권중개전문회사(다른 금융투자업을 경영하지 아니하는 경우만 해당한다)
    다. 투자자문업자 및 투자일임업자(다른 금융투자업을 경영하지 아니하는 경우만 해당한다)
    라. 외국 금융투자업자의 지점, 그 밖의 영업소
    마. 집합투자업자(집합투자증권 외의 금융투자상품에 대한 투자매매업 또는 투자중개업을 경영하는 자는 제외)

### (4) 업무보고서의 제출 및 공시

#### 1) 업무보고서의 제출 및 공시

금융투자업자는 매 사업연도 개시일로부터 매 분기간 업무보고서를 작성하여 그 기간 경과 후 1월 내에 금융위원회에 제출하여야 한다(법 제33조 제 1 항, 시행령 제36조 제 1 항). 업무보고서를 금융위원회에 제출한 날로부터 1년간 중요사항을 발췌한 공시서류를 본점과 지점, 그 밖의 영업소에 이를 비치하고 인터넷 홈페이지에 공시하여야 한다(법 제33조 제 2 항).

#### 2) 수시경영공시

금융투자업자는 거액의 금융사고 또는 부실채권의 발생 등 금융투자업자의 경영상황에 중대한 영향을 미칠 사항으로서 금융투자업의 종류별로 대통령령으로 정하는 사항이 발생하면(법 제33조 제 3 항, 시행령 제36조 제 2 항 참조) 금융위원회에 보고하여야 할 뿐만 아니라 그 사실을 인터넷 홈페이지 등을 이용하여 공시하여야 한다. 또한 2009년 2월 3일 개정에 의하여 업무보고서(법 제33조 제 1 항) 외에도 매월의 업무내용을 적은 보고서를 다음 달 말일까지 금융위원회에 제출하도록 공시가 강화되었다(법 제33조 제 4 항).

#### 3) 공시의무 위반에 대한 제재

##### (가) 정정공시 또는 재공시

금융투자업자가 정기경영공시 및 수시경영공시를 하면서, 투자자의 합리적인 투자판단 또는 해당 금융투자상품의 가치에 중대한 영향을 미칠 수 있는 사항[1]에 관하여 거짓의 사실을 공시하거나 중요한 사항을 누락하는 등 불성실하게 공시한 경우에는 당해 금융투자업자에 대해 정정공시 또는 재공시를 요구할 수 있다(시행령 제36조 제 6 항).

##### (나) 과 태 료

업무보고서를 제출하지 아니하거나 거짓으로 작성하여 제출한 자, 공시서류

---

2. 위험에 대한 평가의 경우에는 다음 각 목의 기준을 모두 충족하는 금융투자업자
   가. 최근 사업연도 말일을 기준으로 자산총액(대차대조표상의 자산총액에서 투자자예탁금을 뺀 금액을 말한다)이 1천억원 이상일 것
   나. 장외파생상품에 대한 투자매매업 또는 증권에 대한 투자매매업(인수업을 경영하는 자만 해당한다)을 경영할 것

1) 법 제47조 제 3 항의 중요사항을 말한다(시행령 제36조 제 6 항).

를 비치 또는 공시하지 아니하거나 거짓으로 작성하여 비치 또는 공시한 자, 경영상황 보고 또는 공시를 하지 아니하거나 거짓으로 보고 또는 공시한 자에 대하여는 5천만원 이하의 과태료를 부과한다(법 제449조 제1항).

## 2. 대주주와의 거래제한 등

### (1) 대주주 및 계열회사와의 거래금지 당사자

자본시장법은 모든 금융투자업자의 건전경영을 위한 제도적 장치의 하나로서 대주주와의 거래를 제한하고 있다(법 제34조). 자본시장법에 따라 금융투자업자와 거래가 제한되는 상대방은 당해 금융투자업자의 대주주 또는 계열회사와 관련된 일정한 자이다. 대주주[1]는 최대주주와 주요주주로 나누어지며, 그 구체적인 범위는 지배구조법에 따라 정해진다.[2] '계열회사'란 공정거래법에 따른 계열회사를 말한다(지배구조법 제6조 제1항 제3호 참조).

### (2) 대주주와의 거래제한 내용

#### 1) 대주주 발행증권의 소유금지

금융투자업자는 자신의 대주주가 발행한 증권을 소유할 수 없다(법 제34조 제1항 제1호). 소유가 금지되는 증권은 법 제4조에서 정한 증권을 말한다. 그러나 금융투자업자는 다음의 경우에 해당하면 대주주가 발행한 증권을 소유할 수 있다. 다만, 그 소유가 허용되는 기간은 금융위원회가 각 사유별로 정하여 고시한 기간이다(법 제34조 제1항, 시행령 제37조 제1항 제1호).

① 대주주가 변경됨에 따라 이미 소유하고 있는 증권이 대주주가 발행한 증권으로 되는 경우
② 인수와 관련하여 해당 증권을 취득하는 경우
③ 관련 법령에 따라 사채보증업무를 영위할 수 있는 금융기관 등이 원리금의 지급을 보증하는 사채권을 취득하는 경우
④ 특수채증권을 취득하는 경우(대주주가 법률에 의하여 직접 설립된 법인인 경우에 한함)

---

1) 자본시장법은 대주주의 개념정의에 대한 자세한 내용을 2016년 8월 1일부터 시행된 지배구조법 제2조 제6호로 이관하고 있으나(법 제9조 제1항), 대체적인 내용은 동일하다.
2) 2009년 2월 3일 개정으로 최대주주와 주요주주를 정할 때 주식뿐만 아니라 그 주식과 관련된 증권예탁증권을 포함하는 것으로 변경되었다.

⑤ 금융투자업자의 경영건전성을 해하지 아니하는 경우로서 금융위원회가 정하여 고시하는 경우

2) 계열회사 발행 주식·채권·약속어음의 소유제한

금융투자업자는 특수관계인[1]이 발행한 주식, 채권 및 사업에 필요한 자금을 조달하기 위해 발행한 약속어음을 금융투자업자의 자기자본 100분의 8을 초과하여 소유할 수 없다(법 제34조 제 1 항 제 2 호, 시행령 제37조 제 2 항·제 3 항). 그러나 금융투자업자는 다음에 해당하는 경우에는 계열회사가 발행한 주식, 채권 또는 약속어음을 자기자본 100분의 8을 초과하여 소유할 수 있다(시행령 제37조 제 1 항 제 2 호).

① 특수관계인이 변경됨에 따라 이미 소유하고 있는 주식, 채권 및 사업에 필요한 자금을 조달하기 위하여 발행한 약속어음이 특수관계인이 발행한 주식, 채권 및 약속어음으로 되는 경우

② 인수와 관련하여 해당 증권을 취득하는 경우

③ 관련 법령에 따라 사채보증업무를 영위할 수 있는 금융기관 등이 원리금의 지급을 보증하는 사채권을 취득하는 경우

④ 특수채증권을 취득하는 경우(계열회사가 법률에 의하여 직접 설립된 법인인 경우에 한함)

⑤ 경영권 참여를 목적으로 지분을 취득하는 경우 등 금융위원회가 정하여 고시하는 출자로 주식을 취득하는 경우

⑥ 차익거래나 투자위험을 회피하기 위한 거래로서 금융위원회가 정하여 고시하는 거래를 목적으로 주식, 채권 및 약속어음을 소유하는 경우

⑦ 자기자본의 변동이나 특수관계인이 발행한 주식, 채권 및 약속어음의 가격변동으로 인하여 자기자본의 100분의 8을 초과하는 경우

⑧ 해외 집합투자기구를 설립하기 위하여 자기자본의 100분의 100의 범위에서 금융위원회의 확인을 받아 주식을 취득하는 경우

⑨ 금융투자업자의 경영건전성을 해하지 아니하는 경우로서 금융위원회가 정하여 고시하는 경우

계열회사의 경우는 대주주와는 달리 소유가 금지되는 증권의 범위가 제한적이다. 금융투자업자가 소유할 수 없는 계열회사 발행의 약속어음은 기업어음증권

---

1) 특수관계인의 범위에서 금융투자업자의 대주주는 제외되며, 결국 계열회사를 말한다(시행령 제37조 제 2 항).

을 포함한 약속어음을 말한다. 법 제4조 제3항에서 정의한 기업어음증권은 기업의 위탁에 따라 그 지급대행을 하는 은행, 산업은행 또는 중소기업은행이 교부한 '기업어음증권'이라는 문자가 인쇄된 어음용지를 사용하는 것을 말한다.

3) 건전한 자산운용을 해할 수 있는 행위의 금지

금융투자업자는 대주주 또는 계열회사와 거래를 하면서, 그 외의 자를 상대방으로 하여 거래하는 경우보다 당해 금융투자업자에게 불리한 조건으로 거래를 할 수 없다(법 제34조 제1항 제3호, 시행령 제37조 제4항 제1호). 또한 금융투자업자는 대주주가 발행한 증권의 소유금지, 계열회사가 발행한 주식, 채권 및 약속어음의 소유제한, 제3자보다 불리한 조건으로 대주주 또는 계열회사와의 거래를 회피할 목적으로 제3자와 계약이나 담합 등을 통해 서로 교차하는 방법으로 거래를 하거나 장외파생상품, 신탁계약 또는 연계거래 등을 이용하여서는 아니 된다(법 제34조 제1항 제3호, 시행령 제37조 제4항 제2호).

4) 신용공여의 제한

(가) 신용공여의 제한 범위

신용공여란 신용위험을 수반하는 금융거래를 말한다. 금융투자업자가 대주주 등에게 신용공여를 하는 것을 엄격히 제한하는 이유는 금융투자업자가 대주주의 사금고가 되는 것을 방지하고, 대주주가 가지는 위험이 금융투자업자로 전이되는 것을 방지함으로써 금융투자업자의 건전성을 확보하기 위함이다. 금융투자업자의 신용공여가 제한되는 대상은 금융투자업자의 대주주 및 그의 특수관계인(지배구조법 시행령 제3조 참조)이다. 금융투자업자가 할 수 없는 신용공여의 범위는 다음과 같다.

① 금전·증권 등 경제적 가치가 있는 재산의 대여
② 채무이행의 보증, 자금 지원적 성격의 증권의 매입
③ 대주주를 위하여 담보를 제공하는 거래
④ 대주주를 위하여 어음을 배서(어음법 제15조 제1항에 따른 무담보배서는 제외)하는 거래
⑤ 대주주를 위하여 출자의 이행을 약정하는 거래
⑥ 대주주에 대한 신용공여의 제한을 회피할 목적으로 제3자와의 계약 또는 담합 등에 의하여 서로 교차하는 방법으로 행하는 거래 또는 장외파생상

품거래, 신탁계약, 연계거래 등을 이용하는 거래

⑦ 채무인수 등 신용위험을 수반하는 거래로서 금융위원회가 정하여 고시하는 거래

(나) 허용되는 신용공여의 범위

금융투자업자는 건전성을 해할 우려가 없는 신용공여에 대하여는 제한적으로 대주주와 그의 특수관계인에게 할 수 있도록 허용하고 있다. 자본시장법상 금융투자업자에게 허용되는 신용공여의 범위는 다음과 같다.

① 임원에 대하여 연간 급여액(근속기간 중에 그 금융투자업자로부터 지급된 소득세 과세대상이 되는 급여액)과 1억원 중 적은 금액의 범위에서 행하는 신용공여

② 금융위원회가 정하여 고시하는 해외 현지법인에 대한 채무보증

③ 금융투자업자의 증권소유금지 또는 제한의 예외에 해당하거나(법 34조 제 1 항 각 호 외의 부분) 계열회사가 발행한 주식등을 자기자본 100분의 8 이내로 소유하는 경우로서 신용공여에 해당하는 경우(금융투자업자의 대주주가 발행한 증권을 소유하는 경우는 제외됨)

그러나 금융투자업자가 대주주에게 신용공여를 할 수 있는 경우에 해당하더라도 대주주의 부채가 자산을 초과하거나 대주주가 둘 이상의 신용평가업자에 의하여 투자부적격 등급의 평가를 받은 경우에는 신용공여를 제한할 수 있다(시행령 제40조). 이 경우 대주주는 회사만을 말하지만 회사인 특수관계인은 포함된다. 이는 대주주의 부실로 인한 위험이 금융투자업자에게 전이되어 건전성을 해칠 우려가 있기 때문이다.

(3) 대주주와의 거래

1) 이사회의 승인

금융투자업자는 사전에 이사회의 승인을 얻은 경우에는 계열회사가 발행한 주식, 채권 또는 약속어음을 자기자본 100분의 8까지 소유할 수 있으나, 이 경우에도 거래 후에는 공시 및 보고의무가 있다. 이사회의 결의는 재적이사 전원의 찬성이 있어야 한다(법 제34조 제 3 항). 이사회의 승인은 사전에 개별적으로 하여야 하며, 포괄적 승인은 할 수 없다. 다만, 단일거래 금액(해당 금융투자업자의 일상적인 거래분야의 거래로서 「약관의 규제에 관한 법률」 제 2 조에 따른 약관에 의한 거래 금액은 단일거래 금액에서 제외)이 자기자본의 1만분의 10에 해당하는 금액과 10억원 중 적

은 금액의 범위에서 계열회사의 주식등을 소유하거나 대주주 등에 신용공여하려는 행위의 경우는 이사회의 승인이 필요 없다(시행령 제39조 제1항).

2) 거래사실의 보고 및 공시의무

금융투자업자가 대주주와 법상 허용된 거래를 하거나 증권을 소유한 경우에는 지체 없이 이를 금융위원회에 보고하고 인터넷 홈페이지 등을 이용하여 공시하여야 한다(법 제34조 제4항). 금융투자업자는 다음에 관한 사항을 분기별로 금융위원회에 보고하고 인터넷 홈페이지 등을 이용하여 공시하여야 한다(법 제34조 제5항).

① 금융투자업자가 계열회사의 주식, 채권 및 약속어음을 자기자본 100분의 8 이내에서 소유하는 경우는 분기 말 현재 소유 규모, 분기 중 증감 내역, 취득가격 또는 처분가격 등(시행령 제39조 제2항 제1호)

② 건전성을 해할 우려가 없는 것으로 금융투자업자에게 허용되는 신용공여를 대주주에게 하는 경우는 분기 말 현재 신용공여의 규모, 분기 중 신용공여의 증감금액, 신용공여의 거래조건 등(시행령 제39조 제2항 제2호)

(4) 위반에 대한 조치 및 제재

1) 자료제출명령

금융투자업자 또는 대주주가 자본시장법상 제한되는 대주주와의 거래제한규정을 위반한 혐의가 있다고 인정될 경우에는 금융위원회는 금융투자업자뿐만 아니라 그의 대주주에게도 필요한 자료제출 명령을 할 수 있다. 자료제출명령을 위반한 자에 대하여는 5천만원 이하의 과태료를 부과한다(법 제449조 제1항 제18호). 대주주와의 거래제한규정은 공익적인 이유로 금융투자회사의 건전한 경영을 위한 것에 그 목적이 있으므로 사법상의 거래까지 무효로 할 이유는 없다.[1)]

2) 대주주와의 거래 등 금지 및 제한 위반

금융투자업자의 대주주가 발행한 증권소유금지와 계열회사가 발행한 주식등의 소유제한 규정을 위반한 자는 5년 이하의 징역 또는 2억원 이하의 벌금에 처한다(법 제444조 제3호). 금융투자업자의 대주주에 대한 신용공여 제한을 위반한 경우 금융투자업자와 그로부터 신용공여를 받은 자는 5년 이하의 징역 또는 2억원 이하의 벌금에 처한다(법 제444조 제4호). 신용공여 제한위반의 경우 신용공여를

1) 대법원 2009. 3. 26. 선고 2006다47677 판결.

받은 자도 처벌대상이 되는 것은 대주주도 그 금융투자업자로부터 신용공여를 받아서는 아니 되는 의무를 부담하기 때문이다(법 제34조 제 2 항 참조).

위 각각에 해당하는 죄를 범한 자에게는 징역과 벌금을 병과할 수 있다(법 제447조 제 1 항). 법인의 대표자나 법인 또는 개인의 대리인·사용인, 그 밖의 종업원이 그 법인 또는 개인의 업무에 관하여 위 각각에 해당하는 위반행위를 한 경우에는 그 행위자를 벌하는 외에 그 법인 또는 개인에게도 벌금형을 과한다(법 제448조). 자본시장법이 이와 같이 양벌규정을 따로 둔 것은 "법인은 기관을 통하여 행위하므로, 법인이 대표자를 선임한 이상 그의 행위로 인한 법률효과와 이익은 법인에게 귀속되어야 하고, 법인 대표자의 범죄행위에 대하여는 법인 자신이 책임을 져야 하는데, 법인 대표자의 법규위반행위에 대한 법인의 책임은 법인 자신의 법규위반행위로 평가될 수 있는 행위에 대한 법인의 직접책임이기 때문이다."[1]

3) 이사회 승인·보고 및 공시의무 위반

대주주 등과의 거래에 이사회의 승인이 필요한 경우 이사회 결의를 거치지 아니한 자와 대주주 등과의 거래에 대한 보고 또는 공시를 하지 아니하거나 거짓으로 보고 또는 공시한 자에 대하여는 5천만원 이하의 과태료를 부과한다(법 제449조 제 1 항 제16호·제17호).

## 3. 대주주의 부당한 영향력 행사의 금지

금융투자업자의 대주주와 그의 특수관계인은 금융투자업자의 이익에 반하여 부당한 영향력을 행사하여서는 아니 된다(법 제35조). 부당한 영향력이란 금융투자업자의 이익에 반하여 대주주 자신의 이익을 얻을 목적을 가지고 다음의 행위를 하는 경우이다.

① 부당한 영향력을 행사하기 위하여 금융투자업자에 대하여 외부에 공개되지 아니한 자료 또는 정보의 제공을 요구하는 행위(소수주주가 회계장부열람권을 행사하는 경우는 제외)[2]

② 경제적 이익 등 반대급부의 제공을 조건으로 다른 주주와 담합하여 금융투자업자의 인사 또는 경영에 부당한 영향력을 행사하는 행위

③ 금융투자업자로 하여금 위법행위를 하도록 요구하는 행위(시행령 제41조 제

1) 대법원 2018. 4. 12. 선고 2013도6962 판결.

2) 지배구조법 제33조 제 6 항 또는 상법 제466조에 따른 권리행사의 경우이다.

1호)

④ 금리, 수수료, 담보 등에 있어서 통상적인 거래조건과 다른 조건으로 대주주 자신 또는 제3자와의 거래를 요구하는 행위(시행령 제41조 제2호)

⑤ 조사분석자료(법 제71조 제2호)의 작성과정에서 영향력을 행사하는 행위(시행령 제41조 제3호)

대주주(그의 특수관계인 포함)가 자신의 이익을 얻을 목적으로 위와 같은 행위를 한 경우에는 5년 이하의 징역 또는 2억원 이하의 벌금에 처하며(법 제444조 제5호), 이 경우 징역과 벌금을 병과할 수 있다(법 제447조).

금융위원회는 대주주의 부당한 영향력행사금지를 위반한 혐의가 있다고 인정될 경우에는 금융투자업자 또는 그의 대주주에게 필요한 자료의 제출을 명할 수 있다(법 제36조).

# 제3절 금융투자업의 공통 영업행위 규칙

## Ⅰ. 신의성실의무 등

### 1. 신의성실의 원칙과 자기거래·쌍방대리의 금지

#### (1) 총 설

자본시장법은 금융투자업자에 신의성실의 원칙을 준수할 의무를 부과하고 있다(법 제37조 제1항). 이러한 신의성실의 원칙은 그 본질상 민법 제124조 및 상법 제398조와 동일한 맥락에서 이해될 수 있는데, 자본시장법은 구체적으로 이해상충행위의 금지도 함께 규정하고 있다(동조 제2항). 이러한 자본시장법의 규정을 주의적인 규정으로 볼 수도 있지만, 여기에서의 신의성실의 원칙은 그 명칭에도 불구하고 민법상 신의성실의 원칙(민법 제2조)의 전통적인 내용과는 구별되며, 기존의 민·상법이나 기타의 금융관련법령에서 시행되던 위임관계에서의 선관주의의무나 충실의무와는 전혀 차원을 달리하는 가중된 형태의 주의의무[1]를 도입한 것으로 이해하여야 한다. 왜냐하면 불특정다수인의 재산에 대한 거래·관리·처분 등

1) 이른바 'fiduciary duty'를 의미한다.

을 행하는 금융투자업의 경우에는 기본적으로 주의의무 차원에서 다루어지던 기존의 사법상 1 대 1 내지 특정한 주주집단에 대한 이사의 신의성실의무와는 차별적인 것으로 이해할 필요가 있기 때문이다. 또한 개별적인 규정으로 해결되지 못하는 경우에 대비하여 보충적으로 활용될 수도 있다. 예컨대 설명의무와 관련하여 적합성 원칙(법 제46조) 규정으로 규제하기 어려운 경우에 신의성실의 원칙을 활용할 필요도 있을 것이다.[1)]

자본시장법은 금융투자업자의 법령위반행위와 선관주의의무 위반에 대하여 일반적인 손해배상책임이 있음을 규정하면서, 귀책사유가 있는 임원이 금융투자업자와 연대하여 책임을 부담할 것을 정하고 있다(법 제64조).

### (2) 이해상충행위에 대한 규제

자본시장법은 각 업무유형별로 개별적인 이해상충행위를 매우 구체적으로 유형화하고 있다. 즉 자본시장법은 금융투자업을 개별적으로 영위하는 경우 외에도 2개 이상의 영업을 사내겸영하는 경우 발생할 가능성이 있는 여러 가지의 이해상충행위를 규제하며, 기존의 법제에서도 사안에 따라 규제하였던 과당매매와 자기거래·쌍방대리를 모든 금융투자업으로 확대하고 있다. 이 밖에 자본시장법은 선행매매, 스캘핑(scalping)과 인수와 관련된 이해상충행위와 같은 새로운 유형의 이해상충행위를 규제하고 있다.

## 2. 이해상충 관리시스템의 구축

### (1) 공시 및 거래단념 의무

자본시장법은 이해상충관리를 위한 내부관리시스템의 구축의무를 부과하고 있다(법 제44조 제 1 항). 여기서 '내부관리시스템'이라 함은 상시적으로 이해상충의 발생가능성을 파악·평가하고 내부통제기준이 정하는 바에 따라 이를 적절히 관리하도록 하는 시스템을 말한다.

한편 내부관리시스템을 통하여 이해상충을 파악한 경우, 이해상충이 발생할 가능성이 있다고 인정되는 때에는 그 내용을 해당 투자자에게 공시하도록 의무화하고(법 제44조 제 2 항), 이해상충의 발생가능성을 내부통제기준이 정하는 바에 따

1) 이 밖에도, 논란이 있기는 하지만, 내부자거래, 시세조종등 정형적인 다른 형태의 불공정거래행위 규정으로 규제가 어려운 경우에 자본시장법 제178조 제 1 항 제 1 호를 일반적인 규제조항으로 활용할 수 있는 것도 이와 유사한 경우라고 할 수 있다.

라 투자자 보호에 문제가 없는 수준까지 낮춘 후 금융서비스를 제공하도록 요구하고 있다. 마지막으로 그럼에도 불구하고 이해상충의 가능성을 낮추는 것이 곤란하다고 판단되는 경우에는 금융투자업자로 하여금 아예 금융서비스의 제공을 단념하도록 하고 있다(법 제44조 제3항).

### (2) 격리의무

자본시장법은 이해상충의 가능성이 높은 것으로 인정되는 금융투자업 간에는 정보교류의 차단장치를 구축할 것을 의무화하고 있다(법 제45조). 즉 투자매매업과 집합투자업 등 이해상충의 가능성이 큰 금융투자업 간에 대하여 금융투자상품의 매매에 관한 정보 등 이해상충의 소지가 큰 정보의 제공을 금지하고, 임원(대표이사, 감사 및 상근감사위원 제외)과 직원의 겸직을 금지하며, 이해상충의 발생을 예방할 수 있는 수준으로 사무공간과 전산설비의 공동 이용을 금지하는 내용을 요구하고 있다.

## 3. 금융투자업자의 상호에 대한 규제

### (1) 상호진실주의

금융투자업자의 상호와 관련하여 자본시장법은 영위하는 업무에 맞는 상호를 선정하여 사용하라고 요구하고 있는데(법 제38조), 이는 상법이 기본적으로 취하고 있는 상호자유주의와는 구별된다. 이와 연장선상에서 금융투자업자가 아닌 자가 '금융투자'라는 문자 또는 유사한 의미의 문자를 사용할 수 있는지에 대하여 논란이 있었는데, 법의 취지나 규제내용을 본다면 당연히 부정적으로 해석하여야 한다. 이러한 논란을 불식시키기 위하여 2009년 2월 3일 개정에서 조항을 신설하여 금융투자업자가 아닌 자는 '금융투자'라는 문자 또는 이와 유사한 의미를 가지는 외국어 문자로서 대통령령으로 정하는 문자('financial investment'나 이와 유사한 의미를 가지는 외국어 문자를 의미함)를 사용하지 못하도록 하였다(법 제38조 제1항).

증권을 대상으로 하여 투자매매업 또는 투자중개업을 영위하는 자가 아닌 자는 그 상호 중에 '증권'이라는 문자 또는 이와 같은 의미를 가지는 외국어문자로서 대통령령으로 정하는 문자를 사용하여서는 아니 된다. 다만, 제229조 제1호의 증권집합투자기구는 제183조 제1항에 따라 '증권'이라는 문자 또는 이와 같은 의미를 가지는 외국어문자로서 대통령령으로 정하는 문자[1]를 사용할 수 있다(법 제38조 제 2 항).

장내파생상품 또는 장외파생상품을 대상으로 하여 투자매매업 또는 투자중개업을 영위하는 자가 아닌 자는 그 상호 중에 '파생' 또는 '선물'이라는 문자 또는 이와 같은 의미를 가지는 외국어문자로서 대통령령으로 정하는 문자[2]를 사용하여서는 아니 된다(법 제38조 제 3 항).

집합투자업자가 아닌 자는 그 상호 중에 '집합투자', '투자신탁' 또는 '자산운용'이라는 문자 또는 이와 같은 의미를 가지는 외국어문자로서 대통령령으로 정하는 문자를 사용하여서는 아니 된다. 다만, 투자신탁인 집합투자기구는 '투자신탁'이라는 문자 또는 이와 같은 의미를 가지는 외국어문자로서 대통령령으로 정하는 문자[3]를 사용할 수 있다(법 제38조 제 4 항).

투자자문업자가 아닌 자는 그 상호 중에 '투자자문'이라는 문자 또는 이와 같은 의미를 가지는 외국어문자로서 대통령령으로 정하는 문자를 사용하여서는 아니 된다. 다만, 부동산투자회사법에 따른 부동산투자자문회사는 '투자자문'이라는 문자 또는 이와 같은 의미를 가지는 외국어문자로서 대통령령으로 정하는 문자[4]를 사용할 수 있다(법 제38조 제 5 항).

투자일임업자가 아닌 자는 그 상호 중에 '투자일임'이라는 문자 또는 이와 같은 의미를 가지는 외국어문자로서 대통령령으로 정하는 문자[5]를 사용하여서는 아

---

1) 여기서 '대통령령으로 정하는 문자'란 각각 securities(그 한글표기문자 포함)나 그와 비슷한 의미를 가지는 다른 외국어문자(그 한글표기문자 포함)를 말한다(시행령 제42조 제 1 항).

2) 여기서 '대통령령으로 정하는 문자'란 derivatives 또는 futures(그 한글표기문자 포함)나 그와 비슷한 의미를 가지는 다른 외국어문자(그 한글표기문자 포함)를 말한다(시행령 제42조 제 2 항).

3) 여기서 '대통령령으로 정하는 문자'란 collective investment, pooled investment, investment trust, unit trust 또는 asset management(그 한글표기문자 포함)나 그와 비슷한 의미를 가지는 다른 외국어문자(그 한글표기문자 포함)를 말하며, 같은 항 단서에서 '대통령령으로 정하는 문자'란 investment trust(그 한글표기문자 포함)나 그와 비슷한 의미를 가지는 다른 외국어문자(그 한글표기문자 포함)를 말한다(시행령 제42조 제 3 항).

4) 여기서 '대통령령으로 정하는 문자'란 각각 investment advisory(그 한글표기문자 포함)나 그와 비슷한 의미를 가지는 다른 외국어문자(그 한글표기문자 포함)를 말한다(시행령 제42조 제 4 항).

5) 여기서 '대통령령으로 정하는 문자'란 discretionary investment(그 한글표기문자 포함)나 그와 비슷한 의미를 가지는 다른 외국어문자(그 한글표기문자 포함)를 말한다(시행령 제42조 제 5 항).

니 된다(법 제38조 제6항).

신탁업자가 아닌 자는 그 상호 중에 '신탁'이라는 문자 또는 이와 같은 의미를 가지는 외국어문자로서 대통령령으로 정하는 문자를 사용하여서는 아니 된다. 다만, 집합투자업자 또는 법 제7조 제5항에 따른 업을 영위하는 자는 그 상호 중에 '신탁'이라는 문자 또는 이와 같은 의미를 가지는 외국어문자로서 대통령령으로 정하는 문자[1])를 사용할 수 있다(법 제38조 제7항).

#### (2) 명의대여의 금지

상법에서는 명의대여자의 책임을 규정하여 기본적으로 명의대여가 가능하게 하되 명의대여자를 영업주로 오인하여 거래한 상대방에게 그 거래로 생긴 채무에 대하여 명의차용인과 연대하여 변제할 책임을 부담하게 하고 있지만(상법 제24조), 자본시장법에서는 아예 명의의 대여 자체를 금지하고 있다(법 제39조). 이를 위반한 경우에는 3년 이하의 징역 또는 1억원 이하의 벌금에 처한다(법 제445조 제3호).

### 4. 금융투자업자의 다른 금융업무의 영위

#### (1) 개 관

금융투자업자는 투자자 보호 및 건전한 거래질서를 해할 우려가 없는 금융업무로서 다른 금융업무를 영위할 수 있다. 즉, ① 이 법 또는 금융관련 법령에서 인가·허가·등록 등을 요하는 금융업무 중 보험업법 제91조에 따른 보험대리점의 업무 또는 보험중개사의 업무, 그 밖에 대통령령으로 정하는 금융업무, ② 이 법 또는 대통령령으로 정하는 금융관련 법령에서 정하고 있는 금융업무로서 해당 법령에서 금융투자업자가 영위할 수 있도록 한 업무,[2]) ③ 국가 또는 공공단체 업무의 대리, ④ 투자자를 위하여 그 투자자가 예탁한 투자자예탁금(법 제74조 제1항의 투자자예탁금을 말함)으로 수행하는 자금이체업무, ⑤ 그 밖에 그 금융업무를 영위하여도 투자자 보호 및 건전한 거래질서를 해할 우려가 없는 업무로서 대통령령으로 정하는 금융업무의 경우이다. 그런데 이러한 경우 금융투자업자는 ②부터 ⑤

---

1) 여기서 '대통령령으로 정하는 문자'란 각각 trust(그 한글표기문자 포함)나 그와 비슷한 의미를 가지는 다른 외국어문자(그 한글표기문자 포함)를 말한다(시행령 제42조 제6항).

2) 금융감독당국의 인가가 필요한 경우 이를 받지 아니하고 행위한 경우 법상 제재를 받는 것은 별론으로 하고, 당해 행위의 효력에는 영향이 없다고 보는 것이 판례의 입장이다(대법원 1973. 5. 5. 선고 72다1726 판결).

까지의 업무를 영위하고자 하는 때에는 그 업무를 영위하고자 하는 날의 7일 전까지 이를 금융위원회에 신고하여야 한다(법 제40조).

### (2) 금융투자업자의 지급결제시스템 참여

자본시장법은 소액결제시스템에 대한 금융투자업자의 직접 참여를 허용하였다. 금융투자업자의 지급결제시스템 참여로 인하여 소액결제시스템의 안정성이 저해되지 않도록 하기 위하여 법령상으로 여러 가지 안전장치가 부과되는데, 가장 큰 특색은 금융투자업자의 중개계좌(위탁매매) 내의 현금(투자자예탁금)만을 소액결제의 대상으로 함으로써 증권의 가치변동 리스크를 원천적으로 차단하였다는 점이다.

한편 한국은행은 금융통화위원회가 자금이체업무에 대해 통화신용정책의 수행 및 지급결제의 원활한 운영을 위하여 필요하다고 인정할 때에는 금융투자업자에게 필요한 자료의 제출을 요구할 수 있다(법 제419조 제 2 항). 한국은행은 또한 금융통화위원회가 금융투자업자의 자금이체업무 분야에 대하여 통화신용정책의 수행을 위해서 필요하다고 인정하는 때에는 금융감독원장에게 검사를 요구하거나 한국은행과의 공동검사를 요구할 수 있다(법 제419조 제 3 항).

### (3) 겸영의 범위

투자매매업이나 투자중개업을 영위하지 않는 금융투자업자는 국가 또는 공공단체업무의 대리(지로업무)와 자금이체업무(지급결제업무)의 겸영을 할 수 없도록 되어 있다(시행령 제43조 제 1 항 제 1 호). 말하자면, 지급결제업무는 지급결제업무에 대한 수요가 존재하고 투자자예탁금이 존재하는 투자매매업자와 투자중개업자에게만 허용된다. 그리고 투자자문업, 투자일임업 또는 투자자문업과 투자일임업만을 영위하는 금융투자업자는 법 제40조 제 5 호, 시행령 제43조 제 5 항에서 정하는 다양한 금융업무(다른 금융투자업자가 겸영할 경우 투자자 보호 및 건전한 거래질서를 해할 우려가 없다고 인정되는 것임)를 겸영할 수 없다(시행령 제43조 제 1 항 제 2 호).

겸영금융투자업자는 보험대리점 업무, 보험중개사 업무, 집합투자기구에서의 일반사무관리회사업무, 외국환업무 및 외국환중개업무, 퇴직연금사업자업무, 담보부사채신탁업무, 자산관리회사의 업무, 기업구조조정전문회사업무, 중소기업창업투자회사의 업무, 신기술사업금융업, 선불전자지급수단의 발행 및 관리업무를 겸영할

**표 3-3 금융투자업자 겸영업무범위[1)]**

| | 업무범위 | 수행가능 업자 |
|---|---|---|
| 유형1 | 보험대리점 및 보험중개사 업무, 일반사무관리회사업무, 담보부사채신탁업무, 퇴직연금사업자 업무, 외국환업무, 전자자금이체업무, CRC, 벤처캐피탈, 신기술사업금융 | 해당 법령에서 인, 허가를 받을 수 있는 금융투자업자 |
| 유형2 | 전자자금이체업무 | 해당 법령에서 정한 금융투자업자 |
| 유형3 | 국가, 공공단체 업무대리, 투자자예탁금으로 수행하는 자금이체 업무 | 투자매매업자, 투자중개업자 |
| 유형4* | 기업금융업, 대출, 대출중개업, 지급보증업무, SPC 자산관리자 및 수탁업무, 원화표시 CD 매매·중개·주선·대리, 대출채권 등 매매·중개·주선·대리, 증권대차거래·중개·주선·대리 | 투자매매업자, 투자중개업자, 집합투자업자, 신탁업자 |

* 기업금융업은 인수포함 투자매매업자에 한정; 지급보증업무는 인수포함 투자매매업자 및 장외파생매매업자에 한정; CD, 대출증권 등 매매·중개는 채무증권 매매·중개업자에 한정; 증권대차거래는 투자매매업자·중개업자에 한정

수 있다(법 제40조 제1호, 시행령 제43조 제2항·제3항·제5항, 금융투자업규정 제4-1호 제1항). 겸영금융투자업자는 국내의 모든 금융관련법령이 명문으로 금융투자업자의 업무겸영을 허용하였다면 역시 동 업무를 겸영할 수 있게 되었다(법 제40조 제2호, 시행령 제43조 제4항).

이에 따라 개별 금융투자업종에 따라 겸영할 수 있는 업무의 내용이 제한되고 있다. 첫째, 증권에 대한 투자매매업자만이 법 제71조 제3호에 따른 기업금융업무와 관련한 대출업무 및 기타 투자매매업에 관한 것으로서 '금융위원회가 정하여 고시하는 업무와 관련한 대출업무'를 겸영할 수 있다(시행령 제43조 제5항 제4호).

둘째, 투자매매업자 또는 투자중개업자에 한하여 취급하는 증권의 대차거래와 그 중개·주선 또는 대리업무를 겸영할 수 있다(시행령 제43조 제5항 제5호). 증권대차는 증권소유자인 금융투자업자가 매매거래의 결제 또는 투자전략의 일환으로 증권을 필요로 하는 거래 상대방에게 증권을 대여해 주고 경제적인 이득을 얻을 수 있는 겸영업무에 해당한다. 대여자인 겸영 금융투자업자는 여유 증권을 대여해주고 대차수수료를 획득함으로써 안정적인 포트폴리오 수익을 향상시킬 수 있으며, 차입자는 매매거래 또는 Repo 거래(Repurchase Agreement: 환매조건부 채권매

1) 신인석, 5면.

매)의 결제를 위하여 필요한 증권을 확보하거나 차입증권을 이용하여 증권시장에서 다양한 투자전략을 실행함으로써 투자수익을 창출할 수 있다.

셋째, 증권 및 장외파생상품에 대한 투자매매업자만이 지급보증업무를 겸영할 수 있다(시행령 제43조 제5항 제6호). 지급보증이라 함은 금융투자업자가 타인의 채무를 보증하거나 인수하는 것을 말하는데, 자기자본이 충분한 금융투자업자에게만 제한적으로 지급보증업무의 겸영을 허용한 것이다.

넷째, 채무증권에 대한 투자매매업자나 투자중개업자만이 원화로 표시된 양도성 예금증서의 매매와 그 중개·주선 또는 대리업무 그리고 대출의 중개·주선 또는 대리업무를 겸영할 수 있다(시행령 제43조 제5항 제7호·제8호).

마지막으로 겸영금융투자업자는 ABS에서의 자산관리자 업무, 유동화전문회사업무의 수탁업무, 투자자계좌에 속한 증권·금전등에 대한 제3자 담보권의 관리업무, 사채모집의 수탁업무, 대출의 중개·주선 또는 대리업무, 금지금 및 은지금의 매매 및 중개업무, 퇴직연금 수급권을 담보로 한 대출업무 등을 제한 없이 겸영할 수 있다(법 제40조 제5호, 시행령 제43조 제5항 제1호 내지 제3호·제9호·제10호, 금융투자업규정 제4-1호 제3항).

### (4) 금융투자업자의 부수업무의 영위

금융투자업자의 부수업무란 '금융투자업이 아닌 업무로서 인가받은 금융투자업에 부수되는 업무'를 말한다. 자본시장법은 기존의 영위 가능한 모든 부수업무를 법률에 사전적으로 열거하는 체제(positive 방식)에서 벗어나, 원칙적으로 금융투자업자로 하여금 모든 부수업무의 취급을 허용하되 예외적으로 제한하는 체제(negative 방식)로 전환하였다.[1] 금융투자업자는 부수업무 개시 7일 전에 감독당국에 부수업무 개시 사실을 신고하여야 한다(법 제41조 제1항). 신고를 받은 금융위원회는 신고일로부터 7일 이내에 ① 금융투자업자의 명칭, ② 부수업무의 신고일자, ③ 부수업무의 개시 예정일자, ④ 부수업무의 내용, ⑤ 그 밖에 금융위가 정하여 고시하는 사항을 인터넷 홈페이지 등에 공고하여야 한다(시행령 제44조 제1항).

금융위원회는 부수업무가 금융투자업자의 건전성, 투자자 보호, 또는 금융시장의 안정성에 문제를 야기할 경우 부수업무의 영위를 제한하거나 시정할 것을 요구할 수 있다(법 제41조 제2항). 이러한 제한명령이나 시정명령은 반드시 이유가

---

1) 김정수, 221면.

구체적으로 기재된 서면에 의하도록 함으로써(법 제41조 제3항) 감독당국의 자의적인 재량을 차단하고 있다.

### (5) 금융투자업자의 업무위탁

#### 1) 위탁의 범위와 기준

금융투자업자는 인가받거나 등록받은 업무 또는 부수업무의 일부를 제3자에게 위탁할 수 있다(법 제42조 제1항). 그러나 준법감시인의 업무, 내부감사업무, 위험관리업무, 신용위험의 분석·평가업무 등의 경우에는 금융투자업자의 내부통제영역에 해당하는 사항이므로 이러한 업무영역이 전부 제3자에게 위탁될 경우 투자자 보호나 건전한 거래질서를 해할 위험성이 높기 때문에 위탁을 전면적으로 금지하고 있다(법 제42조 제1항 단서, 시행령 제45조 제1호).

개별 금융투자업의 종류에 따라 위탁이 금지되는 업무도 있는데, 투자매매업의 경우, ① 투자매매업 관련계약의 체결과 해지업무, ② 금융투자상품의 매매를 위한 호가 제시업무, ③ 증권의 인수업무가 위탁이 금지되는 업무에 해당한다(법 제42조 제1항 단서, 시행령 제45조 제2호 가목·제47조 제1항 제1호 가목·나목·라목).

투자중개업의 경우 투자중개업 관련 계약의 체결 및 해지업무와 증거금 관리와 거래종결업무가 위탁이 금지되는 업무이다(법 제42조 제1항 단서, 시행령 제45조 제2호 나목·제47조 제1항 제2호 가목·다목).

집합투자업인 경우에는 시행령이 정하는 일정한 예외(시행령 제45조 제2호 다목 단서 참조)의 경우를 제외하고는 ① 투자신탁의 설정을 위한 신탁계약의 체결·해지업무와 투자유한회사, 투자합자회사, 투자유한책임회사, 투자합자조합, 투자익명조합의 설립업무, ② 집합투자재산의 운용·운용지시업무, ③ 집합투자재산의 평가업무가 위탁이 금지되는 업무이다(법 제42조 제1항 단서, 시행령 제45조 제2호 나목·제47조 제1항 제3호 가목 내지 다목).

투자자문업자, 투자일임업자, 신탁업자의 경우에도 투자자문계약의 체결과 해지업무 및 투자자문요청에 응한 투자판단제공업무, 투자일임계약의 체결과 해지업무 및 투자일임재산의 운용업무, 신탁계약의 체결·해지, 신탁재산·집합투자재산의 보관·관리업무, 신탁재산의 운용업무와 같은 본질적 업무에 대한 제3자의 위탁이 원칙적으로 금지된다. 다만 해외증권(외화자산)에 대한 투자만으로 전체 자산운용이 이루어지는 경우 혹은 원화자산에 대한 투자가 전체 자산운용 중에서 차지하는 비중이 적은 경우에는(전체 재산총액의 20/100 미만) 예외적으로 투자자문, 투자일임, 신탁업의 본질적인 업무를 제 3 자에게도 위탁할 수 있다(법 제42조 제 1 항, 시행령 제45조 제 2 호 라목 내지 바목·제47조 제 1 항 제 4 호 내지 제 6 호).

제 3 자에게 업무를 위탁하려는 금융투자업자는 업무위탁 관련정보의 제공기준을 마련한 후에 정보를 제공할 수 있다(법 제42조 제 6 항). 제공하는 정보는 위탁한 업무와 관련된 정보이어야 하고, 정보제공에 관한 기록을 유지하여야 하며, 정보제공을 하는 경우에도 수탁자의 정보이용에 관하여 관리·감독이 가능하여야 한다(시행령 제49조 제 1 항).

업무위탁의 경우 업무위탁 운영기준도 마련하여야 하는데(법 제42조 제 7 항), 업무위탁에 따른 위험관리·평가에 관한 사항, 업무위탁의 결정·해지절차에 관한 사항, 수탁자에 대한 관리·감독에 관한 사항, 투자자정보 보호에 관한 사항, 수탁자의 부도 등 우발상황에 대한 대책에 관한 사항, 위탁업무 관련 자료요구권 확보에 관한 사항, 그 밖에 금융위원회가 정하여 고시하는 사항 등에 관한 것이다(시행령 제49조 제 2 항).

2) 재위탁의 금지

원칙적으로 금융투자업자로부터 업무를 위탁받은 제 3 자는 재위탁을 할 수 없다(법 제42조 제 5 항). 그러나 투자자 보호를 해하지 않는 범위에서 금융투자업의 원활한 수행을 위하여 필요한 경우 재위탁을 허용하고 있다. 즉 ① 위탁업무에 부수되는 업무, ② 외화자산인 집합투자재산의 운용·운용지시업무, ③ 외화자산인 투자일임재산의 운용업무, ④ 전자등록주식 등, 예탁대상증권 등 및 외화자산인 신탁재산의 운용업무가 그것이다(시행령 제48조).

3) 업무위탁과 투자자 보호

업무위탁으로 인한 투자자 보호를 위하여 금융투자업자로 하여금 업무위탁내용을 투자자와의 투자계약서류 및 증권모집·매출 시 작성하는 투자설명서에 기재하도록 하고, 또한 계약체결 이후 업무위탁내용이 변경될 경우에는 이를 투자자에게 통보하도록 하고 있다(법 제42조 제 8 항). 업무를 위탁받은 제 3 자가 투자자에게 손해를 미칠 경우 금융투자업자는 사용자책임을 지게 된다(법 제42조 제 9 항).

4) 업무위탁에 대한 검사 및 처분

업무를 위탁받은 자는 그 위탁받은 업무와 관련하여 그 업무와 재산상황에 관하여 금융감독원장의 검사를 받아야 한다(법 제43조 제1항). 다음의 경우에는 금융위원회가 업무수탁자나 금융투자업자를 상대로 직접 또는 간접적으로 위탁계약의 취소 또는 변경 명령을 내릴 수 있다. 즉 ① 업무를 위탁받은 자가 외부에 공개되지 아니한 투자자의 직무관련 정보를 이용하거나 투자자를 상대로 법에서 금지하는 손실보장약정을 하는 경우, 또는 투자자로부터 서면상 요구나 동의를 받지 않은 상태에서 투자자에 대한 금융거래정보를 타인에게 제공하거나 누설하는 등 금융실명법(금융실명법 제4조 제1항, 제5항-제5항)을 위반한 경우, ② 업무를 위탁받은 자가 업무와 재산상황에 관한 금융감독원장의 검사를 거부·방해 또는 기피하는 경우, ③ 업무를 위탁받은 자가 금감원장의 검사와 관련하여 업무 또는 재산에 관한 보고 등의 요구에 불응하는 경우, ④ [별표 1] 각 호의 어느 하나에 해당하는 경우이다(법 43조 제2항).

금융위원회는 업무위탁계약을 취소하거나 변경하는 명령을 행할 때 이를 반드시 기록, 유지·관리하여야 하며(법 제43조 제3항), 금융투자업자나 업무를 위탁받은 자는 금융위원회에 자신에 대한 조치 여부 및 내용을 조회할 수 있으며 정당한 사유가 없는 한 금융위원회는 이에 응하여야 한다(법 제43조 제4항·제5항).

## Ⅱ. 직무관련 정보의 이용 금지 등

### 1. 의　의

자본시장법은 금융투자업자가 직무와 관련하여 취득한 정보를 부정한 목적으로 거래하는 것을 방지하기 위하여 비공개정보를 정당한 사유 없이 자기 또는 제3자의 이익을 위하여 이용하는 것을 금지하고 있다(법 제54조). 이러한 불공정거래의 대표적인 것으로는 선행매매(front-running) 혹은 스캘핑(scalping)이 있다. 선행매매는 증권가치에 영향을 미칠 수 있는 고객의 주문을 처리하기 전에 먼저 자기계산으로 매도 또는 매수를 하는 것(법 제71조 제1호)을 말하며, 스캘핑은 증권가치에 영향을 미칠 수 있는 정보를 일반에게 공표하기 전에 먼저 그 정보에 기하여 자기계산으로 매매하는 것(법 제71조 제2호)을 가리키며, 이러한 행위들은 자산운용인이 자문계정을 위한 투자권유나 투자일임계정에 대한 매수결정 이전에 당해 주식을 매수하는 행위, 혹은 매도권유나 매도결정 이전에 당해 주식을 매도(공매도 포함)하는 관행을 규제하기 위함이다. 스캘핑을 하는 거래자의 목적은 예상되는 초단기의 매매를 통하여 단기차익을 얻는 데 있다.

금융투자업자의 개별적인 업무영역에서의 선행매매에 대해서는 개별 조항에서 다시 구체적으로 규정하고 있는데, 투자매매업·투자중개업에 대한 법 제71조 제 1 호, 집합투자업에 대한 법 제85조 제 1 호, 투자자문업·투자일임업에 대한 법 제98조 제 1 항 제 5 호, 신탁업에 대한 법 제108조 제 1 호의 경우이다.

## 2. 손실보전 등의 금지

### (1) 개 요

금융투자업자는 금융투자상품의 매매, 그 밖의 거래와 관련하여 법 제103조 제 3 항에 따라 손실의 보전 또는 이익의 보장을 하는 경우, 그 밖에 건전한 거래질서를 해할 우려가 없는 경우로서 정당한 사유가 있는 경우를 제외하고는 다음의 어느 하나에 해당하는 행위를 하여서는 아니 된다(법 제55조). 즉 ① 투자자가 입을 손실의 전부 또는 일부를 보전하여 줄 것을 사전에 약속하는 행위, ② 투자자가 입은 손실의 전부 또는 일부를 사후에 보전하여 주는 행위, ③ 투자자에게 일정한 이익을 보장할 것을 사전에 약속하는 행위, 그리고 ④ 투자자에게 일정한 이익을 사후에 제공하는 행위가 그것이다. 이러한 규제는 금융투자업자의 임직원이 자기의 계산으로 하는 경우에도 동일하게 적용된다.

이러한 손실보전 또는 수익보장 행위는 자기책임원칙에 반하는 것이며 투자의 위험을 결국 타인 즉 회사 내지 시장에 전가하는 행위로써 가격의 공정한 형성을 저해한다.[1] 대법원도 이러한 손실보전 또는 수익보장의 약속을 무효라고 판시하고 있다.[2]

### (2) 사례연구

**【기초사실】**

투자자 A는 선물옵션투자경험이 전혀 없는 자로 대학선배인 X증권 Y지점 차장으로 근무하는 B로부터 투자권유를 받고, 2005. 11. 25. A와 B는 수익보장 및 배분에 대

---

1) 한국증권법학회(Ⅰ), 279면.

2) 대법원 1997. 2. 14. 선고 95다19140 판결.

한 계약서를 작성하고[1] A는 11. 28. 5천만원을 입금하여 B에게 선물옵션거래에 대한 포괄적 위임을 하였다. B는 A에게 선물옵션에 대하여 설명하지도 않았고 A도 이에 대하여 물어보지도 않았다. 3개월 후 1,300만원의 손실이 발생하자, 2006. 3. 13. A는 잔고를 모두 인출하고 약정수익(즉 5천만원의 6%)을 합한 1,600만원의 지급을 요구하였으나 B는 50%인 800만원만을 배상하겠다고 하였지만 A는 이를 거절하고 X증권을 상대로 손해배상을 청구하였다.

**[판례의 입장]**

증권회사 직원이 과거 자신의 잘못으로 고객의 계좌에 발생한 손해를 보전하여 주기 위한 방법으로 고객에게 향후 증권거래 계좌 운용에서 일정한 최소한의 수익을 보장할 것을 약정한 것은 공정한 증권거래질서의 확보를 위하여 구 증권거래법 제52조 제1호 및 제3호[2](법 55조에 해당)에서 금지하고 있는 것에 해당하여 무효라고 할 것이고, 손실보전약정이 유효함을 전제로 일정기간 동안 법적 조치 등을 취하지 않기로 하는 약정도 당연히 무효라고 판시하였다.[3] 즉 증권회사 직원이 손실보전 또는 수익보장약정을 통한 투자권유로 고객의 위험성에 대한 올바른 인식형성을 방해하거나 고객의 상황에 비추어 과대한 위험성을 수반하는 거래를 적극 권유하여 고객보호의무를 위반한 경우에는 불법행위가 성립되어 손해배상책임이 인정된다고 보았다.[4] 그런데 자본시장법은 시장으로 손실보전 또는 수익보장에 대한 규제에 있어서, 행위 자체를 금지함으로써 더욱 강한 규제를 하게 되었다. 즉 자본시장법 시행 전에는 손실보전 또는 수익보장 약정행위를 통한 부당권유행위에 대하여 불법행위책임을 부과하였지만, 자본시장법에서는 투자권유행위가 있는지의 여부에 관계없이 불법행위가 성립한다는 점이다.

## 3. 약관규제

### (1) 약관의 제정 또는 변경

금융투자업자는 금융투자업의 영위와 관련하여 약관을 제정 또는 변경하는 경우에는 약관의 제정 또는 변경 후 7일 이내에 금융위원회 및 협회에 보고하여야 한다. 다만, 투자자의 권리나 의무에 중대한 영향을 미칠 우려가 있는 경우로

1) 3개월간 매월 2% 수익보장, 누적수익률 6% 초과 시 초과분의 50%를 성과보수로 지급한다.
2) 2000년 1월 21일 법률 6176호로 개정되기 전을 말한다.
3) 대법원 2003. 1. 24. 선고 2001다2129 판결.
4) 대법원 1999. 6. 11. 선고 97다58477 판결.

서 대통령령으로 정하는 경우에는 약관의 제정 또는 변경 전에 미리 금융위원회에 신고하여야 한다(법 제56조 제 1 항). 이와 같이 자본시장법이 금융상품의 약관 제정 또는 개정 시 사후보고제를 원칙으로 하되 소비자 권익에 중대한 영향을 미치는 경우 등에는 사전신고를 하도록 하는 입장을 취한 것은 약관 제정 또는 개정 시 금융투자업자의 자율성을 제고하여 금융산업의 경쟁력을 강화하는 동시에 소비자 권익을 보호하려는 데 그 목적이 있다. 금융위원회가 신고를 받은 경우 그 내용을 검토하여 이 법에 적합하면 신고를 수리하여야 한다(법 제56조 제 5 항).

약관의 제정이나 변경은 모든 투자자들의 이해관계에 영향을 미칠 수 있는 사항이므로 금융투자업자로 하여금 정보전달의 즉시성과 대중성을 감안하여 인터넷에 공시하도록 하고 있다(법 제56조 제 2 항).

### (2) 표준약관의 제정 또는 변경

한국금융투자협회는 건전한 거래질서의 확립과 불공정한 내용의 약관이 통용되는 것을 방지하기 위하여 표준약관을 제정할 수 있다(법 제56조 제 3 항). 한국금융투자협회는 금융위원회에 미리 신고한 후 금융투자업의 영위와 관련하여 표준이 되는 약관을 제정 또는 변경할 수 있으며(법 제56조 제 4 항), 다만 전문투자자만을 대상으로 하는 표준약관의 제정이나 변경은 7일 이내에 금융위원회에 보고하도록 하고 있다(법 제56조 제 5 항). 금융위원회가 표준약관의 제정 또는 개정과 관련하여 신고를 받은 경우 그 내용을 검토하여 이 법에 적합하면 신고를 수리하여야 한다(법 제56조 제 5 항). 말하자면, 표준약관의 제정 또는 변경 신고는 수리가 필요한 신고라는 것이다.

## 4. 수 수 료

금융투자업자는 금융투자상품의 투자권유에 따라 매수 또는 매도의 경우 제공한 서비스에 대한 대가로 투자자로부터 받게 되는 수수료의 부과기준 및 절차에 관한 사항을 정하고 인터넷 홈페이지 등을 이용하여 공시하여야 한다(법 제58조 제 1 항). 이러한 수수료에 관한 사항을 한국금융투자협회에 통보하여야 하며(법 제58조 제 3 항), 한국금융투자협회는 금융투자업별로 당해 기준 및 절차를 비교·공시함으로써 투자자들이 금융투자업자의 수수료 책정에 대한 합리성을 판단할 수 있다(법 제58조 제 4 항). 한편 금융투자업자는 수수료의 부과기준을 마련함에 있어서 투자자를 정당한 사유 없이 차별하여서는 아니 된다(법 제58조 제2항).

### 5. 계약서류의 교부 및 계약의 해제

#### (1) 투자계약서류의 교부

금융투자업자는 투자자와 계약을 체결한 경우 지체 없이 계약서류를 교부하여야 한다(법 제59조 제1항). 이러한 계약서류의 교부의무는 금융투자자가 자신이 체결한 계약의 내용을 다시 한 번 정확하게 파악할 수 있노록 함으로써 투자자를 보호하기 위한 것이다. 그런데 여기서의 계약서류교부의무는 계약이 체결된 이후의 교부의무를 의미하지만 계약 체결하기 전에 이루어지는 금융투자상품에 대한 설명의무를 대체하는 것은 아니다. 즉 고객에게 금융투자상품의 투자권유와 관련하여 충분한 설명이 이루어졌는지의 여부와 계약이 체결된 서류의 교부는 전혀 별개의 사항이다.[1]

그러나 금융투자자의 보호라는 취지가 저해되지 않는 경우에는 예외적으로 반드시 계약서류를 교부하지 않아도 된다(법 제59조 제1항 단서). 예외사유는 다음과 같다(시행령 제61조 제1항 제1호 내지 제4호). 첫째, 매매거래계좌를 설정하는 등 금융투자상품 거래에 대한 기본계약을 체결하고 그 계약내용에 따라 계속적·반복적으로 거래를 하는 경우이다. 둘째, 투자자가 계약서류를 받기를 거부한다는 의사를 서면으로 표시한 경우이다. 셋째, 투자자가 우편이나 전자우편으로 계약서류를 받을 의사를 서면으로 표시한 경우로서 투자자의 의사에 따라 우편이나 전자우편으로 계약서류를 제공하는 경우이다. 마지막으로 그 밖에 투자자 보호를 해할 우려가 없는 경우로서 금융위원회가 정하여 고시하는 경우이다.

#### (2) 투자자문계약에 대한 계약해제제도의 도입

자본시장법은 투자자문업자와 투자자문계약을 체결한 투자자가 계약서류를 교부받은 날로부터 7일 이내에 계약을 해제할 수 있다고 규정함으로써, 투자자문계약의 경우에 한정적으로 계약해제제도를 도입하고 있다(법 제59조 제2항, 시행령 제61조 제2항). 계약해제라 함은 투자자가 금융투자업자와 계약을 체결한 후 일정기간 내에 당해 계약을 무조건적으로 해제할 수 있는 제도를 말하며, 그러한 일정한 기간을 숙려기간 또는 냉각기간(cooling-off period)이라 한다.[2]

---

1) 한국증권법학회(Ⅰ), 291면.

2) 할부거래에 관한 법률 제5조 제1항이나 방문판매등에 관한 법률 제8조 제1항은 소비자

자본시장법은 계약해제의 효력발생시점에 관하여는 발신주의의 입장을 취하여, 투자자가 계약을 해제한다는 취지의 서면을 투자자문업자에게 송부한 때로 하고 있다(법 제59조 제 3 항). 계약이 해제되면 투자자문업자는 계약해제 시점까지의 기간에 상당하는 수수료, 보수, 그 밖의 대가를 청구할 수 있는데, 법에서는 일정한 금액을 그 상한선으로 하고 있다(법 제59조 제 4 항, 시행령 제61조 제 3 항). 그리고 투자자문업자가 투자자로부터 계약과 관련한 대가를 미리 지급받은 경우에는 이를 투자자에게 반환하여야 한다(법 제59조 제 5 항). 만일 투자자문업자가 이러한 법의 내용에 반하는 특약으로 투자자에게 불리한 경우에는 이를 무효로 함으로써, 계약해제제도가 유명무실화되는 것을 방지하고 있다(법 제59조 제 6 항).[1)]

## 6. 금융투자업자의 자료기록·유지의무

금융투자업자는 금융투자업의 영위와 관련된 자료들을 대통령령이 정하는 기간 동안 기록·유지하여야 한다(법 제60조 제 1 항). 즉 영업에 관한 자료, 재무에 관한 자료, 업무에 관한 자료, 내부통제에 관한 자료, 기타 법령에서 작성·비치하도록 되어 있는 장부와 서류 등인데 각각 기록유지기간을 두고 있다(시행령 제62조).[2)]

이러한 의무를 부과하는 이유는 장래 투자자와의 분쟁이 발생할 경우를 대비하여 증거를 확보하기 위함이며, 상법상 상인의 상업장부 및 영업에 관한 중요서류의 보관과도 그 취지를 같이 하는 것이다. 따라서 금융투자업자는 기록유지기간

---

에게 아무런 조건 없이 일정기간(7일 혹은 14일) 동안 계약에 관하여 철회할 수 있는 권리를 인정하는데, 이를 청약철회권이라고도 한다. 자본시장법이 이러한 제도를 도입한 것이라고 할 수 있다. 단, 방문판매 등에 관한 법률 제 3 조 제 3 항 제 1 호에서는 보험계약의 경우 이 법의 적용을 배제한다.

1) 예컨대, 투자자의 계약해제를 금지하거나 계약해제에 수반된 손해배상금을 과다하게 책정한 경우 등이 이에 해당된다. 한국증권법학회( I ), 294면.

2) 시행령 제62조 제 1 항에 의하면, ① 영업에 관한 자료 중 투자권유 관련 자료, 주문기록, 매매명세 등 투자자의 금융투자상품의 매매, 그 밖의 거래 관련 자료 및 다자간매매체결업무 관련 자료, 집합투자재산, 투자일임재산, 신탁재산 등 투자자재산의 운용 관련 자료, 매매계좌 설정·약정 등 투자자와 체결한 계약 관련 자료는 10년 동안 기록·유지하여야 하며, 업무위탁 관련 자료, 부수업무 관련 자료, 그 밖의 영업 관련 자료는 5년 동안 기록·유지하여야 하며, ② 재무에 관한 서류는 10년 동안, ③ 업무에 관한 자료 중 주주총회 또는 이사회 결의 관련 자료는 10년 동안, 법 제161조에 따른 주요사항보고서에 기재하여야 하는 사항에 관한 자료는 5년 동안, 고유재산 운용 관련 자료와 자산구입·처분 등, 그 밖의 업무에 관한 자료는 3년 동안 기록·유지하여야 하며, ④ 내부통제에 관한 자료 중 내부통제기준, 위험관리 등 준법감시 관련 자료, 임원·대주주·전문인력의 자격, 이해관계자 등과의 거래내역 관련 자료는 5년 동안, 그 밖의 내부통제 관련 자료는 3년 동안 기록·유지하여야 한다.

내에 영업을 폐지하여 상인자격이 소멸된 후에도 계속 기록을 유지할 의무가 있고, 영업을 양도하더라도 양도인이 원칙적으로 유지의무를 지며, 양수인이 자료들을 인수한 경우에만 예외적으로 양수인이 유지의무를 진다.[1)]

## 7. 소유증권의 예탁

금융투자업자(겸영금융투자업자 제외)는 그 고유재산을 운용함에 따라 소유하게 되는 증권(대통령령으로 정하는 것 포함)을 예탁결제원에 지체 없이 예탁하여야 한다(법 제61조 제1항). 시행령에서 정하고 있는 것으로는 금융위원회가 정하여 고시한 것이 있다(시행령 제63조 제1항). 그리고 금융투자업자가 외화증권을 예탁결제원에 예탁하는 경우에는 금융위원회가 정하여 고시하는 외국 보관기관에 개설된 예탁결제원 계좌로 계좌대체 등을 통하여 예탁하는 방법에 따라 예탁하여야 한다(시행령 제63조 제3항).

한편 외화증권(외국환거래법 제3조 제1항 제8호에 따른 외화증권) 등의 경우에는 금융투자업자는 이를 예탁결제원에 반드시 의무예탁할 필요는 없다(법 제61조 단서, 시행령 제63조 제2항). 즉 외화증권의 경우에는 예탁결제원 외에 예탁결제원이 선임한 외국보관기관에 집중예탁하는 것도 가능하고, 외국의 법령이나 관행 등으로 인하여 예탁결제원이 외국 보관기관을 선임할 수 없는 경우에는 금융위원회가 정하여 고시하는 외국 보관기관에 집중예탁하는 것도 가능하다.[2)]

## 8. 임직원의 금융투자상품 매매

자본시장법 제정 전에는 증권회사의 임직원 등은 증권·선물에 대한 직접 투자가 금지되었고 증권저축을 통해서만 투자가 허용되었다. 그러나 지금은 금융투자업자의 임직원은 법이 정하는 일정한 경우에는 자기의 계산으로 금융투자상품의 매매가 가능하게 되었다(법 제63조 제1항). 이는 과거 증권거래법상 규제[3)]의 취지가 불공정거래를 방지하기 위한 것이었으나, 현실적으로 임직원들의 우회 투자를 방지하기는 어려웠을 뿐만 아니라 선행매매 등 불공정거래와 이해상충 행위 등을 방지함에 있어서도 크게 효과가 있는 것은 아니었다. 그리고 자본시장법 제

1) 한국증권법학회(Ⅰ), 296면.
2) 한국예탁결제원, 「증권예탁결제제도」 개정증보 제4판(박영사, 2018), 601-604면.
3) 구 증권거래법 제42조 참조.

정 이전에는 증권저축에 대해서는 월급여액의 50% 이내에서만 허용된다는 제한이 있을 뿐 일반 위탁매매 계좌와 동일하게 운용될 수 있었으므로, 사실상 임직원들에게 자기매매가 허용되었다고도 볼 수 있다. 더욱이 투자거래내역 보고 등 적절한 통제장치가 마련되어 있지 않아 사실상 규세를 받시 않는 상황이었다.[1] 자본시장법은 현실적인 규제의 어려움을 고려하면서도 과거 규제의 취지도 살리는 측면에서 금융투자업자 임직원 등의 직접 투자를 원칙적으로 허용하되, 내부통제장치를 강화하여 불공정행위 및 이해상충행위를 규제하는 방식을 택하고 있다.[2]

한편 여기서의 금융투자업자에는 겸영금융투자업자가 포함되는데, 금융투자업을 겸영하는 은행이나 보험회사, 한국산업은행 등 법 시행령 제 7 조의2에서 규정하는 기타 금융기관의 경우에는 금융투자업 부문의 임직원에 한하여 법 제63조의 규제를 받는다(시행령 제64조 제 1 항). 법 제63조의 적용대상이 되는 행위는 임직원이 자기계산으로 일정한 금융투자상품, 즉 증권시장에 상장된 지분증권(투자회사의 주시과 우리사주조합 명의로 취득하는 우리사주조합이 설립된 회사의 주식 제외), 증권시장에 상장된 증권예탁증권, 주권 관련 사채권으로서 상장된 지분증권이나 증권예탁증권과 관련된 것이거나 이들의 지수변동과 연계된 파생결합증권 내지 장외파생상품, 장내파생상품, 전환사채권·신주인수권부사채권·교환사채권으로서 증권시장에 상장된 지분증권과 관련된 것들을 매매하는 경우이다(시행령 제64조 제 2 항).

금융투자업자는 자기계산에 의한 금융투자상품의 매매와 관련하여 당해 임직원이 따라야 할 적절한 기준 및 절차를 정하여야 하고(법 제63조 제 2 항), 분기별로 임직원의 금융투자상품의 매매명세를 내부통제기준에 따라 확인하여야 한다.[3]

자본시장법은 2016년 3월 29일 개정을 통하여 고객을 직접 응대하는 금융투자업자의 직원을 고객의 폭언이나 성희롱, 폭행 등으로부터 보호하기 위한 제도적 장치를 도입하였다. 금융투자회사에게 고객응대직원을 보호할 의무를 부과함과 아울러 금융투자회사가 고객응대직원의 보호를 위해 의무적으로 취해야 할 구체적 조치를 명시하고 있다. 즉 ① 고객응대직원이 요청하는 경우 해당 고객으로부터의 분리 및 업무담당자 교체, ② 고객응대직원에 대한 치료 및 상담 지원, ③ 고

---

1) 재정경제부, "자본시장과 금융투자업에 관한 법률안" 설명자료(2006. 12. 28), 89면.

2) 임직원의 계좌개설 시 소속 금융투자업자의 준법감시인이나 감사에게 신고하고, 준법감시인이 매매에 관한 소명자료를 요구할 때에는 이에 응하여야 한다(시행령 제64조 제 4 항).

3) 한편 법 제63조를 위반한 경우 3년 이하의 징역이나 1억원 이하의 벌금형(법 제445조 제12호), 5천만원 이하의 과태료(법 제449조 제 2 항) 등의 제재를 부과하고 있다.

객응대직원을 위한 상시적 고충처리기구 설치 또는 고충처리위원 선임 또는 위촉, ④ 형사처벌 등과 관련되는 경우 수사기관 고발 또는 손해배상 청구 등의 조치를 위한 행정적, 절차적 지원 등의 조치를 하여야 한다(법 제63조의2 제 1 항, 시행령 제64조의2). 고객응대직원이 위와 같은 조치를 요구할 수 있으며, 이러한 요구를 하였음을 이유로 불이익을 주어서는 안 된다(법 제63조의2 제 2 항 · 제 3 항).

## 9. 금융투자업자의 손해배상책임

금융투자업자는 법령 · 약관 · 집합투자규약 · 투자설명서[1]에 위반하는 행위를 하거나 그 업무를 소홀히 하여 투자자에게 손해를 발생시킨 경우에는 그 손해를 배상할 책임이 있다(법 제64조 제 1 항). 다만, 배상책임을 질 금융투자업자가 법 제37조 제 2 항(이해상충금지), 제44조(이해상충관리), 제45조(정보교류차단), 제71조 또는 제85조(불건전영업행위 금지 등)를 위반한 경우로서 그 금융투자업자가 상당한 주의를 하였음을 증명하거나 투자자가 금융투자상품의 매매, 그 밖의 거래를 할 때에 그 사실을 안 경우에는 배상의 책임을 지지 아니한다(법 제64조 제 1 항 단서).

손해배상책임의 민사상 일반적인 원칙은 손해를 주장하는 자가 증명책임을 부담하여야 하는 것이지만, 거래상대방을 알지 못하는 상태에서 대규모의 거래가 반복적으로 이루어지는 자본시장의 특성상 투자자가 이를 제대로 증명하는 것은 대단히 어렵다. 따라서 이해상충의 가능성이 있는 겸영의 혜택을 누리는 금융투자업자에게 손해배상책임을 묻되 완화된 형태의 증명책임의 전환규정을 마련한 것이다.[2] 그러나 이러한 증명책임의 전환은 투자매매업 또는 투자중개업과 집합투자업을 겸영한 경우에만 제한적으로 적용된다(법 제64조 제 1 항 단서).

금융투자업자가 법 제64조 제 1 항에 따른 손해배상책임을 지는 경우로서 관련되는 임원에게도 귀책사유(歸責事由)가 있는 경우에는 그 금융투자업자와 관련되는 임원이 연대하여 그 손해배상을 하도록 함으로써(법 제64조 제 2 항) 투자자 보호를 강화하고 있다.

## 10. 외국 금융투자업자의 특례

외국 금융투자업자의 지점, 그 밖의 영업소('국내지점 등')에 대하여 이 법을

1) 법 제123조 제 1 항에 따른 투자설명서를 말한다.
2) 한국증권법학회(Ⅰ), 303면에서는 이러한 자본시장법의 규제에 대하여 투자자 보호와 금융투자업자의 겸영 허용이라는 상충된 이익을 절충한 조항이라고 평가하고 있다.

적용함에 있어서 대통령령으로 정하는 영업기금은 이를 자본금으로 보고, 자본금·적립금 및 이월이익잉여금의 합계액은 이를 자기자본으로 보며, 국내대표자는 임원으로 본다(법 제65조 제 1 항). 그리고 외국 금융투자업자의 국내지점 등은 제 1 항의 영업기금과 부채의 합계액에 상당하는 자산을 대통령령으로 정하는 방법으로 국내에 두어야 한다(법 제65조 제 2 항, 시행령 제65조 제 2 항).[1] 외국 금융투자업자의 국내지점 등의 결산은 본점과 독립하여 결산하여야 하고, 만일 결산 결과 법 제65조 제 2 항에 따라 국내에 두어야 하는 자산이 영업기금과 부채의 합계액에 미달할 경우 결산확정일로부터 60일 이내에 이를 보전하도록 규정하고 있다(법 제65조 제 5 항, 시행령 제65조 제 3 항). 외국 금융투자업자의 국내지점 등이 청산 또는 파산하는 경우 그 국내에 두는 자산은 국내에 주소 또는 거소가 있는 자에 대한 채무의 변제에 우선 충당하도록 함으로써(법 제64조 제 3 항), 이른바 속지주의의 입장을 택하고 있다.[2]

한편 금융위원회는 법상 요건을 갖춘 자 중에서 외국 금융투자업자의 국내지점 등의 대표자의 직무대행자를 지정하여야 하며 그 국내지점 등은 그 사실을 소재지에서 등기하여야 한다(법 제65조 제 4 항).[3]

## 제 4 절 투자매매업자 및 투자중개업자의 영업행위 규칙

### Ⅰ. 개 요

금융투자업자 중에서 투자매매업자는 자기매매로서 인수·매출 등[4]으로, 투자중개업자는 위탁매매나 중개 등의 형태[5]로서 영업을 하게 된다. 자본시장법은

---

1) 법 제65조 제 1 항과 제 2 항은 구 증권거래법 시행령 제15조의4 제 1 항과 제15조의5 제 2 항 및 제15조의6 제 1 항을 옮겨온 것이다.

2) 속지주의와 보편주의에 대한 자세한 내용은 한국증권법학회(Ⅰ), 307-309면 참조.

3) 시행령 제66조에 있던 내용이 2009년 2월 3일 개정으로 법 제65조 제 4 항으로 변경되었다.

4) 투자매매업이라 함은 누구의 명의로 하든지 자기의 계산으로 금융투자상품의 매도·매수, 증권의 발행·인수 또는 그 청약의 권유, 청약, 청약의 승낙을 영업으로 하는 것을 말한다(법 제 6 조 제 2 항).

5) 투자중개업이라 함은 누구의 명의로 하든지 타인의 계산으로 금융투자상품의 매도·매수, 그 청약의 권유, 청약, 청약의 승낙 또는 증권의 발행·인수에 대한 청약의 권유, 청약, 청약의 승낙을 영업으로 하는 것을 말한다(법 제 6 조 제 3 항).

기본적으로 금융투자업종 간의 겸영을 허용하고 있기 때문에, 이러한 자기매매와 위탁매매의 업무를 겸영함으로 인하여 발생할 수 있는 이해상충의 방지를 위해서 여러 가지 영업행위규칙을 마련하고 있다. 즉 매매형태의 명시의무(법 제66조), 자기계약의 금지(법 제67조), 최선집행의무(법 제68조), 자기주식의 예외적 취득규정(법 제69조), 임의매매의 금지(법 제70조), 여러 가지 불건전영업행위의 금지(법 제71조), 신용공여의 금지(법 제72조), 매매명세의 통지(법 제73조), 투자자 재산의 보호를 위한 투자자 예탁금의 별도예치(법 제74조), 그리고 투자자 예탁증권의 예탁(법 제75조)에 관한 규정을 둠으로써 투자자의 이해관계를 보호하고 있다.

## Ⅱ. 매매관련규제

### 1. 매매형태의 명시의무

투자매매업자 또는 투자중개업자는 투자자로부터 금융투자상품의 매매에 관한 청약 또는 주문을 받는 경우에는 사전에 그 투자자에 대하여 자기가 투자매매업자인지 투자중개업자인지를 밝혀야 한다(법 제66조). 이는 투자자의 보호에 있어서 매우 중요한 의미가 있다. 투자매매업자는 자기의 계산으로 금융투자상품을 매매하는 것이고, 투자중개업자는 타인(투자자)의 계산으로 매매가 이루어지는 것으로서 거래의 구조가 상이하다. 즉 전자의 경우 거래가격은 투자매매업자와 투자자와의 교섭에 의해 결정되고 투자매매업자가 이익을 보면 투자자는 손실을 보게 되는 반면에, 후자의 경우 상품의 거래가격은 시장에서 결정되고 투자중개업자는 수수료 수입을 얻는다는 점에서 차이가 난다.[1] 결국 거래주문에 따른 결과가 금융투자업자의 자기매매인지 또는 중개의 결과인지에 따라서 금융투자업자에 주문을 낸 투자자의 이익발생 여부에 차이가 있게 된다. 이에 따라 자본시장법은 금융투자업자가 고객으로부터 금융투자상품의 매매에 관한 청약 또는 주문을 받는 경우에는 사전에 투자매매업자인지 투자중개업자인지를 밝히도록 하고 있다.

매매형태의 명시의 시기에 관해서는 주문을 받은 때에는 '사전에' 밝힐 것을 규정하고 있으며, 명시의 방법은 구두에 의하건 문서에 의하건 불문한다.[2] 그런데 점차적으로 인터넷을 이용한 홈트레이딩시스템(HTS)의 이용이 증가함에 따라

1) 한국증권법학회(Ⅰ), 312면.
2) 한국증권법학회(Ⅰ), 313면.

서 매매형태의 사전 명시의무는 그 의미가 점차 감소되고 있다.[1)]

## 2. 자기계약의 금지와 예외

투자매매업자 또는 투자중개업자는 금융투자상품에 관하여 동일한 매매에서 자신이 본인이 됨과 동시에 상대방의 투자중개업자가 되어서는 아니 된다(법 제67조).[2)] 만일 이러한 형태의 거래를 허용하게 된다면 금융투자업자가 투자자의 이익을 희생시키고 금융투자업자 자신의 이익을 취할 가능성이 존재하기 때문에 이를 금지하는 것이다.

예외적으로 다음 4가지의 경우에는 그러하지 아니하다. 첫째, 투자매매업자 또는 투자중개업자가 증권시장 또는 파생상품시장을 통하여 매매가 이루어지도록 한 경우이다(법 제67조 제 1 호[3)]). 왜냐하면 시장을 통한 거래에서는 거래상대방을 임의로 선택할 수 있는 것이 아니므로 투자매매업자나 투자중개업자가 투자자의 거래상대방이 되어 거래조건을 조작하는 등의 방법으로 투자자의 이익을 침해할 가능성이 거의 없기 때문이다. 그럼에도 금융투자상품의 매매와 관련하여 시장 전체에 충격을 주는 경우(예컨대 ELS의 종가관여의 사례처럼) 결국은 자신의 고객에게 손해를 가할 우려는 여전히 존재한다.

둘째, 투자매매업자 또는 투자중개업자가 자기가 판매하는 집합투자증권을 매수하는 경우(법 제67조 제 2 호, 시행령 제66조 제 1 호)이다. 이러한 경우에도 판매가격을 임의로 정할 수도 없거니와 집합투자증권의 운용은 자산운용사가 하기 때문에 이익의 충돌의 우려가 거의 없기 때문이다. 그러나 이 경우에도 계열사 혹은 모자관계회사 등의 관계로 인하여 자산운용사로 하여금 자신이 판매하는 집합투자증권의 매수를 사실상 강요함으로써 고객에게 손해를 끼칠 가능성이 있다.

셋째, 투자매매업자 또는 투자중개업자가 다자간매매체결회사를 통하여 매매가 이루어지도록 한 경우(법 제67조 제 2 호, 시행령 제66조 제 2 호)이다. 이 경우에는 거래소시장을 통한 공정한 가격의 형성이 보장되기 때문이다.

넷째, 종합금융투자업자가 금융투자상품의 장외매매가 이루어지도록 한 경우(법 제67조 제 2 호, 시행령 제66조 제 3 호)이다.

1) 한국증권법학회(Ⅰ), 313면.
2) 자본시장법은 상법에 대한 특별법의 지위를 가지므로 상법 제107조에 의한 위탁매매업자의 개입권은 자본시장법상 투자매매업자와 투자중개업자에게는 적용되지 않는다.
3) 이 내용은 2013. 5. 28. 개정 전 법 제68조의 내용이다.

다섯째, 그 밖에 공정한 가격 형성과 매매, 거래의 안정성과 효율성 도모 및 투자자의 보호에 우려가 없는 경우로서 금융위원회가 정하여 고시하는 경우(법 제67조 제2호, 시행령 제66조 제4호)이다. 결국 객관적으로 공정한 가격의 형성이 보장될 수 있는 상황에서는 자기계약금지의 예외를 인정하는 것이다.

### 3. 최선집행의무

2013년 자본시장법 개정으로 투자매매업자 및 투자중개업자의 최선집행의무(duty of best execution)가 신설되었다.[1] 투자매매업자 또는 투자중개업자는 금융투자상품의 매매[2]에 관한 투자자의 청약 또는 주문을 처리함에 있어서 '최선집행기준'에 따라 집행하여야 한다(법 제68조 제2항). 다만, 투자자가 청약 또는 주문의 처리에 관하여 별도의 지시를 하였을 때에는 그에 따라 최선집행기준과 달리 처리할 수 있다(시행령 제66조의2 제2항 단서). 여기에서 말하는 '최선집행기준'이라 함은 최선의 거래조건으로 집행하기 위한 기준을 말하는데, 이는 최선의 거래조건으로 집행하기 위한 방법 및 그 이유 등이 포함된 기준이다(법 제68조 제1항, 시행령 제66조의2 제2항). 투자매매업자 또는 투자중개업자가 이러한 최선집행기준을 마련함에 있어서는 금융투자상품의 가격, 투자자가 매매체결과 관련하여 부담하는 수수료 및 그 밖의 비용, 그 밖에 청약 또는 주문의 규모 및 매매체결의 가능성 등을 고려하여 작성하고 공표되어야 한다(법 제68조 제1항, 시행령 제66조의2 제2항).

투자매매업자 또는 투자중개업자는 3개월마다 최선집행기준의 내용을 점검하고 최선집행기준에 따른 청약 또는 주문을 집행하기에 적합한 내용으로 유지하여야 하고, 기준의 변경사실도 공표하여야 한다(법 제68조 제2항·제3항, 시행령 제66조의2 제5항). 최선집행기준의 작성 및 변경사실의 공표는 투자매매업자 또는 투자중개업자의 본점과 지점, 그 밖의 영업소에 게시하거나 비치하여 열람토록 하거나, 인터넷 홈페이지에 공시하는 방법으로 하게 된다(시행령 제66조의2 제3항).

---

1) 이는 복수 거래소제도의 도입과 관련하여 투자자의 청약이나 주문을 처리함에 있어서 최선의 거래조건으로 집행하도록 함으로써 투자자 보호와 편익을 제고할 수 있을 것으로 기대된다.

2) 다만, ① 증권시장에 상장되지 아니한 증권의 매매, ② 장외파생상품의 매매, ③ 증권시장에 상장된 증권이나 장내파생상품 중 어느 하나에 해당하는 것 중 복수의 금융투자상품시장에서의 거래 가능성 및 투자자 보호의 필요성 등을 고려하여 총리령으로 정하는 금융투자상품의 매매의 경우는 제외된다(시행령 제66조의2 제1항).

투자매매업자 또는 투자중개업자는 금융투자상품의 매매에 관한 청약 또는 주문을 받는 경우에는 미리 문서, 전자문서, 그 밖에 대통령령으로 정하는 방법으로 최선집행기준을 기재 또는 표시한 설명서를 투자자에게 교부하여야 한다(법 제68조 제 4 항).

### 4. 투자매매업자의 예외적인 자기주식의 취득과 처분

투자매매업자는 투자자로부터 그 투자매매업자가 발행한 자기주식으로서 증권시장(다자간매매체결회사에서의 거래를 포함)의 매매수량 단위 미만의 주식에 대하여 매도의 청약을 받은 경우에는 이를 증권시장 밖에서 취득할 수 있다(법 제69조). 회사의 자기주식의 취득은 상법에서는 취득 자체를 원칙적으로 제한하고 있고, 자본시장법에서는 취득은 비교적 자유로운 반면 취득방법에 있어서 제한을 두고 있다. 그런데 증권회사가 창구를 통해 매매수량 단위(10주) 미만의 자기주식을 취득하는 것은 자기주식의 예외적 취득에 해당하지 않는 것으로 보았는데, 고객이 유상증자 등에 의해 취득한 증권회사의 단주를 동 증권회사에 매도하려고 하여도 증권회사는 이에 응할 수 없는 불편함이 있었기 때문에 이러한 규정을 둔 것이다. 위와 같이 예외적으로 취득한 자기주식도 취득일로부터 3개월 이내에 처분하여야 한다(법 제69조 단서, 시행령 제67조). 이는 상법의 자본금충실의 원칙상 금지되는 자기주식법리의 연장선상에서 이해될 수 있으며, 예외적으로 취득한 경우라고 하더라도 처분하도록 함으로써 자본금충실을 기하려고 하는 취지이다. 즉 고객의 편의를 위하여 금융투자회사에 의한 자기주식의 취득을 허용하면서도 자본금충실의 목적상 처분하도록 한 것이다.

## Ⅲ. 불건전 영업행위의 금지

### 1. 의 의

금융투자상품의 거래가 성공적으로 이루어지기 위해서는 상품과 시장에 대한 전문적인 지식과 중요한 정보의 수집을 필요로 한다. 따라서 전문투자자가 아닌 일반투자자의 경우에는 금융투자업자의 도움을 받을 수밖에 없고, 또한 현실적으로 금융투자업자만이 거래소에서 거래할 자격을 가지기 때문에 금융투자업자의 도움은 필수적이다. 이러한 과정에서 금융투자업자는 자기 또는 제3자의 이익을 위하여 투자자의 이익을 해칠 수 있는 유인동기가 발생하게 되기 때문에 자본시장법은 금융투자업자의 영업행위규칙의 준수와 더불어, 투자자 보호 및 건전한 거래질서를 해칠 우려가 없는 경우를 제외하고는, 일정한 종류의 영업행위를 불건전한 것으로 금지하고 있다(법 제71조).

## 2. 선행매매의 금지

### (1) 의 의

선행매매(front-running)라 함은 투자매매업자나 투자중개업자가 금융투자상품의 가격에 중대한 영향을 미칠 수 있는 매수 또는 매도의 청약이나 주문을 받거나 받게 될 가능성이 큰 경우 고객의 주문을 체결하기 전에 자기의 계산으로 매수 또는 매도하거나 제3자에게 매수 또는 매도를 권유하는 행위를 말한다(법 제71조 제1호). 이러한 선행매매는 투자자에게 직접적인 피해를 주는 것은 아니지만, 투자자의 주문정보를 동의 없이 유용하는 것이므로 증권시장의 건전한 질서를 해한다.

### (2) 예 외

투자자의 매매주문에 관한 정보를 이용하지 않았음을 증명한 경우나 증권시장과 파생상품시장 간의 가격 차이를 이용한 차익 거래, 그 밖에 이에 준하는 거래로서 투자자의 정보를 의도적으로 이용하였다고 볼 수 없는 경우에는 예외적으로 허용된다(시행령 제68조 제1항 제1호).

## 3. 조사분석자료의 사전공표행위 규제

### (1) 의 의

자본시장법은 금융투자업자가 금융투자상품의 가치에 대한 주장이나 시장의 예측을 담고 있는 자료(조사분석자료)를 투자자에게 공표함에 있어서 그 조사분석자료의 내용이 확정된 때부터 공표 후 24시간이 경과하기 전까지 그 조사분석자료의 대상이 된 금융투자상품을 자기의 계산으로 매매하는 것을 금지하고 있다.(법 제71조 제2호).

금융투자상품에 대한 애널리스트들의 의견은 투자자들의 투자판단에 있어서 매우 큰 영향을 미치는 것이 일반적이다. 따라서 애널리스트들이 자신의 의견을 공표하기 전에 미리 금융투자상품을 매수하고 공표 후(즉 시세가 오른 후) 다시 매도한다면 큰 차익을 얻을 수 있게 된다. 이것은 정보가 시장에 공표되기 전에 거래한다는 점에서 선행매매의 경우와 유사하다. 그러나 전자는 조사분석자료를 거래자가 만들어 내는 것이고, 후자는 투자자의 주문정보를 금융투자업자가 이용한다는 점에서 차이가 있다.[1)]

### (2) 예 외

조사분석자료의 내용이 직접 또는 간접으로 특정 금융투자상품의 매매를 유도하는 것이 아닌 경우, 조사분석자료의 공표로 인한 매매유발이나 가격변동을 의도적으로 이용하였다고 볼 수 없는 경우, 공표된 조사분석자료의 내용을 알지 못하고 매매하였음을 증명한 경우에는 예외적으로 허용된다(시행령 제68조 제 1 항 제 2 호).

## 4. 조사분석자료 작성자에 대한 특정 유형의 성과보수 지급 금지

자본시장법은 조사분석자료의 작성을 담당하는 자에 대하여 대통령령으로 정하는 일정한 기업금융업무와 연동된 성과보수를 지급하는 행위를 금지하고 있다(법 제71조 제 3 호). 금융투자회사의 조사분석 분야의 수익은 스스로 큰 수익을 창출하는 분야가 아니고, 금융투자회사가 영위하는 다른 업무 분야에 중요한 영향을 미칠 수 있다. 이러한 상황은 다른 분야의 이익을 창출하기 위하여 조사분석자료의 내용이 왜곡될 가능성이 있다는 것을 말해 주며, 그 다른 분야가 인수업무나 M&A 관련 업무일 경우에는 왜곡의 가능성은 매우 높아진다. 따라서 자본시장법은 그러한 가능성을 차단하기 위하여 애널리스트의 보수가 인수업무, 모집·사모·매출의 주선업무, 기업의 인수 및 합병의 중개·주선 또는 대리업무, 혹은 기업의 인수 및 합병에 관한 조언업무, 프로젝트금융 관련 업무와 연동되어서 성과보수를 지급받는 것을 금지하고 있다(시행령 제68조 제 2 항).

## 5. 주권의 모집·매출과 관련된 조사분석자료의 공표·제공 금지

전환사채권, 신주인수권부사채권 및 교환사채권(주권, 전환사채권 또는 신주인수

1) 이러한 거래행태는 때로는 초단타매매인 스캘핑(scalping)과 결합하여 더 큰 불공정거래행위가 발생하게 된다.

권부사채권과 교환을 청구할 수 있는 교환사채권에 한함) 및 전환형 조건부자본증권(시행령 제68조 제4항), 그리고 주권·주권관련사채권과 관련된 증권예탁증권의 모집·매출과 관련한 계약을 체결한 날로부터 그 주권이 증권시장에 최초로 상장된 후 40일 이내에(시행령 제68조 제3항) 그 주권에 대한 조사분석자료를 공표하거나 특정인에게 제공하는 행위는 금지된다(법 제71조 제4호).

특정한 주권의 인수업무에 관여한 금융투자회사는 당해 주권의 발행회사의 이익을 다른 투자자의 이익보다 우선 시키려고 하는 동기를 가진다. 따라서 인수업무 시 취득한 물량을 취득한 가격보다 비싸게 매도하기 위하여 그에 관한 조사분석자료를 공표하거나 특정인에게 제공함으로써 이익을 취할 가능성이 있기 때문에 이를 금지한다.

### 6. 투자권유관련 규제

금융투자업자 및 금융투자상품에 대한 투자자의 다양한 접근성을 제고하고 금융투자상품 판매 시에 발생할 수 있는 불완전판매를 방지하기 위한 제도가 투자권유대행인 제도이다. 자본시장법은 투자권유대행인 및 투자권유자문인력이 아닌 자에게 투자권유를 하게 하는 행위를 금지하고 있는데(법 제71조 제5호), 이는 자본시장법이 채택한 투자권유규제제도의 실질적인 효과를 제고하기 위한 것이다. 자본시장법은 금융투자업자가 투자권유대행인 이외의 자에게 투자권유를 대행하게 하는 것을 금지하고 있는데(법 제52조 제1항), 투자매매업자 또는 투자중개업자의 영업행위규칙에서는 다시 투자권유대행인 및 투자권유자문인력이 아닌 자에게 투자권유를 하게 하는 행위를 금지하는 규정을 두고 있다.

### 7. 임의매매 및 일임매매의 금지와 과당매매규제

#### (1) 의 의

투자매매업자 또는 투자중개업자는 투자자(고객)나 그 대리인으로부터 금융투자상품의 매매의 청약 또는 주문을 받지 아니하고는 투자자로부터 예탁받은 재산으로 금융투자상품을 매매할 수 없다(법 제70조). 투자자의 매매의 청약 또는 주문 없이 이루어지는 위와 같은 매매의 형태를 임의매매라고 한다. 투자자로부터 매매에 관한 포괄적인 위탁이 있는 경우인 일임매매와 달리 임의매매의 경우에는 위

탁이 없다는 점에서 일임매매의 경우보다 위법성이 더 강하므로 금지한다.[1]

자본시장법은 투자자로부터 금융투자상품에 대한 투자판단의 전부 또는 일부를 일임받아 투자자별로 구분하여 금융투자상품을 취득·처분, 그 밖의 방법으로 운용하는 행위를 금시하고 있다(법 제71조 제6호). 이러한 행위를 일임매매라고 하며, 법은 투자자의 이익을 보호하기 위하여 일정한 경우 이외에는 금지하고 있다.

법령에서 정하는 일정한 경우에는 일임매매가 허용되는데, 금융위원회에 등록된 투자일임업으로서 행하는 경우(법 제18조)와 투자중개업자가 투자자의 매매주문을 받아 이를 처리하는 과정에서 금융투자상품에 대한 투자판단의 전부 또는 일부를 일임받을 필요가 있는 경우로서 대통령령으로 정하는 경우(법 제7조 제4항)이다(법 제71조 제6호 단서).[2]

### (2) 임의매매

#### 1) 의 의

임의매매는 투자자나 그 대리인으로부터 금융투자상품의 매매주문을 받지 아니하고 투자자로부터 예탁받은 재산으로 금융투자상품의 매매를 하는 것을 말하며, 투자매매업자 또는 투자중개업자가 이러한 임의매매를 하는 것은 금지된다(법 제70조). 대법원 판례는 "주식의 임의매매의 불법행위로 인한 재산상의 손해는 임의매매 이전에 가지고 있던 고객의 주식 및 예탁금 등의 잔고와 그 이후 고객의 지시에 반하여 임의매매를 해 버린 상태 즉, 고객이 위 임의매매 사실을 알고 문제를 제기할 당시에 가지게 된 주식 및 예탁금의 잔고의 차이가 손해라고 보아야" 한다는 입장이다.[3]

#### 2) 일임매매와의 구별

일임매매와 임의매매의 구분이 애매한 경우가 많으므로, 투자매매·중개업자 측은 실제로 임의매매에 해당하더라도 일단은 일임매매를 주장하고, 반대로 투자자로서는 실제로 임의매매를 주장하는 경우가 많다. 따라서 투자자와 투자매매·중개업자 간의 실제의 분쟁에서 일임매매와 임의매매의 구별은 중요한 쟁점이다. 일임매매와 임의매매의 구분기준을 예로 들면 투자자가 투자매매·중개업자 직원에게

---

1) 임재연(2019), 255면.
2) 대통령령으로 정하는 경우는 시행령 제7조 제3항에 규정되어 있다.
3) 대법원 2006. 2. 10. 선고 2005다57707 판결

인감과 증권카드를 보관시키고 온라인 거래를 위한 ID와 Password를 알려 준 경우, 또는 투자자가 거래내용을 확인하고도 즉각 해당직원과 투자매매·중개업자 측에 이의를 제기하는 등의 조치를 취하지 않는 경우에는 일임매매에 해당할 가능성이 높고, 반면에 투자매매·중개업자 직원이 투자자에게 고지한 거래내용과 실제의 거래내용이 다르거나, 투자자가 즉각 이의를 제기한 경우에도 임의매매에 해당할 가능성이 높을 것이다.[1] 대법원은 고객이 직원의 임의매매 사실을 알면서도 즉시 이의제기 등의 조치를 취하지 않은 채 매매거래를 계속하거나 현금을 인출한 경우에 직원이 고객으로 부터 묵시적 추인을 받은 것으로 보아 임의매매가 아니라고 보았다.[2] 더 나아가 판례는 투자자의 이의제기 시점을 중요하게 여기고 있다. 즉, 담당직원의 상급자로부터 해결해 주겠다는 말만 듣고 이의를 제기하지 않은 경우[3]와 담당직원이 퇴사한 후 이의를 제기한 경우[4]는 임의매매가 아니라고 판시하였다.[5]

임의매매인지 일임매매인지 여부와 관련하여 구체적이고 명백한 증거가 없는 경우가 대부분이므로 객관적으로 나타난 계약체결 당시의 권유방법, 투자목적 내지 동기, 투자자의 거래 경험, 거래원장(去來元帳)에 나타난 거래내역 등의 여러 정황을 종합하여 객관적이고 합리적으로 판단하여야 한다. 따라서 증권회사가 전화로 고객의 주문을 받은 경우에는 주문상황을 녹음하도록 거래소규정이 권고하고 있으며 대부분 증권회사가 이에 따르고 있다.[6]

3) 매매결과의 귀속 대상

임의매매는 투자자의 위탁에 의하지 않은 매매이므로 그 계산을 고객에게 귀속시킬 수 없다.[7] 이 경우 그 매매가 무효로 되는 것이 아니므로 투자자는 투자매매·중개업자에 대하여 거래를 추인하여 유효를 주장하거나(민법 제139조 후단), 거래가 투자자에 대하여는 무효임을 전제로 거래대금 상당액의 예탁금의 반환을 청구할 수 있다.[8] 투자자가 임의매매를 사후추인한 경우 종전의 임의매매가 적

1) 임재연(2019), 256면.
2) 대법원 2007. 6. 15 선고 2007다25049 판결.
3) 대법원 2003. 1. 10. 선고 2000다50312 판결.
4) 대법원 2001. 5. 15. 선고 2001다15484 판결.
5) 임재연(2019), 212면 주) 146.
6) 홍복기, 143면.
7) 홍복기, 144면.
8) 서울민사지방법원 1993. 6. 9. 선고 92가단86475 판결에 따르면 "증권회사와 고객 사이의 매매거래위탁계약에서 유가증권의 종류, 종목, 수량, 가격 및 매매의 구분방법, 매매시기에 대

법, 유효한 거래가 되므로 임의매매로 인한 결과가 모두 투자자에게 귀속된다. 그러므로 투자자가 임의매매를 추인하면 그로 인한 이득은 적법하게 투자자(고객)에게 귀속되는 것이므로 그 이득을 가지고 불법행위로 인한 손해산정에 있어서 손익상계를 할 수 없다.[1)]

4) 무단매도 및 무단매수

투자자에 의사에 의하여 증권을 매수하였지만 증권회사 직원이 이를 무단매도 한 경우, 증권의 소유권이 투자자에게 있는 혼장임치의 성격에 기인하여 투자자는 공유지분권 침해로 인한 손해배상청구권을 행사할 수 있다. 즉, 투자자는 손해배상청구권과 원물반환청구권을 선택적으로 행사할 수 있다.[2)]

증권회사 직원이 투자자의 주식을 일정 기간 동안 수차례 위법하게 처분한 불법행위로 인하여 투자자가 입게 된 손해액은 임의매매가 없었던 상태에 투자자가 가지고 있던 주식평가액 및 예탁금 등의 잔고와 그 이후 임의매매를 한 이후의 상태 즉 투자자가 임의매매사실을 알고 문제를 제기할 당시에 가지고 있는 주식평가액 및 예탁금 등의 잔고의 차이이다. 그러므로 임의매매가 수차례 발생한 이후 임의매매 이전에 투자자 계좌에 남아 있던 주식과 같은 종목, 같은 수량의 주식과 조금 더 많은 액수의 예탁금이 남아있는 경우에는 해당 주식의 가격이 임의매매 이전보다 하락하였다 하더라도 가격하락에 따른 손해는 임의매매와 관계없이 발생하는 것이므로 특별한 사정이 없는 한 이를 손해액의 산정에서 고려할 수 없는 것이고 이러한 경우 재산상의 손해가 투자자에 발생하지 않았다고 할 수 있다.[3)] 이 경우 통상의 손해는 무단매도 시의 가격이고 그 후 해당 증권 가격의 상승으로 인한 손해는 특별손해이다. 따라서 문제된 거래 이후 증권의 가격이 상승하였더라도 처분 당시 불법행위자가 증권의 가격이 상승할 것이라는 사정을 알았거나 알 수

---

하여 부득이한 경우를 제외하고 그 고객으로부터 사전승낙을 얻는 것을 원칙으로 하였음에도 증권회사의 피용자가 고객으로부터 명백한 반대의 의사표시를 받고도 임의로 주식을 거래한 경우, 이는 위탁계약에 따른 권한의 범위를 넘는 것이고 위 거래는 그 고객에게 결과를 귀속시킬 수 없는 것으로서 불법행위이고, 이 경우 위 고객으로서는 증권회사에 대하여 거래가 무효임을 주장하고 주식거래대금 상당액의 예탁금의 반환을 청구할 수 있다".

1) 대법원 2003. 1. 24. 선고 2001다2129 판결.

2) 증권회사 직원이 투자자로부터 위탁매수 후 무단매도한 경우 매매거래의 결과가 투자자에게 귀속되지 않기 때문에 투자자에게는 손해가 발생되지 않고 그러므로 투자자의 손해배상청구권이 인정되지 않는다는 견해도 있다고 한다(임재연(2019), 257면).

3) 대법원 2000. 11. 10. 선고 98다39633 판결.

있었던 경우에 한하여 손해배상책임이 인정된다.[1] 반대로 증권회사의 직원이 투자자의 계좌로 증권을 무단으로 매수하였으나 투자자의 매도위탁에 의하여 매도한 경우에는 투자자가 무단매수에 대하여 묵시적 추인을 한 것으로 볼 수 있지만 대법원은 이러한 묵시적 추인을 매우 제한적으로 인정하는 입장이다.[2]

5) 업무상 배임죄의 성립

임의매매 금지 규정에 위반한 자는 5년 이하의 징역 또는 2억원 이하의 벌금에 처한다(법 제444조 제7호). 업무상 배임죄가 성립되기 위하여는 주관적으로 배임행위의 결과 본인에게 재산상의 손해가 발생 또는 발생될 염려가 있다는 인식과 자기 또는 제3자가 재산상의 이득을 얻는다는 인식이 있으면 족한 것이고, 본인에게 재산상의 손해를 가한다는 의사나 자기 또는 제3자에게 재산상의 이득을 얻게 하려는 목적은 요하지 아니한다.

대법원은 증권회사의 직원으로서 고객과의 매매거래 계좌설정 계약에 따라 고객의 사무를 처리하는 지위에 있는 자가 고객의 동의를 얻지 않고 주식을 매입한 것이라면 주식의 시세의 하락으로 인하여 고객에게 손해가 발생될 염려가 있다는 인식이 미필적으로나마 있었다고 할 것이고, 그가 근무하는 증권회사가 주식의 매입으로 인하여 수수료를 취득한 이상, 그 직원에게 자기 또는 제3자가 재산상의 이익을 얻는다는 인식도 있었다고 보이므로 결국 그 직원에게 업무상 배임죄의 고의가 있었다고 인정될 여지가 충분히 있다고 판시하고 있다. 또한 대법원

---

1) 대법원 2000. 11. 24. 선고 2000다1327 판결; 대법원 1995. 10. 12. 선고 94다16786 판결.

2) 임재연(2019), 259면. "무권대리행위는 그 효력이 불확정 상태에 있다가 본인의 추인 유무에 따라 본인에 대한 효력발생 여부가 결정되는 것으로서, 추인은 무권대리행위가 있음을 알고 그 행위의 효과를 자기에게 귀속시키도록 하는 단독행위인바, 증권회사의 고객이 그 직원의 임의매매를 묵시적으로 추인하였다고 하기 위하여는 자신이 처한 법적 지위를 충분히 이해하고 진의에 기하여 당해 매매의 손실이 자기에게 귀속된다는 것을 승인하는 것으로 볼 만한 사정이 있어야 할 것이고, 나아가 임의매매를 사후에 추인한 것으로 보게 되면 그 법률효과는 모두 고객에게 귀속되고 그 임의매매행위가 불법행위를 구성하지 않게 되어 임의매매로 인한 손해배상청구도 할 수 없게 되므로, 임의매매의 추인, 특히 묵시적 추인을 인정하려면, 고객이 임의매매 사실을 알고도 이의를 제기하지 않고 방치하였는지 여부, 임의매수에 대해 항의하면서 곧바로 매도를 요구하였는지 아니면 직원의 설득을 받아들이는 등으로 주가가 상승하기를 기다렸는지, 임의매도로 계좌에 입금된 그 증권의 매도대금(예탁금)을 인출하였는지 또는 신용으로 임의매수한 경우 그에 따른 그 미수금을 이의 없이 변제하거나, 미수금 변제독촉에 이의를 제기하지 않았는지 여부 등의 여러 사정을 종합적으로 검토하여 신중하게 판단하여야 할 것이다"(대법원 2002. 10. 11. 선고 2001다59217 판결). 이 판결에서 법원은 증권회사의 고객이 직원의 임의매매를 묵시적으로 추인한 것으로 인정하지 않았다.

은 만약 그 직원의 행위가 고객의 이익을 위한다는 의사에 기한 것이었다고 볼 수 있는 특별한 객관적 사정이 있다면 이와 달리 보아야 할 것이나, 증권회사와 피해자 사이에 그 이전까지 아무런 거래관계가 없었으며, 그 직원이 피해자가 위 예탁금을 입금한 지 얼마 되지 않아 아무런 승낙 없이 무단 매수한 점 등에 비추어 보면 고객을 위한다는 의사는 부수적일 뿐이고 이득 또는 손해의 의사가 주된 것이어서 업무상 배임죄의 고의가 있었다고 봄이 상당하다고 판시하고 있다.[1)]

### (3) 일임매매

#### 1) 일임매매거래의 원칙적 금지와 예외적 허용

투자매매업자 또는 투자중개업자는 고객(투자자)으로부터 금융투자상품에 대한 투자판단의 전부 또는 일부를 일임받아 투자자별로 구분하여 금융투자상품을 취득·처분, 그 밖의 방법으로 운용하는 행위를 하지 못한다(법 제71조 제6호). 종래의 증권거래법에서는 포괄적 일임매매만을 금지하고 일임매매약정 자체는 허용하였는데,[2)] 자본시장법은 종래 증권거래법하에서 허용되던 제한적 유형의 일임매매제도를 폐지하여 일임매매거래 약정을 원칙적으로 금지하였다.

다만, 자본시장법 제71조 제6호 단서에 의하여 금융투자업자가 투자일임업 등록을 한 경우와, 투자중개업자가 투자자의 매매주문을 받아 이를 처리하는 과정에서 금융투자상품에 대한 투자판단의 전부 또는 일부를 일임받을 필요가 있는 경우로서, 대통령령에 따라 별도의 대가 없이 금융투자상품에 대한 투자판단의 전부나 일부를 일임받는 경우에는 일임매매를 할 수 있다(시행령 제7조 제3항).[3)]

---

1) 증권회사의 직원이 오로지 고객의 이익을 위한다는 의사에 기하여 매매를 한 것이었다고 볼 수 있는 특별한 객관적 사정이 있다면 배임죄가 성립하지 않을 수도 있겠지만 유가증권 매매거래의 특성 및 절차상 실제의 사안에서 이러한 사정이 인정되는 경우는 거의 없다고 한다(대법원 1995. 11. 21. 선고 94도1598 판결). 임재연(2019), 259-260면.

2) 구 증권거래법은 일임거래매매약정 자체를 금지하기보다는 유가증권의 종류·종목 및 매매의 구분과 방법까지도 증권회사에 일임하는 소위 포괄적 일임매매만을 금지하였다. 즉, "증권회사가 고객으로부터 유가증권의 매매거래에 관한 위임을 받은 경우 그 수량·가격 및 매매의 시간에 한하여 그 결정을 일임받아 매매거래를 할 수 있고 이 경우 유가증권의 종류·종목 및 매매의 구분과 방법에 관하여는 고객의 결정이 있어야 한다"고 규정하고(구 증권거래법 제107조 제1항) 위탁받은 취지와 위탁받은 금전 및 유가증권의 규모에 비추어 지나치게 자주 매매거래를 하는 행위를 금지하였다(구 동법 시행규칙 제20조의2). 서규석/박선종, 249면.

3) 법 시행령 제7조 ③ 1. 투자자가 금융투자상품의 매매거래일(하루에 한정한다)과 그 매매거래일의 총매매수량이나 총매매금액을 지정한 경우로서 투자자로부터 그 지정 범위에서 금융투자상품의 수량·가격 및 시기에 대한 투자판단을 일임받은 경우

2) 일임매매 요건을 위반한 일임매매의 효과

종래 증권거래법하에서 법률이 허용하는 범위를 넘는 포괄적인 일임매매약정이 체결되는 경우 그 약정의 효력과 이에 기하여 이루어진 증권회사의 매매거래의 효력이 투자자에게 귀속되는지 여부가 문제되었다. 이에 대하여 한국의 학설과 판례는 이러한 경우에도 일임매매약정의 유효성을 인정하고 있다.[1] 구 증권법거래법하에서 대법원은 포괄적인 일임매매의 사법상 효력을 유효하다고 보았는데, 포괄적 일임매매약정이 금지되어 있다 하더라도 그것이 공서약속에 반하거나 반사회질서의 법률행위라고는 할 수 없어 무효가 아니므로 계약의 사법상 효력에는 영향을 미치지 않는 것으로 보았다.[2]

자본시장법하에서의 포괄적 일임매매의 효력에 관해서는 그 견해가 나뉜다. 먼저 자본시장법이 일임매매 자체를 금지하고 있는 까닭에 포괄적 일임매매 형태의 과당매매는 불가능하다는 견해[3]가 있다. 이와는 반대로 자본시장법이 일임매매 전체를 명시적으로 금지하는 것은 아니며, 투자자와 금융투자업자의 직원 간에 일임

---

2. 투자자가 여행·질병 등으로 일시적으로 부재하는 중에 금융투자상품의 가격 폭락 등 불가피한 사유가 있는 경우로서 투자자로부터 약관 등에 따라 미리 금융투자상품의 매도 권한을 일임받은 경우
3. 투자자가 금융투자상품의 매매, 그 밖의 거래에 따른 결제나 증거금의 추가 예탁 또는 법 제72조에 따른 신용공여와 관련한 담보비율 유지의무나 상환의무를 이행하지 아니한 경우로서 투자자로부터 약관 등에 따라 금융투자상품의 매도권한(파생상품인 경우에는 이미 매도한 파생상품의 매수권한을 포함한다)을 일임받은 경우
4. 투자자가 투자중개업자가 개설한 계좌에 금전을 입금하거나 해당 계좌에서 금전을 출금하는 경우에는 따로 의사표시가 없어도 자동으로 법 제229조 제5호에 따른 단기금융집합투자기구(이하 "단기금융집합투자기구"라 한다)의 집합투자증권 등을 매수 또는 매도하거나 증권을 환매를 조건으로 매수 또는 매도하기로 하는 약정을 미리 해당 투자중개업자와 체결한 경우로서 투자자로부터 그 약정에 따라 해당 집합투자증권 등을 매수 또는 매도하는 권한을 일임 받거나 증권을 환매를 조건으로 매수 또는 매도하는 권한을 일임받은 경우
5. 그 밖에 투자자 보호 및 건전한 금융거래질서를 해칠 염려가 없는 경우로서 금융위원회가 정하여 고시하는 경우

1) 서규석/박선종, 250면.

2) 즉 포괄적 일임매매약정이 구 증권거래법을 위반한 행위인 것은 분명하지만 일임매매약정 자체가 공서양속위반이라고 할 수 있을 만큼 악성이 강한 것도 아니고 투자자 보호에 어긋난다고도 할 수 없고, 이러한 일임매매약정은 일종의 계약이며 이를 기초로 증권회사는 고객을 위한 거래를 하는데 일임매매약정을 무효라고 한다면 그 후에 이루어진 개개의 거래가 전부 고객의 계산으로 귀속될 수 없기 때문이라고 한다(대법원 1979. 3. 27. 선고 78다2483 판결; 대법원 1992. 7. 28. 선고 92도691 판결; 대법원 1993. 12. 28. 선고 93다26632 판결; 대법원 2006. 8. 23. 선고 94다38199 판결 등).

3) 김건식/정순섭, 809면; 성희활, 「자본시장법 강의: 입문에서 중급까지」(캐피털북스, 2018), 199면.

매매약정을 하여 일임매매로 하는 경우 금융투자업자가 불건전 영업행위를 금지하는 위 법 제71조를 위반한 것으로 되어 소정의 제재를 받게 될 뿐이며, 당사자간의 일임매매약정의 효력은 유효하다고 보는 견해[1]도 있다. 구 증권거래법이 적용되는 시절에 포괄적 일임매매가 사법상 효력이 있다고 판시한 대법원 판례는 현행 자본시장법하에서도 변화가 없을 것으로 예상된다.[2]

#### (4) 과당매매 규제

##### 1) 과당매매의 의의

증권회사는 투자자(고객)으로부터 거래행위의 대가로 받는 보수체계를 시행하고 있다. 이 때문에 일임매매약정을 한 계좌를 관리하는 증권회사 직원이 약정고를 높이기 위하여 과당매매를 하려는 유혹에 빠지기 쉽다. 상황이 이렇다 보니 투자자와 증권회사 간에 일임매매와 관련된 분쟁 중 대부분이 과당매매에 관한 것이다. 여기서 과당매매(churning)라 함은 고객계좌에 대해 지배력을 갖고 있는 증권회사가 수수료 수입만을 극대화하려는 목적으로 고객의 이익을 도외시한 채 당해 계좌의 성격과 고객의 투자목적 등에 비추어 과다한(excessive) 거래를 행하는 것을 말한다.[3]

대법원 판례에서 인정된 과당매매의 전형적인 모습을 살펴보기로 한다. 어느 증권회사 직원이 고객이 위탁한 자금 전액을 코스닥에 상장된 학습지교육 관련 회사에 투자했다가 그 회사가 상장폐지됨으로 인해 고객은 거의 전액에 해당하는 손실을 입게 되었다. 증권회사 직원은 32개월 동안 코스닥 한 종목만 대상으로 629회나 무리하게 회전매매를 하였으며, 그로 인해 수수료와 제세금의 합계가 총 투자원금의 약 12.85%에 되었다. 이에 대하여 대법원은 증권회사 직원의 일임매매는 과당매매에 해당한다고 판단하였다.[4] 이 경우 증권회사는 피용자인 직원의 불법행위에 대하여 민법 제756조에 의한 사용자책임에 따라 그 직원과 공동하여 고객이 입은 손해를 배상할 책임이 있다.[5]

---

1) 임재연(2019), 267-268면. 이 견해는 현재 자본시장법하에서 구 증권거래법상 일임할 수 없었던 종류·종목 및 매매의 구분과 방법도 일임할 수 있다는 것을 그 근거로 들고 있다.

2) 김정수, 312면.

3) 김용재(2007), 121면.

4) 대법원 2012. 6. 14. 선고 2011다65303 판결.

5) 서울중앙지방법원 2016. 8. 30 선고 2015가합552022 판결.

2) 과당매매의 위법성의 근거

과당매매에 대한 규제는 고객(투자자)과 증권회사 사이의 이익충돌 문제를 해결하는 것을 목적으로 한다. 대법원 판례는 과당매매의 위법성의 근거를 과당매매의 개념의 특징인 계좌의 지배 및 과다한 거래를 제시하며, 충실의무 내지 보호의무 위반에서 찾고 있다. 즉, 금융투자업자가 일임매매약정을 하였음을 기화로 그 직원이 충실의무를 위반하여 투자자의 이익을 무시하고 회사의 영업실적만을 증대시키기 위하여 무리하게 빈번한 회전매매를 함으로써 투자자에게 손해를 입힌 경우에는 과당매매행위로서 불법행위가 성립된다.[1] 또한 판례 중 다수는 보호의무 위반을 그 근거로 삼고 있기도 하다.[2]

3) 과당매매의 판단기준

대법원 판례는 과당매매기간 중 증권업자의 일련의 침해행위가 전체로서 하나의 과당매매를 구성하게 되는 것임을 인정하고, 과당매매기간 중 정상매매와 과당매매를 준별하기는 어렵다는 입장이다. 즉 판례는 "과당매매에 해당하는지 여부는 일정 기간 동안에 걸친 일련의 거래행위 전체를 일체로 평가하여 그것이 고객의 신뢰를 남용한 비합리적 거래행위인지 여부에 따라 판단하는 것이므로, 위법한 과당매매로 인정되면 특별한 사정이 없는 한 그 일련의 거래행위 전체가 불법행위로 구성한다"고 한다.[3]

더 나아가 대법원은 과당매매에 해당하는지 여부의 판단기준을 다양하게 제시하고 있다. 즉 "증권회사의 직원이 충실의무를 위반하여 과당매매행위를 한 것인지의 여부는 고객 계좌에 대한 증권회사의 지배 여부, 주식매매의 동기 및 경위, 거래기간과 매매횟수 및 양자의 비율, 매입주식의 평균적 보유기간, 매매주식 중 단기매매가 차지하는 비율, 동일 주식의 매입·매도를 반복한 것인지의 여부, 수수료 등 비용을 공제한 후의 이익 여부, 운용액 및 운용기간에 비추어 본 수수료액의 과다 여부, 손해액에서 수수료가 차지하는 비율, 단기매매가 많이 이루어져야 할 특별한 사정이 있는지의 여부 등 제반 사정을 참작하여 주식매매의 반복

---

1) 대법원은 "회사가 고객과 포괄적 일임매매 약정을 하였음을 기화로, 그 직원이 충실의무를 위반하여 고객의 이익을 등한시하고 무리하게 빈번한 회전매매를 함으로써 고객에게 손해를 입힌 경우에는, 과당매매행위로서 불법행위가 성립한다"고 판시하였다(대법원 2007. 4. 12. 선고 2004다38907 판결; 대법원 2007. 7. 12. 선고 2006다53344 판결).

2) 대표적인 판례로는 대법원 2006. 2. 9. 선고 2005다63634 판결이 있다.

3) 대법원 2007. 4. 12. 선고 2004다4980 판결.

이 전문가로서의 합리적인 선택이라고 볼 수 있는지 여부를 기준으로 판단하여야 한다"는 입장이다.[1] 이처럼 대법원 판례는 '회사의 영업실적만을 증대시키기 위하여'라는 문구를 포함하지 않음으로써 회사의 영업실적만을 증대시키지 않더라도 과당매매가 성립할 수 있다.[2]

#### 4) 손해배상청구권의 범위

##### (가) 차 액 설

불법행위로 인한 손해배상책임의 범위를 산정함에 있어서 대법원은 차액설의 입장에 서 있다. 차액설에서는 불법행위로 인한 재산상의 손해는 위법한 가해행위로 인하여 발생한 재산상의 불이익을 뜻한다는 점에 비추어 과당매매에서의 손해는 과당매매가 없었더라면 존재하였을 재산상태와 과당매매가 종료된 이후의 재산상태의 차이를 가리킨다.[3] 말하자면, 과당매매 행위 자체가 고객에 대한 충실의무를 위반하는 것이므로 그로 인한 손해는 과도한 주식거래를 통해 고객이 지출한 거래비용을 비롯하여 그 주식거래에서 야기된 순투자 손실이 손해에 포함된다. 결국 순투자손실(주식매수대금 − 주식매도대금)과 거래비용(매수거래비용 + 매도거래비용)이 손해로 인식되는 것이다. 차액설은 계산이 비교적 단순하여 손해액 산정에 편리하다는 장점이 있다. 다만, 증권회사 직원이 정상적인 거래를 하였을 경우 고객이 부담하여야 하는 거래비용을 과당매매로 인한 손해에 포함시키는 것에 대하여 수긍할 수 없으며, 경기변동으로 인한 주가하락도 손해에 포함시키는 것은 고객의 투자위험을 증권회사에 전가한다는 비난을 받을 수 있다.

##### (나) 수수료설

증권회사의 이익이 투자자의 손해로 이어진다는 점에 터 잡아 과당매매로 발생한 수수료 등 제반 거래비용이 손해액 산정의 기준이 된다는 견해이다. 일부 하급심은 이른바 수수료설의 입장에서 판결한 바 있다.[4] 다만, 이 견해에 따라 증권

---

1) 대법원 2007. 4. 12. 선고 2004다4980 판결.

2) 김용재(2007), 123면 각주 5.

3) 임재연(2019), 273면. 대법원 2006. 2. 9. 선고 2005다63634 판결("원심은, 이 사건 부당권유행위 및 과당매매행위의 불법행위로 인한 손해액은, 원고가 피고 2의 부당권유행위에 따라 이 사건 각 선물·옵션계좌를 개설하고 그 운용을 포괄일임한 후 위 각 계좌에 입금한 투자원금 590,751,692원에서 불법행위가 종료한 2003. 1. 13. 현재의 예탁금 잔액 9,104,791원을 공제한 581,646,901원이라고 판단하였는바, 원심판결 이유를 관계 법리 및 기록에 비추어 살펴보면 원심의 판단은 정당한 것으로 수긍"이 간다.).

4) 서울고등법원 2004. 7. 22. 선고 2003나81209 판결에 따르면 "주식거래에 있어서 과당매매

회사가 거래비용을 배상하는 것만으로 충분하다면 이 같은 손해배상으로 장래의 과당매매를 억지하는 효과를 기대하기 어렵다는 단점이 있다.

(다) 수정수수료설

수정수수료설은 기본적으로 수수료설을 바탕으로 하되, 정상적인 주식거래가 이루어졌을 경우에 부담하는 거래비용은 과당매매와 인과관계가 없으므로 과당매매로 발생하는 추가적인 거래비용에 한정하여 이를 손해로 보자는 견해이다. 따라서 과당매매 기간 중에 발생한 거래비용 총액 중에서 연평균 거래회전율로 인하여 발생하는 거래비용을 초과하는 거래비용만이 손해로 된다. 그러나 어느 거래행위가 과당한지의 여부를 연평균 거래회전율을 기준으로 평가하는 것은 구체적 타당성이 미흡하다는 점에서 문제가 있다.

(라) 수정차액설

실무적으로 볼 때 정상적인 거래를 가정하고 그에 수반하는 거래비용을 산정하거나, 순손실 중 주가하락으로 인한 부분만을 공제한다는 것은 매우 지난한 작업이다. 이에 대법원 판례는 정상적인 일임거래가 이루어졌을 경우에도 그에 상응한 수수료 등 거래비용이 지출되리라는 사정 및 전반적인 주가하락 추세 등의 요소로 인해 과당매매가 없었더라도 어느 정도의 손실을 피할 수 없었으리라는 사정 등을 적절히 참작하여 합리적인 범위 내에서 책임을 감경하는 방법으로 손해배상액을 결정할 수 있다는 수정차액설의 입장을 취하고 있다.[1] 이와 같이 수정차액설을 채택한 판결에서 고객이 입을 수 있는 손해, 즉 "과당매매와 상당인과관

---

로 인한 손해액은 원칙적으로 과당매매가 없었더라면 발생하지 않았을 것임에도 불구하고 이로 말미암아 직접적으로 발생한 부분, 즉 수수료 등 제 비용으로서 원고가 이 사건에서 손해라고 주장하는 원고계좌에 대한 예탁금과 잔존하는 금액과의 차액에는 정상적인 일임매매를 통한 주식투자에 따른 손익의 결과로서 위탁자인 원고에게 귀속되어야 할 부분까지 포함되어 있다고 할 것이므로 그 부분이 과당매매와 인과관계가 있다는 등의 특별한 주장·입증이 없는 한 위의 차액 전부를 과당매매로 인한 손해로 볼 수 없다." 이 판결은 대법원 2007. 4. 12. 선고 2004다45509 판결에 의하여 파기·환송되었다("원심은 이 사건 계좌에 원고 1이 예탁한 금원은 60,000,000원이고 과당매매 거래 종료 당시 잔고 평가액은 3,415,438원이지만, 5개월여의 과당매매 거래 기간 동안 동안 지출된 수수료 등 전체 거래비용은 48,767,304원인 사실을 인정한 다음, 과당매매로 인한 손해는 과당매매 기간 동안 지출된 거래비용에 한정된다는 이유로, 이 사건 과당매매로 인한 손해를 과당매매 기간 동안 지출된 전체 거래비용인 48,767,304원으로 산정하였는바, 이러한 원심의 판단에는 과당매매와 상당인과관계가 있는 손해의 범위에 관한 법리를 오해하여 결과적으로 그 손해 산정을 그르친 위법이 있다.").

1) 대법원 2007. 4. 12. 선고 2003다15527 판결; 대법원 2007. 4. 12. 선고 2004다4980 판결.

계가 있는 손해이고, 거래순손실의 경우는 주가하락이라는 외부상황에 의해 발생한 손해를 추출해 낸 부분만이 과당매매와 상당인과관계 있는 손해"를 적극적인 손해로 한정하고 있다.[1]

【대법원 2007. 4. 12. 선고 2004다4980 판결】

【개 요】

피고증권회사의 피고직원은 고객계좌를 운용하면서 ① 1999. 12. 22.경부터 2001. 3. 16.경까지 1년 3개월 동안 1,010여 회에 이르는 빈번한 거래를 하였으며, 1일 거래회수가 많게는 45회까지 이른 사실, ② 위와 같은 각 거래에 관하여, 거래금액이 원고 계좌의 예탁금 잔액에 비하여 지나치게 큰 경우가 상당수 있었을 뿐만 아니라, 동일한 종목에 대하여 매수와 매도를 반복하면서 매수한 당일 혹은 적어도 3일 이내에 매수한 가격보다도 저렴하거나 거의 같은 가격 또는 수수료 등을 공제하면 거의 이익이 남지 않는 가격에 매도하는 형태의 거래가 대부분이어서 이는 매우 비정상적인 거래행태로 인정되는 사실, ③ 원고의 계좌에 대한 총 입금액은 790,368,837원이며, 거래 중단시의 잔고액은 보유주식 평가액 57,172,500원을 포함하여 합계 57,352,111원으로 이 사건 주식거래에 따른 손실이 733,016,726원에 이르고, 14개월간 총거래대금이 73,632,600,890원으로서 연평균 거래회전율이 3,966.96%(73,632,000원 ÷ 2 ÷ 790,368,837 × 14/12 × 100)이 되어 1999년부터 2001년의 우리나라 상장주식 연평균 시가총액회전율인 270.53%를 훨씬 상회하고 있는 사실, ④ 위 기간 동안의 주식매매를 통하여 발생한 주식거래수수료는 180,761,380원 상당이고, 증권거래세 기타 거래비용 등은 합계 112,796,095원 상당으로서, 총손실액의 약 40% 정도에 이르는 사실, ⑤ 피고직원은 1년여의 거래 기간 동안 원고에게 구체적인 거래 내역, 잔고 상황 등에 관하여 통보하지 않은 사실, ⑥ 피고직원 또는 피고회사는 이 사건 일임매매에 있어 증권회사의영업행위에관한규정에 의하여 작성하도록 되어 있는 일임매매약정서를 작성한 바 없는 사실, ⑦ 피고직원은 원고의 거래계좌를 이용하여 일임매매를 함에 있어 사전에 원고에게 그로 인한 위험성 등을 고지하지 않은 상황이었다.

【판결요지】

과당매매의 불법행위로 인한 재산상의 손해는 위법한 가해행위로 인하여 발생한 재산상의 불이익, 즉 과당매매가 없었더라면 존재하였을 재산상태와 과당매매가 종료된 이후의 재산상태의 차이를 말한다. 과당매매는 포괄적 일임매매의 약정 등 증권업자에 의한 고객의 계좌 지배가 그 성립요건이므로, 과당매매가 없었더라도 최초

---

1) 김용재(2007), 130면.

의 예탁금이 그대로 잔존해 있는 것이 아니라 증권업자에 의한 정상적인 일임거래가 이루어졌을 것으로 보아야 하고, 따라서 과당매매 기간 동안 주가가 변동한 경우에는 특별한 사정이 없는 한 과당매매가 없었더라도 주가 변동에 따라 재산상태의 변동이 있었을 것으로 봄이 상당하다. 그렇다면 과당매매가 없었더라면 존재하였을 재산상태는, 정상적인 일임거래가 이루어졌을 경우의 투자위험이 반영되어야 하므로, 과당매매가 시작되는 시점의 예탁금 및 주식등의 평 가액으로부터, 주가지수 변동률 등을 사용하여 정상적인 일임거래가 이루어졌을 경우 발생하였을 것으로 예상되는 손실과 거래비용을 적절히 평가하여 이를 공제한 금액(정상거래 후 잔고)이라 할 것이고, 결국 그 금액과 과당매매가 종료된 시점의 잔고(과당매매 후 잔고)의 차액을 과당매매로 인한 손해로 보아 이를 산정함이 원칙이다. 다만, 실제로는 개별 주식거래의 다양성과 주식시장의 변동성 등으로 인하여, 주가지수변동률 등의 통계자료만으로 '정상적인 일임거래가 이루어졌을 경우에 발생하였을 것으로 예상되는 손실이나 거래비용'을 정확히 추산하는 것이 매우 어렵기 때문에, 증권업자가 부담할 최종적인 손해배상액을 정하는 법원으로서는, 위와 같은 방법에 의해 손해를 산정함에 있어서도 당해 거래관계에 특수한 상황이 있을 때에는 이를 참작하여 손해배상책임을 조정할 필요가 있을 뿐만 아니라, 사안에 따라서는 경험칙이나 논리칙 또는 공평의 원칙에 어긋나지 아니하는 한 아예 '과당매매가 시작되는 시점의 계좌 상태'와 '과당매매 종료 시점의 계좌 잔고'와의 차액에 의해 손해를 산정한 다음, 정상적인 일임거래가 이루어졌을 경우에도 그에 상응한 수수료 등 거래비용이 지출되리라는 사정 및 전반적인 주가하락추세 등의 요소로 인해 과당매매가 없었더라도 어느 정도의 손실을 피할 수 없었으리라는 사정 등을 적절히 참작하여 합리적인 범위 내에서 책임을 감경하는 방법으로 손해배상액을 결정할 수도 있다.[1)]

5) 손해배상청구권의 포기

**【대법원 2007. 4. 12. 선고 2004다38907 판결】**

과당매매로 인한 손해배상청구권의 묵시적 포기를 인정하기 위해서는, 단순히 고객이 계좌의 거래 내용과 손실 발생 여부를 알고서도 증권업자에게 아무런 이의를 제기하지 않았다거나, 오히려 담당 직원의 권유에 따라 다른 증

1) 대법원 1992. 6. 23. 선고 91다33070 전원합의체 판결; 대법원 2003. 12. 26. 선고 2003다49542 판결; 대법원 2006. 1. 26. 선고 2002다12659 판결 참조.

권회사로 계좌를 이관하여 주었다는 사정만으로는 부족하고, 고객이 이의를 제기하지 않은 경위나 계좌를 이관하게 된 동기 등 그러한 행위를 하게 된 전후 사정뿐만 아니라, 그와 같은 행위를 함에 있어서 고객이 증권업자에 대하여 손해배상청구권을 행사할 수 있음에도 불구하고 이를 포기한다는 점을 충분히 인식할 수 있는 상황에 있었는지, 고객이 손해배상청구권을 포기할 만한 동기나 형평상의 이유가 있었는지 여부 등의 여러 사정을 종합적으로 검토하여 신중하게 판단하여야 한다.

## 8. 기타 시행령이 정하는 불건전영업행위의 금지

### (1) 의 의

자본시장법은 기타 '투자자 보호 또는 건전한 거래질서를 해할 우려가 있는 행위로서 대통령령으로 정하는 행위'를 금지한다고 규정하여 시행령으로 불건전영업행위를 추가할 수 있도록 하고 있다(법 제71조 제 7 호). 이에 대한 위반행위는 앞의 다른 불건정영업행위의 경우들과는 달리 벌칙의 적용을 배제하고 과태료만 부과하고 있다(법 제449조 제 1 항 제29호).

### (2) 일반투자자로의 전환을 요구하는 전문투자자에 대한 거절행위 금지

자본시장법은 전문투자자 중 전문성이 다소 낮은 투자자에 대해서는 본인의 의사에 따라 일반투자자로의 전환을 허용하고 있다. 이에 따라서 전문투자자가 일반투자자로의 전환을 금융투자업자에게 서면으로 통지하는 경우 금융투자업자는 정당한 사유가 있는 경우를 제외하고는 이에 동의하여야 하는데(법 제 9 조 제 5 항 단서), 만약 정당한 사유 없이 동의하지 않으면 불건전영업행위에 해당되어 금지된다(시행령 제68조 제 5 항 제 1 호).

### (3) 과당매매 유발 투자권유규제

위에서 살펴본 것처럼 '과당매매'라 함은 금융투자회사가 수수료 수입을 올리기 위해서 고객의 투자목적, 재산상황 및 투자경험에 비추어 지나치게 빈번하게 거래하게 하는 것을 의미한다. 이러한 과당매매는 고객에게 이익을 발생시키지 않으면서 금융투자회사의 이익만을 발생시키는 것이므로, 자본시장법은 이러한 과당매매의 결과를 가져올 수 있는 지나친 투자권유행위를 금지함으로써(시행령 제68조 제5항 제2호) 투자자의 이익을 보호하고 있다.

(4) 투자자와의 재산상 이익 수수행위

투자자(투자자가 법인, 그 밖의 단체인 경우 그 임직원 포함) 또는 거래상대방(거래상대방이 법인, 그 밖의 단체인 경우 그 임직원 포함) 등에게 업무와 관련하여 금융위원회가 정하는 고시 기준을 위반하여 직접 또는 간접으로 재산상 이익을 제공하거나 이들로부터 제공받는 행위는 금지된다(시행령 제68조 제5항 제3호). 이것은 투자매매업자나 투자중개업자 간의 경쟁을 이용하여 업무와 관련하여 수수료의 지급을 대가로 부당하게 재산상의 이익을 수수하는 거래를 방지하기 위함이다.

(5) 증권의 인수업무등과 관련된 불건전영업행위의 금지

증권의 인수업무 또는 모집·사모·매출의 주선업무와 관련한 다음의 행위들은 금지된다(시행령 제68조 제5항 제4호 가목 내지 마목). 즉 ① 발행인이 법 제119조 제3항에 따른 증권신고서(법 제122조 제1항에 따른 정정신고서·첨부서류를 포함)와 법 제123조 제1항에 따른 투자설명서(법 제124조 제2항 제2호에 따른 예비투자설명서·법 제124조 제2항 제3호에 따른 간이투자설명서를 포함) 중 중요사항에 관하여 거짓의 기재 또는 표시를 하거나 중요사항을 기재 또는 표시하지 아니하는 것을 방지하는 데 필요한 적절한 주의를 기울이지 아니하는 행위, ② 증권의 발행인·매출인 또는 그 특수관계인에 대하여 증권의 인수를 대가로 모집·사모·매출 후 그 증권을 매수할 것을 사전에 요구하거나 약속하는 행위, ③ 인수하는 증권의 배정을 대가로 그 증권을 배정받은 자에게 그 증권의 투자로 인하여 발생하는 재산상의 이익을 직접 또는 간접으로 분배받거나 그 증권의 추가적인 매수를 요구하는 행위, ④ 인수하는 증권의 청약자에 대하여 증권을 정당한 사유 없이 차별하여 배정하는 행위, 그리고 ⑤ 그 밖에 투자자 보호 또는 건전한 거래질서를 해할 우려가 있는 행위로서 금융위원회가 정하여 고시하는 행위이다.

(6) 중요정보 미공개하의 매도·매수행위

금융투자상품의 가치에 중대한 영향을 미치는 사항을 사전에 알고 있으면서 이를 투자자에게 알리지 아니하고 해당 금융투자상품의 매수 또는 매도를 권유하여 해당 금융투자상품을 매도 또는 매수하는 행위는 금지된다(시행령 제68조 제5항

제 5 호). 이러한 행위 역시 투자자의 이익발생을 저해할 수 있어 금지된다.

(7) 미공개중요정보 이용행위, 시세조종행위 및 부정거래행위 위반관련 행위

투자자가 미공개중요정보 이용행위(법 제174조), 시세조종행위(법 제176조) 및 부정거래행위(법 제178조)의 금지에 위반되는 매매, 그 밖의 거래를 하고자 함을 알고 그 매매, 그 밖의 거래를 위탁받는 행위는 금지된다(시행령 제68조 제 5 항 제 6 호). 이와 같은 행위들은 자본시장에서의 대표적인 불공정거래에 해당하므로 자본시장법은 이러한 행위들을 유발할 수 있는 방법까지 차단하고자 하는 것이다.

(8) 그 밖에 금지되는 불건전영업행위

위의 행위 이외에도 금융투자상품의 매매, 그 밖의 거래와 관련하여 투자자의 위법한 거래를 은폐하여 주기 위하여 부정한 방법을 사용하는 행위(시행령 제68조 제 5 항 제 7 호), 금융투자상품의 매매, 그 밖의 거래와 관련하여 결제가 이행되지 아니할 가능성이 명백하다고 판단되는 경우임에도 정당한 사유 없이 그 매매, 그 밖의 거래를 위탁받는 행위(시행령 제68조 제 5 항 제 8 호), 해당 투자매매업자·투자중개업자가 발행한 자기주식의 매매를 권유하는 행위(시행령 제68조 제 5 항 제 9 호), 투자자로부터 집합투자증권(증권시장에 상장된 것을 제외)을 매수하거나 그 중개·주선 또는 대리하는 행위(시행령 제68조 제 5 항 제10호), 법령에서 정하는 금지 또는 제한 규정을 회피할 목적으로 장외파생상품거래, 신탁계약, 연계 거래 등을 이용하여 탈법하는 행위(시행령 제68조 제 5 항 제11호), 채권자로서 그 권리를 담보하기 위하여 백지수표나 백지어음을 받는 행위(시행령 제68조 제 5 항 제12호), 집합투자증권의 판매업무와 집합투자증권의 판매업무 외의 업무를 연계하여 정당한 사유 없이 고객을 차별하는 행위(시행령 제68조 제 5 항 제13호)는 금지되며, 금융위원회는 기타 불건전행위로서 금지되는 행위의 유형을 고시할 수 있다(시행령 제68조 제 5 항 제14호).

## Ⅳ. 신용공여

### 1. 의 의

신용공여는 투자매매업자 또는 투자중개업자가 증권과 관련하여 금전을 융자하거나 증권을 대여하는 방법으로 투자자에게 신용을 공여하는 거래를 말한다(법

제72조 제1항). 신용공여는 증권시장에서의 유동성을 공급함으로써 거래의 원활함을 도울 수 있는 장점이 있기도 하지만, 무분별하게 이루어진다면 투기를 조장하거나 정상적인 거래를 왜곡시킬 가능성이 있어 규제할 필요가 있다. 따라서 자본시장법은 신용공여를 원칙적으로 인정하면서도 증권회사가 이해관계가 있는 인수업무와 관련된 일정한 경우는 금지하고 있다. 즉 투자매매업자가 증권의 인수일로부터 3개월 이내에 투자자에게 그 증권을 매수하게 하기 위해서 금전의 융자 기타 신용공여를 하는 것을 금지하고 있는데(법 제72조 제1항 단서). 이러한 규제를 하는 이유는 인수업무에 참여한 증권회사가 증권의 매각이 원활하지 않은 경우 그 매각을 하는 수단으로서 신용공여를 이용하는 것을 방지하기 위함이다.[1]

## 2. 신용공여의 기준 및 방법

자본시장법 시행령에서는 허용되는 신용공여의 구체적인 기준과 방법을 제시하고 있다(시행령 제69조). 즉 투자매매업자 또는 투자중개업자에 증권 매매거래계좌를 개설하고 있는 자에 대하여 증권 매매를 위한 매수대금을 융자하거나 매도증권을 대여하는 방법에 의하거나(시행령 제69조 제1항 제1호), 해당 투자매매업자 또는 투자중개업자에 증권을 예탁하고 있는 자에 대하여 그 증권을 담보로 금전을 융자하는 방법(시행령 제69조 제1항 제2호)에 의한 신용공여가 허용된다.

금융투자업규정에서는 신용공여의 구체적인 기준과 담보의 비율 및 징수방법 등에 관하여 정하고 있다. 신용공여는 다음의 3가지 유형으로 구분하고 있다. 먼저 모집·매출, 주권상장법인의 신주발행에 따른 주식을 청약하여 취득하는 데 필요한 자금의 대출인 '청약자금대출'이 있다(금융투자업규정 제4-21조 제1호 가목). 둘째로 증권시장에서의 매매거래(다자간매매체결회사에서의 매매거래를 포함)를 위하여 개인투자자에게 제공하는 매수대금의 융자인 '신용거래융자' 또는 매도증권의 대여인 '신용거래대주'의 형태가 있다(금융투자업규정 제4-21조 제1호 나목). 마지막으로 투자자의 예탁증권(매도되었거나 환매청구된 증권 포함)을 담보로 하는 금전의 융자인 '예탁증권담보융자'가 있다(금융투자업규정 제4-21조 제1호 다목).

신용공여를 하고자 하는 경우에는 반드시 투자매매업자 또는 투자중개업자와 투자자가 그에 관한 약정을 체결하여야 하고 투자자 본인의 기명날인 또는 서명을 받거나 전자서명법에 따른 확인을 받아야 한다(금융투자업규정 제4-22조 제1항·

1) 김정수, 321면.

제 2 항).

금융투자업규정에서는 신용공여의 건전성을 담보하기 위한 여러 가지 제도를 마련하고 있다. 첫째, 신용공여 규모와 한도에 대한 규제인데, 투자매매업자 또는 투자중개업자의 총 신용공여 규모는 자기자본의 범위 이내로 제한되고 있으며, 입자별 구체적인 한도는 금융위원장이 따로 결정할 수 있다(금융투자업규정 제4-23조 제 1 항). 둘째, 담보의 징구인데, 청약자금대출을 함에 있어서는 청약하여 배정받은 증권을 담보로 징구하여야 하고(금융투자업규정 제4-24조 제 1 항), 신용거래융자를 함에 있어서는 매수한 주권(주권과 관련된 증권예탁증권 포함) 또는 상장지수집합투자기구의 집합투자증권을, 신용거래대주를 함에 있어서는 매도대금을 담보로 징구하여야 하며(금융투자업규정 제4-24조 제 2 항), 예탁증권담보융자를 함에 있어서는 가치산정이 곤란하거나 담보권의 행사를 통한 대출금의 회수가 곤란한 증권을 담보로 징구하는 것을 금지하고 있다(금융투자업규정 제4-24조 제 3 항). 셋째, 담보비율 등의 규제인데, 투자자의 신용상태 등을 고려하여 신용공여금액의 100분의 140 이상의 담보를 징구하여야 하고(금융투자업규정 제4-25조 제 1 항), 담보유지비율에 미달되는 경우에는 추가담보를 요구하여야 한다(금융투자업규정 제4-25조 제 3 항). 그리고 신용거래를 수탁하고자 하는 경우에는 매매금액의 100분의 40 이상을 보증금으로 징수하여야 한다(금융투자업규정 제4-25조 제 2 항).

### 3. 위반 시 제재

신용공여와 관련된 자본시장법 관련규정에 위반하여 금전의 융자 기타 신용공여를 한 때에는 금융투자업자 및 그 임직원에 대한 처분 및 업무 위탁계약의 취소·변경 명령의 사유가 된다(자본시장법 [별표 1] 제80호).

## V. 매매명세의 통지

### 1. 의 의

투자매매업자 또는 투자중개업자는 금융투자상품의 매매가 체결된 경우에는 그 명세를 대통령령이 정하는 방법에 따라 투자자에게 통지하여야 한다(법 제73조). 이는 투자자에게 정확한 정보를 제공함으로써 위법행위를 방지하고 투자자를 보호하기 위한 목적이다.

### 2. 매매명세 통지의 내용과 방법

투자매매업자 또는 투자중개업자는 ① 매매의 유형, 종목·품목, 수량, 가격, 수수료 등 모든 비용, 그 밖의 거래내용에 관해서는 매매가 체결된 후 지체 없이, ② 집합투자증권 외의 금융투자상품의 매매가 체결된 경우, 월간 매매내역·손익내역, 월말 현재 잔액현황·미결제약정현황 등의 내용에 관해서는 매매가 체결된 날의 다음 달 20일까지, ③ 집합투자증권의 매매가 체결된 경우, 집합투자기구에서 발생한 모든 비용을 반영한 실질 투자 수익률, 투자원금 및 환매예상 금액, 그 밖에 금융위원회가 정하여 고시하는 사항에 관해서는 매월 마지막 날까지 그 명세를 투자자에게 통지하여야 한다(시행령 제70조 제1항 제1호).

통지의 방법은 서면교부, 전화, 전신 또는 모사전송, 전자우편, 이와 유사한 전자통신, 그 밖에 금융위원회가 정하여 고시하는 방식에 의하며(시행령 제70조 제1항 제2호), 기타 세부사항은 금융위원회가 정한다(시행령 제70조 제2항). 다만, 투자자가 보유한 집합투자증권이 법 제234조에 따른 상장지수집합투자기구, 단기금융집합투자기구, 사모집합투자기구의 집합투자증권이거나 평가기준일의 평가금액이 10만원 이하인 경우(집합투자증권의 매매가 체결된 경우에 한정함) 또는 투자자가 통지를 받기를 원하지 않는 경우에는 지점, 그 밖의 영업소에 비치하거나 인터넷 홈페이지에 접속하여 수시로 조회가 가능하게 함으로써 통지를 갈음할 수 있다(시행령 제70조 제1항 제2호).

### 3. 위반 시 제재

이에 위반하여 매매명세를 통지하지 않거나 거짓으로 통지한 경우에는 3천만원 이하의 과태료를 부과하며(법 제449조 제3항 제5호), 금융투자업자 및 그 임직원에 대한 처분 및 업무 위탁계약의 취소·변경 명령의 사유가 된다(자본시장법 [별표 1] 제81호).

## Ⅵ. 투자자예탁금의 별도예치

### 1. 의 의

투자자예딕금이라 함은 투자매매업자 또는 투자중개업자가 투자자로부터 금융투자상품의 매매, 그 밖의 거래와 관련하여 예탁 받은 금전을 말하는데, 이러한 투자자예탁금은 투자매매업자 또는 투자중개업자의 고유재산과 구분하여 증권금융회사에 예치(預置) 또는 신탁하여야 하여야 한다(법 제74조 제 1 항).

겸영금융투자업자 중 은행, 한국산업은행, 중소기업은행 그리고 보험회사는 신탁업자(증권금융회사 제외)에게 신탁할 수 있으며(법 제74조 제 2 항, 시행령 제71조), 이 경우 투자매매업자 또는 투자중개업자가 신탁업을 영위하는 경우에는 신탁법 제 3 조 제 1 항의 규정에도 불구하고 자기계약을 할 수 있다(법 제74조 제 2 항). 투자매매업자 또는 투자중개업자가 예치기관에 예치 또는 신탁하여야 하는 투자자예탁금의 범위, 예치 또는 신탁의 비율, 예치 또는 신탁한 투자자예탁금의 인출, 예치기관의 투자자예탁금 관리, 그 밖에 투자자예탁금의 예치 또는 신탁에 관하여 필요한 사항은 대통령령으로 정하며, 이 경우 예치 또는 신탁의 비율은 투자매매업자 또는 투자중개업자의 재무상황 등을 고려하여 인가받은 투자매매업자 또는 투자중개업자별로 달리 정할 수 있다(법 제74조 제 8 항).

투자매매업자 또는 투자중개업자가 증권금융회사 또는 신탁업자('예치기관')에게 투자자예탁금을 예치 또는 신탁하는 경우에는 투자자예탁금이 투자자의 재산이라는 뜻을 밝혀야 한다(법 제74조 제 3 항).

### 2. 투자자예탁금의 상계·압류 금지

누구든지 위의 규정에 따라 예치기관에 예치 또는 신탁한 투자자예탁금을 상계(相計)·압류(가압류 포함)하지 못하며, 투자자예탁금을 예치 또는 신탁한 투자매매업자 또는 투자중개업자('예치금융투자업자')는 대통령령이 정하는 경우 외에는 예치기관에 예치 또는 신탁한 투자자예탁금을 양도하거나 담보로 제공하여서는 아니 된다(법 제74조 제 4 항). 즉 예치금융투자업자가 다른 회사와 합병에 의해 소멸됨으로써 존속 또는 신설되는 회사에 양도하는 경우, 금융투자업의 전부 또는 일부의 양도에 의해 양수회사에 양도하는 경우, 자금이체업무(법 제40조 제 4 호)와 관련하여 예치금융투자업자가 금융위원회가 정하여 고시하는 한도 이내에서 은행에 담보로 제공하는 경우는 예외로 한다(시행령 제72조).

### 3. 투자자예탁금의 우선 지급

예치금융투자업자가 법에서 정한 일정한 사유에 해당하게 된 때에는 예치기관에 예치 또는 신탁된 투자자예탁금을 인출하여 투자자에게 우선 지급하여야 한다(법 제74조 제5항). 법에서 정하고 있는 사유는 인가의 취소, 해산결의, 파산선고, 금융투자업 전부의 양도 승인·금융투자업 전부 폐지의 승인·금융투자업 전부의 정지명령 등(법 제74조 제5항)의 경우이다. 예치금융투자업자에 이러한 사유가 발생한 때에는 2개월 이내에 그 사실과 투자자예탁금의 지급시기·지급장소, 그 밖에 투자자예탁금의 지급과 관련된 사항을 둘 이상의 일간신문에 공고하고, 인터넷 홈페이지 등을 이용하여 공시하여야 한다(법 제74조 제5항, 시행령 제73조).

예치기관도 동일한 사유에 해당하는 경우에는 예치금융투자업자에게 예치 또는 신탁받은 투자자예탁금을 우선하여 지급하여야 한다(법 제74조 제6항).

### 4. 투자자예탁금의 운용

예치기관은 투자자예탁금을 국채증권 또는 지방채증권의 매수, 정부·지방자치단체 또는 대통령령이 정하는 일정한 금융기관이 지급을 보증한 채무증권의 매수, 기타 투자자예탁금의 안정적 운용을 해할 우려가 없는 것으로서 대통령령으로 정하는 방법[1]으로 운용하여야 한다(법 제74조 제7항, 시행령 제74조 제1항).

## Ⅶ. 투자자 예탁증권의 예탁

투자매매업자 또는 투자중개업자는 금융투자상품의 매매, 그 밖의 거래에 따라 보관하게 되는 투자자소유의 증권(대통령령으로 정하는 것 포함[2])을 예탁결제원에 지체 없이 예탁하여야 한다(법 제75조 제1항 본문). 다만, 해당 증권의 유통가능성, 다른 법령에 따른 유통방법이 있는지 여부, 예탁의 실행가능성 등을 고려하여

1) 증권 또는 원화로 표시된 양도성 예금증서를 담보로 한 대출, 한국은행 또는 체신관서에의 예치, 특수채증권의 매수, 기타 금융위원회가 고시하는 방법이다(시행령 제74조 제2항).

2) 원화로 표시된 양도성 예금증서 및 금융위원회가 고시하는 증권도 예탁하도록 하고 있다(시행령 제76조 제1항).

대통령령이 정하는 경우에는 예탁결제원에 예탁하지 아니할 수 있다(법 제75조 제 1 항 단서).

한편 투자매매업자 또는 투자중개업자가 외화증권을 예탁하는 경우에는 금융위원회가 정하여 고시하는 외국보관기관에 개설된 예탁결제원 계좌로 계좌대체 등을 통하여 예탁하여야 한다(법 제75조 제 2 항, 시행령 제76조 제 3 항).

## Ⅷ. 집합투자증권 판매 등에 관한 특례

### 1. 의 의

투자매매업자 또는 투자중개업자는 집합투자증권을 판매하는 경우 투자자가 집합투자증권의 취득을 위하여 금전등을 납입한 후 최초로 산정되는 기준가격으로 판매하여야 한다(법 제76조 제 1 항 본문). 여기에서의 기준가격은 집합투자재산의 평가(법 제238조 제 1 항 내지 제 5 항)결과에 따라 대통령령이 정하는 방법으로 투자신탁이나 투자익명조합의 집합투자업자 또는 투자회사 등이 정한 가격(즉 제238조 제 6 항에 따른 기준가격)을 말한다.

투자자의 이익을 해할 우려가 없는 경우로서 대통령령이 정하는 일정한 경우에는 대통령령으로 정하는 기준가격으로 판매하여야 한다(법 제76조 제 1 항 단서). 즉 투자자가 집합투자규약에서 정한 집합투자증권의 매수청구일을 구분하기 위한 기준시점을 지나서 투자매매업자 또는 투자중개업자에게 금전 등을 납입하는 경우와 투자매매업자 또는 투자중개업자가 단기금융집합투자기구의 집합투자증권을 판매하는 경우 등[1]이 이에 해당된다(시행령 제77조 제 1 항).[2]

---

1) 시행령 제77조 제 1 항 제 2 호-제 5 호에서 추가적으로 정하고 있으며, 2009. 2. 3., 2009. 12. 21., 2010. 6. 11., 2016. 6. 28.에 추가적인 개정이 있었다.

2) 법 제76조 제 1 항 본문에 따른 기준가격을 적용할 경우 해당 집합투자기구의 투자자 이익 등을 침해할 우려가 있다고 제261조에 따른 집합투자재산평가위원회가 인정하는 경우(시행령 제77조 제 1 항 제 4 호 2009. 2. 3. 개정)와 투자자가 집합투자기구를 변경하지 아니하고 그 집합투자기구의 집합투자증권을 판매한 투자매매업자 또는 투자중개업자를 변경할 목적으로 집합투자증권을 환매한 후 다른 투자매매업자 또는 투자중개업자를 통하여 해당 집합투자증권을 매수하는 경우(시행령 제77조 제 1 항 제 5 호 2009. 12. 21. 개정)가 이후 추가되었다.

## 2. 집합투자증권의 판매 및 판매광고에 대한 규제

투자신탁이나 투자익명조합의 집합투자업자 또는 투자회사가 집합투자증권의 환매를 연기한 경우(법 제237조 제 1 항) 또는 집합투자재산에 대한 회계감사인의 감사의견이 적정의견이 아닌 경우(법 제240조 제 3 항)에 따른 통지를 집합투자증권을 판매한 투자매매업자 또는 투자중개업자에게 한 경우(법 제92조 제 1 항·제186조 제 2 항)에는 해당 집합투자증권을 판매할 수 없다(법 제76조 제 2 항).

위와 같은 환매연기나 감사의견의 부적정의 사유가 해소된 때에는 집합투자업자 또는 투자회사는 해당 집합투자증권을 판매한 투자매매업자 또는 투자중개업자에게 이를 즉시 통지하여야 하고(법 제92조 제 2 항·제186조 제 2 항), 이 통지를 받은 때에는 판매를 다시 시작할 수 있다(법 제76조 제 2 항 단서).

투자매매업자 또는 투자중개업자는 집합투자기구가 법 제182조에 따라 금융위원회에 등록되기 전에는 해당 집합투자증권을 판매하거나 판매를 위한 광고를 할 수 없다(법 제76조 제 3 항). 다만 관련 법령의 개정에 따라 새로운 형태의 집합투자증권의 판매가 예정되어 있어 그 집합투자기구의 개괄적인 내용을 광고하여도 투자자의 이익을 해할 우려가 없는 경우에는 가능하다(시행령 제77조 제 3 항).

## 3. 판매수수료와 판매보수 규제

투자매매업자 또는 투자중개업자는 집합투자증권의 판매와 관련하여 판매수수료 및 판매보수를 받는 경우 집합투자기구의 운용실적에 연동(連動)하여 판매수수료 또는 판매보수를 받아서는 아니 된다(법 제76조 제 4 항). 여기에서 판매수수료라 함은 집합투자증권을 판매하는 행위에 대한 대가로 투자자로부터 직접 받는 금전을 말하며(법 제76조 제 4 항), 판매보수라 함은 집합투자증권을 판매한 투자매매업자, 투자중개업자가 투자자에게 지속적으로 제공하는 용역의 대가로 집합투자기구로부터 받는 금전(법 제76조 제 4 항)을 말한다.

판매수수료 및 판매보수의 한도, 부과방법 등에 관해서는 법 제정 당시에는 시행령에 위임하였으나, 2010년 3월 12일 조문을 신설하여 판매수수료와 판매보수의 최고 한도를 법에서 정하고 그 범위 내에서 대통령령으로 다시 정하도록 하였다.[1] 이에 따르면, 판매수수료는 납입금액이나 환매금액의 100분의 3 이하로서

1) 법 제76조 제 5 항·제 6 항, 시행령 제77조 제 4 항 참조.

시행령에서 다시 정하도록 되어 있는데(법 제76조 제 5 항 제 1 호), 시행령에서는 100분의 2를 초과하지 못한다(시행령 제77조 제 4 항 제 1 호). 판매보수는 집합투자재산의 연평균가액의 1천분의 15 이하로 된 것을 시행령은 100분의 1을 초과할 수 없도록 규정하고 있다(시행령 제77조 제 4 항 제 2 호).[1] 이러한 방법 외에 집합투자규약이 정하는 바에 따라 판매수수료를 판매 또는 환매 시 일시에 투자자로부터 받거나 투자기간 동안 분할하여 투자자로부터 받을 수도 있고(시행령 제77조 제 5 항 제 1 호), 집합투자규약에서 정한 바에 따라 판매방법, 투자매매업자·투자중개업자, 판매금액, 투자기간 등을 기준으로 차등하여 받을 수도 있다(시행령 제77조 제 6 항). 그리고 판매보수도 집합투자규약이 정하는 바에 따라 매일의 집합투자재산의 규모에 비례하여 받을 수도 있다(시행령 제77조 제 5 항 제 2 호).

## Ⅸ. 투자성 있는 예금·보험에 대한 특례

### 1. 의 의

은행이 투자성 있는 예금계약 또는 금적립계좌 등의 발행을 위한 계약(시행령 제77조의2)을 체결한 경우에는 투자매매업에 관한 금융투자업의 인가를 받은 것으로, 보험회사가 투자성 있는 보험계약을 체결하거나 그 중개 또는 대리를 하는 경우에는 법 제12조에 따라 투자매매업 또는 투자중개업에 따른 금융투자업의 인가를 받은 것으로 본다(법 제77조 제 1 항·제 2 항). 과거 기관별 규제가 적용되던 때와는 달리 기능별 규제가 적용되는 자본시장법에서는 이러한 경우도 금융투자업으로 규제하는 것이다. 다만 은행과 보험회사 등 비금융투자회사에 대해서는, 투자자 보호에 필요한 최소한의 업규제만을 적용하여 부담을 최소화하기로 하였다. 즉 인가와 같은 진입규제의 적용을 배제하고 투자자 보호를 위한 핵심인 투자매매업·투자중개업의 영업행위규제는 적용한다.

### 2. 적용범위

투자자 보호에 핵심이 되는 금융투자업자 일반에 대한 영업행위 규제로서 적

---

1) 다만 투자자의 투자기간에 따라 판매보수율이 감소하는 경우로서 금융위원회가 정하여 고시하는 기간을 넘는 시점에 적용되는 판매보수율이 100분의 1 미만인 경우 그 시점까지는 100분의 1에서부터 1천분의 15까지의 범위에서 정할 수 있다(시행령 제77조 제 4 항 제 2 호 단서). 법률은 2010. 3. 12. 개정되었고 동법 시행령은 2010. 6. 11. 개정사항이다.

합성 원칙(법 제46조), 설명의무(법 제47조), 손해배상책임(법 제48조), 부당권유규제(법 제49조), 투자권유준칙(법 제50조) 등은 적용된다.

인가요건의 유지(법 제15조), 명의대여의 금지(법 제39조), 겸영관련규제(법 제40조 내지 제43조), 이해상충관련규제(법 제44조·제45조), 요청받지 않은 투자권유규제(법 제49조 제3호), 약관규제(법 제56조), 수수료규제(법 제58조), 소유증권의 예탁(법 제61조), 금융투자업의 폐지공고(법 제62조), 임직원의 금융투자상품 매매(법 제63조), 손해배상책임(법 제64조), 외국 금융투자업자에 대한 특례(법 제65조), 금융투자업자의 지배구조(법 제2편 제2장)와 건전성규제(법 제2편 제3장), 투자매매업자와 투자중개업자의 영업행위 규칙(법 제2편 제4장 제2절 제1관)은 은행과 보험회사에 적용되지 않는다.

은행의 경우에는 투자성 있는 외화예금계약을 체결하는 경우에는 증권신고서에 관한 규정(법 제3편 제1장)을 적용하지 아니한다. 보험회사에 대하여는 투자권유대행인에 대한 규제(제51조부터 제53조)와 증권신고서(법 제3편 제1장)에 관한 규정을 적용하지 아니한다.

## X. 종합금융투자사업자에 대한 특례

### 1. 의 의

'종합금융투자사업자'라 함은 투자매매업자 또는 투자중개업자 중에서 자본시장법상 일정기준을 충족하여 금융위원회의 지정을 받은 자를 말한다(법 제8조 제8항). 자본시장법상 금융투자업은 6가지로 분류되어 있으므로(법 제6조 제1항) 종합금융투자사업자를 금융투자업의 새로운 유형으로 보기는 어렵고, 특수한 유형의 업무를 겸영업무나 부수업무로서 영위할 수 있는 금융투자업자에 대한 특례로 인정된 것이라고 볼 수 있다.[1] 종합금융투자사업자에 대하여는 한국은행법과 은행법을 적용하지 아니한다(법 제77조의3 제10항).

### 2. 지정기준 및 절차

#### (1) 지정기준

금융위원회는 다음의 기준을 충족하는 투자매매업자 또는 투자중개업자에 대

1) 김효연, 24면.

하여 종합금융투자사업자로 지정할 수 있다(법 제77조의2 제 1 항). 여기서 말하는 일정기준이라 함은 ① 상법에 따른 주식회사일 것, ② 증권에 관한 인수업을 영위할 것, ③ 일정규모 이상의 자기자본을 갖출 것(시행령 제77조의3 제 1 항), ④ 종합금융투자업자의 업무와 관련한 위험관리 및 내부통제 등을 위한 적절한 인력, 전산시스템 및 내부통제장치를 갖추고 법 제44조에 따른 이해상충을 적절히 통제할 수 있는 내부통제기준을 갖춤과 동시에 법 제45조에서 정하는 이해상충행위가 발생하지 않도록 정보교류차단에 필요한 적절한 체계를 갖출 것을 말한다(법 제77조의2 제 1 항, 시행령 제77조의3 제 2 항).

### (2) 지정절차

종합금융투자사업자로 지정받기를 원하는 투자매매업자 또는 투자중개업자는 지정기준에 부합함을 증명하는 서류를 첨부하여 금융위원회에 대하여 지정신청서를 제출하여야 한다(법 제77조의2 제 2 항, 시행령 제77조의3 제 3 항). 금융위원회가 지정신청서를 접수한 경우에는 그 내용을 검토하여 2개월 이내에 종합금융투자사업자 지정 여부를 결정하고, 그 결과와 이유를 지체 없이 신청인에게 문서로 통지하여야 한다(시행령 제77조의3 제 4 항 제 1 문). 이 경우 지정신청서에 흠결이 있는 때에는 보완을 요구할 수 있다(시행령 제77조의3 제 4 항 제 2 문). 지정신청서 흠결의 보완기간은 여기에서 말하는 검토기간에 산입하지 않는다(시행령 제77조의3 제 5항, 시행규칙 제 7 조의4).

금융위원회는 종합금융투자사업자 지정 여부를 결정함에 있어서 ① 법상 지정요건을 갖추지 못하였거나, ② 지정신청서를 거짓으로 작성하였거나, ③ 지정신청서 흠결의 보완요구를 이행하지 아니한 경우와 같은 사유가 없는 한 지정을 하여야 한다(시행령 제77조의3 제 6 항).

### (3) 지정취소

금융위원회는 종합금융투자사업자가 거짓, 그 밖의 부정한 방법으로 지정을 받았거나 법상 지정기준을 충족하지 못한 경우에는 지정을 취소할 수 있다(법 제77조의2 제 4 항). 지정을 취소한 경우에는 그 내용을 기록하고, 이를 유지·관리하여야 하며, 그 사실을 관보 및 인터넷 홈페이지 등에 공고하여야 한다(시행령 제77조의3 제 8 항).

### 3. 종합금융투자사업자의 업무

#### (1) 전담중개업무

자본시장법은 종합금융투자사업자의 경우에만 전담중개업무(법 제6조 제10항)를 영위할 수 있도록 허용하고 있다(법 제77조의3 제1항). 전담중개업무(prime brokerage)라 함은 헤지펀드 등의 전문투자형 사모집합투자기구(법 제9조 제19항 제2호) 또는 일정한 전문투자자(법 제6조 제10항, 시행령 제6조의3 제1항) 등에게 증권의 대여 또는 그 중개·주선이나 대리업무, 금전의 융자 또는 신용공여, 전문투자형 사모집합투자기구 등[1]의 재산의 보관 및 관리업무 등[2]을 상호 연계하여 종합적인 금융중개서비스를 하는 것을 말한다(법 제6조 제10항).[3]

종합금융투자사업자가 전담중개업무를 영위하는 경우에는 증권 외의 금전등에 대한 투자와 관련하여 전문투자형 사모집합투자기구등에 신용공여를 할 수 있다(법 제77조의3 제4항). 이처럼 자본시장법은 종합금융투자사업자가 헤지펀드를 대상으로 하는 전담중개업자로서의 역할수행을 허용하고 있다.

종합금융투자사업자가 전문투자형 사모집합투자기구에 대하여 전담중개업무를 제공하는 경우에는 미리 법에서 규정한 내용을 포함한 계약을 체결하여야 한다(법 제77조의3 제2항). 계약내용에 반드시 포함되어야 하는 사항은 ① 전담중개업무와 관련된 종합금융투자사업자와 전문투자형 사모집합투자기구 등의 역할과

---

1) 현실적으로는 헤지펀드와 같은 기능을 하는 사모펀드가 폭넓게 포함된다고 본다. 김효연, 18면.

2) 법 제6조 제9항 제4호에 따라 시행령 제6조의3 제3항에서는 다음의 업무들을 추가하고 있다.
   1. 전문투자형 사모집합투자기구등의 투자자재산의 매매에 관한 청약 또는 주문의 집행업무
   2. 전문투자형 사모집합투자기구등의 투자자재산의 매매 등의 거래에 따른 취득·처분 등의 업무
   3. 파생상품의 매매 또는 그 중개·주선·대리업무
   4. 환매조건부매매 또는 그 중개·주선·대리업무
   5. 집합투자증권의 판매업무
   6. 전문투자형 사모집합투자기구등의 투자자재산의 운용과 관련한 금융 및 재무 등에 대한 자문업무
   7. 다른 투자자의 투자를 유치하거나 촉진하기 위하여 전문투자형 사모집합투자기구에 출자하는 업무

3) 한편 일반적인 증권의 대여 또는 그 중개·주선이나 대리의 경우에는 기존의 투자매매업자 또는 투자중개업자에게 허용되던 업무(시행령 제69조 참조)이므로 특별히 종합금융투자회사에게만 처음에도 허용된 업무라고 보기는 힘들다. 김효연, 25면.

책임, ② 종합금융투자사업자가 전문투자형 사모집합투자기구 등의 재산을 제 3 자에게 대한 담보, 대여, 환매조건부매매 등의 방법으로 이용하는 것에 관한 사항, ③ 종합금융투자사업자가 위 ②의 방법으로 이용한 전문투자형 사모집합투자기구 등의 재산현황 등에 관한 정보를 제공하는 절차 및 방법, ④ 선담중개업무의 범위와 기준 및 절차, ⑤ 수수료 또는 기타 비용, ⑥ 계약의 종료사유 및 절차, 계약당사자의 채무불이행에 따른 손해배상책임에 관한 것이다(법 제77조의3 제 2 항, 시행령 제77조의4 제 4 항).

금융투자업규정은 금융투자협회가 전담중개업무의 제공과 관련하여 종합금융투자사업자와 전문투자형 사모집합투자기구 등이 체결하는 계약의 표준서식·방법·절차 등을 작성하여 제시할 수 있도록 하여(규정 제4-103조) 이를 근거로 작성한 표준계약에 자율적으로 따르도록 하고 있다.

### (2) 기업신용공여업무

2013년 개정법은 종합금융투자사업자의 기업신용공여업무를 허용하였다(법 제77조의3 제 3 항 제 1 호). 신용공여의 범위는 대출, 기업어음증권에 해당하지 아니하는 어음의 할인·매입이다(시행령 제77조의5 제 1항). 그런데 계열회사 지원 방지를 위해 종합금융투자사업자의 계열회사에 대한 신용공여는 금지된다. 계열회사가 운용하는 전문투자형 사모집합투자기구에 대한 전담중개업무의 제공이 금지되므로 계열회사가 운용하는 전문투자형 사모집합투자기구에 대한 신용공여도 금지되는 것이다(법 제77조의3 제 9 항).

종합금융투자사업자의 신용공여업무는 한도제한 규제를 받는다. 신용공여한도는 총신용공여한도와 개별기업신용공여한도가 있다. 총신용공여한도는 전담중개업무로서 하는 기업신용공여와 투자매매업자 또는 투자중개업자로서 행하는 증권관련 금전융자 또는 증권대여의 방법으로 하는 신용공여의 합계액이 자기자본의 200%을 초과해서는 아니 된다(법 제77조의3 제 5 항). 다만, 인수업무, 모집·사모·매출의 주선업무, 인수·합병의 중개·주선 또는 대리업무, 기업의 인수·합병에 관한 조언업무 관련 신용공여와 「중소기업기본법」에 따른 중소기업에 대한 신용공여를 제외한 신용공여의 합계액이 자기자본의 100분의 100을 초과하여서는 아니 된다(법 제77조의3 제 6 항).

기업신용공여업무에 대한 개별기업신용공여한도는 동일한 법인과 그 법인과 신용을 공유하는 자에 대한 신용공여액의 합계액을 기준으로 자기자본의 25% 이내이다(법 제77조의3 제 7 항, 시행령 제77조의5 제 4 항).

종합금융투자사업자가 추가로 신용공여를 하지 아니하였음에도 불구하고 자기자본의 변동, 동일차주 구성의 변동 등으로 인하여 위의 신용공여한도를 초과하게 되는 경우에는 그 한도를 초과하게 된 날부터 1년 이내에 그 한도에 적합하도록 하여야 한다(법 제77조의3 제 8 항).

한편 종합금융투자사업자는 투자매매업자 또는 투자중개업자로서 증권과 관련하여 금전의 융자 또는 증권대여의 방법으로 투자자에게 신용을 공여할 수 있다(법 제72조 제 1 항).[1] 이러한 형태로 전담중개업무를 제공하는 경우에는 전담중개업무를 제공받는 전문투자형 사모집합투자기구 등에게도 ① 증권의 매매를 위한 매수대금을 융자하거나 매도하려는 증권을 대여하는 방법 또는 ② 전담중개업무로서 보관·관리하는 전문투자형 사모집합투자기구 등의 투자자재산인 증권을 담보로 금전을 융자하는 방법으로 신용을 공여할 수 있다(시행령 제69조 제 2 항). 신용공여 총 합계액이 자기자본의 100분의 100을 초과하지 못하는 제한은 이 경우에도 적용된다(법 제77조의3 제 4 항 본문).

### (3) 기타 업무

종합금융투자사업자는 자본시장법 또는 다른 금융관련 법령에도 불구하고 종합금융투자사업자의 건전성, 해당 업무의 효율적 수행에 이바지할 가능성 등을 고려하여 종합금융투자사업자에만 허용하는 것이 적합한 업무로서 대통령령으로 정하는 업무를 수행할 수 있다(법 제77조의3 제 3 항 제 2 호). 이에 해당하는 것은 증권시장에 상장된 주권 또는 금융위원회가 정하여 고시하는 금융투자상품에 관하여 동시에 다수의 자를 거래상대방 또는 각 당사자로 하는 장외매매 또는 그 중개·주선이나 대리업무, 단기금융업무, 종합투자계좌[2]업무가 있다(시행령 제77조의6 제 1 항).

---

1) 투자매매업자는 증권의 인수일부터 3개월 이내에 투자자에게 그 증권을 매수하게 하기 위하여 그 투자자에게 금전의 융자, 그 밖의 신용공여를 하여서는 아니 된다(법 제72조 제 1 항 단서).

2) 이는 "고객으로부터 예탁받은 자금을 통합하여 기업신용공여 등 금융위원회가 정하여 고시하는 기업금융 관련 자산 … 등에 운용하고, 그 결과 발생한 수익을 고객에게 지급하는 것을 목적으로 종합금융투자사업자가 개설한 계좌를 말한다"(시행령 제77조의6 제 1 항 제 3 호).

## XI. 다자간매매체결회사에 대한 특례

### 1. 다자간매매체결회사의 의의 및 인가

'다자간매매체결회사'(多者間賣買締結會社)라 함은 정보통신망이나 전자정보처리장치를 이용하여 동시에 다수의 자를 거래상대방 또는 각 당사자로 하여 법이 정하는 매매가격의 결정방법으로 증권시장에 상장된 주권, 그 밖에 대통령령으로 정하는 증권('매매체결대상상품')의 매매 또는 그 중개·주선이나 대리 업무('다자간매매체결업무')를 하는 투자매매업자 또는 투자중개업자를 말한다(법 제8조의2 제5항).

다자간매매체결회사는 기존의 거래소 외에 증권의 거래가 이루어져 대체거래소라고 불리는 대체결제시스템(Alternative Trading System: ATS)의 일종이다. 기존의 거래소는 법률에 의해 사실상 독점적 지위[1]를 부여받고 있었는데, 2013년 자본시장법 개정으로 인하여 거래소 허가주의를 취함에 따라 대체결제시스템인 ATS제도가 도입되었다. 과거에도 ECN이라는 전자증권중개회사가 운영된 바 있는데, 이는 ATS와 유사한 측면도 있었지만, 거래소와는 달리 경쟁매매에 의한 거래를 허용하지 않는 등 거래소 대체결제시스템으로 보기에는 무리가 있었다. 2013년 자본시장법 개정으로 도입된 다자간매매체결회사는 경쟁매매에 의한 매매체결을 허용하고 있으므로 실질적으로 거래소시장을 대체하는 의미의 ATS라고 하겠다.[2] 이러한 다자간매매체결회사의 도입을 통하여 다양한 방식의 매매가격 결정방법을 허용함으로써 투자자의 수요에 능동적으로 대응하여 자본시장의 효율성을 높일 것으로 기대된다.

자본시장법상 다자간매매체결회사로 인가받기 위해서는 매매체결대상상품의 매매 또는 그 중개·주선이나 대리업무인 다자간 매매체결업무를 하는 투자매매업자 또는 투자중개업자로서의 인가를 취득하여야 한다. 구체적인 인가기준은 아래 표와 같다.

---

1) 이러한 이유로 인하여 순수한 민간출자 100%의 주식회사임에도 불구하고 현재 공공기관으로 지정되어 있다.

2) 2013년 자본시장법 개정으로 전자증권중개회사에 관한 제78조는 삭제되었다.

**표 3-4 구체적인 인가기준**

| 인가업무 단위 | 금융투자업의 종류 | 금융투자상품의 범위 | 투자자의 유형 | 최저자기자본 |
|---|---|---|---|---|
| 1a-1-2 | 투자매매업 | 법 제 8 조의2 제 5 항, 시행령 제 7 조의2 제 1 항에 따른 매매체결대상상품 | 전문투자자 | 300억원 |
| 2a-1-2 | 투자중개업 | 법 제 8 조의2 제 5 항, 시행령 제 7 조의2 제 1 항에 따른 매매체결대상상품 | 전문투자자 | 200억원 |

그런데 자본시장법은 다자간매매체결회사의 주식 소유한도에 대한 규제를 통하여 경쟁매매가 공정하게 이루어지는 제도적 장치를 마련하고 있다. 즉 법령에서 인정하는 예외를 제외하고는 누구든지 의결권 있는 발행주식 총수의 100분의 15를 초과하여 다자간매매체결회사가 발행한 주식을 소유할 수 없다(법 제78조 제 5 항). 법령이 인정하는 예외는 ① 집합투자기구가 소유하는 경우(사모집합투자기구가 소유하는 경우 제외), ② 정부가 소유하는 경우, ③ 그 밖에 대통령령으로 정하는 바에 따라[1] 금융위원회의 승인을 받아 소유하는 경우(법 제78조 제 5 항, 시행령 제78조 제 6 항)가 그것이다. 주식소유의 개념과 주식소유위반에 대한 의결권 행사제한, 한도적합의무, 한도초과주식 처분명령, 이행강제금 제도는 거래소의 주식소유제한과 관련한 조항을 준용한다(법 제78조 제 5 항 · 제406조 제 2 항부터 제 4 항 · 제407조).

---

1) 시행령 제78조 제 6 항: 법 제78조 제 5 항 제 3 호에 따라 다음 각 호의 어느 하나에 해당하는 경우에는 금융위원회의 승인을 받아 다자간매매체결회사의 의결권 있는 발행주식총수의 100분의 15를 초과하여 다자간매매체결회사가 발행한 주식을 소유할 수 있다.
   1. 외국 다자간매매체결회사(외국 법령에 따라 외국에서 다자간매매체결회사에 상당하는 업무를 하는 자를 말한다. 이하 같다)가 다자간매매체결회사와의 제휴를 위하여 소유하는 경우
   2. 다자간매매체결회사의 공정한 운영을 해칠 우려가 없는 경우로서 총리령으로 정하는 금융기관, 금융투자업관계기관 또는 외국 다자간매매체결회사가 다자간매매체결회사의 의결권 있는 발행주식총수의 100분의 30까지 주식을 소유하는 경우
   3. 제 2 호에 따른 금융기관이 공동으로 주식을 소유하는 경우로서 다음 각 목의 어느 하나에 해당하는 자의 다자간매매체결회사에 대한 주식보유비율을 초과하여 주식을 소유하는 경우
      가. 「외국인투자 촉진법」 제 2 조 제 1 항 제 1 호에 따른 외국인
      나. 비금융회사(금융위원회가 정하여 고시하는 금융업이 아닌 업종을 영위하는 회사를 말한다)

## 2. 다자간매매체결회사의 업무와 운영

### (1) 업무범위

다자간매매체결회사가 투자매매업자 또는 투자중개업자의 인가를 가지지만, 다자간매매체결회사에 해당되는 경우에는 자본시장법상 업무범위에 제한이 가해진다. 즉 일반적으로 투자매매업자나 투자중개업자에게 적용되는 일부 업무는 인정되지 아니한다.

우선 금융투자업자에게 허용되는 부수업무(법 제40조), 투자매매업자 또는 투자중개업자가 행하는 신용공여업무(법 제72조), 투자매매업자 또는 투자중개업자가 금융투자상품의 매매 체결후 거래명세를 투자자에게 통지하는 의무(법 제73조), 한국은행이 행하는 금융투자업자에 대한 검사(법 제419조 제 2 항–제 4 항)에 관한 규정들은 다자간매매체결회사에는 적용되지 아니한다(법 제78조 제 2 항).

### (2) 업무기준

다자간매매체결회사가 다자간매매체결업무를 함에 있어서는 법령에서 요구하는 업무기준을 준수하여야 한다(법 제78조 제 1 항). 그 중요한 내용은 매매체결대상상품과 다자간매매체결업무에 대한 것, 거래참가자의 제한, 시장감시기능, 업무규정의 보고 및 공시의무에 대한 것이다. 아래에서 다시 보기로 한다.

### (3) 매매체결대상상품과 다자간매매체결업무

다자간매매체결회사는 증권시장에 상장된 주권을 포함한 매매체결대상상품의 매매 또는 그 중개·주선이나 대리 업무(다자간매매체결업무)를 영위하는데(법 제 8 조의2 제 5 항), 일정한 금융투자상품에 대하여는 다자간매매체결업무를 영위할 수 없다. 즉 ① 거래소가 상장규정에 따라 관리종목 또는 이에 준하는 종목으로 지정한 매매체결대상상품, ② 의결권 없는 상장주권, ③ 매매거래계약의 체결실적이 낮은 매매체결상품 등 투자자 보호와 거래의 특성 등을 고려하여 금융위원회가 정하는 매매체결대상상품[1)]에 해당하면 다자간매매체결업무를 영위해서는 안 된다(시행령 제78조 제 1 항 제 1 호). 또한 거래소가 매매체결대상상품의 거래를 정지하거나 그

---

1) 거래소 상장폐지결정종목, 코넥스시장 상장종목, 신규상장증권, 상장주식수가 5만주 미만인 유동성공급종목, 단기과열종목, 투자경고종목, 투자위험종목 및 투자주의 환기종목 등이 이에 해당된다(금융투자업규정 제4–48조의2 제 1 항).

정지를 해제하였을 때에는 해당 매매체결대상상품의 거래를 정지하거나 그 정지를 해제하여야 한다(시행령 제78조 제1항 제3호). 이는 투자자 보호와 관련하여 거래소와 동일한 수준으로 상품의 위험성을 관리함을 의미한다.

다자간매매체결회사가 다자간매매체결업무를 함에 있어서는 매매확인 등 매매계약의 체결에 관한 사항과 채무인수·차감 및 결제방법·결제책임 등 청산·결제에 관한 사항(법 제78조 제1항 제3호)과 증거금 등 거래참가자의 매매수탁에 관한 사항(법 제78조 제1항 제4호)을 정하여야 한다. 즉 ① 매수하거나 매도하려는 호가·수량의 공개기준 및 매매체결의 원칙과 방법 등을 정하여야 하는데, 이 경우 매매체결대상상품의 가격의 변동에 관한 제한의 범위는 그 매매체결대상상품을 상장한 거래소의 기준에 따라야 한다(시행령 제78조 제1항 제4호). ② 법 제378조 제1항에 따라 청산기관으로 지정된 거래소의 증권시장업무규정에서 정하는 바에 따라 매매확인, 채무인수, 차감 및 결제불이행에 따른 처리 등 청산에 관한 사항을 정하여야 하는데, 이 경우 매매거래에 따른 청산업무를 위하여 관련 내역을 거래소에 제공하는 절차 및 방법을 포함하여야 한다(시행령 제78조 제1항 제5호). ③ 예탁결제원의 결제업무규정에서 정하는 바에 따라 증권의 인도와 대금의 지급 등 결제에 관한 사항을 정하여야 하고(시행령 제78조 제1항 제6호), ④ 지정거래소의 증권시장업무규정에 따라 수탁을 거부하여야 하는 사항 등 수탁에 관한 사항을 정하여야 한다(시행령 제78조 제1항 제7호). 한편 다자간매매체결회사는 다자간매매체결업무의 개폐·정지 및 중단에 관한 사항(법 제78조 제1항 제7호)과 그 밖에 다자간매매체결업무의 수행과 관련하여 필요한 사항(법 제78조 제1항 제8호)을 업무기준에서 정하여야 한다.

다자간매매체결회사는 법에서 정하는 다음 중 하나의 방법으로 매매가격을 결정하여야 한다(법 제8조의2 제5항). ① 경쟁매매의 방법(거래량이 대통령령으로 정하는 기준을 넘지 아니하는 경우로 한정), ② 매매체결대상상품이 상장증권인 경우 해당 거래소가 개설하는 증권시장에서 형성된 매매가격을 이용하는 방법, ③ 그 밖에 공정한 매매가격 형성과 매매체결의 안정성 및 효율성 등을 확보할 수 있는 방법으로서 대통령령으로 정하는 방법[1]으로 하여야 한다.

---

1) '대통령령으로 정하는 방법'이란 매매체결대상상품의 종목별로 매도자와 매수자 간의 호가가 일치하는 경우 그 가격으로 매매거래를 체결하는 방법을 말한다(시행령 제7조의2 제3항).

### (4) 거래참가자 제한

다자간매매체결회사의 거래에는 매매체결대상상품에 관한 투자매매업자 또는 투자중개업자만 참가할 수 있다(시행령 제78조 제 1 항 제 2 호). 따라서 투자자는 직접 거래참가자가 될 수 없으며 투자중개업자를 통하여 매매체결을 하여야 한다. 결국 여기에서 거래참가자는 거래소의 회원과 같은 의미라고 할 수 있다.

### (5) 시장감시기능

다자간매매체결회사는 거래가 이루어지는 ATS의 일종이므로 공정한 시장의 운영을 위하여 시장감시와 같은 규제가 필요하지만, 그 규모의 특성상 거래소와 같은 수준의 시장감시조직을 운영한다는 것은 비효율적이다. 다만 공정한 거래체결을 통한 시장의 안정적인 운영과 투자자의 보호를 위해서 금융위원회가 지정하는 거래소(지정거래소)가 다자간매매체결회사에 대한 시장감시업무(이상거래심리, 거래참가자에 대한 감리)를 담당한다. 그러나 다자간매매체결회사는 비록 그 규모에 있어서는 지정거래소에 비견될 수는 없지만, 경쟁의 대상이 되는 대체거래소의 성격을 지니는 것이므로 경쟁관계에 있는 지정거래소가 시장감시를 하는 것은 거래소의 시장감시조직이 별도의 독립법인으로 되어 있지 않은 현 상황에서는 그 체계상 적절하지 못한 면이 있다.[1)]

지정거래소는 다자간매매체결회사에서의 투자자 보호 및 건전한 거래질서를 위하여 ① 매매체결대상상품의 매매에 관한 청약 또는 주문이나 거래참가자가 다자간매매체결회사에 제출하는 호가의 상황, ② 매매체결대상상품에 관련된 풍문·제보나 보도, ③ 매매체결대상상품의 발행인 등에 관한 신고 또는 공시, ④ 그 밖에 매매체결대상상품의 가격 형성이나 거래량에 영향을 미치는 상황 또는 요인인 매매가격·거래량 및 매매체결의 시간 등 매매체결대상상품의 매매체결에 관한 정보(시행령 제78조 제 5 항)를 감시할 수 있다(법 제78조 제 3 항).

지정거래소는 이상거래의 혐의가 있다고 인정되는 경우나 거래참가자가 업무기준을 준수하는지를 확인하기 위한 경우에는 거래참가자에 대하여 그 사유를 밝힌 서면으로 관련 자료의 제출을 요청하거나 관련된 업무·재산상황·장부·서류, 그 밖의 물건을 감리할 수 있다(법 제78조 제 4 항).

---

1) 김건식/정순섭, 564면.

(6) 업무규정의 보고 및 공시의무

다자간매매체결회사는 그 업무기준에서 매매체결대상상품의 발행인 등의 신고·공시에 관한 사항(법 제78조 제1항 제5호)을 정해야 한다. 또한 매매결과의 공표 및 보고에 관한 사항(법 제78조 제1항 제6호)도 업무기준에서 정해야 하고, 종목별 매일의 가격과 거래량을 공표하도록 되어 있다(시행령 제78조 제1항 제8호).

다자간매매체결회사가 그 업무규정을 정하거나 변경한 경우에는 금융위원회에 지체 없이 보고하고 인터넷 홈페이지를 이용하여 공시하여야 한다(시행령 제78조 제3항). 금융위원회는 시장의 공정한 가격형성 및 투자자 보호를 위하여 필요한 경우에는 업무규정의 변경을 요구할 수 있다(시행령 제78조 제4항).

3. 비경쟁매매방식의 다자간매매체결회사의 경우

비경쟁매매방식으로 매매가격을 결정하는 다자간매매체결회사의 경우에는 매매체결대상상품의 거래량이 시행령으로 정하는 일정한 수준[1)]을 넘는 경우 투자자 보호 및 매매체결의 안전성을 확보하기 위하여 일정한 조치를 하여야 한다(법 제78조 제7항). 즉 시행령에서 정하는 기준에 해당되는 경우 ① 다자간매매체결회사의 사업계획 및 이해상충방지체계 등이 투자자 보호와 거래의 공정성 확보에 적합하도록 하고 ② 다자간매매체결업무를 안정적으로 영위하기 위하여 필요한 인력과 전산설비 등 물적 설비를 갖추도록 하는 조치를 하여야 한다(시행령 제78조 제8항).

## 제5절 집합투자업자의 영업행위 규칙

### Ⅰ. 선관의무 및 충실의무

1. 개　　요

자본시장법은 금융투자업자의 공통영업행위규칙에서 신의성실의무와 이해상

1) 매월 말일을 기준으로 법 제4조 제2항에 따른 증권의 구분 별로 과거 6개월간 매매체결대상상품의 평균거래량이 같은 기간 중 증권시장에서의 매매체결대상상품의 평균거래량의 5% 또는 종목별 평균거래량이 10%를 초과하는 경우가 이에 해당된다(시행령 제78조 제7항).

충금지를 선언하고 있다(법 제37조). 이에 더 나아가서 각 금융투자업의 영역별로 영업행위규칙에서 선관주의의무('선관의무') 및 충실의무를 부과하고 있다. 즉 집합투자업자(법 제79조), 투자자문업자 및 투자일임업자(법 제96조), 신탁업자(법 제102조)의 경우에 선관의무 및 충실의무를 규정하고 있는데, 기본적인 내용은 거의 동일하지만 각 영업의 특성에 따라 차이가 있다.[1] 예컨대, 자본시장법상으로 집합투자업자와 신탁업자를 구분하고 있으므로 집합투자업자의 선관의무와 충실의무는 신탁업에서의 수탁자의 의무와 유사한 측면도 있겠지만 구체적인 범위에 있어서는 구별되는 측면도 있다.

투자신탁의 집합투자업자는 집합투자재산을 운용함에 있어서 법령과 정관 기타 투자재산의 보호 등을 위해서 마련된 약관, 집합투자규약 등의 규정을 준수함에 있어서 합리적인 주의를 기울여야 한다. 또한 투자자의 이익을 보호하기 위하여 집합투자업자의 이익과 투자자의 이익이 충돌되는 경우에는 투자자의 이익을 우선하여야 한다.

법에서 선관의무와 충실의무의 구체적 내용에 대한 규정을 두고 있지 않지만, 기본적으로 상법상 이사의 선관의무와 충실의무에 관한 해석을 준용하는 것이 합리적이다. 상법은 주식회사의 이사에 대하여 선관의무와 충실의무를 규정하고 있는데, 전자는 회사와 이사 간의 관계를 위임관계로 파악하여 이사는 선량한 관리자의 주의로써 회사의 직무를 수행하여야 한다고 보고(상법 제382조 제 2 항, 민법 제681조), 후자에 대하여는 이사는 법령과 정관의 규정에 따라서 회사를 위하여 그 직무를 충실하게 수행하여야 하는 의무를 부담하는 것으로 규정하고 있다(상법 제382조의3). 선관주의의무는 업무수행에 있어서 선의로(in good faith) 합리적인 주의를 기울여야 한다는 것이라고 한다면, 충실의무는 회사와 이사 개인의 이해가 충돌되는 경우에는 이사 개인의 이익 보다는 회사의 이익을 우선할 것을 요구한다.

---

1) 투자매매업자 및 투자중개업자의 영업행위규칙에는 동일한 제목의 규정이 없다. 그렇다고 하더라도 그러한 금융투자업의 영역에서 선관의무와 충실의무가 요구되지 않는다는 것이 아니라, 이미 공통 영업행위규칙에서 규정하였고 매매형태의 명시의무(법 제66조)라든지 자기계약 금지(법 제67조)와 같이 불건전영업행위에 대하여 상세한 규정을 이미 마련하고 있기 때문이다.

## 2. 관련판례

【대법원 2013. 11. 28. 선고 2011다96130 판결】

[판결요지]

구 간접투자자산 운용업법(2007. 8. 3. 법률 제8635호 자본시장과 금융투자업에 관한 법률 부칙 제2조로 폐지) 제19조 제1항은 "자산운용회사가 법령, 투자신탁의 약관 또는 투자회사의 정관 및 제56조의 규정에 의한 투자설명서에 위배되는 행위를 하거나 그 업무를 소홀히 하여 간접투자자에게 손해를 발생시킨 때에는 그 손해를 배상할 책임이 있다."고 규정하고 있고, 제86조 제1항은 "투자신탁의 자산운용회사 및 투자회사는 선량한 관리자의 주의로써 간접투자재산을 관리하여야 하며, 간접투자자의 이익을 보호하여야 한다."고 규정하고 있는바, 자산운용회사가 가능한 범위 내에서 수집된 정보를 바탕으로 간접투자재산의 최상의 이익에 합치된다는 믿음을 가지고 신중하게 간접투자재산의 운용에 관한 지시를 하였다면 위 법 규정에서 말하는 선량한 관리자로서의 책임을 다한 것이라고 할 것이고, 설사 그 예측이 빗나가 신탁재산에 손실이 발생하였다고 하더라도 그것만으로 간접투자재산 운용단계에서의 선량한 관리자로서의 주의의무를 위반한 것이라고 할 수 없다.

【서울고등법원 2010. 3. 31. 선고 2009나97606 판결】

[판시사항]

[1] 유니버설 보험 또는 변액 유니버설 보험에서, 보험계약의 중요한 사항에 관한 보험자의 설명의무의 정도 및 위 설명의무 위반의 효과
[2] 변액보험에 적합성의 원칙이 적용되는지 여부(적극)
[3] 유니버설 보험 및 변액 유니버설 보험 계약 체결 당시 보험설계사가 설명의무 및 적합성 원칙 등 고객보호 의무를 위반하였음을 이유로, 보험회사와 보험설계사의 손해배상책임을 인정한 사례
[4] 설명의무 또는 적합성의 원칙 등을 위반한 투자의 권유로 야기된 투자자의 과실이 과실상계의 대상이 되는지 여부(원칙적 소극)

[판결요지]

[1] 사망보험금과 적립금을 포괄하는 생명보험의 일종인 유니버설 보험(Universal Life

Insurance) 또는 변액보험과 유니버설 보험을 결합한 변액 유니버설 보험(Variable Universal Life Insurance)에 있어서, 일반인들이 일반 정액보험에 비하여 보험내용을 이해하기 어렵고, 보험기간이 장기간 또는 종신이며, 특히 변액보험은 정액보험과 달리 원금 손실의 위험성을 안고 있음에도 계약자들은 보험자의 사회적 신뢰성을 믿고 가입하는 경향이 있는 점에 비추어, 보험자는 보험계약의 중요한 사항에 대하여 계약자들이 이를 이해하여 보험계약 체결 여부를 자주적으로 판단할 수 있을 정도로 설명하여야 할 의무가 있다. 다만, 그 설명의 정도는 보험계약자의 나이·학력·지식·동종 보험에의 가입 경험 유무·판단능력 등에 기한 보험계약자의 이해도와 그 보험상품의 특성 및 위험도 수준 등에 따라 상대적이다. 한편, 보험자의 임직원 또는 보험설계사가 계약자에게 보험상품의 가입을 권유할 때에는 당해 보험상품의 특성과 주요내용을 명확히 설명함으로써 계약자가 그 정보를 바탕으로 합리적인 판단을 할 수 있도록 계약자를 보호하여야 할 주의의무가 있고, 이러한 주의의무를 위반한 결과 계약자에게 손해가 발생한 때에는 불법행위로 인한 손해배상책임이 성립한다.

[2] 적합성의 원칙을 위반하여 고객에게 투자를 권유한 경우에는 고객보호의무를 저버린 위법한 행위로 불법행위가 성립한다. 적합성의 원칙이 증권투자 또는 투자신탁의 영역에서 인정되어 온 것이기는 하나, 구 간접투자자산 운용업법(2007. 8. 3. 법률 제8635호 자본시장과 금융투자업에 관한 법률 부칙 제 2 조로 폐지) 제135조 제 1 항에서 변액보험을 위 법상의 투자신탁으로 간주하고 있는 점에 비추어, 변액보험에도 적합성의 원칙이 적용된다.

[3] 보험설계사가 유니버설 보험 및 변액 유니버설 보험 계약 체결 당시 보험계약자에게 위 각 보험의 내용이나 위험성, 투자수익률에 따른 해약환급금의 변동, 특히 해약환급금이 납입보험료 원금 상당액에 이르려면 상당한 기간이 소요된다는 점에 대하여 충분히 설명하지 아니하였고, 특히 변액보험에 관하여는 고율의 수익률을 전제로 보험내용을 설명함으로써 변액보험계약에 필연적으로 수반되는 위험성에 관한 올바른 인식형성을 방해하거나 또는 과대한 위험성을 수반하는 거래를 적극적으로 권유하여 보험계약자의 합리적인 판단과 의사결정을 저해하였고, 이러한 보험설계사의 설명의무 위반 및 적합성 원칙의 위반 등 고객보호의무 위반행위는 보험계약자에 대하여 불법행위를 구성하므로 보험회사와 보험설계사가 보험계약자가 입은 손해(납입한 보험료 합계액과 수령한 해약환급금의 차액)를 배상할 책임이 있다고 본 사례.

[4] 교통사고의 경우와 같이 불법행위로 인하여 가해자가 얻은 경제적 이득은 전혀 없고, 오로지 피해자의 신체적 법익 또는 경제적 가치만이 영구적으로 소실하는

이른바 '가치 감소 내지 소멸형' 불법행위로 인한 손해배상에 있어서는 손해배상액을 산정할 때 손해의 공평한 분담을 위하여 피해자의 과실을 참작함이 타당하나, 사기의 경우와 같이 불법행위로 인하여 피해자의 재산 내지 경제적 이익이 가해자에게 이전되는 '가치 이전형' 불법행위로 인한 손해배상에 있어서는 손해배상액을 산정할 때 피해자의 과실을 고려한다면, 이는 결국 불법을 야기한 가해자로 하여금 불법을 통하여 얻은 이익의 일부를 향유하는 것을 용인하는 결과가 되어 부당하다. 또한, 설명의무 또는 적합성의 원칙 등을 위반한 투자의 권유는 투자자로 하여금 경솔하게 판단하도록 하는 것으로서 투자자의 과실을 야기하는 속성을 가지는데, 이와 같이 야기된 투자자의 과실은 이른바 '획책된 과실'로서 권유자의 위법과 별도로 평가할 수 없는 것이므로, 원칙적으로 과실상계의 대상이 될 수 없다.

## Ⅱ. 자산운용의 지시 및 실행

### 1. 자산운용의 지시 및 실행

#### (1) 원　　칙

투자신탁의 집합투자업자는 투자신탁재산을 운용함에 있어서 그 투자신탁재산을 보관·관리하는 신탁업자에 대하여 그 지시내용이 전산시스템에 의하여 객관적이고 정확하게 관리될 수 있는 방법(시행령 제79조 제1항)에 따라 투자신탁재산별로 투자대상자산의 취득·처분 등에 관하여 필요한 지시를 하여야 하며, 그 신탁업자는 집합투자업자의 지시에 따라 투자대상자산의 취득·처분 등을 하여야 한다(법 제80조 제1항). 즉, 투자신탁재산의 투자대상자산의 취득·처분은 집합투자업자가 투자자에 대한 선관주의의무와 충실의무에 따라 결정하여 신탁업자에게 지시하는 것이고, 따라서 신탁업자에게 포괄적으로 이 권한을 위임하는 것은 '일임'과 다름없는 형태가 되어 인정되기 어려우므로 결국 신탁업자는 투자대상자산에 대한 집합투자업자의 지시에 따라서 투자신탁재산을 운용하도록 하는 것이다.

#### (2) 예　　외

집합투자업자가 운용하는 투자신탁재산이 신탁업자에게 신탁된 결과 법률상 그 처분권한은 원칙적으로 신탁업자에게 귀속되어 신탁업자의 명의로 취득·처분할 수 있고, 집합투자업자가 자신의 명의로 직접 투자대상자산의 취득·처분 등을 명할 수는 없는 것이 원칙이다. 그러나 투자신탁재산의 효율적인 운영을 위하여 불가피하다면 대통령령이 정하는 경우에 한하여 법률이 규정한 예외로서 집합투자업자 자신의 명의로 투자대상자산의 취득·처분을 명할 수 있다(법 제80조 제 1 항 단서). 즉, ① 증권시장이나 해외 증권시장에 상장된 지분증권, 지분증권과 관련된 증권예탁증권, 수익증권 및 파생결합증권의 매매나 한국거래소 증권상장규정에 따라 상장예비심사를 청구하여 상장기준 적합확인을 받은 법인이 발행한 지분증권, 지분증권과 관련된 증권예탁증권, 수익증권 및 파생결합증권의 매매, ② 국채증권, 지방채증권, 특수채증권, 사채권, 기업어음증권 또는 단기사채의 매매, ③ 장내파생상품의 매매, ④ 법 제83조 제 4 항에 따른 단기대출, ⑤ 법 제251조 제 4 항에 따른 대출, ⑥ 은행, 한국산업은행, 한국수출입은행, 중소기업은행, 투자매매업자 또는 투자중개업자, 증권금융회사, 종합금융회사, 상호저축은행이 발행·할인·매매·중개·인수 또는 보증하는 어음의 매매, ⑦ 양도성 예금증서의 매매, ⑧ 외국환거래법에 따른 대외지급수단의 매매거래, ⑨ 장외파생상품의 매매(투자위험을 회피하기 위한 경우에 한함), ⑩ 환매조건부매매 또는 금융위원회가 정하여 고시하는 기준에 따른 법 제 5 조 제 1 항 제 3 호에 따른 계약의 체결, ⑪ 그 밖에 투자신탁재산의 효율적 운용을 위하여 불가피한 경우로서 금융위원회가 정하여 고시하는 경우 중의 하나에 해당하는 방법을 신탁계약에 정하여 투자대상자산을 운용하는 경우에는 집합투자업자가 자신의 명의로 직접 투자대상자산의 취득·처분이 가능하다(시행령 제79조 제 2 항).

이러한 경우 집합투자업자는 투자대상자산의 취득·처분 등의 업무를 수행함에 있어서 투자신탁재산별로 미리 정하여진 자산배분명세에 따라 취득·처분 등의 결과를 공정하게 배분하여야 한다. 이 경우 집합투자업자는 자산배분명세, 취득·처분 등의 결과, 배분결과 등에 관한 장부 및 서류를 총리령으로 정하는 방법에 따라 작성하고 이를 유지·관리하여야 한다(법 제80조 제 3 항). 자산분배명세 등에 대해 필요한 사항은 총리령으로 정한다(법 제80조 제 4 항).

## 2. 집합투자업자의 이행책임 및 손해배상책임

투자신탁의 집합투자업자(그 투자신탁재산을 보관·관리하는 신탁업자를 포함)는 법 제80조 제 1 항에 따라 투자대상자산의 취득·처분 등을 한 경우 그 투자신탁재산을 한도로 하여 그 이행책임을 부담한다(법 제80조 제2항). 즉 집합투자업자는 투자신탁재산의 운용지시자로서 혹은 직접 운용자로서 행한 투자대상자산의 취득이나 처분의 결과에 대하여는 그 자신의 재산이 아니라 투자신탁의 재산으로 이행책임을 부담한다. 이는 운용자로서의 지위에서 행한 것이므로 그 결과에 대하여도 투자신탁재산으로 이행책임을 지는 것은 당연하다.

다만, 그 집합투자업자가 법령·약관·집합투자규약·투자설명서에 위반하는 행위를 하거나 그 업무를 소홀히 하여 투자자에게 손해배상책임을 지는 경우에는 그러하지 아니하다(법 제80조 제2항 단서). 집합투자업자의 법령이나 약관 또는 집합투자규약 등을 위반한 행위는 바로 집합투자업자의 선관주의의무 위반 내지는 충실의무를 위반한 것이므로 집합투자업자 고유의 재산으로 손해를 배상할 책임이 있다.

### 3. 집합투자기구의 명의의 거래

투자신탁을 제외한 집합투자기구의 집합투자업자는 그 집합투자재산을 운용함에 있어서 집합투자기구의 명의(투자익명조합의 경우에는 그 집합투자업자의 명의를 말함)로 투자대상자산의 취득·처분 등을 하고, 그 집합투자기구의 신탁업자에게 취득·처분 등을 한 자산의 보관·관리에 필요한 지시를 하여야 하며, 그 신탁업자는 집합투자업자의 지시에 따라야 한다. 이 경우 집합투자업자가 투자대상자산의 취득·처분 등을 함에 있어서는 집합투자업자가 그 집합투자기구를 대표한다는 사실을 표시하여야 한다(법 제80조 제5항). 즉 집합투자업자가 투자대상자산의 취득·처분 등을 함에 있어서는 신탁업자나 집합투자업자의 명의가 아니라, 집합투자기구의 명의로 해야 하는데, 이는 집합투자재산의 소유는 투자자의 것이라는 것과 집합투자업자는 다만 그 집합투자기구를 대표하여 집합투자재산을 운용한다는 것을 밝힌 것이다. 투자대상자산의 취득·처분을 함에 있어서도 대통령령이 정하는 방법(시행령 제79조 제1항)에 따라 집합투자재산(투자신탁재산 제외)별로 취득·처분이 이루어져야 한다.

## Ⅲ. 집합투자업자의 자산운용상 제한

집합투자업자가 집합투자재산을 운용함에 있어서는 투자자 보호 및 집합투자재산의 안정적 운용을 해칠 우려가 없어 대통령령이 인정하는 경우(시행령 제80조

제 1 항 참조)를 제외하고는 다음에서 정하는 일정한 행위를 할 수 없다(법 제81조 제 1 항). 투자대상자산을 증권, 부동산, 집합투자증권, 그리고 그 밖의 경우로 나누어서 보기로 한다.

## 1. 증권 또는 파생상품의 경우

투자대상자산이 증권인 경우[1)]에는 ① 각 집합투자기구 자산총액의 100분의 10(시행령 제80조 제 4 항)을 초과하여 동일종목[2)]에 투자하는 행위,[3)] ② 각 집합투자업자가 운용하는 전체 집합투자기구 자산총액으로 동일법인 등이 발행한 지분증권 총수의 100분의 20을 초과하여 투자하는 행위 또는 각 집합투자기구 자산총액으로 동일법인 등이 발행한 지분증권 총수의 100분의 10을 초과하여 투자하는 행위,[4)] ③ 일정한 적격요건[5)]을 갖추지 못한 자와 장외파생상품을 매매하는 행위, ④ 파생상품의 매매에 따른 위험평가액이 각 집합투자기구의 자산총액에서 부채총액을 뺀 가액의 100분의 100(시행령 제80조 제 6 항)을 초과하여 투자하는 행위(가격변동의 위험이 크지 아니한 경우로서 금융위원회가 정하여 고시하는 기준[6)]을 충족하는 상장지수집합투자기구의 경우 이를 100분의 200으로 함), ⑤ 파생상품의 매매와 관련하여 기초자산 중 동일법인 등이 발행한 증권(그 법인 등이 발행한 증권과 관련된 증권예탁증권을 포함)의 가격변동으로 인한 위험평가액이 각 집합투자기구 자산총액의 100분의 10을 초과하여 투자하는 행위, ⑥ 같은 거래상대방과의 장외파생상품 매

---

1) 이 경우 증권에는 집합투자증권과 법 제279조 제 1 항의 외국집합투자증권은 제외하고, 투자대상자산이 ① 원화로 표시된 양도성 예금증서, ② 기업어음증권 외의 어음, ③ 제 1 호 및 제 2 호 외에 대출채권, 예금, 그 밖의 금융위원회가 정하여 고시하는 채권, ④ 사업수익권을 포함한다(법 제81조 제 1 항 제 1 호, 시행령 제80조 제 2 항 · 제 3 항).

2) 이 경우 동일법인 등이 발행한 증권 중 지분증권(그 법인 등이 발행한 지분증권과 관련된 증권예탁증권을 포함)과 지분증권을 제외한 증권은 각각 동일종목으로 본다(법 제81조 제 1 항 제 1 호 가목 단서).

3) 이 경우 허용되는 행위로서는 법 제81조 제 1 항 제 1 호 가목, 시행령 제80조 제 1 항 제 1 호에서 제 3 의3 호 참조.

4) 이 경우 허용되는 행위는 법 제81조 제 1 항 제 1 호 나목 또는 다목, 시행령 제80조 제 1 항 제 4 호와 제 5 호 참조.

5) 시행령 제80조 제 5 항에 의하면, 제10조 제 1 항 각 호의 어느 하나에 해당하는 자가 다음 각 호의 어느 하나에 해당하는 것을 말한다. ① 신용평가회사에 의하여 투자적격 등급 이상으로 평가받은 경우 ② 신용평가회사에 투자적격 등급 이상으로 평가받은 보증인을 둔 경우 ③ 담보물을 제공한 경우.

6) 금융투자업규정 제4-52조의2(상장지수집합투자기구의 파생상품 위험평가액 한도) 참조.

매에 따른 거래상대방 위험평가액이 각 집합투자기구 자산총액의 100분의 10을 초과하여 투자하는 행위가 금지된다(법 제81조 제1항 제1호 가목-사목).

## 2. 부동산의 경우

부동산의 경우에는 먼저 부동산을 취득한 후 국내에 있는 부동산은 1년, 국외에 있는 부동산은 집합투자규약으로 정하는 기간 이내에(시행령 제80조 제7항) 이를 처분하는 행위를 금지한다(법 제81조 제1항 제2호 가목). 다만, 부동산개발사업에 따라 조성하거나 설치한 토지·건축물 등을 분양하는 경우, 그리고 집합투자기구가 합병·해지 또는 해산되는 경우는 제외한다(법 제81조 제1항 제2호 가목 단서, 시행령 제80조 제8항).

또한 건축물, 그 밖의 공작물이 없는 토지로서 그 토지에 대하여 부동산개발사업을 시행하기 전에 이를 처분하는 행위는 금지된다(법 제81조 제1항 제2호 나목). 다만, 집합투자기구의 합병·해지 또는 해산, 부동산개발사업을 하기 위하여 토지를 취득한 후 관련 법령의 제정·개정 또는 폐지 등으로 인하여 사업성이 뚜렷하게 떨어져서 부동산개발사업을 수행하는 것이 곤란하다고 객관적으로 증명되어 그 토지의 처분이 불가피한 경우는 제외한다(법 제81조 제1항 제2호 나목 단서, 시행령 제80조 제9항).

## 3. 집합투자증권의 경우

집합투자재산을 집합투자증권(법 제279조 제1항의 외국 집합투자증권 포함)에 운용함에 있어서는 다음과 같은 운용방법이 금지되고 있다. 즉 ① 각 집합투자기구 자산총액의 100분의 50을 초과하여 같은 집합투자업자(법 제279조 제1항의 외국 집합투자업자 포함)가 운용하는 집합투자기구(법 제279조 제1항의 외국 집합투자기구 포함)의 집합투자증권에 투자하는 행위(법 제81조 제1항 제3호 가목), ② 각 집합투자기구 자산총액의 100분의 20을 초과하여 같은 집합투자기구(법 제279조 제1항의 외국 집합투자기구 포함)의 집합투자증권에 투자하는 행위(법 제81조 제1항 제3호 나목), ③ 집합투자증권에 자산총액의 100분의 40을 초과하여 투자할 수 있는 집합투자기구(법 제279조 제1항의 외국 집합투자기구 포함)의 집합투자증권에 투자하는 행위(법 제81조 제1항 제3호 다목), ④ 각 집합투자기구 자산총액의 100분의 5를 초과하여 사모집합투자기구(사모집합투자기구에 상당하는 외국 사모집합투자기구 포함)의 집합투자증권에 투자하는 행위(법 제81조 제 1 항 제 3 호 라목, 시행령 제80조 제10항), ⑤ 각 집합투자기구의 집합투자재산으로 같은 집합투자기구(법 제279조 제 1 항의 외국 집합투자기구 포함)의 집합투자증권 총수의 100분의 20을 초과하여 투자하는 행위(이 경우 그 비율의 계산은 투자하는 날 기준)(법 제81조 제 1 항 제 3 호 마목), 또는 ⑥ 집합투자기구의 집합투자증권을 판매하는 투자매매업자 또는 투자중개업자가 받는 판매수수료 및 판매보수와 그 집합투자기구가 투자하는 다른 집합투자기구(법 제279조 제 1 항의 외국 집합투자기구 포함)의 집합투자증권을 판매하는 투자매매업자[외국 투자매매업자(외국 법령에 따라 외국에서 투자매매업에 상당하는 영업을 영위하는 자를 말함) 포함] 또는 투자중개업자[외국 투자중개업자(외국 법령에 따라 외국에서 투자중개업에 상당하는 영업을 영위하는 자를 말함) 포함]가 받는 판매수수료 및 판매보수의 합계가 법 시행령에서 정하는 한도[1]를 초과하여 투자하는 행위(법 제81조 제 1 항 제 3 호 바목, 시행령 제80조 제11항)가 금지된다.[2]

### 4. 기타의 경우

그 밖에 투자자 보호 또는 집합투자재산의 안정적 운용 등을 해할 우려가 있는 행위로서 금지되는 행위로서는 ① 각 집합투자기구에 속하는 증권 중 법 제181조 제 1 항 제 1 호의 증권총액 범위에서 금융위원회가 정하여 고시하는 비율을 초과하여 법 제181조 제 1 항에 따른 환매조건부증권매도를 하는 행위, ② 각 집합투자기구에 속하는 증권의 범위에서 금융위원회가 정하여 고시하는 비율을 초과하여 증권을 대여하는 행위, ③ 각 집합투자기구의 자산총액 범위에서 금융위원회가 정하여 고시하는 비율을 초과하여 증권을 차입하는 행위가 있다(법 제81조 제 1 항 제 4 호, 시행령 제81조 제 1 항 제 1 호 내지 제 3 호).

집합투자재산에 속하는 투자대상자산의 가격 변동 등의 사유(시행령 제81조 제 2 항 참조)로 불가피하게 법 제81조 제 1 항에서 정하는 자산운용제한의 한도를 초과하게 된 경우에는 초과일부터 3개월까지(부도 등으로 처분이 불가능한 투자대상자산

1) 판매수수료는 납입금액 또는 환매금액의 100분의 2, 판매보수는 집합투자재산의 연평균가액의 100분의 1이 기준이다. 다만 판매보수의 경우에는 투자자의 투자기간에 따라 판매보수율이 감소하는 경우로서 금융위원회가 정하여 고시하는 기간(2년)을 넘는 시점에 적용되는 판매보수율이 100분의 1 미만인 경우 그 시점까지는 100분의 1에서부터 1천분의 15까지의 범위에서 정할 수 있다(시행령 제80조 제10항·제77조 제 4 항).

2) 이 경우 허용되는 행위는 시행령 제80조 제 1 항 제 6 호 내지 제12호 참조.

은 그 처분이 가능한 시기까지)는 그 투자한도에 적합한 것으로 본다(법 제81조 제3항). 또한 집합투자업자가 일정한[1] 집합투자재산(법 제81조 제4항)에 대한 투자비율을 적용함에 있어서 집합투자기구(펀드)의 최초 설정일 또는 설립일부터 부동산펀드(제229조 제2호)의 경우에는 1년, 특별자산펀드의 경우에는 6개월, 그 밖의 펀드는 1개월까지는 그 비율을 적용하지 아니한다(법 제81조 제4항).

## Ⅳ. 자기집합투자증권의 취득제한

### 1. 취득제한의 원칙

투자신탁이나 투자익명조합의 집합투자업자는 집합투자기구의 계산으로 그 집합투자기구의 집합투자증권을 취득하거나 질권의 목적으로 받지 못한다(법 제82조). 이러한 취득을 제한하는 이유는 상법상 자기주식의 취득규제 내지 질취의 제한과 동일한 목적을 달성하기 위한 것이다. 즉 회사가 자기주식을 취득하는 것은 출자금의 반환과 결과적으로 동일하며 결국 자본의 공동화를 가져와서 회사의 자본충실을 해한다. 자기집합투자증권의 취득도 투자금의 반환과 동일한 효과가 있어 자본의 공동화를 초래하기 때문에 금지된다.[2]

### 2. 취득제한의 예외

자기집합투자증권의 취득이 원칙적으로 금지되지만, 예외적으로 담보권의 실행 등 권리 행사에 필요한 경우와 반대수익자의 수익권매수청구권의 행사에 따라서 수익증권을 매수하는 경우(법 제191조의 경우)에는 자기집합투자증권을 취득할 수 있다(법 제82조 단서). 집합투자업자가 채권의 만족을 구할 때 다른 담보물이 없는 경우에는 자기집합투자증권의 취득이 허용될 필요가 있을 것이며, 법상 허용되는 매수청구권의 행사로 인한 경우에도 그 취득이 허용되어야 한다.

예외적으로 취득한 경우라고 하더라도 취득일부터 1개월 이내에 소각하거나 투자매매업자 또는 투자중개업자를 통한 매도의 방법으로 처분하여야 한다(시행령 제82조).

---

1) 제1항 제1호 가목, 마목부터 사목까지와 제3호 가목·나목, 제229조 각 호의 펀드의 경우이다(법 제81조 제4항).

2) 한국증권법학회(Ⅰ), 381면.

## V. 금전차입 등의 제한

### 1. 금전차입의 제한 및 예외

집합투자업자는 집합투자재산을 운용함에 있어서 집합투자기구의 계산으로 금전을 차입하지 못하도록 되어 있다(법 제83조 제 1 항). 집합투자기구의 계산으로 금전을 차입하는 경우에는 향후 이행하여야 할 원금과 이자의 상환으로 인한 부담이 발생되고, 또한 일반적으로 금전차입을 위한 담보로서 집합투자기구가 보유한 자산 등이 제공될 가능성이 높다. 따라서 차입을 제한 없이 허용하게 되면 집합투자재산의 부실화를 유발할 가능성이 크기 때문에 금전의 차입을 원칙적으로 제한한다.

다만 집합투자증권의 환매청구(법 제235조)가 대량으로 발생하여 일시적으로 환매대금의 지급이 곤란하게 된 때와 투자신탁의 경우 반대수익자의 수익증권매수청구권이 행사되거나(법 제191조) 투자회사의 경우 주주의 주식매수청구권이 행사됨(법 제201조 제 4 항)에 따른 매수청구가 대량으로 발생하여 일시적으로 매수대금의 지급이 곤란한 때 및 그 밖에 집합투자기구의 운용 및 결제 과정에서 일시적으로 금전의 차입이 필요하고 투자자 보호 및 건전한 거래질서를 해할 우려가 없는 때로서 대통령령으로 정하는 때에는 긴급하게 필요한 금전을 차입할 필요성이 있으므로 예외적으로 집합투자기구의 계산으로 금전을 차입할 수 있다(법 제83조 제 1 항 단서). 여기서 '대통령령으로 정하는 때'라 함은 ① 증권시장이나 해외 증권시장의 폐쇄·휴장 또는 거래정지, 그 밖에 이에 준하는 사유로 집합투자재산을 처분할 수 없는 경우, ② 거래 상대방의 결제 지연 등이 발생한 경우, ③ 환율의 급격한 변동이 발생한 경우 중의 어느 하나에 해당하여 환매대금의 지급이 일시적으로 곤란한 때를 말한다(시행령 제83조 제 2 항). 그러나 집합투자기구의 계산으로 금전을 차입하는 경우에도 그 차입금의 총액은 차입 당시 집합투자기구 자산총액에서 부채총액을 뺀 가액의 100분의 10을 초과하여서는 아니 된다(법 제83조 제 2 항). 차입이 허용되는 경우에도 일정한 금융기관으로부터의 차입만이 허용된다. 즉 시행령 제79조 제 2 항 제 5 호에 해당하는 금융기관,[1] 보험회사, 이에 준하

1) 이러한 금융기관은 은행, 한국산업은행법에 따른 한국산업은행, 중소기업은행법에 따른 중소기업은행, 한국수출입은행법에 따른 한국수출입은행, 투자매매업자 또는 투자중개업자, 증권금융회사, 종합금융회사, 상호저축은행법에 따른 상호저축은행을 말한다(시행령 제79조

는 외국 금융기관으로부터의 차입만이 가능하다(법 제83조 제 3 항, 시행령 제83조 제 1 항).

한편 집합투자업자가 예외적으로 금전을 차입한 경우에는 그 차입금 전액에 대한 변제가 완료되기 전까지 투자대상자산을 추가로 매수(파생상품의 전매 및 환매를 제외함)하여서는 아니 된다(시행령 제83조 제 2 항). 차입금의 변제를 완료하기 전까지 투자대상자산을 추가로 매수하는 것을 제한하는 이유는 차입금을 변제하기 전에 투자대상자산을 추가로 매입하는 것은 구 채무의 상환부담이 해소되지 아니한 상태에서 새로운 차입금의 상환을 상환하지 못할 위험성을 증가시켜 채무불이행 내지 재무구조의 부실화의 우려를 높이기 때문이다.

### 2. 금전대여의 제한

집합투자업자는 집합투자재산을 운용함에 있어서 집합투자재산 중 금전을 대여하여서는 아니 된다(법 제83조 제 4 항). 만약 집합투자업자가 집합투자재산 중에서 금전을 대여한다면 집합투자재산을 본래의 투자목적에 따라 운용하는 것이 아니고 사적인 목적을 위하여 금전대여를 하는 등 운용권한을 남용할 위험성이 있고 이는 선관의무 및 충실의무에도 위반될 우려가 높기 때문이다. 다만, 대통령령으로 정하는 일정한 금융기관[1]에 대한 30일 이내의 단기대출은 허용되는데(법 제83조 제 4 항 단서), 이는 채권회수의 위험성이 낮은 금융기관에 대한 단기적인 대출의 경우에는 그 회수의 가능성이 높고, 또한 투자재산의 단기적인 운용을 통해 자금운용의 효율성을 높일 수 있는 장점도 있어 예외적으로 허용된다.

### 3. 보증과 담보제공의 금지

집합투자업자는 집합투자재산을 운용함에 있어서 집합투자재산으로 해당 집합투자기구 외의 자를 위하여 채무보증 또는 담보제공을 하여서는 아니 된다(법 제83조 제 5 항). 집합투자재산을 가지고 당해 집합투자기구가 아닌 제 3 자를 위한 채무보증이나 담보제공을 하는 것은 실질적으로 집합투자기구의 집합투자재산을 투자목적 이외의 다른 용도로 전용하는 것이어서 금지된다.

---

제 2 항 제 5 호).

1) 시행령 제83조 제 3 항·제345조 제 1 항에 따른 금융기관을 말한다.

## Ⅵ. 이해관계인과의 거래제한 등

### 1. 이해관계인과의 거래제한과 예외

법은 집합투자업자의 이해상충거래로 인한 투자자의 손해를 방지하기 위하여 집합투자업자는 집합투자재산을 운용함에 있어서 대통령령으로 정하는 이해관계인[1]과 거래행위를 하여서는 아니 된다고 규정하고 있다(법 제84조 제 1 항). 이것은 집합투자업자가 집합투자재산을 가지고 이해관계자와 사이에 투자자의 이익과 상충되는 거래를 하는 것을 방지하기 위한 것으로서 자본시장법의 기본 목적 중 하나인 투자자 보호와 그 입법취지를 같이한다.

다만, 집합투자기구와 이해가 상충될 우려가 없는 거래로서 ① 이해관계인이 되기 6개월 이전에 체결한 계약에 따른 거래, ② 증권시장 등 불특정다수인이 참여하는 공개시장을 통한 거래, ③ 일반적인 거래조건에 비추어 집합투자기구에 유리한 거래, ④ 그 밖에 대통령령으로 정하는 거래[2]의 경우에는 이해관계인과 거래를 할 수 있다(법 제84조 제 1 항 단서). 집합투자업자는 이러한 예외적인 이해관계인과의 거래가 있는 경우 또는 이해관계인의 변경이 있는 경우에는 그 내용을 해당 집합투자재산을 보관·관리하는 신탁업자에게 즉시 통보하여야 한다(법 제84조 제 2 항).

### 2. 증권의 취득제한

집합투자업자는 집합투자재산을 운용함에 있어서 집합투자기구의 계산으로 그 집합투자업자가 발행한 증권(법 제189조의 수익증권 제외)을 취득하여서는 아니 된다(법 제84조 제 3 항). 집합투자업자는 집합투자재산을 운용함에 있어서 대통령령으로 정하는 한도를 초과하여 그 집합투자업자의 계열회사가 발행한 증권을 취득하여서는 아니 된다(법 제84조 제 4 항). 이것은 집합투자업자가 운용하는 집합투자재산으

---

1) 시행령 제84조에 의하면 이해관계인은 다음의 어느 하나에 해당되는 자를 말한다. ① 집합투자업자의 임직원 및 그 배우자, ② 집합투자업자의 대주주 및 그 배우자, ③ 집합투자업자의 계열회사, 계열회사의 임직원 및 그 배우자, ④ 집합투자업자가 운용하는 전체 집합투자기구의 집합투자증권을 30% 이상 판매·위탁판매한 투자매매업자 또는 투자중개업자, ⑤ 집합투자업자가 운용하는 전체 집합투자기구의 집합투자재산의 100분의 30 이상을 보관·관리하고 있는 신탁업자, ⑥ 집합투자업자가 법인이사인 투자회사의 감독이사.

2) 시행령 제85조에 정한 예외를 말한다.

로 집합투자업자가 속한 계열사의 증권에 과도하게 투자하여 집합투자기구가 일종의 사금고화하게 되는 결과를 방지하거나 계열회사의 경영권을 유지하는 도구로 전락하는 것을 방지하고 집합투자재산의 건전성을 유지하기 위한 것이다.

집합투자업자가 운용하는 전체 집합투자기구의 집합투자재산으로 계열회사가 발행한 지분증권(그 지분증권과 관련된 증권예탁증권 포함)을 취득하는 경우에도 계열회사가 발행한 전체 지분증권에 대한 취득금액은 집합투자업자가 운용하는 전체 집합투자기구 자산총액 중 지분증권에 투자 가능한 금액의 100분의 5와 집합투자업자가 운용하는 각 집합투자기구 자산총액의 100분의 25를 초과할 수 없다(시행령 제86조 제1항 제1호).[1] 또한 각 집합투자업자가 운용하는 전체 집합투자기구의 집합투자재산으로 계열회사(법률에 따라 직접 설립된 법인은 제외)가 발행한 증권(법 제84조 제4항에 따른 증권 중 지분증권을 제외한 증권을 말함)에 투자하는 경우에는 계열회사 전체가 그 집합투자업자에 대하여 출자한 비율에 해당하는 금액[2]을 초과할 수 없다(시행령 제86조 제1항 제2호). 또한 계열회사의 증권을 취득하는 경우라고 하더라도 법 제189조의 수익증권, 집합투자증권(투자신탁의 수익증권 제외) 및 법 제279조 제1항에 따른 외국 집합투자증권, 파생결합증권, 그리고 법 제110조에 따른 수익증권은 제외된다(시행령 제86조 제2항). 그러나 계열회사가 발행한 지분증권과 관련한 증권예탁증권과 대통령령이 정하는 투자대상자산[3]은 투자대

1) 다만 다음의 경우는 예외로 한다(시행령 제86조 제1항 제1호 가목-다목).
  가. 계열회사가 발행한 전체 지분증권의 시가총액비중(법 제80조 제1항 제3호 후단에 따라 산정한 시가총액비중을 말한다)의 합이 집합투자업자가 운용하는 전체 집합투자기구 자산총액 중 지분증권에 투자 가능한 금액의 100분의 5를 초과하는 경우로서 그 계열회사가 발행한 전체 지분증권을 그 시가총액비중까지 취득하는 경우
  나. 계열회사가 발행한 전체 지분증권의 시가총액비중의 합이 100분의 25를 초과하는 경우로서 집합투자업자가 운용하는 각 집합투자기구에서 그 계열회사가 발행한 전체 지분증권을 그 시가총액비중까지 취득하는 경우
  다. 다수 종목의 가격수준을 종합적으로 표시하는 지수 중 금융위원회가 정하여 고시하는 지수의 변화에 연동하여 운용하는 것을 목표로 하는 집합투자기구의 집합투자재산으로 그 계열회사가 발행한 전체 지분증권을 해당 지수에서 차지하는 비중까지 취득하는 경우

2) 이 경우 계열회사 전체가 그 집합투자업자에 대하여 출자한 비율에 해당하는 금액은 계열회사 전체가 소유하는 그 집합투자업자의 의결권 있는 주식수를 그 집합투자업자의 의결권 있는 발행주식 총수로 나눈 비율에 그 집합투자업자의 자기자본(자기자본이 자본금 이하인 경우에는 자본금을 말함)을 곱한 금액으로 한다(시행령 제86조 제1항 제2호 후단).

3) 시행령 제86조 제3항에 의하면, 다음의 투자대상자산을 말한다.
  1. 원화로 표시된 양도성 예금증서
  2. 기업어음증권 외의 어음
  3. 제1호 및 제2호 외에 대출채권, 예금, 그 밖에 금융위원회가 정하여 고시하는 채권

상이 될 수 있다(법 제84조 제 4 항).

한편, 집합투자업자는 제 1 항 제 1 호 각 목에 따라 계열회사의 전체 주식을 각 집합투자기구 자산총액의 100분의 5를 초과하여 취득하는 경우에는 집합투자기구 자산총액의 100분의 5를 기준으로 집합투자재산에 속하는 각 계열회사별 주식의 비중을 초과하는 계열회사의 주식에 대하여는 법 제87조 제 2 항에 따라 의결권을 행사하여야 한다(시행령 제86조 제 4 항).

## Ⅶ. 불건전영업행위의 금지

자본시장법은 집합투자업자로 하여금 법에서 정하고 있는 불건전영업행위를 할 수 없도록 규정하고 있는데, 이러한 제한은 투자자의 보호와 건전한 거래질서를 유지하기 위함이다. 먼저 집합투자업자가 집합투자재산을 운용함에 있어서 금융투자상품, 그 밖의 투자대상자산의 가격에 중대한 영향을 미칠 수 있는 매수 또는 매도 의사를 결정한 후 이를 실행하기 전에 그 금융투자상품, 그 밖의 투자대상자산을 집합투자업자 자기의 계산으로 매수 또는 매도하거나 제 3 자에게 매수 또는 매도를 권유하는 행위가 금지되지만(법 제85조 제 1 호), 집합투자재산의 운용과 관련하여 부당하게 관련 정보를 이용한 경우가 아닌 경우[1]에는 불건전한 영업행위로 보지 않는다(시행령 제87조 제 1 항 제 1 호).

둘째, 집합투자업자는 자기 또는 대통령령으로 정하는 관계인수인[2]이 인수한[3] 증권을 집합투자재산으로 매수하는 행위가 금지된다(법 제85조 제 2 호). 그런데 인수일로부터 3개월이 지난 후 매수하거나(시행령 제87조 제 1 항 제 2 호), 인수한 증권이 국채증권, 지방채증권, 한국은행통화안정증권, 특수채증권 또는 사채권(시

1) 집합투자재산의 운용과 관련한 정보를 이용하지 아니하였음을 증명하였거나, 증권시장과 파생상품시장 간의 가격 차이를 이용한 차익거래, 그 밖에 이에 준하는 거래로서 집합투자재산의 운용과 관련한 정보를 의도적으로 이용하지 않았다는 사실이 객관적으로 명백한 경우가 여기에 해당된다(시행령 제87조 제 1 항 제 1 호 가목·나목).

2) '관계인수인'이란 집합투자업자와 같은 기업집단(독점규제법 제 2 조 제 2 호에 따른 기업집단을 말함)에 속하는 인수인 또는 집합투자업자가 운용하는 전체 집합투자기구의 집합투자증권을 100분의 30 이상 판매한 인수인 중 어느 하나에 해당하는 경우를 말한다(시행령 제87조 제 2 항, 금융투자업규정 제4-60조 제 2 항).

3) '인수하고 남은' 증권을 규제하였던 구 간투법과는 달리 자본시장법에서는 '인수한' 증권이라는 개념을 사용함으로써 총액인수와 잔액인수의 경우를 모두 포함한다. 변제호 외 5인 공저(2015), 305면.

행령 제87조 제 1 항 제 2 의2호), 또는 인수한 증권이 상장된 주권인 경우로서 그 주권을 증권시장에서 매수하는 경우(시행령 제87조 제 1 항 제 2 의3호)에는 허용된다.

셋째, 집합투자업자는 자기 또는 관계인수인이 대통령령으로 정하는 인수업무를 담당한 법인의 특정증권등(법 제172조 제 1 항의 특정증권등을 말함)에 대하여 인위적인 시세(법 제176조 제 2 항 제 1 호의 시세를 말함)를 형성하기 위하여 집합투자재산으로 그 특정증권등을 매매하는 행위가 금지된다(법 제85조 제 3 호), 여기서 말하는 인수업무란 발행인 또는 매출인으로부터 직접 증권의 인수를 의뢰받아 인수조건 등을 정하는 업무를 말한다(시행령 제87조 제 3 항).

넷째, 집합투자업자는 특정 집합투자기구의 이익을 해하면서 자기 또는 제 3 자의 이익을 도모하는 행위를 하여서는 안 된다(법 제85조 제 4 호).

다섯째, 집합투자업자는 특정 집합투자재산을 집합투자업자의 고유재산 또는 그 집합투자업자가 운용하는 다른 집합투자재산, 투자일임재산(투자자로부터 투자판단을 일임받아 운용하는 재산을 말함) 또는 신탁재산과 거래하는 행위를 해서는 안 된다(법 제85조 제 5 호). 그러나 집합투자업자가 운용하는 집합투자기구 상호 간에 자산(제224조 제 4 항에 따른 미지급금 채무 포함)을 동시에 한쪽이 매도하고 다른 한쪽이 매수하는 거래(시행령 제87조 제 1 항 제 3 호)[1]와 특정 집합투자재산을 그 집합투자업자의 고유재산과 제85조 제 2 호에 따른 매매중개를 통하여 같은 호 각 목의 투자대상자산을 매매하는 경우(시행령 제87조 제 1 항 제 4 호)에는 허용된다.

위의 경우 이외에도 제 3 자와의 계약 또는 담합 등에 의하여 집합투자재산으로 특정 자산에 교차하여 투자하는 행위(법 제85조 제 6 호), 투자운용인력이 아닌 자에게 집합투자재산을 운용하게 하는 행위(법 제85조 제 7 호),[2] 그 밖에 투자자 보호 또는 건전한 거래질서를 해할 우려가 있는 행위로서 대통령령으로 정하는 행위(법 제85조 제 8 호)[3]들도 허용되는 행위들이다.

---

1) 이 경우에는 다음의 어느 하나에 해당하는 경우이어야 한다(시행령 제87조 제 1 항 제 3 호). 즉, 자본시장법법, 동 시행령 및 집합투자기구의 집합투자규약상의 투자한도를 준수하기 위한 경우, 집합투자증권의 환매에 응하기 위한 경우, 집합투자기구의 해지 또는 해산에 따른 해지금액 등을 지급하기 위한 경우, 그 밖에 금융위원회가 투자자의 이익을 해칠 염려가 없다고 인정한 경우이다.

2) 이 경우에 전자적 투자조언장치를 활용하여 집합투자재산을 운용하는 경우는 허용된다(시행령 제87조 제 1 항 제 5 호). 전자적 투자조언장치는 시행령 제 2 조 제 6 호에서 정하고 있다.

3) 시행령 제87조 제 4 항에는 추가적으로 허용되는 행위들이 열거되어 있다.

## Ⅷ. 성과보수의 제한

### 1. 성과보수의 제한

집합투자업자는 집합투자기구의 운용실적에 연동하여 미리 정하여진 산정방식에 따른 성과보수를 받을 수 없다(법 제86조 제1항). 이는 집합투자업자가 성과보수를 과다하게 청구하기 위하여 투자자의 이익을 소홀히 하거나 성과보수를 얻기 위하여 건전한 거래질서를 해칠 가능성을 차단하기 위함이다.

### 2. 성과보수가 허용되는 경우

집합투자기구가 사모집합투자기구인 경우(법 제86조 제1항 제1호) 또는 사모집합투자기구 외의 집합투자기구 중 운용보수의 산정방식, 투자자의 구성 등을 고려하여 투자자 보호 및 건전한 거래질서를 해할 우려가 없는 경우로서 대통령령으로 정하는 경우에는 성과보수를 받을 수 있다(법 제86조 제1항 제2호). 성과보수가 허용되는 경우는 다음의 요건을 모두 충족하는 경우를 말하며, 이 경우 성과보수의 산정방식, 지급시기 등에 대하여 필요한 사항은 금융위원회가 정하여 고시한다(시행령 제88조 제1항). 즉 ① 집합투자업자가 임의로 변경할 수 없는 객관적 지표 또는 수치를 기준으로 성과보수를 산정할 것, ② 집합투자기구의 운용성과가 기준지표 등의 성과보다 낮은 경우에는 성과보수를 적용하지 아니하는 경우보다 적은 운용보수를 받게 되는 보수체계를 갖출 것, ③ 집합투자기구의 운용성과가 기준지표 등의 성과를 초과하더라도 해당 운용성과가 부(負)의 수익률을 나타내거나 일정 성과가 금융위원회가 정하여 고시하는 기준에 미달하는 경우에는 성과보수를 받지 아니하도록 할 것, ④ 환매금지형집합투자기구인 경우 최소 존속기한을 1년 이상으로 설정·설립하거나 나머지 집합투자기구인 경우 존속기한 없이 설정·설립할 것, ⑤ 성과보수의 상한을 정할 것을 요건으로 한다.

### 3. 성과보수에 대한 투자설명서에의 기재

집합투자업자가 성과보수를 받고자 하는 경우에는 그 성과보수의 산정방식, 그 밖에 대통령령으로 정하는 사항[1]을 해당 투자설명서(법 제123조 제1항에 따른

1) ① 성과보수를 취득한다는 뜻과 그 한도, ② 성과보수를 지급하지 아니하는 집합투자기구보다 높은 투자위험에 노출될 수 있다는 사실, ③ 성과보수를 포함한 보수 전체에 관한 사항,

투자설명서를 말함) 및 집합투자규약에 기재하여야 한다(시행령 제88조 제2항).

## IX. 의결권의 제한 등

### 1. 의결권이 제한되는 경우

집합투자업자(투자신탁이나 투자익명조합의 집합투자업자에 한함)는 투자자의 이익을 보호하기 위하여 집합투자재산에 속하는 주식의 의결권을 충실하게 행사하여야 한다(법 제87조 제1항). 이는 선언적인 것으로 이해할 수도 있겠지만, 집합투자업자에게 요구되는 충실의무(법 제79조 제2항)의 내용으로 보아야 할 것이다. 그럼에도 불구하고 집합투자업자는 의결권의 행사에 있어서 법이 정하는 일정한 경우에 해당되는 경우(시행령 제89조)에는 집합투자재산에 속하는 주식을 발행한 법인의 주주총회에 참석한 주주가 소유하는 주식 수에서 집합투자재산에 속하는 주식수를 뺀 주식수의 결의내용에 영향을 미치지 아니하도록 의결권을 행사하여야 한다(법 제87조 제2항). 즉 집합투자업자와 일정한 이해관계[1]에 있는 자(법 제87조 제2항 제1호, 시행령 제89조 제1항) 또는 집합투자업자에 대하여 사실상의 지배력을 행사하는 자로서 관계 투자매매업자·투자중개업자 및 그 계열회사 또는 집합투자업자(법 제87조 제1항의 집합투자업자를 말함)의 대주주(최대주주의 특수관계인인 주주 포함)가 그 집합투자재산에 속하는 주식을 발행한 법인을 계열회사로 편입하기 위한 경우(법 제87조 제2항 제1호, 시행령 제89조 제2항)와 집합투자재산에 속하는 주식을 발행한 법인이 그 집합투자업자와 계열회사의 관계에 있거나 그 집합투자업자에 대하여 사실상의 지배력을 행사하는 관계로서 관계 투자매매업자·투자중개업자 및 그 계열회사 또는 집합투자업자(법 제87조 제1항의 집합투자업자를 말함)의 대주주(최대주주의 특수관계인인 주주 포함)에 해당하는 관계에 있는 경우(법 제87조 제2항 제2호, 시행령 제89조 제3항)에는 법 제87조 제2항이 규정한 방식에 따라 의결권을 행사하여야 한다.

---

④ 기준지표 등 및 성과보수의 상한, ⑤ 성과보수의 지급시기, ⑥ 성과보수가 지급되지 아니하는 경우에 관한 사항, ⑦ 그 밖에 투자자 보호를 위하여 필요한 사항으로서 금융위원회가 정하여 고시하는 사항을 말한다(시행령 제88조 제2항).

1) 특수관계인 및 제141조 제2항에 따른 공동보유자를 말한다(시행령 제89조 제1항).

## 2. 의결권의 자유로운 행사의 경우

의결권이 제한되는 경우임에도 불구하고 집합투자재산에 속하는 주식을 발행한 법인의 합병, 영업의 양도·양수, 임원의 임면, 정관변경, 그 밖에 이에 준하는 사항으로서 투자자의 이익에 명백한 영향을 미치는 주요의결사항에 대하여는 법 제87조 제 2 항에 따라 의결권을 행사하는 경우 집합투자재산에 손실을 초래할 것이 명백하게 예상되는 때에는 위와 같은 제한을 받지 않고 집합투자업자 임의로 의결권을 행사할 수 있다(법 제87조 제 3 항). 그러나 이러한 예외적인 의결권의 행사의 경우라고 하더라도 집합투자업자가 공정거래법 제 9 조 제 1 항에 따른 상호출자제한 기업집단에 속하고 집합투자재산으로 그와 계열회사의 관계에 있는 주권상장법인이 발행한 주식을 소유하고 있는 경우에는 일정한 제약을 모두 충족하는 방법으로 의결권이 행사되어야 한다.[1)]

## 3. 의결권 행사의 공시

집합투자업자는 각 집합투자재산에서 대통령령으로 정하는 비율 또는 금액[2)] 이상을 소유하는 주식을 발행한 법인(의결권공시대상법인)에 대한 의결권 행사 여부 및 그 내용(의결권을 행사하지 아니한 경우에는 그 사유)을 대통령령으로 정하는 방법[3)]에 따라 기록·유지하여야 한다(법 제87조 제 7 항).

집합투자업자는 집합투자재산에 속하는 주식 중 대통령령으로 정하는 주식(법 제 9 조 제15항 제 3 호 나목에 따른 주권상장법인의 경우에는 주식과 관련된 증권예탁증권 포함)의 의결권 행사 내용 등을 다음의 구분에 따라 공시하여야 한다. 이 경우 공시 방법 등에 관하여 필요한 사항은 대통령령으로 정한다(법 제87조 제 8

1) 1. 그 주권상장법인의 특수관계인(공정거래법 제 7 조 제 1 항 제 5 호 가목에 따른 특수관계인을 말한다)이 의결권을 행사할 수 있는 주식의 수를 합하여 그 법인의 발행주식 총수의 100분의 15를 초과하지 아니하도록 의결권을 행사할 것
2. 집합투자업자가 제81조 제 1 항 각 호 외의 부분 단서에 따라 같은 항 제 1 호 가목의 투자한도를 초과하여 취득한 주식은 그 주식을 발행한 법인의 주주총회에 참석한 주주가 소유한 주식수에서 집합투자재산인 주식수를 뺀 주식수의 결의내용에 영향을 미치지 아니하도록 의결권을 행사할 것(법 제87조 제 3 항 각 호)

2) 각 집합투자기구 자산총액의 100분의 5 또는 100억원을 말한다(시행령 제90조 제 1 항).

3) 의결권공시대상법인(법 제87조 제 7 항에 따른 의결권공시대상법인을 말한다)에 대한 의결권의 행사 여부 및 그 내용(의결권을 행사하지 아니하는 경우에는 그 사유)을 법 제88조에 따른 자산운용보고서 및 법 제90조에 따른 영업보고서에 기재하는 것을 말한다(시행령 제90조 제 2 항).

항).[1] 즉 ① 법 제87조 제1항부터 제3항까지의 규정에 따라 합병, 영업의 양도·양수, 임원의 임면, 정관변경 등 경영권변경과 관련된 사항에 대하여 의결권을 행사하는 경우에는 의결권의 구체적인 행사내용, ② 의결권공시대상법인에 대하여 의결권을 행사하는 경우에는 법 제87조 제7항에 따른 의결권의 구체적인 행사내용, 그리고 ③ 의결권공시대상법인에 대하여 의결권을 행사하지 아니한 경우에는 법 제87조 제7항에 따른 의결권을 행사하지 아니한 구체적인 사유를 구분하여 공시하여야 한다.

## X. 자산운용에 관한 공시

### 1. 자산운용보고서

#### (1) 자산운용보고서의 교부

집합투자업자는 자산운용보고서를 작성하여 해당 집합투자재산을 보관·관리하는 신탁업자의 확인을 받아 3개월마다 1회 이상 해당 집합투자기구의 투자자에게 교부하여야 한다(법 제88조 제1항).[2] 이것은 자산운용에 대한 일종의 정기공시에 해당되는 것으로 이해할 수 있다. 다만, 투자자가 수시로 변동되는 등 투자자의 이익을 해할 우려가 없는 경우로서 대통령령으로 정하는 경우[3]에는 자산운용보고서를 투자자에게 교부하지 않을 수 있다(법 제88조 제1항 단서).

집합투자업자는 투자자에게 자산운용보고서를 교부하는 경우에는 집합투자증권을 판매한 투자매매업자·투자중개업자 또는 전자등록기관을 통하여 기준일부터 2개월 이내에 직접, 전자우편 또는 이와 비슷한 전자통신의 방법으로 교부하여야 한다(시행령 제92조 제4항). 다만, 투자자가 해당 집합투자기구에 투자한 금액이 100만원 이하이거나 투자자에게 전자우편주소가 없는 등의 경우에는 집합투자업자, 집합투자증권을 판매한 투자매매업자 또는 투자중개업자 및 협회의 인터넷 홈페이지를 이용하여 공시하는 것으로 갈음할 수 있으며, 투자자가 우편발송을 원하는 경우에는 그에 따라야 한다(법 제89조 제2항 제1호, 시행령 제92조 제4항). 자산운용보고서를 작성·교부하는 데에 드는 비용은 집합투자업자가 부담하며(시행령

---

1) 시행령 제91조(의결권 행사의 공시 등) 참조.

2) 2009. 2. 3. 개정에 따라 '제공'이 '교부'로 변경되었다.

3) 시행령 제92조 제1항 참조.

제92조 제 5 항), 자산운용보고서의 서식 및 작성방법, 그 밖에 필요한 사항은 금융위원회가 정하여 고시하게 된다(시행령 제92조 제 6 항).

### (2) 자산운용보고서의 내용

자산운용보고서에는 ① 법에서 정하는 기준일[1] 현재의 해당 집합투자기구의 자산·부채 및 집합투자증권의 기준가격, ② 직전의 기준일(직전의 기준일이 없는 경우에는 해당 집합투자기구의 최초 설정일 또는 성립일을 말함)부터 해당 기준일까지의 기간(이하 '해당 운용기간'이라 함) 중 운용경과의 개요 및 해당 운용기간 중의 손익사항, ③ 기준일 현재 집합투자재산에 속하는 자산의 종류별 평가액과 집합투자재산 총액에 대한 각각의 비율, ④ 해당 운용기간 중 매매한 주식의 총수, 매매금액 및 대통령령으로 정하는 매매회전율,[2] 그리고 ⑤ 그 밖에 대통령령으로 정하는 사항[3]을 포함하여야 한다(법 제88조 제 2 항).

## 2. 수시공시사항

위의 자산운용보고서가 정기공시에 해당된다고 한다면, 수시공시에 해당될 수 있는 것도 있다. 즉 투자신탁이나 투자익명조합의 집합투자업자는 법에서 정하는 일정한 사항이 발생하는 경우 법이 정하는 방법으로(법 제89조 제 2 항 참조) 대통령령이 정하는 바에 따라 이를 지체 없이 공시하여야 하는데, ① 투자운용인력의 변경이 있는 경우 그 사실과 변경된 투자운용인력의 운용경력(운용한 집합투자기구의 명칭, 집합투자재산의 규모와 수익률을 말함),[4] ② 환매연기 또는 환매재개의 결정 및 그 사유, ③ 대통령령으로 정하는 부실자산[5]이 발생한 경우 그 명세 및 상각률, ④ 집합투자자총회의 결의내용, ⑤ 그 밖에 투자자 보호를 위하여 필요한 사항으로서 대통령령으로 정하는 사항이 수시공시사항에 해당된다(법 제89조 제 1

---

1) 이에는 ① 회계기간의 개시일부터 3개월이 종료되는 날, ② 회계기간의 말일, ③ 계약기간의 종료일 또는 존속기간의 만료일, ④ 해지일 또는 해산일이 있다.

2) 즉 해당 운용기간(법 제88조 제 2 항 제 2 호에 따른 해당 운용기간을 말한다) 중 매도한 주식가액의 총액을 그 해당 운용기간 중 보유한 주식의 평균가액으로 나눈 비율을 말한다(시행령 제92조 제 2 항).

3) 그 밖에 대통령령으로 정하는 사항은 시행령 제92조 제 3 항 참조.

4) 투자운용인력을 변경한 날부터 최근 3년 이내의 운용경력을 말한다(시행령 제93조 제 1 항).

5) 발행인의 부도, 채무자회생및파산에관한법률에 따른 회생절차개시의 신청 등의 사유로 인하여 금융위원회가 부실자산으로 정하여 고시하는 자산을 말한다(시행령 제93조 제 2 항).

항). 수시공시를 하는 방법은 ① 집합투자업자, 집합투자증권을 판매한 투자매매업자 또는 투자중개업자 및 협회의 인터넷 홈페이지를 이용하여 공시하는 방법, ② 집합투자증권을 판매한 투자매매업자 또는 투자중개업자로 하여금 전자우편을 이용하여 투자자에게 알리는 방법, 그리고 ③ 집합투자업자, 집합투자증권을 판매한 투자매매업자 또는 투자중개업자의 본점과 지점, 그 밖의 영업소에 게시하는 방법이 있다(법 제89조 제2항).

시행령에서 요구되는 수시공시사항은 투자설명서에 변경이 있거나,[1] 집합투자업자의 합병, 분할, 분할합병 또는 영업의 양도·양수가 있는 경우, 집합투자업자 또는 일반사무관리회사가 기준가격을 잘못 산정하여 이를 변경하는 경우 그 내용, 사모집합투자기구가 아닌 집합투자기구(존속하는 동안 투자금을 추가로 모집할 수 있는 집합투자기구로 한정함)로서 설정 및 설립 이후 1년이 되는 날 현재 원본액이 50억원 미만인 경우 그 사실과 해당 집합투자기구가 법 제192조 제1항 단서에 따라 해지될 수 있다는 사실, 사모집합투자기구가 아닌 집합투자기구가 설정 및 설립되고 1년이 지난 후 1개월간 계속하여 원본액이 50억원 미만인 경우 그 사실과 해당 집합투자기구가 법 제192조 제1항 단서에 따라 해지될 수 있다는 사실, 그 밖에 투자자의 투자판단에 중대한 영향을 미치는 사항으로서 금융위원회가 정하여 고시하는 사항이 발생한 경우이다(시행령 제93조 제3항 제1호-제6호).

## 3. 집합투자재산에 관한 보고 등

### (1) 정기적인 보고사항

집합투자업자(투자신탁이나 투자익명조합의 집합투자업자에 한함)는 대통령령으로 정하는 방법에 따라 집합투자재산에 관한 매 분기의 영업보고서를 작성하여 매 분기 종료 후 2개월 이내에 금융위원회 및 협회에 제출하여야 한다(법 제90조 제1항). 위의 영업보고서를 함에 있어서 집합투자업자(법 제90조 제1항의 집합투자업자를 말함)는 법 제90조 제1항에 따라 집합투자재산(투자신탁재산 및 투자익명조합재산에 한함)에 관한 영업보고서를 금융위원회가 정하여 고시하는 기준에 따라 구분하여 작성하여야 한다(시행령 제94조 제1항).

1) 다만, 법 및 법 시행령의 개정 또는 금융위원회의 명령에 따라 투자설명서를 변경하는 경우, 집합투자규약의 변경에 따라 투자설명서를 변경하는 경우, 투자설명서의 단순한 자구수정 등 경미한 사항을 변경하는 경우, 투자운용인력의 변경이 있는 경우로서 법 제123조 제3항 제2호에 따라 투자설명서를 변경하는 경우는 제외한다(시행령 제93조 제3항 제1호 가목 내지 라목).

#### (2) 수시보고사항

집합투자업자는 집합투자기구에 대하여 ① 집합투자기구의 회계기간 종료, ② 집합투자기구의 계약기간 또는 존속기간의 종료, ③ 집합투자기구의 해지 또는 해산의 어느 하나에 해당하는 사유가 발생한 경우 그 사유가 발생한 날부터 2개월 이내에 제239조에 따른 결산서류를 금융위원회 및 협회에 제출하여야 한다(법 제90조 제 2 항).

#### (3) 공　시

금융위원회 및 협회는 집합투자업자가 제출한 정기보고 및 수시보고사항 관계서류를 인터넷 홈페이지 등을 이용하여 공시하여야 한다(법 제90조 제 3 항). 그리고 협회는 대통령령으로 정하는 방법에 따라 각 집합투자재산의 순자산가치의 변동명세가 포함된 운용실적을 비교하여 그 결과를 인터넷 홈페이지 등을 이용하여 공시하여야 한다(법 제90조 제 4 항). 이에 따라 협회가 각 집합투자재산의 운용실적을 비교·공시함에 있어서 ① 집합투자업자, ② 투자매매업자·투자중개업자, ③ 집합투자기구의 종류, ④ 금융위원회가 정하여 고시하는 주된 투자대상자산, ⑤ 운용보수, ⑥ 판매수수료·판매보수, ⑦ 수익률,[1] ⑧ 그 밖에 금융위원회가 정하여 고시하는 것으로 분류하여서 하여야 한다(시행령 제94조 제 2 항).[2]

## XI. 파생상품과 부동산의 운용 특례

### 1. 파생상품의 운용 특례

집합투자업자는 파생상품 매매에 따른 위험평가액(법 제81조 제 1 항 제 1 호 마목의 위험평가액을 말함)이 집합투자기구 자산총액의 100분의 10[3]을 초과하여 투자할 수 있는 집합투자기구의 집합투자재산을 파생상품에 운용하는 경우에는 계약

1) 이 경우 사모집합투자기구가 아닌 집합투자기구로서 원본액 50억원 미만과 50억원 이상의 집합투자기구의 수익률은 별도로 비교·공시하여야 한다(시행령 제94조 제 2 항 제 7 호).

2) 협회는 집합투자기구의 운용실적의 비교·공시를 위하여 필요한 범위 안에서 각 집합투자기구의 집합투자규약, 투자설명서 및 기준가격 등에 관한 자료의 제출을 투자신탁이나 투자익명조합의 집합투자업자 또는 투자회사등(법 제182조 제 1 항에 따른 투자회사등을 말한다)에 요청할 수 있다(시행령 제94조 제 3 항).

3) 시행령 제96조 제 1 항.

금액과 대통령령이 정하는 위험에 관한 지표[1]를 인터넷 홈페이지 등을 이용하여 공시하여야 하며, 이 경우 그 집합투자기구의 투자설명서(법 제123조 제1항에 따른 투자설명서를 말함)에 해당 위험에 관한 지표의 개요 및 위험에 관한 지표가 공시된다는 사실을 기재하여야 한다(법 제93조 제1항). 집합투자업자는 장외파생상품 매매에 따른 위험평가액이 집합투자기구 자산총액의 100분의 10[2]을 초과하여 투자할 수 있는 집합투자기구의 집합투자재산을 장외파생상품에 운용하는 경우에는 장외파생상품 운용에 따른 위험관리방법을 작성하여 그 집합투자재산을 보관 관리하는 신탁업자의 확인을 받아 금융위원회에 신고하여야 한다(법 제93조 제2항).

## 2. 부동산의 운용 특례

집합투자업자는 법 제83조 제1항 각 호 외의 부분 본문에 불구하고 집합투자재산으로 부동산을 취득하는 경우(부동산집합투자기구는 운용하는 경우 포함)에는 대통령령으로 정하는 방법에 따라 집합투자기구의 계산으로 금전을 차입할 수 있다(법 제94조 제1항).[3] 집합투자업자는 이와 같이 차입된 금전을 가지고 부동산에 운용하는 방법 외의 방법으로 운용하여서는 아니 된다(시행령 제97조 제8항).

집합투자업자는 집합투자재산을 운용함에 있어서 집합투자재산 중 금전을 대여(대통령령으로 정하는 금융기관에 대한 30일 이내의 단기대출을 제외)하는 것이 허용되지 않음에도 불구하고(법 제83조 제4항) 집합투자재산으로 부동산개발사업을 영위하는 법인(부동산신탁업자와 부동산투자회사법에 따른 부동산투자회사 또는 다른 집합투자기구 포함)[4]에 대하여 대통령령으로 정하는 방법[5]에 따라 금전을 대여할 수 있다(법 제94조 제2항). 금전대여금의 한도는 해당 집합투자기구의 자산총액에서 부채총액을 뺀 가액의 100분의 100으로 한다(시행령 제97조 제4항).

---

1) 시행령 제96조 제2항 참조.

2) 시행령 제96조 제4항.

3) 차입금의 한도는 부동산집합투자기구의 계산으로 차입하는 경우에는 그 부동산집합투자기구의 자산총액에서 부채총액을 뺀 가액의 100분의 200(다만 집합투자자총회에서 달리 의결한 경우에는 그 한도로)이며, 부동산집합투자기구가 아닌 집합투자기구의 계산으로 차입하는 경우에는 그 집합투자기구에 속하는 부동산 가액의 100분의 100의 범위에서 금융위원회가 정하여 고시하는 비율이다(시행령 제97조 제7항).

4) 시행령 제97조 제2항.

5) 집합투자규약에서 금전의 대여에 관한 사항을 정하고 있어야 하고 집합투자업자가 부동산에 대하여 담보권을 설정하거나 시공사 등으로부터 지급보증을 받는 등 대여금을 회수하기 위한 적절한 수단을 확보하여야 한다(시행령 제97조 제3항).

한편 집합투자업자는 집합투자재산으로 부동산을 취득하거나 처분하는 경우에는 그 부동산의 현황, 거래가격, 그 밖에 대통령령으로 정하는 사항[1]이 기재된 실사보고서를 작성·비치하여야 한다(법 제94조 제 3 항). 집합투자업자가 집합투자재산으로 부동산개발사업에 투자하고자 하는 경우에는 추진일정과 추진방법, 그 밖에 대통령령이 정하는 사항[2]이 기재된 사업계획서를 작성하여 「감정평가 및 감정평가사에 관한 법률」에 따른 감정평가업자로부터 그 사업계획서가 적정한지의 여부에 대하여 확인을 받아야 하며, 이를 인터넷 홈페이지 등을 이용하여 공시하여야 한다(법 제94조 제 4 항).

## XII. 청산사무에 대한 감독

금융위원회는 집합투자업을 영위하는 금융투자업자의 청산사무를 감독하는데(법 제95조 제 1 항), 청산사무 및 재산의 상황을 검사하거나 재산의 공탁명령, 그 밖에 청산의 감독에 필요한 명령을 할 수 있다(법 제95조 제 2 항).

청산인의 선임과 관련하여 집합투자업을 영위하는 금융투자업자가 금융투자업인가의 취소로 인하여 해산한 경우에는 금융위원회가 직권으로 청산인을 선임함에 반해(법 제95조 제 3 항), 집합투자업을 영위하는 금융투자업자가 법원의 명령 또는 판결에 의하여 해산하는 경우와 청산인이 없는 경우에는 금융위원회의 직권으로 또는 이해관계인의 청구에 의하여 청산인을 선임한다(법 제95조 제 4 항). 이 경우 청산인의 보수는 금융위원회가 정할 수 있다(법 제95조 제 5 항).

1) 여기에는 ① 부동산의 거래비용, ② 부동산과 관련된 재무자료, ③ 부동산의 수익에 영향을 미치는 요소, ④ 그 밖에 부동산의 거래 여부를 결정함에 있어 필요한 사항으로서 금융위원회가 정하여 고시하는 사항이 해당된다(시행령 제97조 제 5 항).

2) 여기에는 ① 건축계획 등이 포함된 사업계획에 관한 사항, ② 자금의 조달·투자 및 회수에 관한 사항, ③ 추정손익에 관한 사항, ④ 사업의 위험에 관한 사항, ⑤ 공사시공 등 외부용역에 관한 사항, ⑥ 그 밖에 투자자를 보호하기 위하여 필요한 사항으로서 금융위원회가 정하여 고시하는 사항이 해당된다(시행령 제97조 제 6 항).

# 제 6 절 투자자문업자 및 투자일임업자의 영업행위 규칙

## Ⅰ. 기본원칙 및 불건전영업행위 규제

### 1. 선관의무와 충실의무

자본시장법은 투자자문업자와 투자일임업자의 일반적인 영업행위기준으로서 선관의무(법 제96조 제1항)와 충실의무(법 제96조 제2항)를 규정하고 있다. 그러나 집합투자업자의 경우와 마찬가지로 그러한 의무들의 정확한 개념정의에 대하여는 별도로 정하고 있지는 않다. 이러한 기본적인 영업행위규칙과 더불어 불건전한 영업행위의 구체적인 경우, 특히 자기거래 등의 이해상충행위와 관련된 구체적인 경우에 대하여 별도로 규정을 두고 있다.

#### (1) 포괄적 일임관계 여부의 판단기준

【서울고등법원 2006. 5. 19. 선고 2005나65533 판결】

【개 요】

원고(고객)는 2000년 6월말 피고직원과의 상담 후 자신과 아내 명의 계좌를 통한 주식거래를 피고직원에게 위탁하였고, 2개 계좌의 평가금액은 약 22억원이었다. 그 후 2002년 6월 중순까지 피고직원은 원고계좌를 관리해 왔는데, 초기에는 수익이 발생하였으나 그 이후 손실이 발생하여 거래종료시점에는 2개 계좌의 총 평가금액은 1억 9천여만원에 불과하였고, 그 기간 동안 1,300여회의 매매 및 빈번한 미수거래가 이루어졌다. 위의 기간 동안 원고와 피고직원은 상담을 통하여 때로는 구체적으로 때로는 개괄적으로 투자방향을 결정하고, 피고직원이 이를 기초로 매매를 한 다음 원고에게 보고하고 확인받는 방법으로 주식거래를 하였다.

【판결요지】

피고직원이 일부 일임거래를 하였으나 전반적으로 고객의 관리·통제가 있었다고 하여 포괄적 일임매매를 부정하였다. 증권거래법상 금지되는 포괄적 일임매매라 함은 증권회사가 고객으로부터 유가증권의 매매거래를 위탁받으면서 그 수량, 가격 및 매매의 시기뿐만 아니라 유가증권의 종류·종목 및 매매의 구분과 방법에 관한 결정까지 일임받아 매매거래를 하는 것을 의미한다. 따라서 증권회사 직원이 고객과 어떠한 방법으로든 고객의 원하는 거래의 종목, 시기, 방법, 매매구분 등에 대하여 협의를 하고 그에 따라 매매거래를 진행한 경우에는 고객으로부터 포괄적으로 주식거래에 대한 결정을 일임 받은 것으로 볼 수 없다. 이와 같이 증권회사가 고객의 구체적인 의사에 따라 주식거래를 하였는지 또는 포괄적으로 일임받아 주식거래를 하였는지 여부를 판단함에 있어서는 그 거래가 있었던 전체의 기간 동안 고객과 담당직원 사이에 있었던 주식거래에 대한 의견 교환의 구체적인 내용, 방법과 매 거래행위에 대한 고객의 인식 여부 및 이에 대한 관리·통제의 가능 여부, 그리고 거래과정 전반에 대하여 고객이 보인 태도 등을 종합적으로 고려하여야 할 것이다.

### (2) 투자일임계약과 선관주의의무

【대법원 2008. 9. 11. 선고 2006다53856 판결】

**[판결요지]**

[1] 투자일임계약에 의하여 고객의 자산을 관리하는 투자자문회사는 고객에 대하여 부담하는 선관주의의무의 당연한 내용으로서 우선 고객의 투자목적·투자경험·위험선호의 정도 및 투자예정기간 등을 미리 파악하여 그에 적합한 투자방식을 선택하여 투자하여야 하고, 조사된 투자목적에 비추어 볼 때 과도한 위험을 초래하는 거래행위를 감행하여 고객의 재산에 손실을 가한 때에는 그로 인한 손해를 배상할 책임이 있으나, 고객의 투자목적 등은 지극히 다양하므로, 어느 특정한 상품에 투자하거나 어떠한 투자전략을 채택한 데에 단지 높은 위험이 수반된다는 사정만으로 일률적으로 선관주의의무를 위반한 것이라고 단정할 수는 없다. 즉, 고객이 감수하여야 할 위험과 예상되는 수익은 당연히 비례하기 마련인데, 주식은 물론 가격 등락이 극심한 파생상품 투자에서 가격변동에 따른 위험은 불가피한 것으로서 포트폴리오의 구성에 의하여 예상 가능한 모든 혹은 대부분의 위험을 분산하거나 전가하는 데에는 한계가 있을 뿐 아니라 설령 그것이 가능하다 하여도 수익률의 희생이 수반될 수밖에 없으므로, 예상 가능한 모든 위험에 완벽하게 대처하면서 동시에 높은 수익률이 실현될 것을 기대할 수는 없는 것이고, 투자목적 등에 비추어 상대적으로 높은 수익률을 기대하거나 요구하면서 동시에 가격등락에 따른 불가피한 손실로부터 자유로울 것을 기대할 수는 없다. 결국, 어느 특정한 투자방식을 채택한 것이 선관주의의무 위반으로 평가되는지 여부는 고객

이 투자목적 등에 비추어 어느 정도의 위험을 감수할 것인가 하는 측면과 투자일임을 받은 회사의 투자가 어느 정도의 위험을 내포하고 있는 것인가 하는 측면을 비교·검토하여 조사된 고객의 투자목적 등에 비추어 볼 때 과도한 위험을 초래하는 거래행위에 해당하는지 아닌지에 따라 가려져야 한다.

[2] 투자일임계약에 의하여 고객의 자산을 관리하는 투자자문회사가 주가지수 옵션상품 투자에 구사한 스트랭글 또는 레이쇼 스프레드 매도 전략은 주가지수가 예상과 달리 큰 폭으로 변동하는 경우에는 큰 폭의 손실을 볼 수 있으나, 이는 어디까지나 확률과 그에 입각한 투자 판단의 문제로서 사전에 조사한 위 고객의 투자목적 등에 비추어 적합성을 잃은 것으로 보기 어렵고, 위 회사의 투자일임 담당자들이 일부 거래에서 주가지수 변동에 대한 예측을 잘못함으로써 고객에게 상당한 규모의 손실을 입혔더라도 그것이 본질적으로 상품가격의 불가예측성과 변동성에 기인하는 것인 이상 그것만으로 선관주의의무를 위반하였다고 볼 수 없다.

## 2. 불건전영업행위의 규제

### (1) 의 의

자본시장법은 투자자문업자 또는 투자일임업자에게 선관주의의무와 충실의무를 부과(법 제96조)하고 있지만 그러한 의무들이 준수되어야 하는 구체적인 행위의 유형들은 매우 다양하다. 따라서 건전한 거래질서를 확립함으로써 투자자 보호의 목적을 제고하기 위해서는 구체적인 행위들에 대하여 그 기준을 제시할 필요가 있다.[1] 이러한 영역에서는 구체적으로 투자자문업자 또는 투자일임업자와 고객과의 사이에 거래가 이루어지는 자기거래(self-dealing)와 그 외의 이해상충행위를 중심으로 불건전영업행위의 유형을 금지하고 있는데, 이는 크게 투자자문업자 또는 투자일임업자 모두에게 금지되는 행위유형과 투자일임업자가 고객자산을 운용함에 있어서 금지되는 행위유형으로 구별될 수 있다.

### (2) 투자자문업자 또는 투자일임업자의 금지행위

투자자문업자 또는 투자일임업자가 불건전한 영업행위에 해당하는 일정한 행위를 하는 것이 금지된다. 다만, 투자자 보호 및 건전한 거래질서를 해할 우려가 없는 경우로서 대통령령이 정하는 경우[2]에는 이를 할 수 있다(법 제98조 제 1 항 단

1) 미국과 달리 판례법의 영역이 상대적으로 원활하지 않은 한국의 경우에는 더욱 그러하다.
2) 시행령 제99조 제 1 항에서 허용되는 행위는 다음과 같다.

서, 시행령 제99조 제 1 항).

투자자문업자 또는 투자일임업자에게 원칙적으로 금지되는 행위는 다음의 5가지로 규정되어 있다.

첫째, 투자자로부터 금전·증권, 그 밖의 재산의 보관·예탁을 받는 행위가 금지된다(법 제98조 제 1 항 제 1 호).

둘째, 투자자에게 금전·증권, 그 밖의 재산을 대여하거나 투자자에 대한 제 3 자의 금전·증권, 그 밖의 재산의 대여를 중개·주선 또는 대리하는 행위가 금지된다(법 제98조 제 1 항 제 2 호). 다만, 투자자 보호 및 건전한 거래질서를 해할 우려가 없는 경우로서 투자자문업자 또는 투자일임업자가 다른 금융투자업, 그 밖의 금융업을 겸영하는 경우로서 그 겸영과 관련된 해당 법령에서 금지하지 아니하는 경우에는 이를 할 수 있다(법 제98조 제 1 항 단서, 시행령 제99조 제 1 항).

셋째, 투자권유자문인력 또는 투자운용인력이 아닌 자에게 투자자문업 또는 투자일임업을 수행하게 하는 행위가 금지된다(법 제98조 제 1 항 제 3 호). 이 경우에도 전자적 투자조언장치(시행령 제 2 조 제 6 호)를 활용하여 일반투자자를 대상으로 투자자문업 또는 투자일임업을 수행하는 경우는 허용된다(시행령 제99조 제 1 항 제 1 의2호).

넷째, 계약으로 정한 수수료 외의 대가를 추가로 받는 행위가 금지된다(법 제98조 제 1 항 제 4 호).

다섯째, 투자자문에 응하거나 투자일임재산을 운용하는 경우 금융투자상품등의 가격에 중대한 영향을 미칠 수 있는 투자판단에 관한 자문 또는 매매 의사를 결정한 후 이를 실행하기 전에 그 금융투자상품등을 자기의 계산으로 매매하거나 제 3 자에게 매매를 권유하는 행위가 금지된다(법 제98조 제 1 항 제 5 호).

---

1. 법 제98조 제 1 항 제 1 호 및 제 2 호를 적용할 때 투자자문업자 또는 투자일임업자가 다른 금융투자업, 그 밖의 금융업을 겸영하는 경우로서 그 겸영과 관련된 해당 법령에서 법 제98조 제 1 항 제 1 호 및 제 2 호에 따른 행위를 금지하지 아니하는 경우

1의2. 법 제98조 제 1 항 제 3 호를 적용할 때 전자적 투자조언장치를 활용하여 일반투자자를 대상으로 투자자문업 또는 투자일임업을 수행하는 경우

2. 법 제98조 제 1 항 제 5 호를 적용할 때 다음 각 목의 어느 하나에 해당하는 경우
   가. 투자자문 또는 투자일임재산의 운용과 관련한 정보를 이용하지 아니하였음을 증명하는 경우
   나. 차익거래 등 투자자문 또는 투자일임재산의 운용과 관련한 정보를 의도적으로 이용하지 아니하였다는 사실이 객관적으로 명백한 경우

### (3) 투자일임업자의 불건전 영업행위로서 금지되는 행위

자본시장법은 투자일임업자가 투자일임재산을 운용함에 있어서 금지되는 행위를 10가지의 유형으로 예시하고 있다(법 제98조 제 2 항). 다만, 투자자 보호 및 건전한 거래질서를 해할 우려가 없는 경우에는 할 수 있다(법 제98조 제 2 항 단서, 시행령 제99조 제 2 항).

첫째, 정당한 사유 없이 투자자의 운용방법의 변경 또는 계약의 해지 요구에 응하지 아니하는 행위는 금지된다(법 제98조 제 2 항 제 1 호).

둘째, 자기 또는 관계인수인이 인수한 증권을 투자일임재산으로 매수하는 행위는 금지된다(법 제98조 제 2 항 제 2 호). 다만, 투자자 보호 및 건전한 거래질서를 해할 우려가 없는 경우로서 인수일부터 3개월이 경과하여 매수하는 경우(시행령 제99조 제 2 항 제 2 호), 인수한 증권이 국채증권, 지방채증권, 한국은행통화안정증권, 특수채증권 또는 사채권 중 어느 하나에 해당하는 경우(시행령 제99조 제 2 항 제 2 의2호), 인수한 증권이 증권시장에 상장된 주권인 경우로서 그 주권을 증권시장에서 매수하는 경우(시행령 제99조 제 2 항 제 2 의3호), 이해관계인이 되기 6개월 이전에 체결한 계약에 따른 거래인 경우 등에 해당하는 경우(시행령 제99조 제 2 항 제 3호) 에는 이를 할 수 있다.

셋째, 자기 또는 관계인수인이 발행인 또는 매출인으로부터 직접 증권의 인수를 의뢰받아 인수조건 등을 정하는 업무를 담당한 법인의 특정증권 등(법 제172조 제 1 항의 특정증권등을 말한다)에 대하여 인위적인 시세(법 제176조 제 2 항 제 1 호의 시세를 말함)를 형성하기 위하여 투자일임재산으로 그 특정증권 등을 매매하는 행위는 금지된다(법 제98조 제 2 항 제 3 호, 시행령 제99조 제 3 항).

넷째, 특정 투자자의 이익을 해하면서 자기 또는 제 3 자의 이익을 도모하는 행위가 금지된다(법 제98조 제 2 항 제 4 호).

다섯째, 투자일임재산으로 자기가 운용하는 다른 투자일임재산, 집합투자재산 또는 신탁재산과 거래하는 행위가 금지된다(법 제98조 제 2 항 제 5 호).

여섯째, 투자일임재산으로 투자일임업자 또는 그 이해관계인의 고유재산과 거래하는 행위가 금지되지만, 투자자 보호 및 건전한 거래질서를 해할 우려가 없는 경우로서 ① 이해관계인이 되기 6개월 이전에 체결한 계약에 따른 거래의 경우, ② 증권시장 등 불특정 다수인이 참여하는 공개시장을 통한 거래의 경우, ③

일반적인 거래조건에 비추어 투자일임재산에 유리한 거래의 경우, ④ 환매조건부 매매의 경우, ⑤ 투자일임업자 또는 이해관계인의 중개·주선 또는 대리를 통하여 투자일임업자 또는 이해관계인이 일정수수료만을 받고 투자일임재산과 제 3 자 간의 투자대싱자산의 내매를 연결시켜주는 방법(금융투자업규정 제4-74조)에 따라 투자일임업자 또는 이해관계인이 아닌 자와 행하는 투자일임재산의 매매, ⑥ 이해관계인이 매매중개(금융위원회가 정하여 고시하는 매매형식의 중개를 말함)를 통하여 그 이해관계인과 행하는 채무증권, 원화로 표시된 양도성 예금증서 또는 어음(기업어음증권 제외)을 그 이해관계인과 매매하는 경우, ⑦ 투자에 따르는 위험을 회피하기 위하여 투자일임재산으로 상장지수집합투자기구의 집합투자증권을 차입하여 매도하는 거래의 경우, 그리고 ⑧ 그 밖에 금융위원회가 투자자의 이익을 해할 우려가 없다고 인정하는 경우에는 이를 할 수 있다(법 제98조 제 2 항 제 6 호, 시행령 제99조 제 2 항 제 3 호).

일곱째, 투자자의 동의 없이 투자일임재산으로 투자일임업자 또는 그 이해관계인이 발행한 증권에 투자하는 행위가 금지된다(법 제98조 제 2 항 제 7 호).

여덟째, 투자일임재산을 각각의 투자자별로 운용하지 아니하고 여러 투자자의 자산을 집합하여 운용하는 행위가 금지되지만, 투자자 보호 및 건전한 거래질서를 해할 우려가 없는 경우로서 개별 투자일임재산을 효율적으로 운용하기 위하여 투자대상자산의 매매주문을 집합하여 처리하고, 그 처리 결과를 투자일임재산별로 미리 정하여진 자산배분명세에 따라 공정하게 배분하는 경우에는 이를 할 수 있다(법 제98조 제 2 항 제 8 호, 시행령 제99조 제 2 항 제 4 호).

아홉째, 투자자로부터 다음 중 하나의 행위를 위임받는 행위가 금지되는데(법 제98조 제 2 항 제 9 호), ① 투자일임재산을 예탁하는 투자매매업자·투자중개업자, 그 밖의 금융기관을 지정하거나 변경하는 행위, ② 투자일임재산을 예탁하거나 인출하는 행위, 그리고 ③ 투자일임재산에 속하는 증권의 의결권, 그 밖의 권리를 행사하는 행위가 그것이다. 그러나 투자일임재산에 속하는 증권의 의결권을 행사하는 때에 투자자 보호 및 건전한 거래질서를 해할 우려가 없는 경우로서 다음 중 하나에 해당하는 경우에는 이를 할 수 있다. 즉 ① 주식매수청구권의 행사, ② 공개매수에 대한 응모, ③ 유상증자의 청약, ④ 전환사채권의 전환권의 행사, ⑤ 신주인수권부사채권의 신주인수권의 행사, ⑥ 교환사채권의 교환청구, ⑦ 파생결합증권의 권리의 행사, ⑧ 법 제 5 조 제 1 항 제 2 호에 따른 권리의 행사, ⑨ 투자자의 이익을 보호하기 위하여 금융위원회가 정하여 고시하는 요건을 갖춘 투자일임업자가 제10조 제 3 항 제12호에 따른 기금(이에 준하는 외국인 포함) 또는 같은 항 제13호에 따른 법인(이에 준하는 외국인 포함)으로부터 위임받은 의결권의 행사의 경우, ⑨ 투자자의 이익을 보호하기 위하여 금융위원회가 정하여 고시하는 요건을 갖춘 투자일임업자가 법률에 따라 설립된 기금[1] 또는 법률에 따라 공제사업을 경영하는 법인(시행령 제10조 제 3 항 제13호)으로부터 위임받은 의결권의 행사[2]가 이에 해당한다(법 제98조 제 2 항 제 9 호, 시행령 제99조 제 2 항 제 5 호).

마지막으로 그 밖에 투자자 보호 또는 건전한 거래질서를 해할 우려가 있는 행위로서 다음 중 어느 하나에 해당하는 행위가 금지된다(법 제98조 제 2 항 제10호). 즉 ① 법 제 9 조 제 5 항 단서에 따라 일반투자자와 같은 대우를 받겠다는 전문투자자(법 제10조 제 1 항 각 호의 자 제외)의 요구에 정당한 사유 없이 동의하지 아니하는 행위, ② 투자일임계약을 위반하여 투자일임재산을 운용하는 행위, ③ 시행령 제98조 제 2 항에 따른 자산구성형 개인종합자산관리계약을 체결한 투자일임업자의 경우 같은 항 각 호의 요건에 따르지 아니하는 행위, ④ 투자일임의 범위, 투자목적 등을 고려하지 아니하고 투자일임재산으로 금융투자상품을 지나치게 자주 매매하는 행위(소위 과당매매의 경우), ⑤ 투자자(투자자가 법인, 그 밖의 단체인 경우에는 그 임직원 포함) 또는 거래상대방(거래상대방이 법인, 그 밖의 단체인 경우에는 그 임직원 포함) 등에게 업무와 관련하여 금융위원회가 정하여 고시하는 기준을 위반하여 직접 또는 간접으로 재산상의 이익을 제공하거나 이들로부터 제공받는 행위, ⑥ 법 제55조 및 제98조에 따른 금지 또는 제한을 회피할 목적으로 하는 행위로서 장외파생상품거래, 신탁계약, 연계거래 등을 이용하는 행위, ⑦ 채권자로서 그 권리를 담보하기 위하여 백지수표나 백지어음을 받은 행위, ⑧ 그 밖에 투자자 보호 또는 건전한 거래질서를 해칠 염려가 있는 행위로서 금융위원회가 정하여 고시하는 행위가 이에 해당된다(시행령 제99조 제 4 항). 이러한 행위들은 다른 금융투자업자의 경우에도 거의 유사하게 금지되는 것들이다.

---

1) 이에 준하는 외국인을 포함하나, 신용보증기금 및 기술보증기금은 제외한다(시행령 제99조 제 2 항 제 5 호 자목 참조).

2) 이 경우 의결권 행사의 제한에 관하여는 신탁업자의 의결권 행사제한에 관한 법 제112조 제 2 항부터 제 4 항까지의 규정을 준용하며, '신탁업자'는 '투자일임업자'로, '신탁재산'은 '투자일임재산'으로, '신탁계약'은 '투자일임계약'으로 본다(시행령 제99조 제 2 항 제 5 호 자목 참조).

한편 자본시장법은 투자일임업자가 투자일임재산으로 투자일임업자 또는 그 이해관계인의 고유재산과 거래하거나 투자자로부터 투자일임재산을 예탁하거나 인출하는 행위를 위임받는 행위와 관련하여[1] 준법감시인의 역할을 추가하고 있다(시행령 제99조 제 2 항 제 3 의2호). 즉 증권에 관한 투자매매업자 또는 투자중개업자인 투자일임업자가 제182조 제 2 항에 따라 증권의 대차거래 또는 그 중개·주선이나 대리 업무를 하기 위하여 투자자로부터 동의를 받아 투자일임재산(증권인 투자일임재산으로 한정)으로 해당 투자일임업자의 고유재산과 거래하거나 투자자로부터 투자일임재산의 인출을 위임받는 경우에는 해당 업무를 하기 전에 ① 해당 투자일임재산이 제182조 제 2 항에 따른 대차거래의 중개의 목적으로만 활용되는지 여부, ② 그 대차거래의 중개로 해당 투자일임재산과 고유재산이 혼화(混和)됨에 따라 투자자 보호와 건전한 거래질서를 저해할 우려가 없는지 여부, ③ 그 밖에 금융위원회가 정하여 고시하는 사항에 관하여 준법감시인의 확인을 받아야 한다.

## Ⅱ. 투자자문계약 및 투자일임계약과 관련된 서면의 교부

### 1. 계약체결 전 서면자료의 교부

투자자문업자 또는 투자일임업자는 일반투자자와 투자자문계약 또는 투자일임계약을 체결하고자 하는 경우에는 다음 사항을 기재한 서면자료를 미리 일반투자자에게 교부하여야 한다(법 제97조 제 1 항). 즉, ① 투자자문의 범위 및 제공방법 또는 투자일임의 범위 및 투자대상 금융투자상품 등, ② 투자자문업 또는 투자일임업의 수행에 관하여 투자자문업자 또는 투자일임업자가 정하고 있는 일반적인 기준 및 절차, ③ 투자자문업 또는 투자일임업을 실제로 수행하는 임직원의 성명 및 주요경력, ④ 투자자와의 이해상충방지를 위하여 투자자문업자 또는 투자일임업자가 정한 기준 및 절차, ⑤ 투자자문계약 또는 투자일임계약과 관련하여 투자결과가 투자자에게 귀속된다는 사실 및 투자자가 부담하는 책임에 관한 사항, ⑥ 수수료에 관한 사항, ⑦ 투자실적의 평가 및 투자결과를 투자자에게 통보하는 방법(투자일임계약의 경우에 한함), ⑧ 투자자는 투자일임재산의 운용방법을 변경하거나 계약의 해지를 요구할 수 있다는 사실(법 제97조 제 1 항 제 1 호 내지 제 7 의2호),

---

1) 즉 법 제98조 제 2 항 제 6 호와 제 9 호 나목을 적용하는 경우이다.

⑨ 그 밖에 투자자가 계약체결 여부를 결정함에 있어서 중요한 판단기준이 되는 사항으로서 ⓐ 임원 및 대주주에 관한 사항, ⓑ 투자일임계약의 경우 투자자가 계약개시 시점에서 소유할 투자일임재산의 형태와 계약종료 시점에서 소유하게 되는 투자일임재산의 형태, ⓒ 투자일임재산을 운용함에 있어 적용하는 투자방법에 관한 사항, ⓓ 투자일임보고서의 작성대상 기간, ⓔ 자산구성형 개인종합자산관리계약의 경우에는 투자자에게 제시되는 운용방법의 내용 및 같은 호 후단에 따라 둘 이상으로 마련되는 운용방법 간 내용상의 차이에 관한 사항, ⓕ 그 밖에 투자자가 계약체결 여부를 결정하는 데에 중요한 판단기준이 되는 사항으로서 금융위원회가 정하여 고시하는 사항에 관한 자료를 교부하여야 한다(법 제97조 제1항 제8호, 시행령 제98조).

## 2. 계약의 체결

투자자문업자 또는 투자일임업자가 일반투자자와 투자자문계약 또는 투자일임계약을 체결하는 경우에는 금융투자업자가 계약체결 시 투자자에게 지체 없이 교부하여야 하는 서류(법 제59조 제1항)에 다음의 사항을 기재하여야 하며(법 제97조 제2항), 이 경우 그 기재내용은 계약체결 전 교부한 서면자료에 기재된 내용과 동일하여야 한다(법 제97조 제2항 단서). 즉 ① 법 제97조 제1항 각 호의 사항, ② 계약당사자에 관한 사항, ③ 계약기간 및 계약일자, ④ 계약변경 및 계약해지에 관한 사항, ⑤ 투자일임재산이 예탁된 투자매매업자·투자중개업자, 그 밖의 금융기관의 명칭 및 영업소명에 관한 사항이다.

## 3. 투자일임보고서의 교부

투자일임업자는 투자일임재산의 운용현황, 투자일임재산 중 특정 자산을 그 투자일임업자의 고유재산과 거래한 실적이 있는 경우 그 거래시기·거래실적 및 잔액 등을 기재한 투자일임보고서를 작성하여 3개월마다 1회 이상 투자일임계약을 체결한 일반투자자에게 교부[1]하여야 한다(법 제99조 제1항).[2]

---

1) 법 제정 당시에는 투자일임보고서를 '제공'하여야 한다고 하여서, 그 의미가 불분명하다는 지적에 따라 2009년 2월 3일 '교부'하여야 한다고 개정되었다.

2) 이 외에도 ① 운용경과의 개요 및 손익 현황, ② 투자일임재산의 매매일자, 매매가격, 위탁수수료 및 각종 세금 등 운용현황, ③ 투자일임재산에 속하는 자산의 종류별 잔액현황, 취득가액, 시가 및 평가손익, ④ 투자일임수수료를 부과하는 경우에는 그 시기 및 금액, ⑤ 그

투자일임업자는 투자자에게 투자일임보고서를 교부하는 경우에는 투자일임보고서 작성대상 기간 경과 후 2개월 이내에 직접 또는 우편발송 등의 방법으로 교부하여야 한다. 다만, 일반투자자가 전자우편 또는 이와 비슷한 전자통신의 방법을 통하여 투자일임보고서를 받는다는 의사표시를 한 경우 또는 전자적 투자조언장치를 활용하여 투자일임업을 수행하는 경우에는 전자우편 또는 이와 비슷한 전자통신의 방법을 통하여 보낼 수 있다(시행령 제100조 제2항). 투자일임업자는 우편발송 등의 방법으로 내준 투자일임보고서가 3회 이상 반송된 경우 투자자가 요구할 때 즉시 내줄 수 있도록 지점이나 그 밖의 영업소에 투자일임보고서를 비치하는 것으로 그에 갈음할 수 있다(시행령 제100조 제3항). 그 외 투자일임보고서의 교부방법, 그 밖에 필요한 사항은 금융위원회가 정하여 고시한다(시행령 제100조 제4항).

## Ⅲ. 성과보수의 제한

투자자문업자 또는 투자일임업자는 투자자문과 관련한 투자결과 또는 투자일임재산의 운용실적과 연동된 성과보수를 받아서는 아니 된다(법 제98조의2 제1항). 다만 투자자 보호 및 건전한 거래질서를 해할 우려가 없는 경우로서 투자자가 전문투자자인 경우에는 성과보수를 받을 수 있다(법 제98조의2 제1항 단서, 시행령 제99조의2 제1항 제1호). 투자자가 일반투자자인 경우라고 하더라도 다음의 요건을 모두 충족하는 경우에는 성과보수를 받는 것이 허용된다(법 제98조의2 제1항 단서, 시행령 제99조의2 제1항 제2호). ① 성과보수가 금융위원회가 정하여 고시하는 요건을 갖춘 기준지표 또는 투자자와 합의에 의하여 정한 기준수익률에 연동하여 산정될 것, ② 운용성과가 기준지표등의 성과보다 낮은 경우에는 성과보수를 적용하지 아니하는 경우보다 적은 운용보수를 받게 되는 보수체계를 갖출 것, ③ 운용성과가 기준지표등의 성과를 초과하더라도 그 운용성과가 부(負)의 수익률을 나타내거나 또는 금융위원회가 정하여 고시하는 기준에 미달하는 경우에는 성과보수를 받지 아니하도록 할 것, ④ 그 밖에 성과보수의 산정방식, 지급시기 등에 관하여 금융위원회가 정하여 고시하는 요건을 모두 충족하는 경우이다.

---

밖에 투자자를 보호하기 위하여 필요한 사항으로서 금융위원회가 정하여 고시하는 사항을 기재하여야 한다(시행령 제100조 제1항).

위와 같이 투자자문업자 또는 투자일임업자가 예외적으로 성과보수를 받고자 하는 경우에는 그 성과보수의 산정방식, 성과보수의 지급예정과 그 한도, 성과보수를 지급하지 아니하는 경우보다 높은 투자위험에 노출될 수 있다는 사실, 성과보수를 포함한 보수 전체에 관한 사항, 기준지표 등, 성과보수의 지급시기, 성과보수가 지급되지 아니하는 경우에 관한 사항, 그 밖에 투자자를 보호하기 위하여 필요한 사항으로서 금융위원회가 정하여 고시하는 사항을 해당 투자자문 또는 투자일임의 계약서류에 기재하여야 한다(법 제98조의2 제2항, 시행령 제99조의2 제2항).

## Ⅳ. 역외투자자문업자 등의 특례

### 1. 의 의

역외투자자문업자 또는 역외투자일임업자라 함은 외국 투자자문업자[1] 또는 외국 투자일임업자[2]가 외국에서 국내 거주자를 상대로 직접 영업을 하거나 통신수단을 이용하여 투자자문업 또는 투자일임업을 영위하는 자를 말한다(법 제18조 제2항 제1호 단서). 즉, 국내지점이나 영업소를 설치하지 않고 투자자문업 또는 투자일임업을 영위하는 자를 말하는데, 역외투자자문업자 또는 역외투자일임업자는 국내 거주자와 체결하는 투자자문계약 또는 투자일임계약 내용에 그 계약에 대하여 국내법이 적용되고 그 계약에 관한 소송은 국내법원이 관할한다는 내용을 포함하여야 한다(법 제100조 제3항).

### 2. 국내투자자 보호를 위한 장치

역외투자자문업자 또는 역외투자일임업자는 국내투자자 보호를 위하여 총리령으로 정하는 요건에 해당하는 연락책임자를 국내에 두어야 하며(법 제100조 제2항), 역외투자자문업자 또는 역외투자일임업자는 법에서 정한 사항의 준수 여부 점검 등을 위하여 임직원이 그 직무를 수행함에 있어서 따라야 할 적절한 기준 및 절차를 마련하고, 그 운영실태를 정기적으로 점검하여야 한다(법 제100조 제4항).

또한 역외투자자문업자 또는 역외투자일임업자는 매 사업연도 개시일부터 3개월간·6개월간·9개월간 및 12개월간의 업무보고서를 금융위원회가 정하여 고

---

1) 외국 법령에 따라 외국에서 투자자문업에 상당하는 영업을 영위하는 자를 말한다.
2) 외국 법령에 따라 외국에서 투자일임업에 상당하는 영업을 영위하는 자를 말한다.

시하는 기준에 따라 작성하여 그 기간이 지난 후 1개월 이내에 금융위원회에 제출하여야 한다(법 제100조 제 5 항, 시행령 제101조 제 1 항). 역외투자일임업자는 전문투자자 중 국가나 한국은행, 그리고 대통령령으로 정하는 자 외의 자를 대상으로 투자일임업을 영위하여서는 아니 된다(법 제100조 제 6 항, 시행령 제101조 제 2 항).

### 3. 역외투자일임업자가 취득한 외화증권의 보관

역외투자일임업자는 투자일임재산으로 취득한 외화증권(외국환거래법 제 3 조 제 1 항 제 8 호의 외화증권을 말함)을 다음과 같이 보관하여야 한다(법 제100조 제 7 항, 시행령 제101조 제 3 항). 즉 ① 금융투자업자가 예탁결제원에 외국환거래법 제 3 조 제 1 항 제 8 호에 따른 외화증권(이하 '외화증권'이라 함)을 예탁하기 위한 계좌를 개설하고 금융위원회가 정하여 고시하는 외국 보관기관 중 예탁결제원이 선임한 외국 보관기관이나, ② 외국의 법령이나 관행 등으로 인하여 예탁결제원이 외국 보관기관을 선임할 수 없는 경우에는 금융위원회가 정하여 고시하는 외국 보관기관에 하여야 한다(시행령 제63조 제 2 항 제 1 호·제 2 호).

### 4. 역외투자자문업자 또는 역외투자일임업자에 대한 적용배제 규정

역외투자자문업자 또는 역외투자일임업자에 대하여는 한국의 금융투자업자에게 적용되는 규정의 일부를 적용면제하고 있다. 즉 파생상품업무책임자(법 제28조의2), 금융업자에 대한 경영건전성 감독규정(법 제30조 내지 제33조), 대주주와의 거래제한(법 제34조 내지 제36조), 금융투자업자의 공통영업행위규칙 중 상호(법 제38조), 금융투자업자의 다른 금융업무 영위(법 제40조), 금융투자업자의 부수업무 영위(법 제41조), 이해상충관계(법 제44조), 정보교류의 차단(법 제45조), 투자권유준칙(법 제50조), 투자권유대행인의 등록(법 제51조), 투자권유대행인의 금지행위 등(법 제52조), 약관(법 제56조), 소유증권의 예탁(법 제61조), 금융투자업 폐지 공고(법 제62조), 임직원의 금융투자상품매매(법 제63조)의 규정은 역외투자자문업자 또는 역외투자일임업자에게는 적용하지 아니한다(법 제100조 제 1 항).

## V. 유사투자자문업의 신고

### 1. 의 의

1980년대에 투자자문업이 법제도적으로 수용된 이후에 세칭 '부티크'라고 불리는 사설투자자문업자(私設投資諮問業者)가 난립하는 현상이 나타났다. 투자자문업의 진입요건이 너무 높다보니 사설투자자문업자의 출현에도 불구하고 정부는 이를 용인하는 입장까지 견지하였다.[1] 한편으로는 간행물의 발간 내지 배포에 의한 사설투자자문업자가 출현하여 투자일임, 손실분담 등을 약정하고 사기를 자행하는 등의 사회문제를 야기함에 따라 이에 대한 적절한 규제도 요청되었다. 오히려 정부는 그러한 사설투자자문업자를 규제하기보다는 법률상의 일정 요건을 갖추고 금융감독당국에 신고를 하도록 하여 유사투자자문업자로 활동할 수 있는 길을 열어 오히려 양성화하는 정책을 수립하였으며, 이에 1997년 1월 개정증권거래법에 투자자문업자와는 별개의 새로운 제도로서 유사투자자문업이 도입되었다. 사설투자자문업자가 이른바 작전세력으로 가담한 불공정행위가 빈발하게 되자 정부는 불공정거래에 대한 조사업무 시 업체현황 파악에 도움이 될 것으로 판단하여 유사투자자문업자제도를 신설한 것이었다.[2] 이와 같이 유사투자자문업자를 법제도적으로 그리고 긍정적으로(positively) 인정한 것은 미국과 일본의 경우에는 그 예를 찾아볼 수 없는 한국만의 독특한 제도이다.

유사투자자문업이란 불특정 다수인을 대상으로 하여 발행 또는 송신되고, 불특정 다수인이 수시로 구입 또는 수신할 수 있는 간행물·전자우편·출판물·통신물 또는 방송 등을 통하여 투자자문업자 외의 자가 일정한 대가를 받고 금융투자상품에 대한 투자판단 또는 금융투자상품의 가치에 관하여 투자조언을 하는 것을 말한다(법 제101조 제1항, 시행령 제102조 제1항).

투자자문업자는 고객의 자문요청에 응하는 것을 영업, 즉 고객이 주도적으로 요청하는 경우에 이에 수동적으로 응하는 방식으로 이루어지므로 그와 고객 사이에 상호작용(interaction)이 존재하지만, 유사투자자문업자의 경우에는 그러하지 않다. 이와 같이 유사투자자문업자는 방송이나 통신 등 대중매체를 통하여 서비스를

---

1) 김갑래, "주가조작 등 불공정거래에 대한 생태계적 접근," 자본시장Weekly 2013-15호(2013), 3면.

2) 금융감독원, "미신고 유사투자자문업자, 계도기간 운영후 집중단속 예정," 보도자료(2013. 5. 21.)(출처 URL 생략).

제공하기 때문에 시장에 대한 영향력이 등록된 투자자문업자보다 더 클 여지가 상존하고 있어[1] 자본시장법이 투자자문업과 별도로 이에 대한 명시적인 정의를 마련하고 있는 것으로 보인다.

## 2. 진입규제

### (1) 교육이수의무

유사투자자문업을 영위하고자 하는 자는 금융위원회가 정하여 고시하는 서식에 따라 금융위원회에 신고하여야 한다(법 제101조 제 1 항). 신고를 하려는 자는 투자자 보호를 위하여 유사투자자문업의 영위에 필요한 교육을 받아야 한다(법 제101조 제 7 항). 이와 관련하여 교육의 실시기관, 대상, 내용, 방법 및 절차 등에 관하여 필요한 사항은 금융위원회가 정하여 고시한다(법 제101조 제 8 항). 자본시장법이 유사투자자문업의 신고전(申告前) 단계에서 교육을 받을 것을 요구하는 것은 불건전한 영업에 대한 예방차원에서 마련한 것이다.

### (2) 신고의무

등록이라는 요건을 요구하는 투자자문업(법 제17조)과 달리 유사투자자문업을 영위하고자 하는 자는 금융위원회가 정하여 고시하는 서식에 따라 금융위원회에 신고하는 것으로 족하다(법 제101조 제 1 항). 신고의 유효기간은 신고를 수리한 날부터 5년으로 한다(법 제101조 제 6 항).

유사투자자문업자의 불법·불건전 영업행위로 인하여 투자자의 피해가 발생하는 것을 방지하고, 유사투자자문업자의 건전한 영업행위를 유도하는 차원에서 유사투자자문업자 신고에 대한 결격요건이 법에 마련되어 있다. 즉, 금융위원회는 자본시장법이나 「유사수신행위의 규제에 관한 법률」 등 금융관련법령을 위반하여 벌금 이상의 형을 선고받고 그 집행이 끝나거나(집행이 끝난 것으로 보는 경우를 포함함) 면제된 날부터 5년이 지나지 아니한 자(법인인 경우 임원을 포함함), 자본시장법에 따라 유사투자자문업의 폐지를 보고하고 1년이 지나지 아니한 자, 신고전 절차로서 교육을 받지 아니한 자, 자본시장법에 따라 신고가 말소되고 5년이 지나지 아니한 자, 그 밖에 위의 경우에 준하는 경우로서 투자자 보호의 필요성 등을 고려하여 대통령령으로 정하는 자에 대하여 유사투자자문업 신고를 수리하지 아니

1) 성희활, "영화 '작전'에 대한 금융법 및 자본시장법적 고찰," KRX Market (2013 June), 23면.

할 수 있다(법 제101조 제5항, 시행령 제102조 제2항). 금융위원회에 신고하지 아니하고 유사투자자문업을 영위한 자에 대하여는 1년 이하의 징역 또는 3천만원 이하의 벌금에 처한다(법 제446조 제17조의2호).

투자자 보호 차원에서 투자자문업의 등록에는 법정자기자본과 전문인력 확보 등의 요건을 갖추어야 하는 반면에(법 제18조 제2항) 유사투자자문업자로 신고하는 경우에 자본금과 전문인력의 확보 등에 관련된 특별한 규제가 없다. 이와 같이 자본시장법은 관계당국에 신고하여 시장에 진입을 함에 있어서 법정자본금과 같은 재무적 조건 및 전문인력 확보와 같은 물적 설비 등에 관련된 제한을 두지 않고 있으므로 금융투자에 대한 전문성이 없는 자도 유자투자자문업을 영위할 수 있다. 따라서 설령 유사투자자문업자로 신고하였다고 하더라도 이는 단순신고에 지나지 않는 까닭에 그 자체가 금융위원회가 유사투자자문업자의 건전성이나 전문성을 보장하지는 않는다.[1)]

### 3. 금융위원회의 감독

유사투자자문업을 영위하는 자는 ① 유사투자자문업을 폐지한 경우, ② 명칭 또는 소재지를 변경한 경우, 또는 ③ 대표자를 변경한 경우에는 2주 이내에 이를 금융위원회에 보고하여야 한다(법 제101조 제2항). 유사투자자문업자가 정당한 사유없이 이 보고를 하지 않거나 거짓으로 보고하는 경우 3천만원 이하의 과태료를 부과한다(법 제449조 제3항 제5 의2호).

금융위원회는 유사투자자문업의 질서유지 및 고객보호 등을 위하여 필요하다고 인정되는 경우에는 유사투자자문업을 영위하는 자에 대하여 영업내용 및 업무방법 등에 관한 자료의 제출을 요구할 수 있다. 이 경우 자료의 제출을 요구받은 자는 정당한 사유가 없으면 그 요구에 따라야 한다(법 제101조 제3항). 유사투자자문업자가 정당한 사유없이 자료제출요구에 불응하거나 거짓으로 제출할 경우 3천만원 이하의 과태료를 부과한다(법 제449조 제3항 제5 의3호).

금융위원회는 유사투자자문업자의 편법적 영업행위에 대해서는 신고사항을 직권으로 말소할 수 있다. 즉, 유사투자자문업자가 「부가가치세법」 제8조에 따라 관할 세무서장에게 폐업신고를 하거나 관할 세무서장이 사업자등록을 말소한 자,

1) 금융감독원, "유사투자자문업자 영업실태 점검결과," 정례브리핑자료(2010. 3. 2.)(출처 URL은 생략).

금융위원회에 대한 보고를 하지 않거나 또는 금융위원회의 자료제출요구에 불응하여 과태료를 연속하여 3회 이상 받은 자 및 유사투자자문업의 신고불수리 대상자에 대한 신고사항을 직권으로 말소할 수 있다(법 제101조 제 9 항). 금융위원회는 말소를 위하여 필요한 경우 관할 세무서장에게 영업자의 폐업 여부에 관한 정보 제공을 요청할 수 있다. 이 경우 요청을 받은 관할 세무서장은 전자정부법 제39조에 따라 영업자의 폐업 여부에 관한 정보를 제공한다(법 제101조 제10항).

금융감독원장은 유사투자자문업을 영위하는 자가 금융위원회에 보고를 하지 않거나 거짓으로 보고한 경우 및 유사투자자문업을 영위하는 자가 정당한 사유 없이 자료제출을 하지 않거나 거짓으로 제출한 경우 그 업무와 재산상황에 관하여 검사를 할 수 있다(제101조 제11항).

### 4. 불건전 영업행위 금지규제의 준용

#### (1) 2013년 개정 이전

유사투자자문업자는 투자자문업자와 마찬가지로 고객의 자산을 수탁받는 자가 아니므로 투자자로부터 금전·증권, 그 밖의 재산의 보관·예탁을 받는 행위를 할 수 없다. 또한 투자조언의 범위를 벗어나서 투자자에게 금전·증권, 그 밖의 재산을 대여하거나 투자자에 대한 제 3 자의 금전·증권, 그 밖의 재산의 대여를 중개·주선 또는 대리하는 행위는 금지된다. 계약으로 정한 수수료 외의 대가를 추가로 받는 행위를 하여서는 안 된다(법 제98조 제 1 항, 제101조 제 4 항). 다만, 투자자 보호 및 건전한 거래질서를 해할 우려가 없는 경우로서 유사투자자문업자가 다른 금융투자업, 그 밖의 금융업을 겸영하는 경우로서[1] 그 겸영과 관련된 해당 법령에서 금지하지 아니하는 경우에는 이를 할 수 있다(시행령 제99조 제 1 항).

#### (2) 2013년 개정 이후

자본시장법은 금융투자업자가 직무상 알게 된 비공개정보를 정당한 사유 없이 자기 또는 제 3 자의 이익을 위하여 이용하는 것을 금지하고 있다(법 제54조). 이러한 불공정거래의 대표적인 것으로서 선행매매를 들 수 있다. 일반적으로 '선행매매'라 함은 사전에 취득한 정보를 이용하여 정상적인 거래가 이뤄지기 전에 미리

1) 투자자문업은 투자매매·중개 및 집합투자업에 대한 직접적 연관성이 있어 일반적으로 증권사나 자산운용사가 투자자문업을 겸영하는 경향이 있지만, 그러한 연관성이 희박한 유사투자자문업자가 다른 금융투자업을 겸영하는 것은 현실적으로 기대하기 어렵다.

주식을 사고 팔아 이익을 얻는 행위를 의미한다. 자본시장법이 처음 시행할 당시에는 유사투자자문업자의 선행매매를 금지하는 규정을 두지 않았다. 그러나 2011년 어느 유사투자자문업자의 선행매매에 대해 가벌성을 인정할 수 있는지의 여부가 문제됨에 따라 2013년 5월 28일 개정(법률 제11845호)되어 같은 해 11월 29일 시행된 개정 자본시장법에서 명문으로 유사투자자문업자의 선행매매를 금지하는 규정을 추가적으로 두게 되었다.[1] 이에 현행법하에서 유사투자자문업자가 금융투자상품 등의 가격에 중대한 영향을 미칠 수 있는 투자판단에 관한 자문 또는 매매 의사를 결정한 후 이를 실행하기 전에 그 금융투자상품등을 자기의 계산으로 매매하거나 제3자에게 매매를 권유하는 행위를 할 수 없다(법 제98조 제1항 제5호·제101조 제4항). 제101조 제4항을 위반하는 경우 5년 이하의 징역 또는 2억원 이하의 벌금에 처한다(법 제444조 제8호).

**【대법원 2015. 6. 24. 선고 2013다13849 판결】**

유사투자자문업자가 고객에게 금융투자상품에 대한 투자판단 또는 금융투자상품의 가치에 관한 정보를 제공하고 조언을 할 때 고객의 투자판단에 영향을 미칠 수 있는 중요한 사항에 관하여 허위의 정보를 제공하거나 아무런 합리적이고 객관적인 근거가 없는 정보를 마치 객관적인 근거가 있는 확실한 정보인 것처럼 제공하였고, 고객이 위 정보를 진실한 것으로 믿고 금융투자상품에 관한 거래를 하여 손해를 입었다면, 고객은 유사투자자문업자에 대하여 민법상 불법행위책임을 물을 수 있다. 그리고 이러한 법리는 유사투자자문업자와 고용 등의 법률관계를 맺고 그에 따라 유사투자자문업자의 업무를 직접 수행하는 자에 대하여도 마찬가지로 적용된다.

## 제7절 신탁업자의 영업행위 규칙

### I. 의 의

자본시장법상 신탁업자는 신탁을 영업으로 하는 주식회사로 법에 따른 영업인가를 받은 자를 말한다(법 제6조 제8항·제8조 제7항·제12조). 그러나 자본시장

1) 서울고등법원 2014. 12. 19. 선고 2014노1890 판결.

법에서는 신탁의 개념정의를 구체적으로 제시하고 있지는 않기 때문에, 신탁의 개념에 대하여는 신탁법의 개념을 원용하여야 한다. 신탁법상 신탁이라 함은 신탁설정자(위탁자)와 신탁을 인수하는 자(수탁자) 간의 신인관계(fiduciary relationship)에 기하여 위탁자가 특정의 재산권을 수탁자에게 이전하거나 기타의 처분을 하고, 수탁자로 하여금 일정한 자(수익자)의 이익을 위하여 그 재산권을 관리·처분하게 하는 법률관계를 말한다(신탁법 제 2 조).

자본시장법상 신탁업자는 수익자에 대하여 선량한 관리자의 주의로써 신탁재산을 운용하여야 하며(법 제102조 제 1 항), 수익자의 이익을 보호하기 위하여 신탁업무를 충실하게 수행하여야 할 의무를 부담한다(법 제102조 제 2 항). 전자의 경우에는 타인의 업무를 수행하는 자에게 일반적으로 부과되는 것이라고 할 수 있고, 후자의 경우는 타인의 재산의 운용·관리·처분하는 신탁업자에게는 더욱 고도의 주의를 요하고 위탁자의 이익을 우선하여야 한다는 점에서 일반적인 주의의무의 내용과는 차별된다.

자본시장법은 금융투자업자의 영업행위와 관련된 행위규칙을 규정함에 있어서, 공통행위규칙에서는 '신의성실의무'라는 표현으로, 그리고 각 금융투자업자의 행위규칙에서는 타인의 재산의 운영과 관련된 영역, 즉 집합투자업자, 투자일임업자 및 투자자문업자, 신탁업자의 경우에는 '선관의무 및 충실의무'라는 표현으로 규정하고 있으며, 규정의 내용도 완전히 일치하지는 않는다. 투자매매업자나 투자중개업자의 경우 '충실의무'라는 표현이 없다고 하여서 전혀 이러한 의무를 부담하지 않는다고 볼 것도 아니고, 실제적으로 일부 규정에서 이러한 취지의 내용을 담고 있다. 그렇다면 이러한 차이는 각 금융투자업의 종류별로 충실의무의 내용을 달리 볼 필요는 없는가 하는 점인데, 이러한 부분에 대하여는 차후 많은 논의가 필요하다.

일반적으로 신인의무(fiduciary duty)라 함은 신인관계를 기초로 하는 신탁의 법률관계에 있어서 수탁자의 가장 중요한 의무 중 하나로서, 수탁자는 오로지 수익자의 이익을 위하여서만 행동하여야 한다는 원칙을 말한다. 이러한 신인의무는 다수로부터 모집된 자금을 운용하는 지위에 있는 이사 또는 자산운용자의 행위규칙의 측면에서 주의의무(duty of care)와 충실의무(duty of loyalty)로 구성된다고 보는 것이 일반적이다.

한편 한국의 경우 과거 충실의무가 신탁법상 수탁자의 의무로서 명문으로 명확하게 규정되어 있지 않았지만,[1] 2012. 7. 26. 신탁법 전면 개정 시 수탁자에게 선관주의의무(제32조)와 충실의무(제33조)가 있음을 명문의 규정으로 인정하였다. 자본시장법에서 신탁재산으로 취득한 주식에 대한 권리에 대하여 신탁업자가 행사하도록 허용하면서도 의결권을 행사함에 있어서 수익자의 이익을 보호하기 위하여 신탁재산에 속하는 주식의 의결권을 충실하게 행사하도록 요구(법 제112조 제 1 항)하는 것도 이러한 취지의 연장선이라고 볼 수 있다.

## Ⅱ. 신탁재산의 제한 및 운용상 제한

### 1. 의 의

신탁업자가 수탁할 수 있는 재산의 종류는 법으로 제한되어 있는데, 금전, 증권, 금전채권, 동산, 부동산, 지상권, 전세권, 부동산임차권, 부동산소유권 이전청구권, 그 밖의 부동산관련 권리, 무체재산권(지식재산권을 포함)으로 한정되어 있다(법 제103조 제 1 항). 이를 위반하여 다른 재산을 수탁한 신탁업자는 징역 1년 이하 또는 3천만원 이하의 벌금에 처해진다(법 제446조 제18호).

### 2. 신탁의 분류와 신탁재산의 제한 등

#### (1) 신탁재산과 신탁의 유형

일반적으로 신탁을 분류함에 있어서는 신탁인수 시의 재산의 종류에 따라 금전신탁, 금전외의 재산신탁, 그리고 종합재산신탁으로 구분되는데, 금전신탁은 금전의 운용방법을 위탁자가 지정하느냐의 여부에 따라 특정금전신탁과 불특정금전신탁으로 분류되며(시행령 제103조 제 1 호 · 제 2 호),[2] 금전 외의 재산신탁은 금전 외의 증권,

1) 일반적으로 수탁자가 신탁재산을 고유재산으로 하거나 신탁재산에 관한 권리를 취득하는 것을 금지하는 신탁법 제31조를 수탁자의 충실의무규정으로 해석하고 있다. 대법원도 "수탁자의 충실의무는 수탁자가 신탁목적에 따라 신탁재산을 관리하여야 하고 신탁재산의 이익을 최대한 도모하여야 할 의무로서, 신탁법상 이에 관한 명문의 규정이 있는 것은 아니지만, 일반적으로 수탁자의 신탁재산에 관한 권리취득을 제한하고 있는 신탁법 제31조를 근거로 인정되고 있다"고 하였다(대법원 2005. 12. 22. 선고 2003다55059 판결).

2) 금전신탁의 개념과 관련하여 대법원은 "새마을금고법시행령 제24조는 금고의 여유자금은 연합에의 예탁, 금융기관에의 예탁 또는 신탁회사에의 금전신탁, 국채·지방채 및 연합회장이 정하는 유가증권의 매입의 방법에 의하여 이를 운용할 수 있다고 정하고 있는바, …… 증권투자신탁업법에 의하여 증권투자신탁회사가 발매하는 수익증권을 매입하는 행위는 위 시행령에서 말하는 신탁회사에의 금전신탁에는 해당하지 않는다"고 한 바 있다(대법원

금전채권, 동산 및 부동산신탁 등의 유형이 있다. 그리고 종합재산신탁은 금전, 증권, 부동산 등 여러 재산을 함께 인수하여 통합 관리하는 신탁이다(법 제103조 제 2 항).

금전외의 재산신탁은 신탁대상재산의 종류에 따라 증권, 금전채권, 동산, 부동산, 지상권, 전세권, 부동산임차권, 부동산소유권 이전청구권, 그 밖의 부동산관련 권리, 무체재산권(지식재산권 포함) 등이 있다. 신탁의 대상이 되는 증권은 전통적인 증권인 채무증권, 지분증권, 수익증권, 증권예탁증권과 새로운 증권인 투자계약증권과 파생결합증권으로 구분되는데(법 제 4 조 제 2 항), 자본시장법은 기업어음(CP)도 증권에 포함시키고 있다(시행령 제 4 조). 부동산개발사업을 목적으로 하는 신탁계약을 체결한 신탁업자는 그 신탁계약에 의한 부동산개발사업별로 금전을 '대통령령으로 정하는 사업비'의 100분의 15 이내에서 수탁할 수 있다(법 제103조 제 4 항). 여기서 말하는 '대통령령으로 정하는 사업비'란 공사비, 광고비, 분양비 등 부동산개발사업에 드는 비용에서 부동산 자체의 취득가액과 등기비용, 그 밖에 부동산 취득에 관련된 부대비용을 제외한 금액을 말한다(시행령 제104조 제 7 항). 이를 위반한 신탁업자는 징역 1년 이하 또는 3천만원 이하의 벌금에 처해진다(법 제446조 제18호).

한편 자본시장법은 단일 계약에 의해 금전, 증권, 부동산, 무체재산권 등 여러 유형의 재산을 함께 수탁받아 종합하여 수탁할 수 있는 제도를 규정하고 있는데, 이를 종합재산신탁이라고 한다(법 제103조 제 2 항·제 3 항). 이러한 종합재산신탁은 고객이 신탁재산에 대한 운용지시권을 가진다는 점에서 특정금전신탁과 유사하다고 볼 수 있으나, 특정금전신탁에서는 수탁재산의 범위가 금전으로 제한되지만 종합재산신탁에서는 증권, 부동산 등 모든 재산을 종합하여 수탁할 수 있다는 점에서 랩 어카운트(wrap account)와 구별된다. 신탁재산을 각각의 신탁계약에 따른 신탁재산별로 운용하지 아니하고 여러 신탁계약의 신탁재산을 집합하여 운용하는 행위는 금지되는데(시행령 109조 제 3 항 제 5 호),[1] 종합재산신탁은 한 개의 신탁계약이라는 점에서 역시 차이가 있다.

---

2001. 12. 24. 선고 2000도4099 판결).

1) 다만 신탁회사가 행하는 종합재산신탁의 경우 금전의 수탁비율이 100분의 40 이하인 경우(법 제108조 제 9 호, 시행령 제109조 제 3 항 제 5 호 가목) 또는 다른 투자매매업자 또는 투자중개업자와 합병하는 등 신탁업자(금투업규정 제4-92조의2)가 연금이나 퇴직금 지급 목적의 신탁과 관련하여 손실보전이나 이익보장을 한 신탁재산을 운용하는 경우(시행령 제109조 제 3 항 제 5 호 나목)에는 허용된다.

한편 자본시장법은 2013년 자본시장법 개정으로 관리형신탁에 관한 특례를 인정하여, 신탁업자의 신탁가능재산 중 동산, 부동산, 지상권, 전세권, 부동산임차권, 부동산소유권 이전등기청구권, 그 밖의 부동산 관련 권리(법 제103조 제1항 제4호부터 제6호)의 어느 하나에 규정된 재산만을 수탁받는 신탁업자가 관리형신탁계약을 체결하는 경우에는 그 신탁재산에 수반되는 금전채권을 수탁할 수 있도록 허용하였다(법 제117조의2 제1항). 그리고 이러한 방법에 의한 신탁재산을 수탁한 경우 그 금전채권에서 발생한 과실인 금전을 운용함에 있어서는 대통령령에서 정하는 일정한 방법[1]으로 하여야 한다(시행령 제118조의3 제1항).

### (2) 신탁업무의 방법 등

신탁업자는 수탁한 재산에 대하여 손실의 보전이나 이익의 보장을 해서는 안 된다. 다만 연금이나 퇴직금의 지급을 목적으로 하는 신탁으로서 신노후생활연금신탁, 연금신탁, 퇴직일시금신탁의 경우에는 손실의 보전이나 이익의 보장을 하는 것이 가능하다(시행령 제104조 제1항). 이러한 보장을 하는 것이 허용되는 경우 신탁재산의 운용실적이 신탁계약으로 정한 것에 미달하는 경우에는 특별유보금(손실의 보전이나 이익의 보장 계약이 있는 신탁의 보전 또는 보장을 위하여 적립하는 금액), 신탁보수, 고유재산의 순으로 충당하여야 한다(동조 제2항). 이러한 경우를 제외하고는 신탁업자는 신탁계약기간이 끝난 경우 신탁재산의 운용실적에 따라 반환하여야 하며(동조 제3항), 만약 신탁계약기간이 종료되기 전에 해지한다면 금융위원회가 정하는 예외적인 경우[2]에 해당하지 않는다면 중도해지수수료를 빼고 반환하여야 한다(동조 제4항).

신탁업자는 신탁계약이 정하는 바에 따라 신탁보수를 받을 수 있다(시행령 제

---

1) ① 제106조 제2항 각 호의 금융기관에의 예치, ② 국채증권, 지방채증권 또는 특수채증권의 매수, ③ 국가 또는 제106조 제2항 각 호의 금융기관이 지급을 보증한 증권의 매수, ④ 그 밖에 신탁재산의 안정성 및 수익성 등을 고려하여 총리령으로 정하는 방법이 그것이다(시행령 제118조의3 제1항).

2) 금융투자업규정 제4-82조 제2항에 따르면 ① 조세특례제한법이나 조세관계법령에서 소득세 납부가 면제되는 신탁으로서 중도해지하는 경우에도 세제혜택이 부여되는 일정한 사유의 발생으로 신탁계약을 해지하는 경우, ② 신탁업자가 합병하거나 경영합리화 등을 위해 영업점을 통·폐합 또는 이전함에 따라 수익자가 거래불편 등을 이유로 신탁계약을 중도해지하는 경우, ③ 신탁대출, 증권의 매입 등 신탁자금의 운용과 관련하여 신탁, 예·적금, 집합투자증권, 보험 등 고유부문 취급 금융상품 판매 또는 가입을 강요함으로써 차주 등의 자금사용을 제한하거나 금용비용을 가중시키는 행위(금융투자업규정 제4-93조 제1호의 불건전 영업행위를 말함)를 시정하기 위하여 신탁계약을 중도해지하는 경우가 여기에 해당된다.

104조 제 5 항). 즉 미리 신탁계약에서 정한 보수 이외의 보수를 신청할 수 없다. 신탁법상 수탁자는 신탁보수 이외에 부수적 이익을 취하는 것이 허용되지 아니할 뿐만 아니라(신탁법 제36조) 자본시장법의 경우에도 신탁재산의 이익을 해하면서 자기 또는 제 3 자의 이익을 도모하는 행위가 금지되는 등(법 제108조 제 4 호) 신탁업자의 보수에 대하여 법은 엄격한 태도를 취하고 있는데, 이러한 법의 입장은 신탁업자의 신인의무자적 지위를 바탕으로 하여 충실의무를 부과하고 있는 것(법 제102조)과 일관적인 태도라고 할 수 있다.

신탁업자는 특정금전신탁 계약을 체결(갱신을 포함)할 때 위탁자로 하여금 신탁재산인 금전의 운용방법으로서 운용대상의 종류·비중·위험도, 그 밖에 위탁자가 지정하는 내용을 계약서에 자필로 적도록 하여야 하고(시행령 제104조 제 6 항 제 1 호), 신탁계약에서 정한 금전의 운용방법을 변경할 때에는 위탁자로 하여금 그 변경내용을 계약서에 자필로 적도록 하거나 서명(전자서명법에 따른 전자서명 포함), 기명날인, 녹취 중 어느 하나에 해당하는 방법[1]으로 확인을 받아야 한다(시행령 제104조 제 6 항 제 2 호). 다만, 수익자 보호 및 건전한 거래질서를 해칠 우려가 없는 경우로서 계약의 특성 등을 고려하여 금융위원회가 정하여 고시하는 특정금전신탁의 경우는 제외한다(시행령 제104조 제 6 항 단서).

## 3. 신탁재산과 고유재산의 구분

### (1) 의 의

신탁법상 수탁자는 신탁재산을 수탁자의 고유재산과 분별하여 관리하고 신탁재산임을 표시하여야 하고(신탁법 제37조 제 1 항), 여러 개의 신탁을 인수한 경우 각 신탁재산을 분별하여 관리하고 서로 다른 신탁재산임을 표시하여야 한다(동조 제 2 항). 그리고 수탁자는 누구의 명의로도 신탁재산을 고유재산으로 하거나 신탁재산에 관한 권리를 고유재산에 귀속시키지 못한다(신탁법 제34조 제 1 항 제 1 호). 단, 신탁행위로 허용되거나 수익자에게 그 행위에 관련된 사실을 고지하고 수익자의 승인을 받거나 법원의 허가를 받은 경우에는 그러한 행위들이 허용된다. 그런데 자본시장법에서는 이러한 신탁법 제34조 제 2 항이 적용되지 않기 때문에(법 제104조 제 1 항), 수익자의 승낙이 있는 경우에는 이를 허용할 것인지 아니면 수익자

1) 다만, 운용대상의 위험도를 변경하는 경우에는 그 변경내용을 계약서에 자필로 적도록 하여야 한다(시행령 제104조 제 6 항 제 2 호 단서).

의 동의가 있어도 수탁자에 의한 자기거래는 법원의 허가가 없으면 허용되지 않는다고 볼 것인지가 문제될 수 있다. 기본적으로 자본시장법에서도 충실의무가 인정되고 있고, 충실의무가 적용된다고 하여서 모든 행위가 원천적으로 금지되는 것은 아니므로 이해상충의 가능성이 있는 거래를 원천적으로 금지할 필요는 없지만 법원의 허가는 요한다고 보아야 할 것이다.

(2) 고유재산에 의한 신탁재산의 취득허용범위

신탁업자가 신탁계약이 정하는 바에 따라 고유재산으로 신탁재산을 취득할 수 있는 경우가 있는데, 신탁행위에 따라 수익자에 대하여 부담하는 채무를 이행하기 위하여 필요한 경우, 즉 신탁회사가 금전신탁재산의 운용으로 취득한 자산이 거래소시장(다자간매매체결회사에서의 거래 포함) 또는 이와 유사한 시장으로서 해외에 있는 시장에서 시세[1]가 있는 경우(법 제104조 제2항 제1호)와, 신탁계약의 해지, 그 밖에 수익자 보호를 위하여 불가피한 경우로서 대통령령으로 정하는 경우(법 제103조 제3항에 따라 손실이 보전되거나 이익이 보장되는 신탁계약에 한함)이다(법 제104조 제2항 제2호).[2] 이를 위반하여 신탁재산을 고유재산으로 취득한 자는 징역 3년 이하의 징역 또는 1억원 이하의 벌금에 처한다(법 제445조 제16호).

## 4. 신탁재산 등 운용제한

신탁업자는 신탁재산에 속하는 금전을 운용함에 있어서 ① 증권(대통령령으로 정하는 증권에 한함)의 매수, ② 장내파생상품 또는 장외파생상품의 매수, ③ 대통령령으로 정하는 금융기관에의 예치, ④ 금전채권의 매수, ⑤ 대출, ⑥ 어음의 매수, ⑦ 실물자산의 매수, ⑧ 무체재산권의 매수, ⑨ 부동산의 매수 또는 개발, 그리고 ⑩ 그 밖에 신탁재산의 안전성·수익성 등을 고려하여 대통령령으로 정하는 방법[3]으로 하여야 한다(법 제105조 제1항).

한편 자본시장법은 신탁재산에 속하는 금전을 운용하는 경우 특정금전신탁과

---

1) 여기서의 '시세'란 증권시장 또는 파생상품시장에서 형성된 시세, 다자간매매체결회사가 상장주권의 매매를 중개함에 있어서 형성된 시세(법 제176조 제2항 제1호) 및 상장되는 증권에 대하여 증권시장에서 최초로 형성되는 시세(시행령 제202조)를 말한다.

2) 대통령령으로 정하는 경우는 ① 신탁계약기간이 종료되기까지의 남은 기간이 3개월 이내일 것, ② 신탁재산을 고유재산으로 취득하는 방법 외에 신탁재산의 처분이 곤란할 경우일 것, ③ 취득가액이 공정할 것의 요건을 모두 충족시키는 경우이다(시행령 제105조).

3) 시행령 제106조 제3항 참조.

불특정금전신탁인 경우로 나누어서 준수하여야 할 기준을 적시하고 있다. 즉 특정금전신탁인 경우 신탁재산으로 주권상장법인이 발행하는 자기주식을 취득하거나 처분하는 경우 ① 거래소의 시세에 따라 거래소에서 취득하거나 상환주식(상법 제345조 제 1 항) 외에 각 주주가 가진 주식 수에 따라 균등한 조건으로 취득하도록 하고(시행령 제106조 제 5 항 제 1 호 가목), ② 자기주식을 취득한 후 1개월 이내에 처분하거나 처분한 후 1개월 이내에 취득하지 않아야 하고(시행령 제106조 제 5 항 제 1 호 나목), ③ 자기주식을 취득하고 남은 여유자금을 당해 신탁업자의 고유계정에 대하여 일시적으로 자금을 대여하거나 자금중개회사의 중개를 거쳐 단기자금으로 대여하는 것이 금지될 뿐만 아니라 시행령 제106조 제 2 항 각 호의 금융기관에 예치하는 것도 금지되고(시행령 제106조 제 5 항 제 1 호 다목, 금융투자업규정 제4-83조), ④ 시행령 제176조의2 제 2 항 제 1 호부터 제 5 호까지의 어느 하나에 해당하는 기간[1] 동안에 자기주식의 취득이나 처분이 금지된다(시행령 제106조 제 5 항 제 1 호 라목).

불특정금전신탁인 경우에는 ① 사모사채에 운용하는 경우에는 각 신탁재산의 100분의 3을 초과하지 말아야 하고(시행령 제106조 제 5 항 제 2 호 가목), ② 지분증권 및 장내파생상품에 운용하는 경우에는 각 신탁재산의 100분의 50을 초과하지 말아야 하고(시행령 제106조 제 5 항 제 2 호 나목), ③ 장외파생상품에 운용하는 경우에는 그 매매에 따른 위험평가액이 각 신탁재산의 100분의 10을 초과하지 말아야 하고(시행령 제106조 제 5 항 제 2 호 다목), ④ 동일 법인 등이 발행한 지분증권(그 지분증권과 관련된 증권예탁증권 포함)에 운용하는 경우에는 그 지분증권 발행총수의 100분의 15를 초과하지 말아야 하고(시행령 제106조 제 5 항 제 2 호 라목), ⑤ 신탁재산을 대출로 운용함에 있어 동일한 개인 또는 법인에 대한 대출은 전 회계연도 말 불특정금전신탁 수탁고 전액의 100분의 5를 초과하지 아니하여야 하고(시행령 제106조 제 5 항 제 2 호 마목, 금융투자업규정 제4-84조 제 2 항 제 1 호), ⑥ 신탁재산에 속하는 증권을 대여하는 방법으로 운용하는 경우 그 대여거래 총액은 불특정금전신탁상품별로 신탁재산의 100분의 50을 초과하지 말아야 하고(시행령 제106조 제 5 항

---

1) ① 다른 법인과의 합병에 관한 이사회 결의일부터 과거 1개월간
② 유상증자의 신주배정에 관한 기준일(일반공모증자의 경우에는 청약일) 1개월 전부터 청약일까지의 기간
③ 준비금의 자본전입에 관한 이사회 결의일부터 신주배정기준일까지의 기간
④ 제205조 제 1 항 제 5 호에 따른 시장조성을 할 기간
⑤ 법 제174조 제 1 항에 따른 미공개중요정보가 있는 경우 그 정보가 공개되기 전까지의 기간

제2호 마목, 금융투자업규정 제4-84조 제2항 제2호), ⑦ 대여자산의 중도상환 요청기간 중 결제를 목적으로 하는 경우 이외에는 신탁재산으로 증권을 차입하지 않아야 한다(시행령 제106조 제5항 제2호 마목, 금융투자업규정 제4-84조 제2항 제3호).

신탁업자가 부동산과 관련된 재산(법 제103조 제1항 제5호·제6호)만을 신탁받는 경우, 그 밖에 대통령령으로 정하는 경우[1]를 제외하고는 신탁의 계산으로 그 신탁업자의 고유재산으로부터 금전을 차입할 수 없다(법 제105조 제2항).

## 5. 불건전영업행위의 금지

### (1) 의 의

자본시장법은 타인의 재산을 수탁하고 있는 신탁업자에 대하여 충실의무(fiduciary duty 혹은 duty of loyalty)의 관점에서 수익자의 이익을 보호하기 위해서 신탁업자와 신탁재산과의 사이의 거래인 자기거래(self-dealing)와 그 외의 이익상충이 되는 행위를 신탁업자의 금지행위로 규정하고 있다.

### (2) 금지되는 불건전한 영업행위

#### 1) 선행매매의 금지

자본시장법은 선행매매를 금지하는데,[2] 이는 신탁업의 영역에서 뿐 아니라 선행매매가 발생할 가능성이 있는 다른 금융투자업의 영역에서도 마찬가지이다. 신탁업자는 신탁재산을 운용함에 있어서 금융투자상품, 그 밖의 투자대상자산의 가격에 중대한 영향을 미칠 수 있는 매수 또는 매도 의사를 결정한 후 이를 실행하기 전에 그 금융투자상품, 그 밖의 투자대상자산을 자기의 계산으로 매수 또는 매도하거나 제3자에게 매수 또는 매도를 권유하는 행위를 하여서는 아니 된다(법 제108조 제1호).

그러나 신탁업자가 신탁재산의 운용과 관련한 정보를 이용하지 아니하였음을 입증하거나 또는 신탁업자가 증권시장과 파생상품시장 간의 가격 차이를 이용한 차익거래, 그 밖에 이에 준하는 거래로서 신탁재산의 운용과 관련한 정보를 의도

1) 시행령 제106조 제4항 참조.

2) 앞에서 여러 차례 살펴본 것 처럼 '선행매매'란 증권의 가격에 중대한 영향을 미칠 것으로 예상되는 고객의 매수(매도)주문을 위탁받거나 또는 위탁받게 될 것이 확실한 경우, 그 주문을 체결하기 전에 동일한 증권을 자기계산으로 매수(매도)하거나 제3자에게 매수(매도)를 권유하는 행위를 말한다. 선행매매는 주식시장보다 선물시장에서 빈번하게 발생하는 대표적인 불공정거래유형의 하나이다. 김정수, 244-246면 참조.

적으로 이용하지 아니하였다는 사실이 객관적으로 명백하다면 자기계산으로 투자대상자산을 매수 또는 매도하거나 제 3 자에게 매수 또는 매도를 권유하는 행위를 할 수 있다(법 제108조 단서, 시행령 제109조 제 1 항 제 1 호 가목·나목).

2) 충실의무위반행위의 금지

충실의무위반행위로써 금지되는 행위는 다음과 같다. 첫째, 신탁업자는 자기 또는 관계인수인이 인수한 증권을 신탁재산으로 매수하는 행위를 하여서는 아니 된다(법 제108조 제 2 호). 다만 인수일부터 3개월이 경과하여 매수하는 경우이거나(시행령 제109조 제 1 항 제 2 호), 인수한 증권이 국채증권, 지방채증권, 한국은행통화안정증권, 특수채증권 등이거나(시행령 제109조 제 1 항 제 2 의2호), 인수한 증권이 증권시장에서 상장된 주권인 경우로서 그 주권을 증권시장에서 매수하는 경우(시행령 제109조 제 1 항 제 2 의3호)에는 그러하지 아니하다.

둘째, 신탁업자는 자기 또는 관계인수인이 발행인 또는 매출인으로부터 직접 증권의 인수를 의뢰받아 인수조건 등을 정하는 인수업무를 담당한 법인의 특정증권등[1]에 대하여 인위적인 시세[2]를 형성시키기 위하여 신탁재산으로 그 특정증권등을 매매하는 행위를 하여서는 아니 된다(법 제108조 제 3 호, 시행령 제109조 제 2 항).

셋째, 신탁업자는 특정 신탁재산의 이익을 해하면서 자기 또는 제 3 자의 이익을 도모하는 행위를 하여서는 아니 된다(법 제108조 제 4 호).

넷째, 신탁업자는 신탁재산으로 그 신탁업자가 운용하는 다른 신탁재산, 집합투자재산 또는 투자일임재산과 거래하는 행위를 하여서는 아니 된다(법 제108조 제 5 호). 그러나 같은 신탁업자가 운용하는 신탁재산 상호 간에 같은 자산을 같은 수량으로 같은 시기에 일방이 매도하고 다른 일방이 매수하는 거래로서 ① 신탁계약의 해지(일부해지 포함)에 따른 해지금액 등을 지급하기 위하여 불가피한 경우 또는 ② 그 밖에 수익자의 이익을 해할 우려가 없는 경우로서 금융위원회의 승인을

1) 법 제172조 제 1 항의 특정증권등으로 ① 그 법인이 발행한 증권(대통령령으로 정하는 증권을 제외한다), ② ①의 증권과 관련된 증권예탁증권, ③ 그 법인 외의 자가 발행한 것으로서 ① 또는 ②의 증권과 교환을 청구할 수 있는 교환사채권, ④ ①부터 ③까지의 증권만을 기초자산으로 하는 금융투자상품을 말한다.

2) 법 제176조 제 2 항 제 1 호의 시세로 증권시장 또는 파생상품시장에서 형성된 시세, 전자증권중개회사가 상장주권의 매매를 중개함에 있어서 형성된 시세, 그 밖에 대통령령으로 정하는 시세를 말한다.

받는 경우에는 그러하지 아니하다. 이 경우 매매가격, 매매거래 절차 및 방법, 그 밖에 필요한 사항은 금융위원회가 정하여 고시한다(시행령 제109조 제1항 제3호).

다섯째, 신탁업자는 신탁재산으로 신탁업자 또는 그 이해관계인의 고유재산과 거래하는 행위를 하여서는 아니 된다(법 제108조 제6호). 그러나 ① 이해관계인이 되기 6개월 이전에 체결한 계약에 따른 거래, ② 증권시장 등 불특정다수인이 참여하는 공개시장을 통한 거래, ③ 일반적인 거래조건에 비추어 신탁재산에 유리한 거래, ④ 환매조건부매매, ⑤ 신탁업자 또는 이해관계인의 중개·주선 또는 대리를 통하여 금융위원회가 정하여 고시하는 방법에 따라 신탁업자 및 이해관계인이 아닌 자와 행하는 투자대상자산의 매매, ⑥ 신탁업자 또는 이해관계인의 매매중개(금융위원회가 정하여 고시하는 매매형식의 중개를 말함)를 통하여 그 신탁업자 또는 이해관계인과 행하는 채무증권, 원화로 표시된 양도성 예금증서 또는 어음(기업어음증권 제외)의 매매, ⑦ 법 제104조 제2항 또는 법 제105조 제2항에 따른 거래, ⑧ 예금거래(수탁액이 3억원 이상인 특정금전신탁 또는 근로자퇴직급여 보장법에 따른 특정금전신탁으로서 원리금 보장이 필요한 경우에 한함), ⑨ 금액의 규모 또는 시간의 제약으로 인하여 다른 방법으로 운용할 수 없는 경우로서 일시적인 자금의 대여(그 신탁재산을 운용하는 신탁업자에게 대여하는 경우에 한함), ⑩ 그 밖에 금융위원회가 거래의 형태, 조건, 방법 등을 고려하여 신탁재산과 이해가 상충될 우려가 없다고 승인한 거래에 해당하는 경우에는 그러하지 아니하다(시행령 제109조 제1항 제4호 가목 내지 차목).

여섯째, 신탁업자는 수익자의 동의 없이 신탁재산으로 신탁업자 또는 그 이해관계인이 발행한 증권에 투자하는 행위를 하여서는 아니 된다(법 제108조 제7호).

3) 부적격자에 의한 신탁재산운용의 금지

신탁업자는 투자운용인력이 아닌 자에게 신탁재산을 운용하게 하여서는 아니 된다(법 제108조 제8호).

4) 기타 시행령이 정하는 불건전영업행위

자본시장법은 '그 밖에 수익자 보호 또는 건전한 거래질서를 해할 우려가 있는 행위로서 대통령령으로 정하는 행위'를 금지한다고 규정하여 시행령으로 불건전영업행위를 추가할 수 있도록 하고 있다(법 제108조 제9호). 이를 위반한 자에 대하여는 5천만원 이하의 과태료를 부과한다(법 제449조 제1항 제29호). 시행령에

서 금지되는 불건전영업행위를 추가적으로 정하고 있다.[1)]

## Ⅲ. 여유자금의 운용

신탁업자의 신탁재산이 부동산이거나(법 제103조 제 1 항 제 5 호) 부동산에 관한 지상권, 전세권, 부동산임차권, 부동산소유권 이전등기청구권 그 밖의 부동산과 관련된 권리인 경우에는(법 제103조 제 1 항 제 6 호) 그 여유자금의 운영방법이 법으로 제한되어 있다.

첫째, 대통령령으로 정하는 금융기관에 예치하거나(법 제106조 제 1 호),[2)] 둘째, 국채증권, 지방채증권 또는 특수채증권을 매수하거나(법 제106조 제 2 호), 셋째, 정부 또는 금융기관이 지급보증한 증권을 매수하거나(법 제106조 제 3 호), 그 밖에 이러한 신탁재산의 안정성·수익성 등을 저해하지 않는 방법으로 대통령령(시행령 제107조 제 2 항)으로 정하는 방법으로 운용할 수 있다.[3)]

## Ⅳ. 신탁계약 관련규제

### 1. 신탁계약 체결 시 계약서류의 교부의무

자본시장법은 금융투자업자가 투자자와 계약을 체결한 경우 그 계약서류를 지체 없이 투자자에게 교부할 의무를 부과하고 있다(법 제59조 제 1 항). 이는 계약 체결 시 금융투자자가 계약내용을 정확하게 파악할 수 있도록 함으로써 금융투자자의 이익을 보호하기 위함이다. 신탁업자의 경우에도 동일한 내용의 규제가 적용

1) 시행령 제109조 제 3 항 제 1 호－제10호 참조.

2) 이러한 금융기관으로는 ① 은행, ② 한국산업은행법에 따른 한국산업은행, ③ 중소기업은행법에 따른 중소기업은행, ④ 증권금융회사, ⑤ 종합금융회사, ⑥ 상호저축은행법에 따른 상호저축은행, ⑦ 농업협동조합법에 따른 농업협동조합, ⑧ 수산업협동조합법에 따른 수산업협동조합, ⑨ 신용협동조합법에 따른 신용협동조합, ⑩ 산림조합법에 따른 산림조합, ⑪ 「우체국 예금·보험에 관한 법률」에 따른 체신관서, ⑫ ①부터 ⑪까지에 준하는 외국 금융기관을 정하고 있다(시행령 제107조 제 1 항·제106조 제 2 항).

3) 여기에서의 방법으로는 다음 각 호의 어느 하나에 해당하는 방법을 말한다(시행령 제107조 제 2 항).
   1. 법 제83조 제 4 항에 따른 단기대출
   2. 제106조 제 2 항 각 호의 금융기관이 발행한 채권(특수채증권은 제외한다)의 매수
   3. 그 밖에 신탁재산의 안정성·수익성 등을 해치지 아니하는 방법으로서 금융위원회가 정하여 고시하는 방법

되어 신탁업자가 위탁자와 신탁계약을 체결하는 경우 신탁계약의 내용을 기재한 계약서류를 교부하여야 하며, 그 기재사항은 법으로 정하여져 있다(법 제109조).

## 2. 수익증권

신탁업자는 금전신탁계약에 의한 수익권이 표시된 증권을 발행할 수 있는데(법 제110조 제1항), 이는 자본시장법상 수익증권에 속한다(법 제4조 제5항 참조). 금전신탁계약에 있어서의 수익증권은 무기명식 발행을 원칙으로 하지만 수익자의 청구가 있는 때에는 기명식으로 할 수 있고(법 제110조 제3항), 기명식 수익증권을 수익자의 청구에 의하여 무기명식으로 할 수도 있다(법 제110조 제4항). 수익증권이 발행된 경우에는 해당 신탁계약에 의한 수익권의 양도 및 행사는 그 수익증권으로 하여야 한다. 다만, 기명식 수익증권의 경우에는 수익증권으로 하지 아니할 수 있다(법 제110조 제6항).

수익증권을 발행하고자 하는 경우에 신탁업자는 ① 수익증권 발행계획서, ② 자금운용계획서, ③ 신탁약관 또는 신탁계약서를 첨부하여 금융위원회에 미리 신고하여야 한다(법 제110조 제2항, 시행령 제111조 제1항).

신탁업자는 자신이 발행한 수익증권을 신탁업자의 고유재산으로 매입할 수 있으나(법 제111조), 이 경우 수탁자의 이익향수금지에 관한 신탁법 제36조가 적용되지 아니하고, 다만 매수가격은 시행령이 정하는 방법으로 하여야 한다(시행령 제112조).

## 3. 의결권의 행사 등

### (1) 의결권의 행사

자본시장법은 신탁업자가 신탁재산으로 취득한 주식에 대한 권리행사는 원칙적으로 신탁업자가 행사하도록 규정하고 있다. 다만, 예외적인 경우에는 이른바 '그림자 투표'(shadow voting)의 방법으로 그 의결권의 행사방법을 제한하고 있다. 또한 신탁재산에서 보유하고 있는 주식에 대한 의결권의 행사는 기관투자자로서 주식시장 등에 미치는 영향이 크다는 점을 감안하여 신탁재산의 주식에 대한 의결권을 행사할 경우 미리 또는 사후에 그 내용을 공시하도록 의무화하고 있다.

2011년 신탁법 개정으로 수탁자의 충실의무가 도입된 후, 2013년 자본시장법 개정 시 신탁업자가 신탁재산으로 취득한 주식에 대한 권리는 신탁업자가 행사하도록 함에 있어서 수익자의 이익을 보호하기 위하여 신탁재산에 속하는 주식의 의결권을 충실하게 행사하도록 요구(법 제112조 제 1 항)함으로써 신탁업자의 책임을 더욱 강조하고 있다.

신탁업자는 신탁재신에 속하는 주식의 의결권을 행사함에 있어서 법에서 정하는 일정한 경우에 해당되는 경우에는 신탁재산에 속하는 주식을 발행한 법인의 주주총회의 참석 주식 수에서 신탁재산에 속하는 주식수를 뺀 주식수의 결의내용에 영향을 미치지 아니하도록 의결권을 행사(shadow voting)하여야 한다(법 제112조 제 2 항 본문). 그런데 신탁재산에 속하는 주식을 발행한 법인의 합병, 영업의 양도·양수, 임원의 선임, 그 밖에 이에 준하는 사항으로서 신탁재산에 손실을 초래할 것이 명백하게 예상되는 경우에는 그림자 투표의 예외를 인정하고 있다(법 제112조 제 2 항 단서). 다만, 공정거래법 제 9 조 제 1 항의 규정에 의한 상호출자제한 기업집단에 속하는 신탁업자에 대하여는 이 경우에도 그림자 투표에 의하도록 규정하고 있다(법 제112조 제 5 항).

### (2) 의결권 행사의 금지

신탁업자는 신탁재산에 속하는 주식이 다음에 해당하는 경우에는 그 주식의 의결권을 행사할 수 없다(법 제112조 제 3 항). 즉, ① 동일법인이 발행한 주식 총수의 100분의 15를 초과하여 주식을 취득한 경우 그 초과하는 주식, ② 신탁재산에 속하는 주식을 발행한 법인이 자기주식을 확보하기 위하여 신탁계약에 따라 신탁업자에게 취득하게 한 그 법인의 주식의 경우이다. 또한 신탁업자는 제 3 자와의 계약 등에 의하여 의결권을 교차하여 행사하는 등 의결권 제한규정의 적용을 면하기 위한 행위를 하여서는 아니 된다(법 제112조 제 4 항).

신탁업자가 위와 같은 제한을 위반하여 신탁재산에 속하는 주식의 의결권을 행사한 경우에는 금융위원회는 6개월 이내의 기간을 정하여 그 주식의 처분을 명할 수 있다(법 제112조 제 6 항).

### (3) 의결권 행사에 관한 공시

신탁업자는 합병, 영업의 양도·양수, 임원의 선임 등 경영권의 변경과 관련된 사항에 대하여 그림자 투표에 의하여 의결권을 행사하는 경우에는 대통령령으로 정하는 방법에 따라 인터넷 홈페이지 등을 이용하여 공시하여야 한다(법 제112

조 제 7 항).

신탁업자가 합병, 영업의 양도·양수, 임원의 선임 등 경영권의 변경과 관련된 사항에 대하여 그림자 투표에 의하여 의결권을 행사하는 경우에, 의결권을 행사하고자 하는 주식을 발행한 법인이 주권상장법인인 경우에는 주주총회일 5일 전까지 증권시장을 통하여 의결권을 행사하고자 하는 내용을 공시하여야 한다(시행령 제114조 제 1 항). 다만, 신탁업자는 주주총회의 목적사항의 구체적 내용이 주주총회일 5일 전까지 확정되지 아니하는 등 주주총회일 5일 전까지 공시내용을 확정하기 어려운 경우에는 주주총회일 전까지 그 뜻을 공시하고, 주주총회일부터 5일 이내에 법상 공시방법에 따라 그 주주총회에서 행사한 의결권의 내용을 공시하여야 한다(시행령 제114조 제 2 항).

### 4. 신탁재산의 회계처리 등

자본시장법은 신탁재산의 회계처리에 대하여도 규정하고 있는데, 여기서의 회계처리는 신탁재산에 포함된 자산을 공정하게 평가하여 신탁재산의 대차대조표 및 손익계산서에 기재하는 것을 말한다. 신탁업자가 신탁재산에 관하여 회계처리를 하는 경우에는 금융위원회가 증권선물위원회의 심의를 거쳐 정하여 고시한 회계처리기준에 따라야 한다(법 제114조 제 1 항). 이를 위반하여 회계처리를 한 자는 5천만원 이하의 과태료에 처한다(법 제449조 제 1 항 제35호). 금융위원회는 회계처리기준의 제정 또는 개정에 관한 업무를 「주식회사 등의 외부감사에 관한 법률」(이하 '외감법'으로 줄임)에 따른 사단법인 한국회계기준원에 위탁하도록 하고 있다(법 제114조 제 2 항, 시행령 제116조). 한국회계기준원은 회계처리기준을 제정 또는 개정한 때에는 이를 금융위원회에 지체 없이 보고하여야 한다.

신탁업자는 신탁재산에 대하여 그 신탁업자의 매 회계연도 종료 후 2개월 이내에 외감법 제 2 조 제 7 항에 따른 회계감사인의 회계감사를 받아야 한다. 다만, 수익자의 이익을 해할 우려가 없는 경우로서 특정금전신탁, 이익의 보장을 하는 금전신탁(손실만을 보전하는 금전신탁 제외), 회계감사기준일 현재 수탁원본이 300억원 미만인 금전신탁의 경우이거나 증권·금전채권·동산·부동산·지상권, 전세권, 부동산임차권, 부동산소유권 이전등기청구권, 부동산관련권리, 무체재산권(지식재산권 포함)의 신탁인 경우에는 회계감사를 받지 아니할 수 있다(법 제114조 제 3 항, 시행령 제117조) 그리고 신탁업자는 신탁재산의 회계감사인을 선임하거나 교체하는 경우에는 그 선임일 또는 교체일부터 1주 이내에 금융위원회에 그 사실을 보고하여야 한다(법 제114조 제 4 항).

## Ⅴ. 장부·서류의 열람 및 공시 등

수익자는 신탁업자에게 영업시간 중에 이유를 기재한 서면으로 그 수익자에 관련된 신탁재산에 관한 장부·서류의 열람이나 등본 또는 초본의 교부를 청구할 수 있다. 원칙적으로 수익자이면 누구든지 장부·서류의 열람을 요구할 수 있다. 이 경우 신탁업자는 다음의 사유에 해당하는 정당한 사유가 없는 한 이를 거절하여서는 아니 된다(법 제113조 제 1 항). 즉, ① 신탁재산의 운용내역 등이 포함된 장부·서류를 제공함으로써 그러한 서류를 제공받은 자가 그 정보를 거래 또는 업무에 이용하거나 타인에게 제공할 것이 현저하게 우려되는 경우, ② 신탁재산의 운용내역 등이 포함된 장부·서류를 제공함으로써 다른 수익자에게 손해를 일으킬 가능성이 있다고 명백히 인정되는 경우, ③ 신탁계약이 해지된 신탁재산에 관한 장부·서류로서 시행령 제62조 제 1 항에 따른 보존기한이 경과하는 등의 사유로 인하여 수익자의 열람제공 요청에 응하는 것이 불가능한 경우이다.

신탁회사가 상기의 사유로 인하여 수익자의 열람청구를 거절하는 경우에 신탁업자는 열람이나 교부가 불가능하다는 뜻과 그 사유가 기재된 서면을 수익자에게 교부하여야 한다(시행령 제115조 제 1 항 제 2 문).

수익자가 열람이나 등본 또는 초본의 교부를 청구할 수 있는 장부·서류는 ① 신탁재산 명세서, ② 재무제표 및 그 부속명세서, ③ 신탁재산 운용내역서를 말한다(시행령 제115조 제 2 항).

## Ⅵ. 회계감사인의 손해배상책임

회계감사인은 법 제114조 제 3 항에 따른 회계감사의 결과 회계감사보고서 중 중요사항에 관하여 거짓의 기재 또는 표시가 있거나 중요사항이 기재 또는 표시되지 아니함으로써 이를 이용한 수익자에게 손해를 끼친 경우에는 그 수익자에 대하여 손해를 배상할 책임을 진다. 이 경우 외감법에 따른 감사반이 회계감사인인 때에는 그 신탁재산에 대한 감사에 참여한 자가 연대하여 손해를 배상할 책임을 진다(법 제115조 제1항).

2014년 자본시장법 개정을 통하여 회계감사인에 대하여 손해배상책임을 부과함에 있어서 고의와 과실의 경우를 구분하고 귀책사유에 따라 비례책임을 부과할 수 있도록 하였다. 개정법 이전에는 회계감사인도 해당 신탁회사의 이사 및 감사와 동일하게 연대책임을 부담하도록 하였으나, 회사 재무제표 작성의 일차적 책임이 있는 회사의 임원과 회계감사인은 그 책임의 정도가 다름에도 불구하고 연대책임을 부과하는 것은 형평에 부합하지 않는다고 보고 개정법은 고의나 소액투자자에 대하여는 기존과 같이 연대배상책임을 부과하지만 고의가 아닌 경우에는 귀책사유에 따라 법원이 정하는 비율에 따라 배상책임을 부과하도록 한 것이다.

회계감사인이 수익자에 대하여 손해를 배상할 책임이 있는 경우로서 그 신탁업자의 이사·감사(감사위원회가 설치된 경우에는 감사위원회의 위원을 말함)에게도 귀책사유가 있다면 그 회계감사인과 신탁업자의 이사·감사는 연대하여 손해를 배상할 책임을 진다(법 제115조 제2항). 다만, 손해를 배상할 책임이 있는 자의 고의가 없는 경우에 그 자는 법원이 귀책사유에 따라 정하는 책임비율에 따라 손해를 배상할 책임이 있다(법 제115조 제2항 단서). 그럼에도 불구하고 손해배상을 청구하는 자의 소득인정액(국민기초생활 보장법에 따른 소득인정액을 말함)이 대통령령으로 정하는 금액 이하에 해당되는 경우에는 회계감사인과 신탁업자의 이사·감사는 연대하여 손해를 배상할 책임이 있다(법 제115조 제3항).

## Ⅶ. 합병과 청산의 경우

자본시장법에서는 신탁업자의 합병 또는 청산에 관하여 규정하고 있는데, 신탁업자가 합병하는 경우 합병 후 존속하는 신탁업자 또는 합병으로 인하여 설립된 신탁업자는 합병으로 인하여 소멸된 신탁업자의 신탁에 관한 권리의무를 승계하는 것으로 하고 있다(법 제116조 제1항). 그런데 합병에 관하여 이의를 제기한 수익자가 있는 경우에는 신탁의 종료와 새로운 신탁업자의 선임에 관한 신탁법의 규정을 준용하고 있다(법 제116조 제2항).

금융위원회는 신탁업자가 그 목적을 변경하여 다른 업무를 행하는 회사로서 존속하는 경우에는 그 회사가 신탁에 관한 채무 전부를 변제하기까지 재산의 공탁을 명하거나, 그 밖에 필요한 명령을 할 수 있다. 합병으로 인하여 신탁업자가 아닌 회사가 신탁업자의 임무 종료를 위해 필요한 사무를 처리하는 동안에도 마찬가지이다(법 제116조 제 3 항).

신탁업자가 합병 또는 파산 이외의 사유로 해산한 경우에는 금융위원회는 청산인을 선임하고 청산사무를 감독하며(법 제95조 제 1 항·제117조), 청산사무 및 재산의 상황을 검사하거나 재산의 공탁명령, 그 밖에 청산의 감독에 필요한 명령을 할 수 있다(법 제95조 제 2 항).

## 제 8 절 온라인소액투자중개업자 특례

### Ⅰ. 의 의

'온라인소액투자중개업자'라 함은 온라인상에서 누구의 명의로 하든지 타인의 계산으로 이동통신단말기의 애플리케이션과 같은 방법을 사용하여 발행되는 채무증권, 지분증권, 투자계약증권의 모집 또는 사모에 관한 중개를 영업으로 하는 자를 말한다(법 제 9 조 제27항, 시행령 제14조의4 제 1 항). 온라인소액투자중개업자와 자본시장법상 다른 금융투자업을 영위하는 자를 제외하고는 상호에 '금융투자' 및 'financial investment'라는 표기를 하여서는 안 되고, 온라인소액투자중개업자가 아닌 자는 '온라인소액투자중개' 또는 이와 유사한 명칭을 사용하여서는 안 된다(법 제117조의5).

온라인소액투자중개업을 이용하여 증권을 발행할 수 있는 자는 주로 소규모 기업인데, 중소기업창업지원법에 따라 창업된 주권상장법인, 벤처기업육성에 관한 특별조치법에 따른 벤처기업 또는 중소기업 기술혁신 촉진법에 따른 기술혁신형 중소기업이나 경영혁신형 중소기업, 중소기업기본법에 따른 기업 등이 해당된다(법 제 9 조 제27항 제 1 호·제 2 호, 시행령 제14조의5 제 1 항·제 2 항). 결국 온라인소액투자중개업은 투자자로부터 온라인 펀딩포털을 통해 소액증권의 모집 및 사모의 중개를 위한 것으로서 소위 '투자형 크라우드 펀딩'의 중개를 뒷받침하기 위한 것이다.

## Ⅱ. 등록요건 및 지배구조

### 1. 등록요건

금융위원회에 등록하지 아니하면 온라인소액투자중개를 할 수 없고(법 제117조의3), 온라인소액투자중개업자가 되고자 하는 자는 금융위원회에 등록하여야 하고 등록을 하게 되면 법 제12조에 의한 인가를 받은 것으로 본다(법 제117조의4 제1항). 자본시장법상 금융투자업자는 금융감독원장의 검사 등을 받아야 하나(법 419조), 온라인소액투자중개업자의 경우에는 일부 검사가 면제된다(법 제117조의16).

온라인소액투자중개업자로서 등록하기 위해서는 다음의 요건을 갖추어야 한다. 첫째, 상법상 주식회사이거나 외국 온라인소액투자중개업자로서 온라인소액투자중개에 필요한 지점이나 영업소를 설치한 자이어야 한다(법 제117조의4 제2항 제1호). 둘째, 5억원 이상의 자기자본금을 갖추어야 한다(법 제117조의4 제2항 제2호, 시행령 제118조의4 제1항). 셋째, 사업계획이 타당하고 건전하여야 한다(법 제117조의4 제2항 제3호). 이러한 성격의 요건은 소위 적합성 기준(fit and proper test)으로 인가의 성격을 가진다. 온라인소액투자중개업자에게 등록을 하도록 하면서 이러한 요건을 요구하는 것은 이 경우의 등록을 자본시장법 제12조의 인가로 본다는 자본시장법 제117조의4 제1항과 일관성이 있다고 볼 수 있지만, 등록을 하도록 하면서 이러한 요건을 어떻게 심사할 것인지는 의문이다.[1] 넷째, 투자자 보호가 가능하고 그 영위하고자 하는 업을 수행하기에 충분한 인력과 전산설비, 그 밖의 설비를 갖출 것을 요구하고 있다(법 제117조의4 제2항 제4호).[2] 다섯째, 임원에 대하여 지배구조법 제5조의 자격요건을 갖출 것을 요구하고 있다(법 제117조의4

---

1) 이와 관련하여 시행령 제118조의4 제2항에서는 위험관리와 금융사고 예방 등을 위한 적절한 내부통제장치가 마련되고 투자자 보호에 적절한 업무방법을 갖출 것과 법령을 위반하지 아니하고 건전한 금융거래질서를 해칠 염려가 없을 것을 요구하고 있다.

2) 시행령 제188조의4 제3항에서는 다음의 추가요건을 요구하고 있다.
   1. 온라인소액투자중개업에 관한 전문성과 건전성을 갖춘 인력과 업무를 수행하기 위한 전산요원 등 필요한 인력을 적절하게 갖출 것
   2. 다음 각 목의 전산설비 등의 물적 설비를 갖출 것
      가. 온라인소액투자중개업을 하기에 필요한 전산설비와 통신수단
      나. 사무실 등 충분한 업무공간과 사무장비
      다. 전산설비 등의 물적 설비를 안전하게 보호할 수 있는 보안설비
      라. 정전·화재 등의 사고가 발생할 경우에 업무의 연속성을 유지하기 위하여 필요한 보완설비

제 2 항 제 5 호). 여섯째, 대주주에 대하여 충분한 출자능력, 건전한 재무상태 및 사회적 신용을 갖출 것을 요구하고 있다(법 제117조의4 제 2 항 제 6 호). 일곱째, 경영건전성기준 등 건전한 재무상태와 법령 위반사실이 없는 등 건전한 신용을 갖출 것을 요구하고 있다(법 제117조의4 제 2 항 제 7 호).[1] 여덟째, 온라인소액투자중개업자와 투자자 간, 특정 투자자와 다른 투자자 간의 이해상충을 방지하기 위한 체계를 갖출 것을 요구하고 있다(법 제117조의4 제 2 항 제 8 호).[2]

금융위원회는 등록신청서를 접수한 경우 2개월 이내에 등록 여부를 결정하여야 하고(법 제117조의4 제 4 항) 자본시장법상 등록요건과 신청서의 작성 및 필요한 경우 보완을 한 경우에는 등록을 거부하여서는 안 된다(법 제117조의4 제 6 항).

### 2. 지배구조 등

온라인소액투자중개업자는 대주주가 변경된 경우에는 이를 2주 내에 금융위원회에 보고하여야 한다(법 제117조의6 제 1 항). 온라인소액투자중개업자에 대하여는 다른 금융투자업자에게 적용되는 파생상품업무책임자(법 제28조의2), 재무건전성유지(법 제30조), 경영건전성기준(법 제31조)에 관한 규정이 적용되지 않는다(법 제117조의6 제 3 항).

온라인소액투자중개업자는 그 임직원이 직무를 수행할 때 준수하여야 할 내부통제기준을 이사회의 결의를 거쳐서 갖출 것이 요구된다(법 제117조의6 제 2 항, 시행령 제118조의8 제 2 항). 시행령에서는 업무분장과 조직구조에 관한 사항, 고유재산운용업무과정상 위험관리지침, 불공정행위방지를 위한 절차나 기준 등을 마련할 것을 요구하고 있으나(시행령 제118조의8 제 1 항), 준법감시인의 의무적인 선임을 요구하고 있지는 않다.

## Ⅲ. 영업행위의 규제와 청약, 청약증거금의 관리

### 1. 영업행위의 규제 등

온라인소액투자중개업자에게도 영업행위에 대한 규제가 존재하는데, 자본시장법상 투자권유규제의 적용이 배제되고 있고 투자매매업자 및 투자중개업자의

1) 시행령 제118조의4에서는 제16조 제 8 항의 요건을 정하고 있다.
2) 법 제44조와 제45조의 이해상충방지체계를 말한다.

영업행위규칙 중 불건전영업행위의 금지를 제외한 대부분의 적용이 배제되고 있다(법 제117조의7 제1항).

먼저 온라인소액투자중개업자는 자신이 온라인소액투자중개를 하는 증권을 자기의 계산으로 취득하거나, 증권의 발행 또는 그 청약을 주선 또는 대리하는 행위를 하여서는 아니 된다(법 제117조의7 제2항). 둘째, 온라인소액투자중개업자는 온라인소액증권발행인의 신용 또는 투자 여부에 대한 투자자의 판단에 영향을 미칠 수 있는 자문이나 온라인소액증권발행인의 경영에 관한 자문에 응하여서는 아니 된다(동조 제3항). 셋째, 온라인소액투자중개업자는 투자자가 청약의 내용, 투자에 따르는 위험, 증권의 매도 제한, 증권의 발행조건과 온라인소액증권발행인의 재무상태가 기재된 서류 및 사업계획서의 내용을 충분히 확인하였는지의 여부를 투자자의 서명, 전자서명, 전자우편 등의 방법으로 확인하기 전에는 그 청약의 의사 표시를 받아서는 아니 된다(동조 제4항, 시행령 제118조의9 제1항). 넷째, 온라인소액투자중개업자는 온라인소액증권발행인의 요청에 따라 투자자의 자격 등을 합리적이고 명확한 기준에 따라 제한할 수 있다(동조 제5항). 다섯째, 온라인소액투자중개업자는 투자자가 청약의 의사를 표시하지 아니한 상태에서 투자자의 재산으로 증권의 청약을 하여서는 아니 되고, 새로 발행되는 증권의 취득에 관한 청약을 한다(동조 제6항). 여섯째, 온라인소액투자중개업자는 온라인소액증권발행인에 관한 정보의 제공, 청약주문의 처리 등의 업무를 수행할 때 특정한 온라인소액증권발행인 또는 투자자를 부당하게 우대하거나 차별하여서는 아니 된다. 다만, 투자자가 청약의 의사를 먼저 표시하는 등 대통령령으로 정하는 정당한 사유[1)]가 있는 경우에는 그러하지 아니하다(동조 제7항). 일곱째, 온라인소액투자중개업자는 증권의 청약기간이 만료된 경우에는 증권의 청약 및 발행에 관한 내역을 금융위원회가 정하여 고시하는 방법에 따라 지체 없이 투자자에게 통지하여야 한다(동조 제8항). 여덟째, 온라인소액투자중개업자는 투자광고를 자신의 인터넷 홈페이지에 게시하는 행위, 온라인소액증권발행인이 게재하는 내용을 자신의 인터넷 홈페이

---

1) 시행령 제118조의10 제1항에 의하면 다음의 경우이다.
   1. 투자자가 증권의 취득에 관한 청약의 권유를 받지 아니하고 그 청약의 의사를 표시하는 경우
   2. 법 제117조의7 제5항에 따른 온라인소액증권발행인의 요청이 있는 경우
   3. 그 밖에 건전한 거래질서 및 투자자 보호를 저해할 우려가 크지 아니한 경우로서 금융위원회가 정하여 고시하는 경우

지에 게시하는 행위, 자신의 인터넷 홈페이지를 통하여 자신이 중개하는 증권 또는 그 온라인소액증권발행인에 대한 투자자들의 의견이 교환될 수 있도록 관리하는 행위, 사모의 방식인 경우에는 온라인소액증권발행인이 홈페이지에 게재하는 내용을 특정 투자자에게 전송하는 행위를 제외하고는 증권의 청약을 권유하는 일체의 행위를 하는 것이 금지된다(동조 제10항). 그리고 온라인소액투자중개업자는 자신의 홈페이지를 통하여 공개되는 투자자들의 의견을 임의로 삭제하거나 수정해서도 안 된다(동조 제10항 제 3 호 단서).

## 2. 투자자보호장치

### (1) 증권모집의 특례

온라인소액투자중개를 통하여 모집하려는 증권의 모집가액과 해당 모집일로부터 과거 1년 동안 이루어진 증권의 모집가액 각각의 합계액이 15억원 이하인 경우와 증권의 모집·매출의 판단방법(시행령 제11조 제 1 항)에 따라 합산하여 그 합산의 대상이 되는 모든 청약의 권유 각각의 합계액이 15억원 이하인 경우에는 증권신고서에 관한 자본시장법 규정(제119조-제130조)의 적용이 면제된다(법 제117조의10 제 1 항 및 시행령 제118조의15 제 1 항). 그러나 투자자의 보호를 위하여 온라인소액증권발행인은 증권의 발행조건과 재무상태, 사업계획서 및 시행령에서 정한 사항을 온라인소액투자중개업자가 개설한 홈페이지에 게재하여야 한다(법 제117조의10 제 2 항). 그리고 온라인소액증권발행인은 증권의 모집이 끝난 후 지체 없이 그 모집실적에 관한 결과를 온라인소액투자중개업자의 인터넷 홈페이지에 게재하고, 증권의 청약기간은 10일 이상으로 하며, 매 사업연도 경과 후 90일 이내에 온라인소액투자중개업자의 홈페이지에 게재하는 등의 조치를 취하여야 한다(동조 제 2 항 및 시행령 제118조의16 제 3 항).

이러한 투자정보의 공시와 관련하여 중요사항에 관한 거짓의 기재 또는 표시가 있거나 중요사항이 기재 또는 표시되지 아니함으로써 온라인소액투자중개를 통하여 증권을 취득한 자가 손해를 입은 경우에는 온라인소액증권발행인, 그 대표자 또는 이사, 사업계획서 등의 작성을 지시하거나 집행한 자, 사업계획서 등의 서류가 진실하다고 서명한 공인회계사·감정인 또는 신용평가사,[1] 그 내용에 대한

---

1) 여기에 해당되는 자는 공인회계사, 감정인, 신용평가를 전문으로 하는 자, 변호사, 변리사 또는 세무사, 그 밖에 공인된 자격을 가진 자(그 소속 단체를 포함한다)를 말한다(시행령 제

자기의 의견이 기재되는 것에 동의하고 그 내용을 확인하는 자에게 손해배상책임을 묻고 있다(법 제117조의12 제 1 항 본문). 다만 배상책임을 질 자가 상당한 주의를 하였음에도 불구하고 이를 알 수 없었음을 증명하거나 그 증권의 취득자가 취득의 청약을 할 때에 그 사실을 안 경우에는 배상책임을 지지 아니한다(법 제117조의12 제 1 항 단서). 이러한 배상책임은 그 청구권자가 해당 사실을 안 날로부터 1년 이내 또는 해당 증권의 청약기간의 종료일 전 7일부터 3년 이내에 청구권을 행사하지 아니한 경우에는 소멸한다(법 제117조의12 제 3 항).

온라인소액증권발행에 청약하는 투자자는 소액투자자인 경우가 많을 것이기 때문에 투자자에 대한 보호장치가 일반적인 증권의 발행의 경우보다 더 중요하다. 이러한 점을 감안하여 자본시장법은 증권의 청약기간의 종료일부터 7일 전까지 온라인소액투자중개업자가 관리하는 인터넷 홈페이지를 통하여 투자판단에 필요한 정보를 제공하도록 하고 있으며, 투자판단에 중요한 영향을 미칠 수 있는 중요한 사항에 변경이 있는 경우에는 즉시 정정게재를 하도록 하고 있다(법 제117조의10 제 4 항). 그런데 정정게재를 하는 경우 정정게재 전 해당 증권의 청약의 의사표시를 한 투자자에게 정정게재 사실을 통지하지 않거나 청약 시와 같은 방법으로 투자자의 청약 의사의 재확인을 하지 않으면 법 제71조 제 7 호에서는 정하는 불건전영업행위에 해당된다(법 제117조 제 4 항, 시행령 제68조 제 5 항 제13의4호 및 제118조의9 제 1 항). 또한 온라인소액증권발행인과 그 대주주는 증권을 발행한 후 1년을 경과하기 전까지는 보유한 온라인소액증권발행인의 지분을 누구에게도 매도하는 것이 허용되지 않는다(법 제117조의10 제 5 항). 투자자의 경우도 온라인소액투자중개를 통하여 발행된 증권을 지체 없이 예탁결제원을 명의주주로 하여 예탁결제원에 예탁하거나 보호예수하여야 하며, 그 예탁일 또는 보호예수일부터 1년간 해당 증권(증권에 부여된 권리의 행사로 취득하는 증권을 포함)을 전문투자자나 해당 증권의 온라인소액증권발행인 또는 그 대주주 등에 매도하는 경우를 제외하고는 매도, 그 밖의 방법으로 양도할 수 없도록 하고 있다(법 제117조의10 제 7 항, 시행령 제118조의17 제 5 항).

온라인소액증권발행인은 온라인소액투자중개의 방법으로 증권을 모집하는 경우 청약금액이 모집예정금액에 100분의 80을 곱한 금액에 미달하는 때에는 그 발행을 취소하여야 한다(법 제117조의10 제 3 항, 시행령 제118조의16 제 5 항). 그런데 위

118조의19).

금액을 초과하여 증권의 발행이 가능한 요건이 되었음에도 온라인소액투자중개업자가 이러한 사실을 청약자에게 통지하지 않으면 법 제71조 제 7 호에서 정하는 불건전영업행위가 된다(시행령 제68조 제 5 항 제13의6호). 그리고 전문투자자를 제외한 일반투자자의 경우에는 온라인소액투자중개를 통하여 투자하는 금액을 제한하고 있는데, 법인인 경우 최근 사업연도 말 현재 자기자본이 10억원을 초과하지 않는 법인, 개인인 경우 직전 과세기간의 사업소득금액과 근로소득금액의 합계액이 1억원을 초과하지 않거나 소득세법상 이자소득 및 배당소득의 합계액이 종합과세기준금액을 초과하지 않는 경우에는 최근 1년간 동일 온라인소액증권발행인에 대한 누적투자금액이 500만원, 최근 1년간 누적투자금액이 1,000만원을 초과하여 투자할 수 없도록 하고 있으며, 자기자본이 10억원을 초과하는 법인이나 사업소득과 근로소득의 합계액이 1억원을 초과하는 자 또는 이자소득 및 배당소득의 합계액이 종합과세기준금액을 초과하는 개인, 최근 2년간 온라인소액투자중개(사모에 관한 중개는 제외)를 통하여 5회 이상 투자한 사람으로서 그 누적 투자금액이 1,500만원[1] 이상인 자는 각각 1,000만원과 2,000만원으로 투자한도가 제한된다(동조 제 6 항, 시행령 제118조의17 제 3 항 · 제 4 항). 이러한 투자금액의 제한이 존재함에도 불구하고 온라인소액투자중개업자가 해당 투자자에게 투자에 따르는 위험 등에 대하여 이해했는지 여부를 질문을 통하여 확인하지 않거나, 확인한 결과 투자자에게 온라인소액투자중개의 방법을 통한 투자가 적합하지 않음에도 청약의 의사표시를 받는 행위는 법 제71조 제 7 호에서 정하는 불건전영업행위에 해당된다(시행령 제68조 제 5 항 제13의5호).

### (2) 투자광고의 특례

온라인소액투자중개업자 또는 온라인소액증권발행인은 온라인소액투자중개업자가 개설한 인터넷 홈페이지 이외의 수단을 통해서 투자광고를 하는 것이 허용되지 않는다(법 제117조의9 제 1 항). 다만 다른 매체를 이용하여 투자광고가 게시된 인터넷 홈페이지의 주소를 소개하거나, 해당 홈페이지에 접속할 수 있는 장치를 제공하거나, 온라인소액투자중개업자 · 온라인소액증권발행인의 명칭, 온라인소액증권발행인의 업종 및 증권의 청약기간을 제공하는 것은 허용된다(동조 제 1 항

1) 2019년 12월 31일까지는 1천만원으로 본다(대통령령 제29295호 2019년 1월 15일 개정 부칙 제 4 조).

단서). 그리고 온라인소액투자중개업자 또는 온라인소액증권발행인이 아닌 자가 온라인소액투자중개에 대한 투자광고를 하는 것은 허용되지 아니한다(동조 제 2 항).

### 3. 청약증거금의 관리

온라인소액투자중개업자는 투자자로부터 일체의 금전·증권, 그 밖의 재산의 보관·예탁을 받아서는 아니 되며(법 제117조의8 제 1 항), 투자자의 청약증거금이 은행 또는 증권금융회사에 예치 또는 신탁이 되도록 하여야 하고(동조 제 2 항), 이러한 청약증거금이 투자자의 재산이라는 뜻을 밝혀야 한다(동조 제 3 항). 그리고 이러한 투자자들의 청약증거금은 상계나 압류의 대상도 되지 못하며 온라인소액투자중개업자는 대통령령으로 정하는 경우[1] 외에는 투자자들의 청약증거금을 양도하거나 담보로 제공해서는 안 되며(동조 제 4 항), 등록취소나 해산결의 등 대통령령으로 정하는 사유가 발생한 경우[2]에는 예치 또는 신탁된 청약증거금이 투자자에게 우선하여 지급될 수 있도록 조치하여야 한다(동조 제 5 항).

---

1) 시행령 제118조의12와 금융투자업규정 제4-112조에 의하면,
  1. 온라인소액투자중개업자가 다른 회사에 흡수합병되거나 다른 회사와 신설합병함에 따라 그 합병에 의하여 존속되거나 신설되는 회사에 청약증거금 관리기관(법 제117조의8 제 2 항에 따른 은행 또는 증권금융회사를 말한다. 이하 같다)에 예치 또는 신탁한 청약증거금을 양도하는 경우
  2. 온라인소액투자중개업자가 온라인소액투자중개업의 전부나 일부를 양도하는 경우로서 양도내용에 따라 양수회사에 청약증거금 관리기관에 예치 또는 신탁한 청약증거금을 양도하는 경우
  3. 온라인소액투자중개업자 영업의 전부 또는 일부의 정지, 결제불이행, 파산 및 회생절차의 개시신청, 그 밖에 이에 준하는 사유가 발생하여 금융감독원장의 동의를 얻어 양도하는 경우를 말한다.

2) 시행령 제118조의13에 의하면,
  1. 온라인소액투자중개업자 등록이 취소된 경우
  2. 온라인소액투자중개업자가 해산의 결의를 한 경우
  3. 온라인소액투자중개업자가 법원으로부터 파산선고를 받은 경우
  4. 온라인소액투자중개업의 폐지가 승인된 경우
  5. 온라인소액투자중개업의 정지명령을 받은 경우
  6. 그 밖에 제 1 호부터 제 5 호까지의 규정에 따른 사유에 준하는 사유가 발생한 경우를 말한다.

## Ⅳ. 중앙기록관리기관

### 1. 중앙기록관리기관

온라인소액투자중개업자는 온라인소액증권발행인으로부터 증권의 모집 또는 사모의 중개에 관한 의뢰를 받거나 투자자로부터 청약의 주문을 받은 경우 의뢰 또는 주문의 내용, 온라인소액증권발행인과 투자자에 대한 정보 등 대통령령으로 정하는 자료를 지체 없이 중앙기록관리기관에 제공하여야 한다(법 제117조의13 제 1 항). 온라인소액투자중개업자는 온라익소액증권의 발행한도와 투자자의 투자한도가 준수될 수 있도록 필요한 조치를 취하기 위해서 필요한 사항을 중앙기록관리기관에 위탁하여야 한다(법 제117조의13 제 2 항 및 제117조의10 제 1 항·제 6 항).

중앙기록관리기관은 온라인소액증권발행인으로부터 제공받은 자료를 온라인소액투자중개업자 또는 해당 온라인소액증권발행인에게 제공하는 경우, 청약증거금 관리기관의 요청을 받아 관련 자료를 제공하는 경우, 「금융실명거래 및 비밀보장에 관한 법률」 제 4 조 제 1 항 단서에 따라 제공하는 경우, 그 밖에 투자자 보호 또는 개인정보 주체의 권익을 저해할 우려가 없는 경우로서 금융위원회가 정하여 고시하는 경우를 제외하고는 타인에게 제공하여서는 아니 된다(법 제117조의13 제 4 항 및 시행령 제118조의21 제 3 항).

### 2. 투자자명부의 관리

온라인소액증권발행인은 투자자명부(주주명부 등 증권의 소유자 내역을 기재·관리하는 명부를 말함)의 관리에 관한 업무를 예탁결제원에 위탁하여야 한다(법 제117조의14 제 1 항). 예탁결제원은 이에 따라 투자자의 주소 및 성명, 투자자가 소유하는 증권의 수량, 증권의 실물을 발행한 경우에는 그 번호를 기재한 투자자명부를 작성·비치하여야 하며(동조 제 2 항), 이러한 정보를 타인에게 제공하여서는 아니 된다(동조 제 3 항). 다만, 온라인소액투자중개업자 또는 해당 온라인소액증권발행인에게 제공하는 경우, 「금융실명거래 및 비밀보장에 관한 법률」 제 4 조 제 1 항 단서에 따라 제공하는 경우에는 이를 제공할 수 있다(동조 제 3 항 단서 및 시행령 제118조의22).

한편 상법상 주권의 불소지제도(상법 제358조의2 제 1 항 및 제 2 항)는 온라인소액투자중개를 통하여 발행된 증권에 관하여 준용한다(법 제117조의14 제 4 항).

4장

# 발행시장의 규제

# 제 1 절 발행시장 규제의 개관

## Ⅰ. 발행시장 규제의 필요성

한국은 증권시장에 대하여 기본적으로 이중규제체제(dual regulatory system)를 취하고 있다. 즉 공적(정부)규제와 자율규제가 병존하고 있는 셈이다. 그중에서 자본시장법상 공적규제가 필요한 배경을 살펴보면 다음과 같다.

발행시장은 자금을 조달하는 기능을 기초로 하여 투자자에게 투자수단을 제공하고 그 대가로서 지급된 자금을 증권의 발행인에게 집중시키는 기능을 수행한다. 발행시장에 대한 규제는 유통시장의 그것보다 폭넓고 강한 것이 일반적이다. 그 이유를 다시 몇 가지로 나누어 살펴볼 수 있다. 첫째, 발행시장은 유통시장에 비하여 투자자를 위한 정보가 충분하지 못한 경우가 많다. 특히 증권발행인이 신생기업인 경우에는 그 기업에 대한 정보가 부족하여 투자자가 합리적인 판단을 하는 데 크게 도움이 되지 못할 우려가 있다. 둘째, 증권의 가치를 적절하게 평가하는 작업이 용이하지 않은 상황에서 증권발행인은 회사에게 유리한 내용만을 공개하거나 지나치게 낙관적인 정보만을 제공하여 증권의 발행가액을 최대한 높이고자 하는 유인을 가질 수 있다. 반면에 투자자측은 증권을 적정가격 내지 그 이하로 매입하여 거래차익을 얻고자 하는 유인을 가지지만 투자결정에 필요한 지식이나 시간이 부족한 경우가 있다. 이처럼 증권발행인과 투자자 사이에는 이른바 정보의 비대칭(information asymmetry)이 존재한다.[1] 셋째, 금융시장과 금융산업의 저변을 확대하고 건전하게 육성하기 위해서는 지속적으로 투자자의 신뢰를 확보하고 유지하여야 하는데, 증권시장이 그러한 신뢰를 확보·유지하려면 증권이 발행되는 최초의 단계에서부터 적절한 규제가 필요하다.

## Ⅱ. 규제의 방식

주요 자본주의국가에서 사용되었거나 현재 사용 중인 발행시장에 대한 규제의 방식으로 내용규제(merit regulation)와 공시규제(disclosure regulation)가 있다. 전자

1) 변제호 외 4인, 322면.

는 규제당국이 실질심사를 실시하여 투자대상으로서 부적합한 증권을 투자자로부터 격리시키는 것을 의미하며, 후자는 증권에 대한 정보가 투자자에게 충분히 제공되도록 규제하는 것을 뜻한다. 말하자면 공시규제는 정보비대칭이 존재하는 증권시장에서 증권의 가치를 결정하는 데 필요한 정보를 투자자들에게 제공하여 자신의 판단과 책임하에 적정한 투자의사결정을 할 수 있게 하는 데 목적을 두고 있다. 따라서 공시규제의 경우에는 증권이 과연 투자대상으로 적절한지의 여부에 대해서는 감독관청이 직접 관여하지 않는다.

내용규제와 공시규제의 차이점을 살펴보면 다음과 같다. 내용규제는 증권의 투자적격 여부를 실질적으로 심사하는 것이어서 적지 않은 노력이 드는 업무인 까닭에 증권시장의 발달초기 단계에서 가능할 뿐이다. 증권시장이 어느 정도 수준으로 발달한 단계에서는 일반투자자 스스로가 투자 여부를 결정하여야 하는 환경을 만드는 것이 중요하게 된다. 결국 후자의 경우에는 기본적으로 출발점을 사적자치에 두고 있으므로 공시규제로 규제방식이 변모하게 되어 규제비용이 적게 드는 장점이 있다. 한국의 발행시장에 대해서는 기본적으로 공시규제의 입장을 취하고 있다.[1] 내용규제는 미국의 주(州)에서 한때 채택되어 시행된 바 있으나, 현재 미국은 한국과 마찬가지로 공시규제를 원칙으로 하는 입장이다.[2]

## Ⅲ. 발행의 유형

청약의 권유의 대상인 투자자를 법이 어떻게 보호할 것인지는 매우 중요한 사항이다. 따라서 증권의 매각에 대하여 어느 정도로 간섭할 것인지는 입법정책적인 문제이다. 자본시장법은 증권이 어떠한 형태로 매각되느냐에 따라 '공모'(public offering)와 '사모'(private placement)로 구분된다. 공모는 다수의 일반투자자를 대상으로 모집이나 매출의 형태로 주식이 매각되지만, 사모는 공모 이외의 방법으로 이루어지는 주식매각을 총칭하는 실무상 통용되는 용어이다(법 제9조 제8항). 공모의 경우 일반투자자가 발행인 및 그가 매각하는 증권에 대하여 전문적인 지식을 충분하게 가지지 않는 것으로 전제하고 그러한 일반투자자의 현명한 투자판단을 도와주기 위하여 증권발행의 절차를 비롯하여 공시 등에 대해 엄격하게 법적

1) 변제호 외 4인, 323면.

2) Mark A. Sargent, pp. 117-121.

규제를 한다. 그러나 사모의 경우 대체적으로 소수의 특정인을 대상으로 하고 청약의 권유의 대상이 되는 그 특정인은 전문적인 투자지식을 가지고 있거나 발행인과 밀접한 관계를 갖고 있는 자를 전제로 하는 것이어서 공모와 비교하여 상대적으로 법적 규제가 엄격하지 않나. 그리하여 사모의 경우에는 공모에 적용되는 공시규제의 대부분이 면제되고 있다.

## 제 2 절 공모(모집·매출)와 투자자 보호

### Ⅰ. 개념정의 및 그 구성요소

〈사 안〉

A는 아래와 같이 甲 주식회사로부터 수차례에 걸쳐서 신주로 발행되는 증권의 취득 청약의 권유를 받았다.

| 甲 회사의 증권발행일 | 201☆. 1. 1. | 201☆. 3. 1. | 201☆. 5. 1. |
|---|---|---|---|
| 청약의 권유대상자 | A +16명 | A +16명 | A +16명 |

〈질 문〉

위 甲 회사의 증권발행은 자본시장법상 모집에 해당하는가?[1)]

#### 1. 모집과 매출

자본시장법은 공모(public offering)를 모집과 매출로 나누어서 정의하고 있다. '모집'(public offering of new securities)이라 함은 신규로 발행되는 증권의 취득의 청약을 권유하는 것을 말한다. 자본시장법은 모집을 "대통령령으로 정하는 방법에 따라 산출한 50인 이상의 투자자에게 새로 발행되는 증권의 취득의 청약을 권유하는 것"으로 정의하고 있다(법 제 9 조 제 7 항). 공모발행 중에서도 처음 기업의 주식이 시장에 상장되는 경우를 기업공개(Initial Public Offering: IPO)라 한다.

1) 금융감독원(2018), 281면을 바탕으로 작성된 설문임.

'매출'(public offering of outstanding securities)이라 함은 이미 발행된 증권의 매도의 청약을 하거나 매수의 청약을 권유하는 것을 말한다. 자본시장법에 따르면 매출은 "대통령령으로 정하는 방법에 따라 산출한 50인 이상의 투자자에게 이미 발행된 증권의 매도의 청약을 하거나 매수의 청약을 권유하는 것"을 의미한다(법 제 9 조 제 9 항).

거래소에서 주식을 대량으로 처분하고 그 매수자의 수가 50명 이상이라 하여 무조건적으로 자본시장법상의 매출에 해당한다 하면 현실적으로 매매를 위축시킬 우려가 있다. 이에 시행령은 매출의 경우 50인의 수를 산정할 때에는 증권시장 및 다자간매매체결회사 밖에서 청약의 권유를 받는 자만을 고려하도록 하는 특칙을 두고 있다(시행령 제11조 제 4 항). 또한 유가증권시장과 코스닥시장과는 별도로 증권을 사고 팔 수 있는 시스템인 이른바 대체거래시스템(Alternative Trading Systems: ATS)으로 규정되는 전자증권중개회사를 통한 매도분도 매출개념에서 제외하고 있다.

정리하자면, 모집은 신주모집(新株募集)이며 매출은 구주매출(舊株賣出)을 의미하는 것이다. 이처럼 모집과 매출은 그 대상이 신규 발행되는 것인지의 여부에 따라 구분되기에 모집의 주체는 발행인이지만 매출의 주체는 증권의 보유자이다. 하지만 매출의 경우에도 공시의무는 발행인이 부담한다. 실무에서는 일반적으로 모집이 매출보다 빈도가 훨씬 높다. 만약 대주주 혹은 재무적 투자자가 자신이 보유한 주식을 매출의 방법을 통해 매각하는 경우를 가정할 때 그 대금이 대주주 혹은 재무적 투자자에게 유입되어 증권시장이 사적으로 운용하여 상장차익을 획득한다는 문제점이 있으므로, 정부는 IPO의 활성화 차원에서 기업공개를 하는 경우에만 제한적으로 이용할 수 있게 하였다.[1)]

## 2. 청약의 권유

### (1) 정의 및 주체 등

자본시장법은 모집과 매출을 정의함에 있어서 '청약의 권유'라는 개념을 사용하고 있다. 자본시장법 시행령은 청약의 권유에 대하여 증권을 취득하도록 하기 위하여 증권의 발행·매도사실 또는 취득의 절차를 안내하는 모든 활동을 뜻하는 것으로 정의하고 있다(시행령 제 2 조 제 2 호 본문). 이러한 점에서 청약의 권유는 특정

1) 매출방식의 IPO의 대표적인 사례로서는 2010년 5월의 삼성생명의 기업공개를 들 수 있다. 동 회사의 기업공개는 100% 구주매출방식으로 이루어졌다.

투자자를 상대로 금융투자상품의 매매 또는 투자자문계약, 투자일임계약 등의 체결을 권유하는 것을 의미하는 투자권유와는 성격을 달리한다. 그러면서 동 시행령 제 2 조 제 2 호는 청약의 권유에 해당하는 행위로 광고, 인쇄물의 배포, 투자설명회 개최, 전사통신 등을 예시하고 있어[1] 증권의 발행 또는 매도를 알리기 위하여 다양한 의사전달수단을 사용할 수 있음을 보여주고 있다.

청약의 권유의 주체에는 발행인인 회사의 대표이사는 물론이고, 대표이사와 공모 내지 그의 지시하에 청약의 권유를 하는 임직원 등이 포함된다. 대법원 판례가 "실제로 주식을 인수하여 그 대금을 납입한 명의차용인만이 실질상의 주식인수인으로 주주가 되고, 단순한 명의대여자에 불과한 자는 주주로 볼 수 없다"고 판시[2]하고 있는 점에 비추어 볼 때, 예컨대, "실제로 주식을 인수하여 그 대금을 납입할 것을 권유"하는 경우만이 청약의 권유에 해당한다. 주식의 명의대여자가 될 것을 권유하는 것은 주식인수의 청약을 권유한 것으로 볼 수 없다.

### (2) 투자설명서의 사용

청약권유의 방법으로는 반드시 투자설명서(예비·간이투자설명서 포함)를 사용하여야 한다(법 제124조 제 2 항). 투자설명서에 기재하지 않은 사실 등을 구두 또는 서면으로 전달하는 행위는 과장된 정보를 제공하여 청약자를 현혹시킬 소지가 있으므로 금지된다. 투자자인 청약권유 대상자에게 발행인의 재무상황이나 사업내용 등에 관한 정보가 충분히 제공되도록 함으로써 투자자를 보호함과 아울러 유가증권시장의 건전한 발전을 도모하기 위해 투자설명서의 사용을 의무화한 것이다.[3] 설령 자본시장법상 규정하고 있는 청약권유의 방식 이외의 형태로 주식에 대한 청약을 권유하고 이에 응하여 주금을 납입하고 주권을 교부받은 자가 50명 이상이라고 하더라도 동법상의 증권의 모집에 해당하지 않는다.[4] 따라서 증권발행과정에서 청약일을 목전에 두고 인수인이 언론·방송 등에 출연하여 인터뷰를 하거나 기업설명회를 개최하는 행위가 청약권유행위에 해당하여 법률을 위반할 우려가 있으므로 유의하여야 한다.

1) 자본시장법 시행령 제 2 조 제 2 호의 본문 내용의 일부가 "등의 방법으로"이므로 동 규정에 열거된 방법에 준하거나 이와 유사한 방법까지 포함하는 것으로 해석하여야 한다.
2) 대법원 1998. 4. 10. 선고 97다50619 판결.
3) 대법원 2005. 9. 30. 선고 2003두9053 판결.
4) 대법원 2004. 2. 13. 선고 2003도7554 판결.

이상과 같이 청약의 권유에 해당하는 행위의 범주가 상당히 광범위하다 보니 오히려 발행행위 자체를 위축시킬 염려가 있다. 이에 자본시장법 시행령은 일정한 요건을 갖춘 단순광고의 경우는 청약의 권유의 범주에서 제외되도록 하였다. 다만, 인수인의 명칭과 발행금액은 그 자체가 중요한 정보에 해당하는 까닭에 청약의 권유규제로부터 제외되는 사항이 아니므로,[1] 인수인의 명칭과 발행금액 등을 포함하지 아니한 광고의 경우에는 청약의 권유의 범위에서 제외된다(시행령 제2조 제2호 단서).

### 3. 50인 이상의 투자자

〈사 안〉

1. 甲 주식회사는 증권을 발행하면서 10명의 개인투자자로 구성된 乙 엔젤클럽에 대하여 청약을 권유하였다. 이 경우 청약권유대상자의 수를 산정함에 있어 1인으로 산정할 수 있는가?[2]
2. 2015년 9월 10일 甲 제약 주식회사, 乙 정보 주식회사 등을 비롯하여 개인 A와 B 등이 1주당 액면 금 5,000원의 주식 200,000주를 인수하여 자본금 10억원으로 丙 주식회사를 설립하였다. 丙 회사의 정관에 따르면 丙 회사는 온라인 정보 제공업, 통신판매, 소프트웨어 자문·개발 및 공급, 자료처리업, 정보처리 및 컴퓨터 운용 관련업 등을 영위할 목적으로 한다. 설립 후 몇 해가 지난 202☆년 2월 丙 회사는 자본금을 30억원으로 증자하기 위하여 신주를 발행함에 있어 8명의 법인들 및 135명의 자연인들에게 그 취득의 청약을 권유하였다. 위 135명의 자연인들 중 122명이 의사였다. 같은 해 9월 위 자본금을 36억 5천만원으로 다시 증자하기 위하여 신주발행을 하기로 하고 133명의 의사를 포함하여 총 188명의 자연인들에게 그 취득의 청약을 권유하였다. 이 경우 丙 회사의 청약의 권유는 자본시장법상의 모집을 구성하는 행위에 해당하는가?[3]

공모와 사모는 청약의 권유를 받는 투자자가 50인 이상인지의 여부를 기준으로 하여 구별한다. 실제 청약을 하는 자의 수가 50인에 미달하더라도 청약권유의

---

1) 자본시장법 시행령은 인수인의 명칭과 증권의 발행금액을 포함하지 아니하는 등 금융위원회가 정하여 고시하는 기준에 따라 ① 발행인의 명칭, ② 발행 또는 매도하려는 증권의 종류와 발행 또는 매도 예정금액, ③ 증권의 발행이나 매도의 일반적인 조건, ④ 증권의 발행이나 매출의 예상 일정, ⑤ 그 밖에 투자자 보호를 해칠 염려가 없는 사항으로서 금융위원회가 정하여 고시하는 사항 중 전부나 일부에 대하여 광고 등의 방법으로 단순히 그 사실을 알리거나 안내하는 경우는 청약의 권유의 범주에서 제외되도록 하였다(시행령 제2조 제2호 단서).
2) 금융감독원(2018), 281면.
3) 대법원 2005. 9. 30. 선고 2003두9053 판결을 바탕으로 작성된 설문이다.

대상이 50인 이상이면 공모에 해당한다. 이 경우의 '인'(人)은 민법상 '인'(人)을 기준으로 하여 산정한다. 따라서 상법상 회사, 민법상 사단법인 혹은 재단법인 등을 각각 1인으로 산정한다. 그러므로 1명의 자연인 또는 1개의 법인에 대한 청약의 권유는 각각 1인으로 하여 산정되는 반면, 조합, 컨소시엄 등 이른바 엔젤클럽 등의 경우에는 그 구성원 또는 회원 각각을 1인으로 하여 산정한다.[1)]

청약의 권유에 해당하는 행위로서 자본시장법 시행령 제 2 조 제 2 호가 마련한 '신문·방송·잡지 등을 통한 광고'를 한 경우에는 그 자체로서 이미 50인 이상의 불특정 다수인에게 청약의 권유를 한 것으로 된다. 청약의 권유를 받은 투자자가 50인 이상인지의 여부는 '안내문·홍보전단 등 인쇄물의 배포'가 있으면 그 배포된 인쇄물의 수량을 기준으로 하여야 하며, '투자설명회의 개최'에 해당하는 경우에는 개최된 투자설명회에 참석한 자의 숫자로, '전자통신'에는 이메일과 같은 전자통신을 수령한 자의 수를 기준으로 판단하여야 한다. 만약에 이상의 행위 중에서 2개 이상이 사용되었을 경우에는, 각 방법에 의하여 청약을 권유받은 자를 합산하되 중복되는 자는 제외하는 방식으로 산정하여야 한다.

가상적으로 어느 자가 동일한 회사로부터 수차례에 걸쳐서 청약의 권유를 받았다고 하자. 이때 자본시장법에 따라 각각의 증권발행의 건이 공모에 해당하는지의 여부를 결정하여야 하는 경우라면 매번 그 자를 포함하여 판단하게 되지만, 6개월간 합산하여 1건의 공모에 해당하는지의 여부를 판단하는 경우에는 그 자를 1인으로 계산한다.[2)]

예외적으로 발행인으로부터 설명을 듣지 아니하고도 발행인의 재무상황이나 사업내용 등의 정보에 충분히 접근할 수 있는 위치에 있을 뿐만 아니라, 그것을 판단할 수 있는 능력을 갖추고 있어 스스로 자기이익을 방어할 수 있는 자에 대해서는 정보의 비대칭을 보정하기 위한 발행시장 공시규제를 적용할 필요가 없으므로 이 자는 50인의 청약권유 대상자 수에서 제외하여야 한다.[3)] 이에 따라 자본시장법은 투자자의 수를 산정함에 있어서는 청약의 권유를 하는 날 이전 6개월 이내에 해당 증권과 같은 종류의 증권에 대하여 모집이나 매출에 의하지 아니하고 청약의 권유를 받은 자, 즉 사모에 의하여 청약의 권유를 받은 투자자를 합산하

1) 금융감독원(2018), 281면.
2) 금융감독원(2018), 280면.
3) 대법원 2005. 9. 30. 선고 2003두9053 판결.

되, 일정한 범위의 전문가(전문투자자, 회계법인 등)와 연고자(발행인의 최대주주, 임원 등)를 제외한다는 규정을 두고 있다(시행령 제11조 제1항). 이상과 같이 사모에 의하여 청약의 권유를 받은 자를 합산하는 것은 공모발행에 따른 신고의무를 회피하기 위하여 분할공모하는 행위를 방지하는 데 그 목적이 있다. 또한 이 경우에 제외되는 투자자는 법률 및 관련규정에 의하여 제한적으로 해석되어야 한다.

자본시장법은 해당 증권과 '같은 종류의 증권'인지에 대하여 아무런 기준을 마련하지 않고 있다. 어쩔 수 없이 자본시장법 제4조 제2항에 따라 채무증권, 지분증권, 수익증권, 투자계약증권, 파생결합증권, 증권예탁증권 중 어느 범주에 동일하게 속하는지를 기준으로 같은 종류의 증권인지를 판단하는 것이 바람직하다. 다만, 자본시장법은 제4조 제3항부터 제8항까지 각 증권의 개념에 해당하는 구체적인 유형의 증권을 열거하고 있으므로 같은 종류의 증권인지를 판단하기 위해서는 각 항(項)에서 열거한 증권에 동일하게 해당하는지를 살펴보아야 한다. 상법상 보통주와 우선주나 상환주식 같은 주식은 종류를 달리하기 때문에 같은 종류의 주식에 해당하지 않는다.[1)]

### 4. 간주모집

청약권유대상자 수가 50명 미만인 경우 형식적으로는 사모에 해당되지만 발행 후 1년 이내에 50인 이상의 자에게 양도될 수 있는 경우로 금융위원회가 정한 전매기준에 해당하는 경우에는 모집으로 간주한다(시행령 제11조 제3항). 이처럼 청약권유의 대상자가 50인 미만인 까닭에 엄격한 의미에서 공모에 해당하지 않더라도 증권의 발행 후 전매를 통해 50인 이상에게 양도가 가능하다면 공모로 간주하는 것이다. 전매가능성을 판단기준으로 삼아 이러한 유형의 모집을 간주모집으로 규제하는 이유는 사실상 공모와 그 효력이 동일함에도 불구하고 의도적으로 자본시장법의 규정을 면탈하려는 시도를 봉쇄하자는 데 있다. 요약하자면, 증권의 모집방법에 전매가능성의 유무를 기준으로 하여 판단하는 간주모집의 방법이 포함된다.[2)]

이상의 논의를 통해 증권발행이 자본시장법상 모집에 해당하는지의 여부를 판단하는 방법을 도식화하면 〈그림 4-1〉과 같다.

---

1) 금융감독원(2018), 197면.
2) 대법원 2014.2.27. 선고 2012두25712 판결.

**그림 4-1** 자본시장법상 모집에 해당하는지 여부의 판단기준[1)]

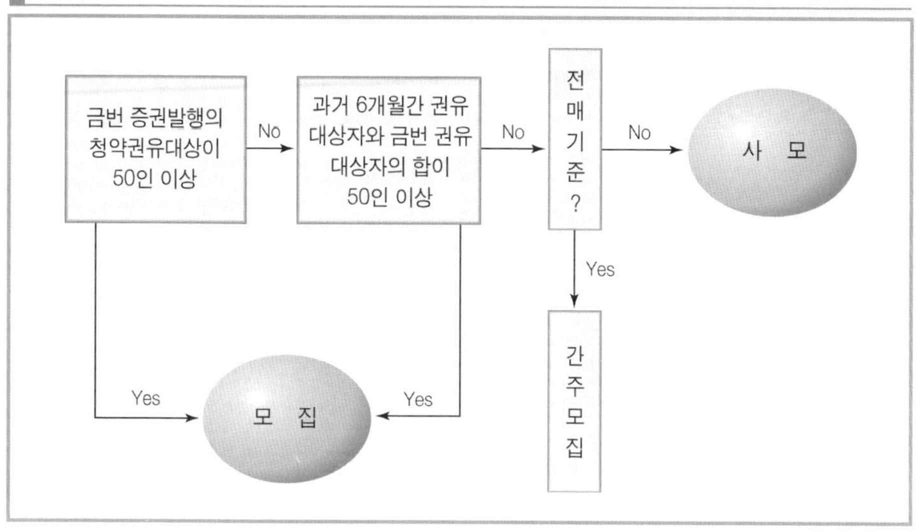


## Ⅱ. 공시규제의 필요성

증권의 시장가격을 결정하는 그 수요와 공급은 당해 증권발행회사에 관한 정보에 대한 투자자들의 평가에 의해 이루어진다. 증권시장에서 투자자들이 정확한 투자판단을 내리는 데 있어서 회사의 정보가 부족함 없이 제공된다면, 증권의 시장가격은 증권발행회사의 상황을 정확히 반영할 수 있다.[2)] 즉 정확하고 충분한 정보를 접하느냐의 여부는 투자자들이 적절한 투자시점과 투자여부를 결정하는 데 있어 매우 중요한 요소이다. 따라서 회사에 대한 정보는 증권시장이 잘 기능할 수 있게 하는 동맥과도 같은 것이며, 정확한 회사정보를 적시에 공시하는 것은 투자자들로 하여금 성공적인 투자를 하는 데 중요한 역할을 한다. 결과적으로 회사정보에 대한 공시제도는 투자자 보호와 증권시장의 안정적 성장을 이룩하는 데 있어서 대단히 중요한 것이며, 따라서 이를 위하여 자본시장에서도 여러 가지 형태의 공시의무를 부과하고 있는 것이다.

한편, 증권시장의 효율성이라는 면에 있어서도 회사정보의 공시는 대단히 중

1) 금융감독원(2018), 193면.

2) 이는 효율적 자본시장가설(Efficient Capital Market Hypothesis: ECMH)에 근거하고 있다.

요한 의미를 가진다. 증권시장은 효율적이어야 한다. 왜냐하면 비효율적인 시장에 대하여 투자하려는 투자자는 없을 것이기 때문이다. 그렇다면 증권시장이 효율적이라는 말은 무엇을 의미하는가? 증권시장의 효율성은 일반투자자들이 회사정보를 충분히 습득하는 데 있어서 과다한 비용을 지출하지 않고, 또한 회사와 관련된 모든 확인할 수 있는 정보가 이미 증권의 가격에 반영되어 있는 것을 뜻한다.[1] 만약 증권시장이 효율적이지 않다면, 투자에 필요한 정보를 획득하기 어려워지고 이로 인하여 투자자들은 예측이 불가능한 증권시장에 대한 투자를 꺼리게 되어 증권시장의 발전을 이루어 나가기 힘들게 된다. 뿐만 아니라 시장의 효율성은 장래의 시장상황에 대한 예측가능성을 부여함으로써 증권시장감독기관으로 하여금 적절한 정책을 세우는 데 도움을 주기 때문에 증권시장의 장기적인 발전에 있어서도 대단히 중요한 요소이다. 이상과 같이 공시의무의 중요성은 항상 강조될 수밖에 없으며, 이에 '투자자를 보호'한다는 자본시장법의 목적(법 제1조)에 걸맞는 회사정보에 대한 공시규제가 마련된 것이다.

## Ⅲ. 발행시장에서의 공시규제의 내용

### 1. 원　　칙

#### (1) 증권신고서

자본시장법상 발행시장의 공시서류로서 증권신고서(registration statement)가 있다. 발행시장에서 증권신고서의 특수한 유형으로서 일괄신고서도 있다. 증권신고서는 증권시장에서 투자자들이 접하는 가장 기본적이고 중요한 정보원(情報源)이며 투자자들은 그러한 공시서류를 토대로 하여 투자여부를 결정하게 된다. 따라서 증권을 발행할 때 자본시장법상 공모에 해당한다면 원칙적으로 증권신고서를 제출하여야 한다. 이처럼 자본시장법이 증권신고서 제출제도를 통하여 증권발행시장을 규제하는 것은 증권의 공모 시에 발행회사와 증권에 관한 정확한 정보를 투자자에게 제공함으로써 발행회사와 투자자 사이에 발생할 수 있는 정보의 비대칭을 해소하여 투자자를 보호하기 위한 것이다.[2]

1) Richard A. Brealey & Stewart C. Myers, p. 290.
2) 대법원 2016. 2. 18. 선고 2014두36259 판결.

이상의 증권신고서 제출의무는 모든 증권의 공모에 대하여 일률적으로 부과되는 것은 아니다. 공시의무를 통한 투자자 보호의 필요성이 없는 증권을 공모하는 경우에는 굳이 정보공시를 강제할 필요가 없으므로 증권신고서 제출의무가 면제되는데, 그러한 증권을 적용제외증권 혹은 신고서제출면제증권(exempted securities)이라 한다. 이와 유사한 취지에서 증권신고서 제출의무가 면제되는 이른바 적용제외거래 혹은 신고서제출면제거래(exempted transaction)도 있다. 전자는 증권의 본질상 적용이 면제되는 것이고 후자는 특정한 거래의 성격상 면제된다는 점에서 차이가 있다.

### (2) 단계별 규제주의

자본시장법은 증권의 공모가 이루어지는 과정을 증권신고서 수리 전의 기간(pre-filing period), 증권신고서의 수리 후 효력발생 전 기간(waiting period), 증권신고서의 효력발생 후 기간(post-effective period)으로 나누고, 각 시점마다 규제의 내용을 상이하게 정하고 있다.

먼저 증권신고서가 수리되기 전에 증권의 취득의 청약을 권유하는 것(모집의 경우)과 증권의 매도의 청약을 하거나 매수의 청약을 권유(매출의 경우)하는 것은 금지된다(법 제119조). 그러나 청약의 권유의 개념정의(시행령 제 2 조 제 2 호)로부터 위에서 살펴본 바와 같이 인수인의 명칭과 발행금액 등을 포함하지 아니한 경우에는 청약의 권유로 보지 않음으로써 예외적으로 일정한 경우 신고서의 수리 전에도 제한적인 행위를 할 수 있다. 그리하여 투자자가 적절한 판단을 하는 데 도움이 되는 유용한 정보의 일부가 미리 제공될 수 있는 기회를 허용하고 있다. 즉, 인수인의 명칭과 증권의 발행금액을 포함하지 아니하는 등 금융위원회가 정하여 고시하는 기준에 따라 발행인의 명칭, 발행 또는 매도하려는 증권의 종류와 발행 또는 매도 예정금액, 증권의 발행이나 매도의 일반적인 조건, 증권의 발행이나 매출의 예상 일정, 그 밖에 투자자 보호를 해칠 염려가 없는 사항으로서 금융위원회가 정하여 고시하는 사항 중 전부나 일부에 대하여 광고 등의 방법으로 단순히 그 사실을 알리거나 안내하는 것은 허용된다(시행령 제 2 조 제 2 항 단서).

신고서가 수리되고 신고서의 효력이 발생하기까지의 기간 동안이라 하더라도 예비투자설명서(법 제124조 제 2 항 제 2 호)와 간이투자설명서(법 제124조 제 2 항 제 3 호)를 이용한 모집 또는 매출행위는 가능하다. 증권신고서의 효력이 발생한 후에는 공모증권에 관한 계약의 체결이 가능하다. 즉, 증권신고서의 내용과 동일한 내용을 기재한 최종적인 투자설명서에 따라 모집과 매출이 가능하다(법 제124조 제 2 항 제 1 호).

## 2. 증권신고서 제출의무의 면제

〈사 안〉

201☆. 11. 30-12. 24. 기간 중 인터넷카페 회원 총 263명으로부터 839,268주(모집금액 090백만원)를 모집하기 위해서는 증권신고서를 제출하여야 하는가?[1)]

자본시장법상 이른바 신고서제출면제증권으로는 국채 및 지방채(법 제118조), 특수채(시행령 제119조 제 1 항), 투자성 있는 외화예금계약과 보험계약(법 제77조), 기타 면제증권(시행령 제119조 제 2 항)을 들 수 있다. 국채 및 지방채는 발행주체가 국가와 지방자치단체이다 보니 채무불이행의 위험이 극히 적어서 투자자 보호에 크게 신경 쓸 필요가 없으며, 특수채의 경우는 관련 특별법이 발행에 관하여 감독관청에 대한 신고와 인가를 규정하고 있어 별도의 공시를 요구할 필요가 없기에 신고서제출을 면제한다. 투자성 있는 외화예금계약과 보험계약은 은행법과 보험법 등에 의하여 약관심사를 받는 등 투자자보호 시스템이 작동되고 있어 굳이 신고서제출을 요구할 필요성이 없기 때문이다. 기타 면제증권의 경우에도 관련법상의 정보공시를 통해 투자자보호가 이루어지고 있는 까닭에 추가적으로 증권신고서를 제출할 의무가 없는 것이다.

자본시장법상 신고서제출면제거래로는 사모와 소액공모가 있다. 여기서 '소액공모'라 함은 일정기간 동안 합산한 총 금액이 10억원 미만인 증권의 모집·매출을 의미하며(시행령 제120조 제 1 항), 이 경우에는 소액공모 공시서류만을 제출하면 증권발행이 가능하다(시행령 제137조). 이때 총 금액이 10억원 미만인지의 여부를 판단하는 산정방법은 다음과 같다. 첫째, 공모 또는 간주모집에 해당하는 경우 현재 공모예정금액에다가 과거 1년간 이루어진 증권신고서를 제출하지 아니한 공모금액을 합한 것(소액출자자가 장외거래 방법에 따라 증권을 매출하는 경우에는 해당 매출가액 제외)이 10억원 미만이어야 한다. 둘째, 현재 사모예정금액에다가 과거 6

---

1) 증권선물위원회 2010년 제19차 정례회의(2010년 11월 24일 개최)에 관련된 보도자료를 바탕으로 작성하였다.

월간 사모금액을 합산한 것이 10억원 미만인 경우에는 사모에 해당된다(시행령 제120조 제 1 항).

이 밖에 공모의 구성요소를 충족하지 못한다는 이유로 신고서제출이 면제되는 거래도 있다. 예컨대, 무상증자나 주식배당, 전환사채의 전환권의 행사, 신주인수권부사채의 신주인수권의 행사, 주식의 병합 또는 분할의 경우는 청약이나 청약의 권유가 필수적으로 수반되지 않은 증권의 발행에 해당하여 증권신고서의 제출이 요구되지 않는다.

### 3. 증권신고서의 제출, 심사 및 효력발생 등

#### (1) 증권신고서의 제출

##### 1) 제출의무자

발행시장에서 증권을 공모하려는 증권의 발행인은 증권신고서를 금융위원회에 제출하여야 한다(법 제119조 제 1 항). 이 경우 '발행인'은 장래 증권을 발행하고자 하는 자를 포함한다(법 제 9 조 제10항). 따라서 설립중의 회사도 신고의무자가 될 수 있다. 매출의 경우에는 증권신고서의 제출의무자는 발행인이므로, 제출의무자와 매출의 주체는 상호 분리된다. 합병 등의 경우 제출의무자는 합병법인이다.

자금조달 계획의 동일성 등 대통령령으로 정하는 사항을 종합적으로 고려하여 둘 이상의 증권의 발행 또는 매도가 사실상 동일한 증권의 발행 또는 매도로 인정되는 경우에는 하나의 증권의 발행 또는 매도로 보아 위와 마찬가지로 취급한다(법 제119조 제 8 항).

외감법에 따라 연결재무제표 작성대상법인 중 증권신고서를 제출하여야 하는 법인은 증권신고서의 작성을 위하여 필요한 범위에서 종속회사에게 관련 자료의 제출을 요구할 수 있다. 연결재무제표 작성대상법인 중 증권신고서를 제출하여야 하는 법인은 증권신고서의 작성을 위하여 필요한 자료를 입수할 수 없거나 종속회사가 제출한 자료의 내용을 확인할 필요가 있는 때에는 종속회사의 업무와 재산상태를 조사할 수 있다(법 제119조의2).

##### 2) 제출시기

제출의무자는 증권의 모집·매출을 하기 전에 증권신고서를 제출하여야 하며, 투자자를 상대로 증권의 모집 또는 매출을 하기 위해서는 제출된 증권신고서가 수리된 후 일정한 기간이 경과되어야 한다(법 제119조). 다만 증권신고서에 예비투자설명서 또는 간이투자설명서를 첨부하여 제출한 경우에는 신고서의 효력발생 전이라고 하더라도 이를 이용한 청약의 권유행위가 가능하다.

3) 증권신고서의 기재사항 및 첨부서류

(가) 원 칙

증권신고서의 기재사항 및 그 첨부서류에 관하여 필요한 사항은 대통령령으로 정한다(법 제119조 제7항). 증권신고서를 제출하는 경우 신고 당시 해당 발행인의 대표이사 및 신고업무를 담당하는 이사(집행임원 설치회사의 경우 대표집행임원을 말함)는 그 증권신고서의 기재사항 중 중요사항에 관하여 거짓의 기재 또는 표시가 있거나 중요사항의 기재 또는 표시가 누락되어 있지 아니하다는 사실 등 대통령령으로 정하는 사항을 확인·검토하고 이에 각각 서명하여야 한다(법 제119조 제5항). 이 경우 '대통령령으로 정하는 사항'이라 함은 ① 증권신고서의 기재사항 중 중요사항에 관하여 거짓의 기재 또는 표시가 없고, 중요사항의 기재 또는 표시가 빠져 있지 아니하다는 사실, ② 증권신고서의 기재 또는 표시 사항을 이용하는 자로 하여금 중대한 오해를 일으키는 내용이 기재 또는 표시되어 있지 아니하다는 사실, ③ 증권신고서의 기재사항에 대하여 상당한 주의를 다하여 직접 확인·검토하였다는 사실, ④ 외감법에 따른 외부감사대상 법인인 경우에는 같은 법에 따라 내부회계관리제도가 운영되고 있다는 사실을 의미한다(시행령 제124조). 여기서 말하는 '중요사항'이란 증권의 공정한 거래와 투자자 보호를 위하여 필요한 사항으로서 투자자의 합리적인 투자 판단 또는 증권의 가치에 중대한 영향을 미칠 수 있는 사항을 의미한다.[1] 이와 같은 서명의무를 마련한 것은 대표이사 등이 허위기재·누락 등으로 인한 부실공시에 대한 부지(不知)를 이유로 면책을 주장하는 것을 원천적으로 봉쇄하자는 데 그 목적이 있다.[2]

(나) 예측정보

일반적으로 증권시장에서 주식의 가격은 발행기업의 과거 실적정보는 물론이고 장래에 대한 정보, 즉 기업관련 미래정보로부터도 많은 영향을 받을 수 있다. 이 때문에 투자자의 합리적인 투자의사결정을 위해서는 기존의 과거정보뿐만 아니라 실현되지 않은 미래정보도 제공하는 것이 필요하다. 특히 기업에 관련된 미

1) 대법원 2016. 2. 18. 선고 2014두36259 판결.
2) 김건식/정순섭, 196면.

래의 정보는 객관적으로 입증하기가 곤란하다는 특징이 있기는 하지만, 회사의 내부자가 이에 접근하여 그 정보를 이용하여 시세조종과 같은 불공정한 거래를 할 우려가 있다. 이에 시장의 투명성과 공정성을 확보하기 위해서는 기업내부자와 외부자 사이의 정보의 비대칭이 완화되어야 하므로, 설령 구체적으로 실현이 되지 않은 미래정보라도 이를 투자자에게 제공하는 것이 바람직하다. 이와 같이 객관적으로 입증이 가능하지 않지만 발행인의 미래의 재무상태 또는 영업실적 등에 대한 예측 또는 전망치에 관한 사항을 예측정보라고 한다. 예측정보는 과거의 실적정보인 경성정보(hard information)에 대비된다는 의미로서 연성정보(soft information)라고 표현되기도 한다.[1)]

자본시장법은 증권시장에서의 공시규제는 강제공시주의(mandatory disclosure)를 원칙으로 하여 법정사항에 대해서는 의무적으로 공시하여야 하지만, 예측정보와 관련해서는 법이 예측정보에 해당하는 정보의 종류 내지 범위만을 규정할 뿐 그에 속하는 구체적인 정보는 발행인의 자율적 의사에 따라 공시하도록 하는 임의공시 또는 자발적 공시주의(voluntary disclosure)를 취하고 있다.[2)] 이러한 개념을 설정하는 이유는 미래의 상황을 명확하게 예측하지 못하기 때문에 현재 시점에서는 정확한 정보를 제공해 주지는 못하지만 투자자들의 투자판단에 도움을 주고자 회사가 그러한 상황들에 대하여 예측하는 바를 공시하려는 것이다.

자본시장법에 따르면 발행인은 미래의 재무 상태나 영업실적 등에 대한 예측 또는 전망에 관한 사항으로서 아래의 사항을 증권신고서에 기재 또는 표시하여 공시할 수 있다(법 제119조 제3항). 즉, ① 매출규모, 이익규모 등 발행인의 영업실적 그 밖의 경영성과에 대한 예측 또는 전망에 관한 사항, ② 자본금규모, 자금흐름 등 발행인의 재무상태에 대한 예측 또는 전망에 관한 사항, ③ 특정한 사실의 발생, 특정한 계획의 수립으로 발행인의 경영성과 또는 재무상태의 변동 및 일정시점에서의 목표수준에 관한 사항, 기타 대통령령이 정하는 사항(예측정보에 관하여 평가요청을 받은 경우 그 요청을 받은 자가 그 예측정보의 적정성에 관하여 평가한 사항)이 바로 그것이다. 예측정보에 대하여는 설사 부정확한 정보였다고 하더라도 일정한 요건하에 면책이 가능하다(법 제125조 제2항). 따라서 증권신고서에 기재한

---

1) In re Craftmatic Securities Litigation, 890 F.2d 628, 642(3rd Cir. 1989); Garcia v. Cordova, 930 F.2d 826, 830(10th Cir. 1990); Lewis v. Chrysler Corp., 949 F.2d 644, 652(3rd Cir. 1991) 참조.

2) 송종준(2000), 13면.

증권에 대한 회계법인의 평가의견은 예측정보에 해당하지 않으며, 면책가능하지도 않다.[1)]

**【대법원 2015. 12. 23. 선고 2013다88447 판결】**

정보의 부족뿐만 아니라 범람 또한 피하기 위하여 '중요사항'이라는 개념으로 의무적 공시의 범위를 설정하고 있는 공시제도의 취지와 이미 체결된 용선·대선계약의 체결시점과 계약기간, 향후 지급해야 하는 용선료의 액수와 지급시기, 체결된 대선계약에 따라 받게 될 대선료의 액수가 공시되더라도 투자자가 이를 토대로 용선·대선계약으로 인한 손익 규모와 재무상황에 미치는 영향을 분석하는 것은 쉽지 않으리라는 점 등에 비추어 보면, 용선·대선계약이 ◇◇해운의 수익구조 및 재무상황에 미치는 영향과 전체적인 용선료·대선료의 규모나 그로부터 발생하는 손익 규모가 중요사항에 해당한다고 보는 것은 별론으로 하더라도, 원고들이 상고이유에서 주장하는 바와 같은 용선계약 및 대선계약의 개별적·구체적 내용이 합리적인 투자자가 투자판단에 중요하게 고려할 상당한 개연성이 있는 중요사항이라고 보기는 어렵다. 합리적인 투자자로서는 이 사건 증권신고서 등의 공시내용에 의하여 전체적인 용선료·대선료의 규모뿐만 아니라 그로부터 발생하는 손익 규모에 대하여도 알 수 있다고 할 것이며, 그 구체적 수치가 이 사건 증권신고서 등의 본문에 직접 기재되지 않았다고 하여 정보의 전체 맥락에서 중요사항의 기재 누락이 있다고 보기 어렵다. 또한 향후 체결이 예상되는 대선계약에 따른 대선료 수입 전망은 BDI 지수의 변동에 따라 달라질 수 있는 예측정보에 해당하므로 발행시장에서 이를 공시할 의무가 있다고 보기 어렵다.

(2) 증권신고서의 심사

금융위원회의 증권신고서 심사와 관련하여 자본시장법은 증권신고서의 형식을 제대로 갖추지 아니한 경우 또는 그 증권신고서 중 중요사항에 관하여 거짓의 기재 또는 표시가 있거나 중요사항이 기재 또는 표시되지 아니한 경우를 제외하고는 그 수리를 거부할 수 없는 것으로 규정하고 있다(법 제120조 제 2 항). 여기서 '수리'라 함은 타인의 유효한 행위를 처리할 의사로서 이를 수령하는 수동적 행위를 뜻하며 그 성질은 준법률적 행정행위로 본다.[2)]

자본시장법 제120조 제 2 항을 문리적으로 살펴볼 때 증권신고서의 심사와 관

1) 대법원 2010. 1. 28. 선고 2007다16007 판결.
2) 김용섭, 47면.

련하여 금융위원회가 형식적 심사권을 가지는 것에 대해서는 논란의 여지가 없다. 내용상의 심사, 즉 실질적 심사를 할 수 있는지에 관해서는 견해가 나뉜다. 먼저 긍정하는 견해가 있다. 이 입장은 자본시장법 제120조 제 2 항이 중요사항에 관하여 허위기재 및 누락의 경우 수리를 거부할 수 있다고 규정하는 점과 동법 제122조 제 1 항이 특정한 경우에는 정정신고서를 제출할 것을 요구하고 있다는 점을 이유로 내용적 심사권까지 인정하는 것으로 풀이한다.[1]

다음으로, 제한적으로 긍정하는 입장이 있다. 자본시장법 제120조 제 2 항에 따라 형식적 심사를 하는 과정에서 중요사항의 허위기재 또는 누락을 발견하는 경우에 한하여 수리를 거부할 수 있다는 식으로 엄격하게 해석하여야만 증권의 효력발생이 반드시 그 증권신고서의 기재사항의 진실성 혹은 정확성을 인정하는 것을 의미하지는 않는다는 취지의 자본시장법 제120조 제 3 항과 일관성을 유지할 수 있다는 견해이다.[2]

이상의 견해 중에서 제한적 긍정설이 타당하다. 그 이유는 다음과 같다. 자본시장법상의 신고서제도는 기업내용의 공시를 주된 목적으로 하고 있을 뿐이다. 만약 금융위원회가 기재사항 전체에 대한 실질적인 심사를 하여야 하는 경우에는 상당한 시간이 소요될 것이므로 증권신고서를 제출한 발행인은 적시에 공모를 할 수 없어 자금조달이 제대로 되지 않을 우려가 있다. 따라서 원칙적으로 금융위원회는 형식적 심사권을 가지되 중요사항의 허위기재 또는 누락을 발견하는 경우처럼 제한적인 경우에 한하여 실질적인 심사권을 가진다고 해석하는 것이 타당하다. 이렇게 해석하여야만 자본시장법 제120조 제 2 항과 제 3 항이 충돌되지 않게 된다. 현재 금융위원회의 실무에서는 증권신고서가 접수되면 바로 수리하고 있다.[3] 실제 금융위원회가 증권신고서의 수리를 거부한 사례는 없다.[4]

#### (3) 정정신고서의 제출

증권의 발행인은 일정한 경우에 정정신고서를 제출해야 하는 경우가 있다. 증권신고서에 형식상의 불비가 있거나 그 신고서에 기재할 중요한 사항의 기재가

1) 김건식/정순섭, 199-200면; 임재연(2019), 435면; 한국증권법학회(Ⅰ), 607-608면.
2) 변제호 외 4인, 352-353면.
3) 윤승한, 486면. 「증권의 발행 및 공시 등에 관한 규정」 제 2-3 조 제 5 항은 금융위원회가 신고서를 수리하면 접수된 날에 수리된 것으로 본다고 규정하고 있다.
4) 윤승한, 432면.

불충분하다고 인정되는 때에는 금융위원회는 정정신고서의 제출을 요구할 수 있으며(법 제122조 제1항), 증권의 취득 또는 매수의 청약일 전일(前日)까지 당해 기재사항의 변경이 있는 때에는 정정신고서를 제출할 수 있다(법 제122조 제3항).

### (4) 증권신고서의 효력발생

증권신고서는 수리(접수)된 날로부터 일정 기간이 경과한 후 효력이 발생한다(법 제120조 제1항). 이러한 기간은 증권의 종류 또는 거래의 특성 등을 고려하여 시행규칙 제12조에서 정하고 있는데 〈표 4-1〉와 같다.

**표 4-1 증권신고서별 효력발생기간**

| 종 류 | 효력발생기간 |
|---|---|
| 담보부사채신탁법에 따라 발행하는 담보부사채/<br>자본시장법 시행령 제362조 제8항에 따른 보증사채권/<br>자산유동화에 관한 법률 제3조에 따른 자산유동화계획에 따라 발행되는 사채권/<br>자본시장법 제119조 제2항에 따른 일괄신고서에 의해 발행되는 채무증권 | 5일 |
| 주주 또는 제3자에게 배정하는 방식의 주식(투자회사의 주식 제외) | 7일 |
| 주주 등 출자자 또는 수익자에게 배정하는 방식의 환매금지형집합투자기구의 집합투자증권 | 7일 |
| 자본시장법 제230조 제1항에 따른 상장된 환매금지형집합투자기구의 집합투자증권 | 10일 |
| 주권상장법인의 주식(투자회사의 주식 제외) | 10일 |
| 지분증권 | 15일 |
| 기타 증권 | 15일 |

이와 같은 효력발생기간의 존재는 발행자에게는 대기기간(waiting period)이 되고, 투자자에게는 숙고기간 내지 냉각기간이 되며, 감독기관에게는 증권신고서 심사기간으로서의 의미를 가진다고 할 수 있다.

## 4. 일괄신고서

발행시장에서 증권신고서의 특수한 유형으로서 일괄신고서제도가 있다. 일괄신고서(shelf registration statement)는 발행인이 당해 발행인의 실체와 증권발행내용에 관한 사항과 일정기간 동안의 모집·매출예정물량의 총액을 금융위원회에 일괄하여 사전에 신고하는 데 필요한 서류를 말한다. 신고 후 수리된 경우에는 그 기간 중에 실제 발행하는 경우 발행금액·가격 등 모집의 조건에 관한 '일괄신고추가서류'만을 제출하면 즉시 증권의 모집·매출을 할 수 있다(법 제119조 제 2 항). 일괄신고서를 이용하게 되면 일정한 기간 중에 이루어지는 수차례의 발행에 대하여 별도의 증권신고서를 제출하지 않기 때문에 공시부담이 감소된다는 점과 시장의 상황에 따라 발행시기를 조절할 수 있는 등 탄력적인 자금조달이 가능하다는 점이 장점이다.

일괄신고서를 이용하여 모집 또는 매출할 수 있는 발행예정기간은 일괄신고서의 효력발생일로 부터 2개월 이상 1년 이내의 기간으로 한다. 다만, 개방형 집합투자증권 또는 금적립계좌 등인 경우에는 해당 집합투자규약 또는 발행계약에서 정한 존속기간 또는 계약기간(집합투자규약 또는 발행계약에서 존속기간 또는 계약기간을 정하지 아니한 경우에는 무기한으로 함)을 발행예정기간으로 한다(시행령 제121조 제 2 항). 일괄신고서를 제출한 경우에는 발행예정기간 중 3회 이상 그 증권을 발행하여야 한다(시행령 제121조 제 3 항).

일괄신고서를 제출할 수 있는 자는 최근 1년간 모집 또는 매출한 실적이 있는 경우로서 최근 1년간 사업보고서와 반기보고서를 제출한 자나 최근 1년간 분기별 업무보고서 및 월별 업무보고서를 제출한 금융투자업자로서 사채권이나 파생결합증권 중 동일한 종류에 속하는 증권을 최근 1년간 모집 또는 매출한 실적이 있고 최근 사업연도의 재무제표에 대한 감사의견이 적정이며 최근 1년 이내 금융위로부터 증권발행 제한조치를 받은 적이 없는 자이어야 한다(시행령 제121조 제 4 항).

일괄신고서를 제출하여 혜택을 볼 수 있는 증권은 ① 주권, ② 주권 관련 사채권(전환사채권, 신주인수권부사채권, 교환사채권이 이에 해당되는데, 교환사채권의 경우 주권, 전환사채권 또는 신주인수권부사채권과 교환을 청구할 수 있는 교환사채권만 해당됨) 및 이익참가부사채권, ③ ②의 사채권을 제외한 사채권, ④ 파생결합증권, ⑤ 환매금지형집합투자기구가 아닌 집합투자기구의 집합투자증권과 이에 준하는 것으로서 외국 집합투자증권으로서 기준에 부합된 것만 가능하다(법 제71조 제 4 호 나목, 시행령 제121조 제 1 항).

이 밖에도 주권상장법인으로서 주권이 상장된 지 5년이 경과하였고, 최근 사업연도의 최종 매매거래일 현재 시가총액이 5천억원 이상이며,[1] 최근 3년간 사업보고서·반기보고서 및 분기보고서를 기한 내에 제출하였을 뿐만 아니라 최근 3년간 공시위반으로 금융위원회 또는 거래소로부터 금융위원회가 정하여 고시하는 제재를 받은 사실이 없으며 또한 최근 3년간 법에 따라 벌금형 이상의 형을 선고받거나 외감법에 따른 회계처리기준의 위반과 관련하여 동법에 따라 벌금형 이상의 형을 선고받은 사실이 없고, 최근 사업연도의 재무제표에 대한 회계감사인의 감사의견이 적정인 경우에는 위의 ① 내지 ③의 증권에 대한 일괄신고서를 제출할 수 있다. 이 경우에는 발행예정기간은 2년 이내로 하며 발행예정기간 중 증권의 3회 이상 발행요건이 적용되지 않는다(시행령 제121조 제6항).

## 5. 철회신고서

증권의 발행인은 증권신고를 철회하고자 하는 경우에는 그 증권신고서에 기재된 증권의 취득 또는 매수의 청약일 전일까지 철회신고서를 금융위원회에 제출하여야 한다(법 제120조 제4항).

## 6. 투자설명서

### (1) 투자설명서의 의의

투자설명서(prospectus)는 공모할 때 청약의 권유를 위하여 발행인이 작성하여 투자자에게 제공하는 문서를 의미한다. 투자설명서는 그 목적에 따라 증권신고서와 구별된다. 투자설명서는 투자자에 대하여 청약을 권유할 때 투자판단에 필요한 정보를 제공하기 위한 것인 반면, 증권신고서는 발행시장에 대한 규제를 목적으로 하여 감독당국에 제출되는 서류이다. 또한 투자설명서는 증권의 모집·매출을 위해 투자자에게 설명·교부하기 위하여 사용하는 문서를 말하지만 증권신고서는 모집·매출을 실시하기 전에 심사를 받기 위해 작성·제출하는 서류일 뿐이다.[2]

투자설명서가 증권신고서의 내용을 투자자에게 알리기 위하여 작성되는 것이므로 그 내용상 동일한 부분이 상당할 수밖에 없다. 정식 투자설명서의 경우에는 증권신고서에 기재된 내용이 대부분 들어가기 때문에, 투자설명서에는 증권신고

1) 이 경우 시가총액은 해당 주권상장법인의 주권의 가격(증권시장에서 성립된 최종가격을 말한다)에 발행주식 총수를 곱하여 산출한 금액을 말한다.

2) 금융감독원(2018), 308면.

서에 기재된 내용과 다른 내용을 표시하거나 그 기재사항을 누락하여서는 아니된다.[1] 다만, 기업경영 등 비밀유지와 투자자 보호와의 형평 등을 고려하여 기재를 생략할 필요가 있는 사항으로서 대통령령으로 정하는 사항에 대하여는 그 기재를 생략할 수 있다(법 제123조 제 2 항).

### (2) 투자설명서의 종류

투자설명서는 그 형식과 기재내용 및 사용시점을 기준으로 하여 예비투자설명서, 간이투자설명서, 투자설명서의 3종류로 나누어진다(법 제124조 제 2 항). 예비투자설명서(preliminary prospectus)는 증권신고서가 수리된 후 신고의 효력이 발생하기 전에 발행인이 청약의 권유를 위하여 작성하는 서류이다(법 제124조 제 2 항 제 2 호). 간이투자설명서(summary prospectus)는 증권신고서가 수리된 후 신문·방송·잡지 등을 이용한 광고, 안내문·홍보전단 또는 전자전달매체를 통하여 발행인이 청약의 권유를 위하여 작성하는 서류를 가리키며, 이는 정식 투자설명서에 기재하여야 할 사항 중 그 일부를 생략하거나 중요한 사항만을 발췌하여 기재 또는 표시한 문서, 전자문서, 그 밖에 이에 준하는 기재 또는 표시를 한 설명서이다(법 제124조 제 2 항 제 3 호). 투자설명서는 증권신고서의 효력이 발생한 이후 청약의 권유 및 승낙을 위하여 이용하는 문서이다(법 제124조 제 2 항 제 1 호).

### (3) 투자설명서의 제출 및 열람

증권을 모집하거나 매출하는 경우 그 발행인은 투자설명서 및 간이투자설명서(모집 또는 매출하는 증권이 집합투자증권인 경우로 한정함)를 그 증권신고의 효력이 발생하는 날(일괄신고추가서류를 제출하여야 하는 경우에는 그 일괄신고추가서류를 제출하는 날)에 금융위원회에 제출하여야 하며, 이를 그 발행인의 본점, 금융위원회, 한국거래소, 청약사무를 취급하는 장소에 비치하고 일반인이 열람할 수 있도록 하여야 한다(법 제123조 제 1 항, 규칙 제13조 제 1 항).[2]

개방형 집합투자증권 및 파생결합증권의 발행인은 금융위원회에 1년마다 1회 이상 다시 고친 투자설명서 및 간이투자설명서를 추가로 제출하여야 한다(법 제

1) 변제호 외 4인, 367, 369면.

2) 자본시장법 제정 이전에는 금융위원회에 제출된 증권신고서를 일반인들이 공람할 수 있게 제공되기는 하였지만, 투자자들의 열람이 용이하지 않아 많은 비판을 받았다. 김건식(2000), 103면.

123조 제 3 항, 규칙 제13조 제 2 항).[1] 만약 변경등록을 한 경우(법 제182조 제 8 항)라면 변경등록의 통지를 받은 날부터 5일 이내에 그 내용을 반영한 투자설명서 및 간이투자설명서를 제출하여야 한다. 물론 이러한 투자설명서 및 간이투자설명서를 일반인이 열람할 수 있도록 하여야 한다. 다만, 그 집합투자증권 및 파생결합증권의 모집 또는 매출을 중지한 경우에는 제출·비치 및 공시를 하지 아니할 수 있다(법 제123조 제 3 항).

### (4) 투자설명서의 교부

자본시장법은 투자설명서(집합투자증권의 경우 투자자가 투자설명서의 교부를 별도로 요청하지 아니하는 경우에는 간이투자설명서를 말함)의 사전교부주의를 원칙으로 한다. 따라서 누구든지 증권신고의 효력이 발생한 증권을 취득하고자 하는 자에게 투자설명서를 미리 교부하여야만 그 증권을 취득하게 하거나 매도할 수 있다(법 제124조 제 1 항 제 1 문).[2] 증권신고서의 효력이 발생하기 전에 이용된 예비투자설명서와 간이투자설명서는 교부대상이 아니다.

IT기술을 이용한 발행인의 비용부담 경감 차원에서 다음과 같은 요건을 충족하면 예컨대, 이메일과 같은 전자문서에 의한 교부도 가능하다. 우선 전자문서에 의하여 투자설명서를 받는 것을 전자문서를 받을 자가 동의하여야 하며, 그 받을 자가 전자문서를 받을 전자전달매체의 종류와 장소를 지정하고 그 전자문서를 받은 사실이 확인되어야 하며, 또한 전자문서의 내용이 서면에 의한 투자설명서의 내용과 동일하여야 한다(법 제124조 제 1 항). 다만, 위험감수능력이 충분하고 정보에 대한 접근성이 양호한 전문투자자에 대하여는 투자설명서를 교부할 의무가 없다. 이 밖에도 투자설명서의 수령을 거부한다는 의사를 서면으로 표시한 자에 대해서는 그 자의 명백한 의사표시를 기초로 하여 굳이 교부의무자에게 부담을 지울 필요가 없어 교부의무가 면제된다(법 제124조 제 1 항 제 1 문, 시행령 제132조).

## 7. 증권발행실적보고서

증권신고의 효력이 발생한 증권의 발행인은 증권의 모집 또는 매출 후 그 결

1) 개방형 집합투자증권의 경우 지속적으로 환매와 재설정이 이루어지므로 일괄신고서를 사용한다. 또한 매년 업데이트된 투자설명서를 공시하여야 한다.

2) 이 점이 바로 투자설명서에 해당되는 사업설명서의 교부의무가 없던 구 증권거래법 시절과 크게 다른 점이다.

과를 보고하기 위하여 증권발행실적보고서를 금융위원회에 제출하여야 한다. 발행실적보고서에는 증권신고서상 기재사항의 진실성을 확인하기 위한 사항 등을 기재하여야 하며, 그 성격은 금융위원회가 증권신고서의 기재내용을 확인하기 위한 차원에서 제출을 요구하는 서류이다.[1)]

### 8. 증권신고서 등의 공시제도

금융위원회는 증권의 모집 또는 매출과 관련하여 금융위원회에 제출된 증권신고서, 투자설명서 및 증권발행실적보고서를 3년간 일정한 장소에 비치하고, 인터넷홈페이지 등을 이용하여 공시하여야 한다(법 제129조).

금융위원회는 이상의 서류를 금융감독원이 마련한 전자공시시스템(DART)을 통하여 일반인이 열람할 수 있도록 공시할 수 있지만,[2)] 기업경영 등 비밀유지와 투자자 보호의 형평을 고려하여 군사기밀보호법에 따른 군사기밀에 해당되는 사항과 발행인 또는 그 종속회사의 업무나 영업에 관한 것으로서 금융위원회의 확인을 받은 사항은 그 대상에서 제외한다(시행령 제136조).

## Ⅳ. 발행공시제도의 실효성 확보장치

### 1. 금융위원회의 조치

금융위원회는 신고인, 발행인, 매출인, 인수인 그 밖의 관계인에 대하여 참고가 될 보고 또는 자료의 제출을 명령할 수 있고, 금융감독원장에게 장부·서류 그 밖의 물건을 조사하게 할 수 있다(법 제131조 제 1 항). 또한 증권신고서, 발행실적보고서를 제출하지 않거나 중요사항에 대해 거짓의 기재 또는 표시가 있거나 중요한 사항의 기재 표시가 누락된 경우, 정당한 투자설명서·예비투자설명서·간이투자설명서를 사용하지 아니한 경우, 신고서를 제출하지 아니하는 모집·매출에 있어서 공시 등 필요한 조치를 하지 아니한 경우에는 그 이유를 제시한 후 위반사실을 공고하고 정정을 명할 수 있으며 당해 증권의 발행·모집·매출, 그 밖의 거래를 정지 또는 금지하거나 대통령령으로 정하는 조치를 취할 수 있다(법 제132

1) 한국증권법학회( I ), 655면.

2) 금융위원회에 제출된 각종 공시서류를 열람할 수 있는 금융감독원 전자공시시스템 사이트의 주소는 http://dart.fss.or.kr 이다.

조). 대통령령으로 정하는 조치에는 통상 임원에 대한 해임권고, 일정기간 증권의 발행 제한, 법 위반으로 조치 받은 사실의 공표요구, 각서청구, 고발, 경고, 주의 등이 포함된다(시행령 제138조).

금융위원회는 증권신고서·투자설명서, 그 밖의 제출서류 중 중요사항에 관하여 거짓의 기재 또는 표시를 하거나 중요사항을 기재 또는 표시하지 아니한 때 또는 미제출한 때에는 증권신고서상의 모집가액 또는 매출가액의 100분의 3(20억원을 초과하는 경우에는 20억원)을 초과하지 않는 범위에서 과징금을 부과할 수 있나(법 제429조 제1항).

【대법원 2016. 2. 18. 선고 2014두36259 판결】

당시 코스닥 상장법인 A사는 2011. 1. 28. 주주배정 후 실권주 일반공모 방식으로 실시한 발행주식 수 12,000,000주, 증자금액 28,680,000,000원 규모의 유상증자('이 사건 유상증자')와 관련하여 C 증권회사가 대표주관회사 겸 증권인수인으로 참여한 사실, A사는 이 사건 유상증자를 실시하기 위해 금융위원회에 2010. 9. 28. 증권신고서를 제출하였고, 2011. 1. 14. 최종 정정신고서('이 사건 증권신고서')를 제출한 사실, 이 사건 증권신고서가 제출될 당시 A사의 최대주주인 주식회사 B(이하 'B사'라 함)의 자본금 변동이 없었음에도 C 증권회사가 이 사건 증권신고서 중 '인수인의 의견' 부분에 'B사가 A사를 인수하기 위하여 차입한 270억 원 중 220억 원이 2010. 9. 14. 기준 자본금으로 전환되었다'는 기재를 하여 증권신고서의 중요사항에 관하여 거짓의 기재를 한 사실이 있다는 이유로, 증권선물위원회가 2012. 10. 26. C 증권회사에 대하여 자본시장법 제429조 제1항 제1호를 근거로 과징금 466,200,000원을 부과하는 처분을 하였다.

## 2. 형사처벌

증권신고서의 제출이 없는 모집·매출의 경우와 증권신고서·일괄신고서추가서류·정정신고서·투자설명서에 거짓기재를 한 자와 정정신고서를 제출하지 않은 경우에는 5년 이하의 징역 또는 2억원 이하의 벌금에 처한다(법 제444조).

대표이사와 신고업무를 한 이사가 서류의 중요한 사항을 고의로 누락하거나 허위의 기재 또는 표시를 하거나 그 허위기재 또는 표시의 누락 사실을 알고도 이를 진실 또는 정확하다고 증명하여 그 뜻을 기재한 공인회계사·감정인 또는 신용평가를 전문으로 하는 자는 5년 이하의 징역 또는 2억원 이하의 벌금이 부과된다(법 제444조).

한편, 효력발생 이전의 청약승낙 행위와 투자설명서를 미리 교부하지 아니하고 증권을 취득하게 하거나 매도한 자에 대하여는 1년 이하의 징역 또는 3천만원 이하의 벌금에 처한다(법 제446조). 하지만 단순한 실수에 의하여 법위반을 하게 된 경우에 형사처벌을 하는 예는 거의 없을 것으로 예상한다.[1)]

### 3. 손해배상책임

#### (1) 의 의

증권을 공모발행하기 위해서는 자본시장법이 규정한 매우 중요하고 복잡한 과정을 거쳐야 한다. 증권규제 관련 법령상의 절차에 따라서 발행업무를 수행하는 것은 고도의 전문성을 요하기 때문에 증권발행인인 회사의 인력만으로 이를 감당하기 어렵다. 실제 증권의 발행업무에 당해 증권의 발행회사 내부의 이사 및 관련 업무에 종사하는 자들뿐만 아니라, 이러한 절차에 관하여 법률자문을 하는 변호사, 공시서류의 중요한 부분을 차지하는 재무관련 서류의 작성에 관계하거나 자문을 하는 회계사·감정평가사 등의 여러 분야의 전문가들이 참여할 수밖에 없는 것이다. 그리하여 현실에서는 발행회사와의 계약을 통해 금융투자회사(증권회사)가 발행증권을 인수하거나 모집 또는 매출의 주선업무를 행하는 경우가 일반적이다. 이처럼 증권의 공모발행에는 다양한 자들이 관여한다는 특성을 감안하여 자본시장법은 증권신고서와 투자설명서의 내용 중 중요사항에 관하여 거짓의 기재 또는 표시가 있거나 중요한 사항이 기재 또는 표시되지 아니함으로써 증권의 취득자가 손해를 입은 때에는 자본시장법이 정하는 일정한 자에게 손해배상책임을 부담시키고 있다(법 제125조 제1항). 이 경우 증권신고서에는 정정신고서, 철회신고서 및 일괄신고서와 추가서류가 포함되며, 투자설명서에는 예비투자설명서 및 간이투자설명서가 포함된다.

자본시장법의 위반에 대해 민법상의 불법행위책임을 묻는 소(訴)를 제기할 수 있지만, 그 소송에서 승소하기 위해서는 행위자의 귀책사유, 인과관계, 손해액 등을 입증하여야 하므로 이는 피해자에게 큰 부담으로 작용한다. 이에 자본시장법은

---

1) 김건식/정순섭, 227면.

증권신고서 등에 대한 거짓 기재 등으로 인한 손해배상책임에 관하여 민법상의 불법행위에 관한 소보다 입증책임을 완화하는 방향으로 일종의 몇 가지 특칙을 마련하고 있다.[1] 즉 자본시장법이 발행시장에서의 선의의 투자자를 보호하기 위하여 손해배상책임 발생의 요건을 특정하고 있음은 물론이고 그에 대한 입증책임을 전환하고 있다(법 제125조 제1항). 또한 자본시장법은 선의의 투자자를 신속하게 구제하려는 목적으로 손해배상액을 추정하고 있으며(법 제126조 제1항), 더 나아가 그 손해배상청구권이 단기에 소멸하도록 규정하고 있다(법 제127조). 이 같은 경우의 손해배상책임의 성격은 민법 제750조의 불법행위책임 및 상법 제401조의 이사의 제3자에 대한 책임 등과는 별도로 인정되는 법정책임으로 보아야 한다. 따라서 청구권자는 자본시장법상의 책임을 묻거나 민법상 손해배상책임을 선택적으로 구할 수 있고 양자는 청구권경합의 관계에 있다.[2]

#### (2) 손해배상책임의 요건

##### 1) 대상행위

〈사 안〉

감사보고서상 특기사항으로 "계속기업으로서 존속 여부에 불확실성이 있다"고 기재되어 있었음에도 증권신고서에 '해당사항 없음'으로 기재한 경우 중요사항에 관해 거짓의 기재 또는 표시가 있는 것으로 되는가?

증권의 발행인을 포함하여 자본시장법에서 정한 자들의 경우 증권신고서와 투자설명서 중 중요사항에 관해 거짓의 기재 또는 표시가 있거나, 중요사항을 기재 또는 표시하지 않음으로써 증권취득자가 손해를 입은 때에는 그 손해에 대해 배상할 책임을 부담한다. 다만, 책임질 자가 상당한 주의를 하였음에도 이를 알 수 없었음을 증명하거나 그 증권의 취득자가 청약 시 이를 안 경우는 예외로 하고 있다(법 125조 제1항).

증권신고서와 투자설명서에 해당하지 않는 자료에 거짓의 기재나 누락이 있

1) 대법원 2002. 5. 14. 선고 99다48979 판결. 민법상의 불법행위로 인한 손해배상책임과의 관계에 대해서는 이를 청구권경합으로 보아 양자를 동시에 주장할 수 있다고 본다(김건식/정순섭, 229면; 대법원 1997. 9. 12. 선고 96다41991 판결 참조).

2) 대법원 1998. 4. 24. 선고 97다32215 판결 참조.

는 경우 자본시장법 제125조에 의한 손해배상책임이 발생하지 않는다. 이 경우에는 민법 및 상법상의 불법행위규정 또는 법 제179조의 일반적 부정거래행위규정에 의하여 규율된다.

여기서 '거짓의 기재 또는 표시'는 사실과 다른 기재를 하거나 표시를 하는 것을 의미한다. 이는 구 증권거래법상 '허위의 기재 또는 표시'를 쉽게 풀어쓴 용어이다. '중요사항'은 그 내용이 단독으로 또는 다른 정보와 결합하여 합리적인 투자자라면 그의 투자판단이나 의사결정에 영향을 미칠 수 있는 상당한 개연성을 갖는 사항으로서, 해당 회사나 관련 증권에 특수하게 관련된 사항이라고 할 수 있다. 이와 관련하여 자본시장법은 '중요사항'을 '투자자의 합리적인 투자판단 또는 해당 금융투자상품의 가치에 중대한 영향을 미칠 수 있는 사항'으로 정의하고 있다(법 제47조 제 3 항). '기재 또는 표시를 하지 아니함'은 서식상 기재 또는 표시 요구가 있음에도 불구하고 전혀 기재 또는 표시를 하지 않는 것을 뜻한다. 이에는 오해를 불러일으키는 표시(misleading statement)도 포함되며, 사실과 다르게 '해당사항 없음'을 기재하는 경우 이는 거짓의 기재를 한 것으로 된다. 참고로 주금의 가장납입행위가 대법원 판례에 의하여 유효한 납입행위로 부인되지는 않지만[1] 이를 마치 실질적인 자금조달에 의하여 유상증자를 한 것처럼 증권신고서에 기재를 하여 금융위원회에 제출할 경우 중요사항에 관하여 허위기재를 한 것으로 된다.[2]

2) 손해배상청구권자

손해배상청구권자는 증권의 취득자이다. 즉, 당해 증권의 모집 또는 매출에 응하여 증권을 취득한 자는 배상청구를 할 수 있다. 자본시장법이 유가증권의 발행시장에서의 공시책임과 유통시장에서의 공시책임을 엄격하게 구분하고 있고, 그 책임요건을 따로 정하고 있는 점, 자본시장법 제125조의 손해배상책임 규정은 동법이 특별히 책임의 요건과 손해의 범위를 정하고, 책임의 추궁을 위한 입증책임도 전환시켜 발행시장에 참여하는 투자자를 보호하기 위한 것이라는 점에 비추어, 유통시장에서 해당 유가증권을 인수한 자는 동법 제125조 소정의 손해배상 청구권자인 증권취득자의 범위에는 포함되지 않는다.[3]

---

1) 대법원 2004. 3. 26. 선고 2002다29138 판결.
2) 대법원 2006. 10. 26. 선고 2006도5147 판결.
3) 대법원 2002. 5. 14. 선고 99다48979 판결; 대법원 2002. 9. 24. 선고 2001다9311, 9328 판결; 대법원 2015. 12. 23. 선고 2013다88447 판결.

증권의 제1차 취득자로부터 전득한 자의 경우에도 배상청구를 할 수 있는지에 관해서는 자본시장법은 명시적인 규정을 두지 않고 있다.[1] 그러나 증권신고서 등이 공시되면 누구나 그로 인하여 정보를 얻게 되므로 굳이 모집 또는 매출에 응한 자에 한정하여 배상책임을 인정할 필요는 없다고 본다. 즉, 허위기재로 손해를 입은 자라면 그가 제1차 취득자인지 또는 그 전득자인지를 따질 이유가 없으므로 전득자도 손해배상청구권자에 포함되는 것으로 풀이하여야 한다.[2]

3) 손해배상책임의 주체

자본시장법은 당해 모집 또는 매출행위를 한 자를 비롯하여 모집 또는 매출과정에 관여한 사람들에 대하여 민사손해배상책임을 물을 수 있는 근거를 마련하고 있다. 손해배상책임을 부담하는 자(법 제125조 제1항)는 다음과 같다.

- ㅇ 모집·매출 시 신고인과 신고당시의 발행인의 이사(이사가 없는 경우 이에 준하는 자, 설립중인 법인의 경우 발기인)
- ㅇ 상법 제401조의2 제1항 각 호의 1에 해당하는 자(업무집행지시자 등)로서 당해 증권신고서의 작성을 지시하거나 집행한 자
- ㅇ 신고서의 기재사항 또는 첨부서류가 진실 또는 정확하다고 증명하였거나 서명한 공인회계사·감정인 또는 신용평가를 전문으로 하는 자 등(그 소속단체 포함) 대통령령이 정하는 자
- ㅇ 당해 증권신고서의 기재사항 또는 그 첨부서류에 자기의 평가·분석·확인의견이 기재되는 것에 대하여 동의하고 그 기재내용을 확인한 자
- ㅇ 그 증권의 인수인 또는 주선인(인수인 또는 주선인이 2인 이상인 경우에는 대통령령으로 정하는 자를 말함)
- ㅇ 당해 투자설명서를 작성하거나 교부한 자
- ㅇ 매출의 경우 매출신고 당시의 매출인

이상과 같이 손해배상책임의 주체는 다양하다. 첫째, 모집·매출 시 신고인과 신고당시의 발행인의 이사가 손해배상책임을 부담한다(법 제125조 제1항 제1호). 여기서 증권신고서의 신고인은 증권을 발행하였거나 발행하고자 하는 법인, 즉 증

1) 한편, 일본 금융상품거래법은 "당해 유가증권의 모집 또는 매출에 응하여 취득한 자"의 손해를 배상하도록 하여 제1취득자에 대한 책임(법 제18조 제1항)을 그 이후의 전득자의 책임(법 제18조 제2항)과 구별하여 규정하고 있다.

2) 김건식/정순섭, 237-238면.

권의 발행인을 의미하고, 신고당시의 발행인의 이사에는 당해 법인의 이사 모두가 포함된다. 이 경우 이사가 신고서 작성에 직접적 혹은 간접적으로 관여하였는지의 여부는 불문한다. 자본시장법은 배상책임을 강화하기 위한 차원에서 이사가 없는 경우에는 '이에 준하는 자'가 책임을 지도록 하고 있으며, 설립중의 회사의 경우 발기인이 책임을 부담한다.

둘째, 상법 제401조의2 제 1 항 각 호의 1에 해당하는 자(업무집행지시자 등)로서 당해 증권신고서의 작성을 지시하거나 집행한 자는 손해배상의 주체이다(법 제125조 제 1 항 제 2 호). 연혁적으로 볼 때 배상책임대상을 확대하는 차원에서 2003년 구 증권거래법 개정으로 상법 제401조의2 제 1 항 각 호에 규정된 업무집행지시자 등을 포함시킨 것이다.[1] 상법상 업무집행지시자 등의 세부유형에는 업무집행지시자, 무권대행자 및 표현이사가 있는데, 이들 중 전 2자는 회사에 대해 영향력을 가진 자를 전제로 하고 있으나, 후자는 직명 자체에 업무집행권이 표상되어 있기 때문에 그에 더하여 회사에 대해 영향력을 가진 자일 것까지 요건으로 하지는 않는다.[2][3] 다만, 자본시장법은 상법상 업무집행지시자 등의 요건에 문언적으로 해당된다고 하여 무조건적으로 배상책임을 부담하는 것이 아니라 추가적으로 증권신고서 등의 작성을 지시하거나 집행하여야만 책임을 지도록 하고 있다.

셋째, 아울러 증권신고서의 기재사항 또는 그 첨부서류가 진실 또는 정확하다고 증명하여 서명한 공인회계사·감정인·신용평가를 전문으로 하는 자 외에도 대통령령이 정하는 자(그 소속단체를 포함)와 증권신고서의 기재사항 또는 그 첨부서

---

1) 상법상 업무집행지시자 등의 경우 이사에게 공시서류의 허위기재를 지시 또는 방조한 경우 민법 제760조의 공동불법행위자로 배상책임을 부담할 수 있었으나, 민법상 불법행위 책임을 주장하기 위해서는 행위자의 고의, 과실 및 인과관계 등을 증명하여야 하는 부담이 있었다. 이에 대하여 공개기업을 적용대상으로 하는 증권거래법이 오히려 민사책임의 부과대상을 좁히고 있다는 비판을 수용하여, 사실상의 업무지시자에 대해서도 민사책임을 물을 수 있도록 구 증권거래법에 명시하였다.

2) 상법 제401조의2(업무집행지시자 등의 책임) ① 다음 각 호의 1에 해당하는 자는 그 지시하거나 집행한 업무에 관하여 제399조·제401조 및 제403조의 적용에 있어서 이를 이사로 본다.
  1. 회사에 대한 자신의 영향력을 이용하여 이사에게 업무집행을 지시한 자
  2. 이사의 이름으로 직접 업무를 집행한 자
  3. 이사가 아니면서 명예회장·회장·사장·부사장·전무·상무·이사 기타 업무를 집행할 권한이 있는 것으로 인정될 만한 명칭을 사용하여 회사의 업무를 집행한 자
  ② 제 1 항의 경우에 회사 또는 제 3 자에 대하여 손해를 배상할 책임이 있는 이사는 제 1 항에 규정된 자와 연대하여 그 책임을 진다.

3) 대법원 2009. 11. 26. 선고 2009다39240 판결.

류에 자기의 평가·분석·확인의견이 기재되는 것에 대하여 동의하고 그 기재내용을 확인한 자도 배상책임을 진다(법 제125조 제1항 제3호). 시행령은 자본시장법에 열거된 자 이외에 변호사, 세무사, 변리사 등 공인된 자격을 가진 자를 배상책임의 주체로 추가하고 있다(시행령 제135조 제1항). 자본시장법이 소속단체까지 책임부담자로 규정하고 있으므로 예컨대, 특정한 공인회계사가 실제 소속단체의 의견 및 확인 등을 제시한 경우라 하더라도 그 소속단체가 책임을 부담한다. 이는 실제 회사가 계약을 체결하는 상대방은 공인회계사 개인이 아니라 회계법인인 경우가 일반적이고는 점 및 자력(資力)을 감안한다면 공인회계사 개인보다는 회계법인이 우월하므로 회계법인도 연대하여 책임을 부담하는 것이 바람직하다는 점을 반영한 것이다.

넷째, 증권신고서의 기재사항 또는 그 첨부서류에 자기의 평가·분석·확인 의견이 기재되는 것에 대하여 동의하고 그 기재내용을 확인한 자도 손해배상책임의 주체이다(법 제125조 제1항 제4호). 이는 제3호에서 규정된 공인회계사 내지 감정인 등과 마찬가지로 자기의 평가·분석·확인의견을 기재하는 자(者)이기는 하지만, 제4호에서는 공인된 자격을 명시적으로 요구하지 않을 뿐만 아니라 소속단체에 관련여부를 불문한다는 점 등은 제3호와 구별된다.[1] 예컨대 대학교수의 의견이나 연구성과를 증권신고서에 기재하는 경우 그 기재에 대하여 그 교수가 동의하고 그 기재내용을 확인하였다면 손해배상책임을 부담한다.

다섯째, 그 증권의 인수인 또는 주선인도 손해배상책임의 주체이다(법 제125조 제1항 제5호). 증권의 인수인(underwriter)의 경우는 증권신고서와 투자설명서의 작성에 직접·간접적으로 관련을 하지 않음에도 불구하고 그러한 공시서류의 부실작성에 대한 책임을 부담하도록 하고 있다.[2] '주선인'은 발행인 또는 매출인을 위하여 해당 증권의 모집·사모·매출을 하거나 그 밖에 직접 또는 간접으로 증권의 모집·사모·매출을 분담하는 자를 말한다(법 제9조 제13항). 자본시장법에 열거되어 있는 다른 자들은 공시서류의 작성에 직접·간접적으로 참여하는 자이므로[3] 그 부실기재에 대하여 책임을 부담하는 것이 당연하지만, 증권신고서 등의 직접적인

1) 한국증권법학회(Ⅰ), 645면.

2) 실질적으로 자문을 받는 경우도 있겠지만, 다른 분야의 전문가들이 신고서류의 작성에 직접 관여하거나 그 내용의 정확성을 공식적으로 확인하는 것과 같은 것은 아니므로 법률적으로는 참여하지 않는다고 보아야 할 것이다.

3) 증권신고서의 작성주체는 발행인이지만, 변호사·회계사·감정평가사들도 이에 대한 자문·회계감사·재산평가 등을 행함으로써 증권신고서의 정확성 여부에 대한 판단을 하게 될 것이므로 신고서류의 작성에 간접적으로 참여하게 되는 것이다.

작성주체가 아닌 인수인 또는 주선인이 당해 서류의 부실기재에 대하여 책임을 지도록 하는 것은 기업공개절차에 있어서 인수인 또는 주선인이 차지하는 비중에서 비롯된다고 볼 수 있다.[1] 현실적으로 투자자가 시장에 발행되는 회사의 증권을 매수하려 하는 경우에 누가 인수업무를 행하고 있느냐 하는 것은 당해 증권의 가치평가에 있어서 매우 중요한 역할을 한다. 인수인 또는 주선인의 수가 2인 이상인 경우에는 ① 발행인 또는 매출인으로부터 직접 증권의 인수를 의뢰받아 인수조건 등을 정하는 인수인 또는 ② 발행인 또는 매출인으로부터 인수 외의 방법으로 그 발행인 또는 매출인을 위하여 해당 증권의 모집·사모·매출을 할 것을 의뢰받거나 그 밖에 직접 또는 간접으로 증권의 모집·사모·매출을 분담할 것을 의뢰받아 그 조건 등을 정하는 주선인이 책임을 지도록 규정하고 있다(시행령 제135조 제 2 항).

여섯째, 투자설명서를 작성하거나 교부한 자도 손해배상책임의 주체이다(법 제125조 제 1 항 제 6 호). 원래 투자설명서를 작성한 자는 이미 제 1 호에서 규정한 발행인이다. 그러므로 제 5 호와 제 1 호를 조화롭게 해석하자면 제 5 호는 배상주체인 발행인 이외에도 실제로 투자설명서를 작성할 책임을 지는 자를 배상책임자로 포함시키겠다는 뜻이 반영된 것으로 보아야 한다.[2] 투자설명서를 교부한 자에는 사용자까지 포함한다.[3]

일곱째, 매출의 방법에 의한 경우 매출신고 당시의 그 매출인도 손해배상책임을 부담한다(법 제125조 제 1 항 제 7 호). 증권소유자가 매출행위자이기는 하지만 신고의무자가 아니므로 손해배상책임의 사유가 거짓의 기재 또는 표시 등을 직접 행하는 경우를 예상하기 어렵다. 그러나 증권소유자, 즉 매출인에 경제적인 이익이 귀속된다는 점을 감안하여 정책적인 차원에서 그를 손해배상책임의 주체로 인정하는 것이다.

손해배상청구권자는 손해배상책임의 주체 전원에 대하여 그 책임을 추궁할 수 있으며, 예컨대, 발행인과 공인회계사처럼 복수의 상이한 배상책임자가 동시에 배상책임을 부담할 경우 그 책임은 부진정연대채무의 성격을 띤다.[4]

---

1) 김병연(2004), 121면.
2) 변제호 외 4인, 380면.
3) 김건식/정순섭, 236면.
4) 서울지방법원 2000. 6. 30. 선고 98가합114034 판결.

#### 4) 손해배상주체의 항변

증권신고서 등의 부실기재에 대한 배상책임을 질 자가 상당한 주의를 하였음에도 불구하고 이를 알 수 없었음을 증명하거나 당해 증권의 취득자가 증권취득의 청약 시에 허위기재의 사실을 안 때에는 손해배상책임으로부터 벗어날 수 있다(법 제125조 제1항 단서). 즉 자본시장법 제125조 제1항 제1호 내지 제7호의 자들은 모두가 상당한 주의의 항변을 함으로써 공시서류의 부실기재 또는 중요한 정보의 누락에 대한 손해배상책임을 면할 수 있다. 이처럼 자본시장법은 손해배상책임을 부담하는 자의 특성이나 역할에 대하여 무가치적으로 접근하고 있다.

자본시장법은 '상당한 주의'의 항변의 구체적인 내용에 대하여 그 기준을 제시하지 않고 있다. 대법원 판례에 따르면 '상당한 주의를 하였음에도 불구하고 이를 알 수 없었음'을 증명한다는 것은 '자신의 지위에 따라 합리적으로 기대되는 조사를 한 후 그에 의하여 거짓의 기재 등이 없다고 믿었고 그렇게 믿을 만한 합리적인 근거가 있었음'을 증명하는 것을 말한다.[1]

#### 5) 인과관계

##### (가) 개 관

민법상의 불법행위규정에 의하여 이 경우의 손해배상을 실현하기 위해서는 원고는 피고의 행위와 원고의 손해 간의 인과관계를 증명하여야 하는 책임을 부담하기 때문에 현실적으로 이용되는 경우는 소의 제기기간과 관련한 경우를 제외하고는 거의 없을 것이다. 자본시장법상 손해배상책임은 가해행위에 의한 손해발생과 관련한 증명책임에 있어 민법상 손해배상책임에 비해 상당히 완화되어 있다. 왜냐하면 민법상 거래와는 달리 비개인적 관계에서 집단적으로 거래가 이루어지는 증권시장에서의 거래에 대하여 전통적인 불법행위에 적용되는 것과 동일한 정도의 증명책임을 요구하게 되면 이는 원고에게 상대적으로 부담이 될 수 있고 그 불균형이 심화되면 소송 자체가 불가능해질 수도 있기 때문이다.

한편 자본시장법은 구 증권거래법의 손해배상책임 규정과는 달리 유통시장에서의 공시서류 부실기재에 관한 손해배상책임 규정을 별도로 두고 있다. 그 내용은 상당히 유사하지만 분리하여 세밀하게 규제하려는 시도로 긍정적으로 볼 수 있다.

---

1) 대법원 2007. 9. 21. 선고 2006다81981 판결; 대법원 2014. 12. 24. 선고 2013다76253 판결; 대법원 2015. 12. 23. 선고 2015다210194 판결.

(나) 인과관계에 관한 증명책임의 전환

자본시장법상 손해배상책임과 관련하여 두 가지 인과관계, 즉 거래인과관계(transaction causation)와 손해인과관계(loss causation)가 문제된다.[1] 전자는 위법행위가 없었다면 거래가 없었을 것이라는 인과관계, 즉 원고가 부실 또는 허위로 작성, 공시된 서류를 읽고 이를 믿고 유가증권을 취득하게 되었다는 신뢰의 인과관계를 의미하며, 이를 증명하기 위해서는 피고의 위반행위와 거래 사이의 직접적인 연결이 있음을 밝혀야 한다.[2] 후자는 피고의 위법행위로 인해 원고가 입은 손해가 야기된 것을 뜻한다.[3] 손해인과관계가 존재한 것으로 되기 위해서는 원고가 다툼의 대상이 된 행위와 원고의 금전적 손해 사이에 필연적으로 연결되어 있음을 증명하여야 한다.[4]

자본시장법 제125조 제 1 항 본문이 '거짓의 기재 또는 표시가 있거나 중요사항이 기재 또는 표시되지 아니함으로써 증권의 취득자가 손해를 입은 경우'라고 규정함으로써 피고의 부실표시행위와 원고의 손해 간의 인과관계를 요구하고 있다. 이러한 손해의 증명이 반드시 용이하지는 않다. 부실표시가 없었더라면 존재하였을 당해 증권의 진정한 가치의 산정이 매우 어렵기 때문이다. 만약 증권취득자가 손해의 엄격한 증명을 하여야 한다면 실질적으로 손해배상의 청구는 불가능하게 된다. 이에 소위 손해인과관계의 증명책임을 누가 부담하는지와 관련하여 자본시장법 제125조 제 1 항 단서에서 인과관계의 전환을 명정하고 있다. 즉 "배상의 책임을 질 자가 상당한 주의를 하였음에도 불구하고 이를 알 수 없음을 증명하거나 그 증권의 취득자가 취득의 청약을 할 때 그 사실을 안 경우에는 배상의 책임을 지지 아니한다"라고 규정하여 증명책임을 전환하고 있다. 따라서 원고는 손해인과관계의 존재를 증명할 필요가 없고 피고의 불법행위가 있었다는 것과 그러한

---

1) 이렇게 인과관계를 개념적으로 두 가지로 분류한 최초의 미국 판결은 Schlick v. Penn-Dixie Cement Corp., 507 F.2d 374, 380-381 (2d Cir. 1974)이다. 이 판결은 그 후의 판결에 대한 선결례로서 자리잡고 있다. Suez Equity Investors, L. P. v. Toronto-Dominion Bank, 250 F.3d 87, 95 (2d Cir. 2001). 거래인과관계와 손해인과관계에 관한 자세한 논의는 김병연(2004), 280-287면.

2) 거래인과관계를 증명하기 위해서는 예컨대, 원고가 피고의 부실표시를 실제로 믿었고(believe), 그러한 믿음이 원고가 당해 거래를 하도록 하는 원인(cause)이었음을 밝혀야 한다. List v. Fashion Park, Inc. 340 F.2d 457 (2d Cir. 1965).

3) Bruno v. Cook, 660 F. Supp. 306 (S.D.N.Y. 1987).

4) Harris v. Union Electric Co., 787 F. 2d 355, 366 (8th Cir. 1986).

불법행위가 자신의 거래행위와 유사한 시기에 이루어졌다는 사실을 증명하면 족하다. 피고는 허위기재와 손해발생 간의 인과관계의 부존재에 대한 증명을 하여야 한다.[1] 손해인과관계의 부존재를 증명하기 위하여 실무에서는 사건연구(event study) 방법이 인정되고 있다.[2]

(다) 대법원판례의 태도

인과관계의 존재에 대한 증명과 관련하여 대법원은 기본적으로는 미국 판례법상의 시장사기이론(fraud-on-the-market theory)을 받아들이는 입장을 취하고 있는 것으로 보인다. '시장사기이론'이라 함은 효율적 시장에서의 가격은 이용가능한 모든 정보를 이미 반영하고 있으므로 시장에서의 주식매입과 관련하여 원고는 중요사항의 거짓 기재 또는 누락에 대하여 특정한 신뢰를 증명할 필요가 없기 때문에 단지 시장이 효율적이라는 점만 증명하면 충분하다는 이론을 말한다.[3]

대법원은 "기업의 재무제표에 대한 외부감사인의 회계감사를 거쳐 작성된 감사보고서는 대상 기업의 정확한 재무상태를 드러내는 가장 객관적인 자료로서 일반투자자에게 제공·공표되어 그 주가 형성에 결정적인 영향을 미치는 것이므로, 주식투자를 하는 일반투자자로서는 그 대상 기업의 재무상태를 가장 잘 나타내는 감사보고서가 정당하게 작성되어 공표된 것으로 믿고 주가가 당연히 그에 바탕을 두고 형성되었으리라는 생각 아래 대상 기업의 주식을 거래한 것으로 보아야 할 것이다"라고 함으로써[4] 기업의 공시문서의 내용에 대한 원고인 일반투자자의 신뢰를 추정하고 있다.[5] 이 사건은 증권거래가 문제된 사건이지만 구 증권거래법상 시효의 소멸로 인하여 민법 제750조에 근거하여 내려진 판결임에도 불구하고, 원고에게 증명책임의 부담을 지우는 전통적인 민법의 손해배상책임구조를 적용하지 아니하고 증권거래법상 인과관계의 존재에 대한 증명책임의 구조를 적용하였다는 점에서 의미가 있다.[6] 즉, 증권거래가 문제된 사건이라면 적용법규가 민법인지 자

1) 대법원 2002. 10. 11. 선고 2002다38521 판결.
2) 대법원 2007. 11. 30. 선고 2006다58578 판결 참조.
3) 이는 강제공시제도(mandatory disclosure)의 운영으로 간접적으로 증명될 수 있다.
4) 대법원 1997. 9. 12. 선고 96다41991 판결.
5) 물론 이러한 대법원의 태도가 미국 판례법상의 시장사기이론을 도입하여 판단한 것인지 아니면 단순히 증권거래의 특수성을 감안하여 결정을 내린 것인지는 명확하지 않지만, 후자의 경우라고 하더라도 증권거래와 관련된 사건에서 증명책임의 전환을 이루었다는 점에서 큰 의미가 있다.
6) 대법원 1998. 5. 29. 선고 97다56563 판결.

본시장법인지의 여부를 불문하고 증권거래의 특수성을 감안하여 증명책임의 전환을 이루어 피고에게 증명책임을 부담시키고 있다.

6) 손해배상액의 산정

오늘날 복잡하고 고도화된 자본시상에서 피해자에게 자신의 손해액을 증명하도록 하는 것은 손해배상제도를 사실상 무의미하게 만들 수 있다. 이에 자본시장법은 증권신고서 등의 거짓 기재 등으로 인한 손해배상액을 추정하는 규정을 두고 있다.

증권신고서 등의 거짓 기재 등으로 인하여 손해를 입은 자가 배상받을 금액은 실제로 취득하기 위하여 지급한 금액에서 청구소송의 변론종결 시의 증권의 시장가격(시장가격이 없는 경우에는 추정처분가격)을, 변론종결 전에 그 증권을 처분한 경우에는 처분가격을 공제한 금액으로 추정된다(법 제126조 제 1 항). 추정처분가격의 산출과 관련하여서는 명확한 기준이 없다. 단, 배상책임자가 손해금액 중 자신의 거짓 기재나 표시·누락 등에 기인한 손해가 아님을 증명한 경우에는 동 금액은 공제된다(법 제126조 제 2 항). 이 경우 손해배상책임의 실질은 민법상 불법행위책임과 다르지 않으므로 손해배상채무의 지연손해금의 발생시기는 민법상 불법행위책임에 기한 손해배상채무의 경우와 달리 볼 것은 아니다.[1]

7) 배상청구권의 소멸

손해배상청구권자가 해당 사실을 안 날부터 1년 이내 또는 해당 증권에 관하여 증권신고서의 효력이 발생한 날부터 3년 이내에 청구권을 행사하지 아니한 경우에는 소멸한다(법 제127조). 문언상으로 시효로 소멸한다는 표현이 없다는 점에서 제척기간으로 본다. 이와 같이 단기의 제척기간을 마련한 것은 증명책임의 완화 및 손해배상액의 추정 등을 통해 손해배상청구권자가 보다 용이하게 다양한 손해배상의 주체에게 손해배상을 청구할 수 있는 길을 열어두고, 아울러 분쟁을 조기에 종결시켜 손해배상의 주체를 보호할 수 있도록 하자는 데 그 목적이 있다.[2] 이러한 취지를 고려한다면 제척기간의 기산점을 너무 늦게 잡는 것은 문제가 있다. 따라서 민법 제766조 제 1 항[3]과는 달리 소정의 법위반행위가 있었다는

---

1) 대법원 2015. 11. 27. 선고 2013다211032 판결.

2) 대법원 1993. 12. 21. 선고 93다30402 판결 참조.

3) 대법원 판례에 따르면 "민법 제766조 제 1 항 소정의 손해를 안다는 것은 단순히 손해발생의 사실만을 아는 것으로는 부족하고 가해행위가 불법행위로서 이를 원인으로 하여 손해배상

사실을 현실적으로 인식한 때라고 볼 것이고, 그 인식의 정도는 일반인이라면 법 위반행위의 존재를 인식할 수 있는 정도면 충분한 것으로 보아야 한다.[1)]

(3) 예측정보에 대한 배상책임의 특례

(가) 의 의

예측정보는 문자 그대로 특정한 시점에서 미래의 영업실적 등을 예측한 것에 지나지 않으므로 지진 내지 전쟁 등 여러 가지 경제상황의 변화로 인하여 예측치와 다른 결과가 발생할 가능성이 있다. 이 경우에 그러한 예측정보를 거짓 기재로 보아 과중한 책임을 부과한다면 이는 예측정보를 기재하지 말라는 것과 다르지 않다. 이에 자본시장법은 일정한 기재방법에 따르는 경우에 한하여 예측치와 결과치가 다르다고 하더라도 허위기재로 인한 손해배상책임을 묻지 않는다.[2)]

(나) 예측정보의 특례 적용요건

예측정보가 ① 그 기재 또는 표시가 예측정보라는 사실이 밝혀져 있고, ② 예측 또는 전망과 관련된 가정이나 판단의 근거가 밝혀져 있으며, ③ 그 기재 또는 표시가 합리적 근거나 가정에 기초하여 성실하게 행하여졌고, ④ 그 기재 또는 표시에 대하여 예측치와 실제 결과치가 다를 수 있다는 주의문구가 밝혀져 있다면 그 손해에 관하여 배상의 책임을 지지 아니한다. 다만, 그 증권의 취득자가 취득의 청약 시에 예측정보 중 중요사항에 관하여 거짓의 기재 또는 표시가 있거나 중요사항이 기재 또는 표시되지 아니한 사실을 알지 못한 경우로서 손해배상책임의 주체가 그 기재 또는 표시와 관련하여 고의 또는 중대한 과실이 있었음을 증명한 경우에는 배상의 책임을 진다(법 제125조 제2항). 아마도 고의 또는 중대한 과실이 인정되기 위해서는 손해배상책임의 주체가 충분한 정보를 바탕으로 합리적이면서도 성실하게 예측하여야 함에도 불구하고 의도적으로 혹은 그에 준하여 그러한 예측을 하지 않은 경우가 이에 해당할 것이다.

예측정보의 특례는 주권비상장법인이 최초로 주권을 모집 또는 매출하기 위하여 증권신고서를 제출하는 경우에는 적용하지 않는다(법 제125조 제3항). 이처럼 최초상장공모에 있어 특례의 적용이 배제되는 것은 예측정보를 기재하지 말라는

---

을 소구할 수 있다는 사실까지를 아는 것을 의미한다"(대법원 1996. 8. 23. 선고 95다33450 판결).

1) 대법원 1993. 12. 21. 선고 93다30402 판결; 대법원 2010. 8. 19. 선고 2008다92336 판결 참조.

2) 김정수, 522면.

의미이다. 왜냐하면 자본시장법 제125조 제 3 항은 최초상장공모에서 예측정보의 기재요건을 갖춘 경우라도 그 정보가 현실적인 결과와 일치하지 않을 경우에는 배상책임을 진다는 뜻으로 해석되기 때문이다.[1)]

1) 한국증권법학회(Ⅰ), 649면.

# 5장

# 유통시장에서의 공시규제

# 제1절 총　설

## Ⅰ. 유통시장 공시규제의 의의

증권이 거래되는 유통시장에서는 정보비대칭이 존재하는 까닭에 투자자들에게 유가증권의 가치를 결정하는 데 필요한 정보를 제공하여 자신의 판단과 책임하에 적정한 투자의사결정을 할 수 있게 하여야 한다. 말하자면, 기업의 경영활동 및 영업실적 등이 현재 혹은 미래의 투자자에게 적시에 정확하게 알려져야만 해당 증권의 취득·처분과 관련된 의사결정을 합리적으로 할 수 있다. 만약 기업경영에 관한 정보가 공시되지 않을 경우에는 미공개정보 등을 이용하여 불공정거래를 하고 이로 인한 투자자의 피해가 발생할 가능성이 있다. 따라서 자본시장법은 현재 혹은 미래 투자자에게 기업의 경영활동에 관련된 정보를 충분히 공시함으로써 정보의 비대칭이 완화된 환경하에서 거래가 이루어지도록 하고 있다. 이와 더불어 내부자거래와 같은 불공정거래행위를 차단하기 위한 차원에서 유통시장에서의 공시제도를 마련하고 있다.[1] 이처럼 유통시장에서의 공시제도는 "증권거래의 공정성을 확보하고 투자자를 보호하기 위하여 유가증권의 발행인으로 하여금 유가증권의 내용이나 발행회사의 재산, 경영상태 등 투자자의 투자판단에 필요한 기업 내용을 신속·정확하게 공시하게 하는" 것이다.[2]

## Ⅱ. 유통시장 공시의 구체적 유형

자본시장법상 유통시장의 공시제도는 투자자의 보호와 증권시장의 안정적 성장을 이룩하는 데 있어서 대단히 중요한 요소이다. 유통시장 공시제도는 금융위원회가 담당하는 공적규제사항과 한국거래소에서 이루어지는 자율규제사항으로 구분할 수 있다. 전자는 일정기간 동안의 기업의 사업현황 및 재무상태에 관한 사항을 공시하는 정기공시와 이를 보완하기 위하여 마련된 주요사항보고서제도로 나눌 수 있으며, 후자는 투자자의 투자판단에 중요하거나 거래소의 시장조치에 필요

1) 변제호 외 4인, 391면.

2) 대법원 2008. 11. 27. 선고 2008다31751 판결.

한 사항을 공시하는 수시공시(주요경영사항의 신고·공시, 조회공시, 자율공시)와 공정공시로 구분된다.[1]

자본시장법상 수시공시(ad hoc disclosure) 관련 제도, 즉 회사의 경영상태 혹은 장래 계획 등에 중요한 상항이 발생한 경우 이를 지체 없이 공시해야 하는 제도는 공적규제인 주요사항보고서제도(법 제161조)와 자율규제인 거래소 수시공시제도(법 제391조 제2항 제3호)로 이원화되어 있다.

한편, 공적규제는 감독의 일관성, 엄격성, 공정성 및 형평성을 확보하기가 용이할 뿐만 아니라 강력한 사후적인 제재조치가 가능하다는 것으로 인하여 불공정공시를 예방하는 효과가 있다. 다만, 공적규제하에서 규제를 신설하거나 변경하기 위해서는 엄격한 절차를 거쳐야 하므로 자본시장의 변화에 탄력적으로 적응하지 못하는 한계로 인하여 규제비용이 상당히 든다는 문제점이 있다. 자율규제는 공적규제에 비해 대외적 구속력이 상대적으로 약하지만 규제집행의 유연성을 확보한다는 점에서는 효과적이다. 그러나 자율규제하에서 기업이 공시의무 위반의 심각성을 인식하지 못한다면 공시에 대한 도덕적 해이 현상을 심화시킬 우려가 있다.

**그림 5-1 유통시장 공시제도의 체계[2]**

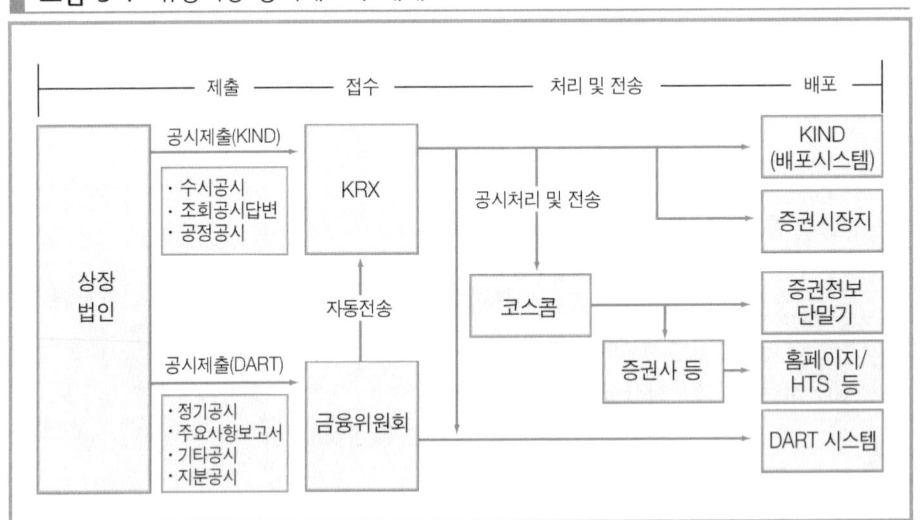


1) 금융감독원, 「합병 등 특수공시 관련 실무 안내서」(2017), 1면.
2) 출처: 한국거래소 홈페이지(http://www.krx.co.kr).

# 제 2 절 공적규제사항

## Ⅰ. 정기공시

### 1. 개 관

유통시장에서의 정기공시는 기업이 일정기간 동안의 사업현황, 재무상태 및 영업실적 등과 같은 기업 내용 전반에 관련된 사항을 정기적으로 공시하도록 하는 것을 말한다. 구체적으로는 기업은 사업보고서·반기보고서·분기보고서를 금융위원회와 거래소에 제출하여야 한다(법 제159조, 제160조). 이하에서는 공시대상 기간과 제출빈도에 따라 정기공시서류를 사업보고서·반기보고서·분기보고서로 나누어서 각각 간단하게 살펴보기로 한다.

### 2. 사업보고서

#### (1) 제출대상법인

자본시장법에 따라 일정한 회사의 경우 사업보고서(annual report)를 제출하여야 한다. 자본시장법은 사업보고서의 제출대상법인으로 ① 유가증권시장과 코스닥시장의 주권상장법인, ② 지분증권, 무보증사채권, 전환사채권·신주인수권부사채권·이익참가부사채권 또는 교환사채권, 신주인수권이 표시된 것, 증권예탁증권, 파생결합증권을 증권시장에 상장한 발행인, ③ 주권 및 위의 증권을 모집 또는 매출한 발행인(상장이 폐지된 발행인 포함), ④ 외부감사대상 법인으로서 그 증권별로 소유자 수가 500인 이상인 발행인으로 한정하여 열거하고 있다(법 제159조 제 1 항 본문, 시행령 제167조 제 1 항).

설령 이상의 제출대상법인의 범주에 포함된다고 하더라도 계속기업(going concern)의 가능성이 희박하거나 오히려 폐쇄기업의 특성이 강하다면 투자자에게 공시할 필요성 혹은 공시 자체에 대한 기대가능성이 현저히 떨어지므로 그러한 법인에 대해서는 사업보고서 제출을 굳이 요구할 필요가 없다. 이에 자본시장법은 ① 파산으로 인하여 사업보고서의 제출이 사실상 불가능한 경우, ② 해산사유가 발생한 법인으로서 사업보고서의 제출이 사실상 불가능한 경우, ③ 상장법인의 경우에는 상장의 폐지요건에 해당하는 발행인으로서 해당 법인에게 책임이 없는 사유로 사업보고서의 제출이 불가능하다고 금융위원회의 확인을 받은 경우, ④ 모집 또는 매출한 발행인의 경우에는 각 증권마다 소유자의 수가 모두 25인 미만인 경우로서 금융위원회가 인정한 경우(그 소유자의 수가 25인 미만으로 감소한 날이 속하는 사업연도의 사업보고서 제출), ⑤ 증권별 소유자 수가 500인 이상인 외부감사대상 법인의 경우에는 각각의 증권마다 소유자의 수가 모두 300인 미만으로 된 경우(그 소유자의 수가 300인 미만으로 감소한 날이 속하는 사업연도의 사업보고서는 제출)에는 사업보고서 제출의무를 면제하고 있다(법 제159조 제1항 단서, 시행령 제167조 제2항).

### (2) 제출시기 및 제출처

사업보고서 제출대상법인은 각 사업연도 경과 후 90일 이내에 사업보고서를 금융위원회와 거래소에 제출하여야 한다(법 제159조 제1항). 최초로 사업보고서를 제출하여야 하는 법인은 사업보고서 제출대상법인에 해당하게 된 날부터 5일(사업보고서 제출기간 중인 경우에는 그 제출기한) 이내에 그 직전 사업연도의 사업보고서를 제출하여야 한다. 다만, 증권신고서 등을 통하여 이미 직전 사업연도의 사업보고서에 준하는 사항을 공시한 경우에는 직전 사업연도의 사업보고서를 제출할 의무를 부담하지 않는다(법 제159조 제3항). 외국법인 등은 사업보고서를 사업연도 경과 후 120일 이내에 제출할 수 있다(시행령 제176조 제2항).

### (3) 사업보고서의 기재사항 및 첨부서류

사업보고서 제출대상법인은 사업보고서에 그 회사의 목적, 상호, 사업내용, 임원보수, 재무에 관한 사항, 그 밖에 대통령령으로 정하는 사항을 기재하여야 한다. 여기서 '임원보수'는 상법, 그 밖의 법률에 따른 주식매수선택권을 포함하되, 임원 모두에게 지급된 그 사업연도의 보수 총액에 한한다(법 제159조 제2항 제2호·제3호, 시행령 제168조 제1항).[1] '대통령령으로 정하는 사항'에는 대표이사와 제출업무담당이사의 서명, 회사의 개요, 이사회 등 회사의 기관 및 계열회사에 관한 사항, 주주에 관한 사항, 임원 및 직원에 관한 사항, 회사의 대주주(그 특수관계인 포함) 또는 임직원과의 거래내용, 재무에 관한 사항과 그 부속명세, 회계감사인의 감사의

1) 현재 공시해야 하는 임원보수의 총액은 5억원으로 되어 있다. 시행령 제168조 제2항(2014. 8. 27 신설). 임원 개인별 보수와 그 구체적인 산정기준 및 방법도 공시하여야 한다(법 제159조 제2항 제3호).

견, 그 밖에 투자자에게 알릴 필요가 있는 사항으로서 금융위원회가 정하여 고시하는 사항이 있다(시행령 제168조 제3항). 사업보고서 제출대상법인은 사업보고서에 그 법인의 예측정보를 기재 또는 표시할 수 있다(법 제159조 제6항).

사업보고서에 첨부할 서류로는 회계감사인의 감사보고서, 감사의 감사보고서, 법인의 내부감시장치의 가동현황에 대한 감사의 평가의견서, 전문가의 확인, 영업보고서, 정관 등이 있다(시행령 제168조 제6항).

### (4) 종속회사에 대한 연결공시

종속회사를 두고 있는 지배회사의 경우에는 개별 재무제표만으로는 정확하게 그 기업의 실태를 파악하기가 곤란하다. 특히 지배·종속회사가 각각 별개의 법인성을 가지기는 하지만 경제적으로는 서로 연결되어 상당한 일체성을 가지는 만큼 지배·종속회사의 연결재무제표를 공시할 필요가 있다. 따라서 사업보고서를 제출하여야 하는 법인 중 종속회사가 있는 법인은 재무에 관한 사항과 그 부속명세를 연결재무제표를 기준으로 기재하되 개별재무제표를 포함하여야 하며, 연결재무제표 및 개별 재무제표에 대한 회계감사인의 감사의견을 기재하여야 한다(시행령 제168조 제4항). 최근 사업연도 말 자산총액이 2조원 미만인 법인 중 한국채택국제회계기준(K-IFRS)을 적용하지 아니하는 법인은 개별재무제표를 기준으로 사업보고서를 90일 이내 제출할 수 있으며, 이 경우 90일이 경과한 날부터 30일 이내에 연결재무제표를 기준으로 한 재무에 관한 사항 및 그 부속명세서와 감사의견을 제출하여야 한다(시행령 제168조 제5항). 한국채택국제회계기준을 채택한 법인은 비재무사항 등에 대해서도 연결공시를 하여야 한다(시행령 제168조 제4항).

연결재무제표 작성대상법인 중 사업보고서 제출대상법인은 사업보고서 등의 작성을 위하여 필요한 범위에서 종속회사에게 관련 자료의 제출을 요구할 수 있으며(법 제161조의2 제1항), 만일 필요한 자료를 입수할 수 없거나 종속회사가 제출한 자료의 내용을 확인할 필요가 있는 때에는 종속회사의 업무와 재산상태를 조사할 수 있다(법 제161조의2 제2항).

### (5) 대표이사 등의 확인·검토

사업보고서를 제출하는 경우 제출 당시 그 법인의 대표이사(집행임원 설치회사의 경우 대표집행임원을 말함) 및 제출업무를 담당하는 이사는 ① 그 사업보고서의 기재사항 중 중요사항에 관하여 거짓의 기재 또는 표시가 없고, 중요사항의 기재 또는 표시를 빠뜨리고 있지 아니하다는 사실, ② 사업보고서의 기재 또는 표시사항을 이용하는 자로 하여금 중대한 오해를 일으키는 내용이 기재 또는 표시되어 있지 아니하다는 사실, ③ 사업보고서의 기재사항에 대하여 상당한 주의를 다하여 직접 확인·검토하였다는 사실, ④ 외감법에 따른 외부감사대상 법인인 경우에는 같은 법에 따라 내부회계 관리제도가 운영되고 있다는 사실을 확인·검토하고 이에 각각 서명하여야 한다(법 제159조 제7항, 시행령 제169조).

#### (6) 사업보고서의 공시

금융위원회와 거래소는 사업보고서를 3년간 일정한 장소에 비치하고, 인터넷 홈페이지 등을 이용하여 공시하여야 한다. 이 경우 기업경영 등 비밀유지와 투자자 보호와의 형평 등을 고려하여 군사기밀보호법에 따른 군사기밀에 해당하는 사항 및 사업보고서 제출대상법인 또는 그 종속회사의 업무나 영업에 관한 것으로서 금융위원회의 확인을 받은 사항을 제외하고 비치 및 공시할 수 있다(법 제163조).

### 3. 반기보고서와 분기보고서

사업보고서 제출대상법인은 반·분기 경과 후 45일 이내에 반기보고서(사업연도 개시일부터 6개월간의 보고서) 및 분기보고서(사업연도 개시일부터 3개월간 및 9개월간의 보고서)를 제출하여야 한다. 사업보고서 제출대상법인이 재무에 관한 사항과 그 부속명세, 그 밖에 금융위원회가 정하여 고시하는 사항을 연결재무제표를 기준으로 기재하여 작성한 반기보고서와 분기보고서를 금융위원회와 거래소에 제출하는 경우에는 그 최초의 사업연도와 그다음 사업연도에 한하여 그 기간 경과 후 60일 이내에 제출할 수 있다. 이 경우 기재사항과 기재방법은 사업보고서의 경우와 동일하다(법 제160조, 시행령 제170조 제1항). 다만, 부속명세는 기재하지 아니할 수 있다. 회계감사인의 감사의견은 반기보고서에 대해서는 ① 한국채택국제회계기준을 적용하는 연결재무제표 작성대상법인인 경우 그 법인의 재무제표에 대한 회계감사인의 확인 및 의견표시와 연결재무제표에 대한 회계감사인의 확인 및 의견표시로, ② 그 이외의 법인의 경우 그 법인의 재무제표에 대한 회계감사인의 확인 및 의견표시로 갈음할 수 있다. 분기보고서인 경우에는 회계감사인의 감사의견을 생략할 수 있다. 다만, 금융기관 또는 최근 사업연도 말 현재의 자산총액이 5천억

**표 5-1 정기보고서의 제출시기**[1)]

| 구 분 | 사업보고서 | 분기보고서 (1/4분기) | 반기보고서 (2/4분기) | 분기보고서 (3/4분기) |
|---|---|---|---|---|
| 대상기간 | 직전사업연도 | 3개월 | 6개월 | 9개월 |
| 제출기한 | 사업연도 경과 후 90일 이내 | 반기 또는 분기 종료 후 45일 이내 | | |

원 이상인 주권상장법인의 분기보고서는 ①에 따른다(시행령 제170조 제 1 항).

반기보고서인 경우에는 회계감사인의 반기감사보고서나 반기검토보고서를 첨부하여야 한다. 다만, 한국채택국제회계기준을 적용하는 연결재무제표 작성대상법인인 경우에는 회계감사인의 연결재무제표에 대한 반기감사보고서나 반기검토보고서를 함께 제출하여야 한다. 분기보고서인 경우에는 회계감사인의 분기감사보고서나 분기검토보고서를 첨부하여야 한다. 다만, 한국채택국제회계기준을 적용하는 연결재무제표 작성대상법인인 경우에는 회계감사인의 연결재무제표에 대한 분기감사보고서나 분기검토보고서를 함께 제출하여야 한다(시행령 제170조 제 2 항).

외국법인 등의 경우 반기보고서 및 분기보고서는 제출기간(반기보고서는 사업연도 개시일부터 6개월이 경과한 후이며 분기보고서는 사업연도 개시일부터 3개월간 및 9개월간의 기간)이 지난 후 15일 이내에 제출할 수 있도록 특례를 인정하고 있다(시행령 제176조 제 2 항).

한편 중소기업기본법 제 2 조에 따른 중소기업이 발행한 주권을 매매하는 대통령령이 정하는 증권시장(코넥스시장을 말함)에 상장된 주권을 발행하는 법인의 경우에는 반기·분기보고서의 제출의무를 면제하거나 제출기한을 달리할 수 있다(법 제165조 제 2 항, 시행령 제176조 제 8 항).

---

1) 금융감독원(2018), 113면.

## Ⅱ. 주요사항보고서제도

### 1. 의 의

'주요사항보고서제도'라 함은 정기보고서인 사업·반기·분기보고서상의 정보의 최신성을 유지·확보하기 위하여 주요 경영변동사항을 공시하는 제도를 의미한다.[1] 사업보고서 제출대상법인이 영업활동 등에 관하여 자본시장법이 정하고 있는 주요사항이 발생한 경우 그 내용을 기재한 '주요사항보고서'(current report)를 금융위원회에 제출하여야 한다(법 제161조 1항). 이처럼 현행 자본시장법상 수시공시제도가 이원화되어 있는 상황에서 주요사항보고서는 수시공시항목 중 특히 공적규제 항목만을 분리하여 작성한다는 점이 특징이다.

### 2. 제출대상법인, 제출기한 및 제출처

주요사항보고서를 제출하여야 하는 법인은 사업보고서 제출대상법인이다. 제출사유가 발생한 날의 다음날까지 금융위원회에 제출하여야 한다(법 제161조 제1항).

### 3. 제출사유

주요사항보고서의 대상사유는 매우 다양하다. 이를 도표로 나타내면 다음과 같다(법 제161조 제1항·제2항, 시행령 제171조 제4항).

**표 5-2 주요사항보고서 제출사유 및 첨부서류[2]**

| 제출사유 | 첨부서류 |
|---|---|
| - 어음 또는 수표의 부도, 은행 당좌거래의 정지 또는 금지 | - 부도 확인서, 당좌거래정지 확인서 등 증명서류 |
| - 영업활동의 전부 또는 중요한 일부의 정지나 그 정지에 관한 이사회 등의 결정 | - 이사회의사록, 영업정지처분 명령서 등 증명서류 |
| - 「채무자 회생 및 파산에 관한 법률」에 따른 회생절차개시의 신청 | - 법원에 제출한 회생절차개시신청서 등 증명서류 |
| - 해산사유 발생 | - 이사회의사록, 파산결정문 등 |
| - 대통령령으로 정하는 경우에 해당하는 자본 또는 부채의 변동에 관한 이사회 등의 결정 | - 이사회의사록 등 증명서류 |

1) 금융감독원(2018), 28면.
2) 금융감독원(2018), 29면.

| | |
|---|---|
| - 주채권은행으로부터 기업구조조정촉진법 제 4조 제 4 항 각 호의 어느 하나에 해당하는 관리절차가 개시되거나 같은 법 제12조에 따라 공동관리절차가 중단된 때 | - 주채권은행의 결정서, '계약서', 합의서 등 증빙서류 |
| - 증권에 관한 중대한 소송제기 | - 공소장부본 등 법원송달서류 등 |
| - 해외증권시장상장 또는 상장폐지 결정, 매매 거래정지 조치 등 | - 외국 정부 등에 제출하였거나 통지받은 서류와 한글요약본 |
| - CB, BW, EB의 발행 결정 | - 이사회의사록 등 증빙서류 |
| - 조건부자본증권이 주식으로 전환되는 사유가 발생하거나 그 조건부자본증권의 상환과 이자지급 의무가 감면되는 사유가 발생하였을 때 | - 해당사실을 증명할 수 있는 서류 |
| - 자기주식 취득(신탁계약체결) 또는 처분(신탁계약해지)의 결의 | - 이사회의사록 등 증명서류 |
| - 합병, 주식교환·이전, 분할, 분할합병 등의 결정<br>- 중요한 영업 또는 자산의 양수도 결정 | - 이사회의사록 등 증명서류, 계약서(계획서), 외부평가기관의 평가의견서(외부평가의무 존재시) |
| - 중요한 자산양수·양도를 권리행사의 내용으로 하는 풋백옵션 등의 계약 체결 | - 해당사실을 증명할 수 있는 서류 |

### 4. 정보의 교환

금융위원회는 제출된 주요사항보고서가 투자자의 투자판단에 중대한 영향을 미칠 우려가 있어 그 내용을 신속하게 알릴 필요가 있는 경우에는 행정기관, 그 밖의 관계기관에 대하여 필요한 정보의 제공 또는 교환을 요청할 수 있다. 이 경우 요청을 받은 기관은 특별한 사유가 없는 한 이에 협조하여야 한다(법 제161조 제 4 항). 금융위원회는 주요사항보고서가 제출된 경우 이를 거래소에 지체 없이 송부하여야 한다(법 제161조 제 5 항).

## Ⅲ. 위반에 대한 제재

### 1. 금융위원회의 행정조치

금융위원회는 사업보고서·반기보고서·분기보고서·주요사항보고서(이하 '사업보고서 등'이라 함)를 제출하지 아니한 경우 및 사업보고서 등의 중요사항에 관하여 허위기재 내지 표시 또는 중요사항의 누락이 있는 경우 사업보고서 제출대상법인에 대하여 이유를 제시한 후 그 사실을 공고하고 정정을 명할 수 있다. 필요한 때에는 신고인 기타 관계인에 대하여 1년의 범위에서 증권의 발행 제한, 임원에 대한 해임권고, 자본시장법을 위반한 경우에는 고발 또는 수사기관에의 통보, 다른 법률을 위반한 경우에는 관련기관이나 수사기관에의 통보 및 경고 또는 주의 등의 조치를 취할 수 있다(법 제164조, 시행령 제175조).

이 밖에 금융위원회는 직전 사업연도 중에 증권시장에서 형성된 그 법인이 발행한 주식의 일일평균거래금액의 100분의 3(20억원을 초과하거나 거래되지 아니한 경우에는 20억원)을 초과하지 아니하는 범위에서 과징금을 부과할 수 있다(법 제429조).

## 2. 형사처벌

사업보고서 등을 제출하지 아니한 경우 1년 이하의 징역 또는 3천만원 이하의 벌금에 처한다(법 제446조 제28호). 사업보고서 등의 중요사항에 관하여 거짓의 기재 또는 표시를 하거나 중요사항을 기재 또는 표시하지 아니한 자 및 그 중요사항에 관하여 거짓의 기재 또는 표시가 있거나 중요사항의 기재 또는 표시가 누락되어 있는 사실을 알고도 확인·서명을 한 자와 그 사실을 알고도 이를 진실 또는 정확하다고 증명하여 그 뜻을 기재한 공인회계사·감정인 또는 신용평가를 전문으로 하는 자의 경우 5년 이하의 징역 또는 2억원 이하의 벌금에 처한다(법 제444조 제13호).

## 3. 민사손해배상책임

자본시장법은 사업보고서 등의 거짓 기재에 대한 배상책임에 대해서는 증권신고서와 투자설명서의 거짓 기재에 대한 배상책임을 동일하게 취급하고 있다. 손해배상청구권자와 책임의 주체에 약간의 차이가 있을 뿐이다.

우선 사업보고서 등의 거짓 기재에 대한 배상책임의 청구권자는 사업보고서 제출대상법인이 발행한 증권의 취득자 또는 처분자이지만(법 제162조 제 2 항), 증권신고서의 경우에는 증권취득자에 한한다(법 제125조 제 1 항). 사업보고서 등의 거짓 기재에 대한 손해배상책임의 주체는 ① 그 사업보고서 등의 제출인과 제출당시의 그 사업보고서 제출대상법인의 이사, ② 상법 제401조의2 제 1 항 각 호의 어느 하나에 해당하는 자로서 그 사업보고서 등의 작성을 지시하거나 집행한 자, ③ 그 사업보고서 등의 기재사항 및 그 첨부서류가 진실 또는 정확하다고 증명하여 서명한 공인회계사·감정인 또는 신용평가를 전문으로 하는 자 등(그 소속단체를 포함한다) 대통령령으로 정하는 자, ④ 그 사업보고서 등의 기재사항 및 그 첨부서류에 자기의 평가·분석·확인 의견이 기재되는 것에 대하여 동의하고 그 기재내용을 확인한 자에 한한다(법 제162조 제 1 항).

# 제 3 절 자율규제사항

## Ⅰ. 수시공시

### 1. 의 의

자본시장법상 기업은 정기적으로 사업보고서 등 공시서류를 작성하여 금융위원회와 거래소에 제출하여 일반투자자들로 하여금 당해 기업의 경영 및 재무상황을 알 수 있도록 하지만, 급변하는 경제환경에서 이 같은 정기적인 공시에 의하여 공개되는 정보만으로는 투자자들이 정확한 투자판단을 내리는 데에 대한 충분한 자료가 되지 않는다. 이러한 문제점을 극복하기 위해서 투자자들의 투자판단에 영향을 미칠 수 있는 중요한 정보에 대하여는 정기보고서 제출시기 이전이라도 그러한 정보가 발생한 경우에 지체 없이 거래소에 신고하도록 하는 제도가 수시공시제도이다. 기업의 신고가 있는 경우 거래소는 이를 지체 없이 금융위원회에 송부하여야 한다(법 제392조 제 3 항).

### 2. 수시공시의 유형

#### (1) 개 관

거래소는 주권상장법인의 공시에 관한 규정의 제정과 관련 서식의 제·개정 등 공시제도의 운영을 담당한다. 거래소는 주권 등 상장법인의 기업내용 등의 신고·공시 및 관리를 위하여 유가증권시장 공시규정을 마련하고 있다(법 제391조 제 1 항). 동 규정상 수시공시의 하부적 유형으로 주요경영사항의 신고·공시, 자율공시, 조회공시 등이 있다.

### (2) 주요경영사항의 신고·공시

주권상장법인은 거래소의 공시규정이 정하는 주요경영사항에 해당하는 사실 또는 결정이 있는 경우에는 그 내용을 사유발생 당일 혹은 사유발생 다음날까지 거래소에 신고하여야 한다(공시규정 제7조 제1항). 이는 수시공시의 1형태로서 자율규제기관(거래소)이 기업으로 하여금 의무적으로 공시하도록 한다는 점에서 의무공시라고 부르기도 한다.[1]

### (3) 자율공시

자율공시(혹은 자진공시)는 문자 그대로 기업의 자율적인 판단 및 책임하에 공시하는 것을 말한다. 상장기업이 주요경영사항 외에 투자판단에 중대한 영향을 미칠 수 있거나 투자자에게 알릴 필요가 있다고 판단되는 사항의 발생 또는 결정이 있는 때에는 그 내용을 거래소에 신고할 수 있으며, 이 경우 그 신고는 사유발생일 다음날까지 하여야 한다(공시규정 제28조).

기업은 일반적으로 불리한 정보는 가급적 드러내지 않은 채 유리한 정보를 널리 알리고자 하는 속성을 가지고 있어 주로 불리한 정보를 의무공시하는 한편 유리한 정보는 자율공시하는 경향이 있다. 따라서 기업에 유리한 사실만 공시해 기업의 홍보 수단으로 사용할 경우 투자자로부터 신뢰를 잃을 우려도 있다. 일단 자율공시를 하기만 하면 그 법적 효과는 주요경영사항 공시와 동일하다.

### (4) 조회공시

조회공시는 증권의 공정한 거래와 투자자 보호를 위하여 기업의 주요 경영사항 또는 그에 준하는 사항에 관한 풍문 또는 보도(풍문 등)의 사실 여부나 당해 기업이 발행한 주권 등의 가격이나 거래량에 현저한 변동(시황)이 있는 경우 거래소가 상장기업에게 중요한 정보의 유무에 대한 답변을 요구하고 당해 기업은 이에 응하여 공시하도록 하는 제도이다(법 제391조 제2항 제3호). 조회공시대상이 풍문 또는 보도와 관련한 경우에는 요구 시점이 오전인 때에는 당일 오후까지, 오후인 때에는 다음날 오전까지 답변하여야 하며, 시황급변과 관련한 경우에는 요구받은 날로부터 1일 이내에 다음날까지 답변하여야 한다.

---

1) 김건식/정순섭, 286면; 변제호 외 4인, 405면.

## 3. 공시의 유보

### (1) 의 의

자본시장법은 상장법인의 경영상 비밀유지와 투자자 보호와의 형평 등을 고려하여 공시유보할 수 있음을 규정하고 있다(법 제391조 제2항 제4호). 말하자면, 기업 경영상 비밀 유지가 투자자 보호보다 중요하다고 판단되는 사안에 한해서는 일정 기간 수시공시를 미룰 수 있는 것이다. 다만, 거래소가 공시사항들을 구체적으로 명시하고 있고 사안이 어느 정도 종결되어 가는 시점에서 공시를 강제하는 현재의 체제하에서는 이미 완결 혹은 완결되어 가고 있는 사안에 대해서도 공시유보를 하는 경우에는 오히려 일반투자자의 정보접근을 봉쇄하는 효과가 있어 정보의 비대칭이 심화될 우려도 있다.[1]

### (2) 공시유보의 방법

#### 1) 상장법인의 신청에 의한 공시유보

상장법인은 경영상 비밀유지를 위하여 필요한 경우 최근 사업연도 매출액의 100분의 10(대규모법인의 경우 100분의 5) 이상의 단일판매계약 또는 공급계약을 체결한 때 및 해당 계약을 해지한 때 또는 해당 상장법인이 증자 또는 감자에 관한 결정이 있은 때에는 사전에 거래소와 사전에 협의하고서 공시유보를 거래소에 신청할 수 있다. 이 경우 사전에 거래소와 협의하여야 한다. 거래소는 공시유보 신청에 대하여 기업 경영 등 비밀유지와 투자자 보호와의 형평을 고려하여 공시유보가 필요하다고 인정되는 경우에는 이를 승인할 수 있다. 상장법인은 공시가 유보된 사항에 대하여 비밀을 준수하여야 하며, 해당 유보기간이 경과하거나 유보조건이 해제되는 경우에는 그 다음날까지 이를 신고하여야 한다(공시규정 제43조의2).

#### 2) 한국거래소에 의한 공시유보

거래소는 상장법인의 공시내용이 ① 군사기밀보호법 등 법률에 의한 기밀에 해당되는 때, ② 관계법규를 위반하고 있음이 확인되는 때, 또는 ③ 그 근거사실이 확인되지 않거나 그 내용이 투자자의 투자판단에 혼란을 야기시킬 수 있다고 판단되는 때, ④ 재공시의 내용이 이미 공시한 내용과 유사하다고 인정되는 때, ⑤ 당해 의사결정 과정에 대한 구체적인 상황이 포함되지 않을 때, 그리고 이미

1) 성희활(2008), 77면.

공시한 내용과 유사하다고 인정되는 때, 또는 ⑥ 주요경영사항의 신고·공시에서 정하는 사항 또는 이에 준하는 사항이 아닌 것으로서 건전한 거래질서를 해칠 우려가 있다고 판단되는 때에 해당하는 경우에는 해당 사유가 해소될 때까지 이의 공시를 일정기간 유보할 수 있다(공시규정 제43조).

### 4. 수시공시의 실효성 확보장치

#### (1) 자본시장법상의 장치

현행 수시공시는 거래소의 관할하에 있다. 수시공시의 실효성 확보차원에서 금융기관의 거래소 통보의무 및 관계기관의 협조의무를 다음과 같이 규정하고 있다. 첫째, 은행은 상장법인에 대하여 그 법인이 발행한 어음이나 수표가 부도로 된 경우 및 당해 은행과의 당좌거래가 정지 또는 금지된 경우에는 이를 지체 없이 거래소에 통보하여야 한다(법 제392조 제1항). 둘째, 거래소는 수시공시(조회공시 포함) 사항 중 투자자의 투자판단에 중대한 영향을 미칠 우려가 있어 그 내용을 신속하게 알릴 필요가 있는 경우에는 행정기관, 그 밖의 관계기관에 대하여 필요한 정보의 제공 또는 교환을 요청할 수 있다. 이 경우 요청을 받은 기관은 특별한 사유가 없는 한 이에 협조하여야 한다(법 제392조 제2항).

이 밖에도 거래소는 상장법인이 신고(수시공시)를 한 경우에는 이를 지체 없이 금융위원회에 송부하여야 하며, 금융위원회는 이를 인터넷 홈페이지 등을 이용하여 공시하여야 한다(법 제392조 제3항·제4항). 이처럼 거래소와 금융위원회가 공시정보를 상호 공유할 수 있어서 불공정거래행위의 모니터링과 적발 등에 효과적으로 대응할 수 있다.[1)]

#### (2) 한국거래소 공시규정상의 장치

##### 1) 불성실공시의 유형

수시공시의무를 성실히 준수하지 않은 경우를 일컬어 불성실공시라 한다. 거래소의 공시규정에 따르면 불성실공시의 유형은 ① 공시시한 내에 공시를 하지 않는 공시불이행, ② 이미 공시한 내용을 전면취소 내지 부인하는 공시번복, ③ 이미 공시한 내용의 비율, 금액 등을 일정수준 이상 변경하는 공시변경이 있다(공시규정 제29조 내지 제31조).

---

1) 변제호 외 4인, 409-410면.

그러나 거래소는 ① 다른 법령, 규정 등에 의해 불가피한 경우, ② 천재·지변·전시·사변·경제사정의 급격한 변동 그 밖에 이에 준하는 사태가 발생하는 경우, ③ 공익 또는 투자자 보호를 위하여 필요하다고 인정하는 경우, ④ 공정공시 대상을 예측정보의 공시방법에 따라 공시한 경우(공시번복과 공시변경에 한함), ⑤ 해당 유가증권시장주권상장법인이 귀책사유가 없음을 입증하는 경우, ⑥ 그 밖에 경미한 사항으로서 주가에 미치는 영향이 크지 않다고 거래소가 인정하는 경우(최근 1년 이내에 불성실공시의 적용 예외를 인정하는 경우임에도 불구하고 주의조치를 받은 경우에는 그러하지 아니함)에는 불성실공시로 인한 제재대상으로부터 제외한다(공시규정 제32조 제 1 항). 거래소는 상장외국법인의 불성실공시 및 그에 대한 조치를 유가증권시장주권상장법인에 준하여 처리하되, 해당 상장외국법인의 지리적 여건, 본국의 관습 등을 고려하여 이를 적용하지 아니할 수 있다(공시규정 제32조 제 2 항). 거래소는 위의 ⑥에 따른 불성실공시의 적용 예외를 인정하는 경우에는 해당 유가증권시장주권상장법인에게 해당 사실에 대한 경위서 징구, 주의 등의 조치를 할 수 있다(공시규정 제32조 제 3 항).

2) 불성실공시에 대한 제재

거래소는 상장증권에 대하여 중대한 영향이 미치는 사항이 발생하는 경우 그 사실을 투자자에게 주지시키거나 기타 공익과 투자자 보호 및 시장관리를 위해 우선 불성실 공시법인으로 지정한 후 다양한 조치를 취할 수 있다. 거래소는 불성실공시를 한 법인에 대하여 당해 위반 건에 대하여 이의를 신청할 수 있는 기회를 부여하는 등 충분한 의견 개진의 기회를 보장함으로써 절차적 타당성 및 공정성을 확보하고 있다.

불성실공시법인으로 지정하는 절차는 다음과 같다. 우선 불성실공시를 한 당해 법인에 대하여 불성실공시법인 지정예고를 한다. 불성실공시법인 지정을 예고한 경우에는 공시매체 등에 그 사실을 게재하고, 당해 법인에게 통보한다(공시규정 제33조). 만약 당해 법인이 해당 내용에 대하여 이의가 있는 때에는 불성실공시법인 지정예고를 통보받은 날부터 7일 이내에 거래소에 이의신청을 할 수 있다(공시규정 제34조 제 1 항). 당해 법인의 이의신청이 없는 경우 이의신청 마감일에 당해 법인을 불성실공시법인으로 지정한다. 거래소는 불성실공시법인 이의신청기간 종료일부터 10일 이내에 별도의 독립 심의기구인 상장·공시위원회의 심의를 거쳐

그림 5-2 현행 불성실공시 벌점부과 절차[1)]

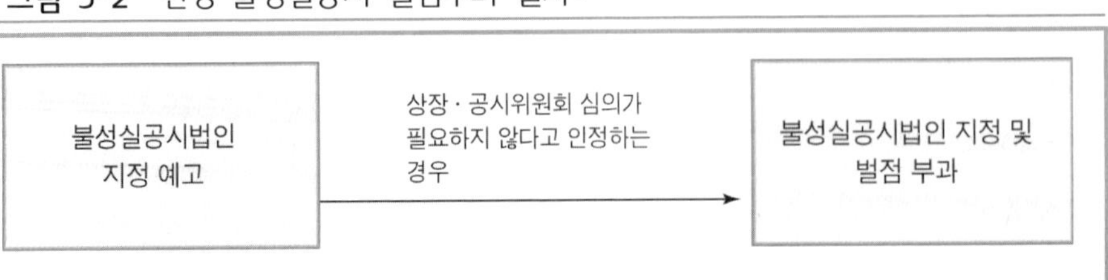


당해 법인의 불성실공시 해당 여부를 결정하며(공시규정 제34조 제2항), 그 지정사실 등을 공시매체 등에 게재한다(공시규정 제36조).

거래소가 불성실공시법인에 대하여 취할 수 있는 조치로는 벌점부과, 공시위반 제재금 부과, 매매거래정지, 불성실공시 사실 공표, 공시책임자 및 공시담당자에 대하여 불성실공시 예방을 위한 교육, 개선계획서 제출요구, 관리종목으로의 지정 등이 있다. 이를 나누어서 살펴보면 다음과 같다.

거래소는 상장법인을 불성실공시법인으로 지정하는 경우 해당 법인에 대하여 공시위반내용의 경중 및 공시지연기간 등을 감안하여 벌점을 부과한다(공시규정 제35조 제2항). 상장법인에게 부과된 벌점이 일정한 수준 이상으로 될 경우에도 거래소는 위에 열거한 조치를 취할 수 있다. 불성실공시와 관련하여 관리종목으로 지정된 상장법인이 불성실공시 누계벌점이 최근 1년간 15점 이상 추가된 경우 혹은 기업경영에 중대한 영향을 미칠 수 있는 사항 등에 대하여 고의 또는 중과실로 공시의무를 위반하여 불성실공시법인으로 지정된 경우 상장폐지실질심사위원회의 심사를 거쳐 당해 주권의 상장을 폐지한다(상장규정 제80조 제12호). 거래소는 단순·경미한 위반(예고벌점 5점 미만)사항으로서 상장법인의 신청 및 상장·공시위원회 심의를 거쳐 부과벌점을 공시위반 제재금으로 대체하여 부과할 수 있다(공시규정 제35조의2 제1항). 이는 상장법인이 성실하게 공시하도록 하는 유인을 부여하는 차원에서 벌점을 공시위반 제재금으로 대체할 수 있도록 한 것이다. 그러나 고의 또는 중과실, 상습적 공시위반 법인 등에 대해서는 벌점 이외에도 2억원 이내

1) 한국거래소, "불성실공시제도 개선 등 공시규정·세칙 개정," 보도자료(2010. 6. 24.), 3면.

**표 5-3 공시위반제재금 부과제도**

| 구 분 | 현 행 |
|---|---|
| 벌점에 추가부과 | 고의·중과실·상습적 공시의무위반으로 공익·투자자 보호에 중대한 영향을 미치는 경우 |
| 벌점대체부과 | 경미한 위반(예고벌점 5점 미만) |

의 공시위반 제재금까지 부과할 수 있다(공시규정 제35조의2 제 1 항).

## Ⅱ. 공정공시

### 1. 의 의

공정공시제도는 상장기업이 증권시장을 통해 공시되지 아니한 중요정보를 투자분석가(애널리스트)·기관투자자 등 특정인에게 선별적으로 제공(selective disclosure)하고자 하는 경우 모든 시장참가자들이 동 정보를 알 수 있도록 그 특정인에게 제공하기 전에 증권시장을 통해 공시하도록 하는 제도이다. 말하자면, 증권발행인이 중요한 회사정보를 일반대중에게 공시하기 전에 일부 증권분석가와 기관투자자들에게 먼저 정보를 공개하던 과거의 관행에 규제를 함으로써 증권전문가들뿐만 아니라 일반대중을 포함하는 모든 시장참여자들이 동일한 정보를 동일한 시점에 접할 수 있도록 하는 것이다. 이는 미국의 Regulation FD(Fair Disclosure)제도를 모델로 하여 2002년에 도입한 것이다.[1]

공정공시제도를 도입한 기본취지는 정보의 일방적인 편중과 독·과점을 이용하는 내부자거래를 예방함과 동시에 공시대상의 범위를 확대함으로써 정보의 비대칭을 해소하여 이른바 증권시장에서의 정보민주주의(information democracy)를 구현하자는 데 있다. 또한 증권시장에서 애널리스트가 정보해석에 핵심적인 역할을 하기는 하지만 중요한 미공개된 정보에 의존하여 분석보고서를 작성하는 관행을 개선하여 객관적인 자료들을 바탕으로 보다 수준 높은 정보해석을 하도록 하여 애널리스트에 대한 정보해석가로서의 본연의 역할을 제고하겠다는 의지도 반영되어 있다. 이처럼 공정공시제도의 목적은 궁극적으로 보다 공정하고 투명한 시장을

1) 공정공시제도에 관한 개괄적인 설명은 김병연(2002), 427면 이하 참조.

만들어 투자자의 신뢰를 회복하자는 것이다.[1)]

공정공시제도는 근본적으로 수시공시제도를 보완하기 위하여 마련되었다.[2)] 따라서 공정공시를 이행하였다고 해서 다른 수시공시의무가 무조건적으로 면제되는 것은 아니다. 공정공시대상정보가 동시에 수시공시사항이라면 수시공시의무를 이행하여야 한다(공시규정 제19조).

### 2. 공정공시정보제공사

증권의 발행인이 투자분석가·기관투자자 등 특정집단에 대해 중요한 정보를 제공할 때 그 내용을 일반투자자에게도 즉시 공시할 의무가 있는 자는 해당 주권상장법인 및 그 대리인, 해당 상장법인의 임원(이사·감사 또는 사실상 이와 동등한 지위에 있는 자 포함), 공정공시 대상정보에 대한 접근이 가능한 해당 상장법인의 직원(공정공시 대상정보와 관련이 있는 업무수행부서 및 공시업무 관련부서의 직원을 뜻함)이다(공시규정 제15조 제 2 항). 특히 공정공시정보제공자인 직원에 해당하지 않는 직원이라 하더라도 내부자거래 규제의 적용을 받을 가능성은 존재한다.[3)]

### 3. 공정공시정보제공대상자

만약 정보제공대상자의 범위를 확대할 경우 발행인 등의 일상적인 업무상 의견교환까지 금지될 우려가 있으므로 거래소의 공시규정은 정보제공대상자의 범위를 제한적으로 열거하고 있다.[4)] 거래소의 공시규정에 따르면 발행인 등이 정보를 선별적으로 제공할 수 없는 상대방은 ① 법에 의한 투자매매업자·투자중개업자·투자회사·집합투자업자·투자자문업자·투자일임업자와 그 임·직원 및 이들과 위임 또는 제휴관계가 있는 자, ② 전문투자자(①에서 정하는 자 제외) 및 그 임·직원, ③ ①과 ②의 자의 업무와 동일하거나 유사한 업무를 수행하는 외국의 전문투자자 및 그 임·직원, ④ 방송사업자 및 신문·통신 등 언론사(이와 동일하거나 유사한 업무를 수행하는 국내외 법인 포함) 및 그 임·직원, ⑤ 정보통신망을 이용하는 증권정보 사이트 등의 운영자 및 그 임·직원, ⑥ 공정공시대상정보를 이용하여 유가

1) 성희활(2004), 81-82면.
2) 강대섭(2005), 91면; 성희활(2004), 84면.
3) 김건식/정순섭, 291면.
4) 강대섭(2005), 87-88면.

증권시장증권상장법인의 증권을 매수하거나 매도할 것으로 예상되는 해당 증권의 소유자, ⑦ 위의 ①부터 ⑥까지에 준하는 자로서 거래소가 정하는 자에 한한다(공시규정 제15조 제3항). 공정공시정보제공자가 보도목적의 취재에 응하여 ④에서 규정하는 자에게 공정공시대상정보를 제공하는 경우에는 공정공시 의무가 부과되지 않으므로 정보의 선별적 제공이 가능하다(공시규정 제18조 제1호).

공정공시정보제공자는 ① 변호사·공인회계사 등 해당 상장법인과의 위임계약에 따른 수임업무의 이행과 관련하여 비밀유지의무가 있는 자, ② 합법적이고 일상적인 업무의 일환으로 제공된 정보에 대하여 비밀을 유지하기로 명시적으로 동의한 자, ③ 금융위원회로부터 신용평가업무 인가를 받은 자, ④ ①부터 ③에 준하는 자로서 거래소가 정하는 자에 대해서도 마찬가지로 정보를 선별적으로 제공할 수 있다(공시규정 제18조 제2호). 이상의 자들에 대해서는 정보의 불균형 문제를 야기할 우려가 없다고 보아 공정공시 의무규제의 적용대상으로부터 제외된다.[1]

### 4. 공정공시대상정보

거래소의 공시규정에 따라 상장법인의 공정공시정보제공자가 공정공시정보제공대상자에게 선별적으로 제공하는 경우 그 사실 및 내용을 거래소에 신고하여야 하는 공정공시대상정보로는 ① 장래 사업계획 또는 경영계획, ② 매출액, 영업손익, 법인세비용차감전계속사업손익 또는 당기순손익 등에 대한 전망 또는 예측, ③ 사업보고서, 반기보고서 및 분기보고서를 제출하기 이전의 당해 사업보고서 등과 관련된 매출액, 영업손익, 법인세비용차감전계속사업손익 또는 당기순손익 등 영업실적, ④ 주요경영사항의 신고·공시에 관련된 것으로서 그 신고시한이 경과되지 아니한 사항이 있다(공시규정 제15조 제1항).

이상과 같이 공시규정이 공정공시대상정보를 구체적이면서도 제한적으로 열거하고 있어 내부자거래에서 문제되는 미공개정보보다 그 양적 범위가 좁다. 이와는 달리, 공정공시대상정보에는 장래의 계획 또는 전망이나 예측이 포함되고 있는 반면에 수시공시에는 과거사실이 중심이 되므로 전자가 후자보다 그 범위가 넓으며, 특히 수시공시의무가 발생하지 않는 시점에서도 그에 관한 사항이 공정공시의 대상정보가 된다는 점이 특징이다.[2]

---

1) 강대섭(2005), 89면.

2) 강대섭(2005), 85면.

## 5. 거래소에 대한 신고시한

거래소에 대한 공정공시의 신고시한은 당해 정보가 공정공시정보제공대상자에게 제공되기 이전까지이다. 다만, 공정공시정보제공자가 경미한 과실 또는 착오로 제공한 경우에는 제공한 당일에 이를 신고하여야 하며, 해당 상장법인의 임원이 그 제공사실을 알 수 없었음을 소명하는 경우에는 이를 알게 된 날에 신고할 수 있다(공시규정 제15조 제 4 항).

## 6. 공정공시 규정위반에 대한 제재

공정공시 의무를 위반한 경우에는 불성실공시를 구성하므로, 불성실공시에 대한 제재를 받는다(공시규정 제 4 장).

# 6장

# 투자권유 및 투자광고규제

1절 투자권유규제

2절 투자권유대행인

3절 투자광고규제

## 제 1 절 투자권유규제

### Ⅰ. 투자권유규제의 의의

증권시장의 건전한 발전을 위하여 기본적으로 필요한 중요사항은 무엇인가? 아마도 시장에서의 불공정한 거래행위를 근절하는 것과 부당·불법한 행위로 인하여 발생할 수 있는 투자자의 이익을 사전적으로 보호하는 것이 그러한 중요한 사항에 해당할 것이다. 전자의 목적은 불공정한 거래행위를 색출할 수 있는 거래감시시스템의 활용으로 달성될 수 있는 영역이기도 하지만, 후자의 경우에는 인적인 요소에 의해서 달성될 가능성이 더욱 강하기 때문에 시스템의 구축만으로는 확보하기 어려운 측면이 있다.

투자자는 투자결정을 함에 있어서 여러 가지 요소를 고려한다.[1] 스스로 정보를 수집할 수도 있고 전문가의 도움을 받을 수도 있다. 기관투자자와 같은 전문적인 투자자가 아닌 일반투자자는 스스로 정보를 수집하는 방법보다는 전문적인 경험을 가진 금융투자업자 등의 투자권유에 의지하는 경우를 쉽게 상상할 수 있다. 물론 투자결정에 대한 최종적인 판단은 분명 투자자의 몫인 것은 틀림없다. 그러나 전문적인 지식이 없는 자에 대한 금융투자업자 등 전문가로부터의 투자권유가 부당·불법한 요소가 있다면 자기책임의 원칙[2]을 고집할 수는 없으며, 이는 자본시장법의 목적인 투자자 보호의 이념과 일치하지도 않는다.

자본시장법의 목적 중 하나인 투자자 보호의 이념상 현실적으로 금융투자업자의 투자권유를 규제하는 것이 필요하다. 금융투자업자와 고객은 이해관계의 측면에서 일치되기도 하지만 충돌되는 영역도 있는데, 후자가 바로 이해상충(conflicts

1) 대법원 2014. 2. 27. 선고 2011다112407 판결.

2) 일반적으로 '자기책임의 원칙'이라 함은 개인은 자신의 자유로운 선택과 결정에 따라 행위하고 그에 따른 결과를 다른 사람에게 귀속시키거나 전가하지 아니한 채 스스로 이를 감수하여야 한다는 것을 의미한다(대법원 2014. 8. 21. 선고 2010다92438 전원합의체 판결). 투자자의 자기책임의 원칙과 관련하여 대법원은 "무릇 증권거래는 본래적으로 여러 불확정 요소에 의한 위험성을 동반할 수밖에 없는 것으로서 투자가로서도 일정한 범위 내에서는 자신의 투자로 발생할지 모르는 손실을 스스로 부담해야 함이 당연"한 것으로 판시하고 있다(대법원 1994. 1. 11. 선고 93다26205 판결). 만약에 투자자가 자신의 투자판단으로 인한 결과에 대하여 책임을 지지 않는다면 이는 자본시장의 가격형성기능을 왜곡시키는 상황을 야기할 것이다.

of interest)의 영역이다. 예컨대, 금융투자업자는 금융투자업을 영위하여 증권시장의 발전에 기여하는데, 금융투자업의 영위 과정에서 발생하는 투자권유를 통하여 고객으로부터 투자자금을 유치하게 되고 그 결과 증권시장의 자금조달기능이 활성화된다. 한편 투자매매업과 투자중개업을 겸하는 금융투자회사는 우월한 정보력으로 고객에 우선하여 거래하거나 타인의 이익을 위하여 고객의 이익을 희생시킬 유인을 가질 수 있다. 게다가 금융투자회사는 수수료수입을 증대시키기 위하여 무리하게 투자권유를 할 우려가 있고, 일임매매거래에서는 이른바 과당매매와 같은 빈번한 회전거래의 유혹에 항시 노출되어 있다. 이러한 상황이 지속적으로 반복되어 손실이 발생하게 되면 고객의 신뢰를 상실하게 될 것인데, 이는 곧 투자자의 시장에 대한 불신으로 이어져 시장을 외면하게 될 위험성이 있어 현실적으로 투자권유를 규제하여야 할 적극적인 필요성이 대두된다. 요컨대, 금융투자상품에 대한 투자는 일반사법(一般私法)상의 거래보다는 높은 위험을 수반하는 거래이므로 시장에서 공정한 거래가 이루어질 수 있도록 투자권유자로 하여금 투자자에게 적정한 정보를 제공하도록 하여야 한다. 이러한 정보의 제공과 더불어 투자권유행위 자체도 적정하고 합리적으로 이루어지도록 규제할 필요성이 있다.

사법상의 전통적인 법리에 비추어 명백하게 위법한 투자권유를 구성하는 경우에 투자자가 당해 사법을 바탕으로 하여 손해배상책임을 추궁하여야 할 것이지만, 실제로는 금융상품의 복잡화 및 다양화로 인하여 기존의 사법상 법리로 투자자 보호라는 목적을 달성하기가 용이하지 않은 것이 현실이다. 이에 따라 자본시장법은 투자권유에 관하여 일반사법에 대한 특별법의 차원에서 투자금융업자의 개별투자자에 대한 권유로부터 계약체결에 이르기까지의 과정에 관하여 사전적 규제로서 투자권유에 관련한 규정들을 명시적으로 마련하고 있다.

## Ⅱ. 투자권유의 정의

금융투자는 일반사법상의 거래보다 더 높은 위험을 수반하는 거래이기 때문에 공정한 시장에서 공정한 거래가 이루어질 수 있기 위해서는 투자권유자가 투자자에게 적정한 정보를 제공하여야 한다. 이에 투자관련 정보의 제공과 더불어 투자권유행위 자체도 적정하고 합리적으로 이루어질 수 있도록 규제할 필요성이 있는데, 자본시장법은 투자권유를 "특정 투자자를 상대로 금융투자상품의 매매 또

**그림 6-1 투자권유과정의 개념도**[1)]

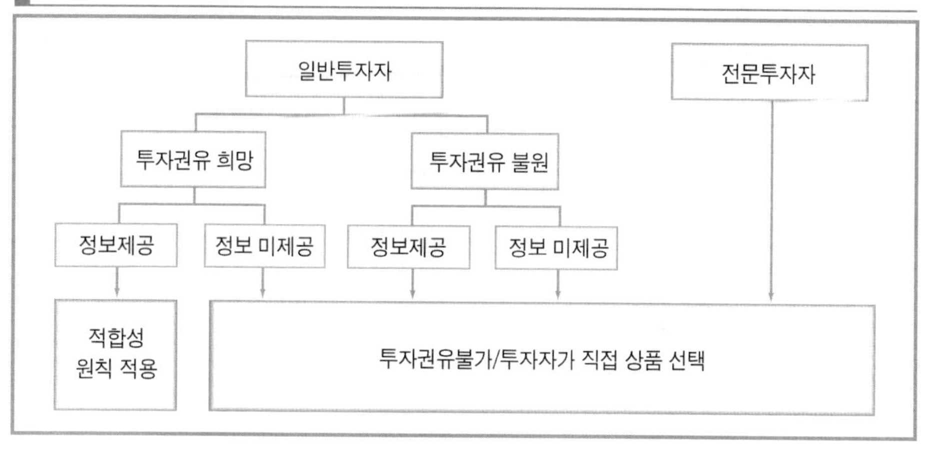


는 투자자문계약·투자일임계약·신탁계약(관리신탁계약 및 투자성 없는 신탁계약 제외)의 체결을 권유하는 것"으로 정의하고 있다(법 제 9 조 제 4 항).[2)]

이와 같은 개념정의에 비추어 볼 때 단순한 상품설명이나 매매 또는 계약체결의 권유가 수반되지 않는 상담 등은 투자권유에 해당하지 않는다. 투자권유는 특정 투자자에 대한 권유라는 점과 실시간 통신수단에 의하여 권유가 이루어진다는 점에서 불특정 다수의 투자자를 상대로 비실시간 통신수단에 의하는 투자광고와는 구별되며, 증권의 발행 또는 매도사실을 알리거나 증권의 취득절차를 안내하는 청약의 권유와도 다르다.

**【대법원 2017. 12. 5. 선고 2014도14924 판결】**

투자권유란 '계약체결을 권유'하는 것이므로 민법상 청약의 유인, 즉 투자자로 하여금 청약하게끔 하려는 의사의 표시에 해당하여야 한다. 따라서 특정 금융투자상품

1) 출처: 하나대투증권(http: //www.hanaw.com).

2) 자본시장법이 시행되기 이전의 구 증권법의 하위규정인 증감규정 제4-15조 제 1 항에 따르면 투자권유는 "증권회사가 특정한 유가증권의 매매거래나 특정한 매매전략·기법 또는 특정한 재산운용배분의 전략·기법을 채택하도록 고객에게 권유"하는 것으로 정의된 바 있다. 한국증권업협회가 제정한 「증권회사의 영업행위에 관한 규정」 제1-2조 제 1 항 제 2 호에서도 이와 유사하게 투자권유를 "증권회사가 고객에게 특정한 유가증권 및 주식관련선물 등의 매매거래나 특정한 매매전략·기법 또는 특정한 재산운용배분의 전략·기법을 채택하도록 권유하는 행위"로 정의하고 있다.

의 매매·계약체결의 권유가 수반되지 않는 단순한 상담이나 금융투자상품의 소개·설명, 계약이 이미 체결된 이후의 발언 등은 투자권유에 해당하지 않지만, 단순한 상담이나 금융투자상품의 소개·설명 등의 정도를 넘어 이와 함께 계약체결을 권유하고, 나아가 그러한 소개·설명 등을 들은 투자자가 해당 금융투자업자에 대한 신뢰를 바탕으로 계약체결에 나아가거나 투자 여부 결정에 그 권유와 설명을 중요한 판단요소로 삼았다면, 해당 금융투자업자는 자본시장법 제9조 제4항에서 규정하는 '투자권유'를 하였다고 평가할 수 있는데, 투자권유에 해당하는지는 설명의 정도, 투자판단에 미치는 영향, 실무처리 관여도, 이익 발생 여부 등과 같은 투자에 관한 제반 사정을 종합하여 판단하여야 한다.

투자권유는 그 속성상 특정 투자자에 대하여 실시간으로 이루어져야 한다.[1) 유사투자자문업자의 서비스는 특정 투자자에 대한 것이 아님은 물론이고 항상 실시간으로 이루어진다고도 볼 수 없어 자본시장법상의 투자권유를 할 수 없다. 이처럼 특정한 투자자에 한정하여 적합성의 원칙과 설명의무가 그 의의를 찾을 수 있다는 점에 비추어 볼 때 유사투자자문업자에 대해서는 적합성의 원칙을 적용할 수 없을 뿐만 아니라 설명의무도 부과할 수 없다. 또한 학계에서는 '유추적용'은 법률흠결을 보충함에 있어서 동일한 것만을 동일하게 다루어야 한다는 원칙을 의미한다고 보고 있기 때문에[2) 자본시장법이 유사투자자문업을 금융투자업으로 보지 않는 이상 적합성의 원칙과 설명의무를 유사투자자문업자에게 유추적용하는 것도 가능하지 않다.

**【대법원 2014. 5. 16. 선고 2012다46644 판결】**

자본시장과 금융투자업에 관한 법률(이하 '자본시장법'이라 한다)은 금융투자업자가 일반투자자를 상대로 투자권유를 하는 경우에 준수하여야 할 적합성 원칙(제46조)과 설명의무(제47조)에 관하여 규정하고 있는데, 여기서 금융투자업자란 '투자자문업 등 자본시장법 제6조 제1항 각 호에 정한 금융투자업에 대하여 금융위원회의 인가를 받거나 금융위원회에 등록하여 이를 영위하는 자'를 말한다(제8조 제1항). 따라서 금융투자업자를 대상으로 하는 자본시장법상의 적합성 원칙 및 설명의무가 유사

1) 김정수, 246면.
2) 오영신, "법률의 유추적용에 대한 위헌심사," 성균관법학 제26권 제1호(2014), 6면.

투자자문업 신고를 하고 불특정 다수인을 대상으로 간행물, 출판물, 통신물 또는 방송 등을 통하여 투자조언을 하는 유사투자자문업자(제101조)나 등록 없이 투자자문업을 하는 미등록 투자자문업자에게는 적용된다고 볼 수 없다.

그리고 위 적합성 원칙과 설명의무는 특정 투자자를 상대로 하여 투자자로부터 그의 투자목적·재산상황·투자경험 등의 정보를 얻어 그에게 적합한 투자권유를 할 의무와 금융투자상품의 내용 등에 관하여 특정 투자자가 이해할 수 있을 정도로 설명을 할 의무를 말하므로, 불특정 다수인을 상대로 투자조언을 하는 유사투자자문업자에게는 적합성 원칙과 설명의무에 관한 규정이 유추적용된다거나 같은 내용의 신의칙상 의무가 인정된다고 할 수 없다. 또한 미등록 투자자문업자의 경우 투자자문을 받는 자와의 계약에서 자본시장법이 정한 투자자문업자의 의무와 같은 내용의 의무를 부담하기로 약정하였다는 등의 특별한 사정이 없는 이상, 미등록 투자자문행위에 대하여 자본시장법 위반을 이유로 형사처벌을 받는 것은 별론으로 하고, 미등록 투자자문업자에게도 자본시장법이 정한 적합성 원칙과 설명의무가 유추적용된다거나 그러한 내용의 신의칙상 의무가 인정된다고 할 수 없다.

## Ⅲ. 투자권유의 세부원칙

### 1. 적합성의 원칙

적합성(suitability)의 원칙이라 함은 금융투자업자가 전문투자자가 아닌 일반고객을 상대로 투자권유를 할 때 투자대상이 고객의 투자목적이나 재산상태, 투자위험에 대한 태도 등에 비추어 당해 고객에게 적합하다고 볼 수 있는 합리적인 근거를 가지고 하여야 한다는 원칙을 말한다. 이러한 적합성의 원칙은 미국의 경우에는 투자자에게 적합한 투자상품과 투자방향을 제공하기 위해 전국증권업협회(National Association of Securities Dealers: NASD)[1]에 의해 규제되는 자율규제의 영역에서 발전한 것이지만, 한국은 일본(금융상품거래법 제40조)과 호주(FSRA 제945A조)의 경우처럼 자본시장법을 제정하면서 명문으로 도입되었다.

자본시장법상 적합성 원칙의 구체적인 내용을 소개하면 다음과 같다.[2] 첫째,

---

1) 현재 NASD가 뉴욕증권거래소(New York Stock Exchange; NYSE)의 규제분야를 통합하여 2007년 SEC의 승인으로 출범한, 독립된 자율규제기관이면서 비영리기관인 금융산업규제기구(Financial Industry Regulatory Authority; FINRA)가 이 역할을 담당하고 있다.

2) 이채진, 293-295면.

투자자 분류의무이다. 적합성의 원칙은 기관투자자와 같은 소위 전문성이 있는 투자자에게는 적용되지 않고 위험감수능력이 상대적으로 미약한 일반투자자에게만 적용한다. 기관투자자는 금융투자의 전문가인 까닭에 충분히 자기방어적인 능력을 갖추고 있으므로 굳이 적합성의 원칙을 적용할 필요가 없다. 이에 따라 자본시장법은 금융투자회사가 투자권유를 함에 있어서 투자자가 일반투자자인지 전문투자자인지를 확인하도록 하고 있다(법 제46조 제1항). 만약 투자권유를 필요로 하지 않거나 모든 투자를 스스로 판단하여 결정하겠다는 의사를 표시한 일반투자자에 대해서는 투자권유를 할 수 없다.

둘째, 금융투자업자의 고객파악의무(Know-Your-Customer-Rule) 및 기록관리의무이다. 금융투자업자는 일반투자자에게 투자권유를 하기 전에 면담·질문 등을 통하여 일반투자자의 투자목적·재산상황 및 투자경험 등의 정보를 파악하고, 일반투자자로부터 서명, 기명날인, 녹취, 그 밖에 대통령령령으로 정하는 방법으로 확인을 받아 이를 유지·관리하여야 하며, 확인받은 내용을 투자자에게 지체 없이 제공하여야 한다(법 제46조 제2항). 따라서 적합성의 원칙은 유사투자자문업 신고를 하고 불특정 다수인을 대상으로 간행물, 출판물, 통신물 또는 방송 등을 통하여 투자조언을 하는 유사투자자문업자(제101조)와 등록 없이 투자자문업을 하는 미등록 투자자문업자에게는 적용되지 않는다.[1]

셋째, 적합한 투자상품의 권유의무이다. 금융투자업자가 일반투자자에게 투자권유를 하는 경우에 일반투자자의 투자목적·재산상황 및 투자경험 등에 비추어 그 일반투자자에게 적합하지 아니하다고 인정되는 투자권유를 할 수 없다(법 제46조 제3항). 예컨대, 고객의 투자성향보다 투자위험도가 높은 금융투자상품에 대한 투자권유는 할 수 없다.

적합성의 원칙을 위반한 경우 과태료 부과 이외의 별도의 제재는 자본시장법에 규정되어 있지 않으나, 민사적으로는 동법 제54조에 따라 직무상의 의무위반으로 인한 손해배상책임의 대상이 된다. 대법원 판례에 따르면 금융투자업자의 적합성 원칙을 위반한 행위는 고객에 대한 보호의무를 저버리는 위법한 것으로서 불법행위를 구성한다.[2]

이상과 같은 적합성 원칙은 금융투자업자가 그 세부적인 의무를 이행하여야만

1) 대법원 2014. 5. 16. 선고 2012다46644 판결.
2) 대법원 2013. 9. 26. 선고 2012다1146·1153 판결.

된다는 점에서 단기적으로는 거래비용을 증가시키지만, 장기적으로는 투자자의 자기 책임의 원칙을 관철시켜서 자본시장의 효율성 증대에 기여한다.

【대법원 2015. 1. 29. 선고 2013다217498 판결】

금융투자업자가 자본시장법 제9조 제4항에서 규정하는 '투자권유'를 하였다고 평가되는 경우 해당 금융투자업자는 직접 고객과 사이에 금융투자상품 등에 관한 계약을 체결하는 것이 아니라 하더라도 고객에 대하여 해당 금융투자상품에 관한 적합성 원칙의 준수 및 설명의무를 부담한다.

【대법원 2007. 4. 12. 선고 2004다62641 판결】

증권회사의 임·직원이 증권거래법에 위반한 방법으로 투자를 권유하였으나 투자결과 손실을 본 경우에 투자가에 대한 불법행위책임이 성립하기 위해서는, 거래행위와 거래방법, 고객의 투자상황(재산상태, 연령, 사회적 경험정도 등), 거래의 위험도 및 이에 관한 설명의 정도 등을 종합적으로 고려한 후 당해 권유행위가 경험이 부족한 일반 투자가에게 거래행위에 필연적으로 수반되는 위험성에 관한 올바른 인식형성을 방해하거나 고객의 투자상황에 비추어 과대한 위험성을 수반하는 거래를 적극적으로 권유한 경우에 해당하여 결국 고객에 대한 보호의무를 저버려 위법성을 띤 행위인 것으로 평가될 수 있어야 한다.

【대법원 2013. 9. 26. 선고 2013다26746 전원합의체 판결】

은행은 환 헤지 목적을 가진 기업과 통화옵션계약을 체결함에 있어서 해당 기업의 예상 외화유입액, 자산 및 매출 규모를 포함한 재산상태, 환 헤지의 필요 여부, 거래목적, 거래 경험, 당해 계약에 대한 지식 또는 이해의 정도, 다른 환 헤지 계약 체결 여부 등 경영상황을 미리 파악한 다음, 그에 비추어 해당 기업에 적합하지 아니하다고 인정되는 종류의 상품 또는 그러한 특성이 있는 통화옵션계약의 체결을 권유해서는 아니 된다. 은행이 그러한 의무를 위반하여 해당 기업의 경영상황에 비추어 과대한 위험성을 초래하는 통화옵션계약을 적극적으로 권유하여 이를 체결하게 한 때에는, 이러한 권유행위는 이른바 적합성의 원칙을 위반하여 고객에 대한 보호의무를 저버리는 위법한 것으로서 불법행위를 구성한다고 할 것이다.

특히 장외파생상품은 고도의 금융공학적 지식을 활용하여 개발된 것으로 예측과 다른 상황이 발생할 경우에는 손실이 과도하게 확대될 위험성이 내재되어 있고, 다른 한편 은행은 그 인가요건, 업무범위, 지배구조 및 감독 체계 등 여러 면에서 투자를 전문으로 하는 금융기관 등에 비해 더 큰 공신력을 가지고 있어 은행의 권유는 기업의 의사결정에 강한 영향을 미칠 수 있으므로, 은행이 위와 같이 위험성이 큰 장외파생상품의 거래를 권유할 때에는 다른 금융기관에 비해 더 무거운 고객 보호의무를 부담한다고 봄이 타당하다. 다만 은행 등 금융기관과 금융상품 거래를 하는 고객은 그 거래를 통하여 기대할 수 있는 이익과 부담하게 될 위험 등을 스스로 판단하여 궁극적으로 자기의 책임으로, 그 거래를 할 것인지 여부 및 거래의 내용 등을 결정하여야 하고, 이러한 자기책임의 원칙은 장외파생상품 거래와 같이 복잡하고 위험성이 높은 거래라고 하여 근본적으로 달라지는 것이 아니다. 따라서 기업이 환 헤지 목적이 아니라 환율변동을 이용하여 환차익을 얻고자 하는 등 투자 내지 투기적 목적으로 통화옵션계약을 체결하고자 할 경우에는, 금융기관이 고객에게 그 계약에 내재된 위험성 등을 충분히 고지하여 인식하게 한 이상 그러한 목적의 계약체결을 저지하거나 거부하지 않았다고 하여 곧 적합성의 원칙을 위반하고 고객 보호의무를 다하지 아니한 것이라고 단정할 수는 없다. 이는 은행이 다른 금융기관에 비해 더 큰 공신력을 가지고 있다는 점을 고려하더라도 마찬가지이다.

## 2. 적정성의 원칙

### (1) 의 의

2009년 2월 자본시장법은 모든 금융투자업자에게 공통적으로 적용되는 영업행위규칙으로서 적합성 원칙과 설명의무 이외에, 투자자 보호를 강화하자는 차원에서 파생상품의 권유와 관련하여 적정성의 원칙(appropriateness)을 신설하였다. 이는 파생상품의 경우는 투자권유 없이 투자자의 자율적 판단에 의해 투자를 하더라도 금융투자업자는 투자자의 투자가 과연 적정한지를 파악하여야 하며, 만약 적정하지 않는 경우에는 그러한 사실을 통지하도록 하는 원칙을 의미한다.

### (2) 내 용

적정성의 원칙은 금융투자업자가 일반투자자에게 투자권유를 하지 아니하고 파생상품 등을 판매하려는 경우에는 면담·질문 등을 통하여 그 일반투자자의 투자목적·재산상황 및 투자경험 등의 정보를 파악하여야 하는 것을 내용으로 하는 원칙을 뜻한다(법 제46조의2 제 1 항). 이 경우 적정성의 원칙이 적용되는 금융투자상품은 ① 파생결합증권(금적립계좌 등 제외), ② 집합투자기구의 집합투자증권(금융위원회가 정하여 고시하는 집합투자기구의 집합투자증권 제외), ③ 집합투자재산의 100분의 50을 초과하여 파생결합증권에 운용하는 집합투자기구의 집합투자증권, ④ 해당 사채의 발행 당시 객관적이고 합리적인 기준에 따라 미리 정하는 사유가 발생하는 경우 주식으로 전환되거나 그 사채의 상환과 이자지급 의무가 감면된다는 조건이 붙은 사채, ⑤ 파생상품이나 위의 ①부터 ④까지의 금융투자상품에 운용하는 금전신탁계약에 의한 수익권이 표시된 수익증권(이와 유사한 것으로서 신탁의 수익권이 표시된 것 포함)에 한한다(시행령 제52조의2 제 1 항).

금융투자업자는 일반투자자의 투자목적·재산상황 및 투자경험 등에 비추어 해당 파생상품 등이 그 일반투자자에게 적정하지 아니하다고 판단되는 경우에는 해당 파생상품 등의 내용, 해당 파생상품 등에 대한 투자에 따르는 위험, 해당 파생상품 등이 일반투자자의 투자목적·재산상황 및 투자경험 등에 비추어 그 일반투자자에게 적정하지 아니하다는 사실을 알리고, 일반투자자로부터 서명, 기명날인, 녹취, 그 밖에 전자우편, 그 밖에 이와 비슷한 전자통신, 우편, 전화자동응답시스템으로 확인을 받아야 한다(법 제46조의2 제 2 항, 시행령 제52조·제52조의2 제 2 항·제 3 항).

### 3. 설명의무

#### (1) 의 의

일반투자자가 금융투자상품에 투자하기 위해서는 금융투자업자에게서 계좌를 개설하는 등 거래를 하여야 한다. 자본시장법에 따르면 일반투자자는 금융투자상품에 관하여 전문적인 지식이 없는 자를 말한다(법 제 9 조 제 6 항). 금융투자상품 매매의 경우 금융투자업자와 고객인 일반투자자 사이에 정보의 비대칭성 내지 정보의 격차가 존재하므로 그로 인한 교섭력(bargaining power)의 차이가 현실적으로 발생할 수밖에 없다. 이 때문에 고객은 금융투자업자가 제공하는 정보를 신뢰하거나, 그것에 강하게 의존할 수밖에 없는 상황에 처하게 된다. 특히 금융기술이 혁신되고, 금융서비스가 점점 다양하게 발전하고 있는 현실에서 고객의 금융투자업자에 대한 신뢰와 의존은 향후 더욱 심화될 것으로 판단된다.[1] 이에 금융투자업

1) 양석완, 226면.

자의 우위성으로 인하여 발생할 수 있는 문제점을 해결하여 약자로서의 일반투자자를 보호할 필요가 있다.[1)]

자본시장법의 시행 이전에는 선물, 자산운용, 부동산투자회사 등만이 실정법적 근거를 바탕으로 설명의무를 부담하고 있을 뿐 증권회사나 신탁회사가 법률상 설명의무를 부담한다는 명시적인 근거규정을 찾아볼 수 없었다. 그러나 대법원은 법 시행 이전부터 "증권회사의 임직원이 고객에게 투자를 권유할 때에는 고객이 합리적인 투자판단과 의사결정을 할 수 있도록 고객을 보호할 의무를 부담하고, 따라서 유가증권의 가치에 중대한 영향을 미치는 중요정보는 고객에게 제공하고 설명할 의무를 부담한다"는 입장을 견지하고 있었다.[2)]

자본시장법은 일반투자자와 금융투자업자 사이에 투자계약이 체결되는 경우 그 계약체결 전에 금융투자업자가 일반투자자에 금융투자상품의 투자를 권유하는 경우 그에게 상품의 내용과 투자위험 등을 당해 투자자가 이해할 수 있도록 설명하는 의무를 명시적으로 부담시키고 있다(법 제47조 제1항). 이처럼 자본시장법은 금융투자업자로 하여금 일반투자자가 합리적인 투자판단과 의사결정을 할 수 있는 기초자료를 충분하고 적합하게 제공하도록 강제하기 위하여 일종의 전문가의 조언의무로서 설명의무를 규정하고 있는 것이다.[3)] 이를 다른 시각에서 살펴보자면, 일반투자자로 하여금 그가 자유로운 의사주체로서 금융투자업자의 설명으로부터 수집한 충분한 정보를 바탕으로 하여 투자 여부를 결정하라는 취지(informed investment)도 내포하고 있다.[4)] 결국 일반투자자에 대하여 자기책임을 요구할 수 있기 위해서 그 전제가 되는 설명의무를 금융투자업자에게 부담시키고 있는 것이다.

### (2) 설명의무의 법적 성질

금융투자상품의 투자권유에 있어서 고객에 대한 설명의무는 투자계약의 성립 이전에 금융투자업자가 일반투자자에게 부담하는 의무이다. 즉 금융투자업자가 일반투자자에 대하여 투자를 권유하는 금융투자상품에 관하여 정확한 정보를 제공하여 설명함으로써 일반투자자가 책임 있는 투자결정을 내릴 수 있도록 하는

1) 투자자의 속성을 구분하지 않고 금융투자업자의 설명의무를 모든 투자자에 부담하게 하는 것은 오히려 금융투자업자의 불필요한 규제준수비용을 증가시키는 문제가 있어 바람직하지 않다. 강대섭(2010), 602면.
2) 대법원 2006. 6. 29. 선고 2005다49799 판결.
3) 대법원 2003. 7. 11. 선고 2001다11802 판결; 이영철, 776-777면.
4) 정윤모, 40면; Susanna K. Ripken, pp. 152-153.

의무라고 할 수 있다.[1)]

금융투자업자의 설명의무는 금융투자계약의 성립에 따른 금융투자업자의 급부의무와는 직접적인 관련이 없으며, 단지 신의칙에 근거하여 자본시장법이 특별히 정하고 있는 고객보호의무의 한 가지 유형에 해당하는 것이다.[2)] 이를 위반하여 고객에게 손해가 발생한 때에는 불법행위로 인한 손해배상책임을 부담한다.[3)]

### (3) 설명의무의 내용

#### 1) 설명의 대상 및 방법

설명의무는 고객이 자기책임하에 합리적인 투자판단을 할 수 있도록 필요한 정보를 적극적으로 제공하여야 하는 작위의무와 금융투자상품에 대한 설명 시 투자자를 오도(misleading)할 수 있는 부실기재(misstatement) 또는 중요한 사항을 누락(omission)하여 설명하지는 말아야 하는 부작위의무로 구성되어 있다.[4)]

이를 나누어 살펴보면, 우선 금융투자업자의 설명의무는 투자권유가 선행된 금융투자상품의 거래에 한정하여 적용된다.[5)] 이때 금융투자업자가 자본시장법상 설명의무를 다하기 위해서는 투자판단에 필요한 중요사항들을 충분하고 정확하게 설명하여야 한다. 즉, 일반투자자를 상대로 투자권유를 하는 경우 설명의무를 다하기 위해서는 금융투자업자는 금융투자상품의 내용, 투자에 따르는 위험, 금융투자상품의 투자성에 관한 구조와 성격, 투자자로부터 받는 수수료에 관한 사항, 조기상환조건이 있는 경우 그에 관한 사항, 계약의 해제·해지에 관한 사항을 일반투자자가 이해할 수 있도록 설명하여야 한다(법 제47조 제 1 항, 시행령 제53조 제 1 항). 특히 투자자의 수수료에 관한 사항은 금융투자상품에 기본적으로 내재하는 위험은 아니지만 투자수익에 영향을 미치는 중요한 정보라는 점에서 설명의무의 대상으로 편입되어 있다.[6)] 구체적인 예를 살펴보자면, 기업어음(CP) 거래의 경우 발행자의 신용등급은 그 기업어음의 가치에 중대한 영향을 미치는 중요정보에 해

1) 김택주, 182면.
2) 권기훈, 259면 참조.
3) 대법원 2003. 7. 11. 선고 2001다11802 판결.
4) 정준우, 434면.
5) 자기책임의 원칙에 따라 투자권유 없이 체결되는 금융투자상품의 거래에 대해서는 설명의무가 부과되지 않는다는 의미이다.
6) 안수현, 241면.

당한다.[1)]

금융투자업자의 설명의무의 의의와 본질을 감안할 때 단순히 정보전달이라는 형식적인 것만을 충족시키는 방법을 이용하면 되는 것이 아니라 실질적으로 당해 투자자가 충분히 이해할 수 있는 방법으로 설명하여야 한다. 예컨대, 투자상품에 관한 자세한 자료 또는 안내책자 등을 제시하면서 투자상품의 중요한 사항에 관련된 개념을 평이한 용어로 설명[2)]한다면 설명의무를 충실하게 이행한 것으로 된다.[3)] 하지만 단순히 서면을 교부 또는 송부하는 것만으로는 설명의무를 다한 것으로 되지 않는다.[4)] 또한 금융투자업자는 이상의 설명을 함에 있어서 투자자의 합리적인 투자판단 또는 해당 금융투자상품의 가치에 중대한 영향을 미칠 수 있는 사항(이하 '중요사항'으로 줄임)을 거짓 또는 왜곡하여 설명하거나 중요사항을 누락하여서는 아니 된다. 이 경우의 '왜곡'이라 함은 불확실한 사항에 대하여 단정적 판단을 제공하거나 확실하다고 오인하게 할 소지가 있는 내용을 알리는 행위를 말한다(법 제47조 제3항, 시행령 제53조 제2항). 요컨대, "금융투자업자가 투자자에게 어느 정도의 설명을 하여야 하는지는 해당 금융투자상품의 특성 및 위험도의 수준, 투자자의 투자경험 및 능력 등을 종합적으로 고려하여 판단하여야 한다."[5)]

금융투자업자는 자신이 설명한 내용을 일반투자자가 이해하였음을 서명, 기명날인, 녹취, 전자우편, 그 밖에 이와 비슷한 전자통신, 우편, 전화자동응답시스템의 방법 중 하나 이상의 방법으로 확인을 받아야 한다(법 제47조 제2항). 법이 하나 이상의 방법으로 확인받도록 요구하고 있으므로 1가지 방법으로 확인하여도 물론 문제되지 않는다.[6)]

---

1) 대법원 2006. 6. 29. 선고 2005다49799 판결.
2) 미국에서의 Plain English Rule을 이야기한다. Jim Bartos, United States Securities Law: A Practical Guide 138(3rd ed. 2006).
3) 서울지방법원 남부지원 1998. 6. 12. 선고 97가합21049 판결.
4) 이영철, 800면.
5) 대법원 2018. 7. 20. 선고 2016다35352 판결.
6) 이와는 달리 자본시장법이 '하나 이상의 방법'으로 규정한 것은 그 입법취지상 최소 2가지가 넘는 방법으로 확인하여야 한다는 뜻으로 이해하는 견해(전욱, 204면)가 있으나, 이는 문리해석에 반하므로 수용하기 어렵다.

**【대법원 2015. 9. 15. 선고 2015다216123 판결】**

투자자가 자본시장과 금융투자업에 관한 법률(이하 '자본시장법'이라 한다) 제4조 제3항에서 정한 채무증권인 회사채의 취득과 관련하여 부담하는 위험은 시장금리 수준에 따른 회사채 시가의 변동 위험과 원리금이 만기에 지급되지 아니할 위험, 즉 발행기업의 신용위험 및 그로 인한 원본 손실 가능성이다. 따라서 금융투자업자로서는 투자자들에게 회사채에 투자할 것을 권유하는 경우 투자에 따르는 위험과 관련하여 회사채의 시가 변동의 위험 및 발행기업의 신용위험이 존재하고 그로 인하여 원본 손실 가능성이 있다는 사실 등을 설명하여야 한다. 그리고 사채권의 신용등급은 금융위원회의 인가를 받은 신용평가회사가 사채권의 신용상태를 평가하여 결과에 대하여 기호, 숫자 등을 사용하여 표시한 등급으로서 사채권을 발행한 기업의 원리금 지급능력 내지 위험을 나타내는 지표이므로, 금융투자업자가 투자자에게 사채권의 신용등급과 아울러 해당 신용등급의 의미와 그것이 전체 신용등급에서 차지하는 위치에 대하여 투자자가 이해할 수 있도록 설명하였다면, 특별한 사정이 없는 한 금융투자업자는 사채권의 원리금 상환 여부에 영향을 미치는 발행기업의 신용위험에 관하여 설명을 다하였다고 볼 것이고, 자본시장법 제119조에 따라 증권을 모집, 매출하는 경우 작성, 공시하는 증권신고서와 투자설명서에 기재되어 있는 발행주체의 재무상황 등까지 설명하여야 하는 것은 아니다.

2) 설명의 정도

자본시장법은 고객인 일반투자자의 투자상품 등에 관한 구체적인 이해를 돕기 위해서 당해 금융투자상품에 대한 투자가 합리적인지를 정확하면서도 자주적으로 판단할 수 있을 정도의 설명을 할 것을 금융투자업자에게 요구하고 있다(법 제47조 제2항). 즉, 금융투자업자는 당해 고객의 지식, 경험, 재산의 상황, 계약체결의 목적 등 고객의 속성을 감안하여 고객이 이해할 수 있도록 시장리스크·신용리스크에 의해서 원본결손이 생길 우려가 있다는 것, 판매대상권리의 권리행사기간의 제한, 계약해제기간의 제한 등에 대하여 설명하여야 한다.

참고로 대법원 판례는 자본시장법이 제정·시행되기 이전에도 이 같은 취지로 판시하여 왔다. 예컨대, 대법원은 "일반적으로 공사채형 투자신탁의 경우 투자에 따르는 위험과 관련하여 투자권유자는 채권시장의 시가 변동에 의한 위험, 발행주체의 신용 위험, 그리고 만약 외국채권을 신탁재산에 편입하는 때에는 환시세의 변동에 의한 위험이 존재하고 이로 인하여 원본 손실의 가능성이 있다는 사실

등을 설명하여야 할 것이나, 고객에게 어느 정도의 설명을 하여야 하는지는 투자 대상인 상품의 특성 및 위험도의 수준, 고객의 투자 경험 및 능력 등을 종합적으로 고려하여 판단하여야 한다"고 판시하고 있다.[1)]

### (4) 설명의무위반에 대한 손해배상책임

#### 1) 손해배상책임의 법적 성질

금융투자업자가 자본시장법상 설명의무를 제대로 이행하지 않아 일반투자자가 피해를 입었다면 당해 피해자에 대하여 손해배상의 책임을 진다.[2)] 이 경우 일반투자자는 금융투자업자에 비하여 정보 및 교섭력에 있어서 열등한 지위에 있으므로 금융투자업자가 설명의무를 위반하였다는 사실만으로 손해배상책임을 부담한다. 금융투자업자 자신의 고의 또는 과실로 인하여 설명의무를 위반하였는지의 여부는 불문한다.[3)]

자본시장법 시행 이전에 대법원 판례는 "투자신탁회사의 임직원이 고객에게 투자신탁상품의 매입을 권유할 때에는 그 투자에 따르는 위험을 포함하여 당해 투자신탁의 특성과 주요내용을 명확히 설명함으로써 고객이 그 정보를 바탕으로 합리적인 투자판단을 할 수 있도록 고객을 보호하여야 할 주의의무가 있고, 이러한 주의의무를 위반한 결과 고객에게 손해가 발생한 때에는 불법행위로 인한 손해배상책임이 성립하는 것"이라는 입장을 취하고 있었다.[4)] 이와 같은 연장선상에서 자본시장법상 손해배상책임도 불법행위책임의 성격을 지니고 있다

여기서 자본시장법상 손해배상책임과 민법상 불법행위책임(민법 제750조)의 관계가 문제된다. 자본시장법상 손해배상을 청구하더라도 민법상 불법행위책임의 요건만 충족한다면 민법에 의한 손해배상청구는 제한되지 않는다. 왜냐하면 일반투자자가 자기에게 유리한 청구권을 선택적으로 행사할 수 있어야만 자신의 채권확보를 강화하고 구제가능성을 증대시킬 수 있기 때문이다. 다만, 자본시장법에는 민법에 비하여 손해액의 추정이라는 특례를 규정하고 있으므로, 현실적으로 피해자는 자본시장법상 손해배상청구권을 행사하는 것이 용이하다.

---

1) 대법원 2003. 7. 11. 선고 2001다11802 판결.

2) 설명의무의 위반으로 인한 손해배상책임은 자본시장법의 제정·시행 이전에도 판례상 인정되고 있었다. 예컨대, 대법원 2006. 6. 29. 선고 2005다49799 판결 참조.

3) 이영철, 806면.

4) 대법원 2003. 7. 11. 선고 2001다11802 판결.

손해배상책임의 성립요건 중 자본시장법에 별도의 규정이 있는 것을 제외한 기타의 사항, 예컨대 불법행위의 존재, 손해의 발생, 불법행위와 손해발생 간의 인과관계, 손해배상의 방법, 소멸시효 등은 민법상의 불법행위에 관한 규정에 따른다. 따라서 손해배싱책임의 발생에 관하여는 입증책임의 전환에 관한 명문의 규정이 없는 이상 일반 불법행위책임과 마찬가지로 불법행위의 성립을 주장하는 자가 그 입증책임을 부담한다.[1]

2) 손해배상책임의 특례

(가) 손해액의 추정

오늘날 복잡하고 고도화된 금융투자거래로 인한 손해액을 전문성이 없는 일반투자자에게 증명하게 하는 것은 손해배상제도를 사실상 무의미하게 만들 수 있다. 설명의무위반과 그를 바탕으로 한 거래행위 간에 상당한 인과관계를 증명한다고 하더라도 금융투자업의 성격상 인과관계가 있는 손해액의 범위를 증명하기가 곤란하다. 이에 자본시장법은 일반투자자의 소송부담을 경감시키려는 목적으로 호주와 일본의 입법례를 참고하여 손해액의 추정제도를 마련하고 있다.[2] 자본시장법상 손해액의 추정으로 손해와 인과관계가 없다는 증명책임은 사실상 금융투자업자에게 전환된다.[3]

이처럼 자본시장법에 의한 손해배상은 민법상의 불법행위에 기한 손해배상책임(민법 제750조)보다 그 요건이 완화되어 있어 원고의 승소가능성이 높은 까닭에 법위반행위에 대한 억지효과를 제고할 뿐만 아니라 일반투자자의 손해액의 증명에 소요되는 시간과 경비를 줄일 수 있어 소송촉진에 기여한다. 요컨대, 자본시장법상의 손해배상제도는 설명의무위반행위로 인하여 발생한 손해를 용이하게 전보하고 장래에 발생 가능한 설명의무 위반행위를 억지하는 실효성이 있다.

(나) 추정되는 손해액의 실례

자본시장법은 일반투자자의 투자금액과 회수금액의 차액인 원금결손액을 손해액으로 추정한다. 즉, 손해액은 금융투자상품의 취득으로 인하여 일반투자자가 지급하였거나 지급하여야 할 금전 등의 총액에서 그 금융투자상품의 처분, 그 밖

---

1) 서울고등법원 2015. 4. 23. 선고 2013나2021183-1 판결.

2) 이병래, 21면.

3) 자본시장통합법연구회 편, 301면. 이에 반하여 자본시장법 제48조 제 2 항은 손해액의 추정만을 명시적으로 규정할 뿐이므로 인과관계상 증명책임의 전환까지 의도한 것은 아니라는 견해도 있다. 한기정, 24면.

의 방법으로 그 일반투자자가 회수하였거나 회수할 수 있는 금전 등의 총액을 뺀 금액으로 추정한다(법 제48조 제2항). 여기에서 '그 밖의 방법으로 일반투자자가 회수하였거나 회수할 수 있는 금전 등'에는 신주발행 방식의 출자전환으로 기존 채권의 변제에 갈음하기로 한 경우에 그 출자전환된 신주의 가액 상당액, 회생계획에 따라 현금변제가 예정되어 있는 회수가능액 등이 포함된다.[1] 이 같은 추정 손해액의 산정방식은 기존의 대법원 판례[2]에서 채택되어 사용되어 온 것과 그 입장을 같이하고 있다.

추정되는 손해액의 규모를 예를 들어 설명하면 다음과 같다. 일반투자자 A가 금융투자상품인 주식을 1천만원 상당의 규모로 구입하면서도 당해 금융투자업자로부터 원금손실 위험을 비롯한 투자에 따르는 위험에 관하여 전혀 설명을 듣지 못하였다고 가정하자. 만약 시간이 경과하면서 주가가 하락하여 투자금액이 100만원으로 되었고, 이에 A가 손해배상을 청구하였다면 손해액은 900만원으로 추정된다. 금융투자업자가 손해액이 900만원보다 적다고 주장하기 위해서는 스스로가 이를 증명해야 하는 책임을 부담한다.

### 4. 부당권유의 금지

#### (1) 부당권유의 의의

자본시장법은 부당권유의 개념을 정의하는 규정을 두지 않고 있다. 동법 제49조는 부당권유의 금지를 규정하면서 투자권유라는 용어를 사용하고 있을 뿐이다. 동법 제9조 제4항에 규정된 투자권유의 정의에 비추어 미루어 짐작할 때 부당권유는 부당하게 이루어지는 투자권유로서 고객의 건전한 투자판단을 저해하는 행위로 이해할 수 있다.[3] 다만, 부당권유는 그 상대방인 투자자의 구체적인 사정을 고려하지 않은 채 행해진다는 점에서 투자자의 특성에 적합하게 투자를 권유하는 적합성의 원칙과는 그 성격상 차이가 있다.[4] 또한 적합성 원칙과 설명의무는 금융투자업자가 일반투자자를 보호하기 위한 적극적 의무인 반면에, 부당투자

---

1) 서울고등법원 2015. 4. 23. 선고 2013나2021183-1 판결; 대법원 2008. 7. 24. 선고 2008다18376 판결.

2) 대법원 2003. 7. 11. 선고 2001다11802 판결; 대법원 2006. 2. 9. 선고 2005다63634 판결; 대법원 2006. 5. 11. 선고 2003다51057 판결.

3) 김병연(2007), 474면.

4) 강대섭(2010), 613면.

권유금지의무는 일반투자자는 물론이고 전문투자자에게도 적용되는 것[1]으로서 특정한 행위를 하여서는 안 된다는 일종의 부작위의무를 규정하고 있다는 점에서 소극적 의무이다.

### (2) 부당권유 금지의 필요성

투자자는 자신과 금융투자업자의 이해가 상호 충돌할 수 있다는 점을 인식하지 못한 채 오히려 금융투자업자를 전문가라고 절대적으로 믿고 그의 투자권유에 따라 금융투자상품을 매수할 가능성이 있다. 그러나 금융투자업자가 자신의 수수료수입을 증대시키려는 목적으로 무리한 투자권유를 하여 거래행위에 필연적으로 수반되는 위험성에 관한 투자자의 올바른 인식형성을 방해한다면 투자자는 예측하지 못한 손해를 입을 우려가 있다.[2]

물론 투자자는 투자결정에 대한 최종적인 판단을 하여야 하는 주체이기는 하지만 그렇다고 해서 금융투자업자의 투자권유행위 자체에 부당하거나 불법한 요소가 있는 경우에도 자기책임의 원칙을 고수하라고 요구할 수 없다.[3] 이에 자본시장법은 투자자 보호와 건전한 거래질서를 확립하기 위한 차원에서 투자자의 구체적인 사정과 관계없이 그의 건전한 판단을 저해할 우려가 있는 행위를 예시적으로 열거하여 금지하고 있다.

### (3) 부당권유 금지의 대상 유형

#### 1) 거짓의 내용을 알리는 행위

금융투자업자는 투자를 권유할 때에 투자자가 합리적인 투자판단과 의사결정을 할 수 있도록 투자자를 보호할 의무를 부담한다.[4] 거짓의 내용을 알려서 투자를 권유하는 행위는 금융투자업자의 선관주의의무에 반하는 행위이며, 동시에 투자자가 예상하지 못한 손해를 입을 가능성이 있으므로 법률상 금지된다(법 제49조 제1호). 만약 허위의 사실을 알리어 투자를 권유하고 투자자가 이를 신뢰하여 투자결정을 한 후 금융투자업자가 위탁거래를 실행하여 수수료를 취득하였다면 이는 사기에 해당되어 불법행위책임이 발생할 수 있다.[5]

1) 이에 대한 예외를 자본시장법 시행령 제55조에 규정하고 있다.
2) 대법원 2007. 7. 12. 선고 2006다53344 판결 참조.
3) 김병연(2007), 472면.
4) 대법원 2006. 6. 29. 선고 2005다49799 판결 참조.
5) 서울고등법원 1999. 4. 2. 선고 98나42266 판결 참조.

### 2) 단정적 판단의 제공행위

금융투자업자는 정부나 공공기관 등 신뢰할 만한 기관이 작성 또는 공개한 자료나 관련법 등에 의거한 공시, 증권회사 애널리스트의 조사분석자료 등을 근거로 하여 이성적인 추론과정을 거쳐 투자를 권유하여야 한다. 이에 자본시장법은 금융투자업자가 불확실한 사항에 대하여 단정적 판단을 제공하거나 확실하다고 오인하게 할 소지가 있는 내용을 알리는 행위를 금지하고 있다(법 제47조 제3항, 제49조 제2 호).

여기서 단정적 판단의 제공행위에 해당하는지의 여부는 투자자의 투자에 관련된 제반정황을 종합적으로 고려하고, 그러한 권유행위가 금융투자에 관한 사회통념에 반하는지의 여부를 기준으로 결정하여야 한다. 예컨대, 투자대상의 가격의 등락에 관한 구체적 이유나 장래의 주가를 제시하거나 혹은 '필히', '반드시', '절대', '100%' 등의 단어를 사용하는 경우가 이에 해당할 가능성이 크다.[1]

이상과 같이 자본시장법이 단정적 판단의 제공행위를 금지하는 것은 그러한 행위가 투자자의 자주적이고도 냉정한 판단을 해칠 우려가 있을 뿐만 아니라 투자자의 자기책임의 원칙의 근간을 무너뜨릴 위험이 있기 때문이다.[2] 또한 금융투자거래는 그 속성상 여러 불확정한 요소에 의한 위험성이 수반될 수밖에 없는 까닭에 금융투자업자가 왜곡행위를 하여 투자권유를 한다는 것은 금융투자업자의 영업준칙을 준수한 것으로 보기 곤란하다는 점도 반영되어 있다.[3]

**【대법원 2017. 12. 5. 선고 2014도14924 판결】**

자본시장법 제49조 제2호는 금융투자업자가 투자권유를 함에 있어서 '불확실한 사항에 대하여 단정적 판단을 제공하거나 확실하다고 오인하게 할 소지가 있는 내용을 알리는 행위'를 금지하고 있다. 여기서 '불확실한 사항에 대하여 단정적 판단을 제공하거나 확실하다고 오인하게 할 소지가 있는 내용을 알리는 행위'란 투자자의 합리적인 투자판단 또는 해당 금융투자상품의 가치에 영향을 미칠 수 있는 사항 중

---

1) 판례에 따르면, 다음 달 중에 주가가 2,000원이 될 것이라는 의견(서울지방법원 2000. 2. 11. 선고 99가합28260 판결)과 틀림없이 이익이 실현된다는 의견(대법원 2003. 1. 24. 선고 2001다2129 판결) 등은 단정적인 판단에 해당한다.

2) 김택주, 192-193면.

3) 권순일, 175면.

객관적으로 진위가 분명히 판명될 수 없는 사항에 대하여 진위를 명확히 판단해 주거나 투자자에게 그 진위가 명확하다고 잘못 생각하게 할 가능성이 있는 내용을 알리는 행위를 말한다. 나아가 어떠한 행위가 단정적 판단 제공 등의 행위에 해당하는지는 통상의 주의력을 가진 평균적 투자자를 기준으로 금융투자업자가 사용한 표현은 물론 투자에 관련된 제반 상황을 종합적으로 고려하여 객관적·규범적으로 판단하여야 한다. 그리고 자본시장법 제49조 제 2 호의 문언 해석상 금융투자업자가 일단 불확실한 사항에 대하여 단정적 판단 제공 등의 행위를 한 이상 이로써 바로 위 조항 위반죄가 성립하고, 금융투자업자의 불확실한 사항에 대한 단정적 판단 제공 등에 어떠한 합리적인 근거가 있는지, 제공한 단정적 판단 등이 결과적으로 맞았는지, 상대방이 단정적 판단 제공 등을 신뢰하여 실제 투자를 하였는지, 투자로 인하여 실제로 손해가 발생하였는지 등은 위 조항 위반죄의 성립에 영향을 미치지 아니한다.

3) 불초청 권유(unsolicited call; cold call)

금융투자업자는 투자자로부터 투자권유의 요청을 받은 경우 이외에는 자택 또는 회사 방문, 전화, 길거리 호객 행위 등 실시간 대화에 의한 투자권유를 할 수 없다. 즉, 자본시장법은 불초청 투자권유는 투자자의 사생활을 해치고 충동적인 투자를 유발할 우려가 있어 부당권유행위로 규제하고 있다(법 제49조 제 3 호 본문).[1]

불초청 투자권유에 대한 규제는 이미 선진국에서 널리 시행되고 있는 제도인데, 이를 자본시장법이 명문으로 도입한 것이다.[2] 예컨대, 영국의 경우 자본시장통합법의 일종에 해당하는 1986년 '금융서비스법'(Financial Services Act of 1986)은 요청받지 않은 투자권유를 금지하고 있으며, 만약에 그러한 투자권유로 투자계약이 체결되었다 하더라도 그 계약의 집행이 불가능할 뿐만 아니라 지급된 금전 및 재산에 대한 원상회복청구도 가능하다(금융서비스법 제56조 제 1 항·제 2 항). 일본의 금융상품거래법의 경우에도 금융상품거래업자나 그 임직원은 금융상품거래계약

---

1) 資本市場研究會 編, 122頁(大崎貞和 집필부분). 이 때문에 자본시장법상 불초청 투자권유규제의 취지가 미국의 Do Not Call 제도의 그것과 동일한 것으로 보는 견해가 있다. 미국의 공정거래위원회가 부당한 텔레마케팅으로부터 소비자를 보호하기 위한 제도로서 전화권유거부등록제도(National Do Not Call Registry)를 도입한 적이 있지만, 2003년 Do Not Call 관련 법이 제정되면서 금융기관의 텔레마케팅에 의한 판매권유에까지 규제의 범위가 확대되었다. 안수현, 235면.

2) 연강흠, 31면.

의 체결 권유를 원하지 않는 고객에 대하여 방문이나 전화를 통하여 실시간 계약 체결을 권유하는 행위를 할 수 없다(금융상품거래법 제38조 제3호). 호주의 2001년 '금융서비스개혁법'(Financial Services Reform Act of 2001)도 위의 입법례와 동일한 취지의 규정을 두고 있다(992A조, 992AA조).

자본시장법상 이 같은 유형의 부당권유행위규제는 그 대상이 위험성이 크고 복잡한 금융투자상품, 즉 장외파생상품인 경우에 한해서만 적용될 뿐이고(법 제49조 제3호 단서, 시행령 제54조 제1항), 투자적인 성격이 있는 보험계약, 증권 등에 대해서는 적용하지 않는다. 이처럼 이 그 적용범위를 한정한 까닭은 무엇인가? 모든 금융투자상품에 대하여 이 규제를 적용한다는 것은 금융투자회사의 마케팅 활동을 지나치게 제한하는 것과 다를 바 없다는 데서 그 이유를 찾을 수 있다.[1] 그러므로 투자자의 요청의사가 없는 상황에서 이루어지는 모든 '장외파생상품'에 대한 '실시간의 투자권유'가 금지되므로, 투자권유의 대상이 장외파생상품이 아니거나 그 행위가 실시간으로 이루어지지 않는다면 이는 자본시장법의 규제대상에 포함되지 않는다. 따라서 이메일을 이용한 투자권유는 그것이 장외파생상품을 대상으로 한다고 하더라도 성질상 실시간 대화방식으로 이루어지지 않으므로 충분히 가능하다.[2]

4) **의사에 반한 재권유**(solicitation against will)

투자권유를 받은 투자자가 투자권유를 거부하는 취지의 의사를 표시하였다면 금융투자업자는 그 의사를 무시하고 투자권유를 계속하는 행위를 할 수 없다(법 제49조 제4호). 의사에 반한 재권유금지는 모든 금융투자상품을 대상으로 하며, 이를 금지하는 이유는 투자자의 사생활을 보호하고 평온한 삶에 대한 침해를 방지하자는 데 있다. 따라서 투자자 보호 및 건전한 거래질서를 해할 우려가 없는 행위는 설령 의사에 반한 재권유에 해당하더라도 금지되지 않는다. 그러한 행위에 해당하는 것으로는 일정기간 경과 후의 재권유 및 다른 종류의 금융투자상품에 대한 매수의 권유 등을 들 수 있다. 재권유가 가능하게 되는 기간과 같은 종류의 투자권유인지 여부 등은 금융위원회가 고시하는 감독규정에서 정한다(시행령 제54조 제2항). 이 같은 행위금지는 자본시장법의 제정으로 새롭게 신설된 것으로서, 일본의 '금융상품거래법'도 이와 동일한 취지의 규정을 두고 있다(동법 제38조 5호).

---

1) 김성태/이희동, 124면.
2) 안수현, 236면.

5) 기타 투자자 보호·건전한 거래질서를 해할 우려가 있는 행위로서 대통령령이 정하는 행위

투자자로부터 금전의 대여나 그 중개·주선 또는 대리를 요청받지 아니하고 이를 조건으로 투자권유를 하는 행위는 금지된다. 여기서의 '투자자'의 범위에 전문투자자와 신용거래방법에 따른 투자경험이 있는 일반투자자가 제외되고 있다(시행령 제55조). 따라서 투자경험이 없는 고객에 대하여 신용거래의 투자권유와 같은 행위를 하여서는 안 된다.

## 5. 투자권유준칙

### (1) 투자권유준칙의 법적 성질

행정법상 '준칙'(directive)이라 함은 행정청이 개별적 처분을 할 수 있는 재량권의 행사를 위하여 사전에 제정한 그 권한행사의 기준을 의미하며, 행정규칙의 성격을 지닌 것으로 보고 있다.[1] 그러나 자본시장법에 따라 금융투자업자가 정하여야 하는 투자권유준칙은 명문상 '준칙'이라는 용어를 사용하고 있으나, 그 법적 성격은 법규성이 없는 모범규준(best practice)의 일종이다.

### (2) 투자권유준칙의 제정 및 공시의 의의

투자권유를 실정법 차원에서만 접근하는 경우 투자권유에 대한 규제의 실효성을 제고하기 어렵다. 다양한 형태의 부당한 투자권유로부터 투자자를 보호하기 위해서는 전문적인 시장참가자라고 할 수 있는 금융투자업자의 적극적·능동적인 역할을 요구하는 등 행위규제적 차원에서 접근하여 규제하는 것이 필요하다. 즉, 투자권유에 대한 실정법상의 기본적인 규제체제만으로는 높은 효율성을 기대할 수 없으므로 자율규제적 차원에서 행위준칙을 통한 병행적인 규제가 요구되는 것이다.[2] 이에 자본시장법은 바람직한 형태의 투자권유행위가 자율적으로 시장에서 정착되는 것을 유도하기 위해 금융투자업자가 투자권유준칙을 정할 수 있는 근거를 두고 있다. 그리하여 금융투자업자는 투자위험성이 가장 높은 파생상품 등에 대하여는 일반투자자의 투자목적·재산상황 및 투자경험 등을 고려하여 투자자 등급별로 차등화된 투자권유준칙을 마련하여야 한다(법 제50조 제 1 항).

1) 이광윤 외, 25면.
2) 김병연(2007), 472-473면.

투자권유준칙은 투자자에게도 간접적으로 효력을 미치므로 금융투자업자가 이를 공시하는 것은 투자권유의 적정성 제고와 당해 업무의 투명성 확보, 그리고 투자자의 신뢰보호 차원에서 도움이 된다. 이에 자본시장법은 투자권유준칙을 제정한 경우와 변경한 경우에 그 공시를 의무화하고 있다(법 제50조 제2항). 다만, 금융투자업자가 준칙을 제정하는 작업은 상당히 이렵고도 번거로우며, 자칫하면 그가 만든 준칙이 법령 등을 위반할 위험이 있다. 이러한 위험을 불식시키기 위하여 자율규제기관인 한국금융투자협회가 표준투자권유준칙을 제정하여 보급하는 길을 열어놓고 있다(법 제50조 제3항).[1]

## 제 2 절 투자권유대행인

### Ⅰ. 투자권유대행인제도의 의의

자본시장법 시행 이전에 투자자가 금융투자상품을 구매하기 위한 주된 방법은 직접 금융기관의 점포를 방문하는 것이었다. 은행은 그 점포가 전국적으로 분포하고 있어 접근성이 양호하고 보험업도 다수의 보험설계사가 활동하고 있어 보험계약체결이 용이하였다. 반면 증권회사의 경우는 점포(영업점)의 수가 충분하지 않아 투자자의 접근성이 상대적으로 취약하다는 평가를 받고 있었다.[2] 이에 투자자의 금융투자회사에 대한 접근상의 불편을 줄이기 위하여 자본시장법은 해외에서 이미 널리 시행되고 있는 판매권유자(introducing broker)제도[3]를 모델로 하여 투자권유대행인제도를 신설하였다.[4] 그 결과 이제는 투자자가 금융투자회사의 점포를 방문하지 않더라도 투자권유대행인을 통하여 금융투자상품에 대하여 접근할

1) 「금융투자회사의 영업 및 업무에 관한 규정」 제2-10조는 "한국금융투자협회는 금융투자회사가 공통으로 사용할 수 있는 표준투자권유준칙을 제정할 수 있다"고 규정하고 있다. 실제 실무에서도 한국금융투자협회가 업계의 의견을 수렴하여 만든 표준투자권유준칙이 이용되고 있다.

2) 김성태/이희동, 104면.

3) 예컨대, 미국의 경우에는 1920년대부터 '등록대리인'(registered representative)이 존재하였으며 현재 등록대리인은 자율규제기관인 뉴욕증권거래소(NYSE)와 금융산업규제기구(FINRA)의 감독 하에 있다. 자본시장통합법연구회 편, 224면.

4) 자본시장통합법연구회 편, 217면. 참고로 금융위원회의 홈페이지에 탑재된 자본시장법의 영문번역에는 투자권유대행인을 investment solicitor로 표현하고 있다.

수 있는 길이 열렸다. 따라서 자본시장법이 시행되기 이전에는 증권회사의 상품을 구입하는 채널이 증권회사 영업점, 은행으로 한정되었지만 동법 시행 후에는 접근 통로가 과거에 비하여 다양화된 것으로 평가된다. 요컨대, 금융투자회사가 이 제도를 통해 용이하게 판매망을 확충할 수 있게 되었다는 사실은 금융투자회사의 경쟁력 제고에 도움이 된다.[1)]

예외적으로 투자권유대행인은 파생상품에 대해서는 투자권유를 할 수 없으며, 방문판매도 할 수 없다(법 제51조 제 1 항). 금융투자업자가 개인인 투자권유대행인에게 투자권유를 위탁할 수는 있지만 파생상품의 투자위험성이 큰 까닭에 파생상품은 그 대상에서 제외시켜 놓고 있다.

## Ⅱ. 투자권유대행계약과 투자권유대행인의 법적 특성

### 1. 투자권유대행계약의 법적 성격

투자권유대행계약은 위탁자인 금융투자업자의 요청으로 대행인이 금융투자상품에 대한 투자권유업무를 처리하여 주고 그 대가로 일정한 수수료를 받는 것이므로 기본적으로는 위임의 일종에 해당한다.[2)] 자본시장법은 금융투자업자가 투자권유대행인을 고용할 것을 명시적으로 요구하지 않지만, 실무에서는 투자권유대행계약 업무가 비정규직의 고용계약 형태로 이루어지는 경우도 있다.[3)]

투자권유대행계약은 당사자의 합의만으로 성립하는 낙성계약이고, 투자권유

1) 김병연(2007), 483면. 이상에서 설명한 바처럼 자본시장법상 투자권유대행인제도는 자본시장참여자의 저변을 확대하는 측면도 있지만, 한편으로는 동법이 ① 엄격한 요건을 갖춘 자만이 투자권유대행인이 될 수 있고 ② 투자권유대행인은 투자자 보호를 위한 관련 투자권유규제를 엄격하게 준수할 것을 요구하고 있다는 점에서 투자자 보호를 위한 인프라(infrastructure)의 일종으로도 이해할 수 있다. 예컨대, 자본시장법은 금융투자상품에 관한 전문적인 지식이 없는 일반투자자(법 제 9 조 제 6 항)를 전문투자자(법 제 9 조 제 5 항)로부터 구분하고 전자에 대한 투자권유에 관하여 자세한 규제체제를 갖추고 있는데, 이 규제체제를 금융투자업자와 마찬가지로 투자권유대행인에게도 적용함으로써 투자권유대행인으로 하여금 투자자 보호에 노력할 것을 요구하고 있다. 김성태/이희동, 104-105면.

2) 실무에서 금융투자업자는 투자권유대행인에게 고정적인 보수를 지급하기 보다는 성과를 올린 경우에 한하여 판매보수 또는 수수료의 일부를 성과급으로 지급하고 있다.

3) 자본시장법의 제정·시행 이전의 시기에 증권업계는 판매증진을 위하여 투자상담사(Certified Investment Consultant) 제도를 운영한 바 있다. 투자상담사로는 그 신분의 형태에 따라 증권회사에 재직하는 임직원으로서 투자상담을 담당하는 내근투자상담사 및 증권회사에 내근하지 않는 상태에서 증권회사와 계약을 통하여 투자상담을 전담하는 전담투자상담사가 있었다. 자본시장통합법연구회 편, 223-224면.

대행인이 투자권유업무를 처리할 것을 약정함에 대하여 위탁자는 그 대가로 수수료를 지급할 것을 약정하므로 쌍무 및 유상계약이며, 일정한 형식을 요하지 아니하므로 불요식계약이다. 이상과 같이 투자권유대행인과 위탁자 사이의 관계는 기본적으로 위임관계이므로 투자권유대행에 드는 모든 비용은 위탁자인 금융투자업자가 부담하여야 한다.

## 2. 투자권유대행인의 법적 지위

통상적인 법률행위의 위임에는 대리권의 수여가 수반되는 경우가 많지만 그렇다고 해서 그것이 반드시 필요한 위임의 요건은 아니다. 대리권의 수여가 수반되지 않는 경우도 적지 않은데, 투자권유대행도 이러한 부류에 속한다. 말하자면, 대행의 유형을 대행인에게 전혀 기본적인 대리권이 없는 고유의 대행과 대행인이 본인으로부터 일정한 범위의 기본적인 대리권을 수여받고 그 범위 내에서 효과의사를 스스로 결정하는 대리적 대행으로 나누는 경우 투자권유대행인은 전자의 범주에 속한다.[1]

투자권유대행인은 특정한 금융투자업자로부터 금융투자상품에 대한 투자권유업무를 위탁받은 자로서 금융투자상품 판매의 중개업무만을 수행할 수 있다. 즉, 투자권유대행인은 투자를 권유하고 투자자와 금융투자업자를 상호 연결시켜 주는 역할만을 할 뿐이다. 선물·옵션 등의 파생상품은 권유조차 할 수 없다. 그러므로 투자권유대행인은 특정 금융투자업자로부터 위임을 받아(법 제51조 제1항 제1호 참조), 그를 위하여 다수의 투자자를 상대로 특정한 유형의 금융투자상품의 매수를 권유하고, 그 권유에 따라 금융투자상품의 매매계약을 맺겠다는 의사표시를 한 투자자가 있는 때에는 그 뜻을 소속 금융투자업자에게 전달하여야 한다. 이처럼 투자권유대행인은 금융투자상품의 매매계약을 직접 체결할 수는 없기 때문에 금융투자상품 매매계약의 주체는 투자권유대행인이 아니라 금융투자업자이다.[2] 설령 투자권유대행인이 금융상품을 판 경우라 하더라도 그가 투자자간에 직접 계약서를 작성할 수 없는 까닭에 금융투자업자의 전담직원에게 계약체결을 요청하거나 금융투자업자의 지점을 찾아가서 계약을 맺는 수밖에 없다. 이처럼 투자권유대

1) 이러한 대행의 분류는 어음행위에 있어서 기명날인의 대행에서 널리 인정되고 있다. 정찬형, 105면.

2) 김성태/이희동, 105면.

행인은 사실상 특정한 금융투자업자에 종속되어 금융상품의 판매를 중개하는 이른바 '투자도우미'에 지나지 않는다.

이 밖에 자본시장법은 투자자 보호 장치를 강화하여 자본시장의 신뢰를 높이려는 차원에서 금융투자업자로 하여금 투자권유대행인이 투자권유를 대행함에 있어서 법령을 준수하고 건전한 거래질서를 해하는 일이 없도록 성실히 관리할 것을 요구하고 있을 뿐만 아니라(법 제52조 제 4 항), 투자권유대행인이 투자권유를 대행함에 있어서 투자자에게 손해를 끼친 경우에 금융투자업자에 대하여 민법 제756조의 사용자책임 규정을 준용하고 있다(법 제52조 제 5 항).

## Ⅲ. 투자권유대행인의 등록

### 1. 등록의 의의

투자권유를 함에 있어서 투자권유대행인과 투자자 사이에는 정보의 비대칭이 존재한다. 대개의 경우 투자권유대행인은 금융투자상품에 대한 정보를 많이 가지고 있는 반면에 투자자는 상품이나 금융투자업자에 대한 정보가 부족한 상황에 놓인다. 특히 방문방식으로 이루어지는 투자권유는 금융투자업자의 점포 이외의 곳에서 이루어지므로 장소적 고정성이 없다. 이와 같이 상대적으로 열악한 투자환경을 개선하기 위해서는 정부가 개입하여 투자권유대행인을 행정적으로 감독할 필요가 있다. 이에 자본시장법은 투자권유대행인의 투자권유활동을 위한 전제요건으로서 등록을 요구하고 있다(법 제51조 제 2 항). 이처럼 등록제를 운영함으로써 감독당국은 투자권유대행인의 실체를 쉽게 파악하여 탈법적인 투자권유행위에 대하여 신속하게 조치를 취할 수 있다. 더 나아가 동법은 특정한 자격요건을 갖춘 개인만이 투자권유대행인으로 등록하여 투자권유를 할 수 있게 규정하고 있다. 이는 전문성이 결여된 투자권유대행인의 난립을 방지하는 효과가 있다.

### 2. 등록요건

#### (1) 기등록자가 아닐 것

기등록한 투자권유대행인은 다른 금융투자업자를 위하여 투자권유대행인으로 등록할 수 없다(법 제51조 제 1 항 제 1 호). 이는 투자권유대행인은 특정 금융투자업자를 위하여 업무를 수행하여야 한다는 것을 의미한다. 따라서 투자권유대행인이

복수의 금융투자업자로부터 위탁을 받아 투자권유를 하는 것은 불가능하다.[1)]

### (2) 전문성이 있을 것

금융투자상품은 증권과 파생상품을 아우르는 포괄적인 개념이다(법 제2조 제2항). 투자자들의 투자판단에 있어서 투자권유대행인의 역할이 현실적으로 중요하므로 투자권유대행인의 금융투자상품에 대한 전반적인 이해가 선행되어야 한다. 따라서 자본시장법은 투자권유대행인으로서의 기본적인 자질과 소양을 담보하기 위해 엄격한 전문성구비기준을 충족한 자만이 투자권유대행인으로 등록할 수 있게 하며(법 제51조 제1항 제2호), 등록 이후에도 그 영업을 영위함에 있어서 이 요건을 유지하여야 할 것을 요구하고 있다(법 제51조 제9항).

구체적으로 살펴보면, 투자권유대행인의 등록을 위한 전문성 구비요건은 투자권유의 대상상품에 따라 세부적으로 분류된다. 즉, 집합투자증권의 투자권유대행인으로 등록하기 위해서는 금융투자협회가 시행하는 투자권유자문인력·투자운용인력 능력검증시험에 합격한 자(법 제286조 제1항 제3호 가목·다목) 또는 보험 모집에 종사 중인 보험설계사·보험대리점·보험중개사(보험업법 시행령 [별표 3])로서 협회가 정한 교육을 이수하여야 한다. 기타 증권 등의 투자권유대행인으로 등록하기 위해서는 협회가 시행하는 해당 투자권유자문인력·운용인력의 능력을 검증할 수 있는 시험에 합격한 자로서 협회가 정한 교육을 이수하여야 한다(시행령 제56조).

### (3) 등록취소일로부터 일정기간 경과할 것

투자권유대행인이 자본시장법 제53조 제2항에 따라 등록이 취소된 경우에는 그 등록이 취소된 날부터 3년이 경과하여야 다시 등록할 수 있다(법 제51조 제1항 제3호). 이 요건은 투자권유대행인의 건전성을 확보하는 데 그 목적이 있다.

## 3. 등록업무 담당기관

투자권유대행인의 등록업무는 금융위원회의 소관사항이다. 그리하여 금융투자업자는 투자권유를 위탁한 경우 위탁받은 자를 금융위원회에 등록하여야 한다. 이 경우 금융위원회는 그 등록업무를 금융투자협회에 위탁할 수 있는데(법 제51조 제3항), 금융위원회가 등록업무를 위탁하기 위해서는 협회와 미리 그 위탁에 관한

---

1) 김성태/이희동, 106면.

계약을 체결하고, 협회로 하여금 자본시장법에 규정된 등록 등에 관한 사항을 준수하도록 하는 내용과 매 분기별로 등록현황을 보고하도록 하는 내용이 위탁계약의 내용에 포함되어야 한다(시행령 제57조).

## 4. 등록절차

### (1) 금융투자업자의 등록신청서 제출

금융투자업자가 투자권유를 위탁받은 자를 등록하고자 하는 경우에는 금융위원회에, 금융위원회가 등록업무를 협회에 위탁한 경우에는 협회에 등록신청서를 제출하여야 한다(법 제51조 제 4 항). 등록신청서에는 금융투자업자의 명칭, 투자권유대행인으로 등록하고자 하는 자의 인적 사항, 투자권유를 위탁할 금융투자상품 및 계약의 범위, 그 밖에 등록의 검토에 필요한 사항으로서 금융위원회 또는 협회가 정하여 고시하는 사항을 기재하여야 한다(법 제51조 제10항, 시행령 제58조 제 1 항).

등록신청서에 첨부하여야 할 서류로서는 투자권유대행인의 주민등록증 사본 또는 이에 준하는 것, 계약서 사본, 투자권유대행인의 등록요건으로서 전문성요건을 충족한 것을 확인할 수 있는 서류, 그 밖에 등록의 검토에 필요한 서류로서 금융위원회가 정하여 고시하는 서류가 있다(시행령 제58조 제 2 항).

### (2) 금융위원회의 등록 여부 결정, 검토결과통지·보완요구

금융위원회는 등록신청서를 접수한 경우 등록의 신청내용에 관한 사실 여부를 확인하고, 그 신청내용이 투자권유대행인의 등록요건을 충족하는지 여부를 검토하여(시행령 제58조 제 3 항) 2주 이내에 등록 여부를 결정하고, 그 결과와 이유를 지체 없이 신청인에게 문서로 통지하여야 한다. 이 경우 등록신청서에 흠결이 있는 때에는 보완을 요구할 수 있다(법 제51조 제 5 항). 이상의 검토기간을 산정함에 있어서 등록신청서 흠결의 보완기간 등 총리령으로 정하는 기간은 검토기간에 산입하지 아니한다(법 제51조 제 6 항).

금융위원회는 등록 여부를 결정함에 있어서 투자권유대행인으로서의 등록요건을 갖추지 아니한 경우, 등록신청서를 거짓으로 작성한 경우, 금융위원회의 등록신청서에 대한 보완요구를 이행하지 아니한 경우 이외에는 등록을 거부할 수 없다(법 제51조 제 7 항).

### (3) 금융위원회의 등록결정공고

금융위원회는 투자권유대행인으로서의 등록을 결정한 경우 금융위원회가 정하여 고시하는 사항을 기재한 투자권유대행인 등록증을 신청인에게 교부하여야 할 뿐만 아니라(시행령 제58조 제 4 항), 투자권유대행인 등록부에 필요한 사항을 기재하여야 하며, 등록결정한 내용을 인터넷 홈페이지 등에 공고하여야 한다(법 제51조 제 8 항).

## Ⅳ. 투자권유대행인의 투자권유

### 1. 투자권유대행인의 금지행위

### (1) 개　　관

투자권유를 위탁받은 자는 투자권유대행인으로 등록한 후에서야 투자권유를 할 수 있다(법 제51조 제 2 항). 자본시장법은 투자권유대행인이 원칙적으로 모든 유형의 투자권유를 하는 것을 허용하되, 예외적으로 특정한 행위를 금지하는 이른바 'negative system'을 채택하고 있다. 이러한 'negative system'은 투자권유대행인이 금융투자업자의 위탁을 받아 금융투자상품 판매를 사실상 중개하는 자에 지나지 않는다는 법적 지위를 충분히 반영한 결과이다. 이 같은 제도하에서는 투자권유대행인이 금지행위를 하지 않는 한 행정청의 조치대상이 되지 않으므로 행정청의 관여가 최소한으로 된다는 이점이 있다.

### (2) 투자권유대행인의 금지행위의 유형

자본시장법은 투자권유대행인의 금지행위로서 다음과 같은 4가지 행위를 열거하고 있다(법 제52조 제 2 항).

첫째, 투자권유대행인은 단순한 중개업무만을 수행할 수 있으므로 위탁한 금융투자업자를 대리하여 계약을 체결하는 행위를 할 수 없다.

둘째, 투자자로부터 금전·증권, 그 밖의 재산을 수취하는 행위는 금지된다. 이러한 행위를 금지하는 것은 투자권유대행인이 투자를 권유할 때 그의 명의나 자체적인 계산으로 상품판매를 할 수 없다는 취지를 반영하고 있다.

셋째, 투자권유대행계약은 금융투자업자의 투자권유대행인에 대한 신뢰관계를 기초로 하고 있으므로 금융투자업자로부터 위탁받은 투자권유대행업무를 제 3 자에게 재위탁하는 행위를 할 수 없다.

넷째, 그 밖에 투자자 보호 또는 건전한 거래질서를 해할 우려가 있는 행위를 할 수 없다. 자본시장법 시행령은 이러한 행위를 예시적으로 열거하고 있는데, 구체적으로는 투자자를 대리하여 계약을 체결하는 행위, 투자자로부터 금융투자상품에 대한 매매권한을 위탁받는 행위, 제 3 자로 하여금 투자자에게 금전을 대여하도록 중개·주선 또는 대리하는 행위, 그 밖에 투자자 보호 또는 건전한 거래질서를 해할 우려가 있는 행위로서 금융위원회가 정하여 고시하는 행위를 말한다(시행령 제59조 제 1 항).

## 2. 투자권유대행인의 투자권유방법

### (1) 개 관

자본시장법은 투자권유대행인제도를 도입하면서 투자자 보호를 위한 장치를 함께 마련하고 있다. 즉, 투자권유대행인이 금융투자상품을 졸속으로 판매하는 경우를 막기 위해 그에 대해서도 금융투자업자에 적용되는 것과 같은 수준의 규제가 적용된다. 이에 투자권유대행인은 금융투자업자에게 적용되는 설명의무, 적합성 원칙 등의 투자권유 규제를 위반해서는 안 되며 투자자의 손해에 대하여 손해배상책임을 부담한다(법 제52조 제 6 항). 이 밖에도 동법은 투자권유대행 시 투자권유대행인에게 신분의 고지·표시의무를 부담시키고 있다.

### (2) 투자권유대행인의 고지·표시의무

#### 1) 고지·표시의무의 의의

투자권유대행인은 스스로 금융투자업자를 대리하여 투자상품매매계약을 맺는 것이 아니라 일반대중에게 금융투자상품을 매수할 것을 권유하여 매매계약의 청약을 하도록 하고 이를 소속 금융투자업자에게 전달하여 그 계약이 맺어지도록 연결하는 업무를 수행한다. 따라서 투자권유대행인이 금융투자상품을 선전하고 매수를 권유하는 것은 법적으로 청약의 유인에 지나지 않고, 투자자의 청약에 대하여 금융투자업자가 승낙한 때에야 비로소 투자상품매매계약이 성립하게 된다. 이에 투자자가 투자권유대행인과 금융투자업자를 동일시하거나 그를 금융투자업자로 오인하는 것을 방지하기 위하여 자본시장법은 투자권유대행인으로 하여금 투자권유대행행위를 하기 전에 자신의 신분을 분명히 알리도록 하는 의무와 투자자에 대하여 자신의 신분을 표시하도록 하는 의무를 부과하고 있다.

2) 고지·표시의무의 내용

투자권유대행인이 투자권유를 대행함에 있어서 투자자에게 미리 알려야 하는 사실 내지 사항으로는 ① 투자권유를 위탁한 금융투자업자의 명칭, ② 투자권유를 위탁한 금융투자업자를 대리하여 계약을 체결할 권한이 없다는 사실, ③ 투자권유대행인은 투자자로부터 금전·증권, 그 밖의 재산을 수취하지 못하며, 금융투자업자가 이를 직접 수취한다는 사실, ④ 투자자를 대리하여 계약을 체결할 수 없다는 사실, ⑤ 투자자로부터 금융투자상품에 대한 매매권한을 위탁받을 수 없다는 사실, ⑥ 그 밖에 투자자 보호 또는 건전한 거래질서를 위하여 필요한 사항으로서 금융위원회가 정하여 고시하는 사항이 있다(법 제52조 제3항, 시행령 제59조 제2항). 또한 투자권유대행인은 자신이 투자권유대행인이라는 사실을 나타내는 표지를 게시하거나 증표를 투자자에게 내보여야 한다(법 제52조 제3항 본문).

## V. 투자권유대행과 관련한 금융투자업자의 의무와 책임

### 1. 금융투자업자의 관리의무

금융투자업자는 투자권유업무를 위탁한 투자권유대행인을 직접 관리하여야 하며(법 제52조 제4항), 만약 투자권유대행인의 불법행위로 인하여 투자자에게 손해를 끼친 경우에는 금융투자업자도 배상책임을 부담한다.

### 2. 금융투자업자의 책임

자본시장법은 투자자 보호차원에서 금융투자업자에 민법 제756조의 사용자책임을 준용하고 있다(법 제52조 제5항). 불법행위에 있어 사용자책임이 성립하려면 사용자와 불법행위자 사이에 사용관계, 즉 사용자가 불법행위자를 실질적으로 지휘·감독하는 관계가 있어야 한다.

금융투자업자와 투자권유대행인의 관계는 그 법적 성질상 위임이다. 그러나 사용자책임은 위임의 경우에도 위임인과 수임인 사이에 지휘·감독관계가 있고 수임인의 불법행위가 외형상 객관적으로 위임인의 사무집행에 관련된 경우 위임인은 수임인의 불법행위에 대하여 사용자책임을 부담한다.[1] 민법 제756조에 규정된 사용자책임의 요건인 '사무집행에 관하여'에 따라 피용자의 불법행위가 외형상 객관적으로 사용자의 사업활동 내지 사무집행행위 또는 그와 관련된 것으로 판단되면 행위자의 주관적 사정을 불문하고 이를 사무집행에 관하여 한 행위로 본다. 이에 투자권유대행인이 고의로 다른 사람에게 가해행위를 한 경우 그 행위가 투자권유대행인의 사무집행 그 자체는 아니라 할지라도 금융투자업자의 사업과 시간적·장소적으로 근접하고, 투자권유대행인의 사무의 전부 또는 일부를 수행하는 과정에서 이루어지거나 가해행위의 동기가 업무처리와 관련되었다면 외형적·객관적으로 금융투자업자의 사무집행행위와 관련된 것이라고 보아 금융투자업자의 사용자책임이 성립한다.[2] 이 경우 금융투자업자가 위험발생 및 방지조치를 결여하였는지 여부는 손해의 공평한 부담을 위하여 부가적으로 고려될 사항이다.[3]

## Ⅵ. 투자권유대행인에 대한 기타의 행정규제

### 1. 금융감독원장의 검사

투자권유대행인은 투자권유의 대행과 관련하여 그 업무와 재산상황에 관하여 금융감독원장의 검사를 받아야 한다. 즉, 금융감독원장은 투자권유대행인의 투자권유대행이라는 업무활동과 투자권유대행인의 재산실태를 분석·평가하고, 그가 취급한 업무나 수행한 행위가 관계법규나 감독당국의 명령 등에 위배되었는지 여부를 확인, 조사하여야 한다.[4] 이 경우 금융위원회의 투자권유대행인에 대한 검

1) 대법원 1998. 4. 28. 선고 96다25500 판결(위임인이 수임인의 불법행위에 대하여 사용자책임을 부담하기 위한 요건에 관한 판결).

2) 대법원은 증권회사의 투자상담사(현행법상 투자권유대행인에 상당함)로 활동하는 자가 그 업무와 관련하여 투자자와 사이에 포괄적인 주식일임매매약정을 체결하고 그 약정에 따라 주식거래를 포괄적으로 일임받아 거래하던 중 그를 기망하여 작성한 출고전표 등을 이용하여 투자자의 주식을 편취·횡령한 사건에서 증권회사의 사용자책임을 인정한 바 있다(대법원 2006. 9. 14. 선고 2004다53203 판결).

3) 대법원 2000. 2. 11. 선고 99다47297 판결(민법 제756조 소정의 사용자책임의 요건인 '사무집행에 관하여'의 의미 및 피용자의 고의에 기한 타인에 대한 가해행위가 이에 해당하는지 여부에 관한 판단 기준에 관한 판결) 참조.

4) 금융감독원이 작성한 검사매뉴얼에 따르면 '금융회사에 대한 검사'라 함은 '금융회사의 업무활동 및 경영실태를 분석·평가하고 금융회사가 취급한 업무나 취한 행위가 관계법규나 감독

사는 금융투자업자에 대한 검사를 규정한 자본시장법 제419조 제 5 항부터 제 7 항까지 및 제 9 항을 준용한다(법 제53조 제 1 항).

## 2. 금융위원회의 조치

### (1) 조치대상행위

금융위원회의 조치대상이 되는 경우로서는 ① 투자권유대행인의 등록요건 유지의무를 위반한 경우, ② 투자권유대행자가 자본시장법상 금지된 행위를 하거나 고지·표시의무 또는 금융투자업자와 같은 수준에서 준수되어야 하는 법규정들을 위반한 경우, ③ 투자권유대행인이 금융위원회의 검사를 거부·방해 또는 기피한 경우, ④ 투자권유대행인이 금융위원회의 보고 등의 요구에 불응한 경우가 있다(법 제53조 제 2 항).

### (2) 조치의 내용

금융위원회는 투자권유대행인이 조치대상이 되는 행위를 한 경우 청문을 거쳐서 금융투자업자의 투자권유대행인 등록을 취소하거나, 그 투자권유대행인에 대하여 6개월 이내의 투자권유대행업무 정지를 할 수 있다(법 제53조 제 2 항·제 7 항, 제423조 제 1 호).

### (3) 기　　타

금융위원회는 투자권유대행인 등록을 취소하거나 투자권유대행업무를 정지한 경우에는 그 내용을 기록하고, 이를 유지·관리하여야 하며(법 제53조 제 3 항), 그 사실을 사회에 알리고 투자자의 주의를 촉구하기 위하여 인터넷 홈페이지 등에 공고하여야 한다(법 제53조 제 4 항).

금융투자업자 또는 투자권유대행인(투자권유대행인이었던 자 포함)은 금융위원회에 자기에 대한 조치 여부 및 그 내용을 조회할 수 있다(법 제53조 제 5 항). 이러한 조회요청이 있는 경우 금융위원회는 정당한 사유가 없는 한 조치 여부 및 그 내용을 그 조회요청자에게 통보할 의무를 부담한다(법 제53조 제 6 항).

만약 금융위원회의 조치에 대하여 불복하는 경우 조치를 받은 자는 그 조치의 고지를 받은 날부터 30일 이내에 그 사유를 갖추어 금융위원회에 이의신청을

---

당국의 명령 등에 위배되었는지 여부를 확인, 조사하는 행위'로 정의된다. 금융감독원, 증권검사매뉴얼(2010), 101.1 검사계획 수립절차(http: //minwon.fss.or.kr).

할 수 있으며(법 제425조 제 1 항), 금융위원회는 그러한 이의신청에 대하여 원칙적으로 60일 이내에 결정을 하여야 하지만 부득이한 사정으로 그 기간 이내에 결정을 할 수 없을 경우에는 30일의 범위에서 그 기간의 연장도 가능하다(법 제53조 제 7 항, 제425조 제 2 항).

# 제 3 절 투자광고규제

## Ⅰ. 의 의

대중매체를 통한 무분별한 투자권유에 대하여 일반투자자들이 정확한 내용에 대하여 판단하고 결정을 내리기는 힘든 경우가 많다. 따라서 무분별한 금융투자회사의 광고로부터 투자자를 보호하기 위해서는 광고에 대한 규제가 있어야 한다. 말하자면, 광고의 주체와 규제 대상이 되는 광고의 내용이 무엇인지에 대한 구체적인 가이드라인을 제시할 필요가 있다. 이에 자본시장법은 금융투자업자에 대한 정보 및 그의 금지행위, 상품에 대한 위험의 고지의무 등을 내용으로 하는 투자광고에 대한 규제를 명시적으로 도입하였다(법 제57조).

## Ⅱ. 투자광고규제의 구체적 사항

### 1. 주 체

무분별한 투자광고를 규제하기 위하여 자본시장법은 무인가 업자, 외국 금융투자회사 등 금융투자업자가 아닌 자의 금융투자업 광고를 금지하고 있다. 적법하게 국내에서 금융투자업인가·등록을 받은 금융투자업자에게만 투자광고를 허용하는 것이다(법 제57조 제 1 항 본문). 다만, 협회와 금융투자업자를 자회사 또는 손자회사로 하는 금융지주회사법에 따른 금융지주회사는 투자광고를 할 수 있으며, 증권의 발행인 또는 매출인은 그 증권에 대하여 투자광고를 할 수 있다(법 제57조 제 1 항 단서).

## 2. 내 용

투자광고를 투자권유의 범주에 포함시키게 되면 적합성의 원칙, 설명의무 등이 적용되어 광고가 사실상 불가능해질 가능성이 있다. 이에 자본시장법은 투자자를 보호하기 위하여 투자광고에 일정한 사항을 반드시 표시하도록 하여 투자권유에 대하여 적용되는 규제가 투자광고에게 적용되지 않도록 함은 물론 광고의 내용까지 규제하고 있다. 즉, 금융투자업자가 투자광고를 하는 경우에는 그 금융투자업자의 명칭, 금융투자상품의 내용, 투자에 따른 위험, 그 밖에 대통령령으로 정하는 사항이 포함되도록 하여야 한다(법 제57조 제2항). 만약 집합투자증권에 대하여 투자광고를 하는 경우 집합투자증권을 취득하기 전에 투자설명서를 읽어 볼 것을 권고하는 내용, 집합투자기구는 운용결과에 따라 투자원금의 손실이 발생할 수 있으며 그 손실은 투자자에게 귀속된다는 사실, 집합투자기구의 운용실적을 포함하여 투자광고를 하는 경우에는 그 운용실적이 미래의 수익률을 보장하는 것은 아니라는 내용이 포함되도록 하여야 하며, 집합투자기구의 명칭, 집합투자기구의 종류에 관한 사항, 집합투자기구의 투자목적 및 운용전략에 관한 사항, 그 밖에 집합투자증권의 특성 등을 고려하여 대통령령으로 정하는 사항 외의 사항을 투자광고에 사용하여서는 아니 된다(법 제57조 제3항). 금융투자업자는 투자광고를 함에 있어서 자본시장법에 따라 손실의 보전 또는 이익의 보장을 하는 경우를 제외하고는 손실보전 또는 이익보장으로 오인하게 하는 표시를 하여서는 아니 된다(법 제57조 제4항).

7장

# 기업인수합병 관련규제

1절 공개매수

2절 대량보유보고제도

3절 의결권 대리행사권유 규제

4절 차입매수 규제

# 제 1 절 공개매수

〈사 안〉[1)]

다음의 각 경우에 자본시장법상 어떠한 규제를 받을지에 대하여 생각해 보시오.
1. A가 장외에서 4개월간 9인으로부터 주식을 취득한 결과 그 소유주식이 의결권 있는 발행주식 총수의 4.5%가 되었는데 그 직후 1% 주식을 장외에서 1인으로부터 추가로 취득하고자 한다.
2. B는 자신과 특별관계자가 소유하는 주식을 합산한 비율이 의결권 있는 발행주식 총수의 4% 인데, 이후 10일간 12인으로부터 2%를 추가로 장외에서 취득하고자 한다.
3. C는 甲 회사의 주식등을 이미 5% 이상 보유하는 상태에서 甲 회사의 의결권 있는 발행주식 총수의 30%를 12인으로부터 추가로 장외에서 취득하고자 한다.

〈참고사항〉
1. 장외에서 추가로 1% 이상의 주식을 취득할 경우, 6개월간 10인으로부터 5% 이상을 취득하게 되는 결과가 되므로 공개매수 규제의 적용대상에 해당한다.
2. 6개월간 10인 이상의 자로부터 취득하여 본인 및 특별관계자가 보유하는 주식등의 비율이 5% 이상이 되므로 공개매수 규제의 적용대상에 해당한다.
3. 5% 이상 보유자가 장외에서 10인 이상으로부터 추가 취득하는 경우이므로 공개매수 적용대상에 해당한다.

## Ⅰ. 공개매수의 의의 및 장·단점

### 1. 의 의

기업지배권의 획득이나 유지·강화를 목적으로 주권상장법인 등의 의결권 있는 주식등(전환사채 등 잠재주권 포함)을 증권시장(이와 유사한 시장으로서 해외에 있는 시장 포함) 및 다자간매매체결회사 밖에서 불특정 다수인에게 매수의 청약을 하거나 매도의 청약을 권유하는 경우 어떤 조치가 필요할까.

자본시장법상 공개매수(tender offer; take-over bid)는 불특정 다수인에 대하여 의결권 있는 주식등에 대하여 매수(다른 증권과의 교환을 포함)의 청약을 하거나 매도(다른 증권과의 교환을 포함)의 청약을 권유하고 증권시장(이와 유사한 시장으로서 해외에 있는 시장을 포함) 및 다자간매매체결회사 밖에서 그 '주식등'을 매수하는 것

1) 금융감독원, 「기업공시 실무안내」(2018. 12.), 398면.

을 말한다(법 제133조 제1항). 이와 관련하여 증권시장에서의 경쟁매매 외의 방법에 의한 '주식등'의 매수로서 매도와 매수 쌍방당사자 간의 계약 기타 합의에 따라 종목, 가격과 수량을 결정하고 그 매매의 체결 및 결제를 증권시장을 통하는 방법으로 하는 '주식등'이 매수(시간외 매매)는 증권시장 밖에서 행하여진 것으로 본다(법 제133조 제4항). 공개매수에는 대상회사 경영진의 양해하에서 행해지는 우호적인 경우도 있으나 그와 달리 대상회사 경영진의 반대에도 불구하고 행해지는 적대적인 경우도 있다.

## 2. 장·단점

공개매수의 장점은 ① 단기간에 경영권을 확보할 수 있다는 점에서 가장 확실한 기업매수방식이라는 점, ② 일반 소액 주주들에게도 경영권 프리미엄을 포함한 가격에 매도할 수 있는 기회를 제공할 수 있어 위임장대결(proxy fight; proxy contest)에 비해 성공확률을 늘릴 수 있다는 점, ③ 단기간에 원하는 주식등의 수량을 확보할 수 있다는 점, ④ 장내 주식 매수시의 5%의 보고의무를 면할 수 있다는 점, ⑤ 공개매수로 인해 매수에 대한 공정성을 확보할 수 있다는 점 등인데, 사전에 대상기업의 대주주 또는 경영진과 협의를 통해 우호적인 M&A로 해결 할 수 있으며 그렇지 못할 경우에는 적대적 M&A가 될 수 있다.

이에 반해 공개매수의 단점으로는 ① 특정기업을 인수하기 위해 공개적으로 주식을 매입한다는 의사를 밝히고 증권시장 밖에서 시중가격보다 높은 가격으로 매입하기 때문에 비용이 많이 든다는 점, ② 대상기업에 대한 강제적 M&A 실행의 공개적 매수로 인해 기존 경영진의 방어 및 대응전략을 수립할 수 있는 기회를 제공한다는 점, ③ 강력한 방어나 경쟁자가 출현할 경우 계획보다 높은 비용이 들거나 실패할 수 있다는 점, ④ 공개매수에 대한 전략과 목표 등에 대한 보안유지가 쉽지 않다는 점, ⑤ 주식의 시장가격이 상승하거나 공개매수 가격과 비슷할 경우 실패할 확률이 높다는 점 등을 들 수 있다.

## 3. 공개매수 현황

### (1) 현　황

2002년 이후 동기별 공개매수현황에서 보이듯이, 한국에서는 M&A보다는 상장폐지나 경영권 안정 목적 등의 공개매수가 활성화되어 있는 상황이다.

## 그림 7-1 연도별 및 동기별 공개매수 현황[1)]

| 구 분 | 1994 | 1995 | 1996 | 1997 | 1998 | 1999 | 2000 | 2001 | 2002 | 2003 |
|---|---|---|---|---|---|---|---|---|---|---|
| 공개매수 | 3 | 5 | 5 | 11 | 3 | 1 | 0 | 5 | 1 | 10 |
| 구 분 | 2004 | 2005 | 2006 | 2007 | 2008 | 2009 | 2010 | 2011 | 2012 | 2013 |
| 공개매수 | 16 | 8 | 4 | 18 | 11 | 6 | 10 | 2 | 15 | 7 |

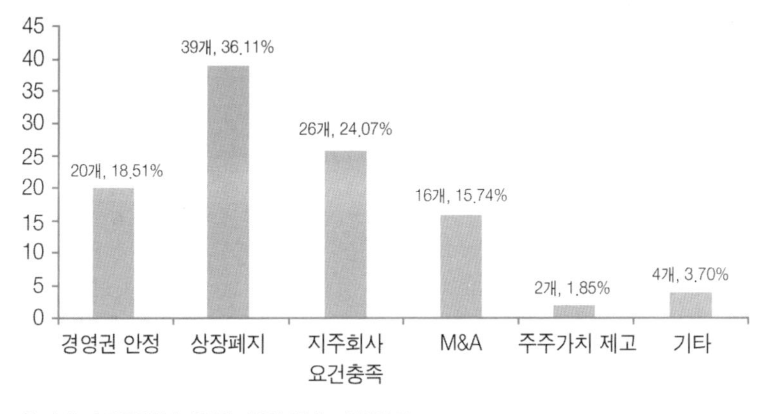


주: 기타는 소액주주 보호, 종업원 지주회사전환, 이익소각 등

### (2) 공개매수 사례

① '나이키사'의 '삼나스포츠' 공개매수

1994년 미국 '나이키사'가 직판체제를 구축하기 위해 합작 파트너였던 '삼나스포츠'를 1994년 5월 25일에서 6월 13일까지 20일간 공개매수한 것이 첫 공개매수 사례로, 나이키사는 지분 99.21% 취득에 성공해 삼나스포츠는 곧바로 상장폐지되었다.

② '원진'의 '경남에너지' 공개매수

1994년 12월 28일 (주)원진이 (주)경남에너지를 대상으로 공개매수를 추진한 바 있다. 특히 한솔제지와 (주)원진 등의 공개매수는 대상회사의 의사에 반하는 관계에서 행하여진 적대적 공개매수이다. 경남에너지의 1대 주주인 원진이 2대 주주인 가원을 따돌리고 경영권을 장악하기 위해 18만주를 공개매수 신청하자, 자금력이 부족했던

1) 자본시장Weekly, "공개매수 현황 분석," 2014-25호(2014. 7. 1.-7. 7), 2-3면.

가원은 대웅제약을 백기사로 끌어들여 주식을 매집했고 원진의 공개매수는 16만주에 그쳐 실패하였다. 백기사 동원전략을 전혀 예상하지 못했고 공개매수 프리미엄이 2%대에 불과했다는 것이 실패의 원인이었다.

③ '금강고려화학'(KCC)의 '현대엘리베이터' 공개매수

2003년 하반기에는 현대그룹의 지주회사격인 현대엘리베이터를 놓고 현정은 회장과 친인척 회사인 금강고려화학(KCC)간에 경영권 분쟁이 있었고 두 달여간의 분쟁기간 중 현대엘리베이터 주가는 무려 10배나 뛰기도 했다. 이는 당시 지분에서 열세에 있던 금강고려화학이 삼성증권의 주선으로 현대엘리베이터 주식 8%를 '공개매수'하겠다고 선언하자, 법원이 금강고려화학이 사모펀드와 뮤추얼펀드를 통해 매집한 지분에 대해 5%룰을 위반한 것으로 보아 처분 결정을 내리면서 실패하였다.

④ '이베이'의 '옥션' 공개매수

미국 전자상거래 업체 '이베이'가 상장폐지 목적으로 2003년 12월 주당 7만원에 '옥션' 공개매수를 시도하였는데, 상법상 옥션의 66.6% 이상의 지분만 확보하면 주총 특별결의를 통해 코스닥시장 상장폐지를 결정할 수 있고 코스닥 규정의 지분분산 요건상 80% 이상의 지분이 주주 1인에게 집중되면 상장이 자동폐지되도록 되어 있었다. 반면 공개매수에 응하지 않고 총 지분의 20% 이상을 소액주주들이 보유하고 있다면 이베이가 원하는 상장폐지가 불가능할 것이었다.

당시 옥션의 총발행주식수 15% 정도를 보유한 소액주주들이 한누리법무법인을 통해 공개매수를 반대하며 가격인상을 요구하였다. 이베이는 결국 7만원에 공개매수를 추진하다 62% 지분 확보에 그쳐 상장폐지에 실패하였으나, 이후 9개월만에 다시 '옥션' 추가지분 공개매수 작전에 들어가 주당 12만5,000원의 가격을 제시하였고 결국 공개매수 성공 후 목표하던 상장폐지를 완료하였다.

⑤ '칼 아이칸'의 'KT&G' 공개매수 시도

2006년 아이칸은 KT&G측에 보낸 인수제안서에서 당시 종가보다 13% 초과한 6만원의 가격에 주식을 인수하겠다고 밝힌 바 있다. 이 사건의 경우 인수제안서가 아이칸의 주식공개매수 선언을 의미하는가에 대해서는 명확하지 않다. 일반적으로 주식공개매수 제안의 상대방은 공격의 대상인 KT&G 현 경영진이 아닌 여타 주주들을 향한 것이기 때문이다. 그런데 아이칸 측의 제안서는 KT&G 현 경영진을 향했다. 구 증권거래법에 따르면 공개매수 사실을 일간지에 공고하고 당일 신고서를 감독당국에 제출해야 하였고 이에 따라 KT&G 주가가 상승하였다. 아이칸은 주가가 오르자 주식을 매각해 1,500억원의 이익을 남겼다.

⑥ 기 타

2004년 3월 동성회학의 에스텍 공개매수, 2008년 메리츠화재의 제일화재 공개매수, 같은 해 4월 마르스 1호 사모투자펀드의 샘표식품 공개매수 등은 사실상 모두 실패했다.

## Ⅱ. 공개매수의 구성요소 및 절차

### 1. 공개매수의 구성요소

#### (1) 대상증권

공개매수의 대상증권은 다음과 같다(시행령 제139조).

1. 주권상장법인이 발행한 증권
   가. 주권
   나. 신주인수권이 표시된 것
   다. 전환사채권
   라. 신주인수권부사채권
   마. 가목부터 라목까지의 증권과 교환을 청구할 수 있는 교환사채권
   바. 가목부터 마목까지의 증권을 기초자산으로 하는 파생결합증권(권리의 행사로 그 기초자산을 취득할 수 있는 것만 해당)
2. 주권상장법인 외의 자가 발행한 증권
   가. 상기 증권과 관련된 증권예탁증권
   나. 상기 증권이나 가목의 증권과 교환을 청구할 수 있는 교환사채권
   다. 상기 증권이나 가목·나목의 증권을 기초자산으로 하는 파생결합증권(권리의 행사로 그 기초자산을 취득할 수 있는 것만 해당)

주권상장법인이 발행한 자기주식도 해당 법인에 의한 공개매수의 대상이 될 수 있는가. 상법상 주식회사는 공개매수의 방법에 의하여 이익배당 한도 내에서 자기주식을 취득할 수 있으며(상법 제341조 제 1 항 제 2 호, 시행령 제 9 조 제 1 항 제 2 호), 자본시장법에 의한 주권상장법인의 특례 역시 공개매수의 방법에 의한 자기주식 취득을 허용한다(법 제165조의3 제 1 항 제 1 호).[1]

1) 자본시장법상 주권상장법인에 대한 특례(제 3 장의2)는 주권상장법인에 관하여 상법 제 3 편

### (2) 불특정다수인에 대한 매수·매도 청약의 권유

청약의 상대방은 불특정 다수인이어야 하며, 이 경우 실제 매수인이 아니라 매수 '청약'의 상대방이 불특정하고 동시에 다수일 것이 요구된다. 이 경우 청약의 법적 성질이 청약인지 또는 청약의 유인인지에 따라, 청약의 상대인 투자자들의 응모행위가 매수의 승낙에 해당하는지 또는 매도청약에 해당하는지에 관하여는 공개매수의 조건 내용을 살펴서 해석할 필요가 있다.[1)]

### (3) 증권시장 및 다자간매매체결회사 밖에서의 매수

증권시장이란 거래소시장 중 증권의 매매를 위하여 거래소가 개설하는 시장을 말하며(법 제8조의2 제4항 제1호), 다자간매매체결회사[2)]란 정보통신망이나 전자정보처리장치를 이용하여 동시에 다수의 자를 거래상대방 또는 각 당사자로 하여 일정한 매매가격의 결정방법으로 매매체결대상상품의 다자간매매체결업무를 하는 투자매매업자 또는 투자중개업자를 말한다(법 제8조의2 제5항). 또한 이와 유사한 시장으로서 해외에 있는 시장도 포함한다(법 제133조 제1항). 이러한 증권시장 또는 다자간매매체결회사를 통한 매수는 누구나 거래에 참여 가능하며 거래수량·가격이 공개되므로 거래가 공정하게 이뤄진다. 따라서 증권시장 또는 다자간매매체결회사 밖의 매수의 경우에만 공개매수 의무를 부담하게 된다.

자본시장법 제133조 제1항의 공개매수 자체에는 얼마 이상의 주식을 매수청약할 경우에만 공개매수에 해당하게 된다는 제약이 없다. 따라서 수량 또는 비율에 무관하게 불특정 다수인을 상대로 장외매수할 경우 자본시장법상 공개매수에 해당되나, 소량의 주식을 굳이 공개매수절차를 이용하여 매수하는 것은 비용대비

---

에 우선하여 적용된다(법 제165조의2 제2항).

1) 임재연(2019), 564면. 즉 응모한 주식등의 전부를 무조건 매수하기로 하는 경우에는 공개매수의 공고는 확정적 의사표시로서 매수청약으로, 그렇지 않고 조건을 단 경우 공개매수의 공고는 확정적 의사표시가 아니므로 매도청약의 권유로 보는 것이 타당하다. 같은 책, 564면.

2) 다자간매매체결회사란 정보통신망이나 전자정보처리장치를 이용하여 동시에 다수의 자를 거래상대방 또는 각 당사자로 하여 ① 경쟁매매의 방법(매매체결대상상품의 거래량이 대통령령으로 정하는 기준을 넘지 아니하는 경우로 한정), ② 매매체결대상상품이 상장증권인 경우 해당 거래소가 개설하는 증권시장에서 형성된 매매가격을 이용하는 방법, ③ 그 밖에 공정한 매매가격 형성과 매매체결의 안정성 및 효율성 등을 확보할 수 있는 방법으로서 대통령령으로 정하는 매매가격의 결정방법으로 매매체결대상상품(증권시장에 상장된 주권, 그 밖에 대통령령으로 정하는 증권)의 다자간매매체결업무(매매 또는 그 중개·주선이나 대리업무)를 하는 투자매매업자 또는 투자중개업자를 말한다(법 제8조의2 제5항).

실익이 적을 것이다.

#### (4) 적용대상 거래

'매수등'은 매수, 교환, 입찰 기타 유상취득을 말한다(법 제133조 제 2 항). 따라서 상속, 증여, 무상양수 등의 방법에 의한 주식등의 취득은 '매수등'에 포함되지 않는다. 반면 권리자가 매매예약완결권을 행사하면 매수인으로서의 지위를 가지는 매매의 일방예약 등의 경우에는 공개매수 강제가 적용되는 유상양수에 해당한다.[1)]

### 2. 교환공개매수 및 일부공개매수

전액 현금으로 공개매수를 할 수 있지만 다른 증권과의 교환을 통한 공개매수 역시 가능하다. 자본시장법이 매수와 매도의 개념에 '다른 증권과의 교환'을 포함하고 있으므로(법 제133조 제 1 항) 기발행된 증권 또는 공개매수자가 신규로 발행하는 증권을 대상으로 한 교환공개매수도 허용된다고 해석된다.

공개매수자는 공개매수에 응한 모든 주식을 매수하는 전량매수방법을 택하거나 또는 부분매수방법만을 선택할 수 있다(법 제141조 제 1 항).[2)] 원칙적으로 공개매수자는 공개매수신고서에 기재한 매수조건과 방법에 따라 응모한 주식등의 전부를 공개매수기간이 종료하는 날의 다음 날 이후 지체 없이 매수할 의무를 진다(법 제141조 제 1 항 본문). 그러나 ① 응모한 주식등의 총수가 공개매수 예정주식등의 수에 미달할 경우 응모 주식등의 전부를 매수하지 아니한다는 조건, 또는 ② 응모한 주식등의 총수가 공개매수 예정주식등의 수를 초과할 경우에는 공개매수 예정주식등의 수의 범위에서 비례배분하여 매수하고 그 초과 부분의 전부 또는 일부를 매수하지 아니한다는 조건을 공개매수공고에 게재하고 공개매수신고서에 기재한 경우에는, 그 조건에 따라 응모한 주식등의 전부 또는 일부를 매수하지 아니할 수 있다(법 제141조 제 1 항 단서 및 각 호).

### 3. 공개매수의 절차

공개매수를 하려는 자는 대상회사를 미리 물색하여 사전매수 또는 발판취득

1) 임재연(2019), 567면.

2) 부분공개매수의 경우 소위 2단계 공개매수전략(1단계 공개매수에서 매수되지 않고 남은 잔여분에 대하여 다른 가격 책정 등으로 공개매수를 시도하는 것)이 논의될 수 있다. 자세한 것은 김정수(2014), 945-946면.

(toehold acquisition)을 하는 경우가 많으며 공개매수 자금을 조달하여 아래 〈그림 7-2〉의 절차를 밟게 된다. 공개매수를 하기 위하여는 공개매수에 필요한 금액 이상의 금융기관 예금잔액, 그 밖에 자금의 확보를 증명하는 서류를 제출하여야 한다.[1)]

그림 7-2 공개매수의 절차[2)]

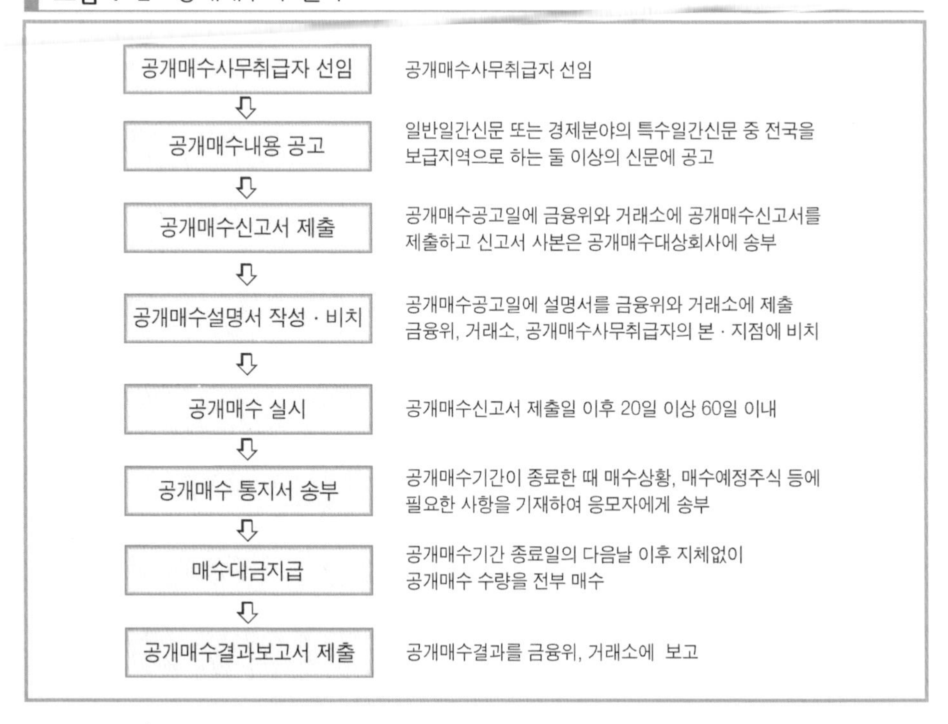


## Ⅲ. 공개매수의 강제(의무 공개매수)

〈사 안〉

1. 甲 주식회사의 주주들에 대해 공개매수가 행해지고 있다. 甲 회사는 이 공개매수기간 중에 의결권 있는 주식에 관계되는 증권의 발행 및 그 발행에 관한 이사회 또는 주주총회의 결의와 같이 의결권 있는 주식수의 변동을 초래할 수 있는 행위를 할 수 있는가?

---

1) 금융기관의 지급보증서만으로는 매수자금의 현존성을 확인하기 어려워 증빙으로 인정되지 아니한다. 금융감독원(2018), 403면.

2) 금융감독원(2018), 399면.

2. 주권상장법인인 乙 주식회사에서 소수주주가 이사의 직무집행 정지를 청구하는 등 경영권에 대해 분쟁이 벌어지고 있다. 乙 회사는 이 경영권분쟁기간 동안 전환사채를 사모발행할 수 있는가? 공모발행의 경우 전환사채 발행이 가능한가?

〈참고사항〉

1. 구 증권거래법(2004. 12. 31. 개정 전) 제23조 제 4 항은 공개매수 상황에서 공개매수대상주식의 발행인에 의한 의결권 있는 주식수 변동을 초래할 수 있는 행위를 금지한 적이 있었다. 그러나 동조는 2004. 12. 31. 개정 시 삭제되었다.
2. 「증권의 발행 및 공시 등에 관한 규정」 제5-21조(전환사채의 발행제한 및 전환금지기간)를 참조하라. 일정한 경영권분쟁기간 동안에는 공모발행방식이 아닌 사모발행방식에 의한 전환사채 발행을 금지한다. 또한 한화종금의 경영권 분쟁에 관한 〈서울고등법원 1997. 5. 13. 자 97라36 결정〉 역시 참고하라. 회사의 경영권 분쟁 상황하에서 열세에 처한 구 지배세력이 경영권 방어를 위하여 기존 주주를 배제한 채 제 3 자인 우호세력에게 집중적으로 신주를 배정하기 위한 방편으로 하는 전환사채의 발행은 무효가 될 수 있다.

## 1. 의무 공개매수 제도의 취지

주식등을 과거 6개월 동안 증권시장 밖에서 10인 이상의 자로부터 매수등을 하고자 하는 자는 그 매수등을 한 후에 본인과 그 특별관계자가 보유하게 되는 주식등을 합산한 보유비율이 그 주식등의 총수의 5% 이상이 되는 경우(5% 이상 기보유자가 추가취득하는 경우 포함)에는 공개매수절차에 의하여 주식등을 취득하여야 한다(법 제133조 제 3 항).

자본시장법은 의무 공개매수에 관한 규제를 왜 두고 있는 것인가? 일정한 경우 공개매수를 의무화하는 이유는, 공개매수 절차의 투명화를 통한 경영권경쟁의 공정성 확보, 무분별한 M&A를 방지하여 기업지배권의 안정 도모, 공개매수 등에 대한 공시를 통해 투자자를 보호하고 나아가 경영권이전을 목적으로 지불하는 경영권프리미엄을 모든 주주가 균등하게 향유하는 효과가 기대될 수 있기 때문이다.

## 2. 의무 공개매수의 요건

### (1) 상대방의 수

자본시장법 제133조 제 3 항은 주식등을 증권시장 밖에서 일정 수 이상의 자로부터 '매수등을 하고자 하는'이라고 하므로 상대방의 수는 매수청약 또는 매도

청약의 권유를 받은 상대방의 수를 기준으로 한다.[1] 따라서 처음에 10인 이상의 자로부터 매수하고자 청약하였다면, 이후 실제로 매도한 주주가 10인 미만이라 할지라도 공개매수의무가 적용되는 대상이 된다. 다만 부득이하게 주식등을 취득하는 경우에는 공개매수 강제의 규제를 받지 않는 예외[2]가 마련되어 있다(법 제133조 제3항 단서, 시행령 제143조).

### (2) 대상증권

앞에서 설명한 공개매수에서의 대상증권과 같다.

### (3) 최소 지분비율 및 지분합산의 주체

강제공개매수에 해당하기 위하여는 매수 결과 본인과 특별관계자가 보유하게 되는 지분비율을 기준으로 하여[3] 보유하게 된 주식등이 5%에 달하게 되는 매수이거나 또는 5% 이상 보유자가 추가로 행하는 매수가 되어야 한다(법 제133조 제3항). 5%에 미달하는 주식등을 보유하는 것은 회사의 지배권 취득에 별다른 영향을 미치지 않는다고 보아 공개매수 절차에 의한 주식등의 취득을 강제하지 않는 것이다.

5%에 해당하는지 여부는 본인과 특별관계자가 보유하게 된 지분비율을 합산하여 판단한다. 특별관계자는 특수관계인 및 공동보유자를 말한다(시행령 제141조 제1항). 우선, 특수관계인의 범위는 2016년 8월 시행된 「금융회사의 지배구조에 관한 법률」(이하 '지배구조법')을 참조하라(동법 제2조 제6호 가목, 시행령 제3조). 지배

---

1) 자본시장법시행령은 "해당 주식등의 매수등을 하는 상대방의 수와 제1항에 따른 기간 동안 그 주식등의 매수등을 한 상대방의 수"라고 규정하므로(영 제140조 제2항) 시행령의 문언에 따르면 실제로 매도한 주주가 10인에 미달할 경우 강제공개매수 대상이 아니게 되어 해석상 논란이 있다. 실무적으로는 매수청약 대상자가 10인 이상이면 일단 공개매수를 공고하고 공개매수신고서를 제출한다. 임재연(2019), 569-570면.

2) 법 제133조 제3항 단서 및 시행령 제143조. ① 소각을 목적으로 하는 주식등의 매수등, ② 주식매수청구에 응한 주식의 매수, ③ 신주인수권이 표시된 것, 전환사채권, 신주인수권부사채권 또는 교환사채권의 권리행사에 따른 주식등의 매수등, ④ 파생결합증권의 권리행사에 따른 주식등의 매수등, ⑤ 특수관계인으로부터의 주식등의 매수등, ⑥ 〈삭제〉 ⑦ 그 밖에 다른 투자자의 이익을 해칠 염려가 없는 경우로서 금융위원회가 정하여 고시하는 주식등의 매수등. 종전의 "전자증권중개의 방법에 따라 증권의 매매를 중개하는 방법에 의한 주식의 매수" 예외는 2013년 시행령 개정 시 공개매수 규제의 면제대상에서 제외되었다.
그 외에 금융위원회가 정하는 사항은 「증권의 발행 및 공시 등에 관한 규정」 제3-1조를 참조하라.

3) 임재연(2019), 570면.

구조법[1]이 제정·시행됨에 따라서 '금융회사'의 지배구조에 관한 법들의 적용순서에 관하여 다음의 관계가 성립하게 되었다(지배구조법 제 4 조).

다른 금융관계 법령의 특별규정 > 지배구조법 > 상법

공개매수에서 공동보유자란, 본인과 합의나 계약 등에 따라 ① 주식등을 공동으로 취득하거나 처분하는 행위, ② 주식등을 공동 또는 단독으로 취득한 후 그 취득한 주식을 상호양도하거나 양수하는 행위,[2] 또는 ③ 의결권(의결권의 행사를 지시할 수 있는 권한을 포함)을 공동으로 행사하는 행위를 할 것을 합의한 자이다(시행령 제141조 제 2 항). 다만 특수관계인이 소유하는 주식등의 수가 1,000주 미만이거나 공동보유자에 해당하지 아니함을 증명하는 경우에는 의무 공개매수에 관하여 특수관계인으로 보지 아니한다(시행령 제141조 제 3 항).

## Ⅳ. 공개매수신고서 및 공개매수설명서

공개매수를 하고자 하는 자는 일정한 사항을 공개매수 공고하여야 하는데(이하 '공개매수공고'라 한다) 공고할 사항은 다음과 같다(법 제134조 제 1 항).

1. 공개매수를 하고자 하는 자
2. 공개매수할 주식등의 발행인(그 주식등과 관련된 증권예탁증권, 그 밖에 대통령령으로 정하는 주식등의 경우에는 대통령령으로 정하는 자)
3. 공개매수의 목적
4. 공개매수할 주식등의 종류 및 수
5. 공개매수기간·가격·결제일 등 공개매수조건
6. 매수자금의 명세, 그 밖에 투자자 보호를 위하여 필요한 사항

---

1) 금융회사 임원의 자격요건, 이사회의 구성 및 운영, 내부통제제도 등 금융회사의 지배구조에 관한 기본적인 사항을 정함으로써 금융회사의 건전한 경영과 금융시장의 안정성을 기하고, 예금자, 투자자, 보험계약자, 그 밖의 금융소비자를 보호하는 것을 목적으로 한다(지배구조법 제 1 조).

2) 이 경우 주식등의 취득에 공동목적이 있다면 향후 의결권 행사방향이 다르더라도 공동보유자에 해당한다. 임재연(2019), 572면.

공개매수공고를 한 자(공개매수자)는 자본시장법과 그 시행령이 정하는 일정한 사항을 기재한 공개매수신고서를 그 공개매수공고를 한 날[1]에 금융위원회와 거래소에 제출하여야 한다(법 제134조 제 2 항, 시행령 제146조 제 2 항). 또한 공개매수자(공개매수사무취급자 포함)가 공개매수를 하고자 하는 경우에는 공개매수설명서를 작성하여 공개매수공고일에 금융위원회와 거래소에 제출하여야 하며, 이를 비치하고 일반인이 열람할 수 있도록 하여야 한다(법 제137조 제 1 항 전단).

## Ⅴ. 공개매수의 철회

〈사 안〉

A는 甲 주식회사의 경영권을 취득하고자 공개매수공고 후 공개매수신고서를 금융위원회에 제출하고 공개매수를 하던 중에 경영권을 취득하기에 충분한 주식을 사 모을 수 없다는 것을 알게 되자 공개매수를 철회하고자 한다. 가능한가?

〈참고사항〉
자본시장법 제139조의 공개매수에 관한 원칙적 철회금지 및 제한적 철회허용사유를 참조하라.

### 1. 원칙적인 철회금지 및 제한적 허용

공개매수신고서의 철회를 자유로이 허용하면 해당 증권의 가격에 큰 영향을 미치게 되고 공개매수제도가 악용될 소지가 크므로, 원칙적으로 공개매수공고일 이후에는 철회를 금지하고 제한적으로만 철회를 허용한다(법 제139조 제 1 항).

공개매수자가 예외적으로 공개매수를 철회할 수 있는 경우는 다음과 같다(법 제139조 제 1 항 단서, 시행령 제150조).

1. 대항공개매수(공개매수기간 중 그 공개매수에 대항하는 공개매수)가 있는 경우
2. 공개매수자가 사망·해산·파산한 경우
3. 기타의 경우(시행령 제150조)

---

1) 그 경우 공개매수공고일이 공휴일(「근로자의 날 제정에 관한 법률 및 토요일을 포함한다), 그 밖에 금융위원회가 정하여 고시하는 날에 해당되는 경우에는 그 다음날에 제출할 수 있다(법 제134조 제 2 항 단서).

① 공개매수자가 발행한 어음·수표가 부도로 되거나 은행과의 당좌거래가 정지·금지된 경우
② 사전에 이하의 어느 사유가 공개매수대상회사에 발생한 경우에 공개매수를 철회할 수 있다는 조건을 공개매수 공고시 게재하고 공개매수신고서에도 기재한 경우
 가. 합병, 분할, 분할합병, 주식의 포괄적 이전 또는 포괄적 교환
 나. 제171조 제 1 항 각 호의 어느 하나에 해당하는 중요한 영업이나 자산의 양도·양수
 다. 해산
 라. 파산
 마. 발행한 어음이나 수표의 부도
 바. 은행과의 당좌거래의 정지 또는 금지
 사. 주식등의 상장폐지
 아. 천재지변·전시·사변·화재, 그 밖의 재해 등으로 인하여 최근 사업연도 자산총액의 10% 이상의 손해가 발생한 경우

### 2. 응모주주의 응모취소

공개매수대상 주식등의 매수의 청약에 대한 승낙 또는 매도의 청약(응모)을 한 응모주주는 공개매수기간 중에는 언제든지 응모를 취소할 수 있으며, 공개매수자는 응모주주에 대하여 그 응모의 취소에 따른 손해배상 또는 위약금의 지급을 청구할 수 없다(법 제139조 제 4 항).

## Ⅵ. 공개매수 관련 금지행위

공개매수를 하는 경우 공개매수에 의하지 아니한 매수등은 금지된다. 즉, 공개매수자(그 특별관계자 및 공개매수사무취급자 포함)는 공개매수공고일부터 그 매수기간이 종료하는 날까지 그 주식등을 공개매수에 의하지 아니하고는 매수등을 하지 못한다(법 제140조 본문). 다만 공개매수에 의하지 아니하고 그 주식등의 매수등을 하더라도 다른 주주의 권익침해가 없는 일정한 경우[1]에 한하여 공개매수에 의

1) 시행령은 공개매수 예외사유를 ① 해당 주식등의 매수등의 계약을 공개매수공고 전에 체결하고 있는 경우로서 그 계약체결 당시 법 제133조 제 1 항에 따른 공개매수의 적용대상에 해

하지 아니한 방법으로 매수등을 할 수 있다(법 제140조 단서, 시행령 제151조).

공개매수자는 공개매수기간의 종료일까지 금융위원회와 거래소에 정정신고서를 제출하여 공개매수조건, 그 밖에 공개매수신고서의 기재사항 등을 정정할 수 있다(법 제136조). 공개매수자가 자발적으로 정정신고서를 제출한 경우 공개매수기간의 종료일이 변경되므로(법 제136조 제4항)[1] 공개매수자는 지체 없이 그 정정신고서 제출사실과 정정한 내용을 공고하여야 한다(법 제136조 제5항). 그러나 정정의 경우라도 자본시장법상 일정한 사항에 관한 변경은 금지되는데, 변경이 금지되는 공개매수조건은 다음과 같다(법 제136조 제3항, 시행령 제147조).

1. 매수가격의 인하
2. 매수예정 주식등의 수의 감소
3. 매수대금 지급기간의 연장(제4항 제1호의 경우를 제외한다)
4. 공개매수기간의 단축
5. 법 제139조 제4항에 따른 응모주주(이하 이 호에서 "응모주주"라 한다)에게 줄 대가의 종류의 변경
   - 다만 응모주주가 선택할 수 있는 대가의 종류를 추가하는 경우는 허용
6. 공개매수 대금지급기간의 연장을 초래하는 공개매수조건의 변경
   - 다만 대금지급기간의 연장을 초래하더라도 다음의 어느 하나에 해당하는 경우는 허용한다.
   가. 법 제136조 제1항에 따른 정정신고서 제출일 전 3일의 기간 중 해당 주식등의 증권시장에서 성립한 가격(최종가격을 기준으로 한다)의 산술평균가격이 공개매수가격의 90% 이상인 경우 또는 법 제139조 제1항에 따른 대항공개매수가 있는 경우의 매수가격 인상
   나. 공개매수공고 후 해당 주식등의 총수에 변경이 있는 경우 또는 대항공개매수가 있는 경우의 매수예정 주식등의 수의 증가
   다. 대항공개매수가 있는 경우의 공개매수기간의 연장(그 대항공개매수기간의 종료일까지로 한정)

---

당하지 아니하고 공개매수공고와 공개매수신고서에 그 계약사실과 내용이 기재되어 있는 경우, 또는 ② 공개매수사무취급자가 공개매수자와 그 특별관계자 외의 자로부터 해당 주식등의 매수등의 위탁을 받는 경우로 규정한다(시행령 제151조).

1) 반면, 공개매수자에 대하여 금융위원회의 정정신고서 제출요구가 있는 경우 금융위원회가 요구한 날부터 제출되지 아니한 것으로 본다(법 제136조 제1항·제2항).

## Ⅶ. 공개매수의 실효성 확보장치

### 1. 손해배상책임의 발생

공개매수신고서 등[1]의 중요사항에 관하여 거짓의 기재 또는 표시가 있거나 중요사항이 기재 또는 표시되지 아니함으로써 응모주주가 손해를 입은 경우, ① 공개매수신고서 및 그 정정신고서의 신고인[2]과 그 대리인, 그리고 ② 공개매수설명서의 작성자와 그 대리인(이하 ① 및 ②를 '배상책임주체'라 한다)의 손해배상책임이 발생한다(법 제142조 제 1 항). 이 경우에도 증권신고서 또는 사업보고서 등에 관한 부실표시의 경우와 마찬가지로 배상책임주체에게 주관적 귀책사유에 관한 입증책임이 전환된다. 따라서 배상책임을 질 자가 상당한 주의를 하였음에도 불구하고 이를 알 수 없었음을 증명하거나 응모주주가 응모를 할 때에 그 사실을 안 경우 배상책임주체는 배상책임을 지지 아니한다(법 제142조 제 1 항 단서).

공개매수신고서 등에 예측정보를 기재할 경우 일정한 사항[3]을 기재 또는 표시한 경우 예측정보가 실현된 사실과 다르더라도 배상책임주체는 배상책임을 지지 아니한다(법 제142조 제 2 항 본문). 다만 응모주주가 ① 자신이 주식등의 응모를 할 때에 예측정보 중 중요사항에 관하여 거짓의 기재·표시가 있거나 중요사항이 기재·표시되지 아니한 사실을 알지 못하였으며 ② 배상책임주체에게 그 기재 또는 표시와 관련하여 고의 또는 중대한 과실이 있었음을 모두 증명한 경우에는 배상책임주체의 배상책임이 발생한다(법 제142조 제 2 항 단서).

자본시장법은 공개매수신고서 등의 부실표시에 관한 손해배상책임의 발생요건 중 배상액에 관한 추정 규정을 두고 있다. 손해배상할 금액은 손해배상을 청구하는 소송의 변론이 종결될 때의 그 주식등의 시장가격(시장가격이 없는 경우에는 추정처분가격)에서 응모의 대가로 실제 받은 금액을 뺀 금액으로 추정된다(법 제142

1) 공개매수신고서 및 그 정정신고서는 물론 그 첨부서류, 공개매수공고 그리고 공개매수설명서를 포함한다.

2) 신고인의 특별관계자를 포함하며, 신고인이 법인인 경우 그 이사를 포함한다(법 제142조 제 1 항 본문).

3) 일정한 사항이란 ① 그 기재 또는 표시가 예측정보라는 사실이 밝혀져 있을 것, ② 예측 또는 전망과 관련된 가정 또는 판단의 근거가 밝혀져 있을 것, ③ 그 기재 또는 표시가 합리적 근거 또는 가정에 기초하여 성실하게 행하여졌을 것, 그리고 ④ 그 기재 또는 표시에 대하여 예측치와 실제 결과치가 다를 수 있다는 주의문구가 밝혀져 있을 것을 말한다(법 제142조 제 2 항 각 호).

조 제3항). 그러나 배상액의 추정조항에도 불구하고 공개매수신고서 등의 부실표시를 이유로 배상책임을 질 자가 응모주주가 입은 손해액과 부실표시 간의 인과관계의 부존재를 증명한 경우, 즉 응모주주의 손해액의 전부·일부가 중요사항에 관하여 거짓의 기재·표시가 있거나 중요사항을 기재·표시하지 아니함으로써 발생한 것이 아님을 증명한 경우에는 해당 배상책임주체는 그 부분에 대하여 배상의 책임을 지지 않는다(법 제142조 제4항).

공개매수신고서 등의 부실표시에 따른 배상책임은 응모주주가 해당 사실을 안 날부터 1년 이내 또는 해당 공개매수공고일부터 3년 이내에 청구권을 행사하지 아니한 경우에는 소멸한다(법 제142조 제5항).

### 2. 의결권 행사의 제한

자본시장법상의 공개매수의무(법 제133조 제3항) 및 공개매수공고 및 공개매수신고서 제출의무(법 제134조)를 위반하여 주식등의 매수등을 한 경우 그 날로부터 그 주식 및 그 주식등과 관련한 권리행사 등으로 취득한 주식을 포함하여 이에 대한 의결권 행사가 금지된다(법 제145조).

### 3. 위반분에 대한 처분명령1)

금융위원회는 공개매수의무(법 제133조 제3항) 및 공개매수공고 및 공개매수신고서 제출의무(법 제134조)를 위반하여 주식등의 매수등을 한 경우 위반한 주식(그 주식 및 그 주식등과 관련한 권리행사 등으로 취득한 주식을 포함)에 대한 6개월 이내의 기간을 정하여 처분을 명할 수 있다(법 제145조).

### 4. 기타 실효성 확보장치

금융위는 투자자 보호를 위하여 필요한 경우 공개매수자 등 관계인에게 참고자료의 제출을 명하거나 금감원으로 하여금 장부·서류, 물건 등을 조사하게 할 수 있다(법 제146조 제1항). 또한 ① 공개매수공고 또는 법 제136조 제5항의 공고를 하지 아니한 경우, ② 공개매수신고서, 정정신고서 또는 공개매수결과보고서를

---

1) 한편 공개매수 의무를 위반한 주식취득행위의 사법적 효력이 의문스러울 수 있으나, 의무공개매수 규정에 위반한 경우에 대한 자본시장법 제145조의 의결권제한 및 처분명령은 사법적 효력이 있다는 것을 전제한다는 견해가 있다. 임재연(2019), 579면 및 604면 각주 68.

제출하지 아니한 경우, ③ 공개매수공고, 공개매수신고서, 정정신고서, 법 제136조 제 5 항의 공고 또는 공개매수결과보고서 중 중요사항에 관하여 부실표시가 있는 경우 등의 경우, 금융위원회는 공개매수자, 공개매수자의 특별관계자 또는 공개매수사무취급자에 대하여 그 사실을 공고하고 정정을 명할 수 있으며, 필요한 때에는 그 공개매수를 정지 또는 금지하거나 1년의 범위에서 공개매수의 제한(공개매수자와 공개매수자의 특별관계자만 해당) 등 일정한 조치[1]를 할 수 있다(법 제146조 제 2 항, 시행령 제152조).

## 제 2 절 대량보유보고제도

〈사 안〉

(1) 사실관계[2]

甲 그룹의 창업주 A의 막내 동생인 B가 대량보유(변동)보고의무를 회피하면서 乙 회사(주권상장법인)의 주식을 취득하고자 丙 투신이 운용하는 사모단독펀드와 丁 자산운용이 운용하는 3개의 사모뮤추얼펀드를 통하여 주식을 대량 매집하였다.

(매수경과)

- B가 경영하는 戊 회사 등 9개사는 2003. 7. 24.-2003. 8. 18.의 기간 중에 乙 회사 주식의 16.20%를 장내·외에서 매수한 후, 사모주식투자신탁 및 사모증권투자회사(뮤추얼펀드)를 통하여 乙 회사 주식 20.63%를 매수하였다.
- B는 丙 투신이 운용하는 사모주식투자신탁(B가 이의 단독수익자임)을 통하여 2003. 10. 7.-2003. 10. 28.의 기간 중에 乙 회사 주식 12.82%를 매수하였다.
- 戊 회사의 계열회사인 戊1 회사는 丙 투신의 사모주식투자신탁을 통하여 2003. 10. 27.-2003. 11. 4.의 기간 중 乙 회사 주식 2.32%를 장내매수 후 전량매도 하였다.
- 戊 회사와 戊1 회사가 99% 이상 출자한 증권투자회사인 3개 뮤추얼펀드는 2003. 10. 29.-2003. 11. 10.의 기간 중 7.81%를 장내매수하였다.
- 이후 戊 회사 및 그 특수관계인인 戊2 회사는 위탁자계좌를 통하여 2003. 11. 11.-2003. 12.

1) 시행령은 ① 1년의 범위에서 공개매수의 제한(공개매수자와 공개매수자의 특별관계자만 해당), ② 1년의 범위에서 공개매수사무 취급업무의 제한(공개매수사무취급자만 해당), ③ 임원에 대한 해임권고, ④ 법을 위반한 경우에는 고발 또는 수사기관에의 통보, ⑤ 다른 법률을 위반한 경우에는 관련기관이나 수사기관에의 통보, ⑥ 경고 또는 주의를 규정한다(시행령 제152조).

2) 2000년대 초반의 사건으로 사실관계에서 집합투자기구 명칭 등은 당시의 것을 사용하였다.

30. 기간 중에 乙 회사 주식 13.27%를 추가 장내매수하였다.
- 이로써 2003. 12월말 현재 양측의 지분현황은 戊 회사 측이 50.14%에 이르고 戊 회사의 현 경영진 측은 30.84%(자사주 제외)에 이르는 상황이다.

丙 투신이 2003. 11. 4.자로 乙 회사 주식 12.82%의 보유사실을 보고하자 B가 丙 투신이 운용하는 펀드의 단독수익자라는 언론보도가 났다. 이후 2003. 11. 14.자에 B의 또 다른 특수관계인인 戊 회사 측이 대량보유(변동)보고를 하였으나 戊 회사의 보고는 특별관계자에 관한 내용 및 세부변동내역 등 중요사항이 부실기재된 보고로 판명되었다. 기타 다른 대량보유(변동)보고는 없었다.

(2) 문 제

위 乙 회사의 주식에 관한 취득행위는 모두 乙 회사의 경영권 획득의 목적을 가지고 행해진 일련의 행위라고 하자. 자본시장법상 대량보유보고의무에 비추어 상황을 판단하시오.

가. 丙 투신이 운용하는 사모단독펀드(신탁형으로서 B가 단독수익자)를 통해 취득한 주식에 관한 보고의무는 누가 부담하는가?

나. B의 특별관계자 또는 공동보유자는 위의 사안에서 누구인가?

다. 만일 B가 대량보유(변동)보고 위반을 하였다고 할 경우 금융위원회가 할 수 있는 조치는 어떠한 것들이 있는가?

〈참고사항〉

1. 대량보유보고제도에서 보고의무자는 주식등의 소유자에 한정되지 않으며 소유에 준하는 보유자로 확대된다(법 제147조 제 1 항, 시행령 제142조).
2. 대량보유보고의무의 특별관계자는 특수관계인과 공동보유자로 구성된다(시행령 제141조).

## Ⅰ. 대량보유보고제도의 취지

주식등의 대량보유상황의 보고제도의 취지는 기업지배권 시장의 공정한 경쟁을 위하여 일정비율 이상의 주식 취득 및 변동 내용을 신속하게 공시하게 함으로써 음성적인 주식매집을 방지하고 경영권에 대한 불공정한 침탈을 방지함은 물론 시장에 대해서는 이와 관련된 정보의 전달과 매매의 공정한 기회를 제공하려는 것으로,[1] 대량보유보고제도 또는 '5% 룰(Rule)'로 불린다.

대량보유보고제도에 따라서, 주권상장법인[2]의 주식등을 5% 이상 대량보유하

1) 임재연(2019), 611면.

2) 주권상장법인은 ① 증권시장에 상장된 주권을 발행한 법인 또는 ② 주권과 관련된 증권예탁증권이 증권시장에 상장된 경우에는 그 주권을 발행한 법인을 말한다(법 제 9 조 제15항 제 3 호). 증권시장은 증권의 매매를 위하여 거래소가 개설하는 시장을 지칭하므로(법 제 8 조의2 제 4 항 제 1 호) 다자간매매체결회사를 통하여 거래되는 증권을 발행한 법인은 주권상장법인에 해당하지 아니한다.

게 되거나 그 후 보유비율이 1% 이상 변동된 경우 또는 보유목적이나 중요사항이 변경된 경우 그 자는 그 변동된 날부터 5일 이내에 그 보유상황, 변동·변경내용을 금융위원회와 거래소에 보고할 의무가 있다(법 제147조 제 1 항).

## Ⅱ. 대량보유 등 보고의 종류 및 기준

### 1. 신규보고

주권상장법인의 주식등(법 제234조 제 1 항에 따른 상장지수집합투자기구인 투자회사의 주식은 제외한다)을 대량보유(본인과 그 특별관계자가 보유하게 되는 주식등의 수의 합계가 그 주식등의 총수의 5% 이상인 경우)하게 된 자는 그 날부터 5일(일정한 날[1]은 불산입) 이내에 그 보유상황, 보유 목적, 그 보유 주식등에 관한 주요계약내용 등의 사항을 금융위원회와 거래소에 보고하여야 한다(법 제147조 제 1 항).[2] 이 경우 보유목적이란 발행인의 경영권에 영향을 주기 위한 목적인지의 여부를 말한다.

### 2. 변동보고

그 보유 주식등의 수의 합계가 그 주식등의 총수의 1% 이상 변동된 경우(그 보유 주식등의 수가 변동되지 아니한 경우 등 제외)에는 그 변동된 날부터 5일 이내에 그 변동내용을 금융위원회와 거래소에 보고하여야 한다(법 제147조 제 1 항).[3]

예컨대 주식대여자가 주식 소유권을 차입자에게 이전하고 대차거래기간 종료 후 차입자가 동종 동량의 주식을 반환하기로 약정하는 주식대차거래(소비대차계약에 해당)의 경우, 대여자는 그 보유형태가 실질소유 등에서 인도청구권으로 변경되므로 보유형태 변경보고의 대상으로 되며, 차입자는 차입주식의 소유권을 취득하므로 신규로 변동보고의무를 부담한다.[4]

---

1) 공휴일, 「근로자의 날 제정에 관한 법률」에 따른 근로자의 날 및 토요일을 말한다(시행령 제153조 제 1 항).

2) 신규보고와 변동보고에서 그 보유 목적이 발행인의 경영권에 영향을 주기 위한 것(임원의 선임·해임 또는 직무의 정지, 이사회 등 회사의 기관과 관련된 정관의 변경 등 대통령령으로 정하는 것을 말한다)이 아닌 경우와 전문투자자 중 대통령령으로 정하는 자의 경우에는 그 보고내용 및 보고시기 등을 대통령령으로 달리 정할 수 있다(법 제147조 제 1 항 제 2 문).

3) 미국에서는 신규·변동의 경우 모두 10일 이내에 보고하고, Sarbanes-Oxely Act 이후에는 1% 변동 또는 중요사항 변경 시 즉시(promptly) 보고할 것으로 개정된 바 있다.

4) 금융감독원(2018), 380면.

### 3. 변경보고의 원인

주식등의 대량보유 등의 보고를 한 자는 그 보유 목적이나 그 보유 주식등에 관한 주요계약내용 등 중요한 사항의 변경이 있는 경우 5일 이내에 금융위원회와 거래소에 보고하여야 한다(법 제147조 제4항).

① **보유목적을 변경한 경우** 보유목적이 단순투자목적에서 경영참가목적으로 변경되거나 또는 그 반대의 경우에도 변경보고의무가 발생한다(시행령 제155조 제1호).

② **보유주식 등에 관한 주요계약 내용에 변경이 있는 경우** 보유주식 등에 대한 신탁·담보·대차계약 등 주요계약을 체결한 경우로서 해당 계약의 대상인 주식등의 수가 그 주식등의 총수의 100분의 1 이상인 경우에 변경보고의무가 발생한다(시행령 제155조 제2호).

③ **보유형태의 변경이 있는 경우** 주식등의 보유형태가 보유에서 소유로 변경되거나 소유에서 보유로 변경된 경우로서 그 보유 형태가 변경되는 주식등의 수가 그 주식등의 총수의 100분의 1 이상인 경우에 변경보고의무가 발생한다(시행령 제155조 제3호). 예컨대 보유하던 주식을 대여해 줌으로써 보유형태가 소유에서 보유(주식에 대한 인도청구권)로 변경되거나 주식매수선택권을 행사하여 기존의 보유형태에서 소유형태로 변경된 경우가 이에 해당한다.

## Ⅲ. 보고의무 발생의 요건

### 1. 주식등의 범위(시행령 제139조[1])

대량보유보고의무가 발생될 수 있는 주식등은 다음의 증권을 말한다.

> 1. 주권상장법인이 발행한 증권
> 가. 주권
> 나. 신주인수권이 표시된 것
> 다. 전환사채권
> 라. 신주인수권부사채권

1) 대량보유보고의무에 관한 주식등의 수 및 주식등의 총수에 관하여는 시행규칙에서 정하고 있다(법 제147조 제2항, 시행규칙 제17조).

마. 가목부터 라목까지의 증권과 교환을 청구할 수 있는 교환사채권
바. 가목부터 마목까지의 증권을 기초자산으로 하는 파생결합증권(권리의 행사로 그 기초자산을 취득할 수 있는 것만 해당)
2. 주권상장법인 외의 자가 발행한 증권
가. 상기 증권과 관련된 증권예탁증권
나. 상기 증권이나 가목의 증권과 교환을 청구할 수 있는 교환사채권
다. 상기 증권이나 가목·나목의 증권을 기초자산으로 하는 파생결합증권(권리의 행사로 그 기초자산을 취득할 수 있는 것만 해당)

이처럼 권리행사에 따라 기초자산을 취득하게 되는 것이 아닌, 차액을 현금결제하는 주식연계증권(ELS), 주식워런트증권(ELW)은 대량보유 보고대상인 '주식등'에 해당하지 않는다. 또한 시행령 제139조에 의하면 장외파생상품의 일종인 총수익스왑약정(total return swap: TRS) 역시 대량보유보고의무가 발생될 수 있는 '주식등'에 해당한다고 보기 어렵다.

## 2. 소유 및 소유에 준하는 보유

〈사 안〉

1. 사채업자 A는 B에게 대출한 대출금의 담보로 B가 소유한 주식을 제공받으면서 주권을 교부받았다(주식의 명의개서는 하지 않음). 그러나 교부받은 주식에 관한 의결권을 포함한 주주로서의 모든 권리를 차입자인 A가 행사하며 대출금의 변제도 담보주식의 소유권을 A에게 귀속시키거나 이를 처분하여 충당하는 방법으로 하기로 약정하였다.
A는 위 주식에 관한 소유권을 취득하였다고 볼 수 있는가? A가 소유권을 취득하지 않았다고 볼 경우 자본시장법상 대량보유보고의무를 부담하는가?
2. 甲 주식회사는 자사의 명의로 乙 회사(주권상장법인)의 주식을 매수하였다. 또한 甲 회사가 페이퍼컴퍼니 형태로 세운 丙 회사의 명의로도 乙 회사의 주식을 매수하였는데 甲 회사가 丙 회사의 자산운용회사로 등록되어 있다. 甲 회사 명의로 매수된 乙 회사 주식의 수와 丙 회사 명의로 매수된 乙 회사 주식의 수를 합하면 乙 회사의 발행주식 총수의 5%가 넘는다.
문1) 이 경우 甲 회사에게 대량보유보고의무가 발생하는가?
문2) 甲 회사에게 대량보유의무가 발생하였으나 보고를 하지 않은 경우, 대량보유의무 위반사실을 사기적 부정거래로 볼 수 있겠는가?
3. A는 구 회사정리절차 진행 중이던 甲 주식회사의 M&A 과정에서 발행되는 신주 2천만주를 인

수하게 됨을 기화로, 인수하기로 한 신주물량을 고가 처분할 수 있도록 하기 위하여 그 방법으로 구주의 주가를 높이기로 B, C, D와 순차 공모하였다. A는 B와 함께 주식처분을 담당하기로 하고 C와 D는 시세조종자금 마련 및 구주 가격을 상승시키는 매매주문을 실행하였다. A는 2003. 4. 25.-2003. 8. 18.까지 사채업자 등으로부터 주식담보대출로 마련한 52억9천만원 상당의 자금으로 20개의 관리계좌를 이용하여 甲 회사의 주식 3백만주를 매수하고 120만주를 매도하는 과정에서, 2003. 7. 2자에 A는 B, C, D와 공동으로 甲 회사의 주식 6만주를 취득함으로써 그동안 보유하던 주식을 포함하여 37만주(5.15%)를 보유하게 되었다.

A는 대량보유보고의무를 지는가? A는 자신은 주식매매 상황을 파악하고는 있었으나 매매를 직접 하지 않았으며 자신의 명의로 주식매매용 자금을 사채업자로부터 대출받았을 뿐이므로 자신은 의무위반이 아니라고 항변한다.

〈참고사항〉

1. A는 형식적인 계약서의 문언에도 불구하고 주식의 소유권을 확정적으로 취득하였다고 볼 수 있고 그렇지 않다고 하더라도 담보계약에 의하여 의결권을 가지는 경우로서 증권의 '보유'에 해당한다고 볼 수 있다(대법원 2002. 7. 22. 선고 2002도1696 판결).
2. 문 1) 자본시장법시행령 제142조의 '보유'개념에 해당하는지를 검토하라.
   문 2) 대량보유의무 위반 제도와 사기적 부정거래 위반제도의 취지가 동일하지 않으므로 두 규정은 법조경합의 관계에 있지 않다(서울중앙지방법원 2009. 1. 22. 선고 2008고합567 판결).
3. A의 경우 '자신의 계산으로 주식등을 소유하는 경우'에 해당하며 B, C, D와 시세조종을 공모한 경우로서 공동보유자에 해당한다(서울고등법원 2006. 5. 11. 선고 2005노326 판결).

자본시장법이 규정하는 소유에 준하는 보유의 개념은 다음과 같다(법 제133조 제3항, 시행령 제142조).

1. 누구의 명의로든지 자기의 계산으로 주식등을 소유하는 경우
   - 예컨대 차명으로 주식을 소유하는 경우
2. 법률의 규정이나 매매, 그 밖의 계약에 따라 주식등의 인도청구권을 가지는 경우
   - 매매계약을 체결하고 이행기가 미도래한 경우 등
3. 법률의 규정이나 금전의 신탁계약·담보계약, 그 밖의 계약에 따라 해당 주식등의 의결권(의결권의 행사를 지시할 수 있는 권한을 포함) 또는 해당 주식등의 취득이나 처분의 권한을 가지는 경우
   - 특정금전신탁을 통하여 주식을 취득할 경우 등
4. 법률의 규정이나 금전의 신탁계약·담보계약·투자일임계약, 그 밖의 계약에 따라 해당 주식등의 취득이나 처분의 권한을 가지는 경우
5. 주식등의 매매의 일방예약을 하고 해당 매매를 완결할 권리를 취득하는 경우로서

그 권리행사에 의하여 매수인으로서의 지위를 가지는 경우
- 매수에 관한 예약완결권을 갖는 경우

6. 주식등을 기초자산으로 하는 파생상품에 따른 계약상의 권리를 가지는 경우로서 그 권리의 행사에 의하여 매수인으로서의 지위를 가지는 경우
   - 콜옵션을 갖는 경우
7. 주식매수선택권을 부여받은 경우로서 그 권리의 행사에 의하여 매수인으로서의 지위를 가지는 경우
   - 주식매수선택권의 행사로 신주 또는 자기주식을 교부받거나 시가와 행사가격의 차이에 해당되는 자기주식을 교부받기로 한 경우. 그러나 시가와 행사가격의 차이를 현금으로 교부받기로 하는 경우에는 보유지분 산정에서 제외된다.

총수익스왑약정(TRS)은 위험매수인인 스왑매수인과 위험매도인인 스왑매도인이 존재하는 거래로, 거래의 결과 기초자산(준거자산)의 소유권 귀속외면과 그 경제적 실질이 달라지게 되어[1] 실정법상 여러 제재를 회피하기 위하여 이용될 여지가 적지 않다. TRS의 속성을 면밀히 살필 경우 최소한 현물결제형 TRS는 자본시장법상 대량보유보고의무 대상에 해당하는 것으로 판단할 여지가 있다.[2]

### 3. 특별관계자의 범위(시행령 제141조)

〈사 안〉

1. A가 각각 30% 이상 출자한 甲, 乙, 丙 3개의 주식회사가 상장법인인 丁 주식회사의 주식을

1) 관련 문헌으로, 김희준, "TRS 거래에 관한 법적 연구—유형화를 통한 규제방안 마련을 중심으로," 상사판례연구 제31집 제 3 권, 한국상사판례학회(2018); 임정하, "총수익스왑약정과 자본시장법상 대량보유보고규제," 증권법연구 제18권 제 1 호, 한국증권법학회(2017); 이상훈, "TRS거래를 이용한 경영권 방어행위의 적법성," 경제개혁이슈 2016-8호, 경제개혁연대(2016. 10. 28.); 이정두, "지분공시제도의 투명성을 해치는 TRS 약정의 편법적 악용 가능성에 대한 소고," 상장 2015년 2월호(2015. 2.) 등.

2) 임정하, "총수익스왑약정과 자본시장법상 대량보유보고규제," 증권법연구 제18권 제 1 호(2017), 83면; 김희준, "TRS 거래에 관한 법적 연구," 상사판례연구 제31집 제 3 권(2018. 9), 361면 등; 2015년 삼성물산과 제일모직의 합병을 다툰 엘리엇이 증권회사들과 체결한 TRS 계약을 통하여 삼성물산 지분을 추가매입한 사건에서, 증권선물위원회는 엘리엇이 주식등의 대량보유보고의무를 위반하였다고 판단하여 검찰에 통보하였다. 매일경제, "檢, 엘리엇 전격수사"(2018. 5. 2.).

각각 3%씩 매수하여 보유하게 된 경우, A는 직접 丁 주식회사의 주식등을 갖고 있지 않더라도 변동보고의무가 발생하는가?

2. 특수관계인에 해당되지 않는 甲 주식회사와 乙 주식회사가 상장법인인 丙 회사의 주식을 각각 3% 및 4%씩 보유하고 있다. 이 상태에서 甲·乙 두 회사가 연합하여 丙 회사의 경영권에 영향을 주는 행위를 하고자 할 경우, 甲·乙 회사에게 보고의무가 발생하는가? 이후 甲 회사와 乙 회사 간에 丙 회사의 경영권에 영향을 주는 것을 그만두기로 한 경우에 변동보고의무가 발생하는가?

〈참고사항〉

1. A와 甲·乙·丙 주식회사는 특수관계인에 해당하므로 이들 모두에 대하여 보고의무가 발생한다. 이 경우 보고방법은 甲·乙·丙 주식회사 중 1인을 대표보고자로 선정하고 나머지는 연명으로 보고한다.
2. 甲 회사와 乙 회사는 공동보유자에 해당하므로 보고의무가 발생하며 공동보유관계가 해소되는 경우에도 특별관계의 해소를 사유로 하여 변동보고를 하여야 한다.

### (1) 특별관계자

대량보유보고의무 발생 여부를 판단함에 있어서, 본인이 보유하는 주식등의 수에 추가하여 이에 합산하여야 하는 본인의 '특별관계자'의 범위에는 특수관계인과 공동보유자가 있다(시행령 제141조). 특수관계인의 범위는 지배구조법 제2조 제6호 가목, 시행령 제3조를 참조하여야 하며 공동보유자의 정의는 자본시장법 시행령 제141조에 있다.

공동보유자란 본인 또는 그 특별관계자가 아니어도 본인과 합의 또는 계약 등에 의하여 공동으로 주식등을 취득하거나 처분하는 행위 등을 할 것을 합의한 경우 그러한 자를 말하며, 공동보유자로 판명될 경우 본인의 대량보유보고의무가 발생하였는지의 여부를 판단하는 주식등의 수에 합산하여야 한다. 이 경우 합의 또는 계약은 계약서와 같은 서면에 의할 필요는 없으며 구두의사의 합치로도 충분하다.[1] 자본시장법 시행령은 공동보유자를 다음과 같이 정의한다(시행령 제141조 제2항).

1. 주식등을 공동으로 취득하거나 처분하는 행위
2. 주식등을 공동 또는 단독으로 취득한 후 그 취득한 주식을 상호양도 또는 양수하는 행위

1) 금융감독원(2018), 358면

3. 의결권(의결권의 행사를 지시할 수 있는 권한을 포함)을 공동으로 행사하는 행위

### (2) 국가 등의 보고의무자 포함

자본시장법은 구 증권거래법에 의해 보고의무가 면제되던 국가, 지방자치단체, 증권금융회사, 예금보험공사 및 정리금융회사, 한국자산관리공사 등 각종 공사, 신용보증기금 등 각종 기금 등을 보고의무자로 추가하였다(법 제147조 제 1 항 후단, 시행령 제154조 제 2 항, 규정 제3-14조). 그러나 전문투자자 중 대통령령으로 정하는 자의 경우 그 보고내용 및 보고시기 등을 대통령령으로 달리 정할 수 있으며(법 제147조 제 1 항 후단, 시행령 제154조 제 2 항·제 3 항·제 4 항), 발행회사가 소유하는 자기주식은 해석상 종전과 마찬가지로 보고의무가 면제된다.[1]

## 4. 경영권에 영향을 주기 위한 행위의 범위

주식등의 대량보유 등의 보유 규제와 관련하여 '보유 목적이 발행인의 경영권에 영향을 주기 위한 것'이란 아래의 일정한 사항 중 어느 하나에 해당하는 것을 위하여 회사나 그 임원에 대하여 사실상 영향력을 행사하는 것을 말한다(법 제147조 제 1 항 후단, 시행령 제154조 제 1 항).

1. 임원의 선임·해임 또는 직무의 정지
2. 이사회 등 회사의 기관과 관련된 정관의 변경
3. 회사의 자본금의 변경
4. 회사의 배당의 결정[2]
5. 회사의 합병, 분할과 분할합병
6. 주식의 포괄적 교환과 이전
7. 영업전부의 양수·양도 또는 금융위원회가 정하여 고시하는 중요한 일부의 양수·양도
8. 자산 전부의 처분 또는 금융위원회가 정하여 고시하는 중요한 일부의 처분
9. 영업전부의 임대 또는 경영위임, 타인과 영업의 손익 전부를 같이하는 계약, 그 밖에 이에 준하는 계약의 체결, 변경 또는 해약
10. 회사의 해산

1) 금융감독원(2018), 425면.
2) 다만, 시행령 제10조 제 3 항 제12호에 해당하는 자, 즉 법률에 따라 설립된 기금(제10호·제

이 경우 사실상 영향력을 행사한다는 의미에는 상법 또는 그 밖의 다른 법률에 따라 주주제안권(상법 제363조의2), 소수주주에 의한 소집청구(상법 제366조)에 따른 권리를 행사하거나 이를 제3자가 행사하도록 하는 경우가 포함된다(법 제147조 제1항 후단). 현행법상 사실상 영향력을 행사한다는 의미가 광범위하다보니 국민연금 등 기관투자자가 스튜어드십코드에 따른 적극적 주주권 행사를 할 경우에도 현행법상 대량보유보고의무를 이행하여야 할 경우가 있으므로 향후 제도 개선이 필요하다.

## Ⅳ. 보고의무기한

〈사 안〉

2019. 2. 1.자로 증권시장에서 甲 주식회사의 주식 5%를 경영권 취득 목적으로 보유하고자 A가 제출한 주식매수주문이 체결된 경우 자본시장법상 보고의무기한은 언제인가?

〈참고사항〉

2019년 2월의 경우 토요일(2일) 및 공휴일(3일, 4일, 5일, 6일)을 제외한 뒤 보고의무 발생일인 2. 1.의 익일부터 5일째(토요일인 9일 및 일요일인 10일 제외)가 되는 날(14일)이 보고의무를 이행하여야 할 보고의무기한이 된다.

### 1. 보고의무기한의 원칙

대량보유보고기한은 원칙적으로 주권상장법인의 주식등을 신규로 보유하게 된 경우에는 그 날부터 5일 이내이며, 그 보유 주식등의 수의 합계가 그 주식등의 총수의 1% 이상 변동되어 변동보고를 해야 할 경우에는 그 변동된 날부터 5일 이내에 금융위원회와 거래소에 보고하여야 한다(법 제147조 제1항).[1] 주식등의 대량보유상황·보유목적 또는 그 변동내용을 보고하는 날 전일까지 새로 변동내용을 보고하여야 할 사유가 발생한 경우 새로 보고하여야 하는 변동내용은 당초의 대량보유상황, 보유목적 또는 그 변동내용을 보고할 때 이를 함께 보고하여야 한다

11호는 제외) 및 그 기금을 관리·운용하는 법인이 하는 경우에는 적용하지 아니한다(시행령 제154조 제1항 제4호 단서).

1) 주식등의 대량보유자가 주식등의 보유상황이나 변동내용을 보고하여야 하는 경우 세부적인 보고기준일에 대하여는 시행령 제153조 제3항을 참조.

(법 제147조 제 3 항).

### 2. 보고의무기한 특례

신규보고는 보고의무 발생일로부터 5일 이내에 해야 하나 단순투자 목적으로 보유하는 자의 경우 변동보고는 그 보유 상황에 변동이 있었던 달의 다음달 10일까지 하면 된다. 국가·지방자치단체·연기금 등 대량보유 등의 보고에 대한 특례가 적용되는 전문투자자(법 제147조 제 1 항, 시행령 제154조 제 2 항, 규정 제3-14조)는 보고의무 발생일이 속하는 분기의 다음달 10일까지 신규보고 또는 변동보고를 할 수 있다(시행령 제154조 제 4 항). 이 경우에도 다음달 10일이 토요일이나 공휴일에 해당하는 경우에는 그 익일까지 보고하면 된다.

## V. 냉각기간제도

〈사 안〉[1]

2016. 4. 29.자로 경영참가 목적으로 의결권 있는 발행주식 총수의 5% 이상의 주식을 장내매수하고 5. 4.자로 보고를 한 경우 냉각기간은 언제부터 언제까지인가?

〈참고사항〉

자본시장법 제150조 제 2 항에 의하면 냉각기간은 2016. 4. 30.부터 2016. 5. 12.까지이다. 5.5.(공휴일), 5. 7.(토요일), 5. 8.(공휴일)을 제외하고 산정하기 때문이다.

경영참가 목적으로 주식등을 5% 이상 신규취득하거나 단순투자 목적으로 보고한 5% 이상의 주식등 보유자가 그 보유목적을 경영참가로 바꾸는 경우에는 보고사유 발생일로부터 보고한 날 이후 5일까지 해당 주식등의 추가취득이나 의결권 행사를 금지한다.

주식등의 추가취득이나 의결권 행사를 금지하는 기간을 소위 냉각기간이라 한다. 이러한 냉각기간을 인정하는 이유는 보고의무 이행 후 즉시 권리행사가 가능하게 되면 보고제도의 실익(경영권 위협을 위한 취득의 경우 현 경영진 등의 경영권 방어를 위하여 대처하기 위한 시간의 확보)이 없어지기 때문이다.

냉각기간의 개시일은 그 보고하여야 할 사유가 발생한 날부터 보고한 날 이

---

1) 금융감독원(2018), 358면.

후 5일까지이다(법 제150조 제 2 항). 냉각기간 중 추가취득 금지를 위반하여 주식등을 추가로 취득한 자는 그 추가취득분에 대해 의결권을 행사할 수 없으며, 금융위원회는 6개월 이내의 기간을 정하여 그 추가취득분의 처분을 명할 수 있다(법 제150조 제 3 항).

## Ⅵ. 보고의무 위반의 효과

### 1. 의결권 행사의 제한 및 위반분의 처분명령

대량보유보고의무를 이행하지 않거나 중요사항[1)]을 거짓보고 또는 그 기재를 누락한 자는 일정기간 동안 의결권 있는 발행주식 총수의 5%를 초과하는 부분 중 위반분에 대하여 그 의결권을 행사하는 것이 금지되며, 또한 금융위원회는 6개월 이내의 기간을 정하여 그 위반분의 처분을 명할 수 있다(법 제150조 제 1 항).

이 경우 의결권 행사가 제한되는 기간은, 고의나 중과실로 대량보유보고를 하지 아니하거나 중요사항을 거짓보고 또는 기재누락을 한 경우에는 해당 주식등의 매수등을 한 날부터 그 보고(그 정정보고를 포함)를 한 후 6개월이 되는 날까지의 기간이다(시행령 제158조).[2)]

대량보유보고 시에 주식등의 보유 목적을 발행인의 경영권에 영향을 주기 위한 것으로 보고하는 자는 그 보고하여야 할 사유가 발생한 날부터 보고한 날 이후 5일까지 그 발행인의 주식등을 추가로 취득하거나 보유 주식등에 대하여 그 의결권을 행사할 수 없다(법 제150조 제 2 항). 추가취득 금지의무에 위반하여 추가취득한 자는 그 추가취득분에 대하여 그 의결권을 행사할 수 없으며, 금융위원회는 6개월 이내의 기간을 정하여 그 추가취득분의 처분을 명할 수 있다(법 제150조 제 3 항).

---

1) 시행령 제157조는 대량보유보고의무대상인 중요한 사항으로 다음 사항을 규정하고 있다. 대량보유자와 그 특별관계자에 관한 사항, 보유 목적, 보유 또는 변동 주식등의 종류와 수, 취득 또는 처분 일자, 보유 주식등에 관한 신탁·담보계약, 그 밖의 주요계약 내용.

2) 그 외의 또 다른 '의결권 행사 제한기간'으로 '법 및 이 영, 그 밖의 다른 법령에 따라 주식등의 대량보유상황이나 그 변동·변경내용이 금융위원회와 거래소에 이미 신고되었거나, 정부의 승인·지도·권고 등에 따라 주식등을 취득하거나 처분하였다는 사실로 인한 착오가 발생하여 대량보유보고가 늦어진 경우에는 해당 주식등의 매수등을 한 날부터 그 보고를 한 날까지의 기간'을 두고 있다(시행령 제158조 제 2 호).

### 2. 기타의 위반효과

금융위원회는 필요한 경우 대량보유보고서를 제출한 자, 그 밖의 관계인에 대하여 자료제출명령을 할 수 있으며 금융감독원장에게 그 장부·서류, 그 밖의 물건을 조사하게 할 수 있다(법 제151조 제 1 항). 또한 금융위원회는 대량보유보고서에 중요사항 누락 등 문제가 있는 경우 그 보고서에 대하여 정정명령을 할 수 있으며 필요한 때에는 거래를 정지 또는 금지하는 등[1]의 조치를 할 수 있다(법 제151조 제 2 항).

또한 대량보유보고의무를 위반하거나 금융위원회의 처분명령이나 조치를 위반한 자는 형사처벌 대상이 된다(법 제444조 내지 제446조). 보고의무위반을 구성하는 위법행위는 보고의무의 불이행이라는 계속범의 성격을 가지므로 형사처벌과 관련하여 공소시효는 최종적인 보고의무위반시점(범죄종료시점)부터 기산하게 된다.[2]

## Ⅶ. 다른 제도와의 비교

주식등의 대량보유상황의 보고의무를 임원·주요주주의 특정증권 소유상황 보고의무와 비교하면 다음 〈표 7-1〉과 같다.

임원·주요주주의 특정증권 소유상황 보고의무의 위반과 달리, 대량보유상황 보고의무를 위반한 자에 대하여 금융위원회는 위반분의 처분명령 또는 필요한 경우 거래의 정지·금지, 임원에 대한 해임권고 등의 조치를 할 수 있다(법 제150조 제 1 항·제151조 제 2 항, 시행령 제159조).

---

1) 금융위원회는 ① 임원에 대한 해임권고, ② 법을 위반한 경우에는 고발 또는 수사기관에의 통보, ③ 다른 법률을 위반한 경우에는 관련기관이나 수사기관에의 통보, ④ 경고 또는 주의의 조치도 할 수 있다(시행령 제159조).

2) 임재연(2019), 465면.

**표 7-1 세부내용의 비교[1]**

| 구 분 | 주식등의 대량보유상황보고(5%보고) | 임원·주요주주의 특정증권소유상황 보고 |
|---|---|---|
| 근거법규 | 법 제147조 | 법 제173조 |
| 보고목적 | 경영권 이전가능성 예측 | 내부자거래 방지 |
| 보고 의무자 | 주식등을 5% 이상 보유하게 된 자 | 임원(등기, 미등기 포함), 주요주주(10% 이상 소유자 또는 사실상의 지배주주) |
| 보고대상 증권 | 본인·특수관계인·공동보유자가 보유하는 주식등(의결권 있는 주식 및 신주인수권증서, CB, BW, EB) | 누구의 명의로 하든지 자기의 계산으로 소유하고 있는 특정증권등(주식, CB, BW, EB, DR 등) |
| 보고방법 | 본인과 그 특별관계자가 함께 연명보고 | 개별 보고 |
| 보고사유 | - 신규보고<br>• 주식등을 5% 이상 보유하게 된 경우<br>- 변동보고<br>• 보유주식 등이 1% 이상 변동된 경우<br>- 변경보고<br>• 보유목적·보유형태가 변경되거나 보유주식등에 관한 주요계약이 체결·변경된 경우 | - 신규보고<br>• 임원·주요주주가 된 경우<br>- 변동보고<br>• 소유특정증권등 수에 변동이 있는 경우<br>※ 변동수량이 1,000주 미만이고 그 취득 또는 처분금액이 1천만원 미만인 경우에는 보고의무가 면제[2]<br>• 소유증권의 종류가 변경되는 경우 |
| 보고기한 | 5일 이내(토요일, 공휴일 제외)<br>※ • 경영참가목적이 없는 자의 변동보고 기한: 익월 10일까지<br>• 일정범위의 전문투자자의 신규보고·변동보고기한: 분기의 익월 10일까지 | 5일 이내(토요일, 공휴일 제외)<br>※ • 주식배당 등 대통령령으로 정하는 부득이한 사유에 따른 변동보고 기한: 익월 10일까지<br>• 일정범위의 전문투자자의 변동보고기한: 분기의 익월 10일까지 |
| 위반시 제재 | - 중요사항 허위기재·미기재<br>• 5년 이하 징역 또는 2억원 이하 벌금<br>- 미보고<br>• 3년 이하 징역 또는 1억원 이하 벌금<br>- 금융위의 시정·처분명령 위반<br>• 1년 이하 징역 또는 3천만원 이하 벌금<br>- 조사기피·방해, 발행회사 사본송부 위반<br>• 5천만원 이하 과태료<br>- 금융위의 자료제출요구 불응<br>• 1천만원 이하 과태료 | - 증선위의 조사요구 불응<br>• 3년 이하 징역 또는 1억원 이하 벌금<br>- 허위보고·미보고<br>• 1년 이하 징역 또는 3천만원 이하 벌금 |

1) 금융감독원(2018), 465면.

2) 다만, 2013년 8월 시행령 개정으로 인하여, 직전 보고일 이후 증권선물위원회가 정하여 고

# 제 3 절 의결권 대리행사권유 규제

## Ⅰ. 의의 및 취지

의결권 대리행사권유제도는 의결권 행사를 위임받고자 하는 경우 피권유자인 주주에게 의결권 대리행사에 필요한 정보가 정확하게 제공되도록 권유절차·방법 등을 규정하고, 그 내용을 공시하도록 하는 제도이다.

주식소유가 분산된 대규모공개회사의 경우 소액주주들이 주주총회에 직접 참석하는 경우는 거의 없으므로 주주총회에서의 의결정족수를 성립시키려면 이들 소액주주들의 의결권을 누군가 대리행사하도록 할 필요가 있다. 의결권 대리행사권유(proxy solicitation)는 회사의 경영진이나 일부 주주가 주주총회에서 다수의 의결권을 확보할 목적으로 이루어지기도 한다.

## Ⅱ. 권유행위

### 1. 의결권 대리행사의 권유

자본시장법은 권유행위의 유형으로서 다음과 같은 유형들을 규정하고 있다(법 제152조 제 2 항).

1. 자기 또는 제 3 자에게 의결권의 행사를 대리시키도록 권유하는 행위
2. 의결권의 행사 또는 불행사를 요구하거나 의결권 위임의 철회를 요구하는 행위
3. 의결권의 확보 또는 그 취소 등을 목적으로 주주에게 위임장 용지를 송부하거나, 그 밖의 방법으로 의견을 제시하는 행위

다만 권유행위에 관한 위의 유형에 해당하더라도 상장주권의 발행인(그 특별관계자 포함)과 그 임원(그 특별관계자 포함) 이외의 자가 10인 미만의 피권유자에게

---

시하는 바에 따라 산정된 특정증권등의 변동 수량의 합계가 1천주 이상이거나 그 취득 또는 처분금액의 합계액이 1천만원 이상인 경우는 보고의무가 면제되지 아니한다(시행령 제200조 제 5 항 단서).

그 주식의 의결권 대리행사를 권유하는 경우 등[1]에는 자본시장법상의 규제대상인 의결권 대리행사의 권유로 보지 아니한다(시행령 제161조).[2]

## 2. 피권유자 및 권유대상 주식

피권유자는 해당 주주총회에서 의결권을 갖는 주주이므로 의결권 없는 주식을 소유한 주주는 피권유자가 될 수 없다(법 제152조 제1항). 권유대상 주식은 상장주식을 의미하므로 비상장법인의 주주총회에서 의결권 대리행사를 권유하는 경우 의결권 대리행사권유제도의 적용대상이 아니다(법 제152조 제1항).

## 3. 공공적 법인의 특례

국가기간산업 등 국민경제상 중요한 산업을 영위하는 일정한 상장법인인 공공적 법인[3]의 경우 그 공공적 법인만이 그 주식의 의결권 대리행사의 권유를 할 수 있다(법 제152조 제3항).

# Ⅲ. 위임장 용지·참고서류 관련 규제

## 1. 위임장 용지 및 참고서류의 작성

자본시장법에 따른 의결권 대리행사의 권유에 사용되는 위임장 용지는 주주총회의 목적사항 각 항목에 대하여 의결권피권유자가 찬반(贊反)을 명기할 수 있

1) 그 외에도 시행령은 ① 신탁, 그 밖의 법률관계에 의하여 타인의 명의로 주식을 소유하는 자가 그 타인에게 해당 주식의 의결권 대리행사의 권유를 하는 경우, 또는 ② 신문·방송·잡지 등 불특정 다수인에 대한 광고를 통하여 법 제152조 제2항 각 호의 어느 하나에 해당하는 행위를 하는 경우로서 그 광고내용에 해당 상장주권의 발행인의 명칭, 광고의 이유, 주주총회의 목적사항과 위임장 용지, 참고서류를 제공하는 장소만을 표시하는 경우에는 법 제152조의 의결권 대리행사의 권유 규제대상으로 보지 아니한다(시행령 제161조 제2호·제3호).

2) 이에 대하여 의결권 대리행사 권유에 관한 자본시장법의 규제가 적용되는 대상에 대해 10인 이상의 주주에 대한 것이면서도 동시에 보유주식이 발행주식 총수의 5% 이상인 경우로 적용대상을 제한하는 것이 바람직하다는 견해가 있다. 임재연(2019), 640면 각주 139.

3) 시행령은 공공적 법인의 범위에 관하여, ① 경영기반이 정착되고 계속적인 발전가능성이 있는 법인일 것, ② 재무구조가 건실하고 높은 수익이 예상되는 법인일 것, ③ 해당 법인의 주식을 국민이 광범위하게 분산 보유할 수 있을 정도로 자본금 규모가 큰 법인일 것의 요건을 모두 충족하는 법인 중에서 금융위원회가 관계 부처 장관과의 협의와 국무회의에의 보고를 거쳐 지정하는 법인으로 규정한다(시행령 제162조).

도록 하여야 하며(법 제152조 제 4 항), 의결권권유자는 위임장 용지에 나타난 의결권피권유자의 의사에 반하여 의결권을 행사할 수 없다(법 제152조 제 5 항).

위임장 용지는 의결권피권유자가 다음의 사항에 대하여 명확히 기재할 수 있도록 작성되어야 한다(법 제152조 제 6 항, 시행령 제163조 제 1 항).

1. 의결권을 대리행사하도록 위임한다는 내용
2. 의결권권유자 등 의결권을 위임받는 자
3. 의결권피권유자가 소유하고 있는 의결권 있는 주식 수
4. 위임할 주식 수
5. 주주총회의 각 목적사항과 목적사항별 찬반(贊反) 여부
6. 주주총회 회의 시 새로 상정된 안건이나 변경 또는 수정 안건에 대한 의결권 행사 위임 여부와 위임 내용
7. 위임일자와 위임시간(주주총회의 목적사항 중 일부에 대하여 우선 의결권을 대리행사하도록 위임하는 경우에는 그 위임일자와 위임시간)
8. 위임인의 성명과 주민등록번호(법인인 경우에는 명칭과 사업자등록번호)

자본시장법에 따른 위임장 용지 작성 실례는 다음과 같다.[1)]

1) 출처: 금융감독원 전자공시시스템(DART).

## 위 임 장

본인은 201☆년 4월 17일에 개최하는 ○○주식회사의 임시주주총회(그 속회, 연회 포함)에서 권유자 ○○주식회사가 지정하는 (홍길동, 성춘향, 이몽룡, 변학도, 임꺽정) 중 1인을 그 대리인으로 정하고 다음의 내용과 같이 찬반표시에 따라 의결권을 행사할 것을 위임합니다.

- 다 음 -

1. 주 주 번 호 :
2. 소유 주식수 : ______________주
3. 의결권 있는 주식수 : ______________주
4. 위임할 주식수 : ______________주
5. 주주총회 목적사항 및 목적사항별 찬반 여부

| 의안 | 주주총회 목적사항 | 찬성 | 반대 |
|---|---|---|---|
| 1 | 합병계약서 승인의 건 | | |
| 2 | 회사가 이익배당의 방법으로서 현물배당을 할 수 있도록 하는 정관의 개정(주주제안) | | |
| 3 | (이사회결의뿐 아니라) 주주총회 결의로도 회사가 중간배당을 하도록 결의할 수 있는 근거를 정관에 두도록 개정하며, 중간배당은 금전뿐 아니라 현물로도 배당할 수 있도록 정관을 개정(주주제안) | | |

6. 새로 상정된 안건이나 변경·수정 안건 등에 따른 행사위임
   - 주주총회시 새로인 상장된 안건이나 각호 의안에 대한 수정안이 상정될 경우에는 대리인이 주주의 의사표시가 위 5번 항목에서 표시된 찬반의 취지에 합치된다고 합리적으로 판단되는 바에 따라 의결권을 행사할 것을 위임합니다.
   - 다만, 아래에 명시적으로 지시한 사항에 대해서는 주주가 주주총회 전까지 별도의 의사표시가 없는 한 아래의 지시한 대로 의결권을 행사하겠습니다.

| 항 목 | 지시내용 |
|---|---|
| | |

주 주 명 : ______________________ (서명 또는 날인)
주 민 등 록 번 호 : ______________________
(사업자등록번호)
위임일자 및 시간 : 201☆년 월 일 시

또한 참고서류에는 다음 사항이 기재되어야 한다(법 제152조 제 6 항, 시행령 제163조 제 2 항).

1. 의결권 대리행사의 권유에 관한 다음 사항
   가. 의결권권유자의 성명이나 명칭, 의결권권유자가 소유하고 있는 주식의 종류 및 수와 그 특별관계자가 소유하고 있는 주식의 종류 및 수
   나. 의결권권유자의 대리인의 성명, 그 대리인이 소유하고 있는 주식의 종류 및 수(대리인이 있는 경우만 해당)
   다. 의결권권유자 및 그 대리인과 해당 주권상장법인과의 관계
2. 주주총회의 목적사항
3. 의결권 대리행사의 권유를 하는 취지

의결권권유자는 정당한 위임장 용지 등을 사용할 의무가 있는바, 의결권권유자는 위임장 용지 및 참고서류 중 의결권피권유자의 의결권 위임 여부 판단에 중대한 영향을 미칠 수 있는 사항(의결권 위임 관련 중요사항)에 관하여 거짓의 기재 또는 표시를 하거나 의결권 위임 관련 중요사항의 기재 또는 표시를 누락하여서는 아니 된다(법 제154조).

## 2. 위임장 용지 및 참고서류의 제출의무

〈사 안〉[1]

주주총회가 201☆. 5. 14.자로 예정된 상황에서 201☆. 5. 7.부터 의결권 대리행사의 권유를 하려고 한다. 이 경우 언제까지 위임장 용지 및 참고서류 사본을 전자문서로 제출해야 하는가? 5.1.(목)은 근로자의 날이며, 5.5.(월)은 어린이날이라고 하자.

〈참고사항〉

201☆. 4. 30.까지는 전자문서로 제출해야 한다. 권유시작일인 201☆. 5. 7.은 초일 불산입, 공휴일에 해당하는 날(5.5, 5.4) 및 토요일(5.3), 그리고 근로자의 날(5.1)을 제외한다.

| 4.30(화) | 5.1(목) | 5.2(금) | 5.3(토) | 5.4(일) | 5.5(월) | 5.6(화) | 5.7(수) |
|---|---|---|---|---|---|---|---|
| 제출 시한 | 근로자의 날 제외 | D-2 | 토요일 제외 | 공휴일 제외 | 공휴일 제외 | D-1 | 권유 시작일(D) |

1) 금융감독원(2018), 390면.

의결권 대리행사를 권유하려는 자(의결권권유자)는 의결권 대리행사에 관한 법 제152조에 따라 위임장 용지 및 참고서류를 의결권피권유자에게 제공하는 날 2일[1] 전까지 이를 금융위원회와 거래소에 제출하여야 하며, 일정한 장소[2]에 이를 비치하고 일반인이 열람할 수 있도록 하여야 한다(법 제153조, 시행령 제164조).

의결권권유자가 위임장 용지 및 참고서류를 의결권 대리행사의 권유 이전이나 그 권유와 동시에 같은 항에 따른 의결권피권유자에게 내줄 경우 ① 의결권권유자가 의결권피권유자에게 직접 내어주는 방법, ② 우편 또는 모사전송에 의한 방법, ③ 전자우편을 통한 방법(의결권피권유자가 전자우편을 통하여 위임장 용지 및 참고서류를 받는다는 의사표시를 한 경우만 해당), ④ 주주총회 소집 통지와 함께 보내는 방법[의결권권유자가 해당 상장주권(그 상장주권과 관련된 증권예탁증권 포함)의 발행인인 경우만 해당], 또는 ⑤ 인터넷 홈페이지를 이용하는 방법에 의하여야 한다(법 제152조 제 1 항, 시행령 제160조).

### 3. 위임장 용지와 참고서류의 정정

의결권권유자는 위임장 용지 및 참고서류의 기재사항을 그 권유와 관련된 주주총회일 7일[3] 전까지 이를 정정하여 제출하는 방식으로 정정할 수 있다(법 제156조 제 3 항). 특히 중요한 사항을 정정하고자 하는 경우 또는 투자자 보호를 위하여 그 위임장 용지 및 참고서류에 기재된 내용을 정정할 필요가 있는 경우에는 반드시 이를 정정하여 제출하여야 한다(법 제156조 제 3 항 후단, 시행령 제165조 제 2 항·제 3 항).

다음 사항은 그 위임장 용지 및 참고서류에 기재된 내용 중 의무적으로 정정하여야 할 중요한 사항이다(법 제156조 제 3 항 후단, 시행령 제165조 제 2 항·제 3 항).

1. 의결권권유자 등 의결권을 위임받는 자
   가. 의결권권유자의 성명이나 명칭, 의결권권유자가 소유하고 있는 주식의 종류

---

1) 공휴일, 근로자의 날, 토요일을 제외한다(시행령 제163조의2).

2) 주권상장법인의 본점과 지점, 그 밖의 영업소, 명의개서대행회사, 금융위원회, 거래소를 말한다(시행규칙 제18조).

3) 이 경우 공휴일, 「근로자의 날 제정에 관한 법률」에 따른 근로자의 날, 토요일은 기간 산정에서 제외한다(시행령 제165조 제 1 항).

및 수와 그 특별관계자가 소유하고 있는 주식의 종류 및 수
나. 의결권권유자의 대리인의 성명, 그 대리인이 소유하고 있는 주식의 종류 및 수(대리인이 있는 경우만 해당)
다. 의결권권유자 및 그 대리인과 해당 주권상장법인과의 관계
2. 기재나 표시사항이 불분명하여 의결권피권유자로 하여금 중대한 오해를 일으킬 수 있는 경우
3. 의결권권유자에게 불리한 정보를 생략하거나 유리한 정보만을 강조하는 등 과장되게 표현된 경우

### 4. 해당 상장법인의 의견표명권한

의결권 대리행사의 권유대상인 상장주권의 발행인은 의결권 대리행사의 권유에 대하여 의견을 표명할 수 있다(법 제155조).

### 5. 발행인 아닌 의결권권유자와 발행인의 관계

의결권권유자가 발행인이 아닌 경우 그러한 권유자는 발행인이 의결권 대리행사의 권유를 하는 경우에 그 발행인에 대하여 ① 자신에 대하여 주주명부[1]의 열람·등사를 허용하는 행위, 또는 ② 자신을 위하여 그 의결권권유자의 비용으로 위임장 용지 및 참고서류를 주주에게 송부하는 행위를 요구할 수 있다(법 제152조의2 제 1 항).[2] 이 경우 발행인은 요구받은 날로부터 2일 이내(일정한 날[3] 제외)에 이에 응할 의무가 있다(법 제152조의2 제 2 항).

## Ⅳ. 정정명령·조사 및 제재

### 1. 금융위원회의 정정명령권

금융위원회는 위임장 용지 및 참고서류의 형식을 제대로 갖추지 아니한 경우

1) 2016년 3월 22일 개정된 자본시장법은 주주명부에 '법 제316조에 따른 실질주주명부를 포함한다'는 내용을 삭제하고 있다.
2) 제152조의2 제 1 항에 의하면 '자신'에 대하여는 '발행인이 아닌 의결권권유자'에 대하여로 대체되었다(2019. 9. 16. 시행).
3) 발행인의 응할 의무에 관한 2일에 산입되지 않는 일정한 날로는, 공휴일, 「근로자의 날 제정에 관한 법률」에 따른 근로자의 날, 토요일이 있다(시행령 제163조의2/제153조).

또는 위임장 용지 및 참고서류 중 의결권 위임 관련 중요사항에 관하여 거짓의 기재 또는 표시가 있거나 의결권 위임 관련 중요사항이 기재 또는 표시되지 아니한 경우에는 그 이유를 제시하고 위임장 용지 및 참고서류를 정정하여 제출할 것을 요구할 수 있다(법 제156조 제1항). 이 경우 의결권 대리행사 권유자가 당초 제출한 위임장 용지 및 참고서류는 제출하지 아니한 것으로 본다(법 제156조 제2항).

### 2. 금융위원회의 조사권

금융위원회는 투자자 보호를 위하여 필요한 경우에는 의결권권유자, 그 밖의 관계인에 대하여 참고가 될 보고 또는 자료의 제출을 명하거나, 금융감독원장에게 그 장부·서류, 그 밖의 물건을 조사하게 할 수 있다(법 제158조 제1항).

금융위원회는 다음의 일정한 경우 의결권 대리행사의 권유자에 대하여 이유를 제시한 후 그 사실을 공고하고 정정을 명할 수 있으며, 필요한 때에는 의결권 대리행사의 권유를 정지 또는 금지 등의 조치를 할 수 있다(법 제158조 제2항).

1. 위임장 용지 및 참고서류를 의결권피권유자에게 교부하지 아니한 경우
2. 공공적 법인이 아닌 자가 의결권 대리행사의 권유를 한 경우
3. 위임장 용지 및 참고서류에 관하여 자본시장법의 규제를 위반한 경우
4. 제출하는 위임장 용지 및 참고서류 중 의결권 위임 관련 중요사항에 관하여 거짓의 기재 또는 표시가 있거나 의결권 위임 관련 중요사항이 기재 또는 표시되지 아니한 경우
5. 정정의무가 있음에도 정정서류를 제출하지 아니한 경우

### 3. 기타 위반 시의 효과

의결권 대리행사의 권유에 관한 자본시장법의 규정을 위반하여 권유한 자는 3년 이하의 징역 또는 1억원 이하의 벌금에 처한다(법 제445조 제21호). 자본시장법의 규정을 위반하여 위임장 용지 및 참고서류를 제출하지 아니하거나 또는 정정의무가 있음에도 불구하고 정정서류를 제출하지 아니한 경우에는 1년 이하의 징역 또는 3천만원 이하의 벌금에 처한다(법 제446조 제21호·제27호). 자본시장법은 의결권 대리행사의 권유에 관한 손해배상책임에 관하여 별도의 규정을 두고 있지는 않다.

# 제 4 절 차입매수 규제

〈사 안〉

甲 주식회사의 대표이사 A는 건전한 자산이 많고 현금유동성도 풍부한 乙 주식회사를 합병하기 위하여 乙 회사의 경영진들과 협약을 맺고 乙 회사의 자산을 담보로 丙 은행으로부터 거액을 차입하여 乙 회사의 주식을 매입하였다. 이후 A는 甲 회사와 乙 회사를 합병하고, 이후 乙 회사에 속하던 자산을 매각하여 A가 丙 은행에 대해 지고 있는 채무를 모두 갚았다. A의 행위는 현행법상 문제가 없는가?

〈참고사항〉

신한 LBO 사건에 관한 대법원 2008. 2. 28. 선고 2007도5987 판결 등을 참조하라.

## Ⅰ. 차입매수의 의의 및 배경

'차입매수'(Leveraged Buy-Out: LBO)란 인수하고자 하는 대상회사의 자산을 담보로 제공하여 인수자금을 외부로부터 조달하는 M&A 기법이다.[1] 차입매수는 인수대상회사의 장래의 현금흐름 또는 대상회사의 자산을 담보로 하여 빌린 차입금으로 매수자금의 대부분을 조달하는 기업인수방식에 해당한다.[2]

차입매수의 정의에 관하여 판례는 "기업인수에 필요한 자금을 마련하기 위하여 그 인수자가 금융기관으로부터 대출을 받고 나중에 피인수회사의 자산을 담보로 제공하는 방식"이라고 하거나,[3] 또는 "일의적인 법적 개념이 아니라 일반적으로 기업인수를 위한 자금의 상당 부분에 관하여 피인수회사의 자산을 담보로 제공하거나 그 상당 부분을 피인수기업의 자산으로 변제하기로 하여 차입한 자금으로 충당하는 방식의 기업인수 기법을 일괄하여 부르는 경영학상의 용어"라고 하기도 한다.[4]

LBO는 인수인이 기업인수를 위한 차입금의 반환의무를 직접 부담하지 않는 비

1) 송종준(2009), 321면.
2) 김병연(2010), 217면.
3) 대법원 2006. 11. 9. 선고 2004도7027 판결.
4) 대법원 2010. 4. 15. 선고 2009도6634 판결.

소구(non-recourse financing)의 유형이 일반적이며, 통상 인수인(인수회사)이 자회사로서 특수목적회사(Special Purpose Company: SPC)를 설립하고 SPC를 통하여 외부차입을 하며, 인수자금을 차입하므로 일반적으로 부채비율이 높고, 높은 부채를 대상회사의 자산 또는 현금흐름에 의존하여 상환하는 유형이 많다.[1] 인수주체인 회사가 자회사인 SPC의 부채에 대하여 보증 등의 방식을 통해 함께 책임을 부담하기로 하고 대주 측이 인수회사에게 상당규모의 지분출자나 보증제공 등을 통한 신용보강(credit enhancement)을 요구하기도 한다.[2]

미국의 경우 LBO는 1970년대 후반부터 증가하기 시작하여, 1980년대에 대폭 증가하였고 2000년대 들어오면서 최고조에 달하였다가 2000년대 후반 서브프라임 금융위기 이후 현저히 약화되었다.[3] 한국의 경우 2000년대에 들어와서 시도되기 시작하였는데, 소위 '신한 LBO'(2001)가 최초의 사례로 알려지고 있다.[4] 그 후 해태제과 LBO(2004), 휠라코리아 LBO(2005), 브릿지증권 LBO(2005), 한국까르푸 LBO(2006), 한일합섬 LBO(2006), 그리고 비교적 최근인 2013년 대법원에서 선고한 대선주조 LBO (2007) 및 2015년 대법원에서 선고한 온세통신 LBO(2006-2007) 등이 뒤따랐다.

LBO거래에서는 외부로부터의 자금차입이 필수적인데, 이러한 과정에서 피인수회사(인수대상회사)의 자산을 차입금의 담보로 제공하는 것에 대하여 형법상 배임죄의 적용 여부가 문제되고 있다.[5] 신한 LBO 사례의 경우 2006년 최종적으로 대법원에서 배임죄가 인정된 반면, 2009년 동양메이저의 한일합섬 LBO 사례에 대하여는 부산지방법원과 고등법원이 배임죄의 적용에 소극적인 입장을 취하였다. 이렇게 되자 LBO가 한국법상 허용되는 것인지의 여부와, 허용된다면 그 기준은 무엇인가에 대한 논란이 계속되어 왔다. 그런데 이후 2010년 대법원은 동양메이저의 한일합섬 LBO 사건에서 소위 합병형 차입매수에 관한 배임죄의 적용을 인정하지 않음으로써 2006년 신한 LBO 사건과는 다른 결론을 취하였다. 이처럼 LBO에

1) 김병연(2010), 218면.
2) 김병연(2010), 218면.
3) 외국의 LBO 동향에 대하여는 이창원/이상현/박진석, 10면 이하 참조.
4) 대법원 2006. 11. 9. 선고 2004도7027 판결.
5) 미국의 경우 LBO와 관련하여 연방증권 관계법상 공시의무 위반을, 회사법 차원에서는 주로 소수주주 보호와 관련하여 주법상 신인의무를 문제삼는 경우가 있다. 박태현(2007), 209-217면 참조.

관하여 대법원은 일관적으로 구체적 사실관계에 따라서 개별적으로 판단하여야 한다는 입장[1]으로, LBO가 배임죄를 구성하는지에 관하여 일률적인 법리를 추출하기가 쉽지 않다.[2]

## Ⅱ. 차입매수의 진행과정

LBO 진행과정 1단계에서는 대상회사 또는 주주와 매수인 간에 대상회사를 매수하기 위한 합의가 이뤄지며, 이 과정에서 매수인은 자기자본으로 향후 인수대상회사의 지분(최소한 경영권 행사가 가능한 정도일 것)을 직접적으로 취득할 SPC를 설립하는 것이 일반적이다.[3]

LBO 진행과정 2단계에서는 SPC가 인수대상회사의 주식 취득을 장내 또는 장외에서 시작하게 되고 만일 대상회사가 상장회사일 경우에는 합병을 결의하는 주주총회에서 특별결의가 가능한 의결권 취득을 목표로 하게 된다.[4]

LBO 진행과정 3단계에서는 SPC가 인수대상회사의 경영권을 취득한 뒤 통상 두 회사 간의 합병이 진행된다. 이러한 합병으로 말미암아 SPC가 보유한 부채는 인수대상회사의 부채가 된다.[5] SPC와 합병 후 피인수회사의 재산은 SPC가 떠안고 있던 막대한 부채를 변제하는 데 쓰이게 되므로 피인수회사의 재산은 감소하게 되며 피인수회사의 주주와 채권자들에게도 통상 불리한 영향을 미치게 된다. 이러한 과정에서 인수자 및 인수자에게 협력한 피인수회사의 경영진의 피인수회사에 대한 배임죄 성립여부에 대한 논란이 발생한다.

---

1) "차입매수에 관하여는 이를 따로 규율하는 법률이 없는 이상 〈중략〉 배임죄의 성립 여부는 차입매수가 이루어지는 과정에서의 행위가 배임죄의 구성요건에 해당하는지 여부에 따라 개별적으로 판단되어야 한다"(대법원 2010. 4. 15. 선고 2009도6634 판결).

2) 한신코퍼레이션, 사이어스, 전은리스, 신한 LBO 등의 경우에서는 기업인수자에게 배임죄가 성립된다고 한 반면, 동양메이저의 한일합섬 LBO의 경우에는 배임죄를 부정하는 판결을 내린 바가 있다. 송종준(2009), 324-325면; 또한 대선주조 LBO(2007), 온세통신 LBO(2006-2007)의 경우에도 대법원은 배임죄가 성립하지 않는다고 판시하였다.

3) 김병연(2010), 220면.

4) 김병연(2010), 220면.

5) 김병연(2010), 220면.

## Ⅲ. LBO에서의 배임죄 관련사례

### 1. 신한 LBO 사건(담보제공형 LBO)

**【주요 사실관계】**

A는 회사정리절차 과정에 있는 (주)신한을 인수하기 위하여 SPC를 설립하고 (주)동양종금으로부터 350억원을 대출받으면서 이에 대한 담보로서 '신한의 부동산'에 근저당을 설정하기로 하였다. 또한 한미은행으로부터 320억원을 차입하고 이에 대해 '신한 소유의 예금계좌'에 질권을 설정하기로 하였다.

SPC는 동양종금 및 한미은행과 약정한 바에 따라서 대상회사의 경영권 인수과정에서 취득한 신한의 신주 및 신한에 대한 정리채권과 정리담보권을 담보로 우선 제공후, 회사정리절차 후 A 자신이 대상회사의 대표이사로 선임되고 난 이후 신한 소유의 부동산 및 예금계좌에 대한 담보로 기존에 설정해 주었던 담보를 대체하였다.

이 과정에서 위의 SPC는 그 자본금이 3억원에 불과하였으나 차입자금으로 대상회사의 발행주식 총수의 66.2%를 인수하였다. 이 과정에서 인수회사와 피인수회사의 대표이사를 겸하고 있던 A는 피인수회사의 자산을 담보로 제공한 행위에 대해 배임죄(특정경제범죄 가중처벌 등에 관한 법률 위반)로 기소되었다.

위 사건에 대하여 대법원은 다음과 같은 이유로 배임죄를 인정하였다.[1] 첫째, 차입매수방식의 기업인수에서 담보를 제공한 피인수회사로서는 주채무가 변제되지 아니할 경우 담보로 제공된 자산을 상실할 위험을 부담하게 되므로, 인수자가 피인수회사의 담보제공 등으로 인한 위험부담에 상응하는 대가를 지급하는 등의 반대급부를 제공하는 경우에 한하여 허용된다. 둘째, 인수자가 피인수회사에 대하여 상응하는 반대급부 없이 임의로 피인수회사의 재산을 담보로 제공하도록 하였다면 이는 피인수회사에게 재산상 손해를 가하고 인수자 또는 제 3 자에게 담

1) 제 1 심(서울지방법원 남부지원 2003. 11. 28. 선고 2003고합145 판결)에서는 A의 담보제공행위 등이 업무상 배임에 해당한다고 하여 유죄판결을 내렸으나 제 2 심(서울고등법원 2004. 10. 6. 선고 2003노3322 판결)에서는 제 1 심판결을 취소하고 무죄판결을 내렸고 상고심인 대법원(대법원 2006. 11. 9. 선고 2004도7027 판결)에서는 원심판결을 파기·환송하였다. 이후 환송심(서울고등법원 2007. 7. 5. 선고 2006노2544 판결)에서는 A의 담보제공행위 중 일부에 대해서 유죄, 일부에 대해서 무죄를 인정하는 판결을 내렸으나, 이후 대법원의 최종판결(대법원 2008. 2. 28. 선고 2007도5987 판결)에서 피고인의 모든 담보제공행위가 배임죄에 해당한다고 하여 원심판결을 파기하고 이 사건을 다시 서울고등법원에 환송하였다.

보가치에 상응한 재산상 이익을 취득하게 한 것이다. 셋째, A의 담보제공행위는 인수회사를 설립하여 피인수회사를 인수하는 과정에서 필요한 자금을 마련하기 위한 것으로서 개인적 이익을 취할 목적으로 이루어진 것이므로 A의 담보제공행위가 경영상 판단에 의한 것으로서 배임의 고의가 인정될 수 있다.

## 2. 한일합섬 LBO 사건(합병형 LBO)

【주요 사실관계】

동양그룹의 투자사업본부장인 A는 (주)한일합섬을 인수하기 위하여 2006년 11월 서류상 회사(SPC)인 (주)동양메이저산업을 설립하고(자본금 5천만원) 자신이 대표이사로 취임하였다. 당시 한일합섬은 회사정리절차 중에 있었으나 자산 약 3,745억원 가량의 거대기업으로 부지 매각대금 중 일부로 당장 활용가능한 현금 1,700억원 정도가 유보된 상태였다. 동양그룹은 A를 중심으로 한일합섬 인수여부를 검토한 결과, 한일합섬의 일부 사업부문이 동양메이저의 사업부문과 연관성이 있고 한일합섬이 활용가능한 부동산을 많이 갖고 있음을 고려하여 한일합섬을 인수하기로 결정하였고, 2006년 12월 동양메이저 컨소시엄을 통하여 법원으로부터 한일합섬 인수를 위한 우선협상대상자로 선정되는 데 이르렀다(한일합섬의 신주를 3천억원 상당, 회사채를 2천억원 상당을 인수하기로 함).

동양그룹은 한일합섬의 인수에 소요되는 자금을 한일합섬 자산을 담보로 인수대금을 차입한 후 한일합성 자산으로 인수대금 채무를 변제하는 계획을 가지고 있었으나, 은행으로부터 거절당하자 계획을 변경하여 동양그룹 계열사의 자산을 담보로 차입하기로 하였다. 이에 따라 서류상 회사인 동양메이저산업이 2007년 1월 공동대주인 한국산업은행 등 4개 금융회사로부터 한일합섬 인수대금으로 4,667억원을 대출받는 과정에서,[1] 그 대출금의 담보로 동양메이저가 보유하던 동양시멘트 주식 200만주 및 동양메이저산업, 동양매직, 동양레저 등이 추후 인수하게 될 한일합섬 신주(주당 발행가 17,050원)에 대하여 근질권설정계약을, 한일합섬이 발행하여 동양메이저산업이 인수예정인 2,000억원 상당 사채에 대한 양도담보계약 등을 체결하고, 추가로 동양메

1) 동 대출약정상 대출기간은 길지 않았다. 대출약정에 의하면 ① 일부 대출금 2,000억원의 변제기는 대출금의 최초인출일로부터 3개월이 되는 날 또는 한일합섬 정리절차 종결일로부터 1개월이 되는날 중 먼저 도래하는 날 전액상환하기로, ② 나머지 대출금 2,667억원의 변제기는 먼저 인출되는 대출금의 최초 인출일로부터 15개월 되는 날 또는 차주와 한일합섬이 합병하여 합병등기가 완료된 날로부터 1개월 되는 날 중 먼저 도래하는 날에 전액상환하기로 약정되어 있었다.

이저가 연대보증 의미에서 자금보충약정을 체결하였다.

동양메이저산업은 한일합섬 인수계약 체결 후 은행대출 중 1,700억원 및 계열사에서 조달한 1,300억원으로 총 3천억원을 조달하고 제3자배정 방식으로 한일합섬 신주인수대금을 납입하여 62.6%의 지분을 확보하였다. 위 서류상 회사인 동양메이저산업은 2007년 1월말 동양그룹 계열사인 동양메이저의 회사채 발행 등을 통하여 추가 약 1,002억원의 자본을 투자받았으며 또한 2007년 1월 30일 동양메이저산업은 한일합섬 신주인수대금 및 회사채 인수대금으로 약 5,000억원을 납입하여 한일합섬을 인수하는 투자계약을 체결하였다.[1]

동양메이저 산업은 2007년 1월 31일 신주인수를 통하여 한일합섬 발행주식 중 약 56.62%(동양생명보험 등이 인수한 주식을 합하면 그 비율은 약 62.9%에 달함)를 취득하였고, 그 직전 2007년 1월 18일-25일 사이에 한일합섬 소수주주들이 보유하던 주식 1,784,665주(주당 6,500원)를 공개매수하였다. 또한 동양메이저산업은 2007년 2월 5일 칸서스(유)가 보유하던 주식 5,833,490주(주당 8,000원)을 매수하기로 합의하였고, 2007년 2월 6일-7일에 추가적으로 소수주주들로부터 482,780주(주당 8,000원)을 매수하여 실질적으로 한일합섬의 총발행주식 중 약 91.5%의 지분을 취득하였다.

한일합섬이 2007년 2월 7일 정리법원으로부터 회사정리절차 종결결정을 받자, 그 직후인 2007년 2월 15일 한일합섬은 동양메이저산업이 2007년 1월 31일 인수하였던 회사채대금 2,000억원을 상환하였고 동양메이저산업은 위 2,000억원을 위 대출약정에 따라 한국산업은행에 변제하였다.

2007년 2월 6일경 한일합섬의 이사로 선임된 A는 한일합섬의 다른 이사들과 원래의 대출조건에 따라서 한일합섬과 동양메이저산업 합병을 검토하였으나 그 경우 동양그룹의 한일합섬에 대한 지배율, 세금 등에서 문제가 있음을 알고, 그 대안으로 동양메이저가 동양메이저산업 및 한일합섬을 순차적으로 합병하기로 하였다.

이에 따라 2008년 2월 29일 동양메이저가 동양메이저산업을 합병한 후 2008년 5월 13일 한일합섬을 순차적으로 흡수합병하였으며,[2] 같은 날(2008년 5월 13일) 동양메이저는 한일합섬이 보유하던 현금 1,800억원 및 동양메이저가 보유하던 현금 약 867억원 등 합계 2,667억원으로 인수대금 채무 잔액을 모두 변제하였다.[3]

---

1) 이 과정에서 2007년 1월 30일 동양메이저산업은 한일합섬 근로자들의 5년간 고용을 보장하는 내용 및 고용보장기간 중 한일합섬의 유상감자 금지 및 동양메이저산업이 인수한 한일합섬 신주 및 공개매수한 한일합섬 자사주를 소각하지 않기로 하는 등 '고용보장 및 계속기업 유지'에 관한 협약서를 작성하였다.

2) 이후 동양메이저는 한일합섬 합병 이후 한일합섬이라는 상호를 타사가 사용하지 못하게 할 경영상 필요에 의거하여 2008년 5월 (주)한일합섬이라는 별도 법인을 설립하였다.

3) 동양메이저는 한일합섬의 기존사업부문을 그대로 유지하면서 영업을 하였고 한일합섬의 고

위 LBO 과정에서 한일합섬의 현금성 자산을 이용하여 차입금채무를 변제함으로 인하여 동양메이저가 부당한 재산상 이익을 취하였다는 이유로 LBO 관여자들이 검찰에 의하여 배임죄로 기소되었다.

원심인 부산지방법원은 동양메이저산업에 의한 한일합섬의 차입매수 사건에 관하여 동양그룹의 임원 A에 관한 배임죄 성립 여부를 검토한 결과 배임죄의 성립을 부정하였다. 그리고 같은 사건의 대법원[1] 역시 배임을 인정하지 아니한 원심의 입장을 지지하였다.[2] 이 과정에서 대법원은 일률적으로 차입매수 방식에 의한 기업인수를 주도한 관련자들에게 배임죄가 성립한다거나 성립하지 아니한다고 단정할 수 없는 것이고, 배임죄의 성립 여부는 차입매수가 이루어지는 과정에서의 행위가 배임죄의 구성요건에 해당하는지 여부에 따라 개별적으로 판단되어야 한다는 입장을 재확인하였다.

【부산지방법원의 판결요지(일부)】[3]

기업의 인수·합병의 동기에 합병 이후에 피인수합병기업의 자산으로 인수차입금채무를 변제하겠다는 의도가 포함되어 있다고 하여, 합병의 법률적·경제적 효과를 전혀 무시한 채 이를 피인수합병기업에 대한 배임행위라고 단정하여 평가하기는 어렵다는 이유로, 배임죄의 성립을 부정하였다.

【부산고등법원의 판단(일부)】[4]

– 피고인 2, 3에 대한 특정경제범죄 가중처벌 등에 관한 법률위반(배임)의 점

이 사건 합병을 하게 된 동기에 한일합섬이 보유하고 있는 자산을 인수대금 채무에 변제할 의도가 일부 포함된 것은 인정할 수 있다. 그러나 앞서 본 바와 같이 동양

---

용관계 또한 거의 그대로 승계하였다.

1) 대법원 2010. 4. 15. 선고 2009도6634 판결.
2) 위 대법원의 입장에 관하여 합병 및 그 과정에 대한 규율은 형법에 의해 규율되는 것이 아니라 상법과 그 관련 법령에 의하여 규율하여 시정하는 것이 바람직하다고 보는 견해가 있다. 김병연(2010), 229면.
3) 부산지방법원 2009. 2. 10. 선고 2008고합482, 516, 656 판결.
4) 부산고등법원 2009. 6. 25. 선고 2009노184 판결.

메이저 등의 자산을 담보로 제공하여 마련한 대출금과 동양메이저를 비롯한 동양그룹의 일부계열사들이 투자한 총 합계 1,302억원을 인수대금으로 사용하여 동양메이저산업이 한일합섬을 인수한 것으로서, 피인수회사의 자산을 담보로 기업을 인수하는 LBO 방식과 그 기본적인 전제가 다른 점, 나아가 원심이 적절하게 설시한 바와 같이 합병의 본질과 그 효과 및 상법상 합병비율, 주주총회의 특별결의, 합병에 반대하는 주주들의 주식매수청구권, 채권자 보호절차 등을 통하여 합병에 반대하는 주주들이나 채권자들이 보호받을 수 있는 제도가 마련되어 있는 점 … 등을 종합하면, 이 사건 합병으로 인하여 한일합섬이 1,800억원 상당 내지 법인격 소멸에 따른 현금유동성 상실이라는 손해를 입었다고 볼 수 없다.

【대법원의 판결이유(일부)】[1]

차입매수에 관하여는 이를 따로 규율하는 법률이 없는 이상 일률적으로 차입매수 방식에 의한 기업인수를 주도한 관련자들에게 배임죄가 성립한다거나 성립하지 아니한다고 단정할 수 없는 것이고, 배임죄의 성립 여부는 차입매수가 이루어지는 과정에서의 행위가 배임죄의 구성요건에 해당하는지 여부에 따라 개별적으로 판단되어야 한다.

원심은 동양메이저가 한일합섬(주)를 인수 및 합병한 경위와 과정에 관하여 이는 피인수회사의 자산을 직접 담보로 제공하고 기업을 인수하는 방식과 다르고, 위 합병의 실질이나 절차에 하자가 없다는 사정 등을 들어 위 합병으로 인하여 공소외 1 주식회사(한일합섬)가 손해를 입었다고 볼 수 없다고 판단하였다. 기록 및 관련 법리에 비추어 보면, 원심의 위와 같은 판단은 정당한 것으로 수긍이 간다. 거기에 상고이유 주장과 같은 합병형 차입매수에 있어서의 배임죄 성립에 관한 법리 오해 등의 위법이 없다.

### 3. 대선주조 LBO 사건(유상감자 및 고배당형 LBO)

【주요 사실관계】[2]

향토 주류업체인 대선주조를 600억원 안팎에 인수하여 대선주조 대주주가 된 S회

1) 대법원 2010. 4. 15. 선고 2009도6634 판결.
2) 부산일보, "대선주조 매각 신준호 회장 무죄"(2010. 8. 11.), 출처: http://www.news20.busan.com문화일보, "檢, 푸르밀 신준호 회장 소환"(2010. 1. 13.), 출처: http://www.munhwa.com

장은 2007년 코너스톤 에쿼티파트너스(이하 '코너스톤')라는 한국금융지주 산하 경영참여형 사모집합투자기구[1](PEF)에 3,600억원을 받고 대선주조를 매각하였다. 코너스톤이 대선주조 인수자금 2,000억원을 금융권으로부터 대출받는 과정에서 S회장은 대선주조의 자산을 담보로 제공하여 줄 것을 약정하였다.

대선주조 매각 이후 S회장은 대선주조를 소유한 특수목적법인(시원네트워크)의 지분을 우회하여 소유하면서 코너스톤과 짜고 50대 1의 무리한 유상감자 및 고율 이익배당 등을 통하여 대선주조의 유보금 240억원을 빼내어 금융권 대출금을 상환하는 데 사용하였다. 또한 코너스톤의 대표 K 및 재무관리자로 대선주조에 파견된 전무 Y는 S회장과 공모하여 대선주조 인수대금을 갚기 위하여 대선주조의 자산을 빼돌려 대출금과 이자를 갚는 데 사용한 혐의로 기소되었다. 유상감자 및 고배당을 통하여 금융권 차입금을 상환하게 된 결과, 코너스톤의 대선주조 인수과정에서 대선주조의 자산에 대한 담보제공 약정은 집행되지 않았다.

검찰은 무리한 유상감자 및 이익배당을 통하여 대선주조의 재투자에 들어가야 할 자금을 대선주조로부터 빼낸 것은 결과적으로 동 회사를 부실화시켜 피해를 끼친 것으로 보아 배임의 혐의로 S회장 및 K, Y를 기소하였다.

부산지방법원(제 1 심)[2]과 부산고등법원(원심)[3]은 주주·채권자의 손해가 없고 유상감자와 이익배당의 방식으로 인수자금을 회수하는 방식은 불법하지 않다는 취지로 제 1 심의 결론을 수긍하여 배임죄가 성립하지 않는다고 판시하였고 대법원[4] 역시 원심을 유지하였다.

【부산고등법원의 판결요지(일부)】[5]

- 유상감자는 회사법에 의해서 보호되는 주주의 투하자본 반환수단으로서 개인의 처분행위와는 명백히 구별될 뿐만 아니라, 유상감자를 통하여 회사재산이 감소한다고 하더라도 동시에 주주의 회사에 대한 지분의 가치 내지 주주에 대한 회사의 투하자본 환급의무도 함께 감소하게 되므로, 이로 인해 주주가 부당한 이익을 얻고 회사가 손해를 입었다는 이유로 배임죄를 인정하기 위해서는, 단순히 회사의

1) 당시의 자본시장법상 사모전문투자회사에 해당한다.
2) 부산지방법원 2010. 8. 10. 선고 2010고합73 판결.
3) 부산고등법원 2010. 12. 29. 선고 2010노669 판결.
4) 대법원 2013. 6. 13, 선고 2011도524 판결.
5) 부산고등법원 2010. 12. 29. 선고 2010노669 판결.

재무구조상의 필요가 없음에도 이를 하였다는 점만으로는 부족하고, 유상소각 되는 주식의 가치를 실질상의 그것보다 높게 평가하여 감자 환급금을 지급하는 등으로 주주에게 부당한 이익을 취득하게 함으로써 결국 회사에도 손해를 입히는 등의 특별한 사정이 인정되어야 한다.

- 주주가 법령과 정관에서 정한 바에 따라 이익배당, 중간배당을 받는 것은 주식회사에서 주주가 투하자본을 회수할 수 있는 정당한 권리이므로, 이로 인해 주주가 부당한 이익을 얻고 회사가 손해를 입었다는 이유로 배임죄를 인정하기 위해서는, 전례나 영업이익의 규모, 현금자산 등에 비추어 이익배당이나 중간배당이 과다하다는 점만으로는 부족하고, 이익배당이나 중간배당이 법령과 정관에 위반하여 이루어지는 위법배당에 해당하여 주주에게 부당한 이익을 취득하게 함으로써 결국 회사에도 손해를 입히는 등의 특별한 사정이 인정되어야 한다.
- 피인수회사인 대선주조의 이사인 피고인들이 인수회사인 코너스톤의 대선주조 인수를 위한 대출금 변제를 위하여 대선주조의 유상감자, 이익배당 및 중간배당을 실시하였다며 특정경제범죄 가중처벌 등에 관한 법률 위반(배임)으로 기소된 사안에서, 피고인들이 수행한 유상감자, 이익배당 및 중간배당으로 인하여 회사의 적극재산이 감소하였다고 하더라도 이는 우리 헌법과 상법이 보장하는 사유재산제도, 사적자치의 원리에 따라 주주가 가지는 권리행사에 따르는 당연한 결과에 불과하여 이를 두고 주주에게 부당한 이익을 취득하게 함으로써 甲 회사에 손해를 입혔다고 볼 수 없으므로, 검사 제출의 증거만으로는 피고인들이 그 임무에 위배하여 대선주조에 대한 신임관계를 저버리는 업무상배임죄를 저질렀다고 볼 수 없고, 달리 이를 인정할 증거가 없다.

**【대법원의 판결이유(일부)】**[1]

- 피고인들에 대한 '특정경제범죄 가중처벌 등에 관한 법률' 위반(배임)의 점

〈전략〉 이 부분 공소사실의 요지는, 코너스톤의 대선주조 인수를 위한 대출금을 변제하려는 목적으로 피고인 2, 피고인 3이 주도적으로 유상감자 및 이익배당을 실시하였고 이에 피고인 1이 공모·가담하여 결국 614억원을 회사에서 빼내어감으로써 코너스톤으로 하여금 614억원 상당의 재산상 이익을 취득하게 하고 대선주조에게 동액 상당의 재산상 손해를 가하였다는 것이다. … 이에 대하여 원심은, 피고인 2, 피고인 3이 대선주조의 이사로서 수행한 유상감자 및 이익배당으로 인하여 대선주조의 적극재산이 감소하였다고 하더라도 이는 우리 헌법 및 상법 등 법률이 보장하는 사유재산제도, 사적 자치의 원리에 따라 주주가 가지는 권리의 행사에 따르는 결과에 불과하고, 유상감자 당시 대선주조의 영업이익이나 자산 규모 등에 비추어 볼 때 유상

1) 대법원 2013. 6. 13. 선고 2011도524 판결.

감자의 절차에 있어서 절차상의 일부 하자로 인하여 대선주조의 채권자들에게 손해를 입혔다고 볼 수 없으며, 1주당 감자 환급금액과 대선주조의 배당가능이익을 감안하면 결국 이 사건 유상감자 및 이익배당으로 인하여 대선주조의 주주들에게 부당한 이익을 취득하게 함으로써 대선주조에 손해를 입혔다고 볼 수 없다고 판단하였다. 원심의 위와 같은 판단은 정당하고, 거기에 상고이유의 주장과 같이 차입매수에 있어서 업무상 배임죄의 성립, 업무상 배임죄에서 손해의 발생 또는 유상감자와 이익배당 등에 관한 법리를 오해하거나 논리와 경험의 법칙을 위반하여 사실을 인정하는 등의 위법이 있다고 할 수 없다.

- 대선주조의 2006년 유상감자로 인한 '특정경제범죄 가중처벌 등에 관한 법률' 위반(배임)의 점

관련 법리에 비추어 기록을 살펴보면, 원심이 그 판시와 같은 이유를 들어 이 부분 공소사실에 대하여 대선주조의 2006년 유상감자로 인하여 대선주조의 주주들에게 부당한 이익을 취득하게 함으로써 대선주조에 손해를 입혔다고 할 수 없다고 보아 이를 무죄로 판단한 제 1 심판결을 그대로 유지한 것은 수긍할 수 있고, 거기에 상고이유 주장과 같이 업무상 배임죄 또는 유상감자 등에 관한 법리를 오해하거나 논리와 경험의 법칙을 위반하여 사실을 인정하는 등의 위법이 있다고 할 수 없다.

### 4. 온세통신 LBO 사건(담보제공 후 합병형 LBO)

**【주요 사실관계】**

유비스타의 대표이사 S는 2006년 2월경 당시 회생절차 중이던 온세통신에 대한 매각입찰에 참여하기로 결정하고 법원에 온세통신 인수 후 온세통신의 경영을 정상화하겠다는 취지의 인수제안을 하였고(총 인수자금 1,500억원 내외) 2002년 3월 유비스타는 우선협상대상자로 지정받았다. 당시 유비스타의 2005년 자산총계는 786억원 정도에 불과하였으나 온세통신의 자산총계는 약 3천억원이 넘는 등 두 회사의 자산과 매출에 큰 차이가 있었다. 온세통신은 2006년 2월경 온세통신에 대한 매각입찰에 참여하면서 총 인수자금을 1,420억원으로 하였고 향후 온세통신을 계속기업으로 유지하면서 그 경영을 정상화할 것이라는 취지의 인수제안을 법원에 하였다.

이후 유비스타는 온세통신의 인수자금 등을 조달하기 위하여 2006년 4월 및 6월에 전환사채(CB)를 발행하여 380억원을, 2006년 7월에 W은행으로부터 대출받아 950억원을 각 마련하였고, 이 자금으로 유비스타는 온세통신의 인수대금을 모두 납입하였

고 법원은 2006년 8월 회사정리계획변경계획안을 승인하여 2006년 9월말 온세통신에 대한 회사정리절차를 종결하였다.

유비스타의 대표이던 S는 2006년 9월 온세통신의 대표이사로 취임하였다. 그런데 위 온세통신 인수자금 1,420억원 마련과정에서 ① 위 CB채권자와 W은행에 대하여 향후 유비스타가 인수할 온세통신의 주식 및 회사채에 대한 질권을 설정하여 주고 온세통신에 대한 회사정리절차가 종결되는 즉시 바로 온세통신 소유부동산 및 매출채권 등에 대한 근저당권이나 질권을 설정해 주기로 하였고, ② 온세통신 인수 후 유비스타의 위 W은행에 대한 대출금 950억원은 차주를 온세통신으로 하는 장기대출금(term loan)으로 전환하여 차주가 된 온세통신이 위 장기대출금으로써 유비스타에 대한 신주인수권부사채(BW)를 조기상환하고, 유비스타가 위 조기상환금액을 받아 이로써 W은행에 대한 대출금(950억원)을 변제하기로 하였다.

온세통신의 대표이사가 된 S는 다음과 같은 행위를 하였다.

첫째, S는 위 전환사채에 대한 전환사채권자 A 컨소시엄(80억원 채권자) 및 B 조정조합(300억원 채권자)에 대하여, 우선 A 소시엄에게 온세통신의 매출채권 100억원 상당을 양도담보로 제공하고 B 조정조합에는 온세통신의 매출채권 및 부동산으로써 담보를 제공하였다(채권최고액 375억원).

둘째, W은행으로부터 단기대출(bridge loan)받은 950억원에 대하여 S는 온세통신 인수직후 온세통신이 온세통신의 자산을 담보제공하여 W은행으로부터 장기대출(term loan)을 받게 하여 그 장기대출금으로써 유비스타에 대한 BW를 조기상환하게 하였다(당시 상환이 2009. 8. 30.까지 연기되어 있었음). 이후 2006년 12월 S는 온세통신의 분당사옥을 매각하여(매각대금 900억원) 이 매각대금으로 W 은행에 대한 장기대출금을 변제하도록 하였다.

셋째, 2006년 8월 30일 경 S는 다른 자에게 자신의 경영권 지분을 매각하는 계약을 체결하였고, 정리절차 종결 후 2개월여만에 유비스타에 대한 자신의 지분을 모두 매각하였다.

이에 대하여 검찰은 배임의 고의가 인정된다고 보아 S를 기소하면서 다음과 같은 이유를 제시하였다.

첫째, 유비스타가 온세통신과 이후 합병을 예정하고 있었다고 하더라도 합병을 하였다면 온세통신의 BW를 변제할 필요가 없었는데도 오히려 조기상환을 함으로써 온세통신의 재무구조 악화를 가져왔다.

둘째, 유비스타의 온세통신 인수자금 1,544억원 중 대부분인 1,410억원이 온세통신의 자산을 담보로 조달된 차입금으로, 합병예정사실에 불구하고 담보제공행위나 S의 경영권 지분 매각은 합리화될 수 없다. S가 온세통신 자산을 유비스타 인수자금 마련을 위한 담보로 제공하였으면서도 이에 상응하는 대가 지급사실이 없고, 유비스타가 자체조달한(유상증자로) 자금(222억원)은 전체 인수자금의 아주 일부에 불과하다.

셋째, 과학기술인공제회에서 차입한 금액(80억원)은 온세통신과 관련이 없고 이미 온세통신 인수대금 납입 후 차입된 것인데도 차입을 위하여 온세통신 자산을 담보제공하였다.

넷째, 전반적으로 재무제표상 유비스타의 재무구조가 열악하여 껍데기 회사에 불과하였고 유비스타가 온세통신 인수로 파산을 면하게 된 상태에서, S는 온세통신을 인수하여 유비스타의 지분시세를 올린 후 온세통신 정리절차 종결 2개월 만에 다른 제 3 자에게 유비스타에 관한 자신의 경영권 지분을 모두 매각하였다.

이 사건에서 유비스타의 전 대표인 S의 배임 여부에 대한 법원의 태도는 크게 엇갈렸다. 제 1 심[1]은 인수 후 채무 변제에 실패할 경우 온세통신이 담보 가치 상당의 손해를 입을 수 있었다는 취지로 배임 혐의를 인정하여 S에게 유죄를 선고하였다(횡령죄와 사기죄는 무죄). 반면, 원심[2]은 "인수 과정에 유비스타 고유 자금이 상당액 투입됐고, 이후 흡수 합병으로 두 회사의 경제적 이해관계가 일치하게 됐다"며 S에게 배임죄의 고의가 없었다고 보고 무죄를 선고하였고, 대법원[3]은 원심의 결론을 유지하였다.

사실관계가 다소 복잡하지만 원심과 대법원이 유비스타의 전 대표 S에게 배임의 고의가 없었다고 본 주된 근거는, ① 유비스타가 온세통신의 옛 주식을 전부 소각하고 새로운 주식을 100% 취득해 온세통신의 1대 주주가 됨으로써 유비스타와 온세통신의 경제적인 이해관계가 일치하게 된 점, ② 온세통신이 발행한 신주인수권부사채(BW) 조기상환은 경영자의 자율적인 판단 영역인 점, ③ 유비스타가 온세통신을 인수합병하면서 온세통신 기존 근로자들의 고용관계가 그대로 유지됐다는 점 등이었다.[4]

1) 서울중앙지방법원 2012. 1. 5. 선고 2011고합680 판결.
2) 서울고등법원 2012. 7. 5. 선고 2012노268 판결.
3) 대법원 2015. 3. 12. 선고 2012도9148 판결.
4) 관련 기사로, 한국경제, "LBO로 온세통신 인수, 배임 아니다"(2015. 3. 20.), 출처: http://www.hankyung.com

**【서울중앙지법의 판결(판단 일부)】**[1)]

주식회사 상호간 및 주식회사와 주주는 별개의 법인격을 가진 존재로서 동일인이라 할 수 없으므로 1인 주주나 대주주라 하여도 그 본인인 주식회사에 손해를 주는 임무위배행위가 있는 경우에는 배임죄가 성립하고, 회사의 임원이 그 임무에 위배되는 행위로 재산상 이익을 취득하거나 제 3 자로 하여금 이를 취득하게 하여 회사에 손해를 가한 때에는 이로써 배임죄가 성립하며 위와 같은 임무위배행위에 대하여 사실상 주주의 양해를 얻었다고 하여 본인인 회사에게 손해가 없었다거나 또는 배임의 범의가 없었다고 볼 수 없다(대법원 1983. 12. 13. 선고 83도2330 전원합의체 판결, 대법원 1985. 10. 22. 선고 85도1503 판결 등 참조).

한편 기업인수에 필요한 자금을 마련하기 위하여 그 인수자가 금융기관으로부터 대출을 받고 나중에 피인수회사의 자산을 담보로 제공하는 방식[이른바 LBO(leveraged buyout) 방식]을 사용하는 경우, 피인수회사로서는 주채무가 변제되지 아니할 경우에는 담보로 제공되는 자산을 잃게 되는 위험을 부담하게 된다. 그러므로 위와 같이 인수자만을 위한 담보제공이 무제한 허용된다고 볼 수 없고, 인수자가 피인수회사의 위와 같은 담보제공으로 인한 위험 부담에 상응하는 대가를 지급하는 등의 반대급부를 제공하는 경우에 한하여 허용될 수 있다 할 것이다. 만일 인수자가 피인수회사에 아무런 반대급부를 제공하지 않고 임의로 피인수회사의 재산을 담보로 제공하게 하였다면, 인수자 또는 제 3 자에게 담보 가치에 상응한 재산상 이익을 취득하게 하고 피인수회사에게 그 재산상 손해를 가하였다고 봄이 상당하다. 부도로 인하여 회사정리절차가 진행 중인 주식회사의 경우에도 그 회사의 주주나 채권자들의 잠재적 이익은 여전히 보호되어야 할 것이므로, 피인수회사가 회사정리절차를 밟고 있는 기업이라고 하더라도 위와 같은 결론에는 아무런 영향이 없다.

위와 같은 법리에 비추어 위 인정사실 및 이 법정에서 적법하게 조사된 각 증거들에 의하여 인정되는 다음과 같은 사정들을 종합하면, 피고인은 유비스타에 온세통신 인수자금 조달을 위한 담보력 제공이라는 이익을 취득하게 하고 이로 인하여 온세통신에 담보자산의 상실 위험성이 초래될 수 있다는 인식, 즉 배임의 고의를 가지고 유비스타의 온세통신 인수자금을 마련하기 위해 온세통신의 자산을 담보로 제공하였고, 이로 인하여 온세통신에 재산상 손해발생의 위험을 초래하게 하였다고 봄이 상당하므로, 피고인 및 변호인의 주장은 받아들이지 않는다.

---

1) 서울중앙지방법원 2012. 1. 5. 선고 2011고합680 판결.

【서울고등법원의 판결요지(일부)】[1)]

유비스타는 온세통신의 주식 100%를 취득하고 합병을 함으로써 경제적으로나 법률적으로 하나의 실체가 된 점, 유비스타가 온세통신의 인수자금을 조달하면서 온세통신의 자산을 담보로 제공한 것에 대한 반대급부로서 유비스타의 내부유보자금 약 100억 내지 150억 원 상당이 온세통신의 설비증설에 사용되고, 온세통신이 유비스타에 인수합병됨으로써 코스닥시장에 우회상장을 하게 되었으며, 구주의 소각·우발채무의 승계가 이루어진 점, 온세통신이 유비스타의 인수로 인해 약 3년 4개월간 지속된 법정관리에서 벗어난 점, 온세통신이 재산을 담보로 제공하고 받은 대출금으로 신주인수권부사채를 상환한 것은 결국 자신의 채무를 변제한 것에 불과한 점 등에 비추어 보면, 피고인이 온세통신의 인수자금을 조달함에 있어 온세통신의 자산을 담보로 제공함으로써 온세통신에게 손해를 가하거나 가할 의사가 없었음에도 불구하고, 이 부분 공소사실을 유죄로 인정한 원심판결에는 사실을 오인하거나 업무상배임죄의 법리를 오해하여 판결에 영향을 미친 위법이 없다.

【대법원의 판결이유(일부)】[2)]

원심이 위와 같은 판시 사정을 종합하여 피고인이 온세통신 인수자금 등 조달과정에서 온세통신의 자산을 담보로 제공하거나 신주인수권부사채를 조기상환함에 있어 유비스타에 이익을 주고 온세통신 에 손해를 가하고자 하는 배임죄의 고의가 있었다고 볼 수 없다고 판단한 것은 정당한 것으로 수긍할 수 있[다].

### 5. 검토: 차입매수자에게 협력한 대상회사 이사들의 책임

이상에서 살펴보았듯이 근래 한국에서 LBO의 유형은 종전의 담보제공형에서 합병형은 물론, 고배당형 및 합병예정상황에서의 담보제공형 등에 이르기까지 매우 다양해지고 있다. LBO에 대한 판례는 LBO를 통한 차입매수자에게 협력한 대상회사 이사들에 대하여 형사상 배임의 고의가 있는지 문제를 두고 논란이 되어 왔다.

배임죄가 성립되기 위해서는 업무상 임무위배가 필요한데, LBO거래와 관련하

1) 서울고등법원 2012. 7. 5. 선고 2012노268 판결.
2) 대법원 2015. 3. 12. 선고 2012도9148 판결.

여 누구에 대한 임무의 위배인지, 즉 누구의 손해인지,[1] 회사의 손해가 있다고 볼 경우 결국 책임재산의 감소가 어느 범위에서 채권자에게 손해가 되는지,[2] 피인수회사의 재무악화가 곧 손해(또는 손해 위험성)의 발생을 야기하는 것인지,[3] 손해발생 판단에 있어서 거래를 전반적으로 고찰하여 판단할 것인지, 기업 인수자에게 대상회사의 자산으로 담보를 제공한 경우 이에 상응하는 반대급부의 성격을 지니는 자산의 제공이 어느 정도로 존재하여야만 배임의 혐의에서 자유로울 것인지 등의 다양한 법적 쟁점이 있다.[4] 또한 회사법적 관점에서 차입매수자에게 협력한 대상회사의 이사들이 그 대상회사에 대하여 이사의 주의의무 또는 충실의무[5] 위반에 따른 손해배상책임을 지는 것인지도 중요한 쟁점이 될 수 있다.

배임의 고의를 판단함에 있어서 전통적인 담보제공형 LBO 사례에서 법원은 주주와 회사를 형식상 별개로 보아 배임죄의 성립을 긍정한 반면, 근래 온세통신 사건과 같은 새로운 유형의 LBO 사례에서는 종전의 법리를 그대로 따르기보다는 다양한 사실관계를 참작하는 경향을 보이고 있다. 법원은 LBO의 구체적 태양은 거래현실에서 매우 다양하고 LBO를 따로 규율하는 법률이 없는 이상 일률적으로 배임죄 여부에 대하여 단정할 수 없으며, 배임죄의 성립 여부는 차입매수가 이루어지는 과정에서의 행위가 배임죄의 구성요건에 해당하는지 여부에 따라 개별적으로 판단하겠다는 입장이다. 이에 따라 근래 법원은 LBO 당시 해당 LBO로 인하여 피해를 보는 실질적 채권자 또는 주주가 있는지, LBO를 통한 인수과정에서 취득회사가 자기자금을 상당정도 투입하였는지, LBO를 통하여 피인수회사가 받은 이익이 있는지 등을 살펴보는 등 경제적 실질을 함께 고려하는 추세를 보이

---

1) 이는 법인인 회사의 이익이 독립해서 존재하는가의 문제와도 깊게 연결된다.

2) 신한 LBO 사건에서는 이러한 점에 대한 종합적인 판단이 이루어지지 않았으나, 한일합섬 LBO 사건에서는 합병이라는 회사법적 법률적 효과를 중요시하여 일시적 혹은 어느 일부 거래에 있어서 손해인지 여부를 판단하지 아니하고 전체적인 구조와 주주와 채권자 등 이해관계자 전체의 이해관계를 살폈다는 점을 바람직하게 보는 의견이 있다. 김병연(2010), 235면.

3) 대법원은 본인에게 현실적 손해를 가한 경우뿐만 아니라 재산상 실해 발생의 위험을 초래한 경우에까지도 재산상의 손해를 가한 때에 해당한다고 보고 있으며, 일단 손해의 위험성을 발생시킨 이상 나중에 피해가 회복되더라도 배임죄의 성립에 영향을 주는 것은 아니라고 판단하고 있다(대법원 2004. 5. 14. 선고 2001도4857 판결; 대법원 2009. 5. 29. 선고 2007도4949 전원합의체 판결).

4) 자세한 것은 김병연(2010), 241-243면 참조.

5) 신한 LBO 사건에서 대법원은 회사에 손해를 끼치는 행위와 임무위배행위를 동일시하는 것에 그치고, 피고인이 이사로서의 선관주의의무와 충실의무를 위반하였는지에 대하여는 구체적으로 판단하지 않았다. 박태현(2007), 220면.

고 있다.[1)]

한편 법원의 입장은 일관성이 결여되어 있음을 지적하면서 다른 관점에서 LBO를 심사하여야 한다는 견해[2)]가 있다. 이 견해는 LBO의 주목적을 대상회사의 지배권 교체와 자본구조 변경(주로 자금조달 내역인 대차대조표의 대변의 구조 변경)을 통한 절세효과 추구로, 그리고 대상회사의 기존주주, 채권자 그리고 LBO에 기한 인수인 간에 발생하는 이익충돌을 LBO 이슈의 본질로 파악한다.[3)] 그런데 이제까지 대법원의 입장은 회사와 주주의 법인격이 달라 주주의 이익은 법인의 이익과 다르며 이사가 보호해야 할 회사의 이익은 독립된 회사(법인)의 이익만을 말할 뿐 주주의 이익은 여기에 포함되지 않는다고 한다.[4)] 이러한 법원의 입장에 따르면 주주 간의 이익충돌은 해결되기 곤란하다.[5)]

이러한 상황을 해결하기 위하여 이사가 보호할 '회사의 이익'에 전체 주주의 비례적 이익이 포함되어야 한다고 보는 견해(주주이익 포함기준)[6)]는 이해상충 상황에서 지배주주 등이 일반주주의 지분가치를 침해하는 행위를 억제하여 주주 전체의 비례적 이익을 보호하는 입장이 정의와 형평 관점에 부합할 수 있다고 본다. 주주이익 포함기준에 의하면 LBO의 출자환급 특성은 회사법상 구비된 각종 출자환급 규제 즉 주주평등의 원칙과 채권자보호 원칙을 LBO 거래에 (유추)적용하여 해결하게 되며,[7)] LBO의 지배권 매매의 특성과 관련하여 지배권 매각단계에서 주

1) 그러나 배임죄 성부 및 이사의 의무에 관하여 판례가 주주와 법인(회사)의 이익을 별개로 보는 입장을 기본적으로 가지고 있는 상황에서, 주주와 채권자의 이익을 고려하자는 입장은 법리적으로 상충된다고 지적될 수 있다.
예컨대 대법원은 주주총회의 찬성결의가 있다거나 1인회사의 상황에서도 회사에 대한 배임죄의 성립을 긍정한다(아래 판시사항 발췌).
"① 주식회사의 대표이사가 임무에 위배하여 주주 또는 회사 채권자에게 손해가 될 행위를 한 경우, 그 행위에 대하여 이사회 또는 주주총회의 결의가 있었다는 이유만으로 배임죄의 죄책을 면할 수 있는지 여부(소극)
② 1인 회사의 주주가 자신의 개인채무를 담보하기 위하여 회사 소유의 부동산에 대하여 근저당권설정등기를 마쳐 주어 배임죄가 성립한 이후에 그 부동산에 대하여 새로운 담보권을 설정해 주는 행위가 별도의 배임죄를 구성하는지 여부(적극)"(대법원 2005. 10. 28. 선고 2005도4915 판결).

2) 이상훈, "신한·온세통신·한일합섬 LBO 판결에 대한 분석 및 비판," 상사판례연구 제30집 제 1 권(2017).

3) 이상훈(2017), 169-170면.

4) 에버랜드 판결(대법원 2009. 5. 29. 선고 2007도4949 전원합의체 판결) 등.

5) 이를 법인이익 독립론 내지 법인이익-계좌기준으로 부른다. 이상훈(2017), 170면.

6) 이상훈(2017), 170면.

7) 담보제공형의 경우 주주이익 포함기준에서는 원칙적으로 허용하는 입장을 취하되 출자환급

주의 비례적 이익 침해가 방지되는지, 매각 이후 지배권취득비용을 일반주주에게 전가하지 않는지 등을 살피게 된다.[1] 예컨대 지배주주가 대상회사의 지배권 취득을 위한 LBO 과정에서 야기한 취득비용(부채)을 대상회사에 전가하기 위하여 합병하는 상황에서 발생하는 주주 간의 이해상충은 상법상 자기거래 규제(제398조)를 통하여 이를 해소하여야 한다고 본다.[2] 반면에 종래의 법인이익-계좌기준 관점에서는 이러한 전가행위는 주주들 간의 이해상충일 뿐 법인 계좌의 이해상충 문제는 아니므로 자기거래로 포섭될 수 없어 해결이 어렵다.[3] LBO 관련 법적 이슈의 해결에 있어서 종전의 법원의 입장으로는 이해상충 관계에 있는 자들(주로 주주들)의 피해를 포착하여 해결하기 곤란한 이상 주주이익 포함기준에 의한 접근방법을 채택할 필요가 있다.

---

규제의 절차와 한계를 유추적용하자고 주장한다. 이에 의하면 주주전원에게 주식 매도 기회가 부여되는 LBO는 출자환급상의 주주평등이 지켜지므로 회사의 자본충실(채권자 보호)이 지켜지는 한 출자환급 특성과 관련해서는 원칙적으로 문제가 없다고 본다. 이상훈(2017), 174-175면.

1) 이상훈(2017), 175면.

2) 이상훈(2017), 175-176면.

3) 이상훈(2017), 176면; 주주이익 포함기준의 관점에서 종래의 신한LBO, 온세통신LBO, 한일합섬 LBO에 관한 분석은 이상훈(2017), 178-211면.

# 8장

# 내부자거래 관련규제

# 제 1 절 단기매매차익 반환규제

## Ⅰ. 내부자거래 규제 총설

〈사 안〉

A는 상장법인인 甲 주식회사의 주식을 11% 보유한 주요주주이며 甲 회사의 업무진행상황에 대해 잘 알고 있다. 2016년 2월 15일 현재 甲 회사는 시장을 선도할 수 있는 신제품 개발 과정에서 신제품의 기술개발을 완료하였고 최종테스트 중인데 이 사실이 시장에 알려지면 甲 회사의 주가는 크게 오를 것이 분명하다. A는 가진 재산을 털고 여기에 더하여 거래은행으로부터 대출을 받아 익일인 2월 16일 甲 회사의 주식 10%를 증권시장에서 추가 매수하였다. A의 행위는 자본시장법상 어떠한 규제에 위반한 것인가?

〈참고사항〉

자본시장법상 A는 미공개정보를 이용한 소위 내부자거래를 한 것이다. 사안의 경우 A에게는 단기매매차익반환의무가 발생할 수 있으며 미공개중요정보 이용행위 금지를 위반하여 형사처벌을 받거나 민사상 손해배상의무가 성립할 수 있다(법 제172조 및 제174조 등).

### 1. 의 의

'내부자거래'(insider trading)란 소위 정보의 비대칭(information asymmetry)을 이용하는 행위로서, 회사 내부자가 자신의 지위와 관련하여 지득한 미공개의 중요한 회사정보를 이용하여 금융투자상품을 거래하는 행위를 말한다. 자본시장법은 주권상장법인의 주요주주, 임직원 기타 회사와 일정한 관계에 있는 자가 회사의 업무 등에 관한 미공개중요정보를 특정증권등의 매매에 이용하거나 타인으로 하여금 이용하게 하는 행위를 규제한다.

### 2. 입법연혁

한국에서 내부자거래 규제의 입법연혁은 구 증권거래법에 1976년 내부자의 단기매매차익반환과 공매도금지가 입법된 이래, 1982년 상장법인 주요주주와 임원의 소유주식상황 보고의무가 추가되었으며, 1987년 일반적 사기금지조항에 해당하는 미공개정보이용금지규정(법 제105조 제 4 항)이 삽입되었고, 1991년 제188조의2로 이동된 뒤, 1997년, 1998년, 1999년 구 증권거래법의 개정을 통해 정비되었으며, 2009년 시행된 자본시장법으로 통합·정비되었다.

현행 자본시장법은 제 4 편 불공정거래의 규제하의 제 1 장 '내부자거래 등'에 내부자의 단기매매차익 반환(법 제172조), 임원 등의 특정증권등 소유상황 보고(법 제173조), 장내파생상품의 대량보유 보고 등(법 제173조의2), 미공개중요정보 이용행위 금지(법 제174조)를 포함시키고 있다. 이 과정에서 자본시장법은 구 증권거래법에 비하여 내부자거래 규제를 강화하면서, 내부자거래 금지대상 증권범위를 확대하고, 내부자 범위를 확대하고, 내부자 단기매매차익 반환대상을 확대하였다.

〈참고〉 미국에서의 내부자거래 규제 입법연혁

○ 1934년법 제정이전
- 1909년 이전에는 Non-disclosure의 폐해에 대하여 소극적 태도
- 1909년에 Strong v. Repide, 내부자의 중요정보 공개의무 인정
  Special Fact Doctrine(special fact, then duty to disclose)

○ 1934년법 제정(내부자거래 규제 본격적 시작)
- 10(b) & Rule 10b-5/모든 사기적 거래에 대한 포괄적 금지규정
- 16(a)/내부자의 주식변동 시 10일 이내 신고 및 공시
- 16(b)/내부자의 자사주거래 이익의 반환의무

○ 1961년 In re Cady, Roberts case
- 내부자거래사건에 10(b)와 Rule 10b-5 적용한 최초의 사건

○ 1968년 Texas Gulf Sulphur case
- 내부자거래의 이론적 발전

○ 1980년대 Dirks & Chiarella 사건에서 연방대법원의 소극적 태도

○ Insider Trading Sanction Act of 1984의 제정으로 규제 강화
- Civil Penalty 제도 도입 및 내부자거래행위자 및 교사방조한 자에도 부과

○ Insider Trading and Securities Fraud Enforcement Act of 1986
- 규제대상의 확대/고용주와 지배자(controlling person)
- 내부자거래 정보제공자에 대한 포상제도
- 사적인 손해배상청구권에 대한 명시적 근거 마련

○ 2000년 Regulation FD(Fair Disclosure)
- 공개회사 등이 미공개된 중요정보를 증권애널리스트 등에게 공개할 경우 그 정보를 대중에게 공개적으로 공시하도록 하는 의무를 부과

### 3. 규제의 이론적 근거

내부자거래 규제의 이론적 근거는 크게 정보소유이론(Possession Theory; Abstain or Disclose Rule), 신인의무이론(信認義務理論; Fiduciary Duty Theory), 정보유용이론(Misappropriation Theory)으로 나뉜다.

정보소유이론은 다른 투자자가 가지지 못한 미공개회사정보를 보유한 것만으로 내부정보의 공시의무를 위반했다고 보며, 정보에 접근할 수 있는 '관계'와 정보접근의 '불평등성'이 존재하여야 한다.[1] 따라서 내부자뿐 아니라 내부정보를 소유한 자에게도 내부자거래 규제범위가 확대된다.

신인의무이론은 회사와 정보이용자 간에 믿음과 신뢰의 관계(relationship of trust and confidence)의 존재가 필요하다고 보므로, 외부자의 정보이용을 처벌하기 곤란하며 자연스럽게 정보소유이론에 비하여 규제대상이 축소되게 된다.[2]

정보유용이론은 미공개 내부정보원 자체에 대한 신인의무(fiduciary duty)가 존재한다고 보므로, 공개매수와 관련된 사건에서 형사책임의 부과에 유용하다.[3]

## Ⅱ. 단기매매차익 반환제도의 취지

단기매매차익 반환제도는 미공개정보를 이용할 수 있는 지위에 있는 임직원과 주요주주가 당해 법인의 특정증권등을 단기매매(short swing)함으로써 이익을 얻은 경우, 당해 법인이 그 이익을 그 임직원 또는 주주를 상대로 그 법인에게 반환할 것을 청구할 수 있게 하는 것이다.[4]

1) In the Matter of Cady, Roberts & Co., 40 SEC 907 (1961)에서 등장하였으며 SEC v. Texas Gulf Sulphur Co., 401 F.2d 833 (2d Cir. 1968)에서도 나타났다.
2) Chiarella v. U.S., 445 U.S. 222 (1980); Dirks v. SEC, 463 U.S. 646 (1983).
3) United States v. O'Hagan, 521 U.S. 642 (1997).
4) 단기매매차익 반환규정은 1976년 12월 도입된 후 몇 차례 변경되었는데, 주요 내용을 보면 1982년 3월 개정 시 당해 법인 외에 증권관리위원회도 차익반환주체로 추가하였고, 1987년 1월 개정 시 내부자에게 내부정보이용이 아님을 증명하도록 증명책임을 전환하였고, 1991년 12월 개정 시 내부정보이용 요건을 삭제하고 대상 유가증권을 전환사채·신주인수권부사채 등으로 확대하였고, 1997년 1월 개정 시 증권관리위원회를 대위청구권자로 규정하였다가 1998년 1월 개정 시 이를 증권선물위원회로 변경하였고, 1999년 2월 개정 시 대상법인에 코스닥상장법인을 추가하였다가 2009. 2. 자본시장법에서는 직원의 범위를 한정하는 대신 규제대상 증권을 확대하였다. 단기매매차익 반환을 관장하는 금융위원회 규정은 원래 증권범죄조사 사무처리 규정, 단기매매차익 반환 등에 관한 규정, 그리고 불공정거래 신고 및 포

내부자가 실제로 미공개 내부정보를 이용하였는지 여부가 단기매매차익 반환의무의 존부에 영향을 미치는지에 관하여, 판례의 입장은 소극적이다. 즉, 법원[1]은 단기매매차익 반환제도에 대하여 주권상장법인의 내부자가 6월 이내의 단기간에 그 법인의 주식등을 사고 파는 경우 미공개 내부정보를 이용하였을 개연성이 크다는 점에서 "거래 자체는 허용하되 그 대신 내부자가 실제로 미공개 내부정보를 이용하였는지 여부나 내부자에게 미공개 내부정보를 이용하여 이득을 취하려는 의사가 있었는지 여부를 묻지 않고 내부자로 하여금 그 거래로 얻은 이익을 법인에 반환하도록 하는 엄격한 책임을 인정함으로써 내부자가 미공개 내부정보를 이용하여 법인의 주식등을 거래하는 행위를 간접적으로 규제"하려는 제도라고 보고 있다.

## Ⅲ. 반환대상인 단기매매차익

### 1. 의　　의

'단기매매차익'이란 주권상장법인의 임·직원 또는 주요주주가 그 법인의 특정증권등을 매수한 뒤 6개월 이내에 매도하거나, 매도한 후 6개월 이내에 매수하여 얻은 이익을 말한다. 미공개 내부정보의 이용 여부를 불문하고 6개월 이내의 매매로 발생한 이익이 반환대상이 된다.

### 2. 적용대상증권

단기매매차익 반환규정의 적용대상 유가증권은 '특정증권등'으로 '임원·주요주주 특정증권등 소유상황보고'의 보고대상이 되는 특정증권과 동일하다(법 제172조 제1항). 단기매매차익 반환규정의 적용대상 증권도 도입 초기에는 공매도 금지의 경우와 동일하게 주식에 한정되어 있었으나, 후에 공매도금지대상의 확대에 맞추어 확대되다가, 자본시장법 제정으로 내부자거래 금지 대상 증권으로 그 범위가 매우 확대되었다. 다음은 단기매매차익 반환규정의 적용대상이 되는 특정증권의

---

상 등에 관한 규정에 포진되어 있었으나 이들 모두 불공정거래 처리와 관련된 규정으로 별도의 규정으로 나눌 실익이 없어 2011년 11월 '단기매매차익 반환 및 불공정거래 조사·신고 등에 관한 규정'으로 통합되었다.

1) 대법원 2007. 11. 30. 선고 2007다24459 판결.

범위이다(법 제172조 제 1 항 각 호).

1. 그 법인이 발행한 증권
2. 그 법인이 발행한 증권과 관련된 증권예탁증권
3. 그 법인 외의 자가 발행한 것으로서 이상의 증권과 교환을 청구할 수 있는 교환사채권
4. 이상의 증권만을 기초자산으로 하는 금융투자상품

위의 4.에 의하여 그 법인이 발행한 주식등을 기초자산으로 하는 선물, 옵션 등 파생상품도 적용대상에 포함된다. 다만 그 법인이 발행한 증권과 관련하여 시행령은 채무증권(전환사채권, 신주인수권부사채권, 이익참가부사채권, 교환사채권 제외), 수익증권, 일정한 파생결합증권[1]은 제외하고 있다(시행령 제196조).

### 3. 단기매매차익 반환의무자

단기매매차익 반환의무자는 내부자거래 금지대상자와 같이 주권상장법인의 임원(업무집행지시자등을 포함)·직원(직무상 미공개중요정보를 알 수 있는 자로 한정) 또는 주요주주이다(법 제172조). 임원 등으로부터 정보를 수령한 자(tippee)에 대하여도 단기매매차익 반환의무가 적용되는지 여부에 관하여 논란이 있으나, 이들에 대하여도 적용된다는 해석은 명문의 규정에 반한다.

#### (1) 임원과 직원

임원과 직원은 내부자거래 금지대상인 임원과 직원을 의미한다. 임원의 경우 사외이사는 당연히 포함되고, 상법상 업무집행지시자 등(상법 제401조의2 제 1 항)[2] 도 포함된다.

직원 중에도 직무와 지위에 따라 내부정보와 무관한 자가 있을 수 있으므로, 구 증권거래법과 다르게 직원을 일률적으로 적용대상으로 하지 않고 있다. 구 증권거래법과 달리 자본시장법은 단기매매차익 반환의무자의 범위를 기존의 모든 직원에서 미공개정보에의 접근가능성이 높은 직원으로 한정하였다. 이와 관련하

---

1) 파생결합증권이라도 단기매매차익 반환규정의 적용대상이 되는 특정증권에 관한 파생결합증권일 경우에는 단기매매차익의 반환규정이 적용된다(시행령 제196조 제 3 호).

2) 자연인은 물론 법인인 지배회사도 포함된다(대법원 2006. 8. 25. 선고 2004다26119 판결).

여 시행령은 직원 중 주요사항보고서에 포함되는 사항(법 제161조 제1항)의 수립·변경·추진·공시 그 밖에 이에 관련된 업무에 종사하고 있는 직원, 또는 그 법인의 재무·회계·기획·연구개발에 관련된 업무에 종사하고 있는 직원 중 증권선물위원회가 미공개중요정보를 알 수 있는 자로 인정하는 자를 단기매매차익 반환의무자로 규정한다(시행령 제194조). 「단기매매차익 반환 및 불공정거래 조사·신고 등에 관한 규정」은 "그 법인의 재무·회계·기획·연구개발·공시 담당부서에 근무하는 직원"으로 규정한다(규정 제5조).[1]

주요주주의 경우와 달리[2] 임·직원의 경우 매도나 매수 어느 한 시점에 임·직원인 자가 단기매매차익 반환대상이므로 퇴사 후에도 차익 반환의무가 발생할 수 있다.[3] 따라서 규제대상 임직원이 주식을 매수한 후 퇴임하고 매수일로부터 6개월 이내에 주식을 매도하거나, 주식을 매도한 후 퇴임하고 매도일로부터 6개월 이내에 그 주식을 다시 매수하였다면 이익을 회사에 반환할 책임이 있다. 또한 규제대상 임직원이 취임 전에 주식을 매수하였다가 취임 후 매수일로부터 6개월 이내에 매도하거나, 취임 전에 주식을 매도하였다가 취임 후 매도일로부터 6개월 이내에 매수한 경우에도 그 이익을 회사에 반환할 책임이 있다. 그러나 임직원이 퇴임한 후 주식을 매수하였다가 매도한 경우에는 이익반환의무가 발생하지 않는다.

#### (2) 주요주주

주요주주란 ① 누구의 명의로 하든지 자기의 계산으로 금융회사의 의결권 있는 발행주식 총수의 100분의 10 이상의 주식(그 주식과 관련된 증권예탁증권 포함)을 소유한 자 또는 ② 임원(업무집행책임자 제외)의 임면(任免) 등의 방법으로 금융회사의 중요한 경영사항에 대하여 사실상의 영향력을 행사하는 주주로서 지배구조법 시행령[4]

---

1) 미국에서는 종류별 증권의 10% 이상의 실질주주(beneficial owner), 이사 및 임원 등이 적용대상이고, 한국과 달리 직원은 그 대상이 아니다. 일본에서도 직원은 반환의무자가 아니다.

2) 주요주주의 경우에는 매수와 매도 양 시점에 모두 주요주주의 지위에 있어야 한다(법 제172조 제6항).

3) 임재연(2019), 831면.

4) 지배구조법 시행령 제4조는 주요주주의 범위에 관하여 다음 중 어느 하나에 해당하는 주주로 규정한다.
   1. 혼자서 또는 다른 주주와의 합의·계약 등에 따라 대표이사 또는 이사의 과반수를 선임한 주주
   2. 다음 각 목의 구분에 따른 주주
      가. 금융회사가 「자본시장과 금융투자업에 관한 법률」 제8조 제1항에 따른 금융투자업

이 정하는 자를 말한다(지배구조법 제 2 조 제 6 호 나목).[1]

주요주주는 임직원의 경우와 달리 매도·매수한 시기 중 어느 한 시기에 주요주주가 아닌 경우에는 단기매매차익 반환의무를 부담하지 않는다(법 제172조 제 6 항).[2]

### (3) 투자매매업자

내부자의 단기매매차익 반환의무는 투자매매업자가 인수계약을 체결한 날부터 3개월 이내에 매수 또는 매도하여 그 날부터 6개월 이내에 매도 또는 매수하는 경우(주식매수선택권의 행사에 따라 주식을 취득하는 경우 제외)에 준용한다(법 제172조 제 7 항, 시행령 제199조). 투자매매업자가 안정조작이나 시장조성을 위하여 매수·매도 또는 매도·매수하는 경우는 제외되나, 해당 안정조작이나 시장조성기간 내에 매수 또는 매도하여 그 날부터 6개월 이내에 매도 또는 매수하는 경우(법 제198조 제 3 호의 경우 제외)에는 단기매매차익 반환의무가 준용된다(법 제172조 제 7 항, 시행령 제199조).

## 4. 적용대상 거래

### (1) 적용대상인 거래

매매 또는 교환이 규제대상인 거래에 해당한다. 제 3 자 배정에 의한 신주발행(유상증자)의 경우 의문이 있으나, 구 증권거래법하의 하급심판결[3]은 상법이나

---

자(겸영금융투자업자는 제외하며 이하 "금융투자업자"라 한다)인 경우: 다음의 구분에 따른 주주

1) 금융투자업자가 「자본시장과 금융투자업에 관한 법률」에 따른 투자자문업, 투자일임업, 집합투자업, 집합투자증권에 한정된 투자매매업·투자중개업 또는 온라인소액투자중개업 외의 다른 금융투자업을 겸영하지 아니하는 경우: 임원(「상법」 제401조의2 제 1 항 각 호의 자를 포함한다. 이하 이 호에서 같다)인 주주로서 의결권 있는 발행주식 총수의 100분의 5 이상을 소유하는 사람

2) 금융투자업자가 「자본시장과 금융투자업에 관한 법률」에 따른 투자자문업, 투자일임업, 집합투자업, 집합투자증권에 한정된 투자매매업·투자중개업 또는 온라인소액투자중개업 외의 다른 금융투자업을 영위하는 경우: 임원인 주주로서 의결권 있는 발행주식 총수의 100분의 1 이상을 소유하는 사람

나. 금융회사가 금융투자업자가 아닌 경우: 금융회사(금융지주회사인 경우 그 금융지주회사의 「금융지주회사법」 제 2 조 제 1 항 제 2 호 및 제 3 호에 따른 자회사 및 손자회사를 포함한다)의 경영전략·조직변경 등 주요 의사결정이나 업무집행에 지배적인 영향력을 행사한다고 인정되는 자로서 금융위원회가 정하여 고시하는 주주

1) 주요주주는 최대주주와 함께 '대주주'의 범주에 해당한다(지배구조법 제 2 조 제 6 호).

2) 이전기준('prior to' test)에 따르면, 증권의 매매로 인하여 10%를 초과하게 되거나 미달하게 되었을 때에는 반환의무를 부담하는 실질적 소유자로 보지 않는다. 임재연(2019), 830면.

3) 서울고등법원 2001. 5. 18. 선고 2000나22272 판결(경기화학주식사건).

구 증권거래법이 정하는 다양한 방식에 의한 유상취득이나 처분행위도 단기매매차익 반환에 관한 매도와 매수에 해당하는 것으로 해석한 바 있다.

(2) 적용대상이 아닌 거래

내부자의 단기매매차익 반환규제는 주요주주가 매도·매수한 시기 중 어느 한 시기에 있어서 주요주주가 아닌 경우이거나 또는 임직원 또는 주요주주로서 행한 매도 또는 매수의 성격, 그 밖의 사정 등을 고려하여 상속이나 증여에 의한 무상취득, 주식배당, 주식분할이나 주식병합과 같은 시행령이 정하는 비자발적 거래에는 적용하지 아니한다(법 제172조 제6항, 시행령 제198조). 자본시장법시행령이 정하는 이러한 예외사유는 한정적으로 열거된 것이므로 시행령에서 정하지 않은 경우에는 반환책임의 예외사유로 인정되지 않으며, 헌법재판소[1]는 예외사유를 시행령에 한정적으로 규정한 점에 대하여 합헌이라고 선언하였다. 다음은 시행령이 정하는 단기매매차익 반환규제의 적용제외 거래이다(시행령 제198조).

1. 법령에 따라 불가피하게 매수하거나 매도하는 경우
2. 정부의 허가·인가·승인 등이나 문서에 의한 지도·권고에 따라 매수하거나 매도하는 경우
3. 안정조작이나 시장조성을 위하여 매수·매도 또는 매도·매수하는 경우
4. 모집·사모·매출하는 특정증권등의 인수에 따라 취득하거나 인수한 특정증권등을 처분하는 경우
5. 주식매수선택권의 행사에 따라 주식을 취득하는 경우
6. 이미 소유하고 있는 지분증권, 신주인수권이 표시된 것, 전환사채권 또는 신주인수권부사채권의 권리행사에 따라 주식을 취득하는 경우
7. 법 제172조 제1항 제2호에 따른 증권예탁증권의 예탁계약 해지에 따라 법 제172조 제1항 제1호에 따른 증권을 취득하는 경우
8. 법 제172조 제1항 제1호에 따른 증권 중 제196조 제1호 라목에 따른 교환사채권 또는 법 제172조 제1항 제3호에 따른 교환사채권의 권리행사에 따라 증권을 취득하는 경우
9. 모집·매출하는 특정증권등의 청약에 따라 취득하는 경우
10. 「근로복지기본법」 제36조부터 제39조까지 또는 제44조에 따라 우리사주조합원이 우리사주조합을 통하여 회사의 주식을 취득하는 경우(그 취득한 주식을 같은 법

1) 헌법재판소 2002. 12. 18. 99헌바105, 2001헌바48(병합) 결정.

제43조에 따라 수탁기관에 예탁하는 경우만 해당)
11. 주식매수청구권의 행사에 따라 주식을 처분하는 경우
12. 공개매수에 응모함에 따라 주식등을 처분하는 경우
13. 그 밖에 미공개중요정보를 이용할 염려가 없는 경우로서 증권선물위원회가 인정하는 경우

### (3) 내부정보의 이용 여부

단기매매차익 반환의무가 최초로 도입된 1976년 구 증권거래법은 내부정보이용사실을 회사가 증명하도록 하였으나, 1987년 개정법은 내부자가 6월 이내의 단기매매로 이익을 얻을 경우에는 내부정보를 이용하였을 개연성이 크다고 보아 일단 내부자거래로 인정하고 정보를 이용하지 않았음을 내부자로 하여금 증명하도록 하여 증명책임을 전환하였다. 그러나 증명책임이 전환되었어도 정보이용 여부를 증명할 수 있는 자료의 대부분을 내부자가 독점하여 이를 조작할 소지가 있으므로 증명책임 전환의 실효성이 의문시되었다. 이러한 문제점을 해소하고자 1991년 12월 개정법은 내부정보를 이용하지 않은 경우에 반환책임을 면제한다는 규정을 삭제하였고,[1] 자본시장법도 내부정보 이용이 없었음을 증명하여 반환을 면제하는 규정을 두고 있지 않다. 이처럼 자본시장법 제172조 제 1 항의 단기매매차익 반환제도는 주권상장법인의 내부자가 6개월 이내의 단기간에 그 법인의 주식 등을 사고파는 거래 자체는 허용하되, 그 대신 내부자가 실제로 미공개 내부정보를 이용하였는지 여부나 내부자에게 미공개 내부정보를 이용하여 이득을 취하려는 의사가 있었는지 여부를 묻지 않고 내부자로 하여금 그 거래로 얻은 이익을 법인에 반환하도록 하는 엄격한 책임을 인정함으로써 내부자가 미공개 내부정보를 이용하여 법인의 주식 등을 거래하는 행위를 간접적으로 규제하려는 제도이다.[2]

그러나 단기매매차익 반환제도의 입법목적, 자본시장법 시행령 제198조에 정해진 예외사유의 성격 그리고 헌법 제23조가 정하는 재산권보장의 취지를 고려하면, 자본시장법 시행령 제198조의 예외사유에 해당하지 않더라도 객관적으로 볼 때 내부정보를 부당하게 이용할 가능성이 전혀 없는 유형의 거래에 대하여는 자본시장법 제172조 제 1 항의 매수 또는 매도에 해당하지 아니하는 것으로 보아 그

1) 헌법재판소 2002. 12. 18. 99헌바105, 2001헌바48(병합) 전원재판부 결정(경기화학 주식 사건).
2) 대법원 2016. 3. 24. 선고 2013다210374 판결.

적용을 배제할 수 있다.[1)]

## 5. 반환절차 등

단기매매차익의 반환주체는 주권상장법인이므로 해당 법인이 단기매매차익의 반환의무자에 대하여 반환청구를 하여야 한다. 증권선물위원회는 단기매매차익의 발생사실을 안게 된 경우 해당 법인에 이를 통보하여야 하며, 이 경우 그 법인은 통보받은 내용을 인터넷 홈페이지 등을 이용하여 공시할 의무를 부담한다(법 제172조 제3항).

법인이 단기매매차익에 관한 반환청구권을 가지나, 해당 법인의 주주(주권 외의 지분증권 또는 증권예탁증권을 소유한 자를 포함)도 단기매매차익 반환의무자에게 단기매매차익의 반환청구를 하도록 그 법인에게 요구할 수 있다(법 제172조 제1항·제2항 전문).

법인이 그 요구를 받은 날부터 2개월 이내에 단기매매차익의 반환청구를 하지 아니하는 경우 그 주주는 그 법인을 대위(代位)하여 그 청구를 할 수 있다(법 제172조 제2항 후문). 단기매매차익 반환청구에 관한 소를 제기한 주주가 승소한 경우에는 그 주주는 회사에 대하여 소송비용, 그 밖에 소송으로 인한 모든 비용의 지급을 청구할 수 있다(법 제172조 제4항).

주권상장법인이 모집·사모·매출하는 특정증권등을 인수한 투자매매업자의 경우, 단기매매차익의 반환의무 및 대위청구 규정(법 제172조 제1항·제2항)은 해당 투자매매업자가 인수계약을 체결한 날부터 3개월 이내에 매수 또는 매도하여 그 날부터 6개월 이내에 매도 또는 매수하는 경우(제198조 제4호의 경우 제외) 그 기간 동안 준용한다(법 제172조 제7항, 시행령 제199조).[2)]

단기매매차익에 관한 반환청구권 및 주주의 대위청구권은 이익을 취득한 날

---

1) 대법원 2016. 3. 24. 선고 2013다210374 판결; "… 여기서 내부정보에 대한 부당한 이용의 가능성을 판단할 때에는 객관적으로 볼 때 내부자가 임의로 거래하였는지 여부 및 그가 내부정보에 접근할 수 있는 가능성이 있었는지 여부를 고려하여야 하고, 만약 비자발적인 유형의 거래가 아니거나 내부정보에의 접근 가능성을 완전히 배제할 수 없는 유형의 거래인 경우에는 내부정보에 대한 부당한 이용의 가능성이 있다고 보아야 할 것이므로 자본시장법 제172조 제1항의 적용 대상인 매수 또는 매도에 해당하여 단기매매차익의 반환책임을 피할 수 없다." 대법원 2016. 3. 24. 선고 2013다210374 판결(마니커 사건).

2) 다만, 투자매매업자가 안정조작이나 시장조성을 위하여 매매하는 경우에는 해당 안정조작이나 시장조성기간 내에 매수 또는 매도하여 그 날부터 6개월 이내에 매도 또는 매수하는 경우(제198조 제3호의 경우 제외)에 준용한다(시행령 제199조 단서).

부터 2년 이내에 행사하지 아니한 경우에는 소멸한다(법 제172조 제 5 항).

## Ⅳ. 매매차익 산정기준

### 1. 단기매매차익의 산정

자본시장법은 선입선출법(FIFO computation)에 의하여 매수한 순서와 매도한 순서를 맞추어 순서대로 매도가격에서 매수가격을 공제하여 차액을 산정하도록 하고 있다(시행령 제195조 제 1 항–제 4 항).

**그림 8-1** 단기매매차익 산정[1]

단기매매차익 = (매도단가 – 매수단가) × 매매일치수량*
– (매매거래수수료 + 증권거래세액 ÷ 농어촌특별세액)

* 매매일치수량: 매수수량과 매도수량 중 적은 수량

– 차액산정결과 그 금액이 0원 이하인 경우에는 이익이 없는 것으로 간주.

※ 반환대상 단기매매차익을 매수 후 6개월 이내 매도하여 얻은 이익만으로 오해하는 사례가 있으나, 매도 후 6개월 이내 매수하여 얻은 이익도 반환대상임.

과거 6개월 이내에 2회 이상 매수·매도한 경우, 가장 먼저 매수(매도)한 수량과 가장 먼저 매도(매수)한 수량을 대응하여 위의 방법으로 계산한 금액을 이익으로 산정하고 그다음의 매수·매도수량에 대해서는 대응할 수량이 없어질 때까지 같은 방법을 적용하여 차익을 산정한다(선입선출법).[2] 이 경우 대응된 매수분이나 매도분 중 매매일치 수량을 초과하는 수량(잔량)은 해당 매수 또는 매도와 별개의 매수 또는 매도로 보아 대응시킨다.[3]

1) 금융감독원(2018), 383면.
2) 금융감독원(2018), 384면.
3) 금융감독원(2018), 384면.

## 2. 동종증권 간 단기매매차익 산정방법

**그림 8-2** 동종증권 간 단기매매차익 산정례: 선입선출법의 적용[1)]

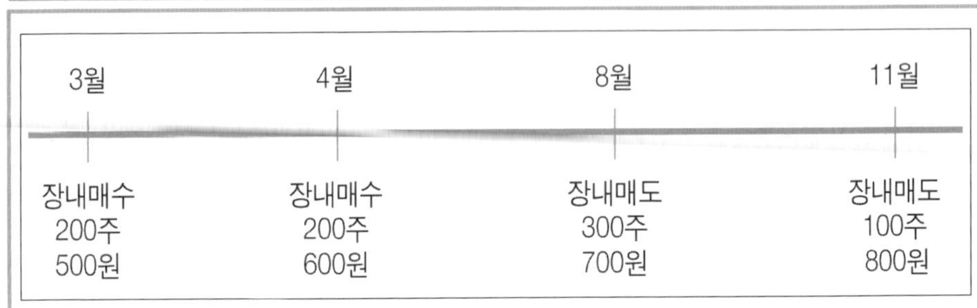


○ 3월 매수와 8월 매도를 우선 대응한 후 남은 8월의 매도 잔량(100주)을 4월의 매수와 순차적으로 대응하나, 이후 4월의 매수 잔량(100주)에 대해서는 11월의 매도가 6개월을 초과하므로 단차산정 시 이를 고려하지 않음.

⇒ (700원 − 500원) × 200주 + (700원 − 600원) × 100주 = 50,000원

동종증권 간에 6개월 이내에 다수의 거래가 있는 경우 가장 먼저 매수(매도)한 수량과 가장 먼저 매도(매수)한 수량을 대응하여 순차적으로 적용하되, 6개월이 경과한 매매는 단기매매차익 산정대상에서 제외된다.

## 3. 종류 또는 종목이 다른 경우의 단기매매차익 산정방법

〈사 안〉

A는 2018년 10월 보통주 100주를 매수하였다(매수단가 100원, 당시 우선주종가 80원). 이후 2018년 11월 우선주 200주를 매도하였고(매도단가 90원, 당시 보통주종가 120원), 2018년 12월에는 보통주를 100주 매수하였다(매수단가 110월, 우선주종가 70원). 이 경우 A의 단기매매차익은 어떻게 산정하는가?

〈참고사항〉

이종종목의 단기매매차익 산정사례이다. 10월 보통주 매수와 11월 우선주 매도가 우선 대응되고, 우선주 매도일의 보통주 종가(120원)를 우선주의 매도단가로 간주하여 단기매매차익을 산정한다. 이후 11월 우선주 매도 잔량(100주)과 12월 보통주 매수가 대응되고, 보통주 매수일의 우선주 종

1) 금융감독원(2018), 476면.

가(70원)를 보통주의 매수단가로 간주하여 단기매매차익을 산정한다. 즉, 단기매매차익 = (120원 − 100원) × 100주 + (90원 − 70원) × 100주 = 4,000원[1)]

사안과 같이 매수 및 매도된 특정증권등의 종류가 같으나 종목이 다를 경우, 가격환산방법은 ① 매수 후 매도의 경우, 매도한 날의 특정증권등의 최종가격을 매도 특정증권등의 매도가격으로 간주하며, ② 매도 후 매수의 경우, 매수한 날의 매도 특정증권등의 최종가격을 매수특정증권등의 매수가격으로 간주한다(시행령 제195조 제 2 항 제 1 호).[2)]

반면 보통주와 전환사채와 같이 이종증권의 매수·매도의 경우에는 해당 특정증권등(전환사채)에 관하여 ① 가격은 매매일의 해당 특정증권등의 권리행사 대상이 되는 지분증권의 종가로 환산하며 ② 수량은 매매일에 해당 특정증권등의 권리행사가 이뤄질 경우 취득할 수 있는 것으로 환산되는 지분증권의 수량으로 환산한다(시행령 제195조 제 2 항 제 2 호, 「단기매매차익 반환 및 불공정거래 조사·신고 등에 관한 규정」 제 6 조).[3)]

## 4. 경영권 프리미엄과의 관계

〈사 안〉

(1) 사실관계

대주주 A가 甲 주식회사를 경영하던 중 소비심리 위축으로 甲 회사의 매출이 급감하고 금융시장도 경색되어 자금이 부족해지자, A는 소유주식 매각에 의한 경영권 양도방식이 甲 회사의 부도를 막는 대안이라고 판단하여 대주주인 A는 E사에게 1998. 2. 16. 甲 회사의 주식 749,999주를, 같은 해 3. 13. 550,001주를, 합계 1,300,000주(지분비율 43.32%)를 甲 회사의 실자산가치를 기준으로 하여 정한 주당 10,000원(1998. 2. 16. 증권거래소 시가는 4,420원)에 장외에서 매도하였다. 이로 말미암아 A는 매매수수료 등을 공제하고 금 1,691,464,381원의 매매차익을 얻었다.

(2) 질 문

위의 경우 A가 얻은 매매차익(1,691,464,381원)은 甲 회사에 반환할 의무가 있는 단기매매차익인가? A는 경영권 양도계약에 따른 경영권 프리미엄에 해당하여 주식의 단기매매로 취득한 이익이 아니며, 위 주식매수는 매수 당시의 적대적 인수합병에 대항하여 경영권을 방어하기 위한 것

---

1) 금융감독원(2018), 385면

2) 금융감독원(2018), 384면.

3) 금융감독원(2018), 385면 및 479면.

으로 미공개중요정보를 이용한 것이 아니며, 주식매도 또한 甲 회사의 경영악화로 인한 경영권 양도과정에서의 비자발적 매도이어서 甲 회사에게 위 차익을 반환할 의무가 없다고 항변한다.

〈참고사항〉
경영권 프리미엄이 지배주식의 매수대가와 분리될 수 있는지 여부를 다룬 대법원 2004. 2. 13. 선고 2001다36580 판결 참조.

경영권 프리미엄의 양도를 수반하는 지배주식 양도의 경우, 판례[1]는 지배주식의 매수 후 6개월 이내에 매도 시 그 가격 결정에 반영된 소위 경영권 프리미엄이 증권거래법상의 단기매매차익으로서 반환할 이익에 포함된다고 본다. 그 이유로 판례는 지배주식의 양도와 함께 경영권이 이전하는 경우 경영권의 이전은 지배주식의 양도에 따르는 부수적인 효과에 불과하고 그 양도대금은 지배주식 전체에 대하여 지급되는 것으로서 주식 그 자체의 대가이기 때문이라고 한다.

단기매매차익 반환제도는 주권상장법인의 내부자가 미공개 내부정보를 이용하여 법인의 주식등을 거래하는 행위를 간접적으로 규제하려는 것으로,[2] 비자발적인 유형의 거래가 아니거나 내부정보에의 접근 가능성을 완전히 배제할 수 없는 유형의 거래인 경우에는 내부정보에 대한 부당한 이용의 가능성이 있다고 보아 단기매매차익의 반환책임이 부과된다.[3]

## V. 제도의 위헌성 여부

〈사 안〉

甲 주식회사의 대주주 A는 6개월 이내에 주식을 사고 팔았다는 이유로 매매차익에 관한 단기매매차익 반환 요청을 甲 회사로부터 받고 있다. A는 자본시장법상의 단기매매차익 반환제도가 다음

1) 대법원 2016. 3. 24. 선고 2013다210374 판결 및 대법원 2004. 2. 13. 선고 2001다36580 판결 등.
2) 구 증권거래법 시행령 제83조의6은 단기매매차익의 반환사유에 관하여 열거하는 형식을 취하여 동조에서 정한 예외사유에 해당하지 않는 경우 단기매매차익 반환의 예외를 인정할 수 있는가에 관한 논란이 가능하였던 반면, 현행 자본시장법 시행령 제198조 제13호는 "그 밖에 미공개중요정보를 이용할 염려가 없는 경우로서 증권선물위원회가 인정하는 경우"를 규정하여 유연하게 규율할 수 있는 길을 터주고 있다.
3) 대법원 2008. 3. 13. 선고 2006다73218 판결 등.

과 같은 이유로 위헌이라고 주장한다.

1. 자본시장법 제172조가 미공개 내부정보의 이용 유무를 반환책임의 적극 또는 소극 요건으로 하지 않은 것은 기본권의 제한에 관한 최소침해의 원칙에 반한다.
2. 자본시장법 제172조는 같은 조 제 6 항 및 시행령 제198조가 정하는 예외사유에 해당하지 않는 한 일률적으로 단기매매차익에 대한 반환책임을 부담하게 하므로 기본권의 최소침해의 원칙에 반한다.

A의 위헌 주장은 헌법재판소의 입장에 비추어 타당성이 있는가?

〈참고사항〉

단기매매차익 반환 여부가 기본권의 최소침해의 원칙에 반하는 위헌적인 것인지를 판단한 헌법재판소의 결정을 참조하라(헌법재판소 2002. 12. 18. 99헌바105, 2001헌바48(병합) 결정).

단기매매차익 반환제도는 내부자가 속한 법인의 차익반환청구권을 내용으로 하지만, 제도의 본래 취지는 법인의 이익을 보호하려는 것이 아니라 거래 상대방인 일반투자자를 보호하려는 것이다. 임직원과 주요주주는 내부정보에 접할 수 있는 지위에 있고, 이들이 그 내부정보를 이용하여 당해 법인의 증권에 대한 거래를 한다면 거래의 상대방인 일반투자자로서는 상당한 불이익과 위험에 노출된다. 물론 미공개정보 이용 금지에 관한 자본시장법 제174조의 규정에 의하여 일반투자자에 대한 보호를 추구할 수 있겠으나 일반투자자가 법적인 구제 수단을 취하는 것은 실제로는 용이하지 않다. 따라서 이러한 거래를 사전에 예방하는 차원에서 거래 자체는 허용하되, 단기매매로 인한 이익은 내부정보이용에 의한 부당한 이익일 가능성이 크므로 그 이익을 당해 법인에게 반환하도록 하는 간접적인 규제를 통하여 투자자 보호를 추구하려는 것이다.

단기매매차익의 산정에 있어서 종래에는 가중평균법에 의하여 평균가격을 산출하는 단계에서 당해 기간 중 발생한 이익액과 손실액 사이의 상쇄(offset)를 허용하였으나, 2000년 9월 8일 구 증권거래법 시행령 개정으로 선입선출법이 도입되면서 상쇄를 허용하지 않게 되었고 그 결과 차익산출액수가 늘어날 여지가 커졌다. 그러나 이러한 선입선출법이 기본권의 제한에 관한 최소침해의 원칙 또는 과잉금지의 원칙 등에 반하여 헌법 제23조가 보장하는 재산권을 침해하는 것이라고 할 수 없다. 과거에 헌법재판소[1]는 구 증권거래법 제188조 제 2 항의 단기매매차익 반환제도가 헌법에 위배되지 않는다고 보았고 아울러 예외사유를 시행령에 한정

1) 헌법재판소 2002. 12. 18. 99헌바105, 2001헌바48(병합) 결정.

적으로 규정한 점에 대하여도 합헌으로 보았다.

【헌법재판소 2002. 12. 18. 99헌바105, 2001헌바48(병합) 결정】

【결정요지】

1. 증권거래법 제188조 제2항이 정하는 단기매매차익 반환제도는 문면상 내부자가 실제로 미공개 내부정보를 이용하였는지 여부에 관계없이 i) 내부자가, ii) 6월 이내의 기간에, iii) 자기회사의 주식등을 거래하여, iv) 차익이 발생한 경우라는 형식적인 요건에만 해당하면 반환책임이 성립하고, 내부정보를 이용하지 않고 주식거래를 하였다는 등 일체의 반증을 허용하지 않는 내부자에 대한 엄격책임을 부과하고 있다. 이는 미공개 내부정보의 이용 유무를 적용의 적극 또는 소극 요건으로 할 경우 그 입증 및 인정이 실제상 극히 곤란하기 때문에 단기매매차익청구권의 신속하고 확실한 행사를 방해하고 결국 입법목적을 잃게 되는 결과를 가져온다는 점 및 일반투자자들의 증권시장에 대한 신뢰의 제고라는 입법목적을 고려한 불가피한 입법적 선택이라 할 것이다.
2. 증권거래법 제188조 제2항이 반환책임의 요건을 객관화하여 엄격한 반환책임을 내부자에게 부과하고, 같은 조 제8항 및 이에 근거한 시행령 제86조의6 등에서 반환책임의 예외를 한정적으로 열거하여 이에 해당하지 않는 한 반환책임의 예외를 인정하지 않고 있다고 하더라도, 위 법률조항의 입법목적과 단기매매차익 반환의 예외를 정한 시행령 제86조의6의 성격 및 헌법 제23조가 정하는 재산권 보장의 취지를 고려하면 내부정보를 이용할 가능성조차 없는 유형의 주식거래에 대하여는 이 사건 법률조항이 애당초 적용되지 않는다고 해석하여야 할 것이므로, 이를 두고 최소침해원칙에 반한다고 할 수 없다.
3. 기타 논점 〈생략〉
   ① 재산권 제한과 이로 인한 공익과의 형량
   ② 포괄위임입법금지 위배 여부

## Ⅵ. 기타 관련 문제

### 1. 미공개중요정보 이용행위로 인한 손해배상책임과의 관계

미공개중요정보 이용금지를 위반한 자는 해당 특정증권등의 매매, 그 밖의 거래를 한 자가 그 매매, 그 밖의 거래와 관련하여 입은 손해를 배상할 책임을 진다(법 제175조 제1항). 따라서 단기매매차익 반환의무를 규정한 법 제172조와 미공개중요정보 이용금지 위반에 따른 손해배상책임에 관한 법 제175조의 성립요건이 각각 충족될 경우 양자의 관계가 어떠한 것인지 문제될 수 있다. 이러한 경우 내부자에게 이중 책임을 지움이 없이 미공개중요정보 이용행위 금지 위반에 관한 손해배상책임을 우선시하여 미공개중요정보 이용으로 인한 손해배상책임액을 공제한 이익만을 해당 법인에게 반환하도록 할지 또는 양자는 별개의 제도로서 단기매매차익 반환의무 및 미공개중요정보 이용에 기한 손해배상의 이중 책임의 성립은 불가피하다고 보아야 할지에 관하여 견해가 대립한다.[1]

## 2. 증권집중예탁제도와의 문제

〈사 안〉

주권상장법인 甲 주식회사의 이사 A가 차명계좌를 통하여 공개시장에서 주식을 매도한 후 같은 날 같은 가격으로 매도수량 중 일부를 실명계좌로 다시 매수한 경우, 매도일시 및 가격과 매수일시 및 가격이 일치하는 부분에 대하여 발생한 매매차익을 반환해야 하는가?

〈참고사항〉

판례는 동일한 시점에 차명계좌로부터 매도주문과 실명계좌로부터 매수주문이 있었던 경우, 차명계좌에서의 매도가격과 실명계좌에서의 매수가격이 일치하는 수량 부분은 단기매매차익 반환의무가 있는 매매에 해당하지 않는다고 본다(대법원 2005. 3. 25. 선고 2004다30040 판결[2]).

① 타인의 명의를 차용한 명의차용인인 주식인수인이 있는 경우 판례는 회사에 대한 관계에서는 명의대여자와 명의차용자 중 명의대여자가 주주라고 한다(대법원 2017. 3. 23. 선고 2015다248342 전원합의체 판결[3]).

---

1) 임재연(2019), 850-851면.

2) "… 동일인이 차명계좌를 통하여 보유하고 있던 주식을 공개시장에서 실명계좌로 매도한 경우 비록 공개시장에서의 증권예탁에 혼합임치의 성격이 있어 매도 및 매수되는 주식을 특정할 수 없다 할지라도 실질적으로 동일한 시점에 차명계좌로부터 매도주문과 실명계좌로부터의 매수주문이 존재하였다면 차명계좌에서의 매도가격과 실명계좌에서의 매수가격이 정확히 일치하는 수량에 관한 한 증권거래법 제188조 제 2 항의 적용대상인 매매에 해당하지 아니한다고 보아야 한다"(대법원 2005. 3. 25. 선고 2004다30040 판결).

3) "주식을 양수하였으나 아직 주주명부에 명의개서를 하지 아니하여 주주명부에는 양도인이 주주로 기재되어 있는 경우뿐만 아니라, 주식을 인수하거나 양수하려는 자가 타인의 명의를 빌려 회사의 주식을 인수하거나 양수하고 타인의 명의로 주주명부에의 기재까지 마치는 경우에도, 회사에 대한 관계에서는 주주명부상 주주만이 주주로서 의결권 등 주주권을 적법하게 행사할 수 있다"(대법원 2017. 3. 23. 선고 2015다248342 전원합의체 판결).

② 공개시장에서의 증권예탁의 법적 성질은 '혼합임치'(또는 혼장임치)의 성격을 갖는다. 이에 따라 혼합임치된 증권에 대하여 매도 및 매수되는 주식을 '특정'할 수 없으므로, 동일한 시점에 차명계좌로부터 매도주문과 실명계좌로부터의 매수주문이 존재하였다 할지라도 차명계좌에서의 매도가격과 실명계좌에서의 매수가격이 일치하는 주식 수량에 대해 정확히 '동일한 것'이라고 볼 수 있을까?

### (1) 증권집중예탁에서 증권보관법률관계의 성질

증권집중예탁은 민법 제693조의 임치 중 혼장임치에 해당한다. 혼장임치에서는 임치물을 동종 물건과 혼합하여 보관하게 되므로 복수의 임치자들(증권회사의 고객들)은 혼합물(보관중인 동종증권)상에 임치했던 수량에 상응한 지분을 공유하게 된다. 따라서 "예탁자의 예탁증권을 다른 예탁자가 예탁한 동일 종목의 증권과 혼합보관하고 예탁자의 청구에 따라 예탁증권을 반환할 경우 예탁자의 예탁증권과 동일한 권리 및 종목의 증권을 반환하기로 하는 예탁자와 증권회사 간의 매매거래 구좌설정 계약은 소비임치계약"이라고 할 것이므로, 그 계약이 해지된 경우 증권회사는 예탁한 증권 자체가 없더라도 "그와 동일한 권리 및 종목의 증권을 반환할 의무"가 있다.[1)]

### (2) 단기매매차익 반환대상 매매거래인지의 여부

동일인이 차명계좌를 통하여 보유하고 있던 주식을 공개시장에서 실명계좌로 매도한 경우 단기매매차익 반환대상 매매거래에 해당되는지에 대하여 대법원은 "비록 공개시장에서의 증권예탁에 혼합임치의 성격이 있어 매도 및 매수되는 주식을 특정할 수 없다 할지라도 실질적으로 동일한 시점에 차명계좌로부터 매도주문과 실명계좌로부터의 매수주문이 존재하였다면 차명계좌에서의 매도가격과 실명계좌에서의 매수가격이 정확히 일치하는 수량에 관한 한 단기매매차익 반환의무(증권거래법 제188조 제2항)의 적용대상인 매매에 해당하지 아니한다"고 보았다.[2)]

---

1) 서울지방법원 1984. 4. 27. 선고 83가합6830 판결.
2) 대법원 2005. 3. 25. 선고 2004다30040 판결.

# 제 2 절 임원 등의 특정증권등 소유상황 보고

## Ⅰ. 임원 등의 특정증권등 소유상황 보고제도

주권상장법인의 임원 또는 주요주주는 일반인에게 미공개된 회사의 중요경영사항 및 주식관련정보에 접근하기가 용이하므로, 미공개정보를 이용하여 부당한 이득을 취득할 가능성이 높다. 이에 자본시장법은 임원 등의 특정증권등 소유상황 보고제도를 두어 해당 회사의 특정증권등에 대한 소유상황 및 변동내역을 증권시장에 공시하도록 하고 있다.

주권상장법인의 임원 또는 주요주주는 임원 또는 주요주주가 된 날부터 5일 이내에 자기의 계산으로 소유하고 있는 특정증권등의 소유상황을 각각 증권선물위원회와 거래소에 보고하여야 하며, 그 특정증권등의 소유상황에 변동이 있는 경우에도 그 변동이 있는 날부터 5일[1]까지 그 내용을 보고하여야 한다(법 제173조 제1항). 다만 2013년 5월 개정 자본시장법은 소유상황에 변동이 있더라도 경미한 소유상황의 변동[2]에 대해서는 보고의무를 면제할 수 있는 근거를 신설하였다(법 제173조 제1항 전단 괄호안). 이 경우의 경미한 소유상황의 변동이란 증권선물위원회가 정하여 고시하는 바에 따라 산정된 특정증권등의 변동 수량이 1천주 미만이고 그 취득 또는 처분금액이 1천만원 미만인 경우를 말한다(시행령 제200조 제5항 본문).[3]

또한 이 경우 일정한 부득이한 사유[4]에 따라 특정증권등의 소유상황에 변동이 있는 경우와 전문투자자 중 일정한 자[5]에 대하여는 그 보고 내용 및 시기를

---

1) 이 경우 공휴일, 「근로자의 날 제정에 관한 법률」에 따른 근로자의 날, 그리고 토요일은 산입되지 않는다(시행령 제200조 제1항).

2) 증권선물위원회가 정하여 고시하는 바에 따라 산정된 특정증권등의 변동 수량이 1천주 미만이고, 그 취득 또는 처분금액이 1천만원 미만인 경우를 말한다. 다만, 직전 보고일 이후 증권선물위원회가 정하여 고시하는 바에 따라 산정된 특정증권등의 변동 수량의 합계가 1천주 이상이거나 그 취득 또는 처분금액의 합계액이 1천만원 이상인 경우는 제외된다(시행령 제200조 제5항).

3) 다만, 직전 보고일 이후 증권선물위원회가 정하여 고시하는 바에 따라 산정된 특정증권등의 변동 수량의 합계가 1천주 이상이거나 그 취득 또는 처분금액의 합계액이 1천만원 이상인 경우는 제외한다(시행령 제200조 제5항 단서).

4) 부득이한 사유란, 주식배당, 준비금의 자본전입, 주식의 분할 또는 병합, 자본의 감소를 말한다(시행령 제200조 제6항).

5) 일정한 자란 특정증권등의 보유 목적이 해당 법인의 경영권에 영향을 주기 위한 것(제154조

대통령령으로 달리 정할 수 있다(법 제173조 제1항 제2문, 시행령 제200조 제8항·제9항).

## Ⅱ. 보고대상증권

보고대상증권인 특정증권등은 내부자의 단기매매차익 반환 규제대상이 되는 특정증권등과 동일하며, 특정증권등에는 ① 순수한 채무증권[1]을 제외한 그 법인이 발행한 증권, ② 위 ①과 관련된 증권예탁증권, ③ 그 법인 외의 자가 발행한 것으로서 위 ① 또는 ②의 증권과 교환을 청구할 수 있는 교환사채권, ④ 이상의 증권만을 기초자산으로 하는 금융투자상품이 해당된다(법 제173조 제1항 / 제172조 제1항, 시행령 제196조).

순수한 채무증권이 아니기 때문에 위 보고대상증권에 포함되는 것으로는, 전환사채권·신주인수권부사채권·이익참가부사채권, 그 법인이 발행한 지분증권(이와 관련된 증권예탁증권 포함), 또는 이상의 전환사채권·신주인수권부사채권·이익참가부사채권(이와 관련된 증권예탁증권 포함)과 교환을 청구할 수 있는 교환사채권이다(시행령 제196조 제1호). 반면 수익증권이거나 또는 지분증권과 관련성이 없는 파생결합증권은 보고대상증권에 해당하지 않는다(시행령 제196조 제2호·제3호).

## Ⅲ. 보고의무자

〈사 안〉

상장법인인 甲 주식회사와 비상장법인인 乙 주식회사는 합병계약을 체결하고 각각 주주총회의 승인을 얻어서 乙 회사가 甲 회사에 흡수합병되는 절차를 밟고 있다.
(1) 乙 회사의 주주 A는 이러한 합병이 완료되면 자신이 보유한 乙 회사의 주식의 대가로 甲 회

---

제1항에 따른 것을 말한다)이 아닌 자로서 ① 시행령 제10조 제1항 제1호(국가)·제2호(한국은행)의 어느 하나에 해당하는 자 또는 ② 시행령 제10조 제3항 제1호부터 제14호까지(제5호 및 제13호는 제외한다)의 어느 하나에 해당하는 자를 말한다(시행령 제200조 제7항).

1) 시행령 제196조; 자세한 것은 내부자의 단기매매차익 반환 의무에 관한 단기매매차익 반환면제증권 부분을 참조.

사의 주식 7%를 취득할 예정이다. A는 자본시장법상 어떠한 보고의무를 지겠는가?
(2) 위 甲 회사의 이사 B는 이미 위 乙 회사의 주식을 소유하고 있는 상황이다. 두 회사 간의 합병이 이뤄지면 B는 이미 소유한 乙 회사의 주식에 대한 합병의 대가로 甲 회사의 주식 100주(발행주식 총수의 0.1%에 해당)를 받게 된다. B는 어떠한 보고의무를 지는가?

〈참고사항〉
(1) 주식등의 대량보유상황보고의무제도(5%룰)에 의거하여 합병등기일로부터 5일 이내에 주식등의 대량보유상황보고서를 제출해야 하며, 상장법인의 주요주주(10% 이상)가 되므로 합병으로 인하여 발행된 주식의 '상장일'을 기준으로 보고해야 한다.[1]
(2) 상장법인의 임원·주요주주가 비상장법인의 주식을 소유하고 있어서 합병과정에서 합병신주를 받은 경우 합병등기일을 기준으로 보고해야 한다.[2]

주권상장법인의 임원과 주요주주[3]가 임원 등의 특정증권등 소유상황 보고의무자가 된다. 임원에는 상법상 업무집행지시자(상법 제401조의2 제 1 항)가 포함되므로 명예회장·회장·사장·전무·이사 등의 직함을 이용하여 업무를 집행하는 자일 경우 보고의무자에 해당될 가능성이 있다.[4] 그러나 주식등의 대량보유상황보고의무의 경우와 달리 계열회사의 임원은 등기 여부를 불문하고 임원등의 특정증권등 소유상황 보고대상이 아니다.[5]

## Ⅳ. 보고기한 및 보고기준일

### 1. 보고기한

〈사 안〉

2019. 6. 5.에 신규로 임원이 된 경우 임원·주요주주의 소유상황 보고제도에 의한 보고기한은 언제인가?

1) 금융감독원(2018), 472면.
2) 금융감독원(2018), 375면.
3) 금융회사의 주요주주는 「금융회사의 지배구조에 관한 법률」 제 2 조 제 6 호 나목을 참조하라.
4) 고문 또는 이사대우 등 명칭을 사용하는 자는 내부직제, 담당업무와 전결권 범위, 급여기준 등을 종합적으로 고려하여 '임원'에 해당하는지 여부를 결정한다. 금융감독원(2018), 365면.
5) 금융감독원(2018), 375면.

〈참고사항〉
보고의무가 발생한 날(5일), 공휴일(6일), 일요일(9일)을 제외하고 5일째가 되는 일자(5.12.)가 보고기한에 해당한다(법 제173조 제1항, 시행령 제200조 제1항).

신규보고 시에는 최초로 임원이나 주요주주가 되었을 때 누구의 명의로 하든지 자기의 계산으로 해당 법인의 특정증권등을 소유하고 있는 경우 그 소유현황을 임원·주요주주가 된 날로부터 5일(영업일 기준) 이내에 보고하여야 한다(법 제173조 제1항). 임원·주요주주의 소유상황 보고제도에 의한 보고의무는 보유시점이 아니라 실제로 특정증권등을 '소유'하게 된 때를 기준으로 보고의무가 발생한다. 따라서 주식매수선택권의 경우 권리를 부여받은 당시에는 보고의무가 없으나 권리를 행사하여 해당 회사의 신주 또는 자기주식을 소유하게 된 때에는 보고의무가 발생한다.[1]

변동보고 시에는 소유한 특정증권등에 변동이 있는 경우 그 내용을 변동이 있는 날부터 5일 이내에 보고하여야 하나, 경미한 소유상황의 변동(변동수량이 1천주 미만이고 취득·처분금액이 1천만원 미만에 해당)의 경우에는 변동보고의무가 면제된다.[2] 변동보고 시에 특정증권등의 종류별 소유상황 및 변동내용을 보고하도록 하고 있으므로 주식관련사채의 권리행사로 소유증권의 종류가 변경되어 주식으로 전환되거나 신주를 받게 될 경우 변경보고의무가 발생한다.[3]

주식대차거래에서 대여자가 주식의 소유권을 차입자에게 이전하고 차입자는 대차거래기간이 종료한 후에 동일한 종류와 수량의 주식을 반환하기로 약정한 경우, 대여자나 차입자가 임원(미등기임원 포함) 또는 주요주주인 경우 소유특정증권의 감소 또는 증가를 원인으로 하는 임원·주요주주 특정증권등 소유상황 보고를 하여야 한다.[4]

---

1) 실무적으로 납입을 한 때를 보고의무가 발생하는 보고기준일로 하고 있다. 금융감독원(2018), 378면. 주식매수선택권 행사로 인해 5% 보고를 이행하여 보유형태 변경을 하였다고 하더라도 임원 등의 특정증권등 소유상황 보고를 별도로 이행하여야 한다. 금융감독원(2018), 439면

2) 금융감독원(2018), 467면.

3) 따라서 보고의무자는 신주인수권부사채의 권리행사로 인한 신주취득 시(납입일) 또는 전환사채 등의 권리행사로 인한 신주취득 시(해당 권리 행사일)부터 보고의무를 지게 된다. 금융감독원(2018), 378면.

4) 금융감독원(2018), 380면.

## 2. 보고기간의 기준일

신규보고의 경우, 주권상장법인의 임원(상법 제401조의2 제 1 항 각 호의 자 포함) 또는 주요주주가 특정증권등의 소유상황을 보고하여야 하는 경우에 그 보고기간의 기준일은 다음과 같다(시행령 제200조 제 3 항).

1. 주권상장법인의 임원이 아니었던 자가 해당 주주총회에서 임원으로 선임된 경우: 그 선임일
2. 상법상 업무집행지시자등에 해당하는 자인 경우: 해당 지위를 갖게 된 날
3. 주권상장법인이 발행한 주식의 취득 등으로 해당 법인의 주요주주가 된 경우: 그 취득 등을 한 날
4. 주권비상장법인이 발행한 주권이 증권시장에 상장된 경우: 그 상장일
5. 주권비상장법인의 임원(상법상의 업무집행지시자등 포함) 또는 주요주주가 합병, 분할합병 또는 주식의 포괄적 교환·이전으로 주권상장법인의 임원이나 주요주주가 된 경우: 그 합병, 분할합병 또는 주식의 포괄적 교환·이전으로 인하여 발행된 주식의 상장일

변동보고의 경우, 주권상장법인의 임원이나 주요주주가 그 특정증권등의 소유상황의 변동을 보고하여야 하는 경우의 그 변동일은 다음과 같다(시행령 제200조 제 4 항).

1. 증권시장(다자간매매체결회사에서의 거래를 포함한다. 이하 동일)이나 파생상품시장에서 특정증권등을 매매한 경우에는 그 결제일
2. 증권시장이나 파생상품시장 외에서 특정증권등을 매수한 경우에는 대금을 지급하는 날과 특정증권등을 인도받는 날 중 먼저 도래하는 날
3. 증권시장이나 파생상품시장 외에서 특정증권등을 매도한 경우에는 대금을 수령하는 날과 특정증권등을 인도하는 날 중 먼저 도래하는 날
4. 유상증자로 배정되는 신주를 취득하는 경우에는 주금납입일의 다음날
5. 특정증권등을 차입하는 경우에는 그 특정증권등을 인도받는 날, 상환하는 경우에는 그 특정증권등을 인도하는 날
6. 특정증권등을 증여받는 경우에는 그 특정증권등을 인도받는 날, 증여하는 경우에는 그 특정증권등을 인도하는 날

7. 상속으로 특정증권등을 취득하는 경우로서 상속인이 1인인 경우에는 단순승인이나 한정승인에 따라 상속이 확정되는 날, 상속인이 2인 이상인 경우에는 그 특정증권등과 관계되는 재산분할이 종료되는 날
8. 이상의 경우 외에는 민법·상법 등 관련 법률에 따라 해당 법률행위 등의 효력이 발생하는 날

다만 의도하지 아니한 위법행위 양산을 막기 위하여 2013년 개정 자본시장법은 부득이한 사유[1]로 인하여 특정증권등의 소유상황에 변동이 있는 경우 해당 임원 또는 주요주주는 그 변동이 있었던 달의 다음 달 10일까지, 그리고 전문투자자 중 특정증권등의 보유 목적이 해당 법인의 경영권에 영향을 주기 위한 것이 아닌 일정한 자[2]의 경우 그 변동이 있었던 분기의 다음 달 10일까지 변동내용을 보고할 수 있도록 하고 있다(법 제173조 제 1 항 후단, 시행령 제200조 제 7 항·제 8 항).

## Ⅴ. 위반 시의 제재

주권상장법인의 임원 또는 주요주주는 자기의 계산으로 소유하고 있는 특정증권등의 소유상황 및 그 특정증권등의 소유상황에 변동이 있는 경우에는 그 변동내역을 각각 증권선물위원회와 거래소에 보고하여야 한다(법 제173조 제 1 항). 증권선물위원회와 거래소는 위 보고서를 3년간 갖추어 두고 인터넷 홈페이지 등을 이용하여 공시하여야 한다(법 제173조 제 2 항).

보고의무를 위반하여 미보고 또는 허위보고할 경우 형사제재가 부과되며(법 제446조), 금융위원회는 위반자에 대하여 시정명령, 고발 및 수사기관에의 통보, 경고, 주의 등을 할 수 있다(법 제426조, 시행령 제376조).

---

1) 이 경우의 부득이한 사유란, 주식배당, 준비금의 자본전입, 주식의 분할 또는 병합 또는 자본의 감소의 경우를 말한다(시행령 제200조 제 6 항).

2) 일정한 자에 대하여 시행령은 ① 시행령 제10조 제 1 항 제 1 호·제 2 호의 어느 하나에 해당하는 자, 또는 ② 시행령 제10조 제 3 항 제 1 호부터 제14호까지(제 5 호 및 제13호는 제외한다)의 어느 하나에 해당하는 자로 정하고 있다(시행령 제200조 제 7 항).

# 제 3 절 장내파생상품의 대량보유 보고 등

## Ⅰ. 의의 및 규제취지

동일 품목의 장내파생상품[1]을 일정 수량 이상 명의를 불문하고 자기의 계산으로 보유하게 된 자는 그 날부터 5일 이내에 그 보유 상황 등을 금융위원회와 거래소에 보고하여야 하며, 그 보유 수량이 일정 수량 이상으로 변동된 경우 그 변동된 날부터 5일 이내에 그 변동 내용을 금융위원회와 거래소에 보고하여야 한다(법 제173조의2 제 1 항). 대량보유 보고의무가 있는 장내파생상품은 금이나 돈육과 같은 일반상품[2] 및 그 밖에 시행령으로 정하는 것[3]을 기초자산으로 하는 파생상품으로서 파생상품시장에서 거래되는 것이어야 한다(법 제173조의2 제 1 항). 장내파생상품의 대량보유상황을 공시보고하게 한 것은 주식의 경우와 마찬가지로 그 대량보유자가 시장에 대한 자신의 지배력을 이용하여 불공정거래를 시도할 우려가 있기 때문이다.[4]

## Ⅱ. 장내파생상품의 대량보유 보고 등

① 장내파생상품의 시세에 영향을 미칠 수 있는 정책을 입안·수립 또는 집행하는 자, ② 장내파생상품의 시세에 영향을 미칠 수 있는 정보를 생성·관리하는 자, 또는 ③ 장내파생상품의 기초자산의 중개·유통 또는 검사와 관련된 업무에 종사하는 자 중의 어느 하나에 해당하는 자로서 파생상품시장에서의 시세에 영향을 미칠 수 있는 정보를 업무와 관련하여 알게 된 자 및 ④ 이상의 자로부터 그

---

1) 2013년 5월 개정 자본시장법상 장내파생상품이란 ① 파생상품시장에서 거래되는 파생상품, ② 해외 파생상품시장(파생상품시장과 유사한 시장으로서 해외에 있는 시장과 대통령령으로 정하는 해외 파생상품거래가 이루어지는 시장을 말한다)에서 거래되는 파생상품, ③ 그 밖에 금융투자상품시장을 개설하여 운영하는 자가 정하는 기준과 방법에 따라 금융투자상품시장에서 거래되는 파생상품을 말한다(법 제 5 조 제 2 항). 자본시장법상 금융투자상품시장이란 증권 또는 장내파생상품의 매매를 하는 시장을 말한다(법 제 8 조의2 제 1 항).

2) 일반상품이란 농산물·축산물·수산물·임산물·광산물·에너지에 속하는 물품 및 이 물품을 원료로 하여 제조하거나 가공한 물품, 그 밖에 이와 유사한 것을 말한다(법 제 4 조 제10항 제 3 호).

3) 금융위원회가 정하여 고시하는 기준과 방법에 따른 주가지수를 말한다(시행령 제200조의2 제 1 항).

4) 김건식/정순섭, 444면.

정보를 전달받은 자는 그 정보를 누설하거나, 법 제173조의2 제 1 항의 장내파생상품 및 그 기초자산의 매매나 그 밖의 거래에 이용하거나, 타인으로 하여금 이용하게 하여서는 아니 된다(법 제173조의2 제 2 항). 다만 파생상품시장에서의 시세에 영향을 미칠 수 있는 정보를 업무와 관련하여 알게 된 경우에 해당하여야 동법 제173조의2 위반에 기한 형사처벌이 가능하다. 법 제173조의2 제 2 항을 위반하여 파생상품시장에서의 시세에 영향을 미칠 수 있는 정보를 누설하거나, 장내파생상품 및 그 기초자산의 매매나 그 밖의 거래에 이용하거나, 타인으로 하여금 이용하게 한 자는 3년 이하의 징역 또는 1억원 이하의 벌금에 처한다(법 제445조 제22의2호). 한편 신설된 시장질서 교란행위 금지규제와 관련하여 법 제173조의2 제 2 항 위반에 해당할 경우에는 시장질서 교란행위로 제재하지 아니한다(법 제178조의2 제 1 항).

## 제 4 절 미공개중요정보 이용행위 금지

### Ⅰ. 제도의 취지 및 의의

자본시장법상 일정한 자는 상장법인의 업무 등과 관련된 미공개중요정보를 특정증권등의 매매, 그 밖의 거래에 이용하거나 타인에게 이용하게 하여서는 아니 된다(법 제174조 제 1 항). 또한 상장법인의 업무를 관련 정보는 아니지만 공개매수자 등의 주식등에 대한 공개매수의 실시 또는 중지 및 주식등의 대량취득·처분의 실시·중지에 관한 미공개 정보 역시 그 주식등과 관련된 특정증권등의 매매, 그 밖의 거래에 이용하거나 타인에게 이용하는 것을 금지한다(법 제174조 제 2 항·제 3 항).

미공개중요정보의 이용금지 제도는 현재의 가격정보에 얼마나 많은 정보가 반영되어 있는지에 관한 관점의 차이에 따라 규제 여부 및 규제강도에 관한 찬반이 나뉘게 된다. 이와 관련된 이론으로 효율적 자본시장 가설(Efficient Capital Market Hypothesis: ECMH)은 거래비용이 없고 정보가 모든 시장참여자들에게 균등하게 공개되고 모든 시장참여자들이 정보를 비슷하게 해석한다는 전제하에 현재의 주가에 항상 관련정보가 반영되어 있다고 본다.[1)]

---

1) 효율적 자본시장 가설에 의하면 시장가격을 보는 관점, 즉 주가에 반영되는 정보의 범위에 따라 크게 과거 시장가격의 역사적 유형에 포함된 정보에 제한되는지, 과거의 역사적 정보는 물론 기업회계정보, 배당 및 유무상증자 등 기공개된 정보가 완전히 반영되어 있다고 보

## Ⅱ. 적용대상 증권

미공개중요정보 이용행위 금지의 적용대상은 상장법인 또는 상장예정법인이 발행한 '특정증권등'이며, 상장예정법인등이란 6개월 이내 상장하거나 상장법인과 6개월 이내 합병이나 주식의 포괄적 교환등을 통하여 상장되는 효과가 있는 비상장법인을 말한다(법 제174조 제 1 항 본문). 특정증권등은 ① 주권상장법인이 발행한 증권, ② 해당 주권상장법인이 발행한 증권과 관련된 증권예탁증권, ③ 그 법인 외의 자가 발행한 것으로서 ① 또는 ②의 증권과 교환을 청구할 수 있는 교환사채권, ④ 이상의 증권만을 기초자산으로 하는 금융투자상품을 말한다(법 제172조 제 1 항 각 호).

## Ⅲ. 금지의무 부담주체: 법인 및 임직원과 대리인, 주요주주

〈사 안〉

1. 甲 주식회사는 동종 영업을 영위하는 乙 주식회사를 대상기업으로 인수·합병(M&A)을 할지를 회사기밀로 하여 검토 중이다. 이 M&A라는 미공개중요정보와 관련하여 다음 가·나·다에 해당하는 자들이 자본시장법상 미공개중요정보 이용금지 의무주체에 해당하는지를 판단하라.
   가. 담당공무원
   해당 M&A가 법령에 위배되는지를 질의하고 구체적인 법령상의 절차 등에 관한 담당공무원의 안내를 받았다. 지도권을 가진 담당공무원으로서 지도권 행사 과정에서 미공개중요정보를 알게 된 해당 공무원은?
   나. 담당법무법인 및 담당변호사
   직무상 미공개중요정보를 알게 된 담당변호사가 차를 마시면서 담화하다가 해당 사건을 담당하지 아니하는 동료 변호사에게 정보를 알려준 경우는?
   다. 회계법인 및 담당회계사
   S 회계법인이 M&A 관련하여 乙 회사의 실사를 나오면서 미공개중요정보를 알게 된 경우 해당 회계법인과 실사를 담당한 담당회계사의 경우는?
2. 중공업을 영위하는 상장법인인 丁 주식회사의 임원인 A, B, C는 丁 회사가 부도 위기에 처해 있으며 감자에 관한 이사회 결의가 예정되어 있는 상황에서 丁 회사가 차명으로 보유 중이던

---

는지, 나아가 미공개된 내부정보를 포함한 모든 정보가 이미 반영되어 있다고 보는지에 따라 약형가설, 준강형가설, 강형가설로 나뉜다. 그리고 각 가설을 보는 관점에 따라 내부자거래 규제에 관한 반대론과 찬성론이 나뉜다. 임재연(2019), 858-859면.

자기주식을 매각하였다. 이 매각행위는 상장법인인 丁 회사의 업무 등과 관련된 미공개중요정보를 이용한 행위임에 의문이 없다. A, B, C는 미공개중요정보 이용행위 금지를 위반한 것으로 기소되자 해당 매각행위는 丁 회사의 자기주식 처분행위에 해당될 따름으로, 자신들은 회사를 위하여 회사의 계산으로 부도 또는 감자가 발표되기 전에 미리 처분한 것이므로, 스스로를 위한 영득의사가 없었다고 항변한다. A, B, C의 주장이 타당한가?

〈참고사항〉

1. 미공개중요정보 이용행위 금지 의무주체에 관한 자본시장법 제174조를 참조하라.
2. 처분주체가 자기명의로 소유한 주식이 아니라 회사가 보유한 자기주식을 처분한 경우 처분주체 입장에서는 타인의 계산으로 행해짐에도 불구하고 미공개중요정보 이용행위 금지의무 위반에 해당할 수 있다.

### 1. 법인(그 계열회사를 포함)

법인에는 상장법인 및 6개월 이내에 상장하는 법인 등 일정한 상장예정법인이 포함된다. 이 경우 '상장예정법인등'이란 6개월 이내에 상장 예정인 법인과 합병, 주식의 포괄적 교환, 기타 시행령으로 정하는 기업결합방법에 따라 상장되는 효과가 있는 비상장법인을 말한다(법 제174조 제1항 본문). 당해 법인을 미공개중요정보 이용행위 금지의 주체로 한 까닭은 당해 법인이 자기주식의 취득과 처분과정에서 미공개정보를 이용하는 것을 규제하기 위함이다.

자본시장법은 법인 외에도 당해 법인의 모회사나 자회사 등 계열회사도 포함하고 있다(법 제174조 제1항 제1호). 둘 이상의 회사가 공정거래법에 따른 동일한 기업집단[1]에 속하는 경우 이들 회사는 서로의 계열회사가 된다(지배구조법 제6조 제1항 제3호, 공정거래법 제2조 제3호).

### 2. 임직원·대리인

내부자는 직무와 관련하여 얻은 미공개정보를 이용한 거래를 하지 않을 충실의무를 부담하는 지위에 있는 자이므로 임원을 비롯한 고위직원은 당연히 내부자로 되고, 하위직원들도 고용되어 있는 기회에 정보를 얻게 되면 내부자로 되어 미

1) '기업집단'이라 함은 ① 동일인이 회사인 경우 그 동일인과 그 동일인이 지배하는 하나 이상의 회사의 집단 또는 ② 동일인이 회사가 아닌 경우 그 동일인이 지배하는 2이상의 회사의 집단의 구분에 따라 대통령령이 정하는 기준에 의하여 사실상 그 사업내용을 지배하는 회사의 집단을 말한다(공정거래법 제2조 제2호).

공개중요정보 이용금지의 적용대상이 된다.

임원은 이사·감사·기타 이와 유사한 직책에 있는 자를 말하며, 고문·상담역 등 그 명칭에 관계없이 사실상의 직책과 기능이 임원에 해당하면 내부자에 해당한다. 직원은 고용계약관계를 불문하고 법인의 지휘·명령하에 있으면 이에 해당하므로, 임시직·아르바이트사원·파견근로자 등이 모두 이에 해당한다. 대리인에는 당해 법인의 업무에 관한 대리권을 부여받은 변호사 등이 포함된다.

한편 법인의 임직원 또는 대리인이 미공개정보를 이용하여 법인의 업무에 관하여 자사의 주식을 매각하는 경우에도 그 법인의 임직원 또는 대리인이 형사처벌되는지가 문제된다. 자본시장법 제448조가 법인의 대표자, 대리인·사용인, 기타 종업원이 그 법인의 업무에 관하여 제443조의 위반행위를 한 때에 양벌규정을 두어 행위자는 물론 그 법인 또는 개인 역시 벌하도록 규정한 것을 보면(양벌규정), 임직원의 미공개정보 이용행위는 그것이 자신의 이익을 추구할 목적으로 자기의 계산으로 하는 것이든 또는 당해 법인에게 이익이 귀속될 자사주식의 처분(이 경우 당해 법인도 당연한 처벌대상임)처럼 타인의 이익을 위하여 타인의 계산으로 하는 것이든 제한 없이 포함된다고 보아야 한다.[1)]

### 3. 주요주주

'주요주주'란 누구의 명의로 하든지 자기의 계산으로 의결권 없는 주식을 제외한 발행주식 총수의 10% 이상의 주식을 소유하거나 이사·집행임원·감사의 선임과 해임 등 회사의 주요 경영사항에 대하여 사실상의 영향력을 행사하는 주주를 말한다(상법 제542조의8 제 2 항 제 6 호).[2)]

현행 규정상으로는 어느 회사(甲)의 주요주주가 다른 주식회사(乙)일 경우 그 다른 주식회사(乙)의 임직원과 대리인만 내부자에 해당하고 그 다른 주식회사(乙)의 주요주주는 위 회사(甲)의 내부자에 포함되지 않는다. 따라서 위 다른 주식회사(乙)의 대주주(A)가 공식적인 직책을 가지지 않고도 그 다른 주식회사(乙)를 통하여

1) 대법원 2002. 4. 12. 선고 2000도3350 판결(통일중공업 주식 사건).

2) 금융회사의 경우 그 지배구조에 관하여 다른 금융관계 법령에 특별한 규정이 없는 한 「금융회사의 지배구조에 관한 법률」이 적용되며(법 제 4 조 제 1 항), 동법상의 주요주주란 ① 누구의 명의로 하든지 자기의 계산으로 금융회사의 의결권 있는 발행주식 총수의 10% 이상의 주식(그 주식과 관련된 증권예탁증권을 포함한다)을 소유한 자 또는 ② 임원(업무집행책임자는 제외)의 임면(任免) 등의 방법으로 금융회사의 중요한 경영사항에 대하여 사실상의 영향력을 행사하는 주주로서 대통령령으로 정하는 자를 말한다(법 제 2 조 제 6 호 나목).

甲 회사의 주요 경영사항에 대하여 사실상 영향력을 행사할 수 있겠으나, 그 대주주(A)는 甲 회사의 직접적인 주주가 아닌 한 甲 회사의 내부자가 될 수 없어 A가 甲 회사의 미공개정보를 이용하더라도 규제대상이 아니게 되어 불합리하다.

주요주주가 권리를 행사하는 과정에서 알게 된 미공개정보를 이용하는 경우에는 회사내부자로서 내부자거래 금지의 대상이 되나, 권리를 행사하는 과정과 관계없이 단지 회사내부자를 통하여 알게 된 경우에는 회사내부자가 아닌 정보수령자로서 규율된다.

### 4. 준내부자

원래 내부자는 아니지만 해당 법인과 일정한 관계에 있는 경우 준내부자로서 규제대상이 된다(법 제174조 제1항 제3호·제4호).

당해 법인에 대하여 법령에 의한 허가·인가·지도·감독 그 밖의 권한을 가지는 자로서 그 권한을 행사하는 과정에서 미공개중요정보를 알게 된 자와 당해 법인과 계약을 체결하고 있거나 체결을 교섭하고 있는 자로서 그 계약을 체결·교섭 또는 이행하는 과정에서 미공개중요정보를 알게 된 자는 준내부자로서 책임의 주체가 된다.

당해 법인과 계약을 체결하고 있는 자에는 감사계약에 의한 외부감사인·유가증권의 모집이나 매출을 위하여 인수계약을 체결한 증권회사·명의개서대행회사·거래 은행·변호사 또는 회계사·컨설팅회사 등이 포함된다.[1] 회사와 계약체결을 위한 교섭을 하는 단계에서 교섭 상대방이 회사의 미공개정보에 접하게 되는 경우가 많으므로, 자본시장법은 이러한 경우도 준내부자로 규정하고 있다.

### 5. 내부자 또는 준내부자의 임직원 및 대리인

주요주주 또는 준내부자의 대리인·사용인, 기타 종업원(주요주주 또는 준내부자가 법인인 때에는 그 법인의 임원·직원·대리인)도 미공개정보 이용행위가 금지된다.

---

1) SEC Rule 10b-5도 회사에 고용되어 일하는 것은 아니지만 회사의 정보에 관하여 특별한 신탁적 관계에 있는 외부전문가인 고문변호사, 공인회계사 등을 오직 회사를 위하여 정보를 이용하여야 하는 추정내부자(constructive insider) 또는 임시내부자(temporary insiders)로서 그 적용대상으로 규정하고 있으며, 따라서 추정내부자가 미공개정보에 기하여 거래를 하거나 이러한 정보를 타인(정보수령자)에게 제공하여 타인으로 하여금 거래를 하게 하면 SEC Rule 10b-5 위반에 기한 책임을 진다.

비록 직접 해당 업무를 담당하지 않더라도 정보에 용이하게 접근할 수 있으면 규제대상이 된다.[1)]

### 6. 내부자 지위의 연장

이상의 내부자 또는 준내부자의 지위에 해당하는 자뿐 아니라, 이에 해당하지 아니하게 된 날로부터 1년이 경과하지 아니한 자도 규제대상이다(법 제174조 제 1 항 제 6 호). 물론 이때에도 이용한 미공개정보는 이상의 지위에 있는 동안에 직무와 관련하여 지득한 것이어야 한다.

### 7. 정보수령자

#### (1) 의 의

정보수령자는 내부자로부터 중요한 미공개정보를 전달받은 자로서 자본시장법 제174조 제 1 항 제 6 호는 "… 해당하는 자로부터 미공개중요정보를 받은 자" 도 미공개정보를 이용한 유가증권거래를 할 수 없다고 명시하고 있다.[2)]

#### (2) 규제의 범위

자본시장법 제174조 제 1 항은 내부자 외에 1차 정보수령자도 "타인에게 이용하게 하여서는 아니 된다"고 규정한다. 전전유통하는 모든 단계의 정보를 전부 규제대상으로 하는 것은 비현실적이고, 정보라는 것은 그 성격상 그 전달과정에서 상당히 변질되기 마련이어서 전달과정이 많아지고 시간이 경과할수록 단순한 풍문(rumor) 수준의 넓은 의미의 정보가 되기 마련이므로 적절한 범위로 규제대상을 제한할 필요가 있다. 자본시장법 제174조는 1차 정보수령자까지로 규제대상을 제한하므로, 1차 정보수령자로부터 미공개 내부정보를 다시 전달받은 2차 정보수령자가 증권의 매매 기타의 거래와 관련하여 전달받은 당해 정보를 직접 이용하는 경우에만 1차 정보수령자가 처벌대상이 되고(이 경우에도 2차 정보수령자는 처벌대상이 아님), 2차 정보수령자가 그 정보를 직접 이용하지 않고 다시 다른 사람에게 전

1) United Sates v. James Herman O'Hagen, 117 S.Ct. 2199 (1997) 판결의 사안이 그 예이다.
2) 반면에 일본 금융상품거래법 제166조 제 3 항은 '회사관계자'로부터 내부정보를 받은 자(1차 정보수령자)의 거래를 규제대상으로 규정한다. 따라서 1차 정보수령자로부터 다시 정보를 받은 제 2 자 정보수령자의 거래는 규제대상이 아니라고 해석한다. 이에 비하면 자본시장법은 정보수령자가 "다른 사람으로 하여금 이를 이용하게 하지 못한다"고 규정하여 규제의 대상을 보다 확대하고 있다.

달하여 이용하게 하는 경우에는 1차 정보수령자도 처벌대상이 아니라고 해석할 수 있다.[1]

이와 같이 해석하면 내부자나 정보수령자로부터 미공개정보를 받은 사람이 직접 미공개정보를 이용한 증권거래를 하지 않고 다른 사람을 통하여 자기의 계산으로 거래를 하는 경우 그 내부관계가 밝혀지기 전에는 처벌이 어렵다는 문제가 있다. 한편 명문의 규정은 없으나 정보수령자가 정보를 제공받고 미공개정보임을 인식하면서 거래를 하였다면 정보를 이용한 거래라고 사실상 추정되어야 할 것이다.[2]

### (3) 공범 성립 여부

자본시장법은 "정보를 … 이용하거나 타인에게 이용하게 하여서는 아니 된다"고 규정하는데(법 제174조 제1항), 여기서 '이용하게 한 자'는 형법상의 교사범을 규정한 것이 아니라(교사범을 규정한 것이라면 특별히 이를 규정할 필요 없이 형법의 일반이론에 의하여 당연히 교사범으로 처벌받을 것임), 이용하게 한 행위를 독자적인 범죄구성요건행위로 규정한 것으로 보아야 한다. 따라서 이용하게 한 자는 형법상의 교사범이 아니라 정범에 해당한다고 볼 것이다.

또한 1차 정보수령자가 미공개정보를 다른 사람에게 이용하게 함으로써 자본시장법 제174조 제1항 위반이 성립하기 위하여 필요한 2차 정보수령자의 미공개정보 이용행위를 처벌하는 규정이 없는 이상, 그 입법취지에 비추어 2차 정보수령자가 1차 정보수령자로부터 미공개정보를 전달받아 이용한 행위가 일반적인 형법 총칙상의 공모, 교사, 방조에 해당된다고 하더라도 2차 정보수령자를 1차 정보수령자의 공범으로서 처벌할 수는 없다. 즉, 형사상 공범이론의 적용은 불가능하고, 다만 민사책임의 경우 중간의 정보수령자들은 공동불법행위자로서 연대하여 손해

---

1) 내부자거래규제가 활발하게 이루어지고 있는 미국의 경우에는 1차 수령자는 물론이고 2차 수령자도 처벌의 대상이 된다는 점에서 한국과 큰 차이가 있다.

2) "정보를 보유한 상태에서 거래하였다는 것만으로는 Rule 10b-5 위반이 아니고 그 정보를 이용한 거래라는 점이 필요하지만, 정보의 보유로부터 정보의 이용이 추정된다"고 판시한 SEC v. Adler, 137 F.3d 1325 (11th Cir. 1998) 판결이 있은 후, SEC가 2000년에 신설한 Rule 10b5-1은 미공개정보에 기한 거래(trading on the basis of nonpublic information)에서 'on the basis of'는 정보를 인식한 것(aware of the information)만으로 족하고 현실적인 이용이 필요하지 않은 것처럼 규정하지만, 이어서 그 정보가 거래에서 중요한 요소가 아니었다는 점을 증명하면 면책된다고 규정하므로 결국 Adler 판결과 별 차이가 없게 되었다고 한다(김건식/송옥렬, 369면).

배상책임을 추궁당할 여지가 있을 것이다.

**【대법원 2002. 1. 25 선고 2000도90 판결(신동빙 주식 사건)】**

**【판결요지】** … 구 증권거래법 제188조의2 제 1 항의 금지행위 중의 하나인 내부자로부터 미공개 내부정보를 수령한 제 1 차 정보수령자가 다른 사람에게 유가증권의 매매 기타 거래와 관련하여 당해 정보를 이용하게 하는 행위에 있어서는 제 1 차 정보수령자로부터 당해 정보를 전달받는 제 2 차 정보수령자의 존재가 반드시 필요하고, 제 2 차 정보수령자가 제 1 차 정보수령자와의 의사 합치하에 그로부터 미공개 내부정보를 전달받아 유가증권의 매매 기타 거래와 관련하여 당해 정보를 이용하는 행위가 당연히 예상되는바, 그와 같이 제 1 차 정보수령자가 미공개 내부정보를 다른 사람에게 이용하게 하는 증권거래법 제188조의2 제 1 항 위반죄가 성립하는 데 당연히 예상될 뿐만 아니라, 그 범죄의 성립에 없어서는 아니 되는 제 2 차 정보수령자의 그와 같은 관여행위에 관하여 이를 처벌하는 규정이 없는 이상 그 입법취지에 비추어 제 2 차 정보수령자가 제 1 차 정보수령자로부터 제 1 차 정보수령 후에 미공개 내부정보를 전달받아 이용한 행위가 일반적인 형법 총칙상의 공모, 교사, 방조에 해당된다고 하더라도 제 2 차 정보수령자를 제 1 차 정보수령자의 공범으로서 처벌할 수는 없다.

### (4) 기수시기

이와 같이 1차 정보수령자가 2차 정보수령자에게 정보를 제공하는 행위가 '이용하게 한 행위'로서 독자적인 범죄구성요건에 해당한다고 한다면, 1차 정보수령자가 이용하게 하는 행위에 나아감으로써 실행의 착수가 있으며 기수시기는 2차 정보수령자가 당해 정보를 이용하는 행위를 한 때가 될 것이다. 따라서 1차 정보수령자가 정보를 제공하였더라도 2차 정보수령자가 실제로 당해 정보를 이용하여야 비로소 1차 정보수령자가 처벌될 수 있게 된다. 2차 정보수령자가 정보를 제공받고 나아가 정보의 이용을 승낙하고도 실행행위(실제의 정보이용행위)를 하지 않은 경우, 1차 정보수령자는 미수범이 되나 자본시장법상 미수범을 처벌하는 규정은 없기 때문이다.

## Ⅳ. 정보수령자의 범위

### 1. 정보수령자의 규제 취지

미공개 내부정보의 이용행위의 주체를 내부자로 한정한다면 내부자가 그 금지를 회피하여 탈법적으로 미공개 내부정보를 이용한 증권의 매매 기타 거래를 하는 것을 막을 수 없으므로 내부자로부터 미공개 내부정보를 전달받아 이를 이용하여 거래를 하는 것을 금지할 필요가 있다.[1)]

한편으로, 전전유통하는 모든 단계의 정보를 전부 규제대상으로 하는 것은 비현실적이므로 미공개 내부정보의 이용에 대한 규제대상을 적절한 범위 내로 제한하여야 할 필요가 있다.

### 2. 정보수령자의 범위

〈사　안〉

상장법인인 甲 주식회사의 비상근이사 A는 이사회에 참석하였다가 甲 회사가 해외에서 탐사하는 유정 중 한 군데에서 원유매장 가능성이 매우 크다는 정보를 입수하였다.

가. A는 이 정보를 자신의 동생 B에게 알려주었고 B는 이를 이용하여 甲 회사의 주식을 당장 매수하였다.

나. A는 이 정보를 자신의 동생 B에게 알려주었으나 B는 이를 이용하여 甲 회사의 주식을 매수하지 않았다.

다. A는 이 정보를 자신의 동생 B에게 알려주었으나 B는 이를 이용하여 甲 회사의 주식을 매수하지는 않고 B의 처제인 C에게 알려주었으며 C가 甲 회사의 주식을 매수하였다.

사안에서 A 자신은 위 정보를 이용하여 甲 회사의 주식을 거래한 적이 없다고 했다. 이 경우 위의 가, 나, 다, 각각의 경우에서 미공개중요정보 이용을 이유로 A와 B를 처벌할 수 있을까?

〈참고사항〉

자본시장법은 1차 정보수령자와 2차 정보수령자를 달리 대우하고 있다. 자본시장법은 어느 경우에 이들 정보수령자들을 처벌하는가? 자본시장법의 태도는 합리적인가?

자본시장법 제174조는 미공개 내부정보의 이용과 관련하여 정보수령자도 내부자등에 준하여 규제한다. 미공개정보와 관련된 내부자가 해당 미공개정보를 이용하여 거래를 하는 것만을 금지할 경우 그 내부자가 그와 같은 금지를 회피하여

1) 대법원 2002. 1. 25. 선고 2000도90 판결.

탈법적으로 미공개정보를 이용하여 거래를 하는 것을 막을 수 없으므로, 내부자로부터 미공개정보를 알게 된 정보수령자가 이를 이용하여 특정증권 등의 매매, 그 밖의 거래를 하는 것도 금지할 필요가 있다는 데 입법 취지가 있다.[1]

나만 자본시장법은 원칙적으로 처벌대상인 정보수령자를 1차 정보수령자로 제한하고 1차 정보수령자의 범위를 내부자, 준내부자 또는 내부자나 준내부자가 아니게 된 날로부터 1년 미경과자로부터 미공개중요정보를 받은 자로 규정한다. 1차 정보수령자의 경우 자신이 정보를 직접 거래에 이용하거나 또는 2차 정보수령자로 하여금 정보를 거래에 이용하게 하는 경우에 처벌받는다.[2] 그런데 정보수령자가 정보제공자로부터 정보를 전달받았다고 인정하기 위해서는 정보제공자가 직무와 관련하여 알게 된 미공개정보를 전달한다는 점에 관한 인식이 있어야 하며 정보수령자가 알게 된 미공개정보는 대량취득·처분의 실시 또는 중지를 알 수 있을 만큼 구체적이어야 한다.[3]

자본시장법 제174조는 2차 정보수령자 이후의 자가 해당 정보를 이용하거나 타인으로 하여금 이를 이용하게 하는 행위를 금지하지는 않으므로, 1차 정보수령자가 스스로는 정보를 거래에 이용하지 않았으나 2차 정보수령자에게 정보를 전달하여 2차 정보수령자가 직접 정보를 거래에 이용한 경우에는 1차 수령자만이 처벌대상이 된다. 또한 판례는 미공개중요정보의 이용행위와 관련하여 2차 정보수령자가 1차 정보수령자로부터 1차 정보수령 후에 미공개 내부정보를 전달

---

1) 대법원 2017. 10. 31. 선고 2015도8342 판결; 자본시장법 제174조 제 1 항 제 6 호와 제 2 항 제 6 호의 입법 취지 역시 동조 제 3 항 제 6 호의 취지와 같으며 제174조의 조문 체계나 규정 형식, 문언 등으로 보아 위 제 1 항 제 6 호 및 제 2 항 제 6 호의 미공개중요정보 또는 미공개정보를 '받은 자'와 위 제 3 항 제 6 호의 미공개정보를 '알게 된 자'를 다르게 볼 이유가 없다. … 따라서 자본시장법 제174조 제 3 항 제 6 호에서 정한 주식 등의 대량취득·처분의 실시 또는 중지에 관한 미공개정보를 '알게 된 자'란 대량취득·처분을 하는 자 또는 제 1 호부터 제 5 호까지의 어느 하나에 해당하는 자로부터 당해 정보를 '전달받은' 자를 말한다. 대법원 2017. 10. 31. 선고 2015도8342 판결.

2) 메신저 등 기기의 발달로 인하여 정보전달이 정확하게 거의 동시다발적으로 전달되고 정보전달자와 정보수령자와의 사회적·경제적 관계에서 정보수령자에게 책임성이 큰 경우도 적지 않음을 감안할 때, 현행과 같이 1차 정보수령자까지만 기계적·자동적으로 분류·처벌하는 입법의 태도는 개선이 필요하다고 여겨진다.

3) 대법원 2017. 10. 31. 선고 2015도8342 판결; 따라서 정보제공자가 제공한 내용이 단순히 미공개정보의 존재를 암시하는 것에 지나지 않거나, 모호하고 추상적이어서 정보수령자가 그 정보를 이용하더라도 여전히 일반투자자와 같은 정도의 경제적 위험을 부담하게 되는 경우에는 특별한 사정이 없는 한 위 규정에서 말하는 미공개정보에 해당하지 않는다. 대법원 2017. 10. 31. 선고 2015도8342 판결.

받은 후 이용한 행위가 일반적인 형법상의 공모·교사·방조에 해당된다고 하더라도 2차 정보수령자의 그러한 관여행위에 대해 처벌하는 규정이 없는 이상 2차 정보수령자는 1차 정보수령자의 공범으로서 처벌할 수 없다고 하여 왔다.[1] 그러나 시장질서 교란행위 금지조항(법 제178조의2 제1항)의 도입에 따라서 2차 정보수령자 또는 그 이후의 수령자 역시 과징금의 제재를 받을 수 있게 되었다(법 제429조의2).

만일 정보수령자가 내부자나 준내부자로부터 허위정보를 수령한 결과 결과적으로 손해를 입은 경우에는 경우에 따라 정보제공자를 상대로 손해배상청구를 할 수 있을 것이다.[2]

## Ⅴ. 미공개중요정보

〈사안 1〉

(1) 사실관계

① 모 그룹 회장 A 및 그의 차명계좌 관리인 B, C는 '계열회사가 기업회생절차의 개시를 신청한다'는 악재성 정보를 직무상 지득하고 차명계좌로 보유하던 계열회사의 주식을 정보공개 전에 매도하여 5.1억원의 손실을 회피하였다.

② 상장회사 최대주주 겸 대표이사 A, 이사 B, 차장 C은 동사의 '경영권 양도 및 최대주주 변경을 수반하는 주식양수도계약 체결'이라는 호재성 정보를 직무상 지득하고, 정보공개 전 동사 주식을 매수하여 각 7천8백만원, 3천1백만원, 3천6백만원의 부당이득을 취득하였다.

(2) 질 문

위 ①과 ②의 A, B를 자본시장법상 어떠한 금지 위반으로 처벌할 수 있을까?

〈사안 2〉

(1) 사실관계

2016년도에 들어서서 상장회사인 甲 주식회사의 재정상태가 더욱 악화되었고 일부 신문들이 甲 회사의 부도사실이 불가피하다는 추측 보도기사를 싣기 시작하였다. 甲 회사는 이에 대해 어떠한 공식입장도 내놓은 바 없다. 甲 회사의 대주주 A는 회계장부를 열람하고 회사 임원들을 만나면서 甲 회사의 재정상태가 2015년에 비해 2016년에 들어서서 재기불능으로 심각해졌다는 정보를 입

1) 대법원 2001. 1. 25. 선고 2000도90 판결.

2) 임재연(2019), 893면.

수하고 자신이 보유한 甲 회사의 모든 주식을 2016. 3. 7-3. 18.의 기간 중에 수차례에 걸쳐 증권시장에서 매도하기 시작하였다. 이후 甲 회사는 2016년도 1/4분기 보고서를 제출하여 회사의 재정상태를 공개하면서 무상감자 계획을 공표하였고 이에 甲 회사의 주가는 폭락하였다.

(2) 질 문

A가 주식을 매도하던 기간 중에 증권시장에서 주식을 사들인 주식매수인들 100명은 A를 상대로 자신들이 입은 손해를 배상할 것을 청구하였다. A는 이에 대해 신문에서 이미 보도가 나갔으므로 자신은 '미공개' 정보를 이용한 것이 아니라고 항변한다. A의 항변이 타당한가?

## 1. 미공개중요정보의 의의

자본시장법상 미공개중요정보란 투자자의 투자판단에 중대한 영향을 미칠 수 있는 정보로서 법정된 방법에 따라 불특정다수인이 알 수 있도록 공개되기 전의 것을 말한다(법 제174조 제 1 항). 이 경우의 '미공개중요정보'란 법인의 업무 등과 관련하여 법인 내부에서 생성된 것이면 거기에 일부 외부적 요인이나 시장정보가 결합되어 있더라도 미공개중요정보에 해당한다.[1)]

자본시장법은 정보가 공개된 것으로 보는 방법 및 시기를 규정하고 있는데(시행령 제201조), 이는 내부자의 입장에서 보면 해당 정보를 이용한 증권거래를 할 수 있는 대기기간이라 할 수 있다. 이와 같은 대기기간이 인정되는 것은 일반투자자가 보도에 접하여 투자 여부를 결정할 시간적 여유가 필요한 반면, 내부자들은 이미 정보를 입수하고 투자 여부를 결정할 충분한 시간적 여유가 있기 때문이다. 시행령 제201조의 각 항목에서 정한 기간이나 시간이 완전히 경과하여야 하므로, 예컨대 5월 15일 전국규모 일반일간신문에 게재되었으면 다음 날인 16일 오전 6시 이후가 되어야 정보가 공개된 것으로 본다.

1. 법령에 따라 금융위원회 또는 거래소에 신고되거나 보고된 서류에 기재되어 있는 정보: 그 내용이 기재되어 있는 서류가 금융위원회 또는 거래소가 정하는 바에 따라 비치된 날부터 1일
2. 금융위원회 또는 거래소가 설치·운영하는 전자전달매체를 통하여 그 내용이 공개된 정보: 공개된 때부터 3시간
3. 「신문 등의 진흥에 관한 법률」에 따른 일반일간신문 또는 경제분야의 특수일간신

1) 대법원 2017. 10. 31. 선고 2015도5251 판결.

문 중 전국을 보급지역으로 하는 둘 이상의 신문에 그 내용이 게재된 정보: 게재된 날의 다음 날 0시부터 6시간. 다만, 해당 법률에 따른 전자간행물의 형태로 게재된 경우에는 게재된 때부터 6시간으로 한다.

4. 방송법에 따른 방송 중 전국에서 시청할 수 있는 지상파방송을 통하여 그 내용이 방송된 정보: 방송된 때부터 6시간
5. 「뉴스통신진흥에 관한 법률」에 따른 연합뉴스사를 통하여 그 내용이 제공된 정보: 제공된 때부터 6시간

이처럼 미공개중요정보의 공개방법이 법정되어 있으며, 해당 법인(해당 법인으로부터 공개권한을 위임받은 자 포함) 또는 그 법인의 자회사(또는 그 자회사로부터 공개권한을 위임받은 자 포함)가 시행령 제201조에서 정하는 방법으로 정보를 공개하고 시행령 동조에서 정한 기간이나 시간이 경과하여야 공개된 것으로 보므로, 회사가 공시하기 전에 언론에 미리 추측 보도되는 등 다른 방법에 의하여 정보가 공개되었더라도 미공개정보성을 잃지 않는다.

**【대법원 1995. 6. 29. 선고 95도467 판결(바로크가구 주식 사건)】**

회사가 추정결산결과를 공개한 사실이 없는 이상 비록 일간신문 등에 그 추정결산결과와 유사한 내용으로 추측보도 된 사실이 있다고 하더라도, 그러한 사실만으로는 그 회사의 추정 결산실적이 일반인에게 공개된 정보라거나 또는 그로 인하여 그 회사가 직접 집계하여 추정한 결산 수치가 중요한 정보로서의 가치를 상실한다고 볼 수 없다.

**【대법원 2017. 1. 12. 선고 2016도10313 판결(태창파로스 사건)】**

자본시장법 제174조 제1항에서 정한 '투자자의 투자판단에 중대한 영향을 미칠 수 있는 정보'란 합리적인 투자자가 유가증권을 매수 또는 계속 보유할 것인가 아니면 처분할 것인가를 결정하는 데 중요한 가치가 있는 정보, 바꾸어 말하면 일반투자자들이 일반적으로 안다고 가정할 경우에 유가증권의 가격에 중대한 영향을 미칠 수 있는 사실을 말한다. 어떤 정보가 회사의 의사로 대통령령으로 정하는 방법에 따라 공개되기까지는 그 정보는 여전히 내부자거래의 규제대상이 되는 정보에 속한다.

【대법원 2017. 10. 31. 선고 2015도5251 판결】

피고인이 甲 주식회사와 신주인수권부사채 인수계약 체결을 교섭하면서 '乙 주식회사의 전 회장인 피고인이 甲 회사가 발행하는 신주인수권부사채를 대량으로 인수한다'는 정보의 생성에 관여하고 위 정보가 공개되기 전에 甲 회사 주식을 매수한 경우, … 위 정보는 신주인수권부사채 발행의 주체인 甲 회사가 상대방인 피고인과 신주인수권부사채 인수계약 체결을 교섭하는 과정에서 생성된 정보로서 甲 회사의 경영, 즉 업무와 관련된 것임은 물론이고, 甲 회사 내부의 의사결정 과정을 거쳐 최종적으로 확정되므로 일부 외부적 요인이 결합되어 있더라도 甲 회사의 내부정보에 해당한다.

정보공개방법과 관련하여 해당 법인이 인터넷 등 PC를 이용한 통신에 의하여 정보를 공개한 경우는 어떠한지 시행령은 언급하고 있지 않으나 인터넷망을 통하여 공개할 경우 시행령이 정하는 방법보다 더 불특정·다수인이 인지할 가능성이 크므로 입법적 보완이 필요할 수 있다.[1)]

상장기업이 증권시장을 통해 공시되지 아니한 중요정보를 투자분석가(애널리스트)·기관투자자 등 특정인에게 선별적으로 제공하고자 할 경우 한국거래소가 정하는 바에 따른 공정공시 제도를 이용하여야 한다(유가증권시장 공시규정 제15조 내지 제20조 등).

## 2. 정보의 중요성

### (1) 공시사항과의 관련성

자본시장법 제174조 제 1 항은 정보이용의 금지대상인 미공개중요정보에 대해 투자자의 투자판단에 중대한 영향을 미칠 수 있는 정보로서 대통령령이 정하는 방법에 따라 불특정 다수인이 알 수 있도록 공개되기 전의 것으로 규정하고 있다.

한편 상장법인의 주요사항보고서 제출의무에 관한 법 제161조 제 1 항과 내부자거래의 금지에 관한 법 제174조에서 규정하는 정보의 관계는 어떠한가. 양 조항이 각각 규제하려는 정보의 대상이 다르며, 자본시장법상 미공개중요정보는 수시

1) 임재연(2019), 909면; 국내 이용자의 경우 외국 통신에 익숙하지 않으므로 외국에서 공시한 것을 국내에 공개한 것으로 그대로 인정하기보다는 국내에서 자발적으로 공개한 경우로 한정할 필요가 있다. 그러나 IT 기술의 발전 추세에 부응하여 시행령상의 공개방법은 정보습득원천의 추세에 따라 향후 개정될 여지가 있을 것이다.

공시의무사항에 제한되지 않는다.[1] 따라서 어떤 정보가 주식이 증권시장에 상장되기 전에 이미 발생한 사실에 관한 것이어서 그 전까지는 제규정에 따른 신고의무가 없었던 경우이거나, 또는 어떤 정보가 법인 내부의 범죄나 비리에 관련된 것이어서 위 규정에 의한 신고의무의 이행을 기대하기 어려운 경우라고 하더라도 그 정보가 일반투자자들의 투자판단에 중대한 영향을 미칠 수 있는 것이기만 하면 그 정보가 일반인에게 공개되기 전에 이를 이용한 내부자거래는 역시 법 제174조 제1항에 의하여 금지되는 것으로 보아야 할 것이다.[2]

(2) 정보의 중요성 판단 기준

정보는 여러 단계를 거치는 과정에서 구체화되기 마련인데, 중요한 정보란 반드시 객관적으로 명확한 것만 이용이 금지되는 미공개정보에 해당하는 것이 아니라 합리적인 투자자라면 그 사실의 중대성과 사실이 발생할 개연성을 함께 고려하여 증권의 거래에 관한 의사를 결정함에 있어서 중요한 가치를 지니는 정보를 가리킨다.

실제의 기업활동에 있어서 아무런 단계를 거치지 않고 단번에 생성되는 정보는 드물고 대부분의 정보는 완성에 이르기까지 여러 단계를 거치게 된다. 예를 들어, 합병의 경우에는 대상회사의 물색과 조사, 합병을 위한 예비 협상 등 많은 단계를 거쳐서 비로소 이사회가 합병결의를 하는 것이고, 부도의 경우에도 자금난이 계속 심화되는 상황을 거쳐서 부도에 이르게 되는데, 합병과 부도가 확실하게 된 경우에 비로소 중요한 정보가 생성된 것으로 보면 미공개정보이용에 대한 규제의 실효성이 없게 된다.

따라서 공시의무가 부과되는 사항에 관한 이사회결의가 있거나 최종부도가 발생한 시점 이전이라도, 합리적인 투자자가 증권의 거래에 관하여 의사결정을 함에 있어서 중요한 정보로 간주할 정도의 정보[3]라면 그 시점에서 이미 중요한 정보

---

1) 구 증권거래법은 '제186조 제1항 각 호의 1에 해당하는 사실 등에 관한 정보 중'이란 표현을 사용하여, 공시의무사항만이 미공개중요정보가 될 수 있는 것처럼 규정하였다. 그러나 제186조 제1항·제2항 등 관계 규정에 비추어 볼 때 제186조 제1항 각 호에 열거된 사항은 중요한 정보인지의 여부를 판단하는 기준인 '투자자의 투자판단에 중대한 영향을 미칠 수 있는 정보'를 예시하기 위한 목적이라고 해석되었고 판례도 구 증권거래법이 포괄주의를 채택하고 있음을 인정하였다. 자본시장법은 구 증권거래법에 있던 '제186조 제1항 각 호의 1에 해당하는 사실'이라는 문구를 삭제하고 포괄적으로 규정하고 있다(법 제174조 제1항).

2) 대법원 1994. 4. 26. 선고 93도695 판결(신정제지 주식 사건).

3) 예컨대, 합병에 관한 최종합의가 이루어지거나, CEO가 실무진에게 공개매수 추진을 지시하거나, 또는 발행한 어음의 부도처리가 확실시되는 때를 들 수 있다. 임재연(2019), 913-914면.

가 생성된 것으로 보아야 할 것이다. 판례는 정보의 중요성 판단과 관련하여 합리적인 투자자의 관점에서 볼 경우 그 정보의 중대성과 사실이 발생할 개연성을 비교 평가하여 투자의사결정에 중요한 가치를 지니는 정보라고 해석하며 해당 정보가 반드시 객관적으로 명확하고 확실할 것까지 요구하지 아니한다.[1)]

【대법원 2000. 11. 24. 선고 2000도2827 판결(한국주강 주식 사건)】

구 증권거래법 제186조 제 1 항 제 1 호에서 규정하고 있는 상장법인 등이 발행한 어음 또는 수표가 부도처리되었을 때뿐만 아니라, 은행이 부도처리하기 전에 도저히 자금조달이 어려워 부도처리될 것이 거의 확실시되는 사정도 당해 법인의 경영에 중대한 영향을 미칠 수 있는 사실로서 합리적인 투자자라면 누구든지 당해 법인의 주식의 거래에 관한 의사를 결정함에 있어서 상당히 중요한 가치를 지니는 것으로 판단할 정보에 해당하는 것임이 분명하므로, 이러한 상황을 알고 있는 당해 법인의 주요주주 등이 그 정보를 공시하기 전에 이를 이용하여 보유주식을 매각하였다면 이는 미공개정보 이용행위를 금지하고 있는 같은 법 제188조의2 제 1 항을 위반하였다고 보지 않을 수 없다.

【대법원 2015. 12. 23. 선고 2013다88447(대한해운 주식 사건)】[2)]

자본시장법 제125조의 중요사항이란 '투자자의 합리적인 투자판단 또는 금융투자상품의 가치에 중대한 영향을 미칠 수 있는 사항'(자본시장법 제47조 제 3 항)을 말하는 것으로서, 이는 합리적인 투자자가 금융투자상품과 관련된 투자판단이나 의사결

1) 대법원 1994. 4. 26. 선고 93도695 판결; 미국의 경우 역사적 정보의 중요성 판단에 관하여 1976년 선고된 TSC Industries, Inc. v. Northway, Inc. 사건(426 U.S. 438)에서 연방대법원은 실질적 개연성(substantially likelihood) 기준을 수용하여 누락 정보의 공시가 있었다면 모든 상황을 고려하여 합리적인 투자자가 심사숙고함에 있어서 실제로 중대하였다고 볼 실질적 개연성이 존재하는지를 심사하였다. 한편 불확정정보(contingent or speculative information)의 경우 연방대법원은 개연성 — 중대성 기준(probability-magnitude test)을 제시하였다. 예컨대 1988년 Basic v. Levinson 사건(485 U.S. 224)에서 합병을 추진하고 있었음에도 합병가능성을 회사가 공개적으로 부인한 것이 중요한 허위공시인지가 문제되었는데, 연방대법원은 합병협상과 같은 불확정정보의 중요사항 여부는 합병이 이뤄질 '개연성'과 그 사건의 '중대성'을 살펴서 결정한다고 하였다. 미국에서의 중요사항 관련 기준에 관하여, 양기진, "자본시장법상 중요사항 판단기준의 분석 — 대법원 2015. 12. 23. 선고 2013다88447 판결을 중심으로," 선진상사법률연구 통권 제86호(2019. 4), 150-160면.

2) 발행공시에 관한 자본시장법 제125조 사건이지만 정보의 중요성 판단 기준에 대하여 새로운 기준을 제시하고 있다.

정을 할 때에 중요하게 고려할 상당한 개연성이 있는 사항을 의미한다. 나아가 어떠한 사항이 합리적인 투자자가 중요하게 고려할 상당한 개연성이 있는 사항에 해당하는지는 그 사항이 거짓으로 기재·표시되거나 기재·표시가 누락됨으로써 합리적인 투자자의 관점에서 이용할 수 있는 정보의 전체 맥락을 상당히 변경하는 것으로 볼 수 있는지에 따라 판단하여야 한다.

【대법원 2017. 10. 31. 선고 2015도8342 판결】

구 자본시장법 제174조 제3항 제6호에서 정보수령자가 알게 된 미공개정보는 대량취득·처분의 실시 또는 중지를 알 수 있을 만큼 구체적이어야 한다. 정보제공자가 제공한 내용이 단순히 미공개정보의 존재를 암시하는 것에 지나지 않거나, 모호하고 추상적이어서 정보수령자가 그 정보를 이용하더라도 여전히 일반투자자와 같은 정도의 경제적 위험을 부담하게 되는 경우에는 특별한 사정이 없는 한 위 규정에서 말하는 미공개정보에 해당하지 않는다.

### (3) 중요한 정보의 사례

투자판단에 중대한 영향을 미칠 수 있는 사실이란 당해 정보가 공개되었다면, 투자자가 당해 유가증권을 매수·매도하였거나 또는 그 결정을 보류하였을 가능성이 상당한 정도로 중요한 사실을 의미한다. 이 경우의 투자자란 당해 시점에서 투자자집단을 대표할 만한 표준적인 투자자를 말하므로 합리적인 투자자(reasonable investor)를 가정하여 객관적으로 판단하여야 한다.

【대법원 1995. 6. 30. 선고 94도2792 판결(대미실업 주식 사건)】

가. 증권거래법 제188조의2에 규정한 '투자자의 투자판단에 중대한 영향을 미칠 수 있는 정보'라 함은 구 증권거래법(1994. 1. 5. 법률 제4701호로 개정되기 전의 것) 제186조 제1항 제1호 내지 제11호에 그 유형이 개별적으로 예시되고 나아가 제12호에 포괄적으로 규정되어 있는 '법인 경영에 관하여 중대한 영향을 미칠 사실'들 가운데 합리적인 투자자라면 그 정보의 중대성과 사실이 발생할 개연성을 비교 평가하여 판단할 경우, 유가증권의 거래에 관한 의사를 결정함에 있어서 중요한 가치를 지닌다고 생각하는 정보를 가리키는 것이다.

나. 자본금이 101억여 원인 회사의 자회사에서 화재가 발생하여 약 20억 원의 손실을

> 입은 것을 비롯하여 연도말 결산 결과 약 35억 원의 적자가 발생한 것이 드러났고 그와 같은 내용이 아직 공개되지 아니하고 있었다면, 그와 같은 정보는 중요한 정보로서 그 공개 전의 내부자거래는 증권거래법이 규제하는 대상에 해당한다.

중요한 정보에는 호재성 정보와 악재성 정보가 있다. 대체적으로 호재성 정보에 해당하는 사항으로 판례에서 다뤄진 것은 주로 제3자배정 유상증자정보, 무상증자정보, 타법인 인수정보, 인수합병 성사정보, 우회상장정보, 자기주식 취득정보, 해외전환사채 발행계획 정보, 미국특허 취득정보, 대체에너지 전용실시권양수 합의에 관한 정보, 추정결산실적 정보 등이 있다.[1] 반면 판례에서 악재성 정보로 다뤄진 경우로는 재무구조 악화 및 이에 따른 대규모 유상증자 정보, 무보증 전환사채 발행정보, 계열회사의 수익성 악화 정보, 회사의 자금난 악화 정보, 자금사정 악화에 따른 화의개시신청 정보, 감자정보, 경영진의 긴급체포 정보, 회사자금 횡령정보, 회계법인의 감사의견거절 정보, 부도정보, 부실금융기관 지정정보 등이 있다.[2]

미공개중요정보는 상장법인(상장예정법인등 포함)의 업무 등과 관련된 것이어야 한다(법 제174조 제1항). 이는 업무와 직접 관련되는 정보는 물론 간접적으로 관련되는 정보도 포함한다는 의미로 해석하여야 하나, 지나치게 넓게 업무 외에 다른 사정과 관련된 정보도 포함된다고 해석하는 것은 부당하다. 따라서 업무관련성이 없는 경우, 예컨대 미공개중요정보와 무관하게 특정증권등에 대한 주가흐름의 분석이나 증시관계자의 예측 등의 정보는 시장정보로서 내부정보가 될 수 없다. 그러나 해당 법인이 자체 작성한 영업환경전망이나 예상실적 등은 법인의 경영과 재산 등에 관한 내부정보에 해당될 수 있다.[3]

### 3. 시장정보에 관한 예외적 이용금지 규제

#### (1) 공개매수의 실시 또는 중지에 관한 정보

공개매수의 실시 또는 중지에 관한 공개되지 아니한 정보는 시장정보로서 대상회사의 업무 등과 관련하여 발생한 정보는 아니지만 예외적으로 자본시장법이

1) 금융감독원(자본시장본부)(2009).
2) 금융감독원(자본시장본부)(2009).
3) 임재연(2019), 920면.

규제하는 미공개정보에 해당된다.

자본시장법은 법 제174조 제2항 각 호의 어느 하나에 해당하는 자[1]가 주식등에 대한 공개매수의 실시 또는 중지에 관한 미공개정보를 그 주식등과 관련된 특정증권등의 매매, 그 밖의 거래에 이용하거나 타인에게 이용하게 하는 행위를 금지한다(법 제174조 제2항 본문). 다만 공개매수를 하려는 공개매수예정자가 공개매수공고 이후에도 상당한 기간 동안 주식등을 보유하는 등 주식등에 대한 공개매수의 실시 또는 중지에 관한 미공개정보를 그 주식등과 관련된 특정증권등의 매매, 그 밖의 거래에 이용할 의사가 없다고 인정되는 경우에는 법 제174조 제2항의 규제대상이 아니다(법 제174조 제2항 단서).

자본시장법상 미공개된 공개매수 관련 정보를 이용하지 않을 의무를 지는 자는 아래와 같다(법 제174조 제2항 각 호).

1. 공개매수예정자(그 계열회사를 포함) 및 공개매수예정자의 임직원·대리인으로서 그 직무와 관련하여 공개매수의 실시 또는 중지에 관한 미공개정보를 알게 된 자
2. 공개매수예정자의 주요주주로서 그 권리를 행사하는 과정에서 공개매수의 실시 또는 중지에 관한 미공개정보를 알게 된 자
3. 공개매수예정자에 대하여 법령에 따른 허가·인가·지도·감독, 그 밖의 권한을 가지는 자로서 그 권한을 행사하는 과정에서 공개매수의 실시 또는 중지에 관한 미공개정보를 알게 된 자
4. 공개매수예정자와 계약을 체결하고 있거나 체결을 교섭하고 있는 자로서 그 계약을 체결·교섭 또는 이행하는 과정에서 공개매수의 실시 또는 중지에 관한 미공개정보를 알게 된 자
5. 제2호부터 제4호까지의 어느 하나에 해당하는 자의 대리인(이에 해당하는 자가 법인인 경우에는 그 임직원 및 대리인을 포함한다)·사용인, 그 밖의 종업원(제2호부터 제4호까지의 어느 하나에 해당하는 자가 법인인 경우에는 그 임직원 및 대리인)으로서 그 직무와 관련하여 공개매수의 실시 또는 중지에 관한 미공개정보를 알게 된 자
6. 공개매수예정자 또는 제1호부터 제5호까지의 어느 하나에 해당하는 자(제1호부터 제5호까지의 어느 하나의 자에 해당하지 아니하게 된 날부터 1년이 경과하지 아니한 자를 포함한다)로부터 공개매수의 실시 또는 중지에 관한 미공개정보를 받은 자

1) 제1호부터 제5호까지의 어느 하나의 자에 해당하지 아니하게 된 날부터 1년이 경과하지 아니한 자를 포함한다(법 제174조 제2항).

### (2) 주식등의 대량취득·처분 정보

구 증권거래법과 달리 자본시장법은 주식등의 대량취득·처분행위에 관한 미공개정보를 이용하는 행위를 규율하고 있다(법 제174조 제 3 항). 법 제174조 제 3 항 각 호의 어느 하나에 해당하는 자(제 1 호부터 제 5 호까지의 어느 하나의 자에 해당하지 아니하게 된 날부터 1년이 경과하지 아니한 자 포함)는 주식등의 대량취득·처분(경영권에 영향을 줄 가능성이 있는 대량취득·처분으로서 대통령령으로 정하는 취득·처분을 말함)의 실시 또는 중지에 관한 미공개정보를 그 주식등과 관련된 특정증권등의 매매, 그 밖의 거래에 이용하거나 타인에게 이용하게 하여서는 아니 된다. 다만, 대량취득·처분을 하려는 자가 법 제149조에 따라 금융위원회와 거래소를 통한 주식등의 대량보유 등의 보고서 공시 이후에도 상당한 기간 동안 주식등을 보유하는 등 주식등에 대한 대량취득·처분의 실시 또는 중지에 관한 미공개정보를 그 주식등과 관련된 특정증권등의 매매, 그 밖의 거래에 이용할 의사가 없다고 인정되는 경우에는 법 제174조 제 3 항의 규제대상이 아니다(법 제174조 제 3 항 단서). 법 제174조 제 3 항 각 호의 어느 하나에 해당하는 자의 범위는 다음과 같다.

1. 대량취득·처분을 하려는 자(그 계열회사 포함) 및 대량취득·처분을 하려는 자의 임직원·대리인으로서 그 직무와 관련하여 대량취득·처분의 실시 또는 중지에 관한 미공개정보를 알게 된 자
2. 대량취득·처분을 하려는 자(그 계열회사 포함)의 주요주주로서 그 권리를 행사하는 과정에서 대량취득·처분의 실시 또는 중지에 관한 미공개정보를 알게 된 자
3. 대량취득·처분을 하려는 자에 대하여 법령에 따른 허가·인가·지도·감독, 그 밖의 권한을 가지는 자로서 그 권한을 행사하는 과정에서 대량취득·처분의 실시 또는 중지에 관한 미공개정보를 알게 된 자
4. 대량취득·처분을 하려는 자와 계약을 체결하고 있거나 체결을 교섭하고 있는 자로서 그 계약을 체결·교섭 또는 이행하는 과정에서 대량취득·처분의 실시 또는 중지에 관한 미공개정보를 알게 된 자
5. 제 2 호부터 제 4 호까지의 어느 하나에 해당하는 자의 대리인(이에 해당하는 자가 법인인 경우에는 그 임직원 및 대리인 포함)·사용인, 그 밖의 종업원(제 2 호부터 제 4 호까지의 어느 하나에 해당하는 자가 법인인 경우에는 그 임직원 및 대리인)으로서 그 직무와 관련하여 대량취득·처분의 실시 또는 중지에 관한 미공개정보

를 알게 된 자
6. 대량취득·처분을 하려는 자 또는 제1호부터 제5호까지의 어느 하나에 해당하는 자(제1호부터 제5호까지의 어느 하나의 자에 해당하지 아니하게 된 날부터 1년이 경과하지 아니한 자 포함)로부터 대량취득·처분의 실시 또는 중지에 관한 미공개정보를 알게 된 자

자본시장법 제174조 제3항이 규율하는 주식등의 대량취득·처분이란 경영권에 영향을 줄 가능성이 있는 대량취득·처분으로서 다음 요건을 모두 충족하는 경우를 말한다(법 제174조 제3항, 시행령 제201조 제4항).

1. 취득의 경우 보유목적이 발행인의 경영권에 영향을 주기 위한 것일 것
2. 금융위원회가 정하여 고시하는 비율(10%) 이상의 대량취득·처분일 것
3. 그 취득·처분이 주식등의 대량보유보고대상(법 제147조 제1항)에 해당할 것

## 4. 다른 규제와의 조화

### (1) 시세조종 규제

적극적으로 중요정보를 허위기재하거나 누락하는 행위에 의한 경우에는 시세조종에 관한 법 제176조의 규제대상이 될 것이며 소극적 침묵에 의한 내부자거래는 미공개중요정보의 이용에 관한 법 제174조에 의하여 규율될 것이다.[1]

미공개중요정보가 진실한 정보이어야 하는지에 대하여 법조문에 명시되어 있지 않으나 진실한 정보만이 규제대상이 된다고 할 것이다. 예를 들어 대표이사가 주가를 부양할 의도로 실제로 체결되지도 않은 원자재 채굴계약이 체결되었다는 허위공시를 한 경우, 미공개중요정보 이용행위 규제가 아니라 시세조종의 법리에 의하여 해결해야 할 것이다.[2] 미공개중요정보 이용행위는 공시의무를 전제하는 것이므로, 공시대상에 해당하지 않는 허위정보의 공시가 미공개중요정보 이용행위 규제의 대상이 된다고 보기 곤란하기 때문이다.[3]

---

1) 임재연(2019), 916면.; 어느 하나의 거래에서 적극적인 부실표시와 단순한 미공개가 모두 포함될 경우에는 법 제174조와 제176조가 모두 적용될 수 있을 것이다. 같은 책, 916면.
2) 임재연(2019), 916면.
3) 임재연(2019), 916면.

### (2) 자기주식의 취득·처분 규제

자기주식의 취득·처분(신탁계약을 통한 자기주식의 취득·처분 포함) 시에 미공개정보 이용을 예방하기 위하여, 미공개중요정보가 있는 경우 그 정보가 공개되기 전까지의 기간 동안 주권상장법인이 자본시장법상의 자기주식 취득·처분 특례(법 제165조의3)를 이용한 자기주식의 취득 또는 처분 및 신탁계약의 체결 또는 해지를 하는 것이 금지된다(시행령 제176조의2 제 2 항 제 5 호).

### (3) 시장질서 교란행위 규제

법 제174조의 미공개중요정보 이용행위 금지 위반에 해당할 경우 시장질서 교란행위에 해당하지 아니하므로(법 제178조의2 제 1 항), 미공개중요정보 이용행위 금지위반으로만 처벌한다.

### (4) 위헌성 판단

현행 자본시장법과 달리 구 증권거래법 제188조의2 제 2 항은 처벌법규의 구성요건의 일부인 '일반인에게 공개되지 아니한 중요한 정보'의 개념을 시행규칙에 위임하고 있었으므로[1] 그 위헌 여부가 문제되었으나, 헌법재판소는 구 증권거래법 제188조의2 제 2 항이 위임하고 있는 사항은 당해 법인이 다수인으로 하여금 알 수 있도록 일반인에게 정보를 공개하는 방법과 그 방법에 따라 그 정보가 공개된 것으로 보게 되는 시점에 관한 것뿐이므로 위헌이 아니라고 결정하였다.[2]

---

1) 구 증권거래법 제188조의2 제 2 항은 "제 1 항에서 '일반인에게 공개되지 아니한 중요한 정보'라 함은 제186조 제 1 항 각호의 1에 해당하는 사실 등에 관한 정보 중 투자자의 투자판단에 중대한 영향을 미칠 수 있는 것으로서 당해 법인이 재무부령이 정하는 바에 따라 다수인으로 하여금 알 수 있도록 공개하기 전의 것을 말한다"고 규정하였다.

2) 헌법재판소 1997. 3. 27. 선고 94헌바24 결정(신정제지 주식 사건) 【결정요지】
구 증권거래법 제188조의2 제 2 항은 내부자거래행위의 객관적인 요건으로서 이 법 제186조 제 1 항 각 호의 1에 해당하는 사실등에 관한 정보 중 투자자의 투자판단에 중대한 영향을 미칠 수 있는 것이어야 한다는 '정보의 중요성'과 '당해 법인이 재무부령이 정하는 바에 따라 다수인으로 하여금 알 수 있도록 공개하기 전의 것'이어야 한다는 정보의 '비공개성'을 규정하면서 그중 후자에 관하여는 어떠한 정보가 공개되었다고 할 것인지 여부에 관하여 재무부령에서 구체적인 기준을 정하도록 하였다. 그렇다면 법 제188조의2 제 2 항이 재무부령에 위임하고 있는 사항은 당해 법인이 다수인으로 하여금 알 수 있도록 일반인에게 정보를 공개하는 방법과 그 방법에 따라 그 정보가 공개된 것으로 보게 되는 시점에 관한 것뿐임이 분명하다. … 따라서 이 사건 법률조항인 법 제208조 제 6 호 중 제188조의2 제 1 항은 이 법 공포일로부터 시행한다고 규정하고 있다 하더라도 헌법상 구성요건 명확성의 원칙(헌법 제12조 제 1 항)과 소급입법금지원칙(헌법 제13조 제 1 항) 및 재산권 보장을 규정한 헌법 제23

## Ⅵ. 내부정보의 이용유형

### 1. 정보의 이용

자본시장법은 특정증권등의 매매, 그 밖의 거래에 이용하거나 타인에게 이용하게 하는 행위를 금지하고 있다. 매매, 그 밖의 거래는 유상거래를 의미하며 주식대차거래, 담보설정 등과 같이 직접적인 소유권이 이전이 없는 경우에도 규제대상이 된다.[1)]

정보를 '이용'[2)]하여야 하므로 정보를 단지 '보유'한 상태에서 매매, 그 밖의 거래를 한 것만으로는 미공개중요정보를 이용하는 행위로 볼 수 없다. 그러나 미공개중요정보를 인식한 상태에서 특정증권 등의 매매 등의 거래를 한 경우 거래가 전적으로 미공개중요정보 때문에 이루어지지는 않았더라도 미공개중요정보가 거래를 하게 된 요인의 하나임이 인정된다면 특별한 사정이 없는 한 미공개중요정보를 이용하여 거래를 한 것으로 볼 수 있다.[3)] 그러나 미공개중요정보를 알기 전에 이미 거래가 예정되어 있었다거나 미공개중요정보를 알게 된 자에게 거래를 할 수밖에 없는 불가피한 사정이 있었다는 등 미공개중요정보와 관계없이 다른 동기에 의하여 거래를 하였다고 인정되는 때에는 미공개중요정보를 이용한 것이라고 할 수 없다.[4)]

미공개중요정보 이용규제는 정보의 보유자가 행하는 모든 거래를 금지하는 것이 아니라 정보와 관계없이 다른 동기에 의하여 거래를 하는 것, 즉 정보를 이용하지 않은 거래는 허용한다. 예컨대 주식의 대량보유자가 일시대량매각에 의한 시장가격 폭락에 의한 손해를 피하기 위하여 매일 일정한 수량의 주식을 시장에서 처분하던 중 악재정보에 해당하는 미공개중요정보를 지득한 경우 보유주식을 대량투매하였다면 이는 미공개중요정보의 이용행위에 해당할 것이나, 종전과 같은 매매형태로 주식을 소량씩 처분하는 행위는 미공개중요정보 이용행위에 해당하지 않을 것이다.[5)]

---

조 제1항에 위배된다고 볼 수 없다.

1) 임재연(2019), 929면.

2) 이는 이른바 "use test"로서 SEC v. Adler, 137 F.3d 1325 (11th Cir. 1998)에서 제시되었다.

3) 대법원 2017. 1. 12. 선고 2016도10313 판결.

4) 대법원 2017. 1. 12. 선고 2016도10313 판결.

5) 임재연(2019), 932면.

미국의 경우 내부자거래규제의 범위가 지속적으로 확대되고 있다는 점은 주의깊게 살펴볼 필요가 있다. 예컨대, 미공개정보 이용에 관한 증명책임을 내부자에게 지운다거나(Rule 10b5-1) 내부자의 가족(non-business relationship) 등도 이른바 duty of trust and confidence를 근거로 처벌대상으로 포섭하는(Rule 10b5-2) 등 그 규제범위를 확대하였다는 점은 시사점이 있다. 한국에서도 그 규제의 범위를 탄력적으로 확대하는 것을 적극적으로 검토할 필요성이 있다.[1]

## 2. 정보를 이용한 거래

자본시장법은 미공개중요정보를 거래에 이용하는 행위를 규율하므로, 내부자거래의 범죄구성요건을 '정보를 거래에 이용하는 행위'로 볼지 또는 좀 더 축소하여 '정보를 이용한 거래'로 볼지에 대하여 논란의 여지가 있다. 예컨대 내부자가 미공개중요정보를 이용하여 매매주문을 냈으나 거래가 결과적으로 성립하지 않았던 경우나 또는 스스로 주문을 취소한 경우, '정보를 거래에 이용하는 행위'를 구성요건으로 보면 정보를 이용하는 행위, 즉 매매주문을 내는 행위시점이 기수시점이 되고 구성요건에 해당하게 된다. 반면 구성요건을 '정보를 이용한 거래'라 한다면 미공개중요정보에 의한 주문행위는 실행의 착수에 불과하고 매매가 체결되어야 기수가 된다[2]고 보므로 자본시장법상 미수범 처벌규정이 없는 이상 처벌대상이 될 수 없다.[3]

## 3. 타인으로 하여금 이용하게 하는 행위

내부자가 정보를 제공하는 행위와 정보수령자의 정보이용행위 간에 인과관계가 존재하여야 '타인으로 하여금 이용하게 하는 행위'에 해당될 수 있다. 따라서 정보제공시점에 정보수령자가 이미 다른 경로로 해당 정보를 입수하여 거래를 결심하였다면 이 경우에는 인과관계가 존재하지 않으므로 내부자가 미공개중요정보

---

1) 이러한 지적에 대응하여 미공개정보 이용규제를 보완하고자 2014년 12월 개정법은 시장질서 교란행위의 금지조항을 신설하여 일정한 정보가 투자자들이 알지 못하는 사실에 관한 정보로서 불특정 다수인이 알 수 있도록 공개되기 전일 경우 이를 이용하는 행위를 금지하게 되었다(법 제178조의2).

2) 이 경우에도 거래로 인한 이익취득 또는 손실회피를 구성요건으로 보지 않는다.

3) 자본시장법의 규정은 명확하지 않으나 죄형법정주의의 명확성 원칙상 '정보를 거래에 이용하는 행위'로 보아야 할 것이므로 거래가 이루어지지 않은 경우까지 미공개중요정보에 관한 규제위반으로 보는 것은 곤란하다는 견해로, 임재연(2019), 934-935면.

를 타인에게 이용하게 하는 행위를 한 것으로 볼 수 없다.

반면 정보수령자가 정보를 이용하여 거래할 수 있다는 점을 인식하면서 정보를 제공하였으나 정보수령자가 실제로 정보를 이용하지 않은 경우 이 경우도 미공개중요정보 이용행위 규제 위반에 해당된다고 볼 수 있겠으나, 정보수령자가 정보를 이용한 거래를 하지 않았다면 알려준 행위만으로는 거래당사자들 간의 정보비대칭을 이용한 거래가 없으므로 처벌을 할 필요성이 적다.[1] 따라서 정보제공자가 '타인으로 하여금 이용하게 하는 행위'는 정보수령자가 그 정보를 이용하는 시점에 미공개중요정보 이용금지의 위반이 성립한다고 볼 것이다.

## Ⅶ. 미공개중요정보 이용위반에 대한 제재

### 1. 민사상 책임

미공개정보 이용행위를 금지하는 규정에 위반할 경우, 해당 특정증권의 매매, 그 밖의 거래를 한 자가 그 매매 기타 거래와 관련하여 입은 손해를 배상할 책임을 진다(법 제175조 제1항). 이 경우 미공개정보 이용금지 위반에 따른 손해배상청구권은 청구권자가 위반행위가 있었던 사실을 안 때부터 2년간 또는 그 행위가 있었던 때부터 5년간 이를 행사하지 아니한 경우에는 시효로 인하여 소멸한다(법 제175조 제2항).

### 2. 형사상 제재

#### (1) 법 정 형

미공개정보이용에 관한 자본시장법 제174조 제1항 내지 제3항의 규정에 위반한 자는 10년 이하의 징역 또는 그 위반행위로 얻은 이익 또는 회피한 손실액의 1배 이상 3배 이하에 상당하는 벌금에 처하며, 다만 그 위반행위로 얻은 이익 또는 회피손실액의 3배에 해당하는 금액이 5억원 이하인 경우에는 벌금의 상한액을 5억원으로 한다(법 제443조). 이 경우 징역과 벌금은 병과한다(법 제447조 제1항).[2]

1) 임재연(2019), 939면; 타인이 정보를 이용하여 증권거래할 가능성이 있음을 인식하면서 해당 타인에게 정보를 제공한 경우 미공개중요정보 '이용행위'에는 해당하지만, 실제로 정보수령자가 증권거래를 실행하지 않은 경우에는 결국 '이용하게' 한 것으로 볼 수 없으므로 동조 위반행위로 처벌할 수 없다는 견해로, 김건식/정순섭, 417면.

2) 2014년 12월 개정 전에는 징역과 벌금의 병과는 재량이었으나 2014년 12월 개정법은 법 제

또한 2014년 12월 개정법은 미공개정보 이용금지를 위반한 자가 해당 금지행위를 하여 취득한 재산을 몰수하도록 하며 몰수할 수 없는 경우에는 그 가액을 추징한다(법 제447조의2). 나아가 위반행위로 얻은 이익 또는 회피한 손실액이 50억원 이상인 때에는 무기 또는 5년 이상의 징역, 5억원 이상 50억원 미만인 때에는 3년 이상의 유기징역으로 가중처벌한다(법 제443조 제 2 항).[1] 징역형에 대하여 10년 이하의 자격정지를 병과할 수 있다(법 제443조 제 3 항).

### (2) 공소사실의 특정

자본시장법이 규정하고 있는 미공개정보 이용행위금지 위반죄에 관한 공소사실이 특정되려면, 정보수령자가 제공받은 미공개정보를 언제, 어떻게 매매거래에 이용하였는지에 관한 구체적인 범죄사실이 적시되어야 한다.

**【대법원 2004. 3. 26. 선고 2003도7112 판결(모디아 주식 사건)】**

원심은, 공소외 주식회사의 대표이사인 피고인 1은 피고인 2에게 2001. 9. 20.경 "공소외 주식회사에서 주가부양을 위해 자사주를 취득할 것이다."라는 사실을 알려주고, 같은 해 10.말경 "공소외 주식회사에서 한 달 뒤 정도에 해외신주인수권부사채를 발행할 것이다."라는 사실을 알려주어, 피고인 2로 하여금 일반인에게 공개되지 아니한 중요한 정보를 공소외 주식회사주식의 매매거래에 이용하게 하였고, 피고인 2는 위와 같이 2차례에 걸쳐 피고인 1로부터 공소외 주식회사의 미공개정보를 제공받아 공소외 주식회사주식의 매매거래에 이용하였다는 공소사실을 그대로 받아들여 이를 모두 유죄로 판단하였다. … 피고인들에 대한 자사주 취득과 해외신주인수권부사채에 관한 미공개정보의 이용에 관한 위 공소사실은 피고인 2가 피고인 1로부터 제공받은 미공개정보를 언제, 어떻게 매매거래에 이용하였다는 것인지에 관한 구체적인 범죄사실이 전혀 적시되지 아니하여 공소사실이 특정된 것으로 볼 수 없어 적법한 공소제기로 볼 수 없음에도 불구하고, 원심이 위 공소사실을 그대로 받아들여 모두 유죄로 판단한 것은 형사소송법 제254조 제 4 항의 해석적용을 잘못한 위법을 저지른 것이[다].

---

443조 제 1 항 및 제 2 항에 따라 징역에 처할 경우 벌금을 병과하도록 하고 있다(법 제447조 제 1 항).

1) 위반행위로 얻은 이익 또는 회피 손실액의 액수에 따른 가중처벌은 2002년 4월 개정된 구 증권거래법에서 신설되어 현행 자본시장법에도 이어지고 있다.

### (3) 양벌규정

법인(단체 포함)의 대표자, 법인 또는 개인의 대리인·사용인, 기타 종업원이 그 법인 또는 개인의 업무에 관하여 미공개중요정보 이용금지에 관한 법 제174조의 위반행위를 한 때에는 행위자를 벌하는 외에 그 법인 또는 개인에 대하여도 각 해당 조의 벌금형을 과한다(법 제448조 본문). 이 경우 법인 또는 개인이 양벌규정에 따른 형사책임을 면하려면 해당 법인 또는 개인이 그 위반행위를 방지하기 위하여 해당 업무에 관하여 상당한 주의와 감독을 게을리하지 아니하였어야 한다(법 제448조 단서).

# 9장

# 시세조종등 관련규제

# 제 1 절 시세조종

## Ⅰ. 시세조종행위의 의의 및 규제취지

시세조종행위란 시장에서의 수요공급의 원칙이 아니라 매도물량이나 매수물량을 쏟아내는 인위적인 조작에 의하여 금융투자상품의 가격을 조종하는 행위이다.

통상적으로 시세조종은 행위자가 기보유하였거나 매집 중인 증권등의 가격을 인위적으로 상승시킨 후 다른 투자자들에게 매도하여 차익을 얻으려는 의도에 기안한다. 그 외에도 신주, 전환사채, 기타 신주인수권부사채 등을 발행함에 있어서 유리하게 발행가격을 설정하고자 하거나, 사채발행을 원활히 하기 위함이거나, 해외채권 발행을 성사시키기 위하여 증권회사 직원과 공모한다거나, M&A를 가장하여 회사 인수 후 소위 '물량털기'(End Buy) 방식으로 차익을 얻고자 한다거나, 담보로 제공한 증권의 가치하락을 막아서 사채업자의 담보권 실행을 방지하고자 하는 등의 다양한 목적으로 시세조종이 행해지기도 한다.

한편 자본시장법에서는 구 증권거래법과 달리 포괄적인 사기금지조항을 두어 누구든지 금융투자상품의 매매(증권의 경우 모집·사모·매출 포함), 그 밖의 거래와 관련하여 부정거래행위를 하는 것을 금지한다(법 제178조). 또한 상장증권 또는 장내파생상품의 매매에 관한 시세조정을 함께 규정함으로써 현선연계 시세조종 규제를 강화하고 있다(법 제176조 제 4 항). 내부자거래, 시세조종과 같은 불공정거래의 태양이 다양하기는 하지만, 규제의 명확성상 일정한 유형으로 규제의 범위가 설정될 수밖에 없기 때문에 설정된 범위를 넘어서는 경우에는 규제하기가 용이하지 않은 면이 있었다. 따라서 자본시장법은 이러한 포괄적인 성격의 규제를 도입하고 규제 내용을 보강함으로써 규제의 실효성을 보다 높이려는 노력을 하여왔다. 자본시장법은 구 증권거래법 제188조의4 제 4 항과 관련하여 지적된 한계를 극복하기 위해 그 정신을 계수하면서 제178조를 입법하였다.

## Ⅱ. 거래성황 오인·오판 목적의 통정매매거래 및 가장매매거래

〈사　안〉

(1) 사실관계
A는 개설명의인이 다른 여러 개의 계좌를 관리하면서 그 개설명의인들의 포괄적인 위임을 받아 주식거래를 하였고 그중 두 계좌 간에 인접한 수량과 가격의 주식에 관하여 거래가 이루어지도록 하기 위하여 어느 한 계좌에서 매도주문을 내고 이와 근접한 시기에 다른 계좌에서 매수주문을 내어 미리 의도한 내용의 매매거래가 이루어지게 하였다. A는 위 주식거래에 관하여 그 매매가 성황을 이루고 있는 듯이 잘못 알게 하거나, 그 밖에 타인에게 그릇된 판단을 하게 할 목적을 갖고 있었다.
(2) 질　　문
위탁받은 계좌로 매매한 A의 행위는 자본시장법에 의하여 규율되는 위반유형 중 어느 유형에 해당하는가?

〈참고사항〉
자본시장법 제176조 제 1 항의 위장매매의 유형을 참고하라.

### 1. 위장매매

자본시장법 제176조 제 1 항이 규정하는 통정매매와 가장매매를 통칭하여 위장매매(fictitious transaction)라고 하는데 시세조종 과정에서 자주 활용된다. 위장매매는 상장증권 또는 장내파생상품의 매매에 관하여 규제하므로 매매가 아닌 거래(예컨대 담보권의 설정이나 취득 등)는 규제대상이 아니다. 거래의 실질과 외관이 다른 경우에는 외관을 기준으로 매매 여부를 판단하여야 하므로 실질은 매매가 아니나 매매의 외관을 취한 경우 규제대상으로 볼 것이다.

### 2. 위장매매의 유형

#### (1) 유　　형

자본시장법은 누구든지 상장증권 또는 장내파생상품의 매매에 관하여 그 매매가 성황을 이루고 있는 듯이 잘못 알게 하거나, 그 밖에 타인에게 그릇된 판단을 하게 할 목적으로 다음 행위를 하는 것을 금지한다(법 제176조 제 1 항).

1. 자기가 매도하는 것과 같은 시기에 그와 같은 가격 또는 약정수치로 타인이 그 증권 또는 장내파생상품을 매수할 것을 사전에 그 자와 서로 짠 후 매도하는 행위
2. 자기가 매수하는 것과 같은 시기에 그와 같은 가격 또는 약정수치로 타인이 그 증권 또는 장내파생상품을 매도할 것을 사전에 그 자와 서로 짠 후 매수하는 행위
3. 그 증권 또는 장내파생상품의 매매를 함에 있어서 그 권리의 이전을 목적으로 하지 아니하는 거짓으로 꾸민 매매를 하는 행위

(2) 통정매매

법 제176조 제 1 항 제 1 호·제 2 호의 통정매매(matched order)는 매매당사자간에 미리 매매가격을 정하고 서로 매도 및 매수를 하는 것으로서, 당해 종목의 거래부족으로 시세가 적정 수준에 이르지 못하는 경우 그 종목의 매매가격, 담보가격이나 장부가격 등의 근거가 되는 시세를 형성하고자 하는 의도에서 많이 이용된다. 명시적인 통정뿐 아니라 묵시적인 통정도 포함한다.[1] 통정매매는 같은 시기에 같은 가격으로 이루어질 것을 요한다. '같은 시기'에 대하여 매도와 매수주문이 반드시 동시가 아니더라도 쌍방의 주문이 거래시장에서 대응하여 성립할 가능성이 있는 시간이면 충분하다.[2] 또한 같은 가격은 매수·매도 주문가격과 매도·매수 주문가격에 차이가 있어도 서로 간에 통정한 가격 또는 그 유사가격대에 매매거래가 체결된다면 그 요건을 갖춘 것으로 보아야 하며,[3] 주문수량의 일치(같은 수량)는 요하지 않는다.

(3) 가장매매

법 제176조 제 1 항 제 3 호의 가장매매(wash sales)는 외관상 매도인과 매수인간에 권리의 이전을 목적으로 하는 매매로 보이지만, 실제로는 권리의 이전을 목적으로 하지 아니하는 매매로, 실질적으로 권리의 이전이 이루어지는 통정매매와 다르다.

증권 또는 장내파생상품의 매매를 함에 있어서 실제로 권리의 이전을 목적으로 하지 않는다는 의미에 관하여, 판례는 동일인 명의의 계좌 간 매매뿐만 아니라 매도 및 매수계좌의 명의는 서로 다르더라도 동일인이 실질적으로 소유하는 차명

1) 대법원 1998. 12. 8. 선고 98도3051 판결.
2) 대법원 2004. 7. 9. 선고 2003도5831 판결.
3) 김정수(2014), 1262면.

계좌의 경우에도 가장매매에 해당한다고 본다.[1]

### 3. 통정매매·가장매매의 위탁·수탁행위

자본시장법은 통정매매·가장매매에 관한 다음의 위탁·수탁행위를 금지한다(법 제176조 제1항 제4호).

① 자기가 매도하는 것과 같은 시기에 그와 같은 가격 또는 약정수치로 타인이 그 증권 또는 장내파생상품을 매수할 것을 사전에 그 자와 서로 짠 후 매도하는 행위
② 자기가 매수하는 것과 같은 시기에 그와 같은 가격 또는 약정수치로 타인이 그 증권 또는 장내파생상품을 매도할 것을 사전에 그 자와 서로 짠 후 매수하는 행위
③ 그 증권 또는 장내파생상품의 매매를 함에 있어서 그 권리의 이전을 목적으로 하지 아니하는 거짓으로 꾸민 매매를 하는 행위

즉, 자본시장법은 누구든지 상장증권이나 장내파생상품의 매매에 관하여 그 매매가 성황을 이루고 있는 듯이 잘못 알게 하거나, 그 밖에 타인에게 그릇된 판단을 하게 할 목적이 있는 경우 매매는 물론, 매매를 위탁·수탁하는 행위 역시 금지한다(법 제176조). 위탁이나 수탁에 불과할 뿐 실제로 매매가 성립하지 아니한 경우에도 규제하는 이유는 자본시장에서는 매매사실이 없더라도 주문사실만으로도 투자자의 판단에 영향을 미칠 수 있기 때문이다.[2]

### 4. 규제대상

유가증권시장 또는 코스닥시장에 상장된 증권의 매매거래뿐만 아니라 선물, 옵션 중 장내파생상품의 경우에도 통정매매, 가장매매를 할 경우 법 제176조 제1항에 의한 위장매매로 규제대상이 된다. 따라서 장외시장에서의 통정·가장매매의 경우에는 본 항에 의한 시세조종이 성립할 수 없다. 그리고 증권의 상장이 요건일 뿐 발행인이 상장법인일 것은 요구되지 아니하므로 국공채 기타 증권도 상장된 것이면 규제대상이 된다.

---

1) 대법원 2001. 11. 27. 선고 2001도3567 판결.
2) 김건식/정순섭, 451면.

## 5. 거래성황에 대한 오인·오판 목적

### (1) 의 의

통정매매나 가장매매가 시세조종으로서 규제대상이 될 정도가 되려면 투자자로 하여금 그 매매가 성황을 이루고 있는 듯이 잘못 알게 하거나 기타 타인으로 하여금 그릇된 판단을 하게 하려는 목적이 존재하여야 하고 이로 인하여 투자자의 투자판단에 실질적인 영향을 미칠 정도이어야 한다.

구 증권거래법과 달리 자본시장법은 장내파생상품 거래와 관련된 통정매매나 가장매매에 관하여 '매매성황에 대한 오인이나 오판 유발'의 목적을 요건으로 규정한다.[1] 이 경우 목적의 정도는 다른 목적과 공존되어도 무방하며 그 목적에 대한 인식의 정도는 미필적 인식으로도 족하고 투자자의 오해를 실제로 유발하였는지 여부 또는 타인에게 손해가 발생하였는지 여부 등은 문제되지 않는다.[2] 즉, 통정매매와 가정에 의한 거래임에도 불구하고, 투자자들에게는 증권시장에서 자연스러운 거래가 일어난 것처럼 오인하게 할 의사로서 그 목적의 내용을 인식하게 하면 충분하고 적극적인 의욕까지는 필요로 하지 않는다. 여기서 투자자 또는 타인이란 특정 투자자가 아닌 일반적인 투자자집단을 대표할 만한 평균적 수준의 합리적인 투자자를 말하고, 그릇된 판단이란 상장증권 또는 장내파생상품의 매매에 관한 의사결정을 말한다. 허위표시에 의한 시세조종과 달리 통정매매와 가장매매의 경우 매매를 유인할 목적은 필요하지 않다(법 제176조 제 1 항·제 2 항).

**【대법원 2004. 3. 26. 선고 2003도7112 판결】**

증권거래법 제188조의4 제 1 항 위반죄가 성립하기 위하여는 통정매매 또는 가장매매 사실 외에 주관적 요건으로 '거래가 성황을 이루고 있는 듯이 잘못 알게 하거나 기타 타인으로 하여금 그릇된 판단을 하게 할 목적'이 있어야 하는데, 이러한 목적은 다른 목적과의 공존 여부나 어느 목적이 주된 것인지는 문제되지 아니하고, 그 목적에 대한 인식의 정도는 적극적 의욕이나 확정적 인식임을 요하지 아니하고 미필적

---

1) 파생상품거래가 제로섬(zero sum) 게임이라는 특성상 파생상품거래에서 목적의 존재는 증권에 비하여 매우 폭넓게 인정하여야 한다는 주장이 있다. 임재연(2019), 947면.

2) 대법원 2009. 4. 9. 선고 2009도675 판결; 대법원 2004. 3. 26. 선고 2003도7112 판결; 대법원 2001. 11. 27. 선고 2001도3567 판결(삼익주택 주식 사건).

인식이 있으면 족하며, 투자자의 오해를 실제로 유발하였는지 여부나 타인에게 손해가 발생하였는지 여부 등도 문제가 되지 아니한다.

### (2) 목적에 관한 증명

자본시장법 제176조의 규정형식상 시세조종행위가 있었음을 주장하는 자가 행위자의 목적의 존재를 증명하여야 한다. 그러나 행위자의 내심의 목적을 직접증거에 의하여 증명한다는 것은 거의 불가능하다는 문제점이 있다.

법원은 증명상의 문제점을 보완하기 위하여, 당사자가 목적에 대하여 자백하지 않더라도 그 증권의 성격과 발행된 증권의 총수, 매매거래의 동기와 태양(순차적 가격상승주문 또는 가장매매, 시장관여율의 정도, 지속적인 종가관여 등), 그 증권의 가격 및 거래동향, 전후의 거래상황, 거래의 경제적 합리성 및 공정성 등의 간접사실을 종합적으로 고려하여 목적의 존부를 판단할 수 있다는 입장이다.[1]

통정·가장매매가 목적 없이 행해지는 경우는 거의 없을 것이므로 입법론적으로 일정한 경우에는 '그릇된 판단을 하게 하는 목적'이나 '매매거래를 유인할 목적'을 추정하고 그 행위자에 대하여 이러한 목적이 없었음을 증명할 책임을 부담시키는 것을 고려할 수 있다. 즉 통정 또는 가장매매가 행해졌음이 증명되면 목적에 관한 증명책임이 전환되어 시세조종행위의 혐의자가 목적의 부존재를 증명하도록 입법할 수 있다. 또는 '목적'의 입증에 대하여 미국의 경우처럼 중과실에 가까운 경우(scienter)에도 입증된 것으로 하는 방법이 있을 것이다.

**【대법원 2001. 11. 27. 선고 2001도3567 판결(삼익주택 주식 사건)】**

증권거래법 제188조의4 제1항은 공개경쟁시장에서의 자연적인 수요공급에 따른 거래가 아닌 통정매매 또는 가장매매로 인한 거래량 또는 가격의 변화가 자유로운 공개경쟁시장에서의 자율적인 수요공급에 따른 정상적인 것인 양 타인을 오도하여 현실적인 시세조종을 용이하게 하는 위장거래행위를 금지하는 데에 그 취지가 있는 바, 위 조항 위반죄가 성립하기 위하여는 통정매매 또는 가장매매 사실 외에 주관적 요건으로 거래가 성황을 이루고 있는 듯이 오인하게 하거나, 기타 타인으로 하여금 그릇된 판단을 하게 할 목적이 있어야 함은 물론이나, 이러한 목적은 다른 목적과의

1) 대법원 2001. 11. 27. 선고 2001도3567 판결.

공존 여부나 어느 목적이 주된 것인지는 문제되지 아니하고, 그 목적에 대한 인식의 정도는 적극적 의욕이나 확정적 인식임을 요하지 아니하고 미필적 인식이 있으면 족하며, 투자자의 오해를 실제로 유발하였는지 여부나 타인에게 손해가 발생하였는지 여부 등도 문제가 되지 아니하고, 동조 제 2 항에서 요구되는 '매매거래를 유인할 목적'이나 제 3 항이 요구하는 '시세를 고정시키거나 안정시킬 목적', 그 밖에 '시세조종을 통하여 부당이득을 취득할 목적' 등이 요구되는 것도 아니고, 이러한 목적은 당사자가 이를 자백하지 않더라도 그 유가증권의 성격과 발행된 유가증권의 총수, 매매거래의 동기와 태양(순차적 가격상승주문 또는 가장매매, 시장관여율의 정도, 지속적인 종가관여 등), 그 유가증권의 가격 및 거래량의 동향, 전후의 거래상황, 거래의 경제적 합리성 및 공정성 등의 간접사실을 종합적으로 고려하여 판단할 수 있다.

【대법원 2002. 7. 22. 선고 2002도1696 판결(아세아종금 주식 사건)】

증권거래법 제188조의4 제 1 항은 "누구든지 상장유가증권 또는 협회중개시장에 등록된 유가증권의 매매거래에 관하여 그 거래가 성황을 이루고 있는 듯이 잘못 알게 하거나 기타 타인으로 하여금 그릇된 판단을 하게 할 목적으로 다음 각 호의 1에 해당하는 행위를 하지 못한다."고 규정하면서 제 1 호에서 "자기가 매도하는 같은 시기에 그와 같은 가격으로 타인이 그 유가증권을 매수할 것을 사전에 그 자와 통정한 후 매도하는 행위"를, 제 2 호에서 "자기가 매수하는 같은 시기에 그와 같은 가격으로 타인이 그 유가증권을 매도할 것을 사전에 그 자와 통정한 후 매수하는 행위"를 각 규정하고 있는바, 여기서 '그 거래가 성황을 이루고 있는 듯이 잘못 알게 하거나 기타 타인으로 하여금 그릇된 판단을 하게 할 목적'이라 함은 인위적인 통정매매에 의하여 거래가 일어났음에도 불구하고, 투자자들에게는 유가증권시장에서 자연스러운 거래가 일어난 것처럼 오인하게 할 의사로서, 그 목적의 내용을 인식함으로써 충분하고, 적극적 의욕까지는 필요하지 않다.

## Ⅲ. 매매거래유인목적행위

〈사 안〉[1]

(1) 사실관계

甲 코스피 상장회사 최대주주로부터 경영권을 양수하려던 A, B은 잔금의 일부를 지급하지 못한

1) 금융감독원, "자본시장 불공정거래 주요 적발사례 및 투자 유의사항," 보도자료(2016. 9. 2.), 3면(출처 URL은 생략).

상태에서 주가가 급락하여 관리종목으로 지정되자, 시가총액 50억원 이상을 유지하지 못하여 상장폐지에 이르는 것을 막기 위해 동사 주가를 인위적으로 상승시켰다. A, B는 상장증권 또는 장내파생상품의 매매를 유인할 목적을 갖고 있었다.

* 상장유지요건(유가증권시장 상장규정 제130조 제 1 항 제 4 호): 관리종목 지정 이후 90일 동안 보통주권의 상장시가총액이 ① 50억원 이상인 상태가 10일 이상 계속되지 못하거나 ② 50억원 이상인 일수가 30일 이상이 되지 못할 경우 상장폐지 사유에 해당

(2) 질 문

위 A, B의 행위는 자본시장법상 금지되는 시세조종행위의 유형 중 어느 유형에 해당하는가?

〈참고사항〉

자본시장법 제176조 제 2 항의 매매유인목적 시세조종행위 유형을 참고하라.

## 1. 규제대상행위

### (1) 매매성황오인유발행위 또는 시세변동행위(현실거래에 의한 시세조종)

누구든지 상장증권 또는 장내파생상품의 매매를 유인할 목적으로 다음 행위를 하지 못한다(법 제176조 제 2 항 제 1 호).

1. 그 증권 또는 장내파생상품의 매매가 성황을 이루고 있는 듯이 잘못 알게 하거나 그 시세(증권시장 또는 파생상품시장에서 형성된 시세, 다자간매매체결회사가 상장주권의 매매를 중개함에 있어서 형성된 시세, 그 밖에 대통령령으로 정하는 시세를 말함)를 변동시키는 매매 또는 그 위탁이나 수탁을 하는 행위

법 제176조 제 2 항 제 1 호는 소위 '현실거래에 의한 시세조종'으로 불리며 작전세력의 시세조종행위를 규제하기 위한 것이다. 상장증권 또는 장내파생상품의 매매가 성황을 이루고 있는 것처럼 잘못 알게 하거나, 그 시세를 변동시키는 매매 또는 그 위탁·수탁행위가 금지된다. 시세란 증권시장 또는 파생상품시장에서 형성된 시세, 다자간매매체결회사가 상장주권의 매매를 중개함에 있어서 형성된 시세, 상장되는 증권에 대하여 증권시장에서 최초로 형성되는 시세를 말한다(법 제176조 제 2 항 제 1 호, 시행령 제202조).

법 제176조 제 2 항 제 1 호에 규정된 시세조종방법은 매우 다양한데 실제의 사건에서 자주 볼 수 있는 예로는 시세변동을 위한 직전 체결가 대비 다수의 고가

매수주문, 시세변동을 위한 상대매도호가 대비 고가매수주문, 시세급변을 유도하기 위한 상한가매수주문, 거래성황 또는 타인의 그릇된 판단을 유도하기 위한 운용계좌 상호 간 매매주문, 매일 한정된 물량을 계속적·순차적·계좌별·시간대별로 번갈아 가면서 소량·대량·분할·집중매수하는 방법으로 시초가 고가매수·당일최고가 형성을 위한 고가매수·종가 상승을 위한 고가매수· 체증식 고가매수·시가고정을 위한 분할 또는 집중매수 등이 있다.[1)]

현실거래에 의한 시세조종은 매매행위 또는 그 위탁·수탁행위가 금지대상이며 매매의 체결은 요건이 아니므로, 매매계약의 체결에 이르지 아니한 매수청약 또는 매수주문도 그것이 상장증권 또는 장내파생상품의 가격을 상승 또는 하락시키는 효과를 가지고 제 3 자에 의한 상장증권 또는 장내파생상품의 매매를 유인하는 성질을 가지는 이상 자본시장법 제176조 제 2 항 제 1 호의 매매성황오인유발행위 또는 시세변동행위에 해당된다. 또한 실제로 매매를 체결할 의사는 없이 단지 타인의 매매거래를 유인하기 위하여 매수 또는 매도 주문량이 많은 것처럼 보이기 위한 허수매수매도주문(fictitious order)도 본조 제 2 항 제 1 호가 금지하는 현실거래에 의한 시세조종행위의 유형에 속한다.[2)]

매매거래가 성황을 이루고 있는 듯이 잘못 알게 하는 행위는 타인으로 하여금 시장의 수요와 공급에 의하여 매매가 성황을 이룬 듯이 오인하도록 하여 매매거래를 유인하는 행위이다. '매매가 성황을 이루고 있는 듯이 잘못 알게' 하는 상장증권의 매매에 해당하는지의 여부에 관하여는 당해 상장증권의 성격·발행주식의 총수·종전 및 당시의 거래상황·증권시장의 상황 등을 종합적으로 고려하여 판단하여야 한다.[3)] 또한 거래의 동기와 거래 당시의 전후사정, 거래의 경제적 합

1) 서울지방법원 1999. 5. 12. 선고 98고단13351 판결.

2) 대법원 2003. 12. 12. 선고 2001도606 판결(현대전자 사건) 참조.

3) 대법원 2001. 6. 26. 선고 99도2282 판결(동방아그로 주식 사건); 대법원 2002. 7. 26. 선고 2001도4947 판결(리젠트증권 주식 사건); 대법원 2002. 7. 22. 선고 2002도1696 판결(아세아종금 주식 사건). 참고로 신정제지 주식에 관한 대법원 1994. 10. 25. 선고 93도2516 판결은 "상장 당시 총 발행주식수가 184만 주에 이르는 회사의 주식에 대하여 그 대표이사 등이 가명계좌를 통하여 도합 740주의 매수주문을 냈을 뿐 그 후 계속적인 거래행위에 관여한 바 없고 당일 총 매수주문이 750주인데도 매매계약이 체결된 것이 540주 정도라면 '유가증권의 매매거래가 성황을 이루고 있는 듯이 오인하게' 한 행위로 보기 어렵다."고 판시하였는데, 이 판례에 대하여는 총 발행주식수와 피고들의 매수주문수량을 비교할 것이 아니라 시세조종이 이루어진 상황에서 전체 매수주문 대비 피고들의 주문비율을 고려하였어야 하고, 피고들의 주문들이 당해 주식의 적정가를 오인케 하였을 가능성과 피고들의 주문가격과 수량이 실제로 조작된 가격을 만들기에 충분하였는지 여부가 검토되었어야 한다는 비판이 있다.

리성도 역시 고려하여 판단하여야 한다.[1] 예컨대 그 현실매매의 거래가 있기 이전에 당해 종목의 거래 상황에 비추어 정상적인 수요와 공급에 따른 거래량·가격 변동보다 성황을 이루고 있는 듯이 평균적인 투자자를 오인시킬 수 있는지의 여부를 살펴보아야 한다.[2]

시세를 변동시키는 매매거래의 행위는 현실거래나 실제거래를 통하여 인위적으로 증권이나 장내파생상품의 시세를 상승 또는 하락하도록 유인하는 행위이다. 유인의 결과로 반드시 시세변동이 일어나야 하는 것은 아니고 시세변동의 가능성만 있어도 성립된다. 또한 이러한 행위에 대한 위탁이나 수탁도 포함되므로 위탁단계에 머물더라도 시세조종행위가 성립될 수 있다.

매매성황오인유발행위 또는 시세변동행위에 의한 시세조종행위는 시세조종행위의 상대방이 손해를 입고 시세조종행위자가 이익을 얻을 것을 요건으로 하지는 아니한다. 또한 유인목적이 있으면 충분하고 유인의 결과 실제로 타인이 유인되어 매매거래를 하여야 하는 것은 아니다.[3]

【대법원 2002. 6. 14. 선고 2002도1256 판결(동특 주식 사건)】

매매계약의 체결에 이르지 아니한 매수청약 또는 매수주문이라 하더라도 그것이 유가증권의 가격을 상승 또는 하락시키는 효과를 가지고 제 3 자에 의한 유가증권의 매매거래를 유인하는 성질을 가지는 이상 증권거래법 제188조의4 제 2 항 제 1 호 소정의 '유가증권의 매매거래가 성황을 이루고 있는 듯이 잘못 알게 하거나 그 시세를 변동시키는 매매거래 또는 그 위탁이나 수탁을 하는 행위'에 해당하고, 단지 매수주문량이 많은 것처럼 보이기 위하여 매수의사 없이 하는 허수매수주문도 본조 제 2 항 제 1 호가 금지하는 이른바 현실거래에 의한 시세조종행위의 유형에 속한다.

제 1 호의 시세변동행위와 관련하여, 신규 발행 상장증권이 최초 상장되는 경우에 상장시초가 형성과정에서 왜곡된 가격(대개 비정상적으로 높은 가격)을 형성하기 위한 주문행위가 문제되는데, 대법원은 이에 대하여 유통시장에서 기형성된 기준가격이 없다는 이유로 제 1 호가 규정하는 시세변동행위에 해당하지 않는다고

---

1) 안성포, 254면.
2) 송호신, 433면.
3) 송호신, 434면.

판시한 바 있다.[1] 그러나 상장시초가 형성과정에서 정상적인 수요공급의 원칙에 의한 가격이 아니라 매매거래를 유인할 목적으로 왜곡된 주문을 하여 비정상적인 시초가를 형성한 경우도 넓은 의미에서의 유통시장에서의 시세조종으로 보아야 할 것이다. 현행 자본시장법은 시세와 관련하여 상장되는 증권에 대하여 증권시장에서 최초로 형성되는 시세를 명시적으로 포함하고 있으므로(시행령 제202조), 상장증권의 최초 형성시세에 대해 영향을 미칠 수 있는 매매 또는 그 위탁·수탁행위는 시세조종행위에 해당할 수 있다.

(2) 표시등에 의한 시세조종행위(허위표시에 의한 시세조종)

표시등에 의한 시세조종행위는 상장증권 또는 장내파생상품의 시세가 자기 또는 타인의 시장조작에 의하여 변동한다는 말을 유포하는 행위(법 제176조 제 2 항 제 2 호)와 상장증권 또는 장내파생상품 매매 시 중요한 사실에 관하여 고의로 허위표시를 하는 행위(법 제176조 제 2 항 제 3 호)로 구분된다.

- 그 증권 또는 장내파생상품의 시세가 자기 또는 타인의 시장 조작에 의하여 변동한다는 말을 유포하는 행위(제 2 호)
- 그 증권 또는 장내파생상품의 매매를 함에 있어서 중요한 사실에 관하여 거짓의 표시 또는 오해를 유발시키는 표시를 하는 행위(제 3 호)

1) 시세조작유포행위

시세조작유포행위란 상장증권 또는 장내파생상품의 시세가 자기 또는 타인의 시장조작에 의하여 변동한다는 말을 유포하는 행위를 말한다(법 제176조 제 2 항 제 2 호). 시세가 변동할 가능성이 있다는 말을 유포하여 다른 사람에게 매매거래를 유인할 목적으로 하는 경우에 시세조작유포행위가 성립한다. 일반적으로 상장증권 또는 장내파생상품의 시장조작에 대한 내용을 유포하는 행위가 이에 해당하며, 예컨대 특정 증권에 관한 작전이 곧 개시될 것이라는 소문이나 내부정보를 들어

1) 대법원 1994. 10. 25. 선고 93도2516 판결(신정제지 주식 사건)에 따르면 "최초 상장된 주식의 경우 기형성된 주식의 시세라는 것이 존재하지 아니할 뿐 아니라 주식시장에 있어서 자유시장 경쟁원리에 입각한 수요와 공급의 원칙에 따라 결정되는 시세가 아닌 합리적인 주식시세의 개념을 상정할 수 없으므로 피고인들의 위 행위는 주식 상장기준가의 조작행위에 해당한다고는 할 수 있을지언정 증권거래법의 규율대상인 주식의 시세를 변동시키는 매매거래행위에 해당한다"고는 할 수 없다.

고객에게 특정주식의 매입을 권유하는 행위를 들 수 있다.[1] 이 경우 시세변동의 유포 대상자와 매매거래의 유인 대상자가 일치할 필요는 없다.[2] 그러나 처벌 가능성이 있기 위해서는 "그 증권 또는 장내파생상품의 시세가 자기 또는 타인의 시장 조작에 의하여 변동한다"는 내용은 일반적인 풍문수준으로는 부족하며 상당히 구체적일 것이 요구된다.[3] 유포는 반드시 인쇄물·통신·기타 공개적인 매체에 의한 것뿐 아니라 개별접촉에 의한 구두전달행위도 포함된다. 그러나 시장조작을 위한 실제적인 매매거래를 수반할 필요는 없으므로 유포 후에 시장조작을 위한 매매거래를 하지 않더라도 시세조작유포행위에 의한 매매거래유인목적행위가 성립된다.

2) 허위표시·오해유발표시행위

다른 사람에게 매매거래를 유인할 목적으로 허위표시 또는 오해유발 표시를 하는 행위는 할 수 없다. 여기서 "허위표시·오해유발표시행위"는 상장증권 또는 장내파생상품의 매매를 함에 있어서 중요한 사실에 관하여 거짓의 표시 또는 오해를 유발시키는 표시를 하는 행위를 말한다(법 제176조 제2항 제3호). 시세조작유포행위와 달리 허위표시·오해유발표시행위는 법문 내용상 상장증권이나 장내파생상품의 매매에 수반되어야 한다. 다만 이 경우에도 중요사실의 허위표시 대상자와 매매거래의 유인 대상자가 일치할 필요는 없다.

허위표시나 오해유발표시는 중요한 사실에 관한 것이어야 하는데, 중요한 사실이란 상장증권 또는 장내파생상품의 매매에 있어서 투자자의 투자판단에 영향을 미칠 만한 사실을 의미한다. 따라서 합리적인 투자자의 투자판단에 영향을 미치지 못하는 정도의 정보는 허위표시·오해유발표시행위 규제의 대상이 되지 않는다. 중요한 사실의 전형적인 사유로는 자본시장법상 주요사항보고서 제출의무가 있는 사유가 해당될 것이다(법 제161조, 시행령 제171조).[4] 경우에 따라 당해 기업고유의 정보만이 아니라 동종업종의 전망 또는 경쟁업체의 동향 등 기업외부의 정

1) 송호신, 434면.
2) 송호신, 434면.
3) 송호신, 435면.
4) 주요사항보고서를 제출하여야 하는 경우로서, 자본시장법은 발행한 어음 또는 수표가 부도로 되거나 은행과의 당좌거래가 정지 또는 금지된 때, 영업활동의 전부 또는 중요한 일부가 정지된 때, 채무자 회생 및 파산에 관한 법률에 따른 회생절차개시의 신청이 있은 때 등을 규정하고 있다(법 제161조, 시행령 제171조, 「증권의 발행 및 공시 등에 관한 규정」 제4-4조).

보도 포함될 수 있을 것이다.[1)]

## 2. 매매거래유인의 목적

매매거래를 유인할 목적이라 함은 인위적인 조작을 가하여 시세를 변동시킴에도 불구하고 그 시세가 증권시장에서의 자연적인 수요 공급의 원칙에 의하여 형성된 것으로 투자자를 오인시켜 상장증권 또는 장내파생상품의 매매거래에 끌어들이려는 목적을 말한다.[2)] 내심적인 유인목적은 직접적으로 증명하기 곤란하므로, 결국 거래의 동기, 매매의 전후사정, 거래의 경제적 합리성, 금전적인 이해관계 등을 고려하여 직전가격에 비하여 인위적으로 가격을 높이거나 하락시키기 위하여 통상의 거래관행을 벗어난 주문을 하는 것인지 여부에 따라 인정할 수밖에 없을 것이다.[3)] 이러한 목적은 다른 목적과 공존하여도 무관하며 목적에 대한 인식의 정도가 미필적 인식으로 족하며 투자자에게 실제로 오해를 유발하였는지 여부나 타인에게 손해가 발생하였는지 여부 등도 문제되지 아니한다.[4)]

매매거래유인목적은 당사자가 이를 자백하지 않더라도 그 상장증권 또는 장내파생상품의 성격과 발행된 상장증권 또는 장내파생상품의 총수, 매매거래의 동기와 태양(순차적 가격상승주문 또는 가장매매, 시장관여율의 정도, 지속적인 종가관여 등), 그 상장증권 또는 장내파생상품의 가격 및 거래량의 동향, 전후의 거래상황, 거래의 경제적 합리성 및 공정성 등의 간접사실을 종합적으로 고려하여 판단할 수 있다.[5)]

---

1) 송호신, 435면.

2) 대법원 2001. 6. 26. 선고 99도2282 판결(동방아그로 주식 사건); 대법원 2002. 6. 14. 선고 2002도1256 판결(동특 주식 사건); 대법원 2002. 7. 22. 선고 2002도1696 판결(아세아종금 주식 사건); 대법원 2002. 7. 26. 선고 2001도4947 판결(리젠트증권 주식 사건).

3) 통상적인 거래관행을 벗어난 주문을 한 경우 유인목적의 존재가 사실상 추정되므로 행위자는 책임을 면하기 위하여 유인목적을 수반하지 않은 정상적인 매매주문이었음을 증명해야 할 것이다. 임재연(2019), 951면.

4) 대법원 2009. 4. 9. 선고 2009도675 판결.

5) 대법원 2001. 6. 26. 선고 99도2282 판결(동방아그로 주식 사건); 대법원 2001. 11. 27. 선고 2001도3567 판결(삼익주택 주식 사건); 대법원 2002. 6. 14. 선고 2002도1256 판결(동특 주식 사건); 대법원 2002. 7. 22. 선고 2002도1696 판결(아세아종금 주식 사건); 대법원 2002. 7. 26. 선고 2001도4947 판결(리젠트증권 주식 사건).

**【대법원 2002. 7. 26. 선고 2001도4947 판결(리젠트증권 주식 사건)】**

증권거래법 제188조의4 제 2 항은 "누구든지 유가증권시장 또는 협회중개시장에서의 매매거래를 유인할 목적으로 다음 각 호의 1에 해당하는 행위를 하지 못한다."고 규정하면서, 제 1 호에서 "단독으로 또는 타인과 공모하여 유가증권의 매매거래가 성황을 이루고 있는 듯이 잘못 알게 하거나 그 시세를 변동시키는 매매거래 또는 그 위탁이나 수탁을 하는 행위"를 들고 있는바, 여기서 '매매거래를 유인할 목적'이라 함은 인위적인 조작을 가하여 시세를 변동시킴에도 불구하고 투자자에게는 그 시세가 유가증권시장에서의 자연적인 수요·공급의 원칙에 의하여 형성된 것으로 오인시켜 유가증권의 매매거래에 끌어들이려는 목적을 말하고, '유가증권의 매매거래가 성황을 이루고 있는 듯이 잘못 알게 하거나 그 시세를 변동시키는 매매거래'에 해당하는지의 여부는 그 유가증권의 성격과 발행된 유가증권의 총수, 매매거래의 동기와 유형, 그 유가증권 가격의 동향, 종전 및 당시의 거래상황 등을 종합적으로 고려하여 판단하여야 한다.

**【대법원 2003. 12. 12. 선고 2001도606 판결(현대전자 주식 사건)】**

증권거래법 제188조의4 제 2 항 소정의 '매매거래를 유인할 목적'이라 함은 인위적인 조작을 가하여 시세를 변동시킴에도 불구하고 투자자에게는 그 시세가 유가증권시장에서의 자연적인 수요·공급의 원칙에 의하여 형성된 것으로 오인시켜 유가증권의 매매거래에 끌어들이려는 목적을 말하는데, 이러한 목적은 다른 목적과의 공존 여부나 어느 목적이 주된 것인지는 문제되지 아니하고, 그 목적에 대한 인식의 정도는 적극적 의욕이나 확정적 인식임을 요하지 아니하고 미필적 인식이 있으면 족하며, 투자자의 오해를 실제로 유발하였는지 여부나 타인에게 손해가 발생하였는지 여부 등도 문제가 되지 아니하고, 이러한 목적은 당사자가 이를 자백하지 않더라도 그 유가증권의 성격과 발행된 유가증권의 총수, 매매거래의 동기와 태양(순차적 가격상승주문 또는 가장매매, 시장관여율의 정도, 지속적인 종가관여 등), 그 유가증권의 가격 및 거래량의 동향, 전후의 거래상황, 거래의 경제적 합리성 및 공정성 등의 간접사실을 종합적으로 고려하여 판단할 수 있다.

## Ⅳ. 시세의 고정·안정행위

### 1. 시세의 고정·안정행위

누구든지 상장증권 또는 장내파생상품의 시세를 고정시키거나 안정시킬 목적으로 그 증권 또는 장내파생상품에 관한 일련의 매매 또는 그 위탁이나 수탁을 하는 행위를 할 수 없다(법 제176조 제 3 항 본문). 다만, 다음의 경우에 해당하는 경우에는 예외적으로 허용된다(법 제176조 제 3 항 단서 및 각 호).

1. 투자매매업자(모집 또는 매출되는 증권의 발행인 또는 소유자와 인수계약을 체결한 투자매매업자로서 대통령령으로 정하는 자에 한한다. 이하 이 조에서 같다)가 대통령령으로 정하는 방법에 따라 그 증권의 모집 또는 매출의 청약기간의 종료일 전 30일의 범위에서 대통령령으로 정하는 날부터 그 청약기간의 종료일까지의 기간 동안 증권의 가격을 안정시킴으로써 증권의 모집 또는 매출을 원활하도록 하기 위한 매매거래(이하 "안정조작"이라 함)를 하는 경우
2. 투자매매업자가 대통령령으로 정하는 방법에 따라 모집 또는 매출한 증권의 수요·공급을 그 증권이 상장된 날부터 6개월의 범위에서 대통령령으로 정하는 기간 동안 조성하는 매매거래(이하 "시장조성"이라 함)를 하는 경우
3. 모집 또는 매출되는 증권 발행인의 임원 등 대통령령으로 정하는 자가 투자매매업자에게 안정조작을 위탁하는 경우
4. 투자매매업자가 제 3 호에 따라 안정조작을 수탁하는 경우
5. 모집 또는 매출되는 증권의 인수인이 투자매매업자에게 시장조성을 위탁하는 경우
6. 투자매매업자가 제 5 호에 따라 시장조성을 수탁하는 경우

시세를 적극적으로 변동시키는 행위뿐 아니라 시세의 고정(capping)이나 안정조작(stabilization)도 다수 투자자의 경쟁매매 및 정상적인 수요와 공급에 의한 가격결정을 왜곡시키는 것이므로 시세조종으로 규율할 필요성이 있다. 다만 자본시장법은 일정한 기간 상장증권 또는 장내파생상품의 가격의 안정을 기하여 증권의 모집·매출을 원활하게 하는 것(안정조작: stabilization)과 모집·매출한 증권의 수요·공급을 당해 증권의 상장 후 일정기간 조성하는 것(시장조성: market making)은 일정한 조건하에 예외적으로 허용하고 있다(법 제176조 제 3 항 단서 및 각 호).

**【대법원 2004. 10. 28. 선고 2002도3131 판결】**

자유로운 유가증권시장에 개입하여 인위적으로 유가증권의 시세를 조작하는 것을 방지하려는 증권거래법의 입법 취지에 비추어 살펴보면 증권거래법 제188조의4 제3항은 유가증권의 시세를 고정시키거나 안정시킬 목적으로 유가증권시장 또는 협회중개시장에서 행하는 매매거래 또는 그 위탁이나 수탁을 금지하되, 다만 유가증권의 모집·매출을 원활하게 하기 위한 시장에서의 필요성에 의하여 그 시행령 제83조의8 제1항 소정의 안정조작과 시장조성을 그 이하 조항이 정하는 기간·가격 및 주체 등에 관한 엄격한 조건하에 예외적으로 허용하는 의미라고 보아야 한다.

상장증권 또는 장내파생상품의 시세를 고정시키거나 안정시킬 목적은 현재의 시장가격을 고정시키거나 안정시키는 경우뿐 아니라, 행위자가 일정한 가격을 형성한 뒤 그 가격으로 고정시키거나 안정시키는 경우에도 인정된다. 행위자가 시세 고정이나 안정의 목적을 가지고 매매거래를 한 것이라면, 자본시장법은 매매거래가 일정한 기간 계속 반복적으로 이루어질 것을 요하지 않으므로 한 번의 매매도 자본시장법 제176조 제3항의 구성요건을 충족할 수 있다.

### 2. 위헌성 여부

헌법재판소는 시세고정·안정행위 규제와 관련하여 시행령에 위임하던 구 증권거래법 제188조의4 제3항(2002. 4. 27. 개정 이전)의 "누구든지 단독 또는 공동으로 대통령령이 정하는 바에 위반하여 유가증권의 시세를 고정시키거나 안정시킬 목적으로 유가증권시장 또는 협회중개시장에서의 매매거래 또는 그 위탁이나 수탁을 하지 못한다"는 규정은 명확성의 원칙 위배 및 위임입법의 한계 일탈을 이유로 헌법에 위반된다는 결정을 선고하였다.[1] 이에 따라 2002년 개정 증권거래법 및 자본시장법은 시세고정·안정행위를 법률에서 직접 규율하고 있다.

### 3. 목적의 범위

상장증권 또는 장내파생상품의 시세를 고정시키거나 안정시킬 목적은 현재의 시장가격을 고정시키거나 안정시키는 경우뿐 아니라, 행위자가 일정한 가격을 형

1) 헌법재판소 2003. 9. 25. 선고 2002헌바69, 2003헌바41(병합) 결정.

성하고 그 가격을 고정시키거나 안정시키는 경우에도 인정된다.[1] 따라서 법 제176조 제 3 항 각 호가 허용하는 방식이 아닌 안정조작과 시장조성만이 금지되는 것이 아니라, 주식을 높은 가격으로 자전거래할 목적으로 시장조작에 의하여 인위적으로 가격을 형성시켜서 그 가격으로 자전거래를 하였다면, 그 매매행위는 상장증권의 시세를 고정시킬 목적으로 한 것이라고 인정할 수 있으므로 자본시장법 제176조 제 3 항의 처벌대상이 된다.

【대법원 2015. 6. 11. 선고 2014도11280 판결】

자본시장과 금융투자업에 관한 법률 제176조 제 3 항에 정한 '증권 등의 시세를 고정시킬 목적'이란 본래 정상적인 수요·공급에 따라 자유경쟁시장에서 형성될 증권 등의 시세에 시장요인에 의하지 아니한 다른 요인으로 인위적인 조작을 가하여 시세를 형성 및 고정시키거나 이미 형성된 시세를 고정시킬 목적을 말하는 것으로서, 다른 목적이 동시에 존재하는지 및 그중 어느 목적이 주된 것인지는 문제 되지 않고, 목적에 대한 인식은 미필적 인식으로 충분하며, 시세고정목적이 있는지는 증권 등의 성격과 발행된 증권 등의 총수, 가격 및 거래량의 동향, 전후의 거래상황, 거래의 경제적 합리성과 공정성, 시장관여율의 정도, 지속적인 종가관리 등 거래의 동기와 태양 등의 간접사실을 종합적으로 고려하여 판단하여야 한다.

### 4. 시장조성 포기와 손해배상

상장증권의 발행인 또는 소유자와 인수계약을 체결한 증권회사로서 증권신고서에 기재된 회사 또는 증권신고서를 제출하지 아니하는 경우에 인수계약의 내용에 안정조작 또는 시장조성을 할 수 있다고 기재된 증권회사가 시장조성의무를 위반한 경우에는 손해배상책임을 부담한다. 이 경우 시장조성이 이루어지는 대상이 되는 상장증권은 해당 상장증권의 유통시장에서 거래되는 주식 전체가 된다고 하더라도, 그와 같은 시장조성의 보호대상이 되는 상장증권의 보유자로서 시장조성 포기로 인한 손해배상을 구할 수 있는 자는 해당 상장증권의 발행을 주간한 증권사가 모집 또는 매출한 증권의 발행에 참가하여 이를 인수한 투자자들과 그들로부터 해당 상장증권을 특정하여 직접 인수한 투자자에 한정되며 공개된 유통시장

1) 대법원 2004. 10. 28. 선고 2002도3131 판결.

에서 불특정 주식을 매수한 자는 제외된다.[1)]

【대법원 2002. 5. 14. 선고 99다48979 판결(팬택 주식 사건)】

시장조성이라는 제도는 우리의 유가증권 발행과 유통시장이 매우 취약함을 전제로 유가증권의 모집 및 매출 업무를 담당하는 주간증권사에 특별히 부과하는 의무로서 시장경제와 자유경제적 원칙에 비추어 예외적으로 인정되는 것이라는 점, 유가증권 발행을 주선한 주간증권사의 입장에서 시장조성에 의하여 보호하려는 대상은 유가증권의 모집과 매출 이전에 이미 발행된 주식을 보유하고 있는 주주가 아니라 자신이 발행을 주선한 유가증권을 보유한 투자자라고 보는 것이 원칙인 점, 유가증권의 유통시장에서 투자를 하려는 사람은 시장조성의 여부와 관계없이 기업의 본질가치를 정확하게 판단하고, 해당 기업의 상장 이후 형성된 주가를 보고 자기 책임에 의한 투자를 하여야 하는 것이 유가증권 유통시장의 기본원리인 점 등에 비추어, 시장조성이 이루어지는 대상이 되는 유가증권은 증권거래소나 코스닥증권시장 등 유가증권 유통시장의 특성상 유통시장에서 거래되는 주식 전체가 된다고 하더라도, 그와 같은 시장조성의 보호대상이 되는 유가증권의 보유자로서 시장조성 포기로 인한 손해배상을 구할 수 있는 자는 해당 유가증권의 발행을 주간한 증권사가 모집 또는 매출한 유가증권의 발행에 참가하여 이를 인수한 투자자들과 그들로부터 해당 유가증권을 특정하여 직접 인수한 투자자(공개된 유통시장에서 불특정 주식을 매수한 자는 제외)라고 보는 것이 타당하다.

## Ⅴ. 연계시세조종행위

### 1. 의의 및 규제취지

자본시장법은 장내파생상품[2)]과 그 기초자산인 증권 간의 양방향 시세조종 및 증권과 파생결합증권 간의 연계시세조종행위를 규제하고 있다. 2013년 5월 개정 자본시장법은 종전에 상장증권이나 장내파생상품에 한정하여 시세조종행위를

1) 대법원 2002. 5. 14. 선고 99다48979 판결(팬택 주식 사건); 대법원 2004. 10. 28. 선고 2002도3131 판결; 대법원 2002. 9. 24. 선고 2001다9311, 9328 판결(엔트 주식 사건).

2) 장내파생상품은 파생상품으로서 파생상품시장, 해외 파생상품시장 또는 기타 금융투자상품시장을 개설하여 운영하는 자가 정하는 기준과 방법에 따라 금융투자상품시장에서 거래되는 것을 말한다(법 제5조 제2항).

규율하던 것을, 해당 증권이나 파생상품의 상장여부를 불문하고 그 기초자산 중 어느 하나가 거래소에 상장되거나 기타 이에 준하여 거래되는 경우로 넓히고 있다(법 제176조 제 4 항). 또한 개정 자본시장법은 파생결합증권 등에 관한 그 기초자산의 매매등에서의 시세조종행위 및 어느 파생상품과 기초자산이 동일·유사한 다른 파생상품의 시세조종행위도 규제대상으로 신설하여 연계시세조종행위의 규제범위를 확대하고 있다.

자본시장법에 의하면, 누구든지 증권, 파생상품 또는 그 증권·파생상품의 기초자산 중 어느 하나가 거래소에 상장되거나 그 밖에 거래소가 그 파생상품을 장내파생상품으로 품목의 결정을 하는 경우에는 그 증권 또는 파생상품에 관한 매매, 그 밖의 거래(이하 '매매등'으로 줄임)와 관련하여 다음의 행위를 하여서는 아니된다(법 제176조 제 4 항, 시행령 제206조의2).

1. 파생상품 매매등에서 부당한 이익을 얻거나 제 3 자에게 부당한 이익을 얻게 할 목적으로 그 장내파생상품의 기초자산의 시세를 변동 또는 고정시키는 행위
2. 파생상품의 기초자산의 매매등에서 부당한 이익을 얻거나 제 3 자에게 부당한 이익을 얻게 할 목적으로 그 장내파생상품의 시세를 변동 또는 고정시키는 행위
3. 증권의 매매등에서 부당한 이익을 얻거나 제 3 자에게 부당한 이익을 얻게 할 목적으로 '그 증권과 연계된 증권으로서 대통령령으로 정하는 증권' 또는 그 증권의 기초자산의 시세를 변동 또는 고정시키는 행위
4. 증권의 기초자산의 매매등에서 부당한 이익을 얻거나 제 3 자에게 부당한 이익을 얻게 할 목적으로 그 증권의 시세를 변동 또는 고정시키는 행위
5. 파생상품의 매매등에서 부당한 이익을 얻거나 제 3 자에게 부당한 이익을 얻게 할 목적으로 그 파생상품과 기초자산이 동일하거나 유사한 파생상품의 시세를 변동 또는 고정시키는 행위

연계시세조종행위 규제는 다음 표와 같다.

**표 9-1 연계시세조종행위에 관한 자본시장법 제176조 제4항 일람**

| 대상 조문 | 이익목적시장 | 시세조종시장 |
|---|---|---|
| 법 제176조 제4항 제1호 | 파생상품 시장 | 그 파생상품의 기초자산 시장 |
| 법 제176조 제4항 제2호 | 파생상품의 기초자산 시장 | 그 파생상품 시장 |
| 법 제176조 제4항 제3호 | 증권 시장 | 그와 연계된 증권 시장 또는 그 증권의 기초자산 시장 |
| 법 제176조 제4항 제4호 | 증권의 기초자산 시장 | 그 증권 시장 |
| 법 제176조 제4항 제5호 | 파생상품 시장 | 기초자산이 동일·유사한 다른 파생상품 시장 |

한편, 자본시장법 제176조 제4항 제3호의 '그 증권과 연계된 증권으로서 대통령령으로 정하는 증권'에 관하여 자본시장법 시행령은 다음과 같이 규정한다(시행령 제207조).

1. 전환사채권이나 신주인수권부사채권의 매매에서 부당한 이익을 얻거나 제3자에게 부당한 이익을 얻게 할 목적인 경우에는 그 전환사채권이나 신주인수권부사채권과 연계된 다음 각 목의 어느 하나에 해당하는 증권
   가. 그 전환사채권이나 신주인수권부사채권과 교환을 청구할 수 있는 교환사채권
   나. 지분증권
   다. 그 전환사채권이나 신주인수권부사채권을 기초자산으로 하는 파생결합증권
   라. 그 전환사채권이나 신주인수권부사채권과 관련된 증권예탁증권
2. 교환사채권의 매매에서 부당한 이익을 얻거나 제3자에게 부당한 이익을 얻게 할 목적인 경우에는 그 교환사채권의 교환대상이 되는 다음 각 목의 어느 하나에 해당하는 증권
   가. 전환사채권이나 신주인수권부사채권
   나. 지분증권
   다. 파생결합증권
   라. 증권예탁증권
3. 지분증권의 매매에서 부당한 이익을 얻거나 제3자에게 부당한 이익을 얻게 할 목적인 경우에는 그 지분증권과 연계된 다음 각 목의 어느 하나에 해당하는 증권
   가. 전환사채권이나 신주인수권부사채권
   나. 그 지분증권과 교환을 청구할 수 있는 교환사채권

다. 그 지분증권을 기초자산으로 하는 파생결합증권
라. 그 지분증권과 관련된 증권예탁증권
마. 그 지분증권 외의 지분증권
4. 파생결합증권의 매매에서 부당한 이익을 얻거나 제 3 자에게 부당한 이익을 얻게 할 목적인 경우에는 그 파생결합증권의 기초자산으로 되는 다음 각 목의 어느 하나에 해당하는 증권
가. 전환사채권이나 신주인수권부사채권
나. 교환사채권(가목, 다목 또는 라목과 교환을 청구할 수 있는 것만 해당)
다. 지분증권
라. 증권예탁증권
5. 증권예탁증권의 매매에서 부당한 이익을 얻거나 제 3 자에게 부당한 이익을 얻게 할 목적인 경우에는 그 증권예탁증권의 기초로 되는 다음 각 목의 어느 하나에 해당하는 증권
가. 전환사채권이나 신주인수권부사채권
나. 교환사채권(가목, 다목 또는 라목과 교환을 청구할 수 있는 것만 해당)
다. 지분증권
라. 파생결합증권

자본시장법 시행 이전의 경우에는 구 선물거래법이 선물거래에서 부당한 이익을 얻을 목적으로 해당 선물거래 대상품목의 시세를 고정 또는 변동시키는 행위를 시세조종등 불공정행위로 금지하고 있었다(구 선물거래법 제31조 제 1 항 제 5 의 2호). 하지만 유가증권을 규율하던 구 증권거래법은 이에 유사한 조항을 두고 있지 않았으므로, 반대 방향의 현선연계거래, 즉 현물거래에서 부당한 이익을 얻기 위하여 선물의 시세를 조종하는 경우를 규제하는 조항이 없었다.[1)]

그러나 자본시장법은 구 증권거래법 및 구 선물거래법 체제에서 규율되지 아니하던 현물거래에서 이익을 얻을 목적으로 선물의 시세를 조정하는 현선연계에 의한 시세조종 역시 금지하고 있다. 또한 2013년 5월 개정 자본시장법 제176조 제 4 항의 연계시세조종행위가 금지되는 규제대상을 상장증권과 장내파생상품에 한정하지 아니하고 증권, 파생상품으로 넓히고 있다. 이에 따라 ELS 등과 같은 비상장증권이나 장외파생상품 등을 이용한 연계시세조종이 규제되고 있으며, 개정법은 매

1) 송호신, 438면.

매에 한정하지 아니하고 매매, 그 밖의 거래라는 '매매등'에 관한 개념을 사용함으로써 시세조종에 관한 행위범위 역시 넓히고 있다.[1]

### 2. 행위유형

#### (1) 기초자산과 파생상품 간 연계시세조종

〈사 안〉

외국계은행인 乙 은행 서울지점은 甲 주식회사의 상장주식(이를 기초자산으로 하는 풋옵션과 콜옵션 역시 상장되어 거래되고 있음)을 가지고 이익을 취하기로 같은 은행 홍콩지점과 공모하였다. 乙 은행 홍콩지점은 甲 회사 주식을 기초자산으로 하는 풋옵션 100만 단위(만기 2016. 2. 24. 미국형풋옵션, 행사가 3만원)를 사들이고, 乙 은행 서울지점은 甲 주식회사의 상장주식을 매집하다가 약정된 일자인 2016. 2. 24.자로 장 종료 직전에 물량을 일제히 쏟아내었다. 수급을 반영하여 甲 주식회사의 가격이 종전의 4만원에서 2만원까지 급락하였고 乙 은행 홍콩지점은 사들였던 풋옵션에 대한 권리행사를 함으로써 100억원의 차익을 챙겼다. 자본시장법상 이 거래가 위법한지 여부를 평가하시오.

〈참고사항〉
2013년 5월 개정 자본시장법에 따라 현선연계시세조종행위, 즉 증권, 파생상품의 매매등과 관련한 불공정행위가 금지된다(법 제176조 제4항 제1호·제2호).

증권, 파생상품 또는 그 증권, 파생상품의 기초자산 중 어느 하나가 거래소에 상장되거나 그에 준할 경우, 그 증권, 파생상품에 관한 매매등과 관련하여 ① 파생상품의 매매등에서 부당한 이익을 얻거나 제3자에게 부당한 이익을 얻게 할 목적으로 그 파생상품의 기초자산의 시세를 변동 또는 고정시키는 행위 및 ② 파생상품의 기초자산의 매매등에서 부당한 이익을 얻거나 제3자에게 부당한 이익을 얻게 할 목적으로 그 파생상품의 시세를 변동 또는 고정시키는 행위가 금지된다(법 제176조 제4항 제1호·제2호).

---

1) 종전에 ELS를 이용한 연계시세조종의 경우 ELS를 이용한 이득은 ELS(파생결합증권의 일종)의 매매에서 이익을 취하는 것이 아니라 ELS의 상환과 관련하여 이익을 취하게 되나, 개정 전 자본시장법 제176조의 '매매'에 ELS 상환이 포함되는지의 논란이 있었다. 2013년 5월 개정 자본시장법 제176조는 시세조종행위 유형을 '매매등'으로 확대함으로써 이 같은 논란을 입법적으로 해결하고 있다.

### (2) 증권 간 또는 증권·기초자산 간 연계시세조종

〈사 안〉

(1) 사실관계
甲 금융투자회사는 자사가 발행한 ELS의 자동조기상환평가일(2016. 2. 11.)에 해당 ELS의 기초자산인 乙 주식회사의 주식(상장주식)의 가격을 하락시켜서 ELS 투자자와의 관계에서 이익을 취하고자 결정하였다. 甲 금융투자회사는 2. 11.자 당일 증권시장이 닫히기 전인 동시호가시간에 보유하던 乙 주식 물량을 모두 시장에 쏟아냄으로써 乙 주식의 가격을 크게 하락시켰다. 이로써 甲 금융투자회사는 ELS 투자자에게 손해를 입히고 자신은 도합 100억원의 이익을 챙겼다.

* ELS(Equity-Linked Securities): 다른 증권 또는 지수를 기초자산으로 하여 조건충족 시 약정된 바에 따른 손익이 발생하는 파생결합증권

(2) 질 문
위 ELS가 상장증권인 경우 및 비상장증권인 경우를 각각 가정하고 각 경우에 있어서 甲 금융투자회사의 행위가 자본시장법에 위반되는지 여부를 평가하시오.

〈참고사항〉
구 자본시장법은 상장증권과 장내파생상품의 매매에 한정하여 현선연계매매를 규율하고 있었으나(구법 제176조 제 4 항), 2013년 5월 개정 자본시장법은 증권, 파생상품 또는 그 증권·파생상품의 기초자산 중 어느 하나가 상장 또는 이에 준하는 경우(시행령으로 정함)로 함으로써 연계시세조종 금지의 규제를 확대하고 있다(법 제176조 제 4 항 제 3 호).

자본시장법은 증권, 파생상품에 관한 매매등과 관련하여 증권의 매매에서 부당한 이익을 얻거나 제 3 자에게 부당한 이익을 얻게 할 목적으로 그 증권과 연계된 증권으로서 시행령으로 정하는 증권 또는 그 증권의 기초자산의 시세를 변동 또는 고정시키는 행위를 금지한다(법 제176조 제 4 항 제 3 호, 시행령 제207조).[1]

또한 자본시장법은 기초자산과 증권 간 연계시세조종의 규제형태를 보강하여, 증권의 기초자산의 매매등에서 부당한 이익을 얻거나 제 3 자에게 부당한 이익을 얻게 할 목적으로 그 증권의 시세를 변동 또는 고정시키는 행위를 금지하고 있

1) 2013년 5월 개정 전 자본시장법 제176조 제 4 항 제 3 호는 상장증권 또는 장내파생상품의 매매와 관련하여 증권(A)의 매매에서 부당한 이익을 얻거나 제 3 자에게 부당한 이익을 얻게 할 목적으로 그 증권(A)과 연계된 증권(B)으로서 시행령이 정하는 증권(C)의 시세를 변동 또는 고정시키는 행위를 금지하고 있었는데, 이와 관련하여 A나 B가 상장증권이어야 하는지에 관한 논란이 있었다. 2013년 5월 개정법은 단순히 증권이라고 함으로써 비상장증권까지 규제대상을 확대하고 있다.

다(법 제176조 제4항 제4호). 기초자산(현물)을 거래하는 거래소가 개설될 경우도 대비하는 한편, 파생상품과 마찬가지로 기초자산을 갖는 파생결합증권(법 제4조 제7항)의 경우에도 증권과 기초자산 간의 연계시세조종행위를 규제할 필요가 있기 때문이다.

연계시세조종의 경우 주가연계증권(equity-linked securities: ELS)의 기초자산에 관한 시세조종 행위와 관련하여 2015년 및 2016년 중 수 건의 대법원 판결이 선고되었다. 주가연계증권(ELS)이란 자본시장법상 금융투자상품의 일종인 파생결합증권으로 그 투자수익이 특정 주식의 가격이나 주가지수의 변동에 연계되어 결정되는 구조를 갖는다.[1] ELS 투자자는 발행회사의 운용성과와 무관하게 사전에 약정한 주가 또는 주가지수의 움직임에 따라 사전에 약정된 수익률을 얻게 된다.[2]

**그림 9-1 ELS 수익구조 예시[3]**

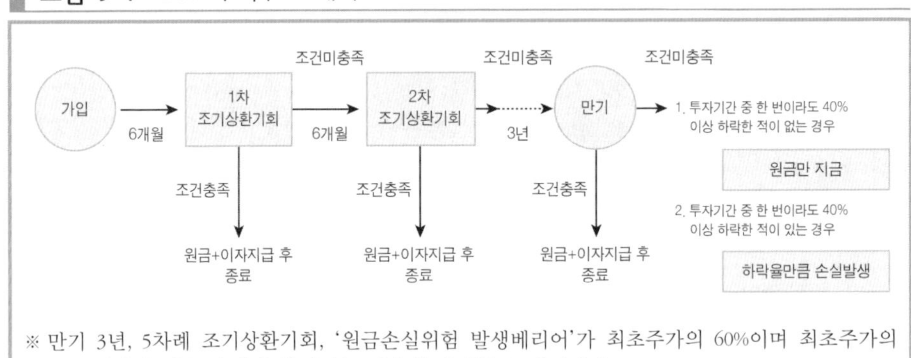


※ 만기 3년, 5차례 조기상환기회, '원금손실위험 발생베리어'가 최초주가의 60%이며 최초주가의 85% 이상일 경우 수익이 확정되는 경우의 수익구조 예시이다.

---

1) 대법원 2015. 6. 11. 선고 2014도11280 판결.

2) 금융감독원, "최근의 ELS 동향 및 투자자보호 강화방안," 보도자료(2006. 8. 1.), 1면(출처 URL은 생략); 주식을 기초자산으로 하는 ELS는 그 발행사가 ELS의 발행대금으로 기초자산인 주식을 매수하여 '델타헤지'라는 금융기법에 따라 그 주식을 계속적으로 매수·매도함으로써 기초자산의 가격변동으로 인한 위험을 회피함과 아울러 투자자들에 대한 상환자금을 마련하고, 상환기준일에 기초자산인 주식의 가격이 상환기준가격 이상이 되면 투자자들에게 원금에 약정수익을 더하여 상환하고 상환기준가격에 미달하게 되면 투자자들에게 원금에 손실률을 곱한 금액을 상환하는 구조를 갖고 있다(대법원 2015. 6. 11. 선고 2014도11280 판결).

3) 금융감독원, "최근의 ELS 동향 및 투자자보호 강화방안," 보도자료(2006. 8. 1.), 7면(출처 URL은 생략); 이 경우 주가가 상승하여 중간평가일의 주가가 최초주가의 85% 이상이면 수익이 확정되며 조기상환되나 주가가 하락하면 조기상환되지 않고 만기까지 이월되며 만기

그런데 ELS 기초자산 시세조종에 기한 민사사건에서 현재까지 선고된 대법원 판결은 일관적이지 않다. ELS 판매회사를 대상으로 민법상 조건성취 방해임을 주장한 상환금 청구사건의 경우 투자자 승소 또는 승소취지의 판결을 하였고(아래 사건 1 및 2), ELS 헤지운용사를 상대로 시세조종행위를 이유로 불법행위에 기한 배상청구를 한 사건의 경우 일부 사건(아래 사건 3 및 5)에서는 투자자 패소, 일부 사건(아래 사건 4)에서는 투자자 승소취지의 판결을 한 바 있다.

### 표 9-2 ELS 기초자산 시세조종 사건 대법원 판결 비교[1]

| | 사건 1 | 사건 2 | 사건 3 | 사건 4 | 사건 5 |
|---|---|---|---|---|---|
| 사건명/번호 | 상환금 (2013다2757) | 상환금 (2015다67062) | 손해배상 (2013다7264) | 상환원리금등 (2013다2740) | 상환금 (2012다108320) |
| ELS 판매사 | D증권 〈피고〉 | D증권 〈피고〉 | S증권 〈공동피고〉 | H1증권 | H2증권 |
| 별도의 헤지운용사 | - | - | B은행〈공동피고〉 그 외, U은행 및 L은행 | D은행 〈피고〉 | B은행 〈피고〉 |
| 대법원 입장 | 원심파기환송 (원고승소취지) | 심리불속행기각 (원고승소) | 원심인용 (원고패소) | 원심파기환송 (원고승소취지) | 원심인용 (원고패소) |
| 청구원인 | 민법상 조건성취 방해행위 | 민법상 조건성취 방해행위(주청구) 구 증권거래법상 시세조종 또는 부정거래행위(예비적청구) | -S증권: 불법행위책임[2]<br>-B은행: 구 증권거래법상 시세조종행위 | 자본시장법상 시세조종행위 내지 부정거래행위 | 자본시장법상 시세조종행위 또는 부정거래행위[3] |

---

시 주가가 중간에 '원금손실위험발생 베리어'(일반적으로는 발행 시 주가의 50-70% 수준임) 이하로 하락한 적이 있으면 원금손실이 발생할 수도 있다. 즉, 주가가 재상승하여 만기주가가 최초주가의 85% 이상일 경우에는 수익이 발생하기도 하나 만기주가가 최초주가의 85% 미만이면 '투자원금 ×(1-만기주가/최초주가)'만큼 원금손실이 발생한다. 같은 보도자료, 7면.

1) 양기진, "ELS 헤지활동에 관한 판결 동향과 투자자보호 쟁점: 시세조종 의도 판단 시의 이해상충회피·관리의무를 중심으로," 증권법연구 제17권 제2호, 한국증권법학회(2016), 131-132면의 〈표 2〉.

2) S증권이 B은행으로부터 원리금을 상환받게 된 경위(S증권이 ELS를 발행한 후 그에 관한 헤지거래의 구체적인 경위)에 대한 정확한 정보를 투자자에게 제공할 의무를 다하지 않았음이 주장되었다.

3) 원심에서 민법상 불법행위(조건성취 방해에 의한 제3자의 채권침해행위)도 주장되었으나 원심은 "델타헤지거래가 금융기관의 위험관리를 위하여 법령상 의무 등에 기하여 행하는

| 판단 | 신의성실에 반하여 조건성취를 방해 | -주청구 인용<br>-원심 설시: 좌동 | -S증권: 무죄<br>-B은행: 시세고정행위에 해당하지 아니함 | 자본시장법상 시세조종행위 내지 부정거래행위에 해당 | 자본시장법상 시세조종행위 또는 부정거래행위에 해당하지 아니함 |
|---|---|---|---|---|---|
| 사건일 | 중간평가일(2차)<br>(2005. 11. 16.)<br>〈증권거래법〉 | 중간평가일(2차)<br>(2005. 11. 16.)<br>〈증권거래법〉 | 중간평가일(1차)<br>(2006. 9. 4.)<br>〈증권거래법〉 | 만기기준일<br>(2009. 8. 26)<br>〈자본시장법〉 | 만기기준일<br>(2009. 10. 7.)<br>〈자본시장법〉 |
| 매도양태 | 호가방식: 지정가[1] | 호가방식: 지정가, 9차례[2] | 호가방식: 시장가 및 지정가 | 호가방식: 시장가, 2차례 | 호가방식: 거래량 가중평균가격방식 (10%+VWAP) |
| 단일가매매 시간대 특이사항 | -매도주문수량: 79%[3]<br>-계약체결관여율: 95% | 좌동 | -매도물량: 100만주(하루 총거래량의 26.7%)<br>-매도주문관여율: 71% | -매도주문수량: 46.9%<br>-직전가대비 저가주문비율: 46% | -매도거래비중: 19.86%[4]<br>-시장가 15만주 매도주문 중 10만주 주문 취소 (B증권) |

ELS 발행사는 상환자금을 마련하기 위해서, 발행대금 중 마진 등을 제외한 나머지 금액을 가지고 다른 자산에 투자하거나 ELS 기초자산의 매매를 통해서 수익을 얻는데, 여기서 기초자산의 매매에 사용하는 금융기법이 델타헤지이다.[5] ELS 기초자산 시세조종 관련 배상청구 사건에서 ELS 판매사 또는 헤지운용사가 델타

필수적인 것인 이상, 델타헤지거래 수행과정에서 결과적으로 ELS의 상환기준가격이 충족되지 못하였더라도 해당 헤지거래 자체를 사회통념상 허용될 수 없는 것으로 보아 조건성취 방해행위 또는 조건부 권리의 침해행위가 된다고 볼 수 없다"고 보았다(서울고등법원 2011나104712 판결).

1) 장중 접속매매시간대에 180,000주 매도주문을 하여 불과 12,190주를 매도하였고, 단일가매매시간대에 134,000주의 매도주문을 하여 134,000주의 매도주문을 하여 그중 98,190주를 매도하였다.

2) 전체 매도주문 낸 134,000주 중 94,000주에 대하여 기준가격 미만의 가격(107,500원 및 108,000원)에 매도주문을 제출하였다.

3) 당일 접속매매시간대 180,000주 매도주문 및 12,190주 실제매도, 단일가매매시간대 134,000주 매도주문하되 그중 94,000주는 기준가격에 미달하는 호가를 제시하였다.

4) 매도거래비중은 D증권이 10.1%, B증권이 9.76%를 차지하였다.

5) 김홍기, "ELS 델타헷지의 정당성과 시세조종에 관한 연구 - 대상판결: 대법원 2016. 3. 24. 선고 2013다2740 판결을 대상으로," 상사판례연구 제29권 제2호, 한국상사판례학회(2016), 76면; 옵션의 변동성과 델타값을 이용하여 매매를 하므로 델타헤지라고 부른다. 델타헤지는 원래 기초자산의 가격변동으로 인한 위험노출을 방지하기 위해서 시작되었으나 동시에 기초자산의 매매를 통해서 수익을 창출하는 수단으로도 이용된다. 같은 글, 76면.

헤지를 수행하면서 조기상환일 또는 만기일날 기초자산을 대량매도한 행위가 정당한 것인지가 다퉈진 바 있다.[1)]

**그림 9-2 별도의 헤지운용사가 있는 경우의 법률관계**[2)]

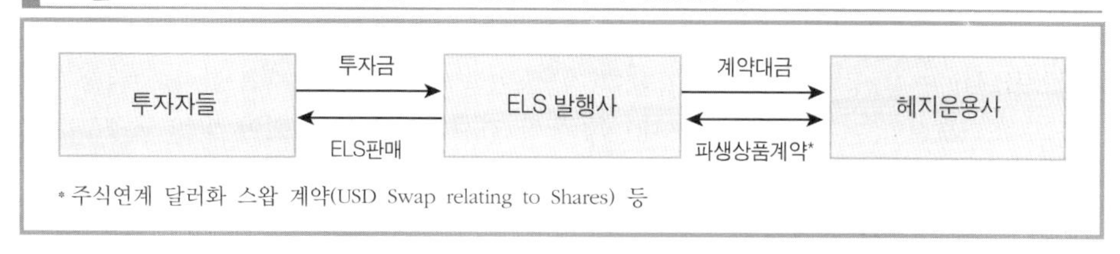


※ 민사사건 ※

【대법원 2015. 5. 14 선고 2013다2757 판결】

**【판결요지】** … 증권회사가 약정 평가기준일의 기초자산 가격 또는 지수에 연계하여 투자수익이 결정되는 유가증권을 발행하여 투자자에게 판매한 경우에는, 증권회사가 설사 기초자산의 가격변동에 따른 위험을 회피하고 자산운용의 건전성을 확보하기 위하여 위험회피거래를 한다고 하더라도, 약정 평가기준일의 기초자산 가격 또는 지수에 따라 투자자와의 사이에서 이해가 상충하는 때에는 그와 관련된 위험회피거래는 시기, 방법 등에 비추어 합리적으로 하여야 하며, 그 과정에서 기초자산의 공정한 가격형성에 영향을 끼쳐 조건의 성취를 방해함으로써 투자자의 이익과 신뢰를 훼손하는 행위를 하여서는 안 된다.

【대법원 2016. 3. 10 선고 2013다7264 판결】

**【판결요지】** … 금융투자업자가 파생상품의 거래로 인한 위험을 관리하기 위하여 시장에서 주식등 그 기초자산을 매매하는 방식으로 수행하는 헤지(hedge)거래가 시기, 수량 및 방법 등의 면에서 헤지 목적에 부합한다면 이는 경제적 합리성이 인정되는 행위라고 할 것이므로, 헤지거래로 인하여 기초자산의 시세에 영향을 주었더라도 파생상품의 계약 조건에 영향을 줄 목적으로 인위적으로 가격을 조작하는 등 거래의

1) 성희활, "자본시장법상 불공정거래의 규제; 자본시장법상 연계 불공정거래의 규제현황과 개선방향-주가연계증권(ELS) 연계거래를 중심으로," 금융법연구 제 6 권 제 2 호, 한국금융법학회(2009), 73-77면.

2) 양기진, 2016년 논문, 131면.

공정성이 훼손되었다고 볼 만한 특별한 사정이 없는 한 이를 시세조종행위라고 할 수는 없다.

【대법원 2016. 3. 24 선고 2013다2740 판결】

**【판결요지】** … 특정 시점의 기초자산 가격 또는 그와 관련된 수치에 따라 권리행사 또는 조건성취의 여부가 결정되거나 금전등이 결제되는 구조로 되어 있는 금융투자상품의 경우에 그 금융투자상품의 기초자산인 증권의 가격을 고정시키는 시세조종행위를 비롯하여 사회통념상 부정하다고 인정되는 수단이나 기교 등을 사용하여 그 금융투자상품에서 정한 권리행사나 조건성취에 영향을 주는 행위를 하였다면, 〈중략〉 그 투자자는 그 부정거래행위자에 대하여 자본시장법 제179조 제1항에 따라 손해배상을 청구할 수 있다. 그리고 여기서 시세종행위 등 사회통념상 부정하다고 인정되는 수단이나 기교 등을 사용한 자로서 그 금융투자상품의 거래와 관련하여 입은 손해를 배상할 책임을 지는 부정거래행위자에는, 그 금융투자상품의 거래에 관여한 발행인이나 판매인뿐 아니라, 발행인과 스와프계약 등 그 금융투자상품과 연계된 다른 금융투자상품을 거래하여 권리행사나 조건성취와 관련하여 투자자와 대립되는 이해관계를 가지게 된 자도 포함된다고 해석된다.

※ 형사사건 ※

【대법원 2015. 6. 1 선고 2014도11280 판결】

**【판결요지】** 자본시장과 금융투자업에 관한 법률 제176조 제3항에 정한 '증권 등의 시세를 고정시킬 목적'이란 본래 정상적인 수요·공급에 따라 자유경쟁시장에서 형성될 증권 등의 시세에 시장요인에 의하지 아니한 다른 요인으로 인위적인 조작을 가하여 시세를 형성 및 고정시키거나 이미 형성된 시세를 고정시킬 목적을 말하는 것으로서, 다른 목적이 동시에 존재하는지 및 그중 어느 목적이 주된 것인지는 문제 되지 않고, 목적에 대한 인식은 미필적 인식으로 충분하며, 시세고정목적이 있는지는 증권 등의 성격과 발행된 증권 등의 총수, 가격 및 거래량의 동향, 전후의 거래상황, 거래의 경제적 합리성과 공정성, 시장관여율의 정도, 지속적인 종가관리 등 거래의 동기와 태양 등의 간접사실을 종합적으로 고려하여 판단하여야 한다.

거래의 동기와 태양 및 그 밖에 앞서 본 이 사건 ELS에 관하여 제기된 민원에 대한 공소외 1 회사의 대처 내용 등에 비추어 보면, 피고인은 이 사건 기준일에 공소외 3 회사 주식의 종가를 이 사건 ELS의 상환기준가격인 96,000원 미만으로 인위적으로 형성 및 고정시킬 목적으로 앞서 본 바와 같은 방식으로 장 마감 직전에 단일가매매

시간대 전체 공소외 3 회사 주식 거래량의 80%가 넘는 87,000주에 대하여 상환기준 가격보다 낮은 가격으로 집중적인 매도주문을 함으로써 자본시장법 제176조 제 3 항에 정한 시세고정행위를 하였다고 봄이 상당하고, 비록 델타헤지를 위하여 위와 같은 수량의 공소외 3 회사 주식을 매도할 필요가 있었다고 하더라도 그러한 사정의 존재가 피고인에 대한 시세고정목적의 인정에 방해가 되지는 않는다. 따라서 같은 취지에서 피고인에게 이 사건 공소사실을 유죄로 인정한 원심의 판단에 자본시장법 제176조 제 3 항의 시세고정행위에 관한 법리를 오해하거나 논리와 경험의 법칙에 반하여 자유심증주의의 한계를 벗어난 잘못이 없다.

#### (3) 파생상품 간 연계시세조종

2013년 5월 개정 자본시장법은 파생상품시장 내에서 파생상품들 간의 연계시세조종행위를 금지하는 규정을 도입하였다. 즉, 자본시장법상 파생상품의 매매등에서 부당한 이익을 얻거나 제 3 자에게 부당한 이익을 얻게 할 목적으로 그 파생상품과 기초자산이 동일하거나 유사한 파생상품의 시세를 변동 또는 고정시키는 행위 역시 금지된다(법 제176조 제 4 항 제 5 호).

## Ⅵ. 시세조종행위에 관한 효과

### 1. 민사상 책임(손해배상청구)

자본시장법 제176조를 위반한 자는 법 제177조 제 1 항 각 호의 구분에 따른 다음의 손해를 배상할 책임을 진다(법 제177조 제 1 항).[1]

1. 그 위반행위로 인하여 형성된 가격에 의하여 해당 증권 또는 파생상품에 관한 매매등을 하거나 그 위탁을 한 자가 그 매매등 또는 위탁으로 인하여 입은 손해
2. 제 1 호의 손해 외에 그 위반행위(제176조 제 4 항 각 호의 어느 하나에 해당하는 행위로 한정)로 인하여 가격에 영향을 받은 다른 증권, 파생상품 또는 그 증권·파생상품의 기초자산에 대한 매매등을 하거나 그 위탁을 한 자가 그 매매등 또는 위탁으로 인하여 입은 손해

1) 종전의 법 제177조 제 1 항은 그 위반행위로 '인하여 형성된' 가격에 의하여 해당 상장증권 또는 장내파생상품의 매매를 하거나 위탁을 한 자가 그 매매거래 또는 위탁으로 '인하여 입은' 손해라고 하여 제한적으로 해석될 여지가 있었다.

3. 제 1 호 및 제 2 호의 손해 외에 그 위반행위(제176조 제 4 항 각 호의 어느 하나에 해당하는 행위로 한정)로 인하여 특정 시점의 가격 또는 수치에 따라 권리행사 또는 조건성취 여부가 결정되거나 금전등이 결제되는 증권 또는 파생상품과 관련하여 그 증권 또는 파생상품을 보유한 자가 그 위반행위로 형성된 가격 또는 수치에 따라 결정되거나 결제됨으로써 입은 손해

한편 위법한 시세조종행위가 있다 하더라도 시세조종행위에 의하여 실제의 주가에 영향을 주지 않았다면 손해가 발생하였다고 할 수 없으므로 손해배상책임도 없다.[1]

시세조종에 의하여 손해를 입었음을 이유로 손해배상을 청구하는 자는 시세조종행위의 존재, 시세조종행위로 인해 형성된 가격으로 매매거래 또는 위탁을 한 사실, 그리고 손해를 증명하여야 한다. 이와 관련하여 시세조종행위와 원고의 거래 간의 거래인과관계(이른바, '신뢰'요건)는 거래를 하였다는 사실만으로 추정이 되므로 별도로 증명할 필요가 없다. 왜냐하면 이미 원고는 피고의 시세조종행위에 의해 형성된 가격에 기초하여 거래를 하였기 때문이다. 그러나 시세조종행위와 원고가 입은 손해 간의 인과관계인 손해인과관계는 증명하여야 한다.[2] 자본시장법 제177조에 의한 시세조종에 기한 손해배상청구권은 청구권자가 제176조를 위반한 행위가 있었던 사실을 안 때부터 2년간, 그 행위가 있었던 때부터 5년간 이를 행사하지 아니한 경우에는 시효로 인하여 소멸한다(법 제177조 제 2 항).

이러한 법 제177조는 민법상 일반불법행위에 의한 손해배상책임과 동일한 취지의 규정으로서 민법 제750조의 특칙으로 보아야 한다.

## 2. 형사상 제재

### (1) 법 정 형

자본시장법 제176조의 시세조종행위 금지를 위반한 경우 1년 이상의 유기징역 또는 그 위반행위로 얻은 이익 또는 회피한 손실액의 3배 이상 5배 이하에 상당하는 벌금에 처한다(법 제443조 제 1 항 본문·제 7 호). 다만, 그 위반행위로 얻은 이익 또는 회피한 손실액이 없거나 산정하기 곤란한 경우 또는 그 위반행위로 얻

1) 서울고등법원 2003. 9. 19. 선고 2002나16981 판결.
2) 이에 관하여는 김병연(2004), 280-287면 참조.

은 이익 또는 회피한 손실액의 5배에 해당하는 금액이 5억원 이하인 경우에는 벌금의 상한액을 5억원으로 한다(법 제443조 제 1 항 단서). 그리고 위의 위반행위로 얻은 이익 또는 회피한 손실액이 50억원 이상인 경우에는 무기 또는 5년 이상의 징역을, 5억원 이상 50억원 미만인 때에는 3년 이상의 유기징역에 처한다(법 제443조 제 2 항).

이 경우 징역과 벌금은 병과한다(법 제447조 제 1 항). 나아가 법 제447조 제 1 항 또는 제 2 항에 따라 징역에 처하는 경우에는 10년 이하의 자격정지를 병과(竝科)할 수 있다(법 제447조 제 3 항). 또한 금지된 시세조종 행위를 한 자가 해당 금지행위를 하여 취득한 재산은 몰수하며 몰수할 수 없는 경우에는 그 가액을 추징한다(법 제447조의2).

나아가 양벌규정이 적용되어 법인(단체 포함)의 대표자나 법인 또는 개인의 대리인, 사용인, 그 밖의 종업원이 그 법인 또는 개인의 업무에 관하여 금지되는 시세조종행위를 한 경우 그 행위자를 벌하는 외에 그 법인 또는 개인에게도 해당 조문의 벌금형을 부과한다(법 제448조 본문). 이 경우 법인 또는 개인이 양벌규정에 따른 형사책임을 면하려면 해당 법인 또는 개인이 그 위반행위를 방지하기 위하여 해당 업무에 관하여 상당한 주의와 감독을 게을리하지 아니하였어야 한다(법 제448조 단서).

### (2) 위반행위로 얻은 이익의 산정

자본시장법은 '위반행위로 얻은 이익 또는 회피한 손실'을 범죄구성요건의 일부로 삼아 그 가액에 따라 형을 가중하므로(제443조 제 1 항 단서 및 제 2 항) 이를 적용할 때에는 '위반행위로 얻은 이익'의 가액을 엄격하고 신중하게 산정하여야 한다.[1] 자본시장법 제443조 제 1 항 단서 및 제 2 항에서 규정하고 있는 '위반행위로 얻은 이익'이란 거기에 함께 규정되어 있는 '손실액'에 반대되는 개념으로서, 원칙적으로 당해 위반행위로 인하여 행위자가 얻은 이윤, 즉 그 거래로 인한 총수입에서 그 거래를 위한 총비용을 공제한 차액을 말한다.[2] 따라서 현실거래로 인한 시세조종행위로 얻은 이익은 그 시세조종행위와 관련된 유가증권거래의 총 매도금액에서 총 매수금액 외에 그 거래를 위한 매수수수료, 매도수수료, 증권거래세(증

1) 대법원 2018. 10. 12. 선고 2018도8438 판결.
2) 대법원 2017. 12. 22. 선고 2017도12649 판결.

권거래소의 경우 농어촌특별세 포함) 등의 거래비용을 공제한 나머지인 순매매이익을 의미한다.[1)]

【대법원 2002. 6. 14. 선고 2002도1256 판결(동특 주식 사건)】

증권거래법 제207조의2 단서 소정의 '위반행위로 얻은 이익'이라 함은 거기에 함께 규정되어 있는 '손실액'에 반대되는 개념으로서 당해 위반행위로 인하여 행위자가 얻은 이윤 즉 그 거래로 인한 총 수입에서 그 거래를 위한 총 비용을 공제한 차액을 말하고, 따라서 현실거래로 인한 시세조종행위로 얻은 이익은 그 시세조종행위와 관련된 유가증권 거래의 총 매도금액에서 총 매수금액 외에 그 거래를 위한 매수수수료, 매도수수료, 증권거래세(증권거래소의 경우 농어촌특별세를 포함한다) 등의 거래비용도 공제한 나머지 순매매이익을 의미한다.

【대법원 2003. 11. 14. 선고 2003도686 판결(화승강업 주식 사건)】

구 증권거래법 제207조의2 단서 소정의 '위반행위로 얻은 이익'이라 함은 거기에 함께 규정되어 있는 '손실액'에 반대되는 개념으로서 당해 위반행위로 인하여 행위자가 얻은 이윤 즉 그 거래로 인한 총 수입에서 그 거래를 위한 총 비용을 공제한 차액을 말하고, 따라서 현실거래로 인한 시세조종행위로 얻은 이익은 그 시세조종행위와 관련된 유가증권 거래의 총 매도금액에서 총 매수금액 외에 그 거래를 위한 매수수수료, 매도수수료, 증권거래세(증권거래소의 경우 농어촌특별세를 포함한다) 등의 거래비용을 공제한 나머지 순매매이익을 의미하며, 이 경우 양도소득세는 공제 대상인 거래비용에 포함되지 아니한다.

【대법원 2004. 5. 28. 선고 2004도1465 판결】

증권거래법 제207조의2 제1항 단서 및 제2항에서 규정하고 있는 '위반행위로 얻은 이익'이라 함은 거기에 함께 규정되어 있는 '손실액'에 반대되는 개념으로서 당해 위반행위로 인하여 행위자가 얻은 이윤, 즉 그 거래로 인한 총 수입에서 그 거래를 위한 총 비용을 공제한 차액을 말하고, 따라서 현실거래로 인한 시세조종행위로 얻

1) 구 자본시장법 제443조 제1항 단서에서는 그 위반행위로 얻은 이익 또는 회피한 손실액의 3배에 해당하는 금액이 5억원을 초과하는 경우에는 그 이익 또는 회피한 손실액의 3배에 상당하는 금액 이하의 벌금에 처하고 있었는데, 이 경우 '위반행위로 얻은 이익'은 순매매이익을 지칭한다(대법원 2002. 6. 14. 선고 2002도1256 판결).

은 이익은 그 시세조종행위와 관련된 유가증권 거래의 총 매도금액에서 총 매수금액 외에 그 거래를 위한 매수수수료, 매도수수료, 증권거래세(증권거래소의 경우 농어촌 특별세를 포함한다) 등의 거래비용도 공제한 나머지 순매매이익을 의미한다. 시세조종행위를 위해 외부청약 과정에서 청약자들에게 지급하기로 한 청약환불금 등의 비용은 주식매도 및 매수에 관련된 거래비용이라고 볼 수 없어 현실거래로 인한 시세조종행위로 얻은 이익에서 공제되는 비용에 포함된다고 볼 수 없다.

상장증권의 매매등 거래와 관련된 행위인지 여부나 허위의 여부 및 부당한 이득 또는 경제적 이익의 취득 도모 여부 등은 그 행위자의 지위, 발행회사의 경영상태와 그 주가의 동향, 그 행위 전후의 제반 사정 등을 종합적으로 고려하여 객관적인 기준에 의하여 판단하여야 한다.[1]

또한 '위반행위로 얻은 이익'은 위반행위로 행위자가 얻은 인과관계에 있는 이익의 전부를 의미하므로, 시세조종행위 기간 중에 한 구체적 거래로 인하여 이미 발생한 이익(실현이익) 및 시세조종행위 종료 시점 당시 보유 중인 시세조종 대상 주식 또는 신주인수권증권의 평가이익(미실현이익)이 모두 포함된다.[2]

만일 시세조종기간 전일의 종가가 정상적인 주가변동이나 위반행위자와 무관한 변동요인으로 말미암아 기존에 보유하고 있던 주식 또는 신주인수권 매수가격보다 높다면, 그 차액만큼의 이익은 시세조종행위와 관계없이 얻은 것이어서 '위반행위로 얻은 이익'으로 볼 수 없다.[3] 반면 시세조종기간 전일 종가가 주식 또는 신주인수권 매수가격보다 낮았는데 시세조종행위로 주가가 주식 또는 신주인

1) 대법원 2002. 7. 22. 선고 2002도1696 판결.

2) 대법원 2018. 10. 12. 선고 2018도8438 판결; 구체적으로 "시세조종행위로 주가를 상승시킨 경우 그에 따른 실현이익은 '매도단가와 매수단가의 차액에 매매일치수량(매수수량과 매도수량 중 더 적은 수량)을 곱하여 계산한 금액'에서 '주식을 처분할 때 든 거래비용'을 공제하여 산정된다. 시세조종행위로 이익을 얻기 위해 주식을 취득하였다면 실제 매수가액을 매수수량으로 가중평균한 단가를 매수단가로 적용하고, 신주인수권증권을 취득한 뒤 이를 행사하여 주식을 발행받아 처분하였다면 신주인수권 행사가격에 신주인수권증권 매입가액을 더한 금액(신주인수권 매수가격)을 매수수량으로 가중평균한 단가를 매수단가로 보아야 한다. 그러나 시세조종행위로 이익을 얻기 위해 주식이나 신주인수권증권을 취득한 것이 아니라면, 시세조종기간 전일 주식의 종가를 매수단가로 보아야 한다. 기존에 보유하고 있던 주식 또는 신주인수권 매수가격은 시세조종행위와 무관하기 때문이다." 대법원 2018. 10. 12. 선고 2018도8438 판결.

3) 대법원 2018. 10. 12. 선고 2018도8438 판결.

수권 매수가격보다 상승하였다면, 주식 또는 신주인수권 매수가격과 시세조종기간 전일의 종가의 차액만큼의 이익도 시세조종행위로 형성된 것이므로 '위반행위로 얻은 이익'에 해당한다.[1] 시세조종기간에 주식이 매도된 경우 매도단가는 실제 매도가액을 매도수량으로 가중평균하는 방식으로 정하여야 한다.[2]

【대법원 2003. 11. 14. 선고 2003도686 판결(화승강업 주식 사건)】

구 증권거래법 제188조의4 제4항이 사기적 부정거래행위를 금지하는 것은 증권거래에 관한 사기적 부정거래가 다수인에게 영향을 미치고 증권시장 전체를 불건전하게 할 수 있기 때문에 증권거래에 참가하는 개개의 투자자의 이익을 보호함과 함께 투자자 일반의 증권시장에 대한 신뢰를 보호하여 증권시장이 국민경제의 발전에 기여할 수 있도록 함에 그 목적이 있다고 할 것이므로, 여기서 유가증권의 매매등 거래와 관련한 행위인지 여부나 허위의 여부 및 부당한 이득 또는 경제적 이익의 취득도모 여부 등은 그 행위자의 지위, 발행회사의 경영상태와 그 주가의 동향, 그 행위 전후의 제반 사정 등을 종합적으로 고려하여 객관적인 기준에 의하여 판단하여야 하고, 위와 같은 증권거래법의 목적과 위 규정의 입법취지 등에 비추어 위 법문 소정의 부당한 이득은 유가증권의 처분으로 인한 행위자의 개인적이고 유형적인 경제적 이익에 한정되지 않고, 기업의 경영권 획득, 지배권 확보, 회사 내에서의 지위상승 등 무형적 이익 및 적극적 이득뿐 아니라 손실을 회피하는 경우와 같은 소극적 이득, 아직 현실화되지 않는 장래의 이득도 모두 포함하는 포괄적인 개념으로 해석하는 것이 상당하다.

【대법원 2003. 12. 12. 선고 2001도606 판결(현대전자 주식사건)】

구 증권거래법(2002. 4. 27. 법률 제6695호로 개정되기 전의 것) 제207조의2 단서에서 정하고 있는 '위반행위로 얻은 이익'이라 함은 거기에 함께 규정되어 있는 '손실액'에 반대되는 개념으로서 당해 위반행위로 인하여 행위자가 얻은 이윤 즉 그 거래로 인한 총 수입에서 그 거래를 위한 총 비용을 공제한 차액을 말하고, 따라서 현실거래로 인한 시세조종행위로 얻은 이익은 그 시세조종행위와 관련된 유가증권거래의 총 매도금액에서 총 매수금액 외에 그 거래를 위한 매수수수료, 매도수수료, 증권거래세(증권거래소의 경우 농어촌특별세를 포함한다) 등의 거래비용도 공제한 나머지 순매매이익을 의미한다고 할 것이고, 그와 같은 이익의 산정은 시세조종행위 개시

1) 대법원 2018. 10. 12. 선고 2018도8438 판결.
2) 대법원 2018. 10. 12. 선고 2018도8438 판결.

후 종료시점까지의 구체적 거래로 인한 이익 및 시세조종행위 종료 시점 당시 보유 중이던 시세조종 대상 주식의 평가이익 등이 모두 포함되어야 할 것이고 … (후략)

### (3) 양벌규정

법인의 대표자가 법인의 기관으로서 그 법인의 업무에 관하여 금지되는 시세조종행위를 한 경우 그 법인에 대하여 벌금형이 병과된다(법 제448조 본문). 이 경우 법인 또는 개인이 양벌규정에 따른 형사책임을 면하려면 해당 법인 또는 개인이 그 위반행위를 방지하기 위하여 해당 업무에 관하여 상당한 주의와 감독을 게을리하지 아니한 경우이어야 한다(법 제448조 단서).

**【대법원 2003. 12. 12. 선고 2001도606 판결(현대전자 주식 사건)】**

구 증권거래법(2002. 4. 27. 법률 제6695호로 개정되기 전의 것) 제207조의2 제 2 호는 같은 법 제188조의4의 규정에 위반한 자는 10년 이하의 징역 또는 2천만원 이하의 벌금에 처한다고 규정하고, 다만, 그 위반행위로 얻은 이익 또는 회피한 손실액의 3배에 해당하는 금액이 2천만원을 초과하는 때에는 그 이익 또는 회피손실액의 3배에 상당하는 금액 이하의 벌금에 처한다고 규정하고 있고(이 사건 이후 개정된 현재의 증권거래법 규정은 위 이익 또는 회피한 손실액에 따라 행위자를 가중처벌하고 있다), 같은 법 제215조는 법인의 대표자, 법인 또는 개인의 대리인·사용인, 기타 종업원이 그 법인 또는 개인의 업무에 관하여 제207조의2 내지 제212조의 위반행위를 한 때에는 행위자를 벌하는 외에 그 법인 또는 개인에 대하여도 각 해당 조의 벌금형을 과한다고 규정하고 있는바, 법인의 대표자가 법인의 기관으로서 그 법인의 업무에 관하여 위와 같은 증권거래법 규정 위반의 행위를 한 경우 그 법인에 대하여 병과되는 구 증권거래법 제207조의2 소정 벌금형은 그 법인이 대표자의 위반행위로 인하여 얻은 이익 또는 회피한 손실액을 기준으로 그 상한이 정하여진다고 보아야 한다.

### (4) 불공정거래 조사를 위한 압수·수색

증권선물위원회는 일정한 위반행위를 조사하기 위하여 필요하다고 인정되는 경우 금융위원회 소속공무원 중 증권선물위원회 위원장의 제청에 의하여 검찰총장이 지명하는 자(조사공무원)에게 위반행위의 혐의가 있는 자를 심문하거나 물건을 압수 또는 사업장 등을 수색하게 할 수 있다(법 제427조 제1항 및 시행령 제378조). 이러한 압수·수색이 가능한 위반행위는 내부자의 단기매매차익반환(제172조), 임원 등의 특정증권등 소유상황 보고(제173조), 장내파생상품의 대량보유 보고 등(제173조의2), 미공개중요정보 이용행위 금지(제174조), 시세조종행위 등의 금지(제176조), 부정거래행위 등의 금지(제178조), 시장질서 교란행위의 금지(제178조의2), 공매도의 제한(제180조), 순보유잔고의 보고(제180조의2), 순보유잔고의 공시(제180조의3) 위반이다(법 제427조 제1항).

조사공무원이 위반행위를 조사하기 위하여 압수 또는 수색을 하는 경우에는 검사의 청구에 의하여 법관이 발부한 압수·수색영장이 있어야 하며 심문·압수·수색을 하는 경우에는 그 권한을 표시하는 증표를 지니고 이를 관계자에게 내보여야 한다(법 제427조 제2항 및 제3항). 형사소송법 중 압수·수색과 압수·수색영장의 집행 및 압수물 환부 등에 관한 규정은 이 법에 규정된 압수·수색과 압수·수색영장에 관하여 준용한다(법 제427조 제4항).

조사공무원이 영치·심문·압수 또는 수색을 한 경우에는 그 전 과정을 기재하여 입회인 또는 심문을 받은 자에게 확인시킨 후 그와 함께 기명날인 또는 서명하여야 하며, 이 경우 입회인 또는 심문을 받은 자가 기명날인 또는 서명을 하지 아니하거나 할 수 없는 때에는 그 사유를 덧붙여 적어야 한다(법 제427조 제5항). 조사공무원이 위반행위의 조사를 완료한 경우에는 그 결과를 증권선물위원회에 보고하여야 한다(법 제427조 제6항). 조사공무원 및 법 제426조에 따라 조사업무를 수행하는 금융감독원 소속 직원(조사원)은 이 법의 시행을 위하여 필요한 최소한의 범위 안에서 조사를 행하여야 하며, 다른 목적 등을 위하여 조사권을 남용하여서는 아니된다(법 제427조의2 제1항). 금융위원회는 조사원의 조사권 남용을 방지하고 조사절차의 적법성을 보장하기 위한 기준을 정하여 고시할 수 있으며(법 제427조의2 제2항) 관련하여 자본시장조사 업무규정이 제정되어 있다.[1)]

---

1) 2019년 상반기에 금융위와 법무부, 검찰간 합의를 거쳐 마련된 금융감독원 특별사법경찰(특사경)의 수사 범위는 증권선물위원회 위원장이 패스트트랙 사건으로 선정해 검찰에 통보한 긴급·중대한 자본시장 불공정거래 사건을 신속히 처리하는 것으로 정하였으며, 특사경은 금융감독원 본원 소속 직원 10명 이내로 구성하되 압수·수색 등 강제수사를 할 때는 검사가 특사경을 지휘하도록 했다. 검찰은 특사경의 수사 종결 후 증선위원장에게 해당 수사결과를 통보하고 증선위는 과징금 부과, 금융사 임직원 제재 등을 검토해 조치하게 된다. 매일경제, “금감원 특사경 ‘증선위원장 선정 사건만’ 업무 범위 확정(종합)”(2019. 5. 2.).

# 제 2 절 부정거래행위 등

## Ⅰ. 의의 및 규제취지

〈사 안〉

(1) 사실관계

乙 은행의 대주주인 A는 신용카드업을 영위하는 甲 주식회사가 乙 은행과의 합병을 앞두고 그 전에 자본금 감소를 행할 것이라는 허위의 정보를 유포시킴으로써 甲 회사의 주가가 하락하도록 하였다. 이에 따라 甲 회사와 乙 은행과의 합병비율을 정함에 있어서 乙 은행은 甲 회사의 주주들에게 주가하락이 되지 않았을 경우에 비하여 상대적으로 더 적은 수의 합병신주를 발행하게 됨으로써 합병비율이 乙 은행의 주주들에게 유리하게 정해지게 되었다. A는 위 합병이후 乙 은행 주식을 매매거래하지 않았으나 乙 은행에 대한 종전의 지분율이 허위의 정보에 의하지 아니한 경우보다 합병후 상대적으로 덜 희석되게 되었다.

(2) 질 문

乙 은행의 대주주인 A는 자본시장법상 어떠한 위법행위를 한 것으로 판단할 수 있겠는가? A는 어떠한 이익을 얻었는가? 그리고 A가 매매거래를 하지 않았으므로 그 보유주식에 대해 이익이 실현된 것이 아닌데 이 경우에도 자본시장법 위반행위로 볼 수 있겠는가?

〈참고사항〉

부정거래행위를 금지하는 자본시장법 제178조를 참조하시오.

### 1. 의 의

자본시장법이 규율하는 부정거래행위란 ① 금융투자상품의 매매, 그 밖의 거래를 할 목적이나 그 시세의 변동을 도모할 목적으로 풍문의 유포, 위계(僞計)의 사용, 폭행 또는 협박을 하는 행위 또는 ② 금융투자상품의 매매, 그 밖의 거래와 관련하여 행해지는 다음의 행위를 지칭한다(법 제178조).

1. 부정한 수단, 계획 또는 기교를 사용하는 행위
2. 중요사항에 관하여 거짓의 기재 또는 표시를 하거나 타인에게 오해를 유발시키지 아니하기 위하여 필요한 중요사항의 기재 또는 표시가 누락된 문서, 그 밖의 기재 또는 표시를 사용하여 금전, 그 밖의 재산상의 이익을 얻고자 하는 행위

3. 금융투자상품의 매매, 그 밖의 거래를 유인할 목적으로 거짓의 시세를 이용하는 행위

부정거래행위는 '금융투자상품'의 거래와 관련되는바, 상장증권 및 장내파생상품을 비롯한 모든 금융투자상품이 이에 해당하고 금융투자상품의 매매 기타 거래상소에 관한 세한을 두고 있지 않으므로 정규 시장에 한하지 않고 장외거래·대면거래의 경우도 부정거래행위 등을 금지하는 법 제178조의 규제대상이다.[1)]

'매매, 그 밖의 거래와 관련하여'의 문구와 관련하여 행위자가 매매, 그 밖의 거래를 실제로 하였을 것이 필요한지가 문제되나, 실제로 거래하였을 것을 요하지 않는다고 할 것이다. 다만 실제의 거래행위가 있으면 제 1 항 제 3 호의 거래를 유인할 목적이라는 요건의 증명이 용이할 것이다.

매매, 그 밖의 거래에 관하여 '그 밖의 거래'에는 담보계약·합병계약·교환계약 등이 해당한다.

## 2. 규제취지

부정거래행위에 관한 법 제178조는 법문에서 알 수 있듯이 포괄적 사기금지 규정의 일종으로, 자본시장법이 이를 금지하는 것은 금융투자상품거래에 관한 사기적 부정거래가 다수인에게 영향을 미치고 증권시장 전체를 불건전하게 할 수 있기 때문이다.[2)] 그러나 '부정한 수단, 계획 또는 기교를 사용하는 행위'를 규율하는 법 제178조 제 1 항 제 1 호는 매우 추상적이어서 그 구체적인 행위유형의 예

1) 거래소시장이나 코스닥시장에서의 거래가 아닌 대면거래에 관하여 서울지방법원은 피고인이 C사의 전환사채를 인수하거나 해외인수자를 물색하여 줄 능력도 없어 C사의 전환사채가 정상적으로 발행될 가능성이 없게 되자, C사가 정상적으로 전환사채를 발행하고 홍콩의 회사가 위 전환사채를 인수한 것처럼 가장한 후 이를 이용하여 국내투자자들을 기망하여 자금을 조달하기로 마음먹고, C사와 전환사채인수계약을 체결하고 코스닥시장을 통해 1,200만불의 해외전환사채를 역외펀드가 인수한다는 사실을 일반투자자에게 허위 공시되도록 하고, 국내투자자 6명에게 위 전환사채인수계약서, 역외펀드의 사업자등록증 등을 보여주어 이에 속은 이들과 전환사채 매입계약을 체결하고 대금 명목으로 49억원을 교부받은 행위를 "유가증권의 매매 기타 거래와 관련하여 부당한 이득을 얻기 위하여 고의로 허위의 사실을 유포하거나 위계를 사용한 행위"로 인정하였다(서울지방법원 2000. 2. 11. 선고 99고단13171 판결).

2) 사기적 부정거래행위는 다수인에게 영향을 미치고 증권시장 전체를 불완전하게 할 수 있으므로, 증권거래에 참가하는 개개의 투자자는 물론 증권시장에 대한 신뢰를 보호할 필요가 있으므로 금지된다(대법원 2003. 11. 14. 선고 2003도686 판결: 화승강업 주식 사건).

상이 어렵다는 문제점이 있다.

법 제178조에 의하면 부정거래행위는 누구든지 하여서는 아니 되며 그 거래대상은 증권을 포함한 금융투자상품으로 상장·비상장 여부를 묻지 아니하며, 거래유형에는 매매는 물론 보집·사모·매출도 포함된다.

자본시장법은 보다 완전하게 포괄적인 사기거래행위를 금지할 필요에서 증권의 경우 발행시장 역시 적용범위에 포함시켰고, 법 제176조의 다른 시세조종행위와 구별하여 별개의 조문인 법 제178조에 규정하였다. 또한 자본시장법은 일정한 증권의 경우 자본시장법의 규정을 전면 적용하지 않고 일부 적용하는데 부정거래행위에 관한 제178조 및 그 배상책임에 관한 제179조의 적용과 관련하여 이를 자본시장법의 적용대상인 증권으로 보고 있으며(법 제 4 조 제 1 항 단서 및 각 호),[1] ① 투자계약증권, ② 지분증권, 수익증권 또는 증권예탁증권 중 해당 증권의 유통 가능성, 이 법 또는 금융관련 법령에서의 규제 여부 등을 종합적으로 고려하여 시행령으로 정하는 증권의 경우에는 부정거래행위의 규제에 관한 제178조가 적용된다. 시행령은 상법에 따른 합자회사, 유한책임회사, 합자조합, 익명조합의 출자지분이 표시된 것으로 정하고 있으며 다만 집합투자증권은 제외한다(시행령 제 3 조의2).

## Ⅱ. 규정 상호 간의 관계와 죄형법정주의의 문제

시세조종의 금지에 관한 법 제176조와 부정거래행위 등의 금지에 관한 법 제178조 상호 간의 관계에 대해 논란이 있다. 일견 제176조는 목적범이나 제178조의 일부(동조 제 1 항 제 1 호·제 2 호)는 목적범에 해당하지 않는다.

그러나 양자의 법정형이 동일하며(법 제443조), 판례에 의하면 양자 모두 주식 등 거래의 공정성 및 유통의 원활성 확보라는 점에서 같다.[2] 따라서 판례는 어떤 자가 주식시세조종 등의 목적으로 자본시장법 제176조와 제178조에 해당하는 수

1) 자본시장법상 증권으로 보는 경우는, 법 제178조·제179조를 적용하는 경우 외에도 온라인소액투자중개업자 등에 대한 특례 제 2 편 제 5 장, 증권신고서에 관한 제 3 편 제 1 장(제 8 편부터 제10편까지의 규정 중 제 3 편 제 1 장의 규정에 따른 의무 위반행위에 대한 부분을 포함)도 포함된다(법 제 4 조 제 1 항 단서).

2) 판례는 자본시장법 제176조와 제178조의 보호법익은 주식등 거래의 공정성 및 유통의 원활성 확보라는 사회적 법익이고 주식 소유자 등 개개인의 재산적 법익은 직접적인 보호법익이 아니라고 한다(대법원 2011. 10. 27. 선고 2011도8109 판결).

개의 행위를 단일하고 계속된 범의 아래 일정기간 계속하여 반복한 경우 자본시장법 제176조와 제178조에서 정한 시세조종행위 및 부정거래행위 금지 위반의 포괄일죄가 성립한다고 한다.[1] 한편 부정거래행위 금지(법 제178조) 위반에 해당될 경우에는 시장질서 교란행위로 제재하지 아니한다(법 제178조의2 제 1 항).

자본시장과 금융투자업에 관한 법률 제178조 제 1 항 제 1 호에서 정한 '부정한 수단, 계획 또는 기교'란 사회통념상 부정하다고 인정되는 일체의 수단, 계획 또는 기교를 말한다.[2] 법 제178조 제 1 항 제 1 호가 금지하는 '부정한 수난, 계획 또는 기교를 사용하는 행위'가 죄형법정주의 중 명확성에 위배되는지 여부가 문제되나 헌법재판소는 합헌으로 판시하였다.[3]

## Ⅲ. 부정거래행위의 유형 1: 법 제178조 제 1 항

〈사 안〉

(1) 사실관계

A, B, C는 甲 주식회사(주권상장법인)에 대한 주식대량보유보고서를 제출하면서 그 보유목적란의 취득목적을 '경영참여'로 기재·공시하고 M&A를 선언함에 따라서 실제로 甲 회사의 주식에 대한 일반 투자자들의 많은 매수가 이루어져 주가가 폭등하였다. 그런데 A, B, C는 주식을 취득하기 위하여 사용한 자금이 차입금인데도 불구하고 자기자금으로 취득한 것으로 공시하였다. A, B, C는 甲 회사 주식의 시세조종을 공모한 긴밀한 관계에 있으며 공모자별로 취득한 주식을 합산하면 그 지분은 10%를 상회한다.

(2) 질 문

A, B, C가 작성·제출한 주식대량보유보고서 중 '취득자금' 내역이 허위기재된 경우, 취득자금 내역은 사기적 부정거래 중 부실표시 사용행위를 규제하는 자본시장법 제178조 제 1 항 제 2 호의 중요한 사항에 해당하는가?

---

1) 대법원 2011. 10. 27. 선고 2011도8109 판결.

2) 대법원 2011. 10. 27. 선고 2011도8109 판결; 한국법의 규정에 상응하는 미국 Rule 10b-5의 "device, scheme, or artifice"의 경우에도 그 의미를 명확히 구별하여 적용하지 아니하는 경향이 있다. 임재연(2019), 991면.

3) 헌법재판소 2006. 11. 30. 2006헌바53 전원재판부 결정; "다소 광범위하여 법관의 보충적인 해석을 필요로 하는 개념을 사용하였다고 하더라도 통상의 해석방법에 의하여 건전한 상식과 통상적인 법감정을 가진 사람이라면 해당 처벌법규의 보호법익과 금지된 행위 및 처벌의 종류와 정도를 알 수 있도록 규정하였다면 헌법이 요구하는 처벌법규의 명확성의 원칙에 배치되는 것이 아니다."

〈참고사항〉
판례는 취득자금 내역은 그 입법연혁이나 주식대량보유보고제도의 주된 입법 목적에 불구하고 취득목적과 아울러 회사의 경영에 관하여 중대한 영향을 미치거나 그 기업환경에 중대한 변경을 초래할 수 있는 사항 또는 일반투자자의 투자판단에 상당한 영향을 미칠 수 있는 중요한 사항에 해당한다고 본다(대법원 2006. 2. 9. 선고 2005도8652 판결).

## 1. 부정한 수단, 계획 또는 기교 사용행위

'부정한 수단, 계획 또는 기교를 사용하는 행위'에 대해서는 자본시장법상 별도의 개념 정의를 두고 있지 않으나, 여기서 '부정한 수단, 계획 또는 기교'란 사회통념상 부정하다고 인정되는 일체의 수단, 계획 또는 기교를 말한다.[1] 본 호는 법 제176조에서 규정한 시세조종에는 포섭되지 아니하는 부당한 방법이나 수단을 이용하는 경우를 포괄적으로 규제하고 있는 것으로 이해되어야 할 것이다.

구 증권거래법 제188조의4 제 4 항 제 1 호는 '부당한 이득을 얻기 위하여 고의로 … 허위의 사실 기타 풍설을 유포하거나 위계를 쓰는 행위'를 금지하였는데, 이러한 허위사실 유포도 부정수단에 해당할 수 있다. 그런데 허위사실을 유포하거나 허위의 표시를 하였는지 여부는 공시내용 자체가 허위인지 여부에 의하여 판단하여야 할 것이지 실제로 공시내용을 실현할 의사와 능력이 있었는지 여부에 의하여 판단할 것은 아니다. 그러므로 주주총회의 결의를 거쳐 회사의 사업목적을 추가하는 정관변경을 한 다음 그 사실을 공시하거나 기사화한 것은 비록 실현가능성이 없는 내용이라 하더라도 허위사실을 유포하거나 허위의 표시를 한 것으로 볼 수는 없다.

**【대법원 2003. 11. 14. 선고 2003도686 판결(화승강업 주식 사건)】**

허위사실을 유포하거나 허위의 표시를 하였는지 여부는 공시내용 자체가 허위인지 여부에 의하여 판단하여야 할 것이지 실제로 공시내용을 실현할 의사와 능력이 있었는지 여부에 의하여 판단할 것은 아니다. 주주총회의 결의를 거쳐 회사의 사업목적을 추가하는 정관변경을 한 다음 그 사실을 공시하거나 기사화한 것이 허위사실을 유포하거나 허위의 표시를 한 것으로 볼 수는 없다.

1) 대법원 2017. 12. 22. 선고 2017도12649 판결.

**【대법원 2001. 1. 19. 선고 2000도4444 판결(경기화학 주식 사건)】**

증권거래법 제188조의4 제 4 항 제 1 호는 유가증권의 매매 기타 거래와 관련하여 부당한 이득을 얻기 위하여 고의로 허위의 시세 또는 허위의 사실 기타 풍설을 유포하거나 위계를 쓰는 행위를 금지하고, 같은 항 제 2 호는 유가증권의 매매 기타 거래와 관련하여 중요한 사항에 관하여 허위의 표시가 된 문서를 이용하여 타인에게 오해를 유발하게 함으로써 금전 기타 재산상의 이익을 얻고자 하는 행위를 금지하고 있는바, 증권거래법이 이와 같이 사기적 부정거래행위를 금지하는 것은 증권거래에 관한 사기적 부정거래가 다수인에게 영향을 미치고 증권시장 전체를 불건전하게 할 수 있기 때문에 증권거래에 참가하는 개개의 투자자의 이익을 보호함과 함께 투자자 일반의 증권시장에 대한 신뢰를 보호하여 증권시장이 국민경제의 발전에 기여할 수 있도록 함에 그 목적이 있다고 할 것이므로, 여기서 유가증권의 매매 등 거래와 관련한 행위인지 여부나 허위의 여부 및 부당한 이득 또는 경제적 이익의 취득 도모 여부 등은 그 행위자의 지위, 발행회사의 경영상태와 그 주가의 동향, 그 행위 전후의 제반 사정 등을 종합적으로 고려하여 객관적인 기준에 의하여 판단하여야 한다.

주식회사의 대표이사가 분식결산의 방법으로 작성된 허위의 재무제표에 기초하여 그 회사의 재무에 관하여 허위의 사항을 기재한 사업보고서 등을 증권거래위원회나 증권거래소에 제출하고, 불확실한 사업전망을 마치 확정되었거나 곧 착수할 것처럼 공표하면서 그 내용을 신문보도나 유인물을 통하여 홍보하여 그 회사의 주가가 상승하자 자신이 지배하는 주식을 매도하여 상당한 경제적 이득을 얻었고, 그에 앞서 미리 사모전환사채를 인수하는 방법으로 주식의 매도에 대비하였다가 주식을 매도한 후 그 전환사채를 주식으로 전환하여 그 회사에 대한 자신의 지분율을 유지한 경우, 증권거래법상 사기적 부정거래행위에 해당한다.

**【대법원 2017. 3. 30. 선고 2014도6910 판결】**

투자자문업자 등이 추천하는 증권을 자신이 선행매수하여 보유하고 있고 추천 후에 이를 매도할 수도 있다는 그 증권에 관한 자신의 이해관계를 표시하지 않은 채 그 증권의 매수를 추천하는 행위는 자본시장법 제178조 제 1 항 제 1 호에서 말하는 '부정한 수단, 계획, 기교를 사용하는 행위'에 해당하는 한편, 투자자들의 오해를 초래하지 않기 위하여 필요한 중요사항인 개인적인 이해관계의 표시를 누락함으로써 투자자들에게 객관적인 동기에서 그 증권을 추천한다는 인상을 주어 거래를 유인하려는 행위로서 같은 법 제178조 제 2 항에서 정한 '위계의 사용'에도 해당한다.

자본시장법은 부정한 수단, 계획 또는 기교를 '부당한 이득'을 얻기 위하여 사용할 것을 요건으로 하지 아니한다. 반면 구 증권거래법 제188조의4 제 4 항은 부당한 이득을 규정하고 있었던 것과 구별된다. 구 증권거래법의 부당한 이득은 판례[1]에 의하여 증권의 처분으로 인한 행위자의 개인적이고 유형적인 경제적 이익에 한정되지 않고, 기업의 경영권 획득, 지배권 확보, 회사 내에서의 지위상승 등 무형적 이익 및 적극적 이득뿐 아니라 손실을 회피하는 경우와 같은 소극적 이득, 아직 현실화되지 않는 장래의 이득도 모두 포함하는 포괄적인 개념으로 해석되었다.[2]

### 2. 허위 또는 부실표시 사용행위

법 제178조 제 1 항 제 2 호는 중요사항에 관하여 거짓의 기재 또는 표시를 하거나 타인에게 오해를 유발시키지 않기 위하여 필요한 중요사항의 기재 또는 표시가 누락된 문서, 그 밖의 기재 또는 표시를 사용하여 금전, 그 밖의 재산상의 이익을 얻고자 하는 행위를 금지하고 있다. '금전, 그 밖의 재산상의 이익을 얻고자 하는 행위'는 재산상의 이익을 얻으려는 목적을 요구하나 재산상의 이익을 현실적으로 얻을 것은 요건으로 하지 아니하며 허위 또는 부실표시 행위에 의하여 실제로 투자자의 오해가 유발되었을 것을 필요로 하지 않는다. 자본시장법은 증권의 공모·사모를 불문하고 발행시장에서의 허위표시의 경우도 금지되는 허위 또는 부실표시 사용행위로 한다.

시세조종에 관한 허위표시·오해유발표시행위(법 제176조 제 2 항 제 3 호)가 '상장증권 또는 장내파생상품의 매매를 유인할 목적'으로 하는 행위를 금지하는 반면, 허위 또는 부실표시 사용행위(법 제178조 제 1 항 제 2 호)는 금융투자상품의 매매(증권의 경우 모집·사모·매출을 포함)에 관하여 폭넓게 금지하므로, 규제대상 금융투자상품, 거래장소, 목적 면에서 차이가 있어서 법 제176조 제 2 항 제 3 호에 의한 규제의 공백을 보완하는 기능을 한다.[3]

---

1) 대법원 2002. 7. 22. 선고 2002도1696 판결(아세아종금 주식 사건).

2) 부당한 이익은 구성요건의 일부가 되면서 동시에 법정형 상한선의 기준이 되기도 하는 구 증권거래법 제207조의2 소정의 '그 위반행위로 인하여 얻은 이익 또는 회피한 손실액'과는 다르며 이보다 더 넓은 개념이었다.

3) 임재연(2019), 997면.

### 3. 거짓의 시세 이용행위

법 제176조 제2항 제3호는 금융투자상품의 매매, 그 밖의 거래를 유인할 목적으로 거짓의 시세를 이용하는 행위를 금지하고 있다. 거짓의 사세 이용행위의 경우에는 매매유인 목적이 필요하다는 점에서 시세조종에 관한 제176조 제2항의 규정과 유사하다, 그러나 제176조 제2항은 상장증권 또는 장내파생상품이 적용대상인 반면에 제178조 제1항은 문면상 모든 금융투자상품을 적용대상으로 하고 있어서 제178조의 적용범위가 보다 넓다.[1]

## Ⅳ. 부정거래행위의 유형 2: 법 제178조 제2항

### 1. 풍문의 유포, 위계의 사용

〈사 안〉

(1) 사실관계

甲 주식회사의 기획전략실 담당 임원 A는 2015. 11. 5.-2016. 3. 2.까지 甲 회사의 계산으로 상장법인인 乙 주식회사의 보통주 7,772,000주를 매수하고, 2015. 3. 3.자에 자신(A)의 계산으로 乙 회사의 우선주 8,300주를 매수하였다. 그러나 2016. 12. 3.자로 위 주식들을 모두 매도하는 과정에서 실제로 甲 회사 스스로가 乙 회사에 대하여 적대적 M&A를 시도할 의사가 없음에도 불구하고 시장에서 乙 회사의 주식을 M&A 테마주로 부상시키기로 마음먹고, 2016. 11. 29.자로 이뤄진 D일보 기자와의 전화 인터뷰에서 "乙 회사의 주식은 좋은 가치를 지녔으므로 만약 현 경영진이 회사의 평가를 높이는 방안을 강구하지 않는 한 다른 투자자가 주식을 사서 주가를 높일 수 있도록 경영진 교체를 시도할 수 있을 것이다. 지금 회사 경영진의 상황을 보면 甲 회사는 경영진을 지지하기 힘들 것이며, 누군가가 적대적 M&A를 한다면 甲 회사는 그 자를 지지할 것이다"라고 언급하였다. 이후 D일보 기자는 2016. 12. 1.자 D일보에 "乙 회사, 외국인에 M&A될 수도"라는 제목으로 기사를 보도하였고, 乙 회사의 주식은 크게 상승하였다.

(2) 질 문

위 甲 회사의 임원인 A의 행위에 대하여 자본시장법상 '위계'를 사용하였다고 할 수 있겠는가?

〈참고사항〉

위와 유사한 사건에서 판례의 태도는 위계 사용을 부정한 바 있다. "A의 발언은 발언의 전후 맥락에 비추어 종전에 이미 언론에 보도된 내용과 크게 다르지 아니한 정도의 가정적·원론적 발언

---

1) 임재연(2019), 1002면.

을 한 것에 불과하고 D일보에 보도된 내용 역시 A가 인터뷰에서 한 발언내용 그대로라고 볼 수 없으며, 당시의 정황(이 사건 인터뷰 직후 甲 회사와 A 개인이 보유하던 乙 회사 주식 전량을 매도함)을 보더라도 이 사건 인터뷰 당시 이미 보유 중이던 乙 회사 주식을 처분하기로 결정하고 乙 회사 주식의 주가 및 거래량을 견인하기 위하여 마치 주식을 계속 보유할 것처럼 가장하고 마치 乙 회사에 대한 적대적 인수·합병세력이 있는 것처럼 인터뷰를 하여 그 내용이 보도되게 하는 방법으로 위계를 사용하였다고 볼 수 없다"(대법원 2008. 5. 15. 선고 2007도11145 판결).

자본시장법은 구 증권거래법 제188조의4 제 4 항 제 1 호와 달리 '부당한 이익을 얻기 위하여 고의로'라는 문구를 삭제하여 제178조의 적용여지를 보다 확대하였다. 풍문이란 구 증권거래법과 달리 허위성이 명백하지 않아도 진위 여부가 불명확한 상태에서 떠돌아다니는 소문으로 보아야 할 것이다.[1] 유포방법에는 제한이 없으며 인터넷, 휴대폰문자메시지, 메신저, 이메일 등 모든 방법이 해당될 수 있다.

위계(僞計)의 경우 구 증권거래법상의 '고의로'라는 문구가 자본시장법상 삭제되었으나 위계의 의미상 과실에 의한 위계는 인정하기 어려울 것이다. 또한 자본시장법에서 부정거래행위의 일종으로 '부정한 수단, 계획 또는 기교를 사용하는 행위'라는 포괄적 사기금지규정을 도입하고 있으므로(법 제178조 제 1 항 제 1 호), 위계의 중요성은 구 증권거래법 시절에 비하여 상당부분 줄어들었다고 할 것이다.[2]

【서울고등법원 2007. 12. 3. 선고 2006노2304 판결(삼성물산 주식사건)】[3]

ㄱ. 주식을 계속 보유할 것처럼 기망함으로써 위계를 사용하였는지 여부

○○○가 이 사건 기사가 보도된 직후 김△△에게 삼성물산 주식의 매도방법에 대

1) 임재연(2019), 1004면. 반면 구 증권거래법은 "허위의 사실 기타 풍설을 유포하는 행위"를 금지하였는데, 이 경우의 풍설은 규정형식상 허위의 내용으로 제한해석될 수밖에 없었다.

2) 임재연(2019), 1005면.

3) 소위 헤르메스펀드의 삼성물산 주식 처분 사건으로 관련 대법원 판결(2007도11145) 역시 무죄를 선고한 원심을 확정했다; "헤르메스투자관리회사의 펀드매니저인 로버트 찰스 클레멘츠는 지난 2003년 11월부터 2004년 3월 초까지 증권거래소 상장법인인 삼성물산의 보통주 777만 2,000주, 2004년 3월 삼성물산 우선주 8,300주를 매수한 뒤 2004년 12월 이 주식들을 전부 매도하는 과정에서 언론을 통해 삼성물산에 대한 인수합병설을 흘려 주가가 오르자 보유주식을 전량 매각해 72억 7,800여 만원의 부당이득을 얻은 혐의로 기소됐다. 그러나 1·2심 재판부는 '클레멘츠의 인터뷰는 이미 공지의 사실이던 삼성물산에 대한 인수합병 가능성을 재확인하고 그러한 가능성이 현실화될 경우 피고인이 삼성물산을 지지하지 않을 수 있다는 입장을 표명한 것에 불과하다'며 '인수합병을 시도하는 세력의 현존여부에 대하여 분명

하여 문의하고, 다음날 매도 실행을 위임하여 보도 이틀 후에 피고인이 보유하고 있던 삼성물산 보통주 및 ○○○가 보유하고 있던 삼성물산 우선주 전량을 시장에서 매도한 사실은 인정되나, 위와 같은 사정만으로 ○○○가 이 사건 인터뷰 당시 이미 위 주식들을 매각할 확정적 의사가 있었다고 단정하기 어렵다. 또, 특정기업의 주식 중 상당 지분을 보유한 대주주라고 하더라도 조만간 주식을 매도할 가능성이 있다는 이유만으로 언론과의 인터뷰를 삼가거나 그 인터뷰에서 주식 보유를 전제로 한 발언을 하지 말아야 할 신의칙상 의무가 있다고 볼 수 없고, 더욱이 ○○○는 이 사건 인터뷰에서 '삼성물산 보통주 및 우선주를 매도할 의사가 없고, 앞으로도 계속 보유하겠다'고 명시적으로 언급한 바도 없다. 설령 ○○○가 위 주식을 매각할 의사가 있으면서도 인터뷰 과정에서 앞으로도 위 주식들을 계속 보유할 것 같은 인상을 주었다고 하더라도, 그것이 향후 삼성물산 보통주 및 우선주를 추가로 계속 매입하겠다는 취지가 아니라 단순히 보유지분을 계속 유지하겠다는 인상을 준 것에 불과하다면, 이를 가지고 위계행위에 해당한다고 보기는 어려울 것이다.

ㄴ. 주가를 상승시키기 위한 목적에서 인터뷰한 것이 위계에 해당하는지 여부

○○○가 이 사건 인터뷰 직전에 '적대적 M&A에 관하여는 공격적으로 답변하겠다'는 취지로 말한 점, 이 사건 기사가 보도된 직후 기사에 만족한다는 반응을 보인 점, 그 다음날 삼성물산 보통주의 주가에 대하여 실망했다는 반응을 보인 점에 비추어 보면, ○○○가 이 사건 인터뷰를 한 목적에 삼성물산 주가를 상승 내지 견인시키려는 의도가 포함된 것이 아닌가 의심이 들긴 한다. 그러나 설사 ○○○에게 그러한 목적이 있었다고 하더라도, 앞에서 본 것처럼 이 사건 인터뷰의 내용에 아무런 허위나 기만적 요소가 있다고 볼 수 없는 이상 그러한 내심의 목적을 가지고 인터뷰에 응하였다는 사정만으로 이 사건 인터뷰를 한 것이 위계에 해당한다고 할 수도 없다.

판례에서 인정한 관련 사례로는, 최대주주등과의 거래를 타법인 출자로 공시한 경우, 증권신고서에의 허위기재, 허위의 주식공모안내 광고, 대량보유목적의 허위기재, 해외 신주인수권부사채(BW) 발행의 허위공시, 각종 계약에 관한 허위공시, 각종 연구계획 및 사업실적 허위사실의 유포, 차명주식 처분내역을 임원·주요주주 소유주식 보고서에 기재하지 아니하거나 또는 차명으로 취득한 주식을 대량

---

히 모른다고 답변해 이와 같은 발언이 가정적·원론적 답변임을 밝힌 것이어서, 허위나 기만적 요소가 포함되었다고 인정하기 어렵고, 이를 가리켜 일반투자자들을 기망하기 위한 위계에 해당한다고 볼 수 없다'고 판단하고 무죄를 선고했었다"(법률신문, "헤르메스투자관리회사 주가조작 사건 무죄선고한 원심 확정"(2008. 5. 21)).

보유상황보고서에 기재하지 아니한 사례, 유명연예인이 경영권을 인수한 것처럼 허위사실을 유포한 사례, 적대적 M&A를 가장하여 주가를 인위적으로 상승시킨 사례 등이 있다.

### 2. 폭행 또는 협박행위

누구든지 금융투자상품의 매매, 그 밖의 거래를 할 목적이나 그 시세의 변동을 도모할 목적으로 폭행 또는 협박을 할 수 없도록 하고 있다(법 제178조 제 2 항).

투자계약증권 등 일정한 증권은 미공개정보 이용행위(제174조)와 시세조종 금지 규제(제176조)에서는 해당 규제가 적용되는 증권으로 보지 않으나, 부정거래행위(제178조) 및 그 배상책임 규정(제179조)을 적용할 경우에는 이를 동 규제가 적용되는 증권으로 본다(법 제 4 조 제 1 항 단서 및 각 호).

## Ⅴ. 부정거래행위 등에 관한 효과

### 1. 민사상 책임

법 제178조의 부정거래행위 등의 금지에 위반한 자는 그 위반행위로 인하여 금융투자상품의 매매, 그 밖의 거래를 한 자가 그 매매, 그 밖의 거래와 관련하여 입은 손해를 배상할 책임을 진다(법 제179조 제 1 항).[1)]

이러한 손해배상청구권은 위반한 행위가 있었던 사실을 안 때부터 2년간, 그 행위가 있었던 때부터 5년간 이를 행사하지 아니한 경우에는 시효로 인하여 소멸한다(법 제179조 제 2 항). 이러한 법 제179조는 민법 제750조의 일반 불법행위에 의한 손해배상책임에 대한 특칙으로 보아야 한다.

### 2. 형사상 제재

부정거래행위의 금지에 관한 자본시장법 제178조에 위반한 자는 10년 이하의 징역 또는 그 위반행위로 얻은 이익 또는 회피한 손실액의 1배 이상 3배 이하에 상당하는 벌금에 처하며, 다만 그 위반행위로 얻은 이익 또는 회피손실액의 3배에 해당하는 금액이 5억원 이하인 경우에는 벌금의 상한액을 5억원으로 한다(법 제

1) 이 경우 법 제178조의 입법취지, 입법경과 및 포괄적 문언의 성격상 '그 위반행위로 인하여' 라는 문언은 반드시 시간적 인과관계를 의미하는 것으로 제한적으로 해석할 필요는 없다.

443조). 이 경우 징역과 벌금은 병과한다(법 제447조 제1항). 또한 금지된 시세조종 행위를 한 자가 해당 금지행위를 하여 취득한 재산은 몰수하며 몰수할 수 없는 경우에는 그 가액을 추징한다(법 제447조의2).

그리고 양벌규정이 적용되어 법인(단체 포함)의 대표자나 법인 또는 개인의 대리인, 사용인, 그 밖의 종업원이 그 법인 또는 개인의 업무에 관하여 부정거래행위 금지규정을 위반한 경우 그 행위자를 벌하는 외에 그 법인 또는 개인에게도 해당 조문의 벌금형을 부과한다(법 제448조 본문). 이 경우 법인 또는 개인이 양벌규정에 따른 형사책임을 면하려면 해당 법인 또는 개인이 그 위반행위를 방지하기 위하여 해당 업무에 관하여 상당한 주의와 감독을 게을리하지 아니하였어야 한다(법 제448조 단서).

위반행위로 얻은 이익의 산정과 관련하여 분식회계로 인한 부정대출 사건에서 사기금액은 대출금 전체이고 대가가 일부 지급되거나 담보가 제공되었다고 해서 이것이 공제되는 것은 아님을 들어 법원[1)]은 회계분식을 수단으로 사채 발행을 한 사기적 부정거래로 인한 이익은 사채 발행금액 전체에서 발행비용을 공제한 금액이라고 보았다.[2)] 또한 법원[3)]은 채무이행을 연기받은 경우 관련된 재산상의 이익액은 산출할 수 없으므로 이득액을 계산할 때에 합산하지 아니하였으며, 회계분식의 유무에 따른 신용등급 평가에 차등이 생김에 따라 발생하는 이자율 격차에 따른 이자비용의 차액만을 부당이득으로 인정해야 한다는 주장을 받아들이지 아니하였다.[4)]

1) 대법원 2017. 12. 22. 선고 2017도12649 판결.
2) 김연미, "2018년도 자본시장법 주요 판례의 검토," 상사판례연구 제32집 제1권(2019. 3), 260면.
3) 대법원 2017. 12. 22. 선고 2017도12649 판결.
4) 김연미, "2018년도 자본시장법 주요 판례의 검토," 상사판례연구 제32집 제1권(2019. 3), 260면.

# 제 3 절 시장질서 교란행위 규제

## Ⅰ. 시장질서 교란행위 규제의 취지

### 1. 규제 도입의 취지

2014년 12월 개정법은 새로운 형태의 불공정거래규제인 시장질서 교란행위에 관한 규제를 신설하였다. 시장질서 교란행위의 유형에는 ① 미공개정보 이용행위를 변형한 정보이용형 시장질서 교란행위(법 제178조의2 제 1 항), ② 시세조종 및 부정거래행위를 변형한 시세관여형 시장질서 교란행위(법 제178조의2 제 2 항)가 있다.

자본시장법 제174조상 규제되는 미공개중요정보 이용행위가 성립하려면 상장법인의 '내부자'가 '상장법인의 업무와 관련한' 미공개중요정보를 '직무와 관련하여 취득'하여 이를 이용하거나 이용하게 하는 행위여야 한다는 요건이 필요하므로, 이들 요건 중 하나라도 구비하지 못한 경우에는 자본시장법 위반으로 처벌이 어렵다. 또한 자본시장법 제176조의 시세조종행위로 처벌되기 위하여는, 주가에 인위적인 영향을 미치는 행위를 한 자가 매매를 유인하거나 타인에게 거래상황을 오인하도록 하는 등의 목적을 가졌다는 점이 증명되어야 하나, 실제 조사·수사과정에서 시세조종의 목적이 충분히 증명되지 못할 경우 이를 처벌하기 어렵다.[1)]

자본시장법 개정으로 시장질서 교란행위 규제를 도입한 취지는 종전의 미공개중요정보 이용이나 시세조종 행위로 규제할 수 있는 요건은 갖추지 못하여 형사처벌은 어려우나 유사한 방식으로 자본시장의 질서를 어지럽히는 행위에 대하여 이를 시장질서 교란행위로 보고 이에 대하여 과징금을 부과하려는 것이다.[2)]

---

1) 금융위원회·금융감독원·한국거래소·금융투자협회, 「안전한 자본시장 이용법: 시장질서 교란행위 사례와 예방」 해설서(2015. 5), 6면·11면.

2) 금융위원회·금융감독원·한국거래소·금융투자협회, 해설서(2015. 5), 3면.

그림 9-3 불공정거래와 시장질서 교란행위 제도의 비교[1)]

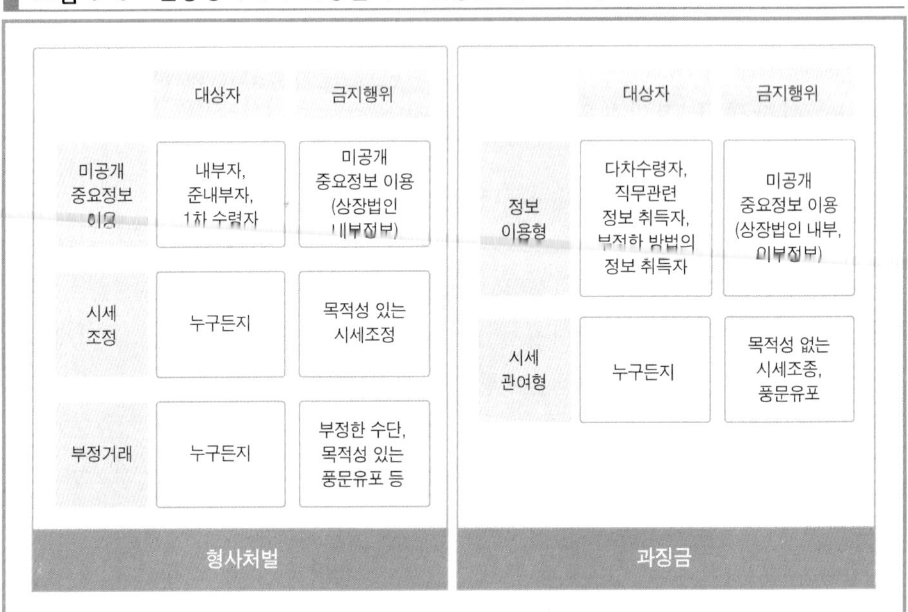


## 2. 정보이용형 시장질서 교란행위(법 제178조의2 제 1 항)

### (1) 규제대상 행위

일정한 규제대상 정보를 일정한 규제대상자가 증권시장에 상장된 증권(법 제174조 제 1 항에 따른 상장예정법인등이 발행한 증권을 포함)이나 장내파생상품 또는 이를 기초자산으로 하는 파생상품("지정 금융투자상품")의 매매, 그 밖의 거래("매매등")에 이용하거나 타인에게 이용하게 하는 행위를 하여서는 아니 된다(법 제178조의2제 1 항 본문).

다만, 그 행위가 자본시장법이 규율하는 장내파생상품의 대량보유 보고 등(법 제173조의2 제 2 항[2)]), 미공개중요정보의 이용행위 금지(법 제174조) 또는 부정거래행위

1) 금융위원회·금융감독원·한국거래소·금융투자협회, 해설서(2015. 5), 5면.

2) 법 제173조의2 제 2 항은 ① 장내파생상품의 시세에 영향을 미칠 수 있는 정책을 입안·수립 또는 집행하는 자, ② 장내파생상품의 시세에 영향을 미칠 수 있는 정보를 생성·관리하는 자, 또는 ③ 장내파생상품의 기초자산의 중개·유통 또는 검사와 관련된 업무에 종사하는 자에 해당하여 파생상품시장에서의 시세에 영향을 미칠 수 있는 정보를 업무와 관련하여 알게 된 자와 그 자로부터 그 정보를 전달받은 자에 대하여 그 정보를 누설하거나, 장내파생상품 및 그 기초자산의 매매나 그 밖의 거래에 이용하거나, 타인으로 하여금 이용하게 하는 행위

등의 금지(법 제178조)에 해당하는 경우는 시장질서 교란행위로 처벌하지 아니하며, 또한 투자자 보호 및 건전한 시장질서를 해할 우려가 없는 일정한 경우[1]에도 시장질서 교란행위로 처벌하지 아니한다(법 제178조의2 제 1 항 단서, 시행령 제207조의2).

### (2) 규제대상 정보

시장질서 교란행위 규제대상 정보는 ① 그 정보가 지정 금융투자상품의 매매등 여부 또는 매매등의 조건에 중대한 영향을 줄 가능성이 있고 또한 ② 그 정보가 투자자들이 알지 못하는 사실에 관한 정보로서 불특정 다수인이 알 수 있도록 공개되기 전일 것이라는 요건을 모두 갖추어야 한다(법 제178조의2 제 1 항 제 2 호).

문제는 시장질서 교란행위로 제재가능한 규제대상 정보의 '미공개성'에 관하여 법 제178조의2는 "그 정보가 투자자들이 알지 못하는 사실에 관한 정보로서 불특정 다수인이 알 수 있도록 공개되기 전일 것"이라는 요건을 부여하고 있으나 해당 정보에 관한 구체적인 공개수단 및 공개시점에 대하여는 구체적인 규정이 없다. 그러나 공개 여부에 따라서 제재 가부가 달라지는 이상 법에서 좀 더 명확한 요건을 규정하는 것이 필요하다.[2]

---

를 하는 것을 금지한다.

1) 시행령 제207조의2는 시장질서 교란행위로 처벌되지 아니하는 경우에 대하여 다음과 같이 정하고 있다.

1. 법 제178조의2 제 1 항 제 1 호 가목에 해당하는 자가 미공개중요정보 또는 미공개정보(법 제174조 제 2 항 각 호 외의 부분 본문 또는 같은 조 제 3 항 각 호 외의 부분 본문에 따른 각 미공개정보를 말한다)를 알게 되기 전에 다음 각 목의 어느 하나에 해당하는 행위를 함으로써 그에 따른 권리를 행사하거나 의무를 이행하기 위하여 지정 금융투자상품(법 제178조의2 제 1 항 각 호 외의 부분 본문에 따른 지정 금융투자상품을 말한다. 이하 이 조에서 같다)의 매매, 그 밖의 거래(이하 이 조에서 "매매등"이라 한다)를 하는 경우
   가. 지정 금융투자상품에 관한 계약을 체결하는 행위
   나. 투자매매업자 또는 투자중개업자에게 지정 금융투자상품의 매매등에 관한 청약 또는 주문을 제출하는 행위
   다. 가목 또는 나목에 준하는 행위로서 금융위원회가 정하여 고시하는 행위
2. 법 제178조의2 제 1 항 제 1 호 나목부터 라목까지의 규정에 해당하는 자가 법 제178조의2 제 1 항 제 2 호에 해당하는 정보를 생산하거나 그러한 정보를 알게 되기 전에 제 1 호 각 목에 해당하는 행위를 함으로써 그에 따른 권리를 행사하거나 의무를 이행하기 위하여 지정 금융투자상품의 매매등을 하는 경우
3. 법령 또는 정부의 시정명령·중지명령 등에 따라 불가피하게 지정 금융투자상품의 매매등을 하는 경우
4. 그 밖에 투자자 보호 및 건전한 거래질서를 저해할 우려가 없는 경우로서 금융위원회가 정하여 고시하는 경우

2) 이 경우 자본시장법 제176조에 준하는 수준의 엄격한 공개성 요건을 요구할지 또는 규제대

(3) 규제대상자

자본시장법 제178조의2 제 1 항 제 1 호는 미공개정보 이용행위 변형유형에 관하여 4가지 유형의 규제대상자를 규정한다.

가. 법 제174조 각 항 각 호의 어느 하나에 해당하는 자로부터 나온 미공개중요정보 또는 미공개정보인 정을 알면서 이를 받거나 전득(轉得)한 자

자본시장법 제174조의 미공개중요정보 이용 금지규제는 일정한 내부자 및 이들로부터 미공개중요정보를 직접 받은 제 1 차 정보수령자까지만 처벌하지만, 시장질서 교란행위에 관한 법 제178조의2는 제 2 차 수령자 또는 제 3 차 수령자 등 다차 수령자의 경우라도 내부자 등으로부터 나온 미공개중요정보임을 알면서 이를 매매등에 이용하거나 이용하게 하는 행위 역시 제재 대상으로 한다.[1]

이 경우 '미공개중요정보'는 상장법인의 업무관련 정보(법 제174조 제 1 항)를 말하고, '미공개정보'는 공개매수 관련정보(법 제174조 제 2 항) 및 주식등의 대량취득·처분 정보(법 제174조 제 3 항)를 가리키는 것으로 해석할 것이다.[2]

나. 자신의 직무와 관련하여 규제대상 정보(법 제178조의2 제 1 항 제 2 호)를 생산하거나 알게 된 자

자본시장법 제174조는 주로 회사 내부정보 중심의 미공개정보 이용행위를 처벌하지만, 시장질서 교란행위 금지규제는 그 외에도 시장정보나 정책정보 등 회사 외부정보를 이용하는 행위 역시 제재하려는 것이다.[3] 예컨대 특정 종목의 가격 등에 영향을 줄 가능성이 높은 산업합리화정책이나 보조금지급정책 등을 결정하는 공직자들이 정책 발표 직전에 해당 정책정보를 이용하여 지정 금융투자상품 거래를 하였거나, 연금이나 기금 소속 펀드매니저가 특정 종목의 편입·제외 등 운용관련 전략 정보를 제 3 자에게 알려주고 그 제 3 자가 해당정보를 이용하여 거래를 한 경우 정보이용형 시장질서 교란행위에 해당할 수 있다.[4]

---

상자가 광범위하게 확장된다는 점을 고려하여 공개성 요건을 완화하여 운영할지 검토를 거쳐 법령에 명확히 규정하는 것이 바람직하다는 견해로, 성희활, "2014년 개정 자본시장법상 시장질서 교란행위 규제 도입의 함의와 전망," 증권법연구 제16권 제 1 호, 한국증권법학회(2015), 165면.

1) 금융위원회·금융감독원·한국거래소·금융투자협회, 해설서(2015. 5), 7면.
2) 성희활, "2014년 개정 자본시장법상 시장질서 교란행위 규제 도입의 함의와 전망," 증권법연구 제16권 제 1 호, 한국증권법학회(2015), 165면.
3) 금융위원회·금융감독원·한국거래소·금융투자협회, 해설서(2015. 5), 8면.
4) 금융위원회·금융감독원·한국거래소·금융투자협회, 해설서(2015. 5), 8면.

다. 해킹, 절취(竊取), 기망(欺罔), 협박, 그 밖의 부정한 방법으로 규제대상 정보를 알게 된 자

자본시장법 제174조는 미공개중요정보를 직무와 관련하여 취득하고 이를 이용한 경우에 처벌하는 것이므로, 해킹, 절취, 기망, 협박 등으로 취득한 정보의 경우 직무 관련 취득성이 인정되지 않아 동조로 처벌할 수 없다.

반면 시장질서 교란행위 금지규제는 미공개중요정보를 포함한 지정 금융투자상품의 매매등 여부 또는 매매등 조건에 영향을 주는 정보를 취득하는 과정에서 직무 관련성을 요구하지 않으므로 단순히 해킹 등 부정한 방법으로 알게 되어 이를 매매등 거래에 이용한 경우에도 시장질서 교란행위가 성립할 수 있다.[1] 이 경우 해킹·절취·기망·협박은 부정한 방법의 예시이므로, 일반적으로 정보 접근권이 없는 자가 비정상적인 방법으로 정보를 취득하는 등 사회통념상 부정한 방법으로 정보를 알게 된 경우 시장질서 교란행위에 의한 제재가 가능하다.[2] 따라서 부정한 방법이 개입되지 않고 순전히 우연한 사정으로 제 3 자가 정보를 알게 될 경우에는 시장질서 교란행위가 성립하지 아니한다.[3]

라. 위 나목 또는 다목으로부터 나온 규제대상 정보인 정을 알면서 이를 받거나 전득한 자

① 자신의 직무와 관련하여 규제대상 정보를 생산하거나 알게 된 자 또는 ② 해킹 등 부정한 방법으로 정보를 알게 된 자로부터 유래하여 시장질서 교란행위 금지규제에 의한 규제대상 정보인 정을 알면서 이를 받거나 전득한 자가 그 정보를 지정 금융투자상품의 매매등에 이용하거나 타인에게 이용하게 하는 행위도 시장질서 교란행위로 제재대상이 된다(법 제178조의2 제 1 항 제 1 호 라목). 자본시장법 제174조와 달리 시장질서 교란행위 규제(법 제178조의2 제 1 항 제 1 호 라목)는 제 1 차 정보수령자에 한정하고 있지 않으므로 다차 수령자 역시 규제될 수 있다.

1) 금융위원회·금융감독원·한국거래소·금융투자협회, 해설서(2015. 5), 9면.
2) 금융위원회·금융감독원·한국거래소·금융투자협회, 해설서(2015. 5), 9면.
3) 금융위원회·금융감독원·한국거래소·금융투자협회, 해설서(2015. 5), 9면.

(4) 간략 비교

**표 9-3** 미공개정보 이용관련 규제의 간략 비교[1]

| 대상행위 | 특 징 |
| --- | --- |
| 미공개정보 이용행위(제174조) | 일정한 자, 상장법인 업무관련/공개매수/주식등 대량 취득처분 정보, 이용금지, 특정증권등·매매등 스스로/타인 이용 |
| 부정거래행위(제178조) | 누구든지, 금융투자상품의 매매(모집·사모·매출 포함), 부정한 수단 등 행위 금지, 목적 필요(제한적) |
| 시장질서 교란행위(제178조의2 제 1 항: 미공개정보이용형) | 일정한 자(내부자로부터 알면서 취득/전득자, 직무관련생산자, 해킹등으로 알게 된 자, 이상의 자로부터 알면서 취득/전득한 자), 미공개중요정보(내부업무정보에 국한되지 않음), 매매등에 이용/타인이용 |

### 3. 시세관여형 시장질서 교란행위(법 제178조의2 제 2 항)

#### (1) 규제객체, 규제대상 상품 및 금지행위

시세관여형 시장질서 교란행위가 금지되는 주체는 시세조종 금지규제와 마찬가지로 '누구든지'이다. 또한 규제대상 행위와 관련된 금융투자상품은 정보이용형 시장질서 교란행위의 경우와 달리 상장증권 또는 장내파생상품에 국한된다.

자본시장법은 누구든지 상장증권 또는 장내파생상품에 관한 매매등과 관련하여 일정한 행위(시세관여형 시장질서 교란행위)를 하는 것을 금지한다. 다만, 그 행위가 자본시장법 제176조의 시세조종행위에 해당하거나 또는 법 제178조의 부정거래행위에 해당하는 경우는 해당 법조문으로 처벌되므로 시장질서 교란행위에 의한 제재대상에서 제외된다(법 제178조의2 제 2 항 단서). 금지대상 행위유형에는 ① 대량 허수호가 제출 등 부당한 시세관여 행위, ② 가장매매를 통한 부당한 시세관여 행위, ③ 손익이전·조세회피 목적의 통정거래를 통한 부당한 시세관여 행위, 그리고 ④ 풍문유포, 위계사용 등을 통한 부당한 시세관여 행위의 총 4가지 유형이 있다(법 제178조의2 제 2 항 각 호).

---

1) 양기진, "신유형 불건전/불공정거래 양태 및 규제방향," 증권법학회세미나 토론문(2016. 11. 19.), 4면.

### (2) 대량 허수호가 제출 등 부당한 시세관여 행위

거래 성립 가능성이 희박한 호가를 대량으로 제출하거나 호가를 제출한 후 해당 호가를 반복적으로 정정·취소하여 시세에 부당한 영향을 주거나 줄 우려가 있는 행위는 시장질서 교란행위의 일종으로 금지된다(법 제178조의2 제 2 항 제 1 호). 이러한 행위는 전형적인 시세조종의 양태에 해당하나 이를 자본시장법 제176조의 시세조종행위로 처벌하기 위하여는 매매를 유인하기 위한 목적 등이 증명되어야 한다.

반면 시장질서 교란행위에 관한 법 제178조의2는 매매유인 목적 등이 증명되지 않더라도 과다하게 허수호가를 제출하거나 반복적으로 호가 정정·취소행위로 시세 등에 부당한 영향을 미치거나 미칠 우려가 있는 행위를 할 경우 이를 시장질서 교란행위로 제재한다. 따라서 매매유인의 목적성이 증명되는지 여부를 불문하고 적정가 대비 상당한 괴리를 보이는 호가로 체결가능성이 희박한 고가의 매도호가 또는 저가의 매수호가를 대량 제출하거나 시스템 에러 등으로 의도하지 않게 과다한 허수호가가 지속적으로 제출된 후 자동 정정·취소되면서 시세 등에 부당한 영향을 미치거나 미칠 우려가 있는 경우 이는 시장질서 교란행위로 규제될 수 있다.[1]

### (3) 가장매매를 통한 부당한 시세관여 행위

권리의 이전을 목적으로 하지 아니함에도 불구하고 거짓으로 꾸민 매매를 하여 시세에 부당한 영향을 주거나 줄 우려가 있는 행위 역시 시장질서 교란행위의 일종으로 제재된다(법 제178조의2 제 2 항 제 2 호). 형식상 매매거래의 외형을 갖추고 있음에도 실질적으로는 권리 이전을 목적으로 하지 아니하는 가장매매 역시 전형적인 시세조종 행위 양태의 하나에 해당되나, 자본시장법 제176조의 시세조종행위로 처벌되기 위하여는 그 매매가 성황을 이루고 있는 듯이 잘못 알게 하거나 그 밖에 타인에게 그릇된 판단을 하게 할 목적이 증명되어야 한다.

반면 시장질서 교란행위 규제에서는 목적성이 증명되지 않더라도 가장매매를 통하여 시세에 부당한 영향을 주거나 줄 우려 있는 행위를 제재할 수 있다. 예컨대 동일 회사에 소속되어 회사의 고유자금을 운용하는 복수의 트레이더 간에 또는 알고리즘을 통하여 작동되는 복수의 거래시스템들 간에 거래하면서, 기제출 호

---

1) 금융위원회·금융감독원·한국거래소·금융투자협회, 해설서(2015. 5), 12-13면.

가 중 아직 취소하지 못하여 남은 미체결 호가 등이 신규 제출호가와 교차적으로 체결되어 가장매매의 결과를 발생시킨 경우, 이러한 결과가 시세에 부당한 영향을 주거나 줄 우려 있는 경우 시장질서 교란행위에 해당할 수 있다.[1)]

### (4) 손익이전·조세회피 목적의 통정거래를 통한 부당한 시세관여 행위

손익이전 또는 조세회피 목적으로 자기가 매매하는 것과 같은 시기에 그와 같은 가격 또는 약정수치로 타인이 그 상장증권 또는 장내파생상품을 매수할 것을 사전에 그 자와 서로 짠 후 매매를 하여 시세에 부당한 영향을 주거나 영향을 줄 우려가 있는 행위 역시 시장질서 교란행위로 금지된다(법 제178조의2 제 2 항 제 3 호).

자본시장법 제176조의 시세조종행위로 처벌되기 위하여는 가장매매와 마찬가지로 목적성(매매가 성황을 이루고 있는 듯이 잘못 알게 하거나 그 밖에 타인에게 그릇된 판단을 하게 할 목적)이 증명되어야 한다. 반면 시장질서 교란행위 규제에서는 타인을 오인시킬 목적이 없이 단지 손익이전 목적 또는 조세회피 목적으로 시장참여자들 간에 통정매매를 한 경우에도 제재대상이 된다. 예컨대 고객의 위탁계좌를 관리하는 증권사 직원이 특정 계좌의 손실 보전을 위하여 해당 계좌에서 주식을 현재가보다 높은 가격으로 매도주문을 내고 다른 고객의 계좌에서 이를 매수하는 매매를 반복하여 계좌간 손익을 이전시킨 경우, 손익이전 목적이 있다면 타인을 오인시킬 목적과 무관하게 시장질서 교란행위가 될 수 있다.[2)]

### (5) 풍문유포, 위계사용 등을 통한 부당한 시세관여 행위

풍문을 유포하거나 거짓으로 계책을 꾸미는 등으로 상장증권 또는 장내파생상품의 수요·공급 상황이나 그 가격에 대하여 타인에게 잘못된 판단이나 오해를 유발하거나 상장증권 또는 장내파생상품의 가격을 왜곡할 우려가 있는 행위가 금지된다(법 제178조의2 제 2 항 제 4 호).

자본시장법 제178조 부정거래의 금지가 '매매, 그 밖의 거래를 할 목적이나 그 시세의 변동을 도모할 목적'을 요건으로 하는 반면, 이러한 목적성이 없더라도 풍문유포나 위계사용 등의 행위로 타인에게 오해를 유발하거나 가격을 왜곡할 우려가 있는 경우 시장질서 교란행위에 해당할 수 있다.[3)] 예컨대 매매유인 등의 목

---

1) 금융위원회·금융감독원·한국거래소·금융투자협회, 해설서(2015. 5), 13-14면.
2) 금융위원회·금융감독원·한국거래소·금융투자협회, 해설서(2015. 5), 14-15면.
3) 법 제178조가 널리 금융투자상품을 대상으로 하는 반면, 법 제178조의2는 상장증권이나 장

적이 증명되지 않더라도 증권포털게시판이나 인터넷메신저 등에서 특정증권에 관한 허위소문을 퍼뜨린 경우 해당 행위가 투자자에게 오해를 유발하게 하거나 해당 증권의 가격을 왜곡할 우려가 있는 경우 법 제178조의2에 의하여 제재대상이 될 수 있다.

(6) 간략비교

**표 9-4 시세의 부당형성 관련 규제의 간략 비교**[1]

| 대상행위 | 특 징 |
|---|---|
| 시세조종(제176조) | 누구든지, 상장증권/장내파생상품의 매매(위·수탁 포함), 금지행위(4개 유형), 목적 필요 |
| 부정거래행위(제178조) | 누구든지, 금융투자상품의 매매(모집·사모·매출 포함), 부정한 수단 등 행위 금지, 목적 필요(제한적) |
| 시장질서 교란행위(제178조의2 제 2 항: 시세관여형) | 누구든지, 상장증권/장내파생상품, 목적 불요(기타목적 통정매매 외), 교란행위유형 4가지(시세 부당영향 우려 있는 호가 대량제출/반복정정, 거짓매매, 기타목적 통정매매, 풍문유포/거짓계책등) |

## 4. 제 재

금융위원회는 시장질서 교란행위에 관한 법 제178조의2를 위반한 자에 대하여 5억원 이하의 과징금을 부과할 수 있다(법 제429조의2 본문). 이 경우 그 위반행위와 관련된 거래로 얻은 이익(미실현 이익을 포함) 또는 이로 인하여 회피한 손실액에 1.5배에 해당하는 금액이 5억원을 초과하는 경우에는 그 이익 또는 회피한 손실액의 1.5배에 상당하는 금액 이하의 과징금을 부과할 수 있다(법 제429조의2 단서). 시장질서 교란행위에 관한 과징금은 부과대상자에게 시장질서 교란행위에 대하여 고의 또는 중대한 과실이 있는 경우에 한정하지 아니한다(법 제430조 제 1 항).[2]

과징금을 부과하는 경우 금융위원회는 위반행위의 내용 및 정도, 위반행위의

---

내파생상품을 대상으로 한다.

1) 양기진, "신유형 불건전/불공정거래 양태 및 규제방향," 증권법학회세미나 토론문(2016. 11. 19.), 8면.

2) 반면 금융투자업자에 관한 과징금(법 제428조) 및 공시위반에 관한 과징금(법 제429조)은 과징금부과대상자에게 각 해당 규정의 위반행위에 대하여 고의 또는 중대한 과실이 있는 경우에 한한다(법 제430조 제 1 항).

기간 및 회수, 그리고 위반행위로 인하여 취득한 이익의 규모를 고려하여야 한다(법 제430조 제2항). 금융위원회는 자본시장법을 위반한 법인이 합병을 하는 경우 그 법인이 행한 위반행위는 합병 후 존속하거나 합병에 의하여 신설된 법인이 행한 행위로 보아 과징금을 부과·징수할 수 있다(법 제430조 제3항).

## 제4절 공매도 규제

### Ⅰ. 공매도 규제 및 취지

일반적으로 '공매도'(short sale)란 매도 당시 소유하지 않은 증권을 매도하거나 향후 증권을 차입하여 그 증권으로 결제하고자 하는 매도를 말한다. 현행 자본시장법은 공매도의 규제대상을 임직원 등 내부자에 한정하지 않고, 모든 투자자로 확대하였고, 대상증권을 전환사채권, 지분증권, 수익증권, 파생결합증권 등으로 규정하고 있으며, 소유하지 않은 매도뿐만 아니라 차입한 상장증권으로 결제하고자 하는 매도(차입공매도) 역시 금지한다.

불공정거래행위가 개입되지 않는 한 공매도 자체는 그 자체가 유용한 투자기법이라고 할 수 있겠으나, 일반적인 주식투자자에 비하여 공매도자는 공매도한 증권가격이 하락하면 이익을 얻게 되고 공매도한 증권가격이 기대와 달리 상승하면 시장에서 높은 시세대로 사 와서 매수상대방에게 증권을 양도해야 하므로 예측이 빗나간 경우 보게 될 손실이 크다. 또한 공매도를 무한정 허용할 경우 결제불이행에 따른 시스템리스크가 유발될 수 있으며 각종 미공개중요정보 이용행위, 시세조종행위, 부정거래행위 등 각종 불공정거래행위에 이용될 우려가 있다.[1)]

자본시장법은 소유하지 아니한 상장증권의 매도 외에도 차입한 상장증권으로 결제하고자 하는 매도 역시 원칙적으로 공매도로 금지시키면서도 결제불이행 가능성이 적거나 불공정거래의 개입 가능성이 적은 일정한 경우 공매도를 할 수 있는 길을 열어 두고 있다(법 제180조 제1항, 시행령 제208조 제2항).

---

1) 임재연(2019), 1009면.

## Ⅱ. 공매도 규제의 내용

### 1. 금지되는 공매도

자본시장법은 구 증권거래법과 달리 공매도 제한을 받는 거래자를 한정하지 않고 '누구든지'로 규정한다(법 제180조 제 1 항). 한편 자본시장법으로 규율되는 공매도의 대상은 증권시장 또는 다자간매매체결회사에서 매매거래되는 증권으로서, ① 전환사채권, 신주인수권부사채권, 이익참가부사채권 또는 교환사채권, ② 지분증권, ③ 수익증권, ④ 파생결합증권, 또는 ⑤ 증권예탁증권 중 위 ① 내지 ④까지의 증권과 관련된 증권예탁증권인 경우로 한정된다(법 제180조 제 1 항 본문, 시행령 제208조 제 1 항).

자본시장법상 금지되는 공매도의 형태는 ① 소유하지 아니한 상장증권의 매도(naked short sale) ② 차입한 상장증권으로 결제하고자 하는 매도(covered short sale), 또는 ③ 위 ① 또는 ②에 해당하는 매도의 위탁이나 수탁이다(법 제180조 제 1 항 각 호).

### 2. 금지되는 공매도가 아닌 경우

자본시장법은 증권시장에서 규제의 필요성이 없어서 처음부터 규제대상인 공매도로 보지 않는 경우를 규정하고 있다(법 제180조 제 3 항). 즉, 자본시장법상 공매도의 규제범위가 확대됨에 따라 허용되는 예외를 광범위하게 인정하고 있다(법 제180조 제 2 항, 시행령 제208조 제 3 항). 즉, 법 제180조 제 1 항에 해당하여 원래는 금지되는 공매도임에도 불구하고 ① 증권시장에서 매수계약이 체결된 상장증권을 해당 수량의 범위에서 결제일 전에 매도하는 경우, ② 전환사채·교환사채·신주인수권부사채 등의 권리 행사, ③ 유·무상증자, 주식배당 등으로 취득할 주식을 매도하는 경우로서 결제일까지 그 주식이 상장되어 결제가 가능한 경우, 또는 ④ 그 밖에 결제를 이행하지 아니할 우려가 없는 경우로서 일정한 경우[1]는 공매도로 보

---

1) 시행령은 다음과 같이 정한다(시행령 제208조 제 3 항 각 호).
   1. 매도주문을 위탁받는 투자중개업자 외의 다른 보관기관에 보관하고 있거나, 그 밖의 방법으로 소유하고 있는 사실이 확인된 상장증권의 매도
   2. 상장된 집합투자증권의 추가발행에 따라 받게 될 집합투자증권의 매도
   3. 법 제234조에 따른 상장지수집합투자기구의 집합투자증권의 환매청구에 따라 받게 될 상장증권의 매도

지 아니하는 형식을 취하여(법 제180조 제2항, 시행령 제208조 제3항) 이를 허용한다.

### 3. 공매도에 해당하지만 허용되는 경우

증권시장의 안정성 및 공정한 가격형성을 위하여 자본시장법은 차입한 상장증권으로 결제하고자 하는 매도(차입공매도)의 경우로서 일정한 방법에 따르는 경우 이를 허용한다(법 제180조 제1항 단서). 허용되는 공매도는 거래소의 증권시장업무규정에서 정하는 가격으로 다음의 방법에 따라 하는 차입공매도이다[1](시행령 제208조 제2항).

1. 투자자(거래소의 회원이 아닌 투자매매업자나 투자중개업자를 포함한다. 이하 이 호에서 같다)가 거래소의 회원인 투자중개업자에게 매도주문을 위탁하는 경우
   가. 증권의 매도를 위탁하는 투자자는 그 매도가 공매도인지를 투자중개업자에게 알릴 것. 이 경우 그 투자자가 해당 상장법인의 임직원인 경우에는 그 상장법인의 임직원임을 함께 알릴 것
   나. 투자중개업자는 투자자로부터 증권의 매도를 위탁받는 경우에는 증권시장업무규정으로 정하는 방법에 따라 그 매도가 공매도인지와 그 공매도에 따른 결제가 가능한지를 확인할 것
   다. 투자중개업자는 공매도에 따른 결제를 이행하지 아니할 염려가 있는 경우에는 공매도의 위탁을 받거나 증권시장(다자간매매체결회사에서의 증권의 매매거래를 포함한다. 이하 이 조 및 제208조의2에서 같다)에 공매도 주문을 하지 아니할 것
   라. 투자중개업자는 투자자로부터 공매도를 위탁받은 경우에는 그 매도가 공매도

---

4. 증권예탁증권에 대한 예탁계약의 해지로 취득할 상장증권의 매도
5. 대여 중인 상장증권 중 반환이 확정된 증권의 매도
6. 증권시장 외에서의 매매에 의하여 인도받을 상장증권의 매도
7. 제1항 제1호부터 제4호까지의 증권을 예탁하고 취득할 증권예탁증권의 매도
8. 그 밖에 계약, 약정 또는 권리 행사에 의하여 인도받을 상장증권을 매도하는 경우로서 증권시장업무규정으로 정하는 경우

1) 2016년 6월 개정 전의 시행령은 공매도규제대상인 일정한 증권 중 금융위원회가 정하여 고시하는 증권을 공매도한 자는 해당 증권의 순보유잔고(해당 증권에 관한 매수, 그 밖의 거래에 따라 보유하게 된 총잔고에서 해당 증권을 차입한 총잔고를 차감하고 남은 잔고)가 금융위원회가 정하여 고시하는 기준에 해당하는 경우 ① 해당 증권에 관한 사항, ② 매도자에 관한 사항, ③ 매도자의 순보유잔고에 관한 사항, ④ 그 밖에 금융위원회가 정하여 고시하는 사항을 금융위원회와 거래소에 알리도록 하는 규제를 두고 있었으나(시행령 제208조 제2항 제3호) 현재는 삭제되었다.

임을 거래소에 알릴 것
2. 거래소의 회원인 투자매매업자나 투자중개업자가 매도에 관한 청약이나 주문을 내는 경우에는 그 매도가 공매도임을 거래소에 알릴 것

금융위원회는 증권시장의 안정성 및 공정한 가격형성을 저해할 우려가 있는 경우에는 거래소의 요청에 따라 상장증권의 범위, 매매거래의 유형 및 기한 등을 정하여 차입공매도를 제한할 수 있다(법 제180조 제 3 항, 시행령 제208조 제 4 항).

## Ⅲ. 공매도 관련 보고·공시의무 등

### 1. 순보유잔고의 보고의무

자본시장법은 예외적으로 공매도를 허용하는 경우(법 제180조 제 1 항 각 호 외의 단서)에도 공매도 잔고 보고의무를 부과한다. 공매도 규제대상인 상장증권을 차입공매도한 자는 순보유잔고가 발행주식 수의 일정 비율을 초과하는 경우 순보유잔고 등을 금융위원회와 거래소에 보고하여야 한다(법 제180조의2 제 1 항).[1] 다만 일정한 차입공매도[2]의 경우에는 해당 차입공매도자의 순보유잔고에 관한 보고의무가 면제된다(법 제180조의2 제 1 항, 시행령 제208조의2 제 1 항).[3]

순보유잔고는 상장증권의 종목별로 보유총잔고 수량에서 차입총잔고 수량을 차감하여 산정한다(시행령 제208조의2 제 3 항). 보유총잔고란 순보유잔고 보고의무를 지는 매도자가 기준시점에 보유 중인 일정한 증권의 수량을 합한 수량을 말하며, 차입총잔고란 매도자가 기준시점에 인도할 의무가 있는 일정한 증권의 수량을

1) 보고기한은 보고의무 발생일로부터 3영업일 오전 9시까지이며 기준비율을 초과할 경우 지속적으로 매일 보고하여야 한다. 금융감독원, "공매도 공시제도 도입 등에 따른 투자자 유의사항 안내," 보도자료(2016. 6. 27.), 5면.

2) 시행령은 ① 상장주권이 아닌 증권의 거래, ② 증권시장업무규정 및 법 제393조 제 2 항에 따른 파생상품시장업무규정에서 정한 유동성 공급 및 시장조성을 위한 상장주권의 거래, ③ 제 2 호에 따른 유동성공급 및 시장조성으로 인하여 미래에 발생할 수 있는 경제적 손실을 부분적 또는 전체적으로 줄이기 위한 상장주권의 거래, 또는 ④ 그 밖에 증권시장의 원활한 운영을 위하여 불가피하고 증권시장에 미치는 영향이 경미한 경우로서 금융위원회가 정하여 고시하는 상장주권의 거래로 규정한다(시행령 제208조의2 제 1 항).

3) 이 경우 금융위원회는 순보유잔고 보고서에 거짓의 기재 또는 표시가 있거나 기재사항이 누락된 경우에는 그 이유를 제시하고 그 보고서의 정정을 명할 수 있다(법 제180조의2 제 2 항).

합한 수량을 말한다(시행령 제208조의2 제3항).

| 보유총잔고 산정 시의 대상증권 | 가. 누구의 명의이든 자기의 계산으로 소유하고 있는 증권(법률의 규정이나 금전의 신탁계약·투자일임계약, 그 밖의 계약 등에 따라 해당 증권의 취득이나 처분에 대한 권한을 타인이 행사하는 경우는 제외한다)의 수량<br>나. 법률의 규정이나 계약에 따라 타인에게 대여 중인 증권의 수량<br>다. 법률의 규정이나 금전의 신탁계약·투자일임계약, 그 밖의 계약 등에 따라 타인을 위하여 해당 증권의 취득이나 처분의 권한을 가지는 경우 그에 상응하는 증권의 수량<br>라. 그 밖에 법률의 규정이나 계약 등에 따라 인도받을 증권의 수량 |
|---|---|
| 차입총잔고 산정 시의 대상증권 | 가. 기준시점 전에 차입하고 기준시점에 해당 차입증권을 상환하지 아니한 증권의 수량<br>나. 그 밖에 법률의 규정이나 계약 등에 따라 인도할 의무가 있는 증권의 수량 |

차입공매도자 중 순보유잔고의 보고의무를 지는 자는 ① 해당 증권의 종목별 발행총수에 대한 일별 순보유잔고 비율[1]이 음수로서 그 절댓값이 0.01% 이상인 자이거나[2] 또는 ② 해당 증권의 순보유잔고 비율이 음수인 경우로서 일별 순보유잔고의 평가액[3]이 10억원 이상인 자이다(시행령 제208조의2 제4항).

전문투자자로서 순보유잔고의 보고의무가 있는 자는 5년 동안 순보유잔고 산정에 관한 자료 보관의무를 지며 금융위원회의 요구가 있는 경우 해당 자료를 제출할 의무를 부담한다(법 제180조의2 제3항, 시행령 제208조의2 제2항).[4]

---

1) 순보유잔고 비율이란 해당 증권의 종목별 발행총수(기준시점에 증권시장에 상장되어 있는 수량으로 한정)에 대한 일별 순보유잔고의 비율을 말한다(시행령 제208조의2 제4항 제1호).

2) 다만 금융위원회가 정하여 고시하는 방법에 따라 산정한 일별 순보유잔고의 평가액이 1억원 미만인 자는 제외한다(시행령 제208조의2 제4항 제1호 단서).

3) 일별 순보유잔고의 평가액=공매도의 잔고 × 종가. 금융감독원, 보도자료(2016. 6. 27.), 4면.

4) 순보유잔고의 보고의무가 있는 차입공매도자의 구체적인 범위, 순보유잔고의 산출방법, 순보유잔고의 비율 등 보고의 기준, 그 밖에 필요한 보고 사항은 대통령령으로 정하고, 보고의 절차 및 방법은 금융위원회가 정하여 고시한다(법 제180조의2 제4항, 시행령 제208조의2 제3항).

## 2. 순보유잔고의 공시의무

2016년 6월 개정법은 대량 공매도한 자에 관한 공매도 공시제도를 새로이 도입하여, 주권상장법인이 발행한 수식을 공매도하여 공매도 잔고가 일정비율 이상인 투자자는 공매도 순보유잔고를 공시하여야 한다(법 제180조의3).

$$\text{공매도 잔고비율(\%)} = \frac{\text{공매도 잔고}}{\text{상장 주식수}^{*}} \times 100$$

* 해당 증권의 종목별 발행총수로 기준시점에 증권시장에 상장되어 있는 수량으로 한정된다(시행령 제208조의2 제 4 항)

공시의무가 발생하는 공매도는 상장주권의 종목별[1] 발행총수 대비 매도자의 해당 증권에 대한 종목별 순보유잔고의 비율(공매도 잔고 비율)이 일별 순보유잔고 비율이 음수로서 그 절댓값이 0.5% 이상인 경우이다(법 제180조의3 제 1 항, 시행령 제208조의3).

공매도 잔고 비율이 0.5% 이상에 도달한 경우(공시의무 발생일) 그 날로부터 제 2 영업일 장 종료(시간외 포함) 후 지체 없이 금융위원회와 해당 증권이 상장된 거래소에 제출하는 방법으로 공시하여야 하며(금융투자업규정 제6-31조 제 3 항)[2] 추가거래가 없더라도 일별 공매도 잔고 비율이 0.5% 이상을 유지할 경우 매일 공시의무가 발생한다.[3] 공매도의 공시기한이 공시의무 발생일로부터 제 2 영업일 장 종료까지 공시하도록 되어 있어 사후적 공시에 해당하므로 타이밍에 민감한 시장의 입장에서는 공시의 적시성이 결여될 수 있다.

---

1) 다수의 증권사를 통해 동일한 종목을 거래하는 투자자는 종목별로 순 보유수량을 합산하여 잔고비율을 계산하여야 한다. 금융감독원, 보도자료(2016. 6. 27.), 2면.

2) 예컨대 2019. 7. 8.(월) 공매도 잔고 비율이 0.5%에 도달할 경우 그 날로부터 제 2 영업일이 경과하는 2019. 7. 10.(수)의 장 종료후 지체 없이 공시하여야 한다(초일 불산입).

3) 금융감독원, 보도자료(2016. 6. 27.), 3면

## 표 9-5 공매도 잔고 공시 예시1)

① (투자자 공시) 상장주식 종목별 0.5% 이상 공매도 잔고 보유자

| 종 목 | 공시일자 | 공시 의무자 | 주 소 | 국 적* | 기 타** |
|---|---|---|---|---|---|
| □□전자 | 6. 30. | △△증권 | 서울 | 미국 | |
| | 7. 1. | ○○자산운용 | 서울 | 한국 | |

* 본사기준, ** 사업자 등록번호(생년월일), 대리인 정보 등을 추가 공시

② (종목별 게시) 상장주식 종목별 공매도 잔고 현황*(0.5% 여부 무관)

| 일 자 | 시장구분 | 종목명 | 공매도 잔고 | | |
|---|---|---|---|---|---|
| | | | 주식수 | 비 율 | 금 액 |
| 7. 1. | 유가증권 | ○○전자 | 150만주 | 0.7% | 2,300억원 |
| | 코스닥 | △△식품 | 10만주 | 0.3% | 700억원 |

* 잔고 비율 0.01% 미만 등 보고기준에 미달하면 보고되지 않으므로 실제 공매도 잔고보다는 적을 수 있음

## 그림 9-4 공매도 보고 및 공시의무의 판단2)

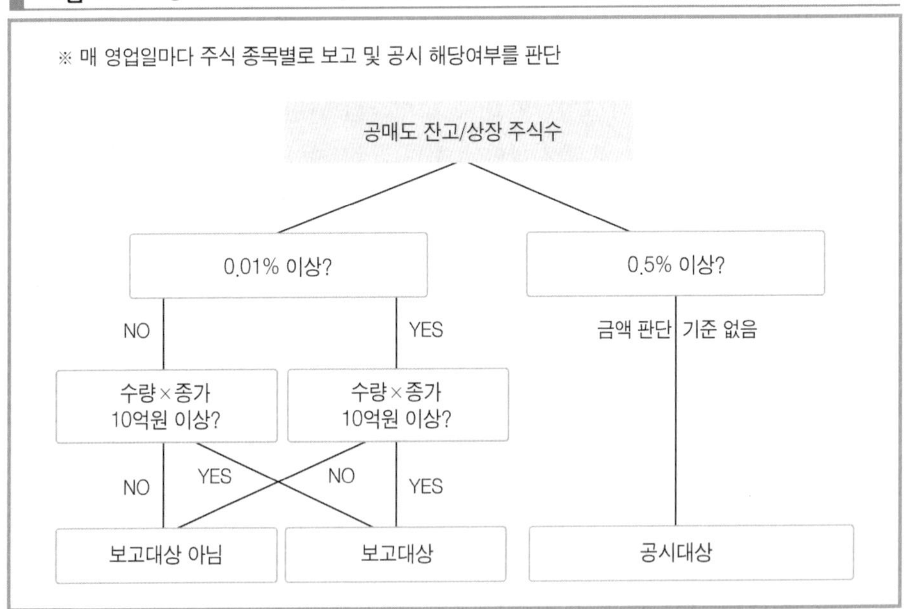


1) 금융감독원, 보도자료(2016. 6. 27.), 3면.
2) 금융감독원, 보도자료(2016. 6. 27.), 6면.

## 3. 기 타

### (1) 공매도 호가 등의 제약

한국거래소가 제정한 유가증권시장 업무규정(이하 '거래소 업무규정')은 무차입 공매도 행위 또는 그 위탁을 받은 호가행위를 금지하면서도, 시장에서 매수계약이 체결된 상장증권을 해당 수량의 범위에서 결제일 전에 매도하는 경우 등 성질상 공매도로 보기 어려운 경우를 공매도 금지의무 예외 사유로 정하고 있다(거래소 업무규정 제17조 제 1 항).

또한 차입공매도를 할 경우 해당 호가 방법, 공매도 관련 확인 방법, 차입공매도임에도 제한되는 일정한 경우에 관한 규정을 두고 있고(거래소 업무규정 제17조 제 2 항 내지 제 6 항), 차입공매도호가의 가격 제한 및 공매도호가에 관한 사후관리, 그리고 호가의 가격제한폭에 관한 규정을 두고 있다(거래소 업무규정 제18조, 제18조의2 및 제20조).

현행 '유가증권시장 업무규정'에 의하면 공매도 결제를 이행하지 않은 경우(매도증권의 미납부) 결제일의 다음 매매거래일로부터 120일간 당해 위탁증권 전부를 위탁증거금으로 징수하도록 하여 증권의 사전납부를 규정한다(거래소 유가증권시장 업무규정 제89조 제 1 항).

### (2) 공매도 과열종목 지정제도

시장에서 공매도 과열 현상이 발견됨에 따라 금융위원회는 2017년 8월 공매도 제도 개선방안[1]을 발표하였고 한국거래소는 2017년 9월 시장에 관한 공매도 과열종목 지정기준을 개선하여 비정상적으로 공매도가 급증하고 가격이 급락하는 종목을 매 거래일 장종료 후 "공매도 과열종목"으로 지정하여 다음 매매거래일 하루동안 공매도 거래를 제한하고 있다(2017. 9. 25. 시행).[2]

---

1) 금융위원회, "공매도 과열종목 지정을 확대하고, 공매도 관련 규제 위반에 대한 조사 및 제재를 강화하겠습니다," 보도자료(2017. 8. 24.).

2) 한국거래소, "공매도 과열종목 지정제도 개선안 시행 안내," 보도참조자료(2017. 9. 21.).

**표 9-6 공매도 과열종목 지정기준 개선**

| 시장 | 유형 | 당일 공매도 비중[1] | 당일 주가 하락률 | 공매도 거래대금 증가율 | 직전 40거래일 공매도 비중 평균 | 비고 |
|---|---|---|---|---|---|---|
| 코스피 | ① | 18% 이상* | 5% 이상 10% 미만 | 6배 이상 | – | – |
| | ② | – | 10% 이상 | | – | – |
| 코스닥·코넥스 | ① | 12% 이상* | 5% 이상 10% 미만 | 5배 이상 | – | – |
| | ② | – | 10% 이상 | | – | – |
| | ③ | – | – | | 5% 이상 | 코스닥만 적용 |

(3) 무차입공매도의 사전예방 조치

금융투자협회가 제정한 「금융투자회사의 증권 대차 및 공매도 업무처리 모범규준」(2019.6.25. 제정 및 2019년 11월 시행)은 금융투자회사의 공매도 업무와 관련하여 최초의 지침적인 성격을 가지고 있다. 동 모범규준은 금지되는 무차입 공매도를 방지하기 위하여 기관투자자로부터 공매도 주문(위탁)을 받는 금융투자회사가 이행할 의무사항을 규정하고 있다.

우선, 차입공매도 주문에 대하여 ① 해당 주문의 제출 이전에 해당 상장증권이 차입되어 있거나 차입계약이 확정되어 있어야 하고, ② 금융투자회사는 차입공매도 주문 제출 이전에 대여자로부터 대여 의사를 확인받아야 하며,[2] ③ 대여자에 대한 대여의사의 확인은 문서, 전화·모사전송·전자우편·메신저 등의 방법, 컴퓨터 그 밖에 이와 유사한 전자통신의 방법(이하 '문서 등')을 확인받아야 하고 그 내용을 5년 이상 보관하여야 한다(모범규준 제4조).[3]

또한 금융투자회사가 차입공매도 주문을 수탁할 경우 위탁자로부터 차입공매도 주문과 관련하여 결제 증권을 대여해 주는 대여자 명단 그리고 차후의 결제이행 방안을 사전에 문서 등의 방법으로 확인하여야 하고 그 내용을 5년 이상 보관

1) 당일 공매도 비중 기준은 직전분기 코스피(코스닥150) 공매도 비중의 3배로 매분기 조정(상한: 20%), 한국거래소, "공매도 과열종목 지정제도 개선안 시행 안내," 보도참조자료(2017. 9. 21.), 2면.

2) 대차증권의 종목 및 수량, 개별 대차거래 계약 확정일시 및 개별 대차거래 결제일 및 대여자에 관한 사항을 포함하여 확인하여야 한다.

3) 종전에는 공매도 수탁주문을 받은 금융투자회사는 기관투자자의 공매도 후 결제 가능 여부(차입 여부) 정도만 확인하였고 대여자명단 등 정보 보관기관도 3년에 불과하였다. 머니투데이방송, "제2의 '골드만삭스사태' 막아라. 공매도 모범규준 11월 시행"(2019. 6. 25.).

하여야 하며(모범규준 제 9 조), 차입공매도 주문을 위탁하려는 자에게 공매도 관련 준법확약서를 징구하고(모범규준 제10조), 차입공매도 주문의 위탁자가 이상의 확인 요청에 응하지 않거나 준법확약서 제출을 거부할 경우 금융투자회사는 해당 위탁자로부터의 차입공매도 주문수탁을 거부하여야 한다(모범규준 제11조).

아울러 차입공매도 주문을 수탁하는 금융투자회사 자체적으로 대차업무와 관련된 내부통제장치를 강화해야 한다. 금융투자회사는 공매도 잔고 보고 및 공시의 지연·누락 또는 오류가 발생하지 않도록 내부통제시스템을 마련하여야 하며 공매도 주문과 일반·기타매도 주문을 명확히 구분하여 수탁할 수 있는 매매시스템을 마련하는 등 공매도 거래와 관련하여 불공정거래가 발생하지 않도록 점검할 수 있는 절차를 마련하여야 한다(모범규준 제12조). 이에 더하여 금융투자회사는 차입공매도 주문에 대하여 제 3 의 부서가 모니터링할 수 있도록 구체적인 점검절차를 마련하고 주기적 혹은 수시로 점검·확인하여야 한다(모범규준 제13조).

## Ⅳ. 공매도에 대한 제재

자본시장법은 공매도 규제대상을 확대하는 반면에 이에 대한 제재는 약화시켰다. 즉 구 증권거래법의 형사처벌 조항을 삭제하고, 대신 상장증권에 대하여 공매도를 하거나 그 위탁 또는 수탁을 한 자에 대하여 1억원 이하의 과태료만을 제재로서 규정하고 있다(법 제449조 제 1 항 제39호). 그러나 공매도금지규정 위반행위를 조사하기 위하여 조사공무원에게 위반행위 혐의자를 심문하거나 물건을 압수 또는 사업장 등을 수색하게 할 수 있고(법 제427조 제 1 항), 공매도금지규정 위반에 대하여 금융위원회의 조사에 불응하는 경우 불응자에 대하여 3년 이하의 징역 또는 1억원 이하의 벌금형에 처한다(법 제445조 제48호).

공매도의 제한에 관한 법 제180조를 위반하여 상장증권에 대하여 공매도를 하거나 그 위탁 또는 수탁을 한 자는 1억원 이하의 과태료 부과대상이다(법 제449조 제 1 항 제39호). 또한 순보유잔고에 관한 보고·공시 의무가 있음에도 보고 또는 공시를 하지 아니하거나 거짓으로 공시한 자에 대하여 1억원 이하의 과태료를 부과하며(법 제449조 제 1 항 제39의2호 및 제39의4호), 순보유잔고에 관한 보고시 금융위원회의 정정명령을 이행하지 아니하거나 정정명령에 따른 보고에 관하여 거짓의 기재 또는 표시를 한 자 역시 과태료 부과대상이다(법 제449조 제 1 항 제39의3호).

그 외에 공매도에 관한 손해배상책임에 관한 특칙이나 그 외의 형사책임은 별도로 자본시장법에 규정되어 있지 않다. 그러나 공매도금지가 다른 자본시장법 위반행위, 즉 미공개중요정보 이용행위나 시세조종행위 등의 과정에서 그 수단으로 이용될 경우 관련 규정에 따른 손해배상책임이나 형사책임이 적용될 것이다.[1] 예컨대 공매도 포지션 보유 상태에서 주가하락을 유도하기 위한 일체의 행위를 시장질서 교란행위로 처벌할 수 있다.

1) 임재연(2019), 1017면.

# 10장

# 집합투자기구등의 규제

# 제 1 절 집합투자기구의 개념 등 일반

## Ⅰ. 집합투자 등의 개념

### 1. 집합투자

자본시장법은 '집합투자'에 대해 "2인 이상 투자자로부터 모은 금전등을 투자자로부터 일상적인 운용지시를 받지 아니하면서 재산적 가치가 있는 투자대상자산을 취득·처분, 그 밖의 방법으로 운용하고 그 결과를 투자자에게 배분하여 귀속시키는 것"이라고 정의한다(법 제6조 제5항).[1)]

자본시장법의 정의상, 집합투자는 2인 이상의 투자자로부터 모은 ① 자산의 집합을, ② 투자자의 일상적인 운용지시를 배제하고, ③ 재산적 가치가 있는 투자대상자산을 취득·처분 기타 방법에 의하여 운용하고, ④ 그 운용결과를 투자자에게 배분한다는 요소를 갖는다. '2인 이상의 투자자'로부터 금전등을 모아야 집합투자가 되므로 종전과 달리 투자자가 1인인 사모단독펀드는 집합투자에 해당하지 않게 되었다.[2)]

### 2. 집합투자기구

집합투자기구는 자본시장법상의 '집합투자'를 수행하기 위한 기구로 정의되며(법 제9조 제18항), 집합투자기구의 법적 형태에는 신탁형태(투자신탁), 회사형태(투자회사, 투자유한회사, 투자합자회사, 투자유한책임회사), 조합형태(투자익명조합, 투자합자조합)가 있다(법 제9조 제19항). 자본시장법상 사모집합투자기구란 집합투자증권을 사모로만 발행하는 집합투자기구로서 경영권 참여, 사업구조 또는 지배구조의 개선 등을 위하여 지분증권 등에 투자·운용하는 투자합자회사인 경영참여형 사모집합투자기구 및 그 외의 사모집합투자기구인 전문투자형 사모집합투자기구

---

1) 종래 간접투자자산운용업법에서는 '간접투자'라는 개념을 '투자자로부터 자금 등을 모아서 일정한 자산에 운용하고 그 결과를 투자자에게 귀속시키는 것'이라고 정의하고, 간접투자와 관련하여 각종 규제를 하여 왔다. 자본시장법에서는 간접투자라는 개념 대신 '집합투자'라는 개념을 도입한 것이다.

2) 2013년 5월 개정 이전의 자본시장법은 '2인 이상에게 투자권유를 하여'라고 하여 실제의 투자자가 1인인 사모단독펀드의 경우도 집합투자의 범주에 포함시켰다.

로 구분된다(법 제9조 제19항).

집합투자기구는 그 상호 또는 명칭 중에 제229조 각 호의 집합투자기구의 종류를 표시하는 문자(증권·부동산·특별자산·혼합자산 및 단기금융을 말함)를 사용하여야 한다(법 제183조 제1항). 따라서 자본시장법상의 집합투자기구가 아닌 자는 집합투자, 간접투자, 투자신탁, 투자회사, 투자유한회사, 투자합자회사, 경영참여형 사모집합투자기구, 투자유한책임회사, 투자합자조합, 투자익명조합 및 그 밖에 이와 유사한 명칭을 사용하지 못한다(법 제183조 제2항 본문).[1]

### 3. 집합투자 개념에서 배제되는 경우

다음의 경우는 자본시장법상 집합투자의 개념에 포함되지 아니한다(법 제6조 제5항, 시행령 제6조 제4항).

1. 사모(私募)의 방법으로 금전등을 모아 운용·배분하는 것으로서 전문투자자 등을 제외한 투자자의 총수가 49인 이하인 경우[2]
2. 「자산유동화에 관한 법률」 제3조의 자산유동화계획에 따라 금전등을 모아 운용·배분하는 경우
3. 기타 행위의 성격 및 투자자 보호의 필요성 등을 고려하여 시행령으로 정하는 경우
   - 증권금융회사 또는 신탁업자의 투자자예탁금 운용
   - 신탁업자의 신탁재산 공동운용
   - 투자목적회사의 업무
   - 종합금융회사의 어음관리계좌업무
   - 법인세법상 특수목적회사의 금전등 운용·배분
   - 국내회사인 지주회사의 사업
   - 「가맹사업거래의 공정화에 관한 법률」에 의한 가맹사업
   - 「방문판매 등에 관한 법률」에 의한 다단계판매사업

---

1) 다만 집합투자업자 및 "대통령령으로 정하는 법률에 따라 사모의 방법으로 금전등을 모아 운용·배분하는 것으로서 대통령령으로 정하는 투자자의 총수가 대통령령으로 정하는 수 이하인 경우"(법 제6조 제5항 제1호, 시행령 제6조 제1항 내지 제3항)의 경우에는 법 제183조 제2항의 명칭을 사용할 수 있다(법 제183조 제2항 단서).

2) 투자자의 총수(49인)를 계산할 때 다른 집합투자기구가 해당 집합투자기구의 집합투자증권 발행총수의 10% 이상을 취득하는 경우 그 다른 집합투자기구의 투자자의 수를 합하여 계산하여야 한다. 기타 자세한 내용은 시행령 제6조 제1항 내지 제3항을 참조.

- 제조업 등의 사업을 하는 자가 직접 임직원, 영업소, 그 밖에 그 사업을 하기 위하여 통상적으로 필요한 인적·물적 설비를 갖추고 투자자로부터 모은 금전등으로 해당 사업을 하여 그 결과를 투자자에게 배분하는 경우
- 학술·종교·자선·기예·사교, 그 밖의 영리 아닌 사업을 목적으로 하는 계(契)
- 종중, 그 밖의 혈연관계로 맺어진 집단과 그 구성원을 위하여 하는 영리 아닌 사업인 경우
- 민법에 따른 비영리법인, 「공익법인의 설립·운영에 관한 법률」에 따른 공익법인, 사회복지사업법에 따른 사회복지법인, 근로복지기본법에 따른 우리사주조합, 그 밖에 관련 법령에 따라 허가·인가·등록 등을 받아 설립된 비영리법인 등이 해당 정관 등에서 정한 사업목적에 속하는 행위를 하는 경우
- 투자자로부터 모은 금전등을 투자자 전원의 합의에 따라 운용·배분하는 경우
- 기업인수목적회사가 일정한 요건을 갖추고 하는 그 사업목적에 속하는 행위
- 기타 금융위원회가 집합투자에 해당하지 아니한다고 인정하는 경우

## Ⅱ. 집합투자기구의 업무수행

### 1. 의결권의 행사

투자신탁재산 또는 투자익명조합재산에 속하는 지분증권(그 지분증권과 관련된 증권예탁증권을 포함)의 의결권 행사는 그 투자신탁 또는 투자익명조합의 집합투자업자가 수행하여야 하며, 투자회사등[1]의 집합투자재산에 속하는 지분증권의 의결권 행사는 그 투자회사등이 수행하여야 한다(법 제184조 제1항 본문). 다만, 투자회사등은 그 투자회사등의 집합투자업자에게 그 투자회사등의 집합투자재산에 속하는 지분증권의 의결권 행사를 위탁할 수 있다(법 제184조 제1항 단서).

### 2. 운용업무의 수행

투자신탁재산 또는 투자익명조합재산의 운용업무는 그 투자신탁 또는 투자익명조합의 집합투자업자가 이를 수행하며, 투자회사등의 집합투자재산 운용업무는 그 투자회사등의 법인이사·업무집행사원·업무집행자 또는 업무집행조합원인 집합투자업자가 이를 수행한다(법 제184조 제2항).

---

1) 투자회사등이란 투자신탁이나 투자익명조합의 집합투자업자 또는 투자회사·투자유한회사·투자합자회사·투자유한책임회사 및 투자합자조합을 말한다(법 제182조 제1항).

### 3. 집합투자재산의 보관·관리업무의 위탁

투자신탁이나 투자익명조합의 집합투자업자 또는 투자회사등은 집합투자재산의 보관·관리업무를 신탁업자에게 위탁하여야 한다(법 제184조 제3항). 이 경우 집합투자업자는 자신이 운용하는 집합투자재산을 보관·관리하는 신탁업자가 되어서는 아니 된다(법 제184조 제4항).

### 4. 판매계약의 체결

투자신탁이나 투자익명조합의 집합투자업자 또는 투자회사등은 집합투자기구의 집합투자증권을 판매하고자 하는 경우 투자매매업자와 판매계약을 체결하거나 투자중개업자와 위탁판매계약을 체결하여야 한다(법 제184조 제5항 본문). 다만, 투자신탁이나 투자익명조합의 집합투자업자가 투자매매업자 또는 투자중개업자로서 집합투자기구의 집합투자증권을 판매하는 경우에는 판매계약 또는 위탁판매계약을 체결하지 아니한다(법 제184조 제5항 단서).

### 5. 일반사무관리업무의 위탁

투자회사는 다음의 업무를 일반사무관리회사에 위탁하여야 한다(법 제184조 제6항).

1. 투자회사 주식의 발행 및 명의개서(名義改書)
2. 투자회사재산의 계산
3. 법령 또는 정관에 의한 통지 및 공고
4. 이사회 및 주주총회의 소집·개최·의사록 작성 등에 관한 업무
5. 그 밖에 투자회사의 사무를 처리하기 위하여 필요한 업무로서 금융위원회가 기준가격산정업무를 위탁하도록 명한 경우 해당 산정 업무(법 제238조 제8항), 그리고 투자회사의 운영에 관한 업무(시행령 제212조)

그 외 서류상 회사성을 유지하도록 하기 위하여 투자회사등은 상근임원이나 직원을 둘 수 없으며 본점 외의 영업소 설치 역시 금지된다(법 제184조 제7항).

## Ⅲ. 집합투자기구의 분류

집합투자기구는 다음과 같이 분류되며, 집합투자기구는 자본시장법에서 특별히 정한 경우를 제외하고는 상법과 민법의 적용을 받는다(법 제181조).

### 1. 법적 형식에 따른 분류

집합투자기구는 법적 형식에 따라 계약형의 일종인 신탁형(투자신탁) 및 조합형(투자익명조합 및 투자합자조합), 그리고 회사형(투자회사, 투자유한회사, 투자합자회사, 투자유한책임회사) 등으로 분류된다(법 제9조 제18항). 집합투자기구의 법적 형식에 따라 투자자의 법적 지위는 신탁형에서는 수익자가, 회사형에서는 주주 또는 사원이 되며, 조합형에서는 조합원의 지위를 갖게 된다.

### 2. 운용대상에 따른 분류

집합투자기구는 집합투자재산을 어떠한 재산에 운용하느냐에 따라 자본시장법상 증권·부동산·특별자산·혼합자산·단기금융집합투자기구로 분류된다(법 제229조, 시행령 제240조).

1. **증권집합투자기구**: 집합투자재산의 40% 이상으로서 50%를 초과하여 증권(대통령령으로 정하는 증권을 제외하며, 대통령령으로 정하는 증권 외의 증권을 기초자산으로 한 파생상품을 포함)에 투자하는 집합투자기구로서 부동산집합투자기구 및 특별자산집합투자기구에 해당하지 아니하는 집합투자기구(시행령 제240조 제1항·제2항)
2. **부동산집합투자기구**: 집합투자재산의 40% 이상으로서 50%를 초과하여 부동산(부동산을 기초자산으로 한 파생상품, 부동산 개발과 관련된 법인에 대한 대출, 그 밖에 대통령령으로 정하는 방법으로 부동산 및 대통령령으로 정하는 부동산과 관련된 증권에 투자하는 경우를 포함)에 투자하는 집합투자기구(시행령 제240조 제3항 내지 제5항)
3. **특별자산집합투자기구**: 집합투자재산의 40% 이상으로서 50%를 초과하여 특별자산(증권 및 부동산을 제외한 투자대상자산을 말한다)에 투자하는 집합투자기구(시행령 제240조 제6항)
4. **혼합자산집합투자기구**: 집합투자재산을 운용함에 있어서 제1호부터 제3호까지의

규정의 제한을 받지 아니하는 집합투자기구
5. **단기금융집합투자기구**: 집합투자재산 전부를 대통령령으로 정하는 단기금융상품에 투자하는 집합투자기구로서 대통령령으로 정하는 방법[1]으로 운용되는 집합투자기구 (시행령 제241조)

단기금융집합투자기구에서 투자대상인 단기금융상품이란 ① 남은 만기가 6개월 이내인 양도성 예금증서, ② 남은 만기가 5년 이내인 국채증권, 남은 만기가 1년 이내인 지방채증권·특수채증권·사채권(주권 관련 사채권 및 사모의 방법으로 발행된 사채권 제외)·기업어음증권. 다만, 환매조건부매수의 경우에는 남은 만기의 제한을 받지 아니한다. ③ 남은 만기가 1년 이내인 시행령 제79조 제 2 항 제 5 호에 따른 어음(기업어음증권 제외), ④ 법 제83조 제 4 항에 따른 단기대출, ⑤ 만기가 6개월 이내인 시행령 제79조 제 2 항 제 5 호 각 목의 금융기관 또는 체신관서에의 예치, ⑥ 다른 단기금융집합투자기구의 집합투자증권, ⑦ 단기사채등을 말한다(시행령 제241조 제 1 항).

### 3. 특수한 형태의 집합투자기구

그 외 특수한 형태의 집합투자기구에는 환매금지형집합투자기구, 종류형집합

---

1) 이 경우의 '대통령령으로 정하는 방법'이란 다음 각 호의 어느 하나에 해당하는 방법을 말한다(시행령 제241조 제 2 항).
1. 증권을 대여하거나 차입하는 방법으로 운용하지 아니할 것
1의2. 남은 만기가 1년 이상인 국채증권에 집합투자재산의 100분의 5 이내에서 금융위원회가 정하여 고시하는 범위에서 운용할 것
2. 환매조건부매도는 금융위원회가 정하여 고시하는 범위 이내일 것
3. 각 단기금융집합투자기구 집합투자재산의 남은 만기의 가중평균된 기간이 금융위원회가 정하여 고시하는 범위 이내일 것
4. 각 단기금융집합투자기구(법 제76조 제 2 항에 따라 판매가 제한되거나 법 제237조에 따라 환매가 연기된 단기금융집합투자기구는 제외한다)의 집합투자재산이 다음 각 목의 기준을 충족하지 못하는 경우에는 다른 단기금융집합투자기구를 설정·설립하거나 다른 단기금융집합투자기구로부터 그 운용업무의 위탁을 받지 아니할 것. 다만, 국가재정법 제81조에 따른 여유자금을 통합하여 운용하는 단기금융집합투자기구 및 그 단기금융집합투자기구가 투자하는 단기금융집합투자기구를 설정·설립하거나 그 운용업무의 위탁을 받는 경우에는 다음 각 목의 기준을 적용하지 아니한다.
가. 투자자가 개인으로만 이루어진 단기금융집합투자기구인 경우: 3천억원 이상
나. 투자자가 법인으로만 이루어진 단기금융집합투자기구인 경우: 5천억원 이상
5. 투자대상자산의 신용등급 및 신용등급별 투자한도, 남은 만기의 가중평균 계산방법, 그 밖에 자산운용의 안정성 유지에 관하여 금융위원회가 정하여 고시하는 내용을 준수할 것

투자기구, 전환형집합투자기구, 모자형집합투자기구 및 상장지수집합투자기구가 있다.

### (1) 환매금지형집합투자기구

자본시장법상 집합투자기구의 투자자는 언제든지 집합투자증권의 환매를 청구할 수 있으나(법 제235조 제1항), 또한 자본시장법은 존속기간을 정한 집합투자기구일 경우 집합투자증권의 환매를 청구할 수 없는 집합투자기구를 설정·설립하는 것 역시 허용한다(법 제230조 제1항). 특히 투자대상자산의 현금화가 곤란할 가능성이 높은 일정한 경우[1] 집합투자기구를 환매금지형으로 설정·설립할 의무가 부여된다(법 제230조 제5항, 시행령 제242조 제2항).

투자신탁이나 투자익명조합의 집합투자업자 또는 투자회사등은 기존 투자자의 이익을 해할 우려가 없는 등 일정한 경우[2]에만 환매금지형집합투자기구의 집합투자증권을 추가로 발행할 수 있다(법 제230조 제2항, 시행령 제242조 제1항).

투자신탁의 집합투자업자 또는 투자회사는 신탁계약이나 정관에 투자자의 환금성 보장 등을 위한 별도의 방법을 정하지 아니한 경우 환매금지형집합투자기구의 집합증권의 최초발행일로부터 90일 이내에 그 집합투자증권을 증권시장에 상장하여야 한다(법 제230조 제3항).

추가로 집합투자증권을 발행할 수 있는 경우가 아닌 한, 환매금지형집합투자기구의 집합투자증권의 경우 집합투자증권의 기준가격 산정의무, 기준가격의 매일 공고·게시의무, 거짓 기준가격 산정 시 기준가격 산정업무에 관한 금융위원회의 위탁명령에 관한 규제가 적용되지 아니한다(법 제230조 제4항). 집합투자업자등은 집합투자기구의 투자대상자산의 현금화하기 곤란한 사정 등을 고려하여 대통

---

1) 시행령은 다음과 같은 경우를 정하고 있다(시행령 제242조 제2항).
   1. 부동산집합투자기구를 설정 또는 설립하는 경우
   2. 특별자산집합투자기구를 설정 또는 설립하는 경우
   3. 법 제229조 제4호에 따른 혼합자산집합투자기구를 설정 또는 설립하는 경우
   4. 각 집합투자기구 자산총액의 100분의 20의 범위에서 금융위원회가 정하여 고시하는 비율을 초과하여 금융위원회가 정하여 고시하는 시장성 없는 자산에 투자할 수 있는 집합투자기구를 설정 또는 설립하는 경우

2) 시행령은 ① 환매금지형집합투자기구로부터 받은 이익분배금의 범위에서 그 집합투자기구의 집합투자증권을 추가로 발행하는 경우, ② 기존 투자자의 이익을 해칠 염려가 없다고 신탁업자로부터 확인을 받은 경우, ③ 기존 투자자 전원의 동의를 받은 경우로서 기준가격과 증권시장에서 거래되는 가격을 고려하여 산정한 가격으로 발행하는 때라고 규정한다(시행령 제242조 제1항).

령령으로 정하는 경우에는 그 집합투자기구를 환매금지형집합투자기구로 설정·설립하여야 한다(법 제230조 제5항, 시행령 제242조 제2항).

(2) 종류형집합투자기구

집합투자업자등은 동일한 집합투자기구에서 판매보수의 차이로 인하여 기준가격이 다르거나 판매수수료가 다른 여러 종류의 집합투자증권을 발행하는 종류형집합투자기구를 설정·설립할 수 있다(법 제231조 제1항). 이 경우 집합투자자총회의 결의가 필요한 경우로서 특정 종류의 집합투자증권의 투자자에 대하여만 이해관계가 있는 경우에는 그 종류의 투자자만으로 종류집합투자자총회를 개최할 수 있다(법 제231조 제2항). 종류형집합투자기구의 설정·설립, 집합투자증권의 발행·판매·환매, 그 밖에 종류형집합투자기구에 관하여 필요한 사항은 대통령령으로 정한다(법 제231조 제3항, 시행령 제243조).

(3) 전환형집합투자기구

복수의 집합투자기구 간에 각 집합투자기구의 투자자가 소유하고 있는 집합투자증권을 다른 집합투자기구의 집합투자증권으로 전환할 수 있는 권리를 투자자에게 부여하는 구조의 집합투자기구인 전환형집합투자기구를 설정·설립할 경우 다음 요건을 모두 충족하여야 한다(법 제232조 제1항).

1. 복수의 집합투자기구 간에 공통으로 적용되는 집합투자규약이 있을 것
2. 집합투자규약에 집합투자기구 간의 전환[1]이 금지되어 있을 것

집합투자증권의 전환, 그 밖에 전환형 집합투자기구에 관하여 필요한 사항은 대통령령으로 정한다(법 제232조 제2항, 시행령 제244조).

(4) 모자형집합투자기구

집합투자업자등이 모집합투자기구가 발행하는 집합투자증권을 취득하는 구조의 자집합투자기구를 설정·설립하는 경우에는 다음 요건을 모두 충족하여야 한다(법 제233조 제1항).

1) 법 제9조 제18항 제1호부터 제4호까지, 제4호의2, 제5호, 제6호 및 같은 조 제19항 제1호의 규정에 따른 집합투자기구 간의 전환을 말한다(법 제232조 제1항 제2호).

1. 자집합투자기구가 모집합투자기구의 집합투자증권 외의 다른 집합투자증권을 취득하는 것이 허용되지 아니할 것
2. 자집합투자기구 외의 자가 모집합투자기구의 집합투자증권을 취득하는 것이 허용되지 아니할 것
3. 자집합투자기구와 모집합투자기구의 집합투자재산을 운용하는 집합투자업자가 동일할 것

이 경우 집합투자업자등의 자산운용제한에 관한 규정(법 제81조 제1항 제3호(라목 제외))은 자집합투자기구가 모집합투자기구의 집합투자증권을 취득하는 경우에는 적용하지 아니한다(법 제233조 제2항). 모자형집합투자기구(모집합투자기구 및 자집합투자기구)의 설정·설립, 집합투자증권의 판매·환매, 그 밖에 모자형 집합투자기구에 관하여 필요한 사항은 대통령령으로 정한다(법 제233조 제3항, 시행령 제245조).

### (5) 상장지수집합투자기구

#### 1) 개 념

상장지수집합투자기구란 다음 요건을 모두 갖춘 집합투자기구를 말한다(법 제234조 제1항 각 호, 시행령 제246조).[1]

1. 기초자산의 가격 또는 기초자산의 종류에 따라 다수 종목의 가격수준을 종합적으로 표시하는 지수의 변화에 연동하여 운용하는 것을 목표로 할 것. 이 경우 기초자산의 가격 또는 지수는 대통령령으로 정하는 요건[2]을 갖추어야 한다.
2. 수익증권 또는 투자회사 주식의 환매가 허용될 것
3. 수익증권 또는 투자회사 주식이 해당 투자신탁의 설정일 또는 투자회사의 설립일부터 30일 이내에 증권시장에 상장될 것

---

1) 자본시장법상 상장지수집합투자기구에는 자본시장법 제34조 제1항 제1호·제2호, 제87조 제3항(제186조 제2항에서 준용하는 경우를 포함한다), 제88조, 제147조, 제172조, 제173조 및 제235조부터 제237조까지의 규정이 적용되지 아니한다(법 제234조 제1항 본문).

2) 시행령 제246조가 정하는 요건은 다음의 요건을 모두 갖춘 경우를 말한다.
  1. 거래소, 외국 거래소 또는 금융위원회가 정하여 고시하는 시장에서 거래되는 종목의 가격 또는 다수 종목의 가격수준을 종합적으로 표시하는 지수일 것
  2. 제1호의 가격 또는 지수가 같은 호의 시장을 통하여 투자자에게 적절하게 공표될 수 있을 것
  3. 기초자산의 가격의 요건, 지수의 구성종목 및 지수를 구성하는 종목별 비중, 가격 및 지수의 변화에 연동하기 위하여 필요한 운용방법 등에 관하여 금융위원회가 정하여 고시하는 요건을 충족할 것

대주주와의 거래제한(법 제34조 제 1 항 제 1 호·제 2 호), 주요의결사항에 관한 의결권 행사(법 제87조 제 3 항; 법 제186조 제 2 항에서 준용하는 경우 포함), 자산운용보고서의 교부(법 제88조), 주식등의 대량보유 등의 보고(법 제147조), 내부자의 단기매매차익반환(법 제172조), 임원 등의 특정증권등 소유상황 보고(법 제173조), 환매청구 및 방법 등(법 제235조), 환매가격 및 수수료(법 제236조), 환매의 연기(법 제237조)의 규정은 상장지수집합투자기구에 적용하지 아니한다(법 제234조 제 1 항 본문).

투자매매업자 또는 투자중개업자 중 지정참가회사[1]가 상장지수집합투자기구의 설정·설립을 위하여 자기 또는 타인의 계산으로 증권을 매매하는 경우에는 투자일임업을 영위하는 것으로 보지 아니한다(법 제234조 제 2 항, 시행령 제247조). 상장지수집합투자기구를 설정·추가설정 또는 설립·신주발행하는 경우 금전외의 자산으로 납입할 수 있다(법 제234조 제 3 항). 상장지수집합투자기구의 설정·추가설정·설립 및 신주발행, 집합투자증권의 판매 및 환매, 상장 및 상장폐지, 소유재산의 공고, 그 밖에 필요한 사항은 대통령령으로 정한다(법 제234조 제 4 항, 시행령 제248조 내지 제252조).

2) 설정 등

집합투자업자는 지정참가회사로부터 상장지수집합투자기구의 설정·추가설정 또는 설립·신주발행의 요청이 있는 경우 신탁계약이나 투자회사의 정관에서 정하는 바에 따라 상장지수집합투자기구의 설정·추가설정 또는 설립·신주발행을 할 수 있다(시행령 제248조 제 1 항). 지정참가회사가 상장지수집합투자기구의 설정·추가설정 또는 설립·신주발행을 요청하려는 경우(시행령 제247조 제 1 호)에는 투자자가 직접 납부하거나 투자매매업자 또는 투자중개업자를 통하여 투자자가 납부한

---

1) 지정참가회사란 증권을 대상으로 하여 투자매매업(인수업은 제외) 및 투자중개업(위탁매매업만 해당)을 함께하는 자로서 ① 상장지수집합투자기구의 설정·추가설정 또는 설립·신주발행을 집합투자업자에 요청하는 업무, ② 상장지수집합투자기구의 해지·일부해지 또는 해산·주식의 일부 소각을 집합투자업자에 요청하는 업무, ③ 투자자가 납부한 금전 또는 증권(이하 이 절에서 "납부금등"이라 한다)을 금융위원회가 정하여 고시하는 일정 단위(이하 "설정단위"라 한다)에 상당하는 자산으로 변경하기 위한 증권의 매매나 위탁매매업무, ④ 상장지수집합투자기구의 집합투자증권이 증권시장에서 원활하게 거래되도록 하고, 그 가격이 그 집합투자증권의 좌수 또는 주수당의 순자산가치에 수렴되도록 하는 업무(금융위원회가 정하여 고시하는 지정참가회사만 해당함)를 담당하도록 하기 위하여 집합투자업자가 지정하는 자를 말한다(시행령 제247조).

납부금 등을 설정단위에 상당하는 자산으로 변경하여야 한다(시행령 제248조 제 2 항 본문).[1]

3) 환 매

상장지수집합투자기구의 투자자는 그 집합투자증권을 판매하는 투자매매업자 또는 투자중개업자(지정참가회사는 제외) 또는 그 집합투자증권의 지정참가회사(그 집합투자증권을 판매한 투자매매업자 또는 투자중개업자가 지정참가회사인 경우만 해당)에 대하여 설정단위별로 집합투자증권의 환매를 청구할 수 있다(시행령 제249조 제 1 항 본문). 다만, 그 집합투자증권을 판매하는 투자매매업자 또는 투자중개업자가 해산·인가취소·업무정지 등의 사유로 인하여 환매에 응할 수 없는 경우에는 지정참가회사에 대하여 환매를 청구할 수 있다(시행령 제249조 제 1 항 단서).[2] 이 경우 상장지수집합투자기구 집합투자증권의 환매청구를 받은 투자매매업자 또는 투자중개업자는 지정참가회사에 대하여 그 집합투자증권의 환매에 응할 것을 요구하여야 한다(시행령 제249조 제 2 항 본문).[3] 시행령 제249조 제 1 항·제 2 항 본문에 따라 상장지수집합투자기구 집합투자증권의 환매를 청구받거나 요구받은 지정참가회사는 상장지수투자신탁의 집합투자업자나 상장지수투자회사에 대하여 지체 없이 환매에 응할 것을 요구하여야 한다(시행령 제249조 제 4 항).

환매를 청구받거나 요구받은 투자매매업자 또는 투자중개업자, 지정참가회사, 집합투자업자 또는 신탁업자가 해산등으로 인하여 집합투자규약으로 정하는 날까지 집합투자증권을 환매할 수 없게 된 경우에는 법 제237조에 따라 환매를 연기하고 그 사실을 지체 없이 투자자에게 통지하여야 한다(시행령 제249조 제 8 항).

---

1) 다만, 자산으로 변경이 곤란한 경우로서 금융위원회가 정하여 고시하는 경우는 제외한다(시행령 제248조 제 2 항 단서). 또한 시행령 제248조 제 1 항 및 제 2 항에서 규정한 사항 외에 납부금등의 납부방법, 상장지수집합투자기구의 설정·추가설정 또는 설립·신주발행 등에 관하여 필요한 사항은 금융위원회가 정하여 고시한다(시행령 제248조 제 3 항).

2) 또한 상장지수집합투자기구의 투자자는 시행령 제249조 제 1 항 단서에 따라 상장지수집합투자기구 집합투자증권의 환매를 청구하려는 지정참가회사가 해산등으로 인하여 그 집합투자증권의 환매와 관련한 업무를 수행할 수 없는 경우에는 집합투자업자에 대하여 직접 집합투자증권의 환매를 청구할 수 있다(시행령 제249조 제 3 항).

3) 다만, 지정참가회사가 해산등으로 인하여 그 집합투자증권의 환매와 관련한 업무를 할 수 없는 경우에는 투자매매업자 또는 투자중개업자는 집합투자업자에 대하여 직접 집합투자증권의 환매에 응할 것을 요구할 수 있다(시행령 제249조 제 2 항 단서).

4) 공 고

상장지수투자신탁의 집합투자업자 또는 상장지수투자회사는 공고일 전날의 상장지수집합투자기구의 납부자산구성내역(신규설정·추가설정 또는 신규설립·신주발행을 위한 설정단위의 자산구성내역을 포함한다)을 증권시장을 통하여 매일 공고하여야 한다(시행령 제251조 제1항). 또한 거래소는 상장지수집합투자기구의 순자산가치와 추적오차율[1]을 매일 1회 이상 공고하여야 한다(시행령 제251조 제2항).[2]

## Ⅳ. 집합투자기구의 등록

### 1. 등록의무자 및 등록기관

집합투자기구가 설정·설립된 경우 해당 집합투자기구는 금융위원회에 등록되어야 한다(법 제182조 제1항).[3] 이 경우 투자신탁·투자익명조합의 경우 그 집합투자업자가 등록의무를 부담하나, 투자회사·투자유한회사·투자합자회사·투자유한책임회사 및 투자합자조합의 경우 해당 집합투자기구가 등록의무를 부담한다(법 제182조 제1항).

### 2. 등록요건

집합투자기구의 등록요건은 다음과 같다(법 제182조 제2항, 시행령 제209조).

1. 다음 각 목의 자가 업무정지기간 중에 있지 아니할 것
   가. 그 집합투자재산을 운용하는 집합투자업자
   나. 그 집합투자재산을 보관·관리하는 신탁업자
   다. 그 집합투자증권을 판매하는 투자매매업자·투자중개업자
   라. 투자회사인 경우 그 투자회사로부터 업무를 위탁받은 일반사무관리회사

---

1) 일정 기간 동안 상장지수집합투자기구의 집합투자증권의 1좌당 또는 1주당 순자산가치의 변동률과 상장지수집합투자기구가 목표로 하는 지수의 변동률을 비교하는 지표로서 금융위원회가 정하여 고시하는 기준에 따라 산출한 비율을 말한다(시행령 제251조 제2항).

2) 이외에도 시행령은 상장지수집합투자기구의 상장 및 상장폐지 등(시행령 제250조), 집합투자재산의 운용특례(시행령 제252조)를 규정하고 있다.

3) 법 시행령 〈별표 20〉 제59호에 의거하여 금융위원회의 등록관련업무는 금융감독원장에게 위탁되어 있다.

2. 집합투자기구가 이 법에 따라 적법하게 설정·설립되었을 것
3. 집합투자규약이 법령을 위반하거나 투자자의 이익을 명백히 침해하지 아니할 것
4. 그 밖에 집합투자기구의 형태 등을 고려하여 대통령령으로 정하는 요건을 갖출 것
 - 투자회사의 경우: 다음 각 목의 요건. 다만, 법 제279조에 따라 등록하는 외국 집합투자기구 중 법 제279조 제2항 후단에 따라 등록하는 외국 집합투자기구의 경우에는 가목의 요건으로 한정한다.
 가. 감독이사가 「금융회사의 지배구조에 관한 법률」 제5조 제1항 각 호의 어느 하나에 해당하지 아니할 것
 나. 등록 신청 당시의 자본금이 1억원 이상으로서 금융위원회가 정하여 고시하는 금액 이상일 것
 - 투자유한회사, 투자합자회사, 투자유한책임회사, 투자합자조합 및 투자익명조합의 경우: 등록 신청 당시의 자본금 또는 출자금이 1억원 이상으로서 금융위원회가 정하여 고시하는 금액 이상일 것. 다만, 법 제279조에 따라 등록하는 외국 집합투자기구 중 법 제279조 제2항 후단에 따라 등록하는 외국 집합투자기구는 그러하지 아니하다.

### 3. 신규·변경 등록신청서의 제출

설정·설립된 집합투자기구를 등록하려는 경우에는 금융위원회에 등록신청서를 제출하여야 한다(법 제182조 제3항). 금융위원회는 등록신청서를 접수한 경우 그 내용을 검토하여 20일 이내에 등록 여부를 결정하고, 그 결과와 이유를 지체없이 신청인에게 문서로 통지하여야 하며, 등록신청서에 흠결이 있는 때에는 보완을 요구할 수 있다(법 제182조 제4항).[1]

투자신탁이나 투자익명조합의 집합투자업자 또는 투자회사등은 금융위원회에 등록된 사항이 변경된 경우에는 투자자 보호를 해할 우려가 없는 경우로서 대통령령으로 정하는 경우를 제외하고는 2주 이내에 그 내용을 금융위원회에 변경등록 하여야 한다(법 제182조 제8항). 등록신청서의 기재사항 및 첨부서류 등 등록 및 변경등록의 신청에 관한 사항과 등록검토의 방법·절차 그 밖의 필요한 사항은 시행령으로 정한다(법 제182조 제9항, 시행령 제210조·제211조).

1) 금융위원회는 등록 여부를 결정함에 있어서 ① 법 제182조 제2항의 등록요건을 갖추지 아니한 경우, ② 법 제182조 제3항의 등록신청서를 거짓으로 작성한 경우, 또는 ③ 법 제182조 제4항 후단의 보완요구를 이행하지 아니한 경우에 해당하는 사유가 없는 한 그 등록을 거부하여서는 아니 된다(법 제182조 제6항).

## Ⅴ. 기타사항

### 1. 연대책임의 부과

집합투자업자·신탁업자·투자매매업자·투자중개업자·일반사무관리회사·집합투자기구평가회사·채권평가회사는 자본시장법에 따라 투자자에 대한 손해배상책임을 부담하는 경우 귀책사유가 있다면 연대하여 손해배상책임을 진다(법 제185조).

### 2. 자기집합투자증권의 취득제한

투자회사등은 자기의 계산으로 자기가 발행한 집합투자증권을 취득하거나 질권의 목적으로 받을 수 없다(법 제186조 제 1 항 본문). 다만 예외적으로 다음의 경우에는 투자회사등이 자기의 계산으로 자기가 발행한 집합투자증권을 취득할 수 있다(법 제186조 제 1 항 단서, 시행령 제213조).

1. 담보권의 실행 등 권리 행사에 필요한 경우[1)]
2. 투자회사등의 집합투자증권을 환매하는 경우
3. 정관의 변경 또는 합병에 대한 주주총회의 결의에 반대하는 주주에게 그 주주의 집합투자증권 매수청구권의 행사에 따라 주식을 매수하는 경우

### 3. 투자신탁이나 투자익명조합에 관한 규정의 준용

투자신탁이나 투자익명조합의 집합투자업자가 집합투자재산에 속하는 주식에 관한 의결권의 행사(법 제87조), 투자신탁이나 투자익명조합의 집합투자업자의 수시공시의무(법 제89조), 투자신탁이나 투자익명조합의 집합투자업자의 집합투자재산에 관한 보고의무(법 제90조), 투자자의 장부·서류의 열람 또는 등본등 교부청구권(법 제91조), 환매연기 사유 발생 시의 집합투자업자의 즉각적인 통지의무(법 제92조)는 투자회사·투자유한회사·투자합자회사·투자유한책임회사 및 투자합자조합에도 준용된다(법 제186조 제 2 항).

---

1) 이 경우 취득한 자기집합투자증권을 취득일부터 1개월 이내에 소각 또는 투자매매업자 또는 투자중개업자를 통한 매도의 방법으로 처분하여야 한다(시행령 제213조).

## 4. 은행 및 보험회사에 대한 특칙

### (1) 은행 관련 특칙

은행으로서 자본시장법 제12조에 의거하여 집합투자업에 관한 금융투자업인가를 받은 집합투자업겸영은행은 인가받은 범위에서 투자신탁의 설정·해지 및 투자신탁재산의 운용업무를 영위할 수 있다(법 제250조 제1항). 이 경우 집합투자업겸영은행은 집합투자재산 운용업무와 관련한 의사결정을 위하여 집합투자재산운용위원회를 설치하여야 한다(법 제250조 제2항, 시행령 제272조).[1]

자본시장법은 집합투자와 관련된 은행의 이해상충행위를 규율하기 위하여 여러 규제를 두고 있다(법 제250조 제3항 내지 제7항).

우선, 집합투자업겸영은행은 투자신탁재산의 운용과 관련하여 다음에 해당하는 행위를 하여서는 아니 된다(법 제250조 제3항).

1. 자기가 발행한 투자신탁의 수익증권을 자기의 고유재산으로 취득하는 행위
2. 자기가 운용하는 투자신탁의 투자신탁재산에 관한 정보를 다른 집합투자증권의 판매에 이용하는 행위
3. 자기가 운용하는 투자신탁의 수익증권을 다른 은행을 통하여 판매하는 행위
4. 단기금융집합투자기구를 설정하는 행위

집합투자재산의 보관·관리업무를 영위하는 은행은 그 집합투자기구의 집합투자재산에 관한 정보를 자기가 운용하는 투자신탁재산의 운용 또는 자기가 판매하는 집합투자증권의 판매를 위하여 이용하여서는 아니 된다(법 제250조 제4항).

일반사무관리회사의 업무를 영위하는 은행은 해당 집합투자기구의 집합투자재산에 관한 정보를 자기가 운용하는 투자신탁재산의 운용 또는 자기가 판매하는 집합투자증권의 판매를 위하여 이용하여서는 아니 된다(법 제250조 제5항).

투자매매업 또는 투자중개업 인가를 받아 집합투자증권의 판매를 영위하는 은행은 다음에 해당하는 행위를 하여서는 아니 된다(법 제250조 제6항).

---

1) 집합투자업겸영은행이 설치하는 집합투자재산운용위원회는 집합투자재산 운용업무와 관련한 의사결정을 위하여 「은행법」에 따른 업무(자본시장법 제250조 제7항 제2호부터 제4호까지의 업무 및 대통령령으로 정하는 업무는 제외), 신탁업, 그리고 일반사무관리회사의 업무를 수행하지 아니하는 임원 3인(사외이사 2인 포함)으로 구성되어야 한다.

1. 자기가 판매하는 집합투자증권의 집합투자재산에 관한 정보를 자기가 운용하는 투자신탁재산의 운용 또는 자기가 운용하는 투자신탁의 수익증권의 판매를 위하여 이용하는 행위
2. 집합투자증권의 판매업무와 은행법에 따른 업무를 연계하여 정당한 사유 없이 고객을 차별하는 행위

은행이 이 법에 따라 집합투자업, 신탁업(집합투자재산의 보관·관리업무 포함) 또는 일반사무관리회사의 업무를 영위하는 경우 임원을 두어야 하되, 임직원에게 은행법에 따른 업무, 집합투자업, 신탁업, 일반사무관리회사의 업무를 겸직하게 하여서는 아니 된다(법 제250조 제7항).[1] 또한 전산설비 또는 사무실 등의 공동사용 금지 및 다른 업무를 영위하는 임직원 간의 정보교류 제한 등의 이해상충방지체계를 갖추어야 한다(법 제250조 제7항, 시행령 제272조 제3항).[2]

### (2) 보험회사 관련 특칙

보험회사로서 자본시장법 제12조에 의거하여 집합투자업에 관한 금융투자업 인가를 받은 집합투자업겸영보험회사는 인가받은 범위에서 투자신탁의 설정·해지 및 투자신탁재산의 운용업무를 영위할 수 있다(법 제251조 제1항).

집합투자업겸영보험회사는 투자신탁재산의 운용과 관련하여 자기가 운용하는

---

1) 다만, 임원의 경우 은행법에 따른 업무 중 집합투자업, 신탁업, 일반사무관리회사의 업무와 이해상충이 적은 업무로서 일정한 업무의 겸직을 허용한다(법 제250조 제7항 단서, 시행령 제272조 제4항).

2) 은행이 갖추어야 하는 이해상충방지체계에는 다음의 사항이 포함되어야 한다(법 제250조 제7항 본문, 시행령 제272조 제3항).
1. 독립된 부서로 구분되어 업무처리와 보고가 독립적으로 이루어질 것
2. 법 제250조 제7항 각 호의 업무 담당자 간에 업무에 관한 회의나 통신을 한 경우에는 내부통제기준이 정하는 방법 및 절차에 따라 그 회의 또는 통신에 관한 사항을 기록·유지하고 「은행법」에 따른 준법감시인의 확인을 받을 것
3. 법 제250조 제7항 각 호의 업무 간에 직원을 파견하지 아니할 것
4. 집합투자증권의 판매업무를 담당하는 직원이 법 제250조 제7항 제2호부터 제4호까지(제3호의 경우 집합투자재산의 보관·관리업무만 해당한다)의 어느 하나에 해당하는 업무를 겸직하지 아니할 것
5. 출입문을 달리하는 등 정보공유를 막을 수 있을 정도로 사무실이 공간적으로 분리될 것
6. 법 제250조 제7항 각 호의 업무에 관한 전산자료가 공유될 수 없도록 독립되어 저장·관리·열람될 것
7. 그 밖에 이해상충을 방지하기 위하여 필요한 사항으로서 금융위원회가 정하여 고시하는 사항

투자신탁의 투자신탁재산에 관한 정보를 다른 집합투자증권의 판매에 이용하는 행위를 하여서는 아니 된다(법 제250조 제3항 제2호·제251조 제2항).

집합투자재산의 보관·관리업무를 영위하는 보험회사는 그 집합투자기구의 집합투자재산에 관한 정보를 자기가 운용하는 투자신탁재산의 운용 또는 자기가 판매하는 집합투자증권의 판매를 위하여 이용하여서는 아니 된다(법 제250조 제4항·제251조 제2항). 또한 일반사무관리회사의 업무를 영위하는 보험회사는 해당 집합투자기구의 집합투자재산에 관한 정보를 자기가 운용하는 투자신탁재산의 운용 또는 자기가 판매하는 집합투자증권의 판매를 위하여 이용하여서는 아니 된다(법 제250조 제5항·제251조 제2항).

투자매매업 또는 투자중개업 인가를 받아 집합투자증권의 판매를 영위하는 보험회사는 다음의 행위를 하여서는 아니 된다(법 제250조 제6항·제251조 제2항).

1. 자기가 판매하는 집합투자증권의 집합투자재산에 관한 정보를 자기가 운용하는 투자신탁재산의 운용 또는 자기가 운용하는 투자신탁의 수익증권의 판매를 위하여 이용하는 행위
2. 집합투자증권의 판매업무와 보험업법에 따른 업무를 연계하여 정당한 사유 없이 고객을 차별하는 행위

보험회사는 집합투자업, 신탁업(집합투자재산의 보관·관리업무 포함) 또는 일반사무관리회사의 업무를 영위하는 경우 임원을 두어야 하되, 임직원에게 보험업법에 따른 업무, 집합투자업, 신탁업, 일반사무관리회사의 업무를 겸직하게 하여서는 아니 된다(법 제251조 제3항). 또한 보험회사는 전산설비 또는 사무실 등의 공동사용 금지 및 다른 업무를 영위하는 임직원 간의 정보교류 제한 등의 이해상충 방지체계를 갖추어야 한다(법 제251조 제3항).[1)]

집합투자업겸영보험회사는 금전차입 등의 제한에 관한 제83조 제4항에 불구하고 투자신탁재산에 속하는 자산을 보험업법에서 정하는 방법에 따라 그 보험에 가입한 자에게 대출하는 방법으로 운용할 수 있다(법 제251조 제4항).

집합투자기구의 등록의무(법 제182조), 집합투자기구의 명칭사용의무(법 제183

1) 다만, 임원의 경우 보험업법에 따른 업무 중 집합투자업, 신탁업, 일반사무관리회사의 업무와 이해상충이 적은 일정한 업무를 겸직할 수 있다(법 제251조 제3항 단서, 시행령 제273조 제4항).

조 제1항), 신탁계약체결의무 중 신탁원본의 가액 및 법 제189조 제1항 및 제3항에 따라 발행하는 투자신탁의 수익권(이하 '수익증권'으로 줄임)의 총좌수에 관한 사항 및 수익자총회에 관한 사항(법 제188조 제1항 제2호·제6호), 신탁계약 변경 시의 수익자총회의 결의사항(법 제188조 제2항 각 호 외의 부분 후단), 수익자총회 결의에 따라 신탁계약 변경 시의 수익자 통지의무(법 제188조 제3항)·수익증권의 발행·수익자총회 반대수익자의 수익증권매수청구권·투자신탁의 해지·투자신탁의 합병(법 제189조 내지 제191조·제192조(같은 조 제1항 단서 제외[1])·제193조), 환매금지형 집합투자기구(법 제230조), 집합투자증권의 환매(법 제235조 내지 제237조) 등의 일정조항은 집합투자업겸영보험회사가 운용하는 투자신탁에 관하여는 적용하지 아니한다(법 제251조 제5항).

또한 보험회사의 집합투자업 영위에 관하여는, 자기집합투자증권의 취득제한(법 제82조), 성과보수의 제한(법 제86조), 집합투자자총회의 결의내용에 대한 공시의무(법 제89조 제1항 제4호), 집합투자재산에 대한 보고의무(법 제90조), 환매연기 등의 경우 통지의무(법 제92조)가 적용되지 아니한다(법 제251조 제6항).

## 제2절 법적 형식에 따른 유형별 집합투자기구

### Ⅰ. 신탁형 집합투자기구

#### 1. 신탁형 집합투자기구의 법률관계

##### (1) 신탁계약

투자신탁을 설정하고자 하는 집합투자업자는 신탁계약서에 의하여 신탁업자와 신탁계약을 체결하여야 한다. 신탁계약서는 다음 사항이 기재되어야 한다(법 제188조 제1항, 시행령 제215조).

---

1) 즉 법 제192조 제1항 단서(다만, 수익자의 이익을 해할 우려가 없는 경우로서 대통령령으로 정하는 경우에는 금융위원회의 승인을 받지 아니하고 투자신탁을 해지할 수 있으며, 이 경우 집합투자업자는 그 해지사실을 지체 없이 금융위원회에 보고하여야 한다)는 여전히 적용된다.

1. 집합투자업자 및 신탁업자의 상호
2. 신탁원본의 가액 및 수익증권의 총좌수에 관한 사항
3. 투자신탁재산의 운용 및 관리에 관한 사항
4. 이익분배 및 환매에 관한 사항
5. 집합투자업자·신탁업자 등이 받는 보수, 그 밖의 수수료의 계산방법과 지급시기·방법에 관한 사항. 다만, 집합투자업자가 기준가격 산정업무를 위탁하는 경우에는 그 수수료는 해당 투자신탁재산에서 부담한다는 내용을 포함하여야 한다.
6. 수익자총회에 관한 사항
7. 공시 및 보고서에 관한 사항
8. 그 밖에 수익자 보호를 위하여 필요한 사항으로서 대통령령으로 정하는 사항
   - 투자신탁의 종류(법 제229조의 구분에 따른 종류를 말함)
   - 투자신탁의 명칭
   - 투자대상자산(주된 투자대상자산을 따로 기재하여야 함)
   - 집합투자업자와 신탁업자의 업무에 관한 사항
   - 수익증권의 추가발행과 소각에 관한 사항
   - 신탁계약기간을 정한 경우에는 그 기간
   - 투자신탁재산의 평가와 기준가격의 계산에 관한 사항
   - 이익 외의 자산 등의 분배에 관한 사항
   - 집합투자업자와 신탁업자의 변경에 관한 사항
   - 신탁계약의 변경과 해지에 관한 사항
   - 투자신탁의 회계기간
   - 그 밖에 수익자를 보호하기 위하여 필요한 사항으로서 금융위원회가 정하여 고시하는 사항

투자신탁을 설정한 집합투자업자가 신탁계약을 변경하고자 하는 경우 신탁업자와 변경계약을 체결하여야 한다(법 제188조 제2항). 이 경우 아래와 같은 신탁계약 중 중요사항을 변경하는 경우에는 미리 수익자총회의 결의를 거쳐야 한다.

1. 집합투자업자·신탁업자 등이 받는 보수, 그 밖의 수수료의 인상
2. 신탁업자의 변경(합병·분할·분할합병, 그 밖에 대통령령으로 정하는 사유로 변경되는 경우 제외)
3. 신탁계약기간의 변경(투자신탁 설정 당시 그 기간변경이 신탁계약서에 명시되어

있는 경우 제외)

4. 그 밖에 수익자의 이익과 관련된 중요한 사항으로서 대통령령으로 정하는 사항
   - 투자신탁의 종류(법 제229조의 구분에 따른 종류를 말함)의 변경. 다만, 투자신탁을 설정할 때부터 다른 종류의 투자신탁으로 전환하는 것이 예정되어 있고, 그 내용이 신탁계약서에 표시되어 있는 경우에는 제외한다.
   - 주되 투자대상자산의 변경
   - 집합투자업자의 변경. 다만, 다음 각 목의 어느 하나에 해당하는 경우는 제외한다.
   가. 합병·분할·분할합병
   나. 법 제420조 제3항 제1호 및 제2호에 따른 금융위원회의 조치에 따라 집합투자업자가 변경되는 경우
   다. 「금융산업의 구조개선에 관한 법률」 제10조 제1항 제6호부터 제8호까지의 규정에 따른 금융위원회의 명령에 따라 집합투자업자가 변경되는 경우
   - 환매금지형투자신탁(존속기간을 정한 투자신탁으로서 수익증권의 환매를 청구할 수 없는 투자신탁을 말함)이 아닌 투자신탁의 환매금지형투자신탁으로의 변경
   - 환매대금 지급일의 연장
   - 그 밖에 수익자를 보호하기 위하여 필요한 사항으로서 금융위원회가 정하여 고시하는 사항

투자신탁을 설정한 집합투자업자는 신탁계약을 변경한 경우에는 인터넷 홈페이지 등을 이용하여 공시하여야 하며, 신탁계약의 중요사항을 변경한 경우에는 공시 외에 이를 수익자에게 통지하여야 한다(법 제188조 제3항).

집합투자업자가 투자신탁을 설정하거나 또는 그 투자신탁을 추가로 설정하는 경우 신탁업자에게 해당 신탁계약에서 정한 신탁원본 전액을 금전으로 납입하여야 한다(법 제188조 제4항).

### (2) 수익자총회

투자신탁에는 전체 수익자로 구성되는 수익자총회를 두어야 하며, 수익자총회는 자본시장법에서 정한 사항 또는 신탁계약에서 정한 사항에 대하여만 결의할 수 있다(법 제190조 제1항). 투자신탁에는 회사형 집합투자기구의 주주총회 또는 사원총회에 해당하는 기관이 없으므로 투자신탁의 운영에 관한 중요한 사항과 관련하여 수익자총회를 통하는 방식으로 수익자의 이익을 보호하게 된다.[1]

---

1) 임재연(2014), 1088면.

수익자총회는 투자신탁을 설정한 집합투자업자가 소집하나(법 제190조 제 2 항), 투자신탁을 설정한 집합투자업자는 투자신탁재산을 보관·관리하는 신탁업자 또는 발행된 수익증권의 총좌수의 5% 이상을 소유한 수익자가 수익자총회의 목적과 소집의 이유를 기재한 서면을 제출하어 수익자총회의 소집을 그 집합투자업자에 요청하는 경우 1개월 이내에 수익자총회를 소집하여야 하며(법 제190조 제 3 항 본문), 이 경우 집합투자업자가 정당한 사유 없이 수익자총회를 소집하기 위한 절차를 거치지 아니하는 경우에는 그 신탁업자 또는 발행된 수익증권총좌수의 5% 이상을 소유한 수익자는 금융위원회의 승인을 받아 수익자총회를 개최할 수 있다(법 제190조 제 3 항 단서 후단).

주주총회의 소집·통지에 관한 상법 제363조 제 1 항·제 2 항은 수익자총회의 소집통지에 관하여 준용된다(법 제190조 제 4 항). 2013년 5월 개정 자본시장법에 의하면 수익자총회는 출석한 수익자의 의결권의 과반수와 발행된 수익증권 총좌수의 4분의 1 이상의 수로 결의하나, 이 법에서 정한 수익자총회의 결의사항 외에 신탁계약으로 정한 수익자총회의 결의사항에 대하여는 출석한 수익자의 의결권의 과반수와 발행된 수익증권의 총좌수의 5분의 1 이상의 수로 결의할 수 있다(법 제190조 제 5 항). 수익자가 수익자총회에 출석하지 아니하고 서면에 의하여 의결권을 행사하는 것도 가능하며, 2013년 5월 개정 자본시장법은 일정한 요건을 모두 충족하는 경우에는 수익자총회에 출석한 수익자가 소유한 수익증권의 총좌수의 결의내용에 영향을 미치지 아니하도록 의결권을 행사한 것으로 본다(법 제190조 제 6 항). 이러한 간주의결권 행사가 인정되려면 ① 수익자에게 대통령령으로 정하는 방법에 따라 의결권 행사에 관한 통지가 있었으나 의결권이 행사되지 아니하였을 것, ② 간주의결권 행사의 방법이 집합투자규약에 기재되어 있을 것, ③ 수익자총회에서 의결권을 행사한 수익증권의 총좌수가 발행된 수익증권의 총좌수의 10분의 1 이상일 것, ④ 그 밖에 수익자를 보호하기 위하여 대통령령으로 정하는 방법 및 절차를 따를 것이라는 요건이 모두 충족되어야 한다(법 제190조 제 6 항, 시행령 제221조).

투자신탁을 설정한 집합투자업자(법 제197조 제 3 항 후단에 따라 수익자총회를 소집하는 신탁업자 또는 발행된 수익증권 총좌수의 100분의 5 이상을 소유한 수익자 포함)는 동조 제 5 항에 따른 수익자총회의 결의가 이루어지지 아니한 경우 그 날부터 2주 이내에 연기된 수익자총회(연기수익자총회)를 소집하여야 한다(법 제190조 제 7 항).

연기수익자총회의 결의에 관하여는 수익자총회의 결의정족수와 결의방법에 관한 법 제190조 제 5 항 · 제 6 항이 준용되나, 연기수익자총회의 경우 결의의 성립을 용이하게 하기 위하여 의사 · 의결 정족수를 완화하였다(법 제190조 제 8 항).[1]

상법 중 주주총회의 소집지(상법 제364조), 총회 의장의 질서유지권(상법 제366조의2 제 2 항 · 제 3 항), 검사인의 선임(상법 제367조), 총회의 결의방법과 의결권의 행사(상법 제368조 제 3 항 · 제 4 항), 전자적 방법에 의한 의결권의 행사(상법 제368조의4), 의결권(상법 제369조 제 1 항 · 제 2 항), 주주총회의 정족수 · 총회의 연기와 속행 · 총회의 의사록(상법 제371조부터 제373조까지), 결의취소의 소(상법 제376조), 제소주주의 담보제공의무(상법 제377조), 재량청구기각(상법 제379조), 결의무효 및 결의부존재확인의 소(상법 제380조) 및 부당결의취소 · 변경의 소(상법 제381조)의 규정은 수익자총회에 관하여 준용된다(법 제190조 제10항 제 1 문). 이 경우 "주주"는 각각 "수익자"로, "정관"은 각각 "신탁계약"으로, "주식"은 "수익증권"으로, "회사"는 각각 "집합투자업자"로, "이사회의 결의"는 각각 "집합투자업자의 결정"으로 본다(법 제190조 제10항 제 2 문).

### (3) 반대수익자의 수익증권매수청구권

투자신탁의 수익자는 일정한 경우 집합투자업자에게 수익증권의 수를 기재한 서면으로 자기가 소유하고 있는 수익증권의 매수를 청구할 수 있다(법 제192조 제 1 항 본문). 그러한 일정한 경우로, ① 신탁계약의 변경(법 제188조 제 2 항 각 호 외의 부분 후단) 또는 투자신탁의 합병(법 제193조 제 2 항)에 대한 수익자총회의 결의에 반대(수익자총회 전에 해당 집합투자업자에게 서면으로 그 결의에 반대하는 의사를 통지한 경우로 한정)하는 수익자가 그 수익자총회의 결의일부터 20일 이내에 수익증권의 매수를 청구하는 경우, 또는 ② 건전한 거래질서를 해할 우려가 적은 소규모 투자신탁의 합병 등(법 제193조 제 2 항 각 호 외의 부분 단서에 따른 투자신탁의 합병)에 반대하는 수익자가 대통령령으로 정하는 방법에 따라 수익증권의 매수를 청구하는 경우가 규정되어 있다(법 제191조 제 1 항 각 호, 시행령 제222조 제 1 항).

이 경우 투자신탁을 설정한 집합투자업자는 수익증권매수청구권을 행사한 해당 수익자에게 수익증권의 매수에 따른 수수료, 그 밖의 비용을 부담시켜서는 아

---

1) 연기수익자총회의 경우 "발행된 수익증권 총좌수의 4분의 1 이상"은 "발행된 수익증권 총좌수의 8분의 1 이상"으로 보고, "수익증권의 총좌수의 5분의 1 이상"은 "수익증권의 총좌수의 10분의 1 이상"으로 본다(법 제190조 제 8 항 제 2 문).

니 된다(법 제191조 제 2 항).

투자신탁을 설정한 집합투자업자는 반대수익자의 수익증권매수청구가 있는 경우 매수청구기간이 만료된 날부터 15일 이내에 그 투자신탁재산으로 매수청구기간의 종료일에 환매청구한 것으로 보아 신탁계약에서 정하는 바에 따라 그 수익증권을 매수하여야 한다(법 제191조 제 3 항, 시행령 제222조 제 2 항). 다만 매수자금이 부족하여 매수에 응할 수 없는 경우에는 금융위원회의 승인을 받아 수익증권의 매수를 연기할 수 있다(법 제191조 제 3 항 단서).

투자신탁을 설정한 집합투자업자는 법 제191조 제 3 항 본문에 따라 수익증권을 매수한 경우에는 지체 없이 그 수익증권을 소각(消却)하여야 한다(법 제191조 제 4 항).

### (4) 투자신탁의 해지

#### 1) 임의해지

투자신탁을 설정한 집합투자업자는 원칙적으로 금융위원회의 승인을 받아야만 투자신탁을 중도해지할 수 있다(법 제192조 제 1 항 본문). 다만, 수익자의 이익을 해할 우려가 없는 경우로서 다음의 경우에는 금융위원회의 승인을 받지 아니하고 투자신탁을 해지할 수 있으며, 이 경우 집합투자업자는 그 해지사실을 지체 없이 금융위원회에 보고하여야 한다(법 제192조 제 1 항, 시행령 제223조).

1. 수익자 전원이 동의한 경우
2. 해당 투자신탁의 수익증권 전부에 대한 환매의 청구를 받아 신탁계약을 해지하려는 경우
3. 사모집합투자기구가 아닌 투자신탁(존속하는 동안 투자금을 추가로 모집할 수 있는 투자신탁으로 한정한다. 이하 이 조에서 같다)으로서 설정한 후 1년이 되는 날에 원본액이 50억원 미만인 경우
4. 사모집합투자기구가 아닌 투자신탁을 설정하고 1년이 지난 후 1개월간 계속하여 투자신탁의 원본액이 50억원 미만인 경우

임의해지 승인을 신청하는 경우 해지승인신청서를 금융위원회에 제출하여야 하며, 신청서의 기재사항 및 첨부서류, 법 제192조 제 1 항·제 2 항에 따라 투자신탁이 해지되는 경우 미수금 및 미지급금 등의 처리방법, 그 밖에 투자신탁의 해지

에 관하여 필요한 사항은 대통령령으로 정한다(법 제192조 제4항, 시행령 제224조).

2) 의무해지

투자신탁을 설정한 집합투자업자는 다음의 경우 지체 없이 투자신탁을 해지하여야 하며 이 경우 집합투자업자는 그 해지사실을 지체 없이 금융위원회에 보고하여야 한다(법 제192조 제2항).

1. 신탁계약에서 정한 신탁계약기간의 종료
2. 수익자총회의 투자신탁 해지 결의
3. 투자신탁의 피흡수합병
4. 투자신탁의 등록 취소
5. 수익자의 총수가 1인이 되는 경우.[1] 다만, 건전한 거래질서를 해할 우려가 없는 경우로서 대통령령으로 정하는 경우[2]는 제외한다.
6. 제249조의9 제1항[3]에 따라 투자신탁인 전문투자형 사모집합투자기구의 해지 명령을 받은 경우

투자신탁을 설정한 집합투자업자는 법 제192조 제1항 또는 제2항(제3호 제외)에 따라 투자신탁을 해지하는 경우에는 신탁계약이 정하는 바에 따라 투자신탁재산에 속하는 자산을 해당 수익자에게 지급할 수 있다(법 제192조 제3항).

3) 미수금 및 미지급금

집합투자업자는 법 제192조 제1항 또는 제2항에 따라 투자신탁을 임의 또는 강제 해지하는 경우에 미수금 채권이 있는 때에는 금융위원회가 정하여 고시하는 공정가액으로 투자신탁을 해지하는 날에 그 미수금 채권을 양수하여야 한다(시행령 제224조 제3항).[4] 법 제192조 제1항 또는 제2항에 따라 투자신탁을 해지하는 경우 미지급금 채무가 있는 때에도 집합투자업자는 그 미지급금 채무를 양

1) 2013년 5월 개정 자본시장법에서 투자신탁의 원칙적인 해지사유로 신설되었다.
2) 수익자 총수가 1인이더라도 의무해지가 면제되는 경우로는 시행령 제224조의2 참조.
3) 금융위원회는 전문투자형 사모집합투자기구가 일정한 요건을 갖추지 못한 경우 전문투자형 사모집합투자기구의 해지·해산을 명할 수 있다(법 제249조의9 제1항).
4) 다만 그 미수금 채권을 제87조 제1항 제3호(특정 집합투자재산을 그 집합투자업자의 고유재산과 제85조 제2호에 따른 매매중개를 통하여 같은 호 각 목의 투자대상자산의 매매를 하는 경우와 집합투자업자가 운용하는 집합투자기구 상호 간에 자산(제224조 제4항에 따른 미지급금 채무 포함)을 동시에 한쪽이 매도하고 다른 한쪽이 매수하는 거래)에 따라 거래하는 경우에는 그 거래에 의할 수 있다(시행령 제224조 제3항 단서).

수하여야 할 의무가 있다(시행령 제224조 제 4 항).[1] 기타 투자신탁 해지 승인신청서의 서식과 작성방법 등 투자신탁 해지에 관하여 필요한 사항은 금융위원회가 정하여 고시하는 바에 의한다(시행령 제224조 제 5 항).

4) 일부해지

투자신탁을 설정한 집합투자업자는 수익자의 환매청구에 응하는 등 대통령령으로 정하는 경우에는 투자신탁의 일부를 해지할 수 있다(법 제192조 제 5 항, 시행령 제225조).

1. 발행한 수익증권이 판매되지 아니한 경우
2. 수익자가 수익증권의 환매를 청구한 경우
3. 법 제191조 제 1 항에 따라 수익자가 수익증권의 매수를 청구한 경우

### (5) 투자신탁의 합병

투자신탁을 설정한 집합투자업자는 그 집합투자업자가 운용하는 다른 투자신탁을 흡수하는 방법으로 투자신탁을 합병할 수 있다(법 제193조 제 1 항). 이 경우 투자신탁을 설정한 집합투자업자는 다음의 사항을 기재한 합병계획서를 작성하여 합병하는 각 투자신탁의 수익자총회의 결의를 거쳐야 한다(법 제193조 제 2 항, 시행령 제226조 제 1 항).

1. 투자신탁의 합병으로 인하여 존속하는 투자신탁의 증가하는 신탁원본의 가액 및 수익증권의 좌수
2. 투자신탁의 합병으로 인하여 소멸하는 투자신탁의 수익자에게 발행하는 수익증권의 배정에 관한 사항
3. 투자신탁의 합병으로 인하여 소멸하는 투자신탁의 수익자에게 현금을 지급하는 경우 그 내용
4. 합병하는 각 투자신탁의 수익자총회의 회일
5. 합병을 할 날
6. 투자신탁의 합병으로 인하여 존속하는 투자신탁의 신탁계약을 변경하는 경우 그 내용

---

1) 다만, 그 미지급금 채무가 확정된 경우로서 제87조 제 1 항 제 3 호에 따라 거래하는 경우에는 그 거래에 의할 수 있다(시행령 제224조 제 4 항 단서).

7. 그 밖에 대통령령으로 정하는 사항
   - 투자신탁의 합병으로 인하여 이익금을 분배할 경우에는 그 한도액
   - 투자신탁의 합병으로 인하여 투자신탁의 계약기간 또는 투자신탁의 회계기간을 변경하는 경우에는 그 내용
   - 보수 또는 환매수수료 등을 변경하는 경우에는 그 내용
   - 수익증권의 합병가액을 계산하기 위한 투자신탁재산의 평가에 관한 사항
   - 합병으로 인하여 수익증권을 발행하는 경우에는 1좌에 미달하는 단수의 처리에 관한 사항

다만, 2013년 5월 개정 자본시장법은 건전한 거래질서를 해할 우려가 적은 소규모 투자신탁의 합병 등의 경우[1]에는 합병하는 투자신탁의 수익자총회의 결의를 거치지 않아도 합병할 수 있도록 하고 있다(법 제193조 제 2 항 단서, 시행령 제225조의2). 채권자보호절차에 관한 상법 제527조의5 제 1 항 및 제 3 항은 채권자가 있는 투자신탁이 합병하는 경우에 준용된다(법 제193조 제 3 항).

투자신탁을 설정한 집합투자업자는 수익자총회일의 2주 전부터 합병 후 6개월이 경과하는 날까지 다음의 서류를 본점 및 투자매매업자 또는 투자중개업자의 영업소에 비치하여야 하며, 그 투자신탁의 수익자 및 채권자는 영업시간 중 언제든지 그 서류를 열람할 수 있으며, 그 서류의 등본 또는 초본의 교부를 청구할 수 있다(법 제193조 제 4 항).

1. 합병하는 각 투자신탁의 최종의 결산서류
2. 합병으로 인하여 소멸하는 투자신탁의 수익자에게 발행하는 수익증권의 배정에 관한 사항 및 그 이유를 기재한 서면
3. 합병계획서

---

1) 1. 합병하려는 투자신탁 중 하나 이상이 ① 사모집합투자기구가 아닌 투자신탁(존속하는 동안 투자금을 추가로 모집할 수 있는 투자신탁으로 한정. 이하 동일)으로서 설정한 후 1년이 되는 날에 원본액이 50억원 미만인 경우이거나 ② 사모집합투자기구가 아닌 투자신탁을 설정하고 1년이 지난 후 1개월간 계속하여 투자신탁의 원본액이 50억원 미만인 경우이고,
2. 그 투자신탁 간에 법 제229조에 따른 집합투자기구의 종류가 동일하며,
3. 그 투자신탁 간에 집합투자규약에 따른 투자목적, 투자전략 및 투자대상자산 등이 유사한 경우에 한정된다(시행령 제225조의2 제 1 항).

투자신탁을 설정한 집합투자업자는 투자신탁을 합병한 경우 그 사실을 지체 없이 금융위원회에 보고하여야 하며, 합병되는 투자신탁의 수익증권이 증권시장에 상장되어 있는 때에는 거래소에도 보고하여야 한다(법 제193조 제 5 항). 투자신탁의 합병은 존속하는 투자신탁의 집합투자업자가 법 제193조 제 5 항에 따라 금융위원회에 보고를 한 때에 그 효력이 발생하고 이 경우 소멸하는 투자신탁은 해지된 것으로 본다(법 제193조 제 6 항). 합병 후 존속하는 투자신탁은 합병으로 인하여 소멸된 투자신탁의 권리·의무를 승계한다(법 제193조 제 7 항).

투자신탁을 합병하는 경우에는 수익증권의 합병가액은 투자신탁을 합병하는 날의 전날의 대차대조표상에 계상된 자산총액에서 부채총액을 뺀 금액을 기준으로 계산한다(법 제193조 제 8 항, 시행령 제226조 제 2 항).

집합투자업자는 합병계약서에 기재하여야 할 사항(법 제193조 제 2 항 제 1 호부터 제 6 호까지의 사항) 및 시행령 제226조 제 1 항 각 호의 사항에 관하여 수익자총회의 승인을 받은 경우에는 그 내용을 수익자에게 지체 없이 통지하여야 한다(법 제193조 제 8 항, 시행령 제226조 제 4 항).[1)]

## 2. 수익증권의 발행과 수익자명부

### (1) 수익증권의 발행

투자신탁을 설정한 집합투자업자는 투자신탁의 수익권을 균등하게 분할하여 수익증권을 발행한다(법 제189조 제 1 항). 수익자는 신탁원본의 상환 및 이익의 분배 등에 관하여 수익증권의 좌수에 따라 균등한 권리를 가진다(법 제189조 제 2 항). 수익증권은 무액면 기명식으로 한다(법 제189조 제 4 항). 투자신탁을 설정한 집합투자업자는 신탁계약에서 정한 신탁원본 전액이 납입된 경우 신탁업자의 확인을 받아 「주식·사채 등의 전자등록에 관한 법률」에 따른 전자등록의 방법으로 투자신탁의 수익권을 발행하여야 한다(법 제189조 제 3 항).

투자신탁을 설정한 집합투자업자는 법 제189조 제 3 항에 따른 수익증권을 발행하는 경우에는 다음 사항이 「주식·사채 등의 전자등록에 관한 법률」에 따라 전자등록 또는 기록되도록 하여야 하며 그 집합투자업자 및 그 투자신탁재산을 보관·관리하는 신탁업자의 대표이사(집행임원 설치회사의 경우 대표집행임원)로부터 대통

1) 이 경우 집합투자업자는 그 통지업무를 예탁결제원에 위탁하여야 한다(시행령 제226조 제 5 항).

령령으로 정하는 방법과 절차에 따라 확인을 받아야 한다(법 제189조 제5항).

1. 집합투자업자 및 신탁업자의 상호
2. 수익자의 성명 또는 명칭
3. 신탁계약을 체결할 당시의 신탁원본의 가액 및 수익증권의 총좌수
4. 수익증권의 발행일

#### (2) 수익자명부

투자신탁을 설정한 집합투자업자는 수익자명부의 작성에 관한 업무를 「주식·사채 등의 전자등록에 관한 법률」 제2조 제6호에 따른 전자등록기관(이하 "전자등록기관")에 위탁하여야 한다(법 제189조 제6항). 전자등록기관은 법 제189조 제6항에 따라 위탁을 받은 경우 수익자의 주소 및 성명, 수익자가 소유하는 수익증권의 좌수를 기재한 수익자명부를 작성·비치하여야 하며(법 제189조 제7항), 전자등록기관은 제189조 제7항 각 호에 관한 정보를 타인에게 제공해서는 아니 된다(법 제189조 제8항 본문). 다만, 수익자총회 개최를 위하여 집합투자업자에게 제공하는 경우, 그 밖에 대통령령으로 정하는 경우에는 이를 제공할 수 있다(법 제189조 제8항 단서).

주식이전의 대항요건(상법 제337조)·질권의 물상대위(상법 제339조), 그리고 주식의 등록질(상법 제340조)에 관한 「주식·사채 등의 전자등록에 관한 법률」 제35조 제3항 후단은 수익권 및 수익증권에 관하여 준용하며, 주주명부의 효력(「상법」 제353조) 및 주주명부의 폐쇄·기준일(상법 제354조)은 수익자명부에 관하여 준용된다(법 제189조 제9항).

## Ⅱ. 회사형 집합투자기구

### 1. 투자회사

#### (1) 설립절차

투자회사는 상법에 따른 주식회사 형태의 집합투자기구를 말한다(법 제9조 제18항 제2호). 투자회사는 집합투자기구라는 특성상 자본시장법상 별도의 설립절

차를 준수하여야 한다.

자본시장법상 투자회사의 설립 시에 발기인이 투자회사의 설립 시 발행하는 주식의 총수를 인수하여야 하므로 발기설립만 인정되며(법 제194조 제6항), 주식을 인수한 발기인은 지체 없이 주식의 인수가액을 금전으로 납입하여야 한다(법 제194조 제7항).

투자회사의 발기인의 수에 대한 제한은 없으나 발기인의 자격과 관련하여 지배구조법상 임원의 자격요건(법 제5조)에 적합하지 아니한 자는 발기인이 될 수 없다(법 제194조 제1항). 발기인은 투자회사 설립 시 일정한 사항[1]을 기재한 정관을 작성하여야 한다(법 제194조 제2항). 발기인의 책임에 대하여는 자본시장법상 별도의 규정이 없으므로 상법상 주식회사의 발기인의 책임이 적용된다.

### (2) 자 본 금

투자회사 설립 시의 자본금은 주식 발행가액의 총액으로 하며(법 제194조 제3항), 투자회사가 설립 시에 발행하는 주식의 총수는 그 상한과 하한을 두는 방법으로 정할 수 있다(법 제194조 제4항). 투자회사의 최저순자산액의 제한은 없다.[2] 투자회사의 설립 시 또는 성립 후 신주발생 시 주식의 인수가액을 금전으로 납입하여야 하므로 자본시장법은 원칙적으로 현물자산에 의한 납입을 허용하지 않는다(법 제194조 제7항·제196조 제6항).

---

1) 투자회사의 정관에 기재되어야 할 사항은 다음과 같다(법 제194조 제2항). ① 목적, ② 상호, ③ 발행할 주식의 총수, ④ 설립 시에 발행하는 주식의 총수 및 발행가액, ⑤ 회사의 소재지, ⑥ 투자회사재산의 운용 및 관리에 관한 사항, ⑦ 그 투자회사가 유지하여야 하는 순자산액(자산에서 부채를 뺀 금액을 말한다)의 최저액(이하 "최저순자산액"), ⑧ 이익분배 및 환매에 관한 사항, ⑨ 공시 및 보고서에 관한 사항, ⑩ 공고방법, ⑪ 그 밖에 주주를 보호하기 위하여 필요한 사항으로서 대통령령으로 정하는 사항. 이와 관련하여 시행령은 ① 투자회사의 종류, ② 투자대상자산, ③ 주식의 추가발행과 소각에 관한 사항, ④ 존속기간이나 해산사유를 정한 경우에는 그 내용, ⑤ 투자회사재산의 평가와 기준가격의 계산에 관한 사항, ⑥ 이익 외의 자산등의 분배에 관한 사항, ⑦ 집합투자업자·신탁업자 및 일반사무관리회사와 체결할 업무위탁계약의 개요, ⑧ 집합투자업자와 신탁업자의 변경에 관한 사항, ⑨ 정관의 변경에 관한 사항, ⑩ 감독이사의 보수에 관한 기준, ⑪ 투자회사의 회계기간, ⑫ 정관 작성연월일, ⑬ 그 밖에 주주를 보호하기 위하여 필요한 사항으로서 금융위원회가 정하여 고시하는 사항이라고 정하고 있다(시행령 제227조 제1항).

2) 2015년 7월 개정 시 최저순자산액을 규정하던 법 제194조 제5항, 시행령 제227조 제2항이 삭제되었다.

### (3) 주 식

투자회사의 주식은 무액면 기명식으로 하며(법 제196조 제1항), 투자회사는 회사 성립일 또는 신주(新株)의 납입기일에 지체 없이 「주식·사채 등의 전자등록에 관한 법률」에 따른 전자등록의 방법으로 주식을 발행하여야 한다(법 제196조 제2항).[1]

투자회사가 그 성립 후에 신주를 발행하는 경우, 신주의 수, 발행가액 및 납입기일은 이사회가 결정하나, 정관에서 달리 정할 수 있다(법 제194조 제3항). 자본시장법은 주주의 청구가 있는 경우 그 주주의 주식을 매수할 수 있는 투자회사('개방형투자회사')가 그 성립 후에 신주를 발행하는 경우에 관한 특칙을 정하고 있다(법 제196조 제4항).[2]

투자회사는 그 성립 후에 신주를 발행하는 경우 같은 날에 발행하는 신주의 발행가액, 그 밖의 발행조건은 균등하게 정하여야 하며 이 경우 신주의 발행가액은 그 투자회사가 소유하는 자산의 순자산액에 기초하는 방법에 따라 산정한다(법 제196조 제5항, 시행령 제230조). 주식인수인은 투자회사가 그 성립 후에 신주를 발행하는 경우 주금의 납입과 동시에 주주의 권리·의무를 가진다(법 제196조 제7항).

### (4) 이사의 선임과 설립경과의 조사 및 설립등기

발기인은 투자회사 설립 시에 발행하는 주식의 인수가액의 납입이 완료된 경우 지체 없이 의결권 과반수의 찬성으로 이사를 선임하여야 하며, 선임된 이사는 투자회사의 설립에 관하여 법령이나 투자회사의 정관을 위반한 사항이 있는지를 조사하여 그 결과를 이사회에 보고하여야 한다(법 제194조 제8항). 이사는 법 제194조 제8항에 따른 조사결과 법령 또는 투자회사의 정관을 위반한 사항을 발견한 경우에는 지체 없이 이를 발기인에게 보고하여야 한다(법 제194조 제9항). 보고를 종료한 날부터 2주 이내에 투자회사의 발기인은 설립등기를 하여야 한다(법 제

1) 2016년 3월 개정 전에는 예탁결제원을 명의인으로 하여 그 증권등을 발행 또는 등록하는 방법으로 주식을 발행하도록 하고 있었다(구법 제196조 제2항).

2) 개방형투자회사의 이사회는 신주의 발행기간, 신주 발행기간 이내에 발행하는 신주수의 상한, 신주의 발행기간 동안 매일의 발행가액 및 주금납입기일을 정하는 방법에 관한 사항을 결정할 수 있다(법 제196조 제4항). 이 경우 개방형투자회사는 발행기간 동안 매일의 발행가액 및 주금납입기일을 정하는 방법에 따라 확정된 매일의 발행가액을 그 투자회사의 주식을 판매하는 투자매매업자 또는 투자중개업자의 지점, 그 밖의 영업소에 게시하고, 인터넷 홈페이지 등을 이용하여 공시하여야 한다(법 제196조 제4항).

194조 제10항).

### (5) 설립관련 제한

투자회사의 발기인은 투자회사재산을 선박에 투자하는 투자회사를 설립하여서는 아니 되며, 투자회사는 설립 후에도 그 투자회사의 정관을 선박에 투자하는 투자회사에 해당하도록 변경하여서는 아니 된다(법 제194조 제11항).[1]

### (6) 정관의 변경

투자회사는 이사회 결의로 정관을 변경할 수 있으나 정관의 일정한 사항[2]을 변경하고자 하는 경우에는 원칙적으로 출석주주 의결권의 과반수와 발행주식 총수의 4분의 1 이상의 수로 주주총회의 결의를 거쳐야 한다(법 제195조 제1항).[3] 다만 투자회사는 합병·분할·분할합병 등의 사유로 집합투자업자 또는 신탁업자가 변경된 경우에는 이사회 결의 및 주주총회의 결의 없이 정관을 변경할 수 있다(법 제195조 제1항 단서).

투자회사가 정관을 변경한 경우에는 인터넷 홈페이지 등을 이용하여 공시하여야 하며, 법 제195조 제1항 단서에 따라 정관을 변경한 경우에는 공시 외에 이를 주주에게 통지하여야 한다(법 제195조 제3항).

### (7) 이사의 구분

투자회사의 이사는 집합투자업자인 이사('법인이사')와 감독이사로 구분되며 투자회사는 법인이사 1인과 감독이사 2인 이상을 선임하여야 한다(법 제197조). 법인이사는 투자회사를 대표하고 투자회사의 업무를 집행한다(법 제198조 제1항). 법인이사가 다음의 업무를 집행하고자 하는 경우 이사회 결의를 거쳐야 한다(법 제198조 제2항).

---

1) 2016년 3월 개정 시에 투자회사 재산의 70%를 초과하여 부동산에 투자하는 투자회사의 설립 금지 또는 정관 변경 금지가 삭제되었다.

2) ① 집합투자업자·신탁업자 등이 받는 보수, 그 밖의 수수료의 인상, ② 집합투자업자 또는 신탁업자의 변경, ③ 정관으로 투자회사의 존속기간 또는 해산사유를 정한 경우 존속기간 또는 해산사유의 변경, ④ 그 밖에 주주의 이익과 관련된 중요한 사항으로서 대통령령으로 정하는 사항(법 제195조 제1항).

3) 반면 2013년 5월 개정 전의 자본시장법은 개정 전 법에 따른 주주총회의 성립요건(발행주식총수의 과반수 소유주주의 출석)을 요구하였으며, 상법상 특별결의가 요구되는 사안의 경우 출석주주의 의결권의 3분의 2 이상 및 발행주식 총수의 3분의 1 이상의 수로써 하도록 하여 좀 더 엄격한 요건을 두고 있었다.

1. 집합투자업자·신탁업자·투자매매업자·투자중개업자 및 일반사무관리회사와의 업무위탁계약(변경계약 포함)의 체결
2. 자산의 운용 또는 보관 등에 따르는 보수의 지급
3. 금전의 분배 및 주식의 배당에 관한 사항
4. 그 밖에 투자회사의 운영상 중요하다고 인정되는 사항으로서 정관이 정하는 사항

법인이사는 3개월마다 1회 이상 그 업무의 집행상황 및 자산의 운용 내용을 이사회에 보고하여야 하며(법 제198조 제3항), 법인이사는 법인이사의 직무를 정하여 그 직무를 수행할 자를 그 임직원 중에서 선임할 수 있다(법 제198조 제4항). 이 경우 집합투자업자는 이를 투자회사에 서면으로 통보하여야 하며 투자회사에 통보된 자가 그 직무 범위에서 행한 행위는 법인이사의 행위로 본다(법 제198조 제4항·제5항).

감독이사는 법인이사의 업무집행을 감독하며, 투자회사의 업무 및 재산상황을 파악하기 위하여 필요한 경우에는 법인이사와 그 투자회사재산을 보관·관리하는 신탁업자, 그 투자회사의 주식을 판매하는 투자매매업자·투자중개업자 또는 그 투자회사로부터 업무를 위탁받은 일반사무관리회사에 대하여 그 투자회사와 관련되는 업무 및 재산상황에 관한 보고를 요구할 수 있다(법 제199조 제1항). 감독이사가 그 직무를 수행함에 있어서 필요하다고 인정되는 경우에는 법 제240조 제3항에 따른 회계감사인에 대하여 회계감사에 관한 보고를 요구할 수 있다(법 제199조 제2항).

일정한 자[1]는 감독이사가 될 수 없으며 감독이사가 된 후 이에 해당하게 된 경우 그 직을 상실한다(법 제199조 제4항). 감독이사는 직무상 알게 된 정보로서 외부에 공개되지 아니한 정보를 정당한 사유 없이 자기 또는 제3자의 이익을 위하여 이용하여서는 아니 된다(법 제199조 제5항·제54조).

---

1) ① 지배구조법 제5조에 적합하지 아니한 자, ② 해당 투자회사의 발기인(법 제194조 제8항에 따라 최초로 투자회사의 감독이사를 선임하는 경우에 한한다), ③ 투자회사의 대주주 및 그 특수관계인, ④ 법인이사의 특수관계인 또는 법인이사로부터 계속적으로 보수를 지급받고 있는 자, ⑤ 그 투자회사의 주식을 판매하는 투자매매업자 또는 투자중개업자의 특수관계인, ⑥ 그 투자회사의 이사가 다른 법인의 이사로 있는 경우 그 법인의 상근 임직원인 자, ⑦ 그 밖에 감독이사로서의 중립성을 해할 우려가 있는 자로서 대통령령으로 정하는 자(법 제199조 제4항, 시행령 제231조).

### (8) 이 사 회

투자회사의 이사회는 각 이사가 소집하며(법 제200조 제 1 항), 이사는 이사회를 소집하고자 하는 경우 그 회의일 3일 전까지 각 이사에게 소집을 통지하여야 하나 정관이 정하는 바에 따라 통지기간을 단축할 수 있다(법 제200조 제 2 항).

이사회는 이 법과 정관이 정하는 사항에 대하여만 결의하며(법 제200조 제 3 항), 이사회 결의는 이사 과반수의 출석과 출석한 이사 과반수의 찬성으로 한다(법 제200조 제 5 항). 이사회는 이사가 결원된 경우 이사를 선임하기 위한 주주총회를 즉시 소집하여야 한다(법 제200조 제 4 항).

### (9) 주주총회

투자회사의 주주총회는 이사회가 소집한다(법 제201조 제 1 항). 주주총회는 출석한 주주의 의결권의 과반수와 발행주식 총수의 4분의 1 이상의 수로 결의하나, 개정 자본시장법에 의하면 동법상 정한 주주총회의 결의사항 외에 집합투자규약으로 정한 주주총회의 결의사항에 대하여는 출석한 주주의 의결권의 과반수와 발행주식 총수의 5분의 1 이상의 수로 결의할 수 있다(법 제201조 제 2 항).

투자회사의 발행주식 총수의 5% 이상을 소유한 주주가 주주총회의 목적과 소집의 이유를 기재한 서면을 제출하여 주주총회의 소집을 그 투자회사의 이사회에 요청하는 경우 투자회사의 이사회는 1개월 이내에 주주총회를 소집하여야 하며(법 제201조 제 3 항·제190조 제 3 항 본문), 이때의 주주총회는 자본시장법 또는 정관에서 정한 사항에 대하여만 결의가 가능하다(법 제201조 제 3 항·제190조 제 1 항). 투자회사의 이사회가 정당한 사유 없이 주주총회를 소집하기 위한 절차를 거치지 아니하는 경우에는 투자회사의 발행주식 총수의 5% 이상을 소유한 주주는 금융위원회의 승인을 받아 주주총회를 개최할 수 있다(법 제201조 제 3 항·제190조 제 3 항 단서). 주주는 주주총회에 출석하지 아니하고 서면에 의하여 의결권을 행사하는 것도 가능하다(법 제201조 제 3 항·제190조 제 6 항, 시행령 제221조).

그리고 6월 전부터 계속하여 투자회사의 발행주식 총수의 1천분의 30 이상(최근 사업연도 말 현재 자본금이 1천억원 이상인 투자회사의 경우 1천분의 15 이상)에 해당하는 주식을 소유한 투자회사의 주주도 주주총회 소집권을 행사할 수 있다(법 제205조 제 2 항, 지배구조법 제33조 제 2 항, 동법 시행령 제28조 제 2 항 제 2 호).

정관의 변경 또는 투자회사의 합병에 대한 주주총회의 결의에 반대하는 주주는 주주총회 전에 해당 투자회사에게 서면으로 그 결의에 반대하는 의사를 통지한 경우 그 주주총회의 결의일부터 20일 이내에 주식의 수를 기재한 서면으로 자기가 소유하고 있는 주식의 매수를 청구할 수 있다(법 제201조 제4항·제191조 제1항). 이 경우 투자신탁에서 반대수익자의 수익증권매수청구에 관한 제반규정(법 제191조 제2항 내지 제4항)이 준용된다(법 제201조 제4항).

(10) 해 산

투자회사는 다음의 사유로 해산한다(법 제202조 제1항).

1. 정관에서 정한 존속기간의 만료, 그 밖의 해산사유의 발생
2. 주주총회의 해산 결의
3. 투자회사의 피흡수합병
4. 투자회사의 파산
5. 법원의 명령 또는 판결
6. 투자회사 등록의 취소
7. 주주(법인이사인 주주는 제외한다)의 총수가 1인이 되는 경우. 다만, 건전한 거래질서를 해할 우려가 없는 경우로서 대통령령으로 정하는 경우를 제외한다.[1]

투자회사가 해산한 경우 법인이사가 청산인이 되는 때에는 해산일부터 2주 이내에, 청산인이 선임된 때에는 그 선임일부터 2주 이내에 청산인에 관한 사항을 등기하여야 한다(법 제202조 제2항). 투자회사가 해산한 경우 감독이사가 청산감독인이 되는 때에는 해산일부터 2주 이내에, 청산감독인이 선임된 때에는 선임일부터 2주 이내에 청산감독인에 관한 사항을 등기하여야 한다(법 제202조 제3항).

투자회사가 투자회사의 피흡수합병 또는 파산 이외의 사유로 해산한 경우에는 청산인 및 청산감독인으로 구성되는 청산인회를 둔다(법 제202조 제4항). 그러나 투자회사가 정관에서 정한 존속기간의 만료, 그 밖의 해산사유의 발생, 주주총회의 해산 결의 또는 주주(법인이사인 주주 제외)의 총수가 1인이 되는 경우의 사유로 해산한 때에는 정관 또는 주주총회에서 달리 정한 경우 외에는 법인이사 및 감

1) 의무해산의 면제사유는 투자회사의 최초 설립일부터 1개월이 지나지 아니한 경우이거나 투자회사의 주주 총수가 1인이 된 날부터 1개월이 경과하지 않은 경우 등이 포함된다(시행령 제231조의2).

독이사가 각각 청산인 및 청산감독인이 된다(법 제202조 제5항).

투자회사가 법원의 명령 또는 판결의 사유로 해산한 경우, 청산인 또는 청산감독인이 없는 경우, 상법상 설립무효 또는 취소의 판결 확정에 따라 청산하는 경우에는 금융위원회가 이해관계인의 청구에 의하여 청산인 및 청산감독인을 선임한다(법 제202조 제6항). 투자회사가 투자회사 등록의 취소로 인하여 해산한 경우에는 금융위원회가 직권으로 청산인 및 청산감독인을 선임한다(법 제202조 제7항).

금융위원회는 청산인 또는 청산감독인이 업무를 집행함에 있어서 현저하게 부적합하거나 중대한 법령 위반사항이 있는 경우 직권 또는 이해관계인의 청구에 의하여 해임하고 직권으로 새로운 청산인 또는 청산감독인을 선임할 수 있다(법 제202조 제8항).

### (11) 청 산

청산인은 취임 후 지체 없이 투자회사의 재산상황을 조사하여 재산목록과 대차대조표를 작성하여 이를 청산인회에 제출하여 승인을 받아야 하며, 그 등본을 지체 없이 금융위원회에 제출하여야 한다(법 제203조 제1항).

청산인은 취임한 날부터 1개월 이내에 투자회사의 채권자에 대하여 1개월 이상의 기간 이내에 그 채권을 신고할 것과 그 기간 이내에 신고하지 아니하면 청산에서 제외된다는 뜻을 2회 이상 공고함으로써 최고하여야 한다(법 제203조 제3항). 다만 청산인은 자금차입·채무보증 또는 담보제공이 제한되는 투자회사의 경우에는 장내파생상품 매매에 따른 계약이행책임이 있는 경우 등의 경우를 제외하고 채권자에 대한 최고절차를 생략할 수 있다(법 제203조 제4항). 청산인은 청산사무가 종결된 경우에는 지체 없이 결산보고서를 작성하여 주주총회의 승인을 받아야 하며 그 결산보고서를 공고하고, 이를 금융위원회 및 협회에 제출하여야 한다(법 제203조 제5항). 청산인은 청산인회의 승인을 얻은 재산목록과 대차대조표를 청산 종결 시까지 투자회사에 비치하여야 하며, 이를 집합투자업자 및 투자매매업자·투자중개업자에게 송부하여 그 영업소에 비치하도록 하여야 한다(법 제203조 제7항).

청산감독인은 청산인이 업무수행과 관련하여 법령이나 정관을 위반하거나, 그 밖에 투자회사에 대하여 현저하게 손해를 끼칠 우려가 있는 사실을 발견한 경우에는 금융위원회에 이를 보고하여야 한다(법 제203조 제2항).

### (12) 합　병

투자회사는 그 투자회사와 법인이사가 같은 다른 투자회사를 흡수하는 방법으로 합병하는 방법에 의하여만 다른 회사와 합병할 수 있으며(법 제204조 제1항), 이 경우 투자회사는 출석 주주의 의결권의 과반수와 발생주식총수의 5분의 1 이상의 수에 의한 주주총회의 결의를 거쳐야 한다(법 제204조 제2항).[1] 결산서류 등의 영업소 비치 의무·금융위원회 또는 거래소에의 보고의무·소멸된 회사의 권리와 의무의 승계·합병가액의 계산 등에 관한 법 제193조 제4항·제5항·제8항은 투자회사의 합병에 관하여 준용된다(법 제204조 제3항).

### (13) 투자회사에 대한 특례

상장법인의 사업보고서 제출의무 등에 관한 자본시장법 제3편 제3장은 투자회사에는 적용하지 아니한다(법 제205조 제1항).

소수주주의 권리행사의 특례에 관한 지배구조법 제33조의 규정이 투자회사의 주주에게 준용된다(법 제205조 제2항). 상법의 일부 규정은 투자회사에 변경되어 적용되거나 또는 적용이 배제된다(법 제206조).

## 2. 투자유한회사

### (1) 설　립

투자유한회사란 상법에 따른 유한회사 형태의 집합투자기구를 말한다(법 제9조 제18항 제3호). 집합투자업자는 투자유한회사를 설립하는 경우 법정 사항[2]을

1) 다만, 건전한 거래질서를 해할 우려가 적은 소규모 투자회사의 합병 등 일정한 경우는 제외한다(법 제204조 제2항 단서, 시행령 제233조의2).

2) ① 목적, ② 상호, ③ 제209조 제1항에 따른 법인이사의 상호·사업자등록번호, ④ 회사의 소재지, ⑤ 투자유한회사재산의 운용 및 관리에 관한 사항, ⑥ 이익분배 및 환매에 관한 사항, ⑦ 공시 및 보고서에 관한 사항, ⑧ 그 밖에 사원을 보호하기 위하여 필요한 사항으로서 대통령령으로 정하는 사항(법 제207조 제1항). 이와 관련하여 시행령은 ① 투자유한회사의 종류, ② 투자대상자산, ③ 지분증권의 추가발행과 소각에 관한 사항, ④ 존속기간이나 해산사유를 정한 경우에는 그 내용, ⑤ 투자유한회사재산의 평가와 기준가격의 계산에 관한 사항, ⑥ 이익 외의 자산등의 분배에 관한 사항, ⑦ 집합투자업자·신탁업자 및 일반사무관리회사와 체결할 업무위탁계약의 개요, ⑧ 집합투자업자 및 신탁업자의 변경에 관한 사항, ⑨ 정관의 변경에 관한 사항, ⑩ 투자유한회사의 회계기간, ⑪ 정관 작성연월일, ⑫ 그 밖에 사원을 보호하기 위하여 필요한 사항으로서 금융위원회가 정하여 고시하는 사항을 규정한다(시행령 제234조 제1항).

기재한 정관을 작성하여 기명날인 또는 서명하여야 한다(법 제207조 제1항). 집합투자업자는 정관을 작성한 후 투자유한회사 설립 시에 출자금을 금전으로 납입하여야 하며(법 제207조 제2항), 출자금액이 납입된 날부터 2주 이내에 집합투자업자는 정관 및 출자금 납부를 맡은 은행 등의 출자금 납부·보관 증명서를 첨부하여 ① 목적, ② 상호, ③ 법인이사의 상호·사업자등록번호, ④ 회사의 소재지, 그리고 ⑤ 정관으로 투자유한회사의 존속기간 또는 해산사유를 정한 경우 그 내용에 관하여 설립등기를 하여야 한다(법 제207조 제3항, 시행령 제234조 제2항).

투자유한회사가 설립된 경우 해당 회사(집합투자기구)를 금융위원회에 등록하기 전에는 집합투자업자 외의 자를 사원으로 가입시켜서는 아니 된다(법 제207조 제5항).

### (2) 지분증권

투자유한회사의 사원은 출자금액의 반환 및 이익의 분배 등에 관하여 지분증권의 수에 따라 균등한 권리를 가진다(법 제208조 제1항). 투자유한회사의 지분증권에는 일정한 사항[1]을 기재하고, 법인이사가 기명날인 또는 서명하여야 한다(법 제208조 제2항).

투자유한회사의 지분증권에 관하여 투자회사의 주식에 관한 법 제196조(제2항 제외[2])가 준용된다(법 제208조 제3항). 따라서 투자유한회사의 지분증권도 무액면 기명식으로 하여야 하며(법 제196조 제1항), 투자유한회사는 회사 성립일 또는 새로 발행하는 지분증권의 납입기일에 지체 없이 예탁결제원을 명의인으로 하여 그 증권등을 발행 또는 등록하는 방법으로 지분증권을 발행하여야 한다(법 제196조 제2항). 지분증권의 인수인은 투자유한회사가 그 성립 후에 신규 지분증권을 발행하는 경우 지분증권 대금의 납입과 동시에 사원의 권리·의무를 갖게 된다(법 제196조 제7항).

---

1) 투자유한회사의 상호, 회사의 성립연월일, 지분증권의 발행일, 사원의 성명(법인인 경우 상호), 기호 및 번호, 이익 등의 분배의 시기, 지분증권의 환매조건(환매를 청구할 수 없는 지분증권인 경우에는 환매를 청구할 수 없다는 뜻), 존속기간을 정하는 경우에는 그 기간, 그 지분증권을 판매한 투자매매업자 또는 투자중개업자의 명칭이 기재된다(법 제208조 제2항 각 호, 시행령 제235조).

2) 법 제196조 제2항은 투자회사는 회사 성립일 또는 신주(新株)의 납입기일에 지체 없이 주식을 발행하여야 한다는 내용이므로 성격상 준용되지 않는다.

### (3) 법인이사

투자유한회사에는 집합투자업자인 이사('법인이사') 1인을 둔다(법 제209조 제1항). 투자회사의 법인이사에 관한 법 제198조 제1항·제4항 및 제5항은 투자유한회사의 법인이사에게 준용된다(법 제209조 제2항). 이에 따라 법인이사는 투자유한회사를 대표하고 투자유한회사의 업무를 집행하며, 법인이사는 법인이사의 직무를 정하여 그 직무를 수행할 자를 그 임직원 중에서 선임할 수 있고 이 경우 집합투자업자는 이를 투자유한회사에 서면으로 통보하여야 하며 투자유한회사에 통보된 자가 그 직무 범위에서 행한 행위는 법인이사의 행위로 본다(법 제209조 제2항·제198조 제1항·제4항·제5항).

### (4) 사원총회

투자유한회사의 사원총회는 법인이사가 소집한다(법 제210조 제1항). 2013년 5월 개정 자본시장법은 투자유한회사의 사원총회에 대한 결의요건을 낮춰서, 출석한 사원의 의결권의 과반수와 발행된 지분증권 총수의 4분의 1 이상의 수로 결의하되, 자본시장법에서 정한 사원총회의 결의사항이 아니라 정관으로 정한 사원총회의 결의사항에 대하여는 출석한 사원의 의결권의 과반수와 발행된 지분증권총수의 5분의 1 이상의 수로 결의할 수 있도록 하고 있다(법 제210조 제2항).

투자신탁의 수익자총회에 관한 제190조 제1항·제3항·제4항 및 제6항부터 제10항까지의 규정은 투자유한회사의 사원총회에 관하여 준용된다(법 제210조 제3항).

### (5) 준용 또는 배제 규정

투자회사의 정관의 변경에 관한 제195조는 투자유한회사의 정관변경에 관하여 준용된다(법 제211조 제1항). 투자회사의 해산에 관한 제202조(제3항·제4항 제외), 청산에 관한 제203조(제2항 제외) 및 합병에 관한 제204조는 투자유한회사의 해산·청산 및 합병에 관하여 준용된다(법 제211조 제2항).

투자유한회사에 상법을 적용함에 있어서 일정한 경우 '법원'은 각각 '금융위원회'로 보아 적용하며 일정한 상법조항은 투자유한회사에 적용되지 아니한다(법 제212조).

## 3. 투자합자회사

### (1) 설 립

투자합자회사란 상법에 따른 합자회사 형태의 집합투자기구를 말한다(법 제9조 제18항 제4호).

집합투자업자가 투자합자회사를 설립하는 경우 일정한 사항[1]을 기재한 정관을 작성하여 무한책임사원 1인과 유한책임사원 1인이 기명날인 또는 서명하여야 한다(법 제213조 제1항). 집합투자업자는 정관을 작성한 후 투자합자회사 설립 시에 출자금을 금전으로 납입하여야 하며(법 제213조 제2항), 출자금액이 납입된 날부터 2주 이내에 집합투자업자는 설립등기를 하여야 한다(법 제213조 제3항). 투자합자회사 사원의 경우에도 그 출자의 목적은 금전에 한한다(법 제213조 제4항). 투자합자회사는 금융위원회에 해당 회사(집합투자기구)를 등록하기 전에는 정관에 기명날인 또는 서명하는 사원 외의 자를 사원으로 가입시켜서는 아니 된다(법 제213조 제5항).

### (2) 업무집행사원

투자합자회사는 업무집행사원 1인 외의 무한책임사원을 둘 수 없으며 업무집행사원은 상법 제173조에 불구하고 집합투자업자이어야 한다(법 제214조 제1항). 투자회사의 법인이사에 관한 제198조 제1항·제4항·제5항은 투자합자회사의 업무집행사원에게 준용된다(법 제214조 제2항).

### (3) 사원총회

투자합자회사에 사원 전원으로 구성되는 사원총회를 두며, 사원총회는 자본

1) ① 목적, ② 상호, ③ 업무집행사원의 상호·사업자등록번호, ④ 회사의 소재지, ⑤ 투자합자회사재산의 운용 및 관리에 관한 사항, ⑥ 이익분배 및 환매에 관한 사항, ⑦ 공시 및 보고서에 관한 사항, ⑧ 그 밖에 사원을 보호하기 위하여 필요한 사항으로서 대통령령으로 정하는 사항(법 제213조 제1항). 그 외에도 시행령은 투자합자회사의 정관에 기재할 사항으로 ① 투자합자회사의 종류, ② 투자대상자산, ③ 지분증권의 발행과 소각에 관한 사항, ④ 존속기간이나 해산사유를 정한 경우에는 그 내용, ⑤ 투자합자회사재산의 평가와 기준가격의 계산에 관한 사항, ⑥ 이익 외의 자산등의 분배에 관한 사항, ⑦ 집합투자업자·신탁업자 및 일반사무관리회사와 체결할 업무위탁계약의 개요, ⑧ 집합투자업자 및 신탁업자의 변경에 관한 사항, ⑨ 정관의 변경에 관한 사항, ⑩ 투자합자회사의 회계기간, ⑪ 정관 작성연월일, ⑫ 그 밖에 사원을 보호하기 위하여 필요한 사항으로서 금융위원회가 정하여 고시하는 사항을 규정하고 있다(시행령 제236조 제1항).

시장법 또는 정관에서 정한 사항에 대하여만 결의할 수 있다(법 제215조 제1항).

투자합자회사의 사원총회는 업무집행사원이 소집한다(법 제215조 제2항). 2013년 5월 개정 자본시장법은 투자합자회사의 사원총회의 결의요건을 완화시켜서 출석한 사원의 의결권의 과반수와 발행된 지분증권 총수의 4분의 1 이상의 수로 결의하되, 이 법에서 정한 사원총회의 결의사항 외에 정관으로 정한 사원총회의 결의사항에 대하여는 출석한 사원의 의결권의 과반수와 발행된 지분증권총수의 5분의 1 이상의 수로 결의할 수 있도록 하고 있다(법 제215조 제3항).

투자신탁에서의 수익자총회에 관한 법 제190조 제3항·제4항 및 제6항부터 제10항까지의 규정은 투자합자회사의 사원총회에 관하여 준용된다(법 제215조 제4항).

### (4) 준용 또는 배제규정

투자회사의 정관변경에 관한 제195조는 투자합자회사의 정관변경에 관하여 준용된다(법 제216조 제1항). 투자유한회사의 지분증권에 관한 법 제208조는 투자합자회사의 지분증권에 관하여 준용된다(법 제216조 제2항).

투자회사의 해산·청산·합병에 관한 법 제202조(제3항·제4항 제외), 제203조(제2항 제외) 및 제204조는 투자합자회사의 해산·청산 및 합병에 관하여 준용된다(법 제216조 제3항).

투자합자회사에 상법을 적용함에 있어서 일부 조항에서 '법원'은 각각 '금융위원회'로 보아 적용하기도 하고, 일정한 상법조항은 투자합자회사에 적용 배제된다(법 제217조 제1항·제2항). 투자합자회사의 유한책임사원은 상법상 유한책임사원의 책임(상법 제279조)에 불구하고 투자합자회사의 채무에 대하여 출자를 이행한 금액을 한도로 하여 책임을 진다(법 제217조 제3항).

투자합자회사는 정관이 정하는 바에 따라 이익을 배당함에 있어서 무한책임사원과 유한책임사원의 배당률 또는 배당순서 등을 달리 정할 수 있다(법 제217조 제4항). 투자합자회사는 손실을 배분함에 있어서 무한책임사원과 유한책임사원의 배분율 또는 배분순서 등을 달리하여서는 아니 된다(법 제217조 제5항).

## 4. 투자유한책임회사

### (1) 설 립

투자유한책임회사에 관한 규정은 2013년 5월 개정법에서 도입되었다. 집합투자업자는 투자유한책임회사를 설립하는 경우 일정한 사항[1]을 기재한 정관을 작성하여 사원 1인이 기명날인 또는 서명하여야 한다(법 제217조의2 제1항). 투자유한책임회사의 사원은 정관을 작성한 후 설립등기를 할 때까지 출자금을 금전으로 납입하여야 한다(법 제217조의2 제2항). 투자유한책임회사 사원의 출자의 목적은 금전에 한한다(법 제217조의2 제4항).

또한 집합투자업자는 출자금액이 납입된 날부터 2주 이내에 정관 및 출자금의 납부·보관증명서를 첨부하여 ① 목적, ② 상호, ③ 업무집행자의 상호·사업자등록번호, ④ 회사의 소재지, ⑤ 정관으로 투자유한책임회사의 존속기간 또는 해산사유를 정한 경우 그 내용을 설립등기하여야 한다(법 제217조의2 제3항, 시행령 제236조의2 제2항).

투자유한책임회사가 설립된 경우 해당 회사(집합투자기구)를 금융위원회에 등록하여야 하며(법 제182조) 금융위원회에 등록하기 전에는 투자유한책임회사의 원시정관에 기명날인·서명한 사원 외의 자를 사원으로 가입시켜서는 아니 된다(법 제217조의2 제5항).

### (2) 지분증권

투자유한책임회사의 사원은 출자금액의 반환 및 이익의 분배 등에 관하여 지분증권의 수에 따라 균등한 권리를 가진다(법 제217조의3 제1항). 투자유한책임회사의 지분증권에는 일정한 사항[2]을 기재하고, 법 제217조의4 제1항에 따른 업무집행자가 기명날인 또는 서명하여야 한다(법 제217조의3 제2항).

투자회사의 주식 발행에 관한 법 제196조(다만 회사 성립일 또는 신주(新株)의 납

---

1) ① 목적, ② 상호, ③ 제217조의4 제1항에 따른 업무집행자의 상호·사업자등록번호, ④ 회사의 소재지, ⑤ 투자유한책임회사재산의 운용 및 관리에 관한 사항, ⑥ 이익분배 및 환매에 관한 사항, ⑦ 공시 및 보고서에 관한 사항, ⑧ 그 밖에 사원을 보호하기 위하여 필요한 사항으로서 대통령령으로 정하는 사항(법 제217조의2 제1항).

2) ① 회사의 상호, ② 회사의 성립연월일, ③ 지분증권의 발행일, ④ 사원의 성명(법인인 경우에는 상호), ⑤ 그 밖에 투자유한책임회사 사원의 보호에 필요한 사항으로서 대통령령으로 정하는 사항(법 제217조의3 제2항, 시행령 제236조의2 제3항).

입기일에 지체 없이 주식을 발행하도록 하는 동조 제 2 항은 제외)는 투자유한책임회사의 지분증권에 관하여 준용된다(법 제217조의3 제 3 항).

### (3) 업무집행자

투자유한책임회사는 사원 또는 사원이 아닌 자로 업무집행자(이하 '업무집행자'라 함) 1인을 두어야 하며, 이 경우 업무집행자는 집합투자업자이어야 한다(법 제217조의4 제 1 항).

업무집행자는 투자유한회사를 대표하고 투자유한회사의 업무를 집행한다(법 제217조의4 제 2 항·법 제198조 제 1 항). 업무집행자는 업무집행자로서의 직무를 정하여 그 직무를 수행할 자를 그 임직원 중에서 선임할 수 있고 이 경우 집합투자업자는 이를 투자유한책임회사에 서면으로 통보하여야 한다(법 제217조의4 제 2 항·법 제198조 제 4 항). 이에 따라서 투자유한책임회사에 통보된 자가 그 직무 범위에서 행한 행위는 업무집행자의 행위로 본다(법 제217조의4 제 2 항·제198조 제 5 항).

### (4) 사원총회

투자유한책임회사의 사원 전원으로 구성되는 사원총회를 두며, 사원총회는 이 법 또는 정관에서 정한 사항에 대하여만 결의할 수 있다(법 제217조의5 제 1 항). 투자유한책임회사의 사원총회는 업무집행자가 소집한다(법 제217조의5 제 2 항). 투자유한책임회사의 사원총회는 출석한 사원의 의결권의 과반수와 발행된 지분증권 총수의 4분의 1 이상의 수로 결의하되, 이 법에서 정한 사원총회의 결의사항 외에 정관으로 정한 사원총회의 결의사항에 대하여는 출석한 사원의 의결권의 과반수와 발행된 지분증권총수의 5분의 1 이상의 수로 결의할 수 있다(법 제217조의5 제 3 항).

투자신탁의 수익자총회에 관한 규정(법 제190조 제 3 항·제 4 항·제 6 항 내지 제 10항)이 투자유한책임회사의 사원총회에 관하여 준용된다(법 제217조의5 제 4 항). 투자신탁에서 반대수익자의 수익증권매수청구권에 관한 법 제191조는 투자유한책임회사의 법 제195조 제 1 항 단서에 따른 정관의 변경 또는 법 제204조 제 2 항에 따른 합병에 반대하는 사원에게 준용된다(법 제217조의5 제 5 항).

### (5) 준용 또는 배제규정

투자회사의 정관변경에 관한 법 제195조는 투자유한책임회사의 정관변경에 관하여 준용된다(법 제217조의6 제 1 항).

투자회사의 해산·청산·합병에 관한 법 제202조(제3항·제4항 제외), 법 제203조(제2항 제외) 및 법 제204조는 투자유한책임회사의 해산·청산 및 합병에 관하여 준용된다(법 제217조의6 제2항).

투자유한책임회사에 상법을 적용함에 있어서 일부 조항에서 '법원'은 '금융위원회'로 보아 준용되며(법 제217조의7 제1항),[1] 일정한 상법조항[2]은 투자유한책임회사에 적용되지 아니한다(법 제217조의7 제2항).

## Ⅲ. 조합형 집합투자기구

### 1. 투자합자조합

#### (1) 투자합자조합의 설립

집합투자업자는 투자합자조합을 설립하는 경우 일정한 사항[3]을 기재한 조합계약을 작성하여 업무집행조합원 1인과 유한책임조합원 1인이 기명날인 또는 서명하여야 한다(법 제218조 제1항).

조합원의 출자의 목적은 금전에 한한다(법 제218조 제2항). 투자합자조합은 금융위원회에 등록하기 전에는 조합계약에 기명날인 또는 서명하는 조합원 외의 자를 조합원으로 가입시켜서는 아니 된다(법 제218조 제3항). 2013년 5월 개정 자본시장법은 투자합자조합에 대한 등기의무를 부여하고 있는바, 투자합자조합은 설립 후 2주 이내에 조합계약 및 출자금의 납부·보관에 관한 증명서를 첨부하여 ① 목적, ② 투자합자조합의 명칭, ③ 업무집행조합원의 상호·사업자등록번호, ④ 투자합자조합의 소재지 및 ⑤ 조합계약으로 투자합자조합의 존속기간 또는 해산사

---

1) 법원을 금융위원회로 보아 준용하는 것은 상법 제287조의13(제200조의2를 준용하는 경우로 한정), 제287조의14(제277조를 준용하는 경우로 한정), 제287조의17(제205조를 준용하는 경우로 한정), 제287조의45(제259조 제4항을 준용하는 경우로 한정)와 관련된다(법 제217조의7 제1항).

2) 투자유한책임회사에 적용되지 않는 상법조항은, 상법 제287조의9, 제287조의10, 제287조의12, 제287조의15, 제287조의16, 제287조의23 제3항, 제287조의24부터 제287조의44이다(법 제217조의7 제2항).

3) ① 목적, ② 투자합자조합의 명칭, ③ 업무집행조합원의 상호·사업자등록번호, ④ 투자합자조합의 소재지, ⑤ 투자합자조합재산의 운용 및 관리에 관한 사항, ⑥ 존속기간 또는 해산사유를 정한 경우에는 그 내용, ⑦ 이익분배 및 환매에 관한 사항, ⑧ 공시 및 보고서에 관한 사항, ⑨ 그 밖에 조합원을 보호하기 위하여 필요한 사항으로서 대통령령으로 정하는 사항(법 제218조 제1항 각 호).

유를 정한 경우 그 내용을 등기하여야 한다(법 제218조 제 4 항, 시행령 제237조 제 2 항).

### (2) 업무집행조합원

투자합자조합은 투자합자조합의 채무에 대하여 무한책임을 지는 집합투자업자인 업무집행조합원 1인과 출자액을 한도로 하여 유한책임을 지는 유한책임조합원으로 구성된다(법 제219조 제 1 항).

업무집행조합원은 투자합자조합을 대리하고 투자합자조합의 업무를 집행한다(법 제219조 제 2 항·제198조 제 1 항). 업무집행조합원은 업무집행조합원의 직무를 정하여 그 직무를 수행할 자를 그 임직원 중에서 선임할 수 있으며, 이 경우 집합투자업자는 이를 투자합자조합에 서면으로 통보하여야 한다(법 제219조 제 2 항·제198조 제 4 항). 또한 법 제198조 제 4 항에 의하여 직무를 수행할 자로 투자합자조합에 통보된 자가 그 직무 범위에서 행한 행위는 업무집행조합원의 행위로 본다(법 제219조 제 2 항·제198조 제 5 항).

### (3) 조합원총회

투자합자조합에 조합원 전원으로 구성되는 조합원총회를 두며, 조합원총회는 이 법 또는 조합계약에서 정한 사항에 대하여만 결의할 수 있다(법 제220조 제 1 항).

투자합자조합의 조합원총회는 업무집행조합원이 소집한다(법 제220조 제 2 항). 투자합자조합의 조합원총회는 출석한 조합원의 의결권의 과반수와 발행된 지분증권 총수의 4분의 1 이상의 수로 결의하되, 이 법에서 정한 조합원총회의 결의사항 외에 조합계약으로 정한 조합원총회의 결의사항에 대하여는 출석한 조합원의 의결권의 과반수와 발행된 지분증권 총수의 5분의 1 이상의 수로 결의할 수 있다(법 제220조 제 3 항).

투자신탁의 수익자총회에 관한 법 제190조 제 3 항·제 4 항 및 제 6 항부터 제10항까지의 규정은 투자합자조합의 조합원총회에 관하여 준용된다(법 제220조 제 4 항).

### (4) 해산·청산

투자합자조합은 다음 사유로 해산한다(법 제221조 제 1 항).

1. 조합계약에서 정한 존속기간의 만료, 그 밖의 해산사유의 발생
2. 조합원총회의 결의

3. 투자합자조합 등록의 취소
4. 유한책임조합원의 총수가 1인이 되는 경우. 다만, 건전한 거래질서를 해할 우려가 없는 경우로서 대통령령으로 정하는 경우[1]는 제외한다.

투자합자조합이 해산하는 경우 조합계약 또는 조합원총회에서 달리 정한 경우를 제외하고는 업무집행조합원이 청산인이 된다(법 제221조 제 2 항). 금융위원회는 투자합자조합이 법 제221조 제 2 항에 따른 청산인이 없거나 없게 된 경우에는 직권으로 청산인을 선임한다(법 제221조 제 3 항). 금융위원회는 청산인이 업무를 집행함에 있어서 현저하게 부적합하거나 중대한 법령 위반사항이 있는 경우에는 직권으로 또는 이해관계인의 청구에 의하여 청산인을 해임할 수 있으며, 이 경우 금융위원회는 직권으로 새로운 청산인을 선임할 수 있다(법 제221조 제 4 항).

투자합자조합의 청산인은 투자합자조합의 잔여재산을 조합원에게 분배함에 있어서 조합계약이 정하는 바에 따라 투자합자조합재산에 속하는 자산을 그 조합원에게 지급할 수 있다(법 제221조 제 5 항). 투자회사의 청산에 관한 법 제203조(제 2 항 제외)는 투자합자조합의 청산에 관하여 준용된다(법 제221조 제 6 항).

### (5) 준용 또는 배제 규정

투자회사의 정관변경에 관한 법 제195조는 투자합자조합의 조합계약변경에 관하여 준용된다(법 제222조 제 1 항). 투자유한회사의 지분증권에 관한 법 제208조는 투자합자조합의 지분증권에 관하여 준용된다(법 제222조 제 2 항).

투자합자조합에 상법을 적용함에 있어서 합자조합의 업무집행조합원에 관한 상법 제86조의8 제 2 항(제200조의2를 준용하는 경우로 한정함), 합자조합의 유한책임조합원에 관한 상법 제86조의8 제 3 항(제277조를 준용하는 경우로 한정한다) 중 법원은 각각 금융위원회로 본다(법 제223조 제 1 항). 합자조합의 업무집행조합원에 관한 상법 제86조의8 제 2 항(제198조, 제208조 제 2 항·제287조를 준용하는 경우로 한정함)은 투자합자조합에는 적용되지 아니한다(법 제223조 제 2 항).[2]

---

1) 자세한 것은 시행령 제238조 제 2 항을 참조.
2) 따라서 경업의 금지(상법 제198조), 공동대표가 있는 경우 공동대표에 대한 제 3 자의 의사표시방법(상법 제208조 제 2 항), 청산인의 선임(상법 제287조)은 투자합자조합에 적용되지 않는다.

민법상 조합계약에 관한 민법 제703조, 제706조부터 제713조까지 및 제716조부터 제724조까지의 규정은 투자합자조합에 적용하지 아니한다(법 제223조 제3항).

투자자가 투자합자조합의 지분증권을 매수한 경우 투자합자조합에 가입한 것으로 본다(법 제223조 제4항). 투자합자조합은 조합계약이 정하는 바에 따라 이익을 배당함에 있어서 무한책임조합원과 유한책임조합원의 배당률 또는 배당순서 등을 달리 정할 수 있다(법 제223조 제5항). 투자합자조합은 손실을 배분함에 있어서 무한책임조합원과 유한책임조합원의 배분율 또는 배분순서 등을 달리하여서는 아니 된다(법 제223조 제6항).

## 2. 투자익명조합

### (1) 설　립

집합투자업자는 투자익명조합을 설립하는 경우 일정한 사항[1]을 기재한 익명조합계약을 작성하여 영업자 1인과 익명조합원 1인이 기명날인 또는 서명하여야 한다(법 제224조 제1항).

익명조합원의 출자의 목적은 금전에 한한다(법 제224조 제2항). 투자익명조합의 영업자는 금융위원회에 집합투자기구를 등록하기 전에는 익명조합계약에 기명날인 또는 서명한 익명조합원 외의 자를 익명조합원으로 가입시켜서는 아니 된다(법 제224조 제3항).

### (2) 영 업 자

투자익명조합재산은 집합투자업자인 영업자 1인이 운용한다(법 제225조 제1항). 투자회사의 법인이사에 관한 제198조 제1항·제4항 및 제5항은 투자익명조합의 영업자에게 준용된다(법 제225조 제2항).

### (3) 익명조합원총회

투자익명조합에 익명조합원 전원으로 구성되는 익명조합원총회를 두며, 익명조합원총회는 자본시장법 또는 익명조합계약에서 정한 사항에 대하여만 결의할

1) ① 목적, ② 투자익명조합의 명칭, ③ 영업자의 상호·사업자등록번호, ④ 투자익명조합의 소재지, ⑤ 투자익명조합재산의 운용 및 관리에 관한 사항, ⑥ 존속기간 또는 해산사유를 정한 경우에는 그 내용, ⑦ 이익분배 및 환매에 관한 사항, ⑧ 공시 및 보고서에 관한 사항, ⑨ 그 밖에 익명조합원을 보호하기 위하여 필요한 사항으로서 대통령령으로 정하는 사항(법 제224조 제1항 각 호).

수 있다(법 제226조 제1항).

투자익명조합의 익명조합원총회는 영업자가 소집한다(법 제226조 제2항). 투자익명조합의 익명조합원총회는 출석한 익명조합원의 의결권의 과반수와 발행된 지분증권 총수의 4분의 1 이상의 수로 결의하되, 자본시장법에서 정한 익명조합원총회의 결의사항 외에 익명조합계약으로 정한 익명조합원총회의 결의사항에 대하여는 출석한 익명조합원의 의결권의 과반수와 발행된 지분증권 총수의 5분의 1 이상의 수로 결의할 수 있다(법 제226조 제3항).

투자신탁의 수익자총회에 관한 법 제190조 제3항·제4항 및 제6항부터 제10항까지의 규정은 투자익명조합의 익명조합원총회에 관하여 준용된다(법 제226조 제4항).

### (4) 준용 또는 배제 규정

투자회사의 정관변경에 관한 법 제195조는 투자익명조합의 익명조합계약변경에 관하여 준용된다(법 제227조 제1항). 투자유한회사의 지분증권에 관한 법 제208조는 투자익명조합의 지분증권에 관하여 준용된다(법 제227조 제2항). 투자합자조합의 해산 및 청산에 관한 법 제221조는 투자익명조합의 해산·청산에 관하여 준용된다(법 제227조 제3항).

상법상 익명조합에 관한 이익배당과 손실분담 규정의 배제(상법 제82조 제3항), 조합계약의 해지(상법 제83조) 및 조합계약의 종료(상법 제84조)는 투자익명조합에 적용하지 아니한다(법 제228조 제1항). 신탁법 제3장은 투자익명조합에 준용된다(법 제228조 제2항). 투자자가 투자익명조합의 지분증권을 매수한 경우 투자익명조합에 가입한 것으로 본다(법 제228조 제3항).

# 제 3 절 집합투자재산의 관리

## Ⅰ. 집합투자재산의 평가 및 회계

### 1. 집합투자재산의 평가

#### (1) 시가평가원칙

집합투자업자는 증권시장(해외 증권시장 포함)에서 거래된 최종시가 또는 장내 파생상품이 거래되는 파생상품시장(해외 파생상품시장 포함)에서 공표하는 가격에 의하여 집합투자재산을 시가에 따라 평가하여야 한다(법 제238조 제 1 항, 시행령 제260조 제 1 항). 만일 평가일 현재 신뢰할 만한 시가가 없는 경우에는 집합투자재산에 속한 자산의 종류별로 시행령 제260조 제 2 항 각 호 사항을 고려하여 집합투자재산평가위원회(경영참여형 사모집합투자기구의 경우는 업무집행사원)가 충실의무를 준수하고 평가의 일관성을 유지하여 평가한 가격으로 평가하여야 한다(법 제238조 제 1 항, 시행령 제260조 제 2 항).[1] 다만 단기금융집합투자기구의 집합투자재산의 경우에는 금융위원회가 정하여 고시하는 장부가격으로 평가할 수 있다(법 제238조 제 1 항 단서, 시행령 제260조 제 3 항).

#### (2) 집합투자재산평가위원회 및 집합투자재산평가기준

집합투자업자는 집합투자재산의 평가업무를 수행하기 위하여 평가위원회를 구성·운영하여야 한다(법 제238조 제 2 항).[2]

집합투자업자는 집합투자재산에 대한 평가가 공정하고 정확하게 이루어질 수 있도록 그 집합투자재산을 보관·관리하는 신탁업자의 확인을 받아 다음 사항이 포함된 집합투자재산의 평가와 절차에 관한 기준('집합투자재산평가기준')을 마련하여야 한다(법 제238조 제 3 항, 시행령 제261조 제 3 항).

---

1) 집합투자재산에 속하는 자산으로서 부도채권 등 부실화된 자산에 대하여는 금융위원회가 정하여 고시하는 기준에 따라 평가하여야 한다(시행령 제260조 제 2 항 제 2 문).

2) 집합투자평가위원회를 구성할 때는 ① 집합투자재산의 평가업무 담당 임원, ② 집합투자재산의 운용업무 담당 임원, ③ 준법감시인, ④ 그 밖에 집합투자재산의 공정한 평가를 위하여 필요하다고 금융위원회가 인정한 자가 포함되어야 한다(시행령 제261조 제 1 항).

1. 집합투자평가위원회의 구성 및 운영에 관한 사항
2. 집합투자재산의 평가의 일관성 유지에 관한 사항
3. 집합투자재산의 종류별로 해당 재산의 가격을 평가하는 채권평가회사(제263조에 따른 채권평가회사를 말함)를 두는 경우 그 선정 및 변경과 해당 채권평가회사가 제공하는 가격의 적용에 관한 사항
4. 그 밖에 대통령령으로 정하는 사항
   - 금융위원회가 정하여 고시하는 부도채권 등 부실화된 자산 등의 분류 및 평가와 관련하여 적용할 세부기준에 관한 사항
   - 집합투자재산 평가오류의 수정에 관한 사항
   - 집합투자재산에 속한 자산의 종류별 평가기준에 관한 사항
   - 법 제192조 제4항에 따른 미수금 및 미지급금 등의 평가방법에 관한 사항

집합투자재산평가위원회는 법 제238조 제3항에 따른 집합투자재산평가기준의 적용 여부 등 집합투자재산평가에 관한 사항을 반기마다 집합투자업자의 이사회(법 제250조 제1항에 따른 집합투자업겸영은행의 경우에는 같은 조 제2항에 따른 집합투자재산운용위원회를 말함)에 보고하여야 한다(시행령 제261조 제2항).

집합투자업자는 집합투자평가위원회가 집합투자재산을 평가한 경우 그 평가명세를 지체 없이 그 집합투자재산을 보관·관리하는 신탁업자에게 통보하여야 하며(법 제238조 제4항), 집합투자재산을 보관·관리하는 신탁업자는 집합투자업자의 집합투자재산에 대한 평가가 법령 및 집합투자재산평가기준에 따라 공정하게 이루어졌는지 확인하여야 한다(법 제238조 제5항).

### (3) 기준가격

투자신탁이나 투자익명조합의 집합투자업자 또는 투자회사등은 집합투자재산의 평가결과에 따라 기준가격의 공고·게시일 전날의 대차대조표상에 계상된 자산총액(법 제238조 제1항에 따른 평가방법으로 계산한 것)에서 부채총액을 뺀 금액을 그 공고·게시일 전날의 집합투자증권 총수로 나누어 계산하는 방법으로 집합투자증권의 기준가격을 산정하여야 한다(법 제238조 제6항, 시행령 제262조 제1항).

투자신탁이나 투자익명조합의 집합투자업자 또는 투자회사등은 산정된 기준가격을 매일 공고·게시하여야 하며, 집합투자재산을 외화자산에 투자하는 경우로서 기준가격을 매일 공고·게시하는 것이 곤란한 경우에는 해당 집합투자규약에서

기준가격의 공고·게시주기를 15일 이내의 범위에서 별도로 정할 수 있다(법 제238조 제7항, 시행령 제262조 제5항).

금융위원회는 투자신탁이나 투자익명조합의 집합투자업자 또는 투자회사등이 거짓으로 기준가격을 산정한 경우 그 투자신탁이나 투자익명조합의 집합투자업자 또는 투자회사등에 대하여 기준가격 산정업무를 일반사무관리회사에 그 범위를 정하여 위탁하도록 명할 수 있으며, 이 경우 해당 집합투자업자 및 그 집합투자업자의 계열회사, 투자회사·투자유한회사·투자합자회사·투자유한책임회사의 계열회사는 그 수탁대상에서 제외된다(법 제238조 제8항).

## 2. 집합투자재산의 회계처리

### (1) 결산서류의 작성·승인·공고

투자신탁이나 투자익명조합의 집합투자업자 또는 투자회사등은 집합투자기구의 결산기마다 대차대조표·손익계산서·자산운용보고서 및 부속명세서('결산서류'라 한다)를 작성하여야 한다(법 제239조 제1항). 투자회사의 법인이사는 결산서류의 승인을 위하여 이사회 개최 1주 전까지 그 결산서류를 이사회에 제출하여 그 승인을 받아야 한다(법 제239조 제2항).

투자신탁이나 투자익명조합의 집합투자업자 또는 투자회사등은 결산서류, 회계감사보고서, 집합투자자총회 의사록, 이사회 의사록(투자회사의 경우에 한함)을 본점(투자회사등의 경우 그 투자회사등의 집합투자재산을 운용하는 집합투자업자의 본점 포함)에 비치하여야 하며, 해당 집합투자증권을 판매한 투자매매업자 또는 투자중개업자에게 이를 송부하여 그 영업소에 비치하도록 하여야 한다(법 제239조 제3항). 집합투자기구의 투자자 및 채권자는 영업시간 중 언제든지 영업소에 비치된 위 서류를 열람할 수 있으며, 그 서류의 등본 또는 초본의 교부를 청구할 수 있다(법 제239조 제5항).

투자신탁이나 투자익명조합의 집합투자업자, 투자회사등 및 해당 집합투자증권을 판매한 투자매매업자 또는 투자중개업자는 결산서류 및 회계감사보고서를 위 비치일부터 5년간 보존하여야 한다(법 제239조 제4항). 결산서류의 기재사항 등에 관하여 필요한 사항은 금융위원회가 정하여 고시한다(법 제239조 제6항).

### (2) 집합투자재산의 회계처리

투자신탁이나 투자익명조합의 집합투자업자 또는 투자회사등은 집합투자재산에 관하여 회계처리를 하는 경우 금융위원회가 증권선물위원회의 심의를 거쳐 정하여 고시한 회계처리기준[1]에 따라야 한다(법 제240조 제1항).

투자신탁이나 투자익명조합의 집합투자업자 또는 투자회사등은 집합투자재산에 대하여 회계기간의 말일, 계약기간 종료 또는 해지의 경우 그 종료일 또는 해지일, 존속기간 만료 또는 해산의 경우 그 만료일 또는 해산일로부터 2개월 이내에 원칙적으로 회계감사인의 회계감사를 받을 의무가 있으나, 다만 투자자의 이익을 해할 우려가 없는 경우로서 일정한 경우[2]에는 그러하지 아니하다(법 제240조 제3항, 시행령 제264조).

투자신탁이나 투자익명조합의 집합투자업자 또는 투자회사등은 집합투자재산의 회계감사인을 선임하거나 교체한 경우에는 지체 없이 그 집합투자재산을 보관·관리하는 신탁업자에게 그 사실을 통지하여야 하며, 그 선임일 또는 교체일부터 1주 이내에 금융위원회에 그 사실을 보고하여야 한다(법 제240조 제4항).

회계감사인은 투자신탁이나 투자익명조합재산의 집합투자업자 또는 투자회사등의 집합투자증권의 기준가격 산정업무 및 집합투자재산의 회계처리 업무를 감사함에 있어서 집합투자재산평가기준을 준수하는지 감사하고 그 결과를 투자신탁이나 투자익명조합의 집합투자업자의 감사(감사위원회가 설치된 경우에는 감사위원회) 또는 투자회사등에 통보하여야 한다(법 제240조 제5항).

회계감사인은 법 제240조 제10항에 따른 감사기준[3] 및 「주식회사등의 외부감사에 관한 법률」 제16조에 따른 회계감사기준에 따라 회계감사를 실시하여야 한다(법 제240조 제6항). 회계감사인은 그 집합투자재산을 운용하는 집합투자업자등[4]에

1) 금융위원회는 이 회계처리기준의 제정 또는 개정을 한국회계기준원에게 위탁할 수 있다. 이 경우 그 민간법인 또는 단체는 회계처리기준을 제정 또는 개정한 때에는 이를 금융위원회에 지체 없이 보고하여야 한다(법 제240조 제2항, 시행령 제263조).

2) 시행령은 ① 집합투자기구의 자산총액이 50억원 이하인 경우, ② 집합투자기구의 자산총액이 50억원 초과 100억원 이하인 경우로서 회계기간의 말일과 법 제240조 제3항 각 호의 어느 하나에 해당하는 날 이전 6개월간 집합투자증권을 추가로 발행하지 아니한 경우로 규정한다(법 제240조 제3항, 시행령 제264조).

3) 집합투자재산에 대한 회계감사기준은 금융위원회가 증권선물위원회의 심의를 거쳐 고시한다(시행령 제265조 제2항).

4) ① 그 집합투자재산을 운용하는 집합투자업자, ② 그 집합투자재산을 보관·관리하는 신탁

게 집합투자재산의 회계장부등 관계 자료의 열람·복사를 요청하거나 회계감사에 필요한 자료의 제출을 요구할 수 있으며 요청 또는 요구를 받은 자는 지체 없이 이에 응하여야 한다(법 제240조 제7항).

비밀엄수에 관한 「주식회사등의 외부감사에 관한 법률」 제20조는 법 제240조 제3항에 따른 집합투자재산의 회계감사에 관하여 준용되나(법 제240조 제8항), 외부감사의 대상(주식회사등의 외부감사에 관한 법률 제4조) 및 내부회계관리제도의 운영(주식회사등의 외부감사에 관한 법률 제8조)은 투자회사에는 적용하지 아니한다(법 제240조 제9항).

### (3) 회계감사인의 손해배상책임

회계감사인은 회계감사의 결과 회계감사보고서 중 중요사항에 관하여 거짓의 기재 또는 표시가 있거나 중요사항이 기재 또는 표시되지 아니함으로써 이를 이용한 투자자에게 손해를 끼친 경우에는 그 투자자에 대하여 손해를 배상할 책임을 진다(법 제241조 제1항).[1]

회계감사인이 투자자에 대하여 손해를 배상할 책임이 있는 경우로서 해당 집합투자재산을 운용하는 집합투자업자의 이사·감사(감사위원회가 설치된 경우에는 감사위원회의 위원) 또는 투자회사의 감독이사에게도 귀책사유가 있는 경우 그 회계감사인과 집합투자업자의 이사·감사 또는 투자회사의 감독이사는 연대하여 손해를 배상할 책임을 진다(법 제241조 제2항). 다만, 손해를 배상할 책임이 있는 자가 고의가 없는 경우에는 연대책임이 배제되므로 그 자는 법원이 귀책사유에 따라 정하는 책임비율에 따라 손해를 배상할 책임이 있다(법 제241조 제2항 단서).[2] 그럼에도 불구하고 손해배상을 청구하는 자의 소득인정액(「국민기초생활 보장법」 제2조 제8호에 따른 소득인정액)이 일정한 금액(그 손해배상 청구일이 속하는 달의 직전 12개월간의 소득인정액 합산금액이 1억 5천만원)의 이하에 해당될 경우에는 연대책임이 적

---

업자, ③ 해당 집합투자증권을 판매하는 투자매매업자·투자중개업자, ④ 제184조 제6항에 따라 해당 투자회사로부터 업무를 위탁받은 일반사무관리회사 또는 제238조 제8항에 따라 투자신탁이나 투자익명조합의 집합투자업자 또는 투자회사등으로부터 기준가격 산정업무를 위탁받은 일반사무관리회사(법 제240조 제7항).

1) 이 경우 「주식회사등의 외부감사에 관한 법률」 제2조 제7호 나목에 따른 감사반이 회계감사인인 경우에는 해당 집합투자재산에 대한 감사에 참여한 자가 연대하여 손해를 배상할 책임을 진다(법 제241조 제1항 단서).

2) 2014년 1월 법 개정 시 도입된 내용이다.

용되므로, 이 경우 회계감사인과 집합투자업자의 이사·감사 또는 투자회사의 감독이사는 연대하여 손해를 배상할 책임이 있다(법 제241조 제3항, 동법 시행령 제265조의2).

「주식회사등의 외부감사에 관한 법률」 제31조 제6항부터 제9항까지의 감사인 등의 손해배상책임 등에 관한 규정은 회계감사인의 손해배상책임(법 제241조 제1항·제2항)에 준용된다(법 제241조 제4항).

### 3. 이익금의 분배 등

투자신탁이나 투자익명조합의 집합투자업자 또는 투자회사등은 집합투자기구의 집합투자재산 운용에 따라 발생한 이익금을 투자자에게 금전 또는 새로 발행하는 집합투자증권으로 분배하여야 한다(법 제242조 제1항 본문).[1]

투자신탁이나 투자익명조합의 집합투자업자 또는 투자회사등은 집합투자기구의 특성에 따라 이익금을 초과하여 분배할 필요가 있는 경우에는 이익금을 초과하여 금전으로 분배할 수 있으나, 투자회사의 경우 순자산액에서 최저순자산액을 뺀 금액을 초과하여 분배할 수 없다(법 제242조 제2항).

## Ⅱ. 집합투자재산의 보관·관리자의 의무

### 1. 신탁업자의 주의의무 및 업무제한

집합투자재산을 보관·관리하는 신탁업자는 선량한 관리자의 주의로써 집합투자재산을 보관·관리하여야 하며, 투자자의 이익을 보호하여야 한다(법 제244조). 개별 신탁업자의 영업행위규칙에 관한 자본시장법 제2편 제4장 제2절 제4관(법 제116조·제117조는 제외)은 신탁업자가 투자신탁재산을 신탁 받는 경우 그 투자신탁에 관하여는 적용하지 아니한다(법 제245조). 집합투자재산을 보관·관리하는 신탁업자는 ① 해당 집합투자기구(투자회사·투자유한회사·투자합자회사 및 투자유한책임회사로 한정함)의 계열회사 또는 ② 그 집합투자재산을 운용하는 집합투자업자의 계열회사이어서는 아니 된다(법 제246조 제1항).

---

1) 다만 집합투자기구(제241조에 따른 단기금융집합투자기구는 제외)의 경우에는 집합투자규약이 정하는 바에 따라 이익금의 분배를 집합투자기구에 유보할 수 있다(법 제242조 제1항 단서, 시행령 제266조 제1항).

집합투자재산을 보관·관리하는 신탁업자는 집합투자재산을 자신의 고유재산, 다른 집합투자재산 또는 제 3 자로부터 보관을 위탁받은 재산과 구분하여 관리하여야 하며, 이 경우 집합투자재산이라는 사실과 위탁자를 명기하여야 한다(법 제246조 제 2 항). 집합투자재산을 보관·관리하는 신탁업자는 집합투자재산 중 증권, 원화로 표시된 양도성 예금증서 등을 자신의 고유재산과 구분하여 집합투자기구별로 예탁결제원에 예탁하여야 한다(법 제246조 제 3 항 본문, 시행령 제268조 제 1 항).[1)]

집합투자재산을 보관·관리하는 신탁업자는 집합투자재산을 운용하는 집합투자업자가 그 신탁업자에 대하여 자산의 취득·처분 등의 이행 또는 보관·관리 등에 필요한 지시를 하는 경우 증권의 인수·인도와 대금의 지급·수령을 동시에 결제하는 방법으로 이를 각각의 집합투자기구별로 이행하여야 한다(법 제246조 제 4 항, 시행령 제268조 제 3 항).

집합투자재산을 보관·관리하는 신탁업자는 자신이 보관·관리하는 집합투자재산을 자신의 고유재산, 다른 집합투자재산 또는 제 3 자로부터 보관을 위탁받은 재산과 거래하는 것을 원칙적으로 할 수 없다(법 제246조 제 5 항 본문).[2)] 다만 집합투자재산을 효율적으로 운용하기 위하여 필요한 경우로서 일정한 경우[3)]에는 그러하지 아니하다(법 제246조 제 5 항 단서, 시행령 제268조 제 4 항).

---

1) 다만 해당 증권의 유통 가능성, 다른 법령에 따른 유통방법이 있는지 여부, 예탁의 실행 가능성 등을 고려하여 대통령령으로 정하는 경우에는 그러하지 아니하다(법 제246조 제 3 항 단서, 시행령 제268조 제 2 항).

2) 다만 집합투자재산을 효율적으로 운용하기 위하여 필요한 경우로서, ① 집합투자업자가 집합투자재산을 투자대상자산에 운용하고 남은 현금을 집합투자규약에서 정하는 바에 따라 신탁업자가 자신의 고유재산과 거래하는 경우, ② 금융기관에의 예치, ③ 단기대출, ④ 외국환거래법에 따라 외국통화를 매입하거나 매도하는 경우(환위험을 회피하기 위한 선물환거래를 포함한다), 전담중개업무를 제공하는 자가 적격투자자대상 사모집합투자기구와 전담중개업무로서 하는 거래에는 예외적으로 허용된다(법 제246조 제 5 항 단서, 시행령 제268조 제 3 항).

3) 시행령은 신탁업자 자신이 보관·관리하는 집합투자재산을 자신의 고유재산, 다른 집합투자재산 또는 제 3 자로부터 보관을 위탁받은 재산과 거래할 수 있는 예외적인 경우로서, ① 집합투자업자가 집합투자재산을 투자대상자산에 운용하고 남은 현금을 집합투자규약에서 정하는 바에 따라 신탁업자가 자신의 고유재산과 거래하는 경우, ② 금융기관에의 예치, ③ 단기대출, ④ 외국환거래법에 따라 외국통화를 매입하거나 매도하는 경우(환위험을 회피하기 위한 선물환거래를 포함), ⑤ 환위험을 회피하기 위한 장외파생상품의 매매로서 법 제 5 조 제 1 항 제 3 호에 따른 계약의 체결을 하는 경우(그 기초자산이 외국통화인 경우로 한정), ⑥ 전담중개업무를 제공하는 자가 적격투자자대상 사모집합투자기구와 전담중개업무로서 하는 거래, ⑦ 시행령 제85조 제 5 호의3에서 정하는 거래를 정하고 있으며, 다만 금융기관에의 예치 또는 단기대출의 경우에는 집합투자재산 중 금융기관에 예치한 총금액 또는 단기대출한 총금액의 100분의 10을 초과할 수 없도록 하고 있다(시행령 제268조 제 4 항).

집합투자재산을 보관·관리하는 신탁업자는 자신이 보관·관리하는 집합투자재산을 그 이해관계인의 고유재산과 거래하여서는 아니 된다(법 제246조 제6항). 또한 집합투자재산을 보관·관리하는 신탁업자는 그 집합투자기구의 집합투자재산에 관한 정보를 자기의 고유재산의 운용, 자기가 운용하는 집합투자재산의 운용 또는 자기가 판매하는 집합투자증권의 판매를 위하여 이용하여서는 아니 된다(법 제246조 제7항).

## 2. 운용행위 감시

집합투자재산(투자회사재산 제외)을 보관·관리하는 신탁업자는 그 집합투자재산을 운용하는 집합투자업자의 운용지시 또는 운용행위가 법령, 집합투자규약 또는 투자설명서(예비투자설명서 및 간이투자설명서 포함) 등을 위반하는지 여부에 대하여 확인하고 위반사항이 있는 경우에는 그 집합투자업자에 대하여 그 운용지시 또는 운용행위의 철회·변경 또는 시정을 요구하여야 한다(법 제247조 제1항, 시행령 제269조 제1항). 한편 투자회사재산을 보관·관리하는 신탁업자는 그 투자회사재산을 운용하는 집합투자업자의 운용행위가 법령, 정관 또는 투자설명서 등을 위반하는지의 여부에 대하여 확인하고 위반이 있는 경우에는 그 투자회사의 감독이사에게 보고하여야 하며, 보고를 받은 투자회사의 감독이사는 그 투자회사재산을 운용하는 집합투자업자에 대하여 그 운용행위의 시정을 요구하여야 한다(법 제247조 제2항, 시행령 제269조 제1항).

집합투자재산(투자회사재산 제외)을 보관·관리하는 신탁업자 또는 투자회사의 감독이사는 해당 집합투자재산을 운용하는 집합투자업자가 위의 요구를 제3영업일 이내에 이행하지 아니하는 경우에는 그 사실을 금융위원회에 보고하여야 하며, 관련 사항을 공시하여야 한다(법 제247조 제3항 본문, 시행령 제269조 제2항). 다만 투자회사의 감독이사가 금융위원회에 대한 보고 또는 공시에 관한 업무를 이행하지 아니한 경우에는 그 투자회사재산을 보관·관리하는 신탁업자가 이를 이행하여야 한다(법 제247조 제3항 단서). 이 경우 집합투자업자는 법 제247조 제1항 또는 제2항의 요구에 대하여 금융위원회에 이의를 신청할 수 있으며 관련 당사자는 금융위원회의 결정에 따라야 한다(법 제247조 제4항).

집합투자재산을 보관·관리하는 신탁업자는 집합투자재산과 관련하여 다음 사항을 확인하여야 한다(법 제247조 제5항).

1. 투자설명서가 법령 및 집합투자규약에 부합하는지 여부
2. 자산운용보고서의 작성이 적정한지 여부
3. 위험관리방법의 작성이 적정한지 여부
4. 집합투자재산의 평가가 공정한지 여부
5. 기준가격 산정이 적정한지 여부
6. 신탁업자 또는 감독이사의 시정요구 등에 대한 집합투자업자의 이행명세
7. 시행령 제242조 제1항 제2호에 따른 집합투자증권의 추가발행 시 기존 투자자의 이익을 해칠 염려가 없는지 여부(시행령 제269조 제4항)

집합투자재산을 보관·관리하는 신탁업자는 시정요구를 하거나 투자회사의 감독이사에 대한 보고를 하기 위하여 필요한 경우 또는 신탁업자가 집합투자재산에 대하여 확인할 사항을 확인하기 위하여 필요한 경우에는 해당 집합투자업자 또는 투자회사등에 대하여 관련된 자료의 제출을 요구할 수 있으며 그 집합투자업자 또는 투자회사등은 정당한 사유가 없는 한 이에 응하여야 한다(법 제247조 제6항).

### 3. 자산보관·관리보고서의 교부

집합투자재산을 보관·관리하는 신탁업자는 집합투자재산에 관하여 ① 집합투자기구의 회계기간 종료, ② 집합투자기구의 계약기간 또는 존속기간의 종료, 또는 ③ 집합투자기구의 해지 또는 해산의 사유 중 어느 하나의 사유가 발생한 날부터 2개월 이내에 자산보관·관리보고서[1]를 작성하여 투자자에게 교부하여야 한다(법 제248조 제1항).[2]

신탁업자가 투자자에게 자산보관·관리보고서를 교부하는 경우에는 집합투자증권을 판매한 투자매매업자·투자중개업자 또는 예탁결제원을 통하여 직접 또는 전자우편의 방법으로 교부하여야 한다(시행령 제270조 제3항 본문).[3]

1) 자산보관, 관리보고서의 기재사항에는 ① 집합투자규약의 주요 변경사항, ② 투자운용인력의 변경, ③ 집합투자자총회의 결의내용, ④ 제247조 제5항 각 호의 사항, ⑤ 그 밖에 대통령령으로 정하는 사항이 있다(법 제248조 제1항, 시행령 제270조 제2항).

2) 다만, 투자자가 수시로 변동되는 등 투자자의 이익을 해할 우려가 없는 경우로서 대통령령으로 정하는 경우에는 자산보관·관리보고서를 투자자에게 교부하지 아니할 수 있다(법 제248조 제1항 단서, 시행령 제270조 제1항).

3) 다만, 투자자에게 전자우편 주소가 없는 등의 경우에는 법 제89조 제2항 제1호·제3호의 방법에 따라 공시하는 것으로 갈음할 수 있으며, 투자자가 우편발송을 원하는 경우에는 그에 따라야 한다(시행령 제270조 제3항 단서).

또한 신탁업자는 자산보관·관리보고서를 법 제248조 제1항의 기간 이내에 금융위원회 및 협회에 교부하여야 한다(법 제248조 제2항). 자산보관·관리보고서의 제공시기 및 방법, 비용부담 등에 관하여 필요한 사항은 대통령령으로 정한다(법 제248조 제3항, 시행령 제270조 제3항 내지 제5항).

## 제4절 집합투자증권의 판매 및 환매

### Ⅰ. 집합투자증권의 판매

#### 1. 판매계약·위탁판매계약

투자신탁이나 투자익명조합의 집합투자업자 또는 투자회사등은 집합투자기구의 집합투자증권을 판매하고자 하는 경우 투자매매업자와 판매계약을 체결하거나 투자중개업자와 위탁판매계약을 체결하여야 한다(법 제184조 제5항 본문). 다만 투자신탁이나 투자익명조합의 집합투자업자가 투자매매업자 또는 투자중개업자로서 집합투자기구의 집합투자증권을 판매하는 경우에는 판매계약 또는 위탁판매계약을 체결하지 아니한다(법 제184조 제5항 단서).

#### 2. 증권신고서와 투자설명서에 대한 특례

##### (1) 증권신고서 특례

자본시장법은 집합투자기구의 등록의무 및 증권신고서의 제출의무[1]에 관한 이원적인 규제에 따른 중복규제의 문제를 해결하기 위하여 특례를 두고 있다. 즉 투자신탁이나 투자익명조합의 집합투자업자 또는 투자회사등이 금융위원회에 집합투자기구의 등록신청서를 증권신고서와 함께 제출하는 경우에는 그 증권신고의 효력이 발생하는 때에 해당 집합투자기구가 등록된 것으로 본다(시행령 제211조 제5항). 이처럼 자본시장법은 증권신고서의 효력 발생시점과 집합투자기구의 등록시점을 일치시키고 있다.

---

1) 집합투자증권의 발행인이 증권의 모집 또는 매출을 하고자 할 경우 그 모집 또는 매출에 관한 신고서를 금융위원회에 제출하여 수리되지 아니하면 이를 할 수 없다(법 제119조 제1항, 시행령 제120조).

또한 투자신탁이나 투자익명조합의 집합투자업자 또는 투자회사등이 증권신고서의 정정신고서를 제출한 경우 집합투자기구의 등록사항 변경에 따른 변경등록의 신청서를 제출한 것으로 보며, 그 정정신고의 효력이 발생하는 때에 해당 집합투자기구가 변경등록된 것으로 본다(시행령 제211조 제6항). 즉 자본시장법은 증권신고서의 정정신고 시점과 집합투자기구의 변경등록 시점 역시 일치시키고 있다.

#### (2) 투자설명서 특례

증권을 모집 또는 매출하려는 발행인은 증권신고서의 제출 대신에 일정기간 동안 모집 또는 매출할 증권의 총액을 일괄하여 기재한 신고서('일괄신고서')를 제출할 수 있으나(법 제119조 제2항 전단), 개방형 집합투자증권의 경우 일괄신고추가서류를 제출할 의무가 없다(법 제119조 제2항 후단, 시행령 제122조 제1항).

개방형 집합투자증권의 발행인은 법 제123조 제3항의 구분[1]에 따라 투자설명서 및 간이투자설명서를 금융위원회에 추가로 제출하여야 하며, 이를 비치하고 일반인이 열람할 수 있도록 하여야 한다(법 제123조 제3항 본문). 다만 그 집합투자증권의 모집 또는 매출을 중지한 경우에는 제출·비치 및 공시를 하지 아니할 수 있다(법 제123조 제3항 단서). 자본시장법은 집합투자재산을 보관·관리하는 신탁업자로 하여금 집합투자재산과 관련하여 제출된 투자설명서가 법령 및 집합투자규약에 부합하는지 여부를 확인하도록 하고 있다(법 제247조 제5항 제1호).

### 3. 집합투자증권 판매 등에 관한 특례

#### (1) 판매가격의 제한

투자매매업자 또는 투자중개업자는 집합투자증권을 판매하는 경우 투자자가 집합투자증권의 취득을 위하여 금전등을 납입한 후 최초로 산정되는 기준가격[2]으로 판매하여야 한다(법 제76조 제1항 본문). 다만 투자자의 이익을 해할 우려가 없

---

1) ① 법 제123조 제1항에 따라 투자설명서를 제출한 후 총리령으로 정하는 기간마다 1회 이상 다시 고친 투자설명서를 제출할 것, ② 법 제182조 제8항에 따라 변경등록을 한 경우 변경등록의 통지를 받은 날부터 5일 이내에 그 내용을 반영한 투자설명서를 제출할 것(법 제123조 제3항 각 호).

2) 투자신탁이나 투자익명조합의 집합투자업자 또는 투자회사등은 집합투자재산의 평가결과에 따라 기준가격의 공고·게시일 전날의 대차대조표상에 계상된 자산총액에서 부채총액을 뺀 금액을 그 공고·게시일 전날의 집합투자증권 총수로 나누어 계산하는 방법으로 집합투자증권의 기준가격을 산정하여야 한다(법 제238조 제6항, 시행령 제262조 제1항).

는 일정한 경우[1]에는 일정한 기준가격[2]으로 판매하여야 한다(법 제76조 제1항 단서, 시행령 제77조 제1항·제2항).

### (2) 판매 및 판매광고의 제한

투자매매업자 또는 투자중개업자는 법 제92조 제1항(법 제186조 제2항에서 준용하는 경우 포함)에 따라서 집합투자증권의 환매를 연기 또는 집합투자기구에 대한 회계감사인의 감사의견이 적정의견이 아니라는 통지를 받은 경우에는 해당 집합투자증권을 판매하여서는 아니 된다(법 제76조 제2항 본문). 다만, 환매 연기 또

---

1) 시행령 제77조(집합투자증권 판매 등에 관한 특례) ① 법 제76조 제1항 단서에서 "대통령령으로 정하는 경우"란 다음 각 호의 경우를 말한다.
  1. 투자자가 집합투자규약으로 정한 집합투자증권의 매수청구일을 구분하기 위한 기준시점을 지나서 투자매매업자 또는 투자중개업자에게 금전등을 납입하는 경우
  2. 투자매매업자 또는 투자중개업자가 단기금융집합투자기구의 집합투자증권을 판매하는 경우로서 다음 각 목의 어느 하나에 해당하는 경우
    가. 투자자가 금융투자상품 등의 매도나 환매에 따라 수취한 결제대금으로 결제일에 단기금융집합투자기구의 집합투자증권을 매수하기로 집합투자증권을 판매하는 투자매매업자 또는 투자중개업자와 미리 약정한 경우
    나. 투자자가 급여 등 정기적으로 받는 금전으로 수취일에 단기금융집합투자기구의 집합투자증권을 매수하기로 집합투자증권을 판매하는 투자매매업자 또는 투자중개업자와 미리 약정한 경우
    다. 「국가재정법」 제81조에 따라 여유자금을 통합하여 운용하는 경우로서 환매청구일에 공고되는 기준가격으로 환매청구일에 환매한다는 내용이 집합투자규약에 반영된 단기금융집합투자기구의 집합투자증권을 판매하는 경우
  3. 다음 각 목의 어느 하나에 해당하는 자에게 단기금융집합투자기구의 집합투자증권을 판매하는 경우
    가. 「외국환거래법」 제13조에 따른 외국환평형기금
    나. 「국가재정법」 제81조에 따라 여유자금을 통합하여 운용하는 단기금융집합투자기구 및 증권집합투자기구
  4. 법 제76조 제1항 본문에 따른 기준가격을 적용할 경우 해당 집합투자기구의 투자자 이익 등을 침해할 우려가 있다고 제261조에 따른 집합투자재산평가위원회가 인정하는 경우
  5. 투자자가 집합투자기구를 변경하지 아니하고 그 집합투자기구의 집합투자증권을 판매한 투자매매업자 또는 투자중개업자를 변경할 목적으로 집합투자증권을 환매한 후 다른 투자매매업자 또는 투자중개업자를 통하여 해당 집합투자증권을 매수하는 경우

2) 시행령 제77조 ② 법 제76조 제1항 단서에서 "대통령령으로 정하는 기준가격"이란 다음 각 호와 같다.
  1. 제1항 제1호의 경우: 금전등의 납입일부터 기산하여 제3영업일에 공고되는 기준가격
  2. 제1항 제2호 및 제3호의 경우: 금전등의 납입일에 공고되는 기준가격
  3. 제1항 제4호의 경우: 금전등의 납입일부터 기산하여 제3영업일 또는 그 이후에 공고되는 기준가격
  4. 제1항 제5호의 경우: 집합투자증권을 환매한 후 15일 이내에 집합투자규약에서 정하는 투자매매업자 또는 투자중개업자 변경의 효력이 발생하는 날에 공고되는 기준가격

는 감사의견의 부적정 사유가 해소되어 집합투자업자로부터 해당 집합투자증권을 판매한 투자매매업자 또는 투자중개업자가 통지를 받은 경우에는 판매를 다시 시작할 수 있다(법 제76조 제 2 항 단서).

투자매매업자 또는 투자중개업자는 집합투자기구가 금융위원회에 등록되기 전에는 해당 집합투자증권을 판매하거나 판매를 위한 광고를 하여서는 아니 된다(법 제76조 제 3 항 본문). 다만 관련 법령의 개정에 따라 새로운 형태의 집합투자증권의 판매가 예정되어 있어 그 집합투자기구의 개괄적인 내용을 광고하여도 투자자의 이익을 해칠 염려가 없는 경우에는 판매를 위한 광고를 할 수 있다(법 제76조 제 3 항 단서, 시행령 제77조 제 3 항).

### (3) 판매수수료와 판매보수의 규제

투자매매업자 또는 투자중개업자는 집합투자증권의 판매와 관련하여 판매수수료[1] 및 판매보수[2]를 받는 경우 집합투자기구의 운용실적에 연동하여 판매수수료 또는 판매보수를 받아서는 아니 된다(법 제76조 제 4 항). 이 경우 판매수수료 및 판매보수에 한도가 설정되어 있는데, ① 판매수수료의 경우 납입금액 또는 환매금액의 2%, ② 판매보수의 경우 집합투자재산의 연평균가액의 1%[3]가 그 한도이다(법 제76조 제 5 항, 시행령 제77조 제 4 항).

투자매매업자 또는 투자중개업자는 집합투자규약으로 정하는 바에 따라 ① 판매수수료의 경우 판매 또는 환매 시 일시에 투자자로부터 받거나 투자기간 동안 분할하여 투자자로부터 받는 방법, ② 판매보수의 경우 매일의 집합투자재산의 규모에 비례하여 집합투자기구로부터 받는 방법으로 판매수수료나 판매보수를 받을 수 있다(시행령 제77조 제 5 항). 판매수수료는 집합투자규약으로 정하는 바에 따라 판매방법, 투자매매업자·투자중개업자, 판매금액, 투자기간 등을 기준으로 차등하여 받을 수 있다(시행령 제77조 제 6 항).

---

1) 집합투자증권을 판매하는 행위에 대한 대가로 투자자로부터 직접 받는 금전을 말한다(법 제76조 제 4 항 괄호 안).

2) 집합투자증권을 판매한 투자매매업자, 투자중개업자가 투자자에게 지속적으로 제공하는 용역의 대가로 집합투자기구로부터 받는 금전을 말한다(법 제76조 제 4 항 괄호 안).

3) 다만, 투자자의 투자기간에 따라 판매보수율이 감소하는 경우로서 금융위원회가 정하여 고시하는 기간을 넘는 시점에 적용되는 판매보수율이 100분의 1 미만인 경우 그 시점까지는 100분의 1에서부터 1천분의 15까지의 범위에서 정할 수 있다(시행령 제77조 제 4 항 제 2 호 제 2 문).

## Ⅱ. 집합투자증권의 환매

〈사 안〉

1999. 7월경 甲 그룹이 발행한 회사채 및 기업어음의 규모가 약 28조 5,537억원에 달하였는데 甲그룹의 자금사정이 악화되어 1999. 7. 19. 甲 그룹 스스로 피고를 포함한 채권단에 긴급자금지원요청을 하고 乙 투신을 포함한 채권단이 1999. 7. 22. 甲 그룹에 대한 긴급자금지원결정을 하기에 이르렀고, 이에 따라 투자자들 사이에서 甲 그룹 채권의 회수가능성에 대한 불안감이 점증하였으며, 실제로 1999. 7. 23.부터 투자신탁상품의 환매가 급증하는 등 금융시장이 불안해졌다.

(1) 甲 그룹에 대한 채권단의 긴급자금지원결정에 따라 그 일원인 집합투자업자(구 증권투자신탁업법상 위탁회사, 乙 투신)가 당해 투자신탁재산에 편입되어 있던 甲 그룹 채권의 만기를 연장하여 이를 그 신탁재산에 그대로 편입하였는데 이 행위가 선량한 관리자의 주의의무 위반에 해당하겠는가?

(2) 집합투자업자인 위 乙 투신은 당초 다른 신탁재산에 편입되어 있던 甲 그룹 채권의 만기를 연장하여 이를 당해 신탁재산에 새롭게 편입시켰는바, 이 행위는 수익자에 대한 관계에서 위탁회사의 선관주의의무 위반에 해당하겠는가?

〈참고사항〉

대법원 2004. 2. 27. 선고 2002다63572 판결은 원래 투자신탁재산에 편입되어 있던 甲 그룹 채권의 만기를 연장·편입한 행위와 당초 다른 투자신탁재산에 속해 있던 甲 그룹 채권 등을 이 사건 투자신탁에 새로 편입시킨 행위에 대하여 다른 평가를 하였다.

- 甲 그룹이 1999. 7. 19. 피고를 포함한 채권단에 긴급자금지원요청을 한 시점 이후 피고가 이 사건 신탁재산에 편입되어 있던 甲 그룹 채권 등의 만기를 연장하여 그대로 이 사건 신탁재산에 편입시킨 것에 대하여는 甲그룹 채권의 만기 연장이 甲 그룹의 도산으로 인한 국가적 충격을 방지하기 위한 불가피한 선택이었고 그것도 피고를 포함한 전체 채권단의 합의사항이었기 때문에 피고만 이를 거부할 수도 없었을 것으로 보이는 점에 비추어 피고가 이 사건 신탁재산에 편입되어 있던 위 甲 그룹 채권 등을 만기 연장하여 그대로 다시 이 사건 신탁재산에 편입시키는 경우에는 이 사건 신탁재산 중 甲 그룹 채권 등이 차지하는 비율에 아무런 영향을 주지 않는 것이므로 그것만 가지고는 피고가 선관주의의무를 위반하였다고 할 수 없다고 보았다.
- 반면에 동 판결은 피고가 운용하는 다른 투자신탁재산에서 만기 연장되어 이 사건 신탁재산에 새로 편입된 부분에 대하여는 그 당시 甲 그룹 채권 등은 상환가능성이 매우 불확실한 것으로서 이 사건 신탁재산 중 甲 그룹 채권 등의 비율을 상승시켜 수익자에게 피해를 입힐 가능성이 크고 실제로 원고를 포함한 수익자들은 수익증권 중 위 甲 그룹 채권 등의 환매로 손실을 입게 되었으므로, 당초 다른 투자신탁재산에 속해 있던 甲 그룹 채권 등을 이 사건 투자신탁에 새로 편입시킨 행위는 선량한 관리자로서의 주의의무를 위반한 것이라고 하였다.

## 1. 환매청구 및 환매방법

### (1) 환매청구

투자자는 언제든지 집합투자증권의 환매를 청구할 수 있으며(법 제235조 제 1 항), 투자자가 집합투자증권의 환매를 청구하고자 하는 경우에는 원칙적으로 그 집합투자증권을 판매한 투자매매업자 또는 투자중개업자에게 청구하여야 한다(법 제235조 제 2 항). 만일 투자매매업자 또는 투자중개업자가 환매청구가 응할 수 없는 경우에는 해당 집합투자기구의 집합투자업자에게 직접 청구할 수 있으며 집합투자업자마저 환매에 응할 수 없는 경우에는 해당 집합투자재산을 보관·관리하는 신탁업자에게 청구할 수 있다(법 제235조 제 2 항 단서).

투자자로부터 환매청구를 받은 투자매매업자 또는 투자중개업자는 수익증권 또는 투자익명조합의 지분증권인 경우 해당 투자신탁 또는 투자익명조합의 집합투자업자에 대하여, 투자회사등이 발행한 집합투자증권인 경우 그 투자회사등에 대하여 각각 지체 없이 환매에 응할 것을 요구하여야 한다(법 제235조 제 3 항). 만일 투자매매업자 또는 투자중개업자가 환매청구에 응할 수 없어서 투자회사등이 발행한 집합투자증권의 환매청구를 받은 경우 해당 집합투자업자 또는 신탁업자는 투자회사등에 대하여 지체 없이 환매에 응할 것을 요구하여야 한다(법 제235조 제 3 항). 그리고 환매청구를 받거나 환매에 응할 것을 요구받은 투자신탁이나 투자익명조합의 집합투자업자(해당 집합투자재산을 보관·관리하는 신탁업자를 포함) 또는 투자회사등은 그 집합투자기구의 투자대상자산의 환금성 등을 고려하여 원칙적으로 투자자가 환매청구를 한 날부터 15일 이내에 집합투자규약에서 정한 환매일에 환매대금을 지급하여야 한다(법 제235조 제 4 항).[1]

### (2) 환매방법

환매대금을 지급하는 경우 투자신탁이나 투자익명조합의 집합투자업자(해당 집합투자재산을 보관·관리하는 신탁업자를 포함) 또는 투자회사등은 집합투자재산의 범위에서 집합투자재산으로 소유 중인 금전 또는 집합투자재산을 처분하여 조성한 금전으로만 하여야 하나, 집합투자기구의 투자자 전원의 동의를 얻은 경우에는

---

1) 다만 시행령은 투자자가 환매청구를 한 날로부터 15일을 초과하여 환매를 할 수 있는 예외를 규정한다(시행령 제254조 제 1 항).

그 집합투자기구에서 소유하고 있는 집합투자재산으로 지급할 수 있다(법 제235조 제 5 항).

### (3) 취득의 제한 및 소각

집합투자증권을 판매한 투자매매업자·투자중개업자, 집합투자재산을 운용하는 집합투자업자 또는 집합투자재산을 보관·관리하는 신탁업자는 환매청구를 받거나 환매에 응할 것을 요구받은 집합투자증권을 원칙적으로 자기의 계산으로 취득하거나 타인에게 취득하게 하여서는 아니 된다(법 제235조 제 6 항 본문). 다만, 집합투자증권의 원활한 환매를 위하여 필요하거나 투자자의 이익을 해할 우려가 없는 예외적인 일정한 경우에는 환매청구를 받거나 환매에 응할 것을 요구받은 집합투자증권을 자기의 계산으로 취득할 수 있다(법 제235조 제 6 항 단서, 시행령 제254조 제 2 항).

투자신탁이나 투자익명조합의 집합투자업자(집합투자재산을 보관·관리하는 신탁업자 포함) 또는 투자회사등은 이 장에 따라 집합투자증권을 환매한 경우에는 그 집합투자증권을 소각하여야 한다(법 제235조 제 7 항).

## 2. 환매가격 및 수수료

### (1) 환매가격

투자신탁이나 투자익명조합의 집합투자업자 또는 투자회사등은 집합투자증권을 환매하는 경우 환매청구일 후에 산정되는 기준가격으로 하여야 한다(법 제236조 제 1 항 본문). 이 경우 환매청구일 후에 산정되는 기준가격은 환매청구일부터 기산하여 제 2 영업일[1] 이후에 공고되는 기준가격으로서 해당 집합투자기구의 집합투자규약에서 정한 기준가격으로 한다(시행령 제255조 제 3 항). 그럼에도 불구하고 투자자가 집합투자기구를 변경하지 아니하고 그 집합투자기구의 집합투자증권을 판매한 투자매매업자 또는 투자중개업자를 변경할 목적으로 집합투자증권을 환매하는 경우에는 집합투자증권의 환매를 청구한 후 15일 이내에 집합투자규약에서 정하는 투자매매업자 또는 투자중개업자 변경의 효력이 발생하는 날에 공고되는 기준가격을 적용한다(시행령 제255조 제 4 항).

1) 다만 투자자가 집합투자규약에서 정한 집합투자증권의 환매청구일을 구분하기 위한 기준시점을 지나서 환매청구를 하는 경우는 제 3 영업일이다(시행령 제255조 제 3 항 괄호 안).

다만 투자자의 이익 또는 집합투자재산의 안정적 운용을 해할 우려가 없는 일정한 경우[1]로서 환매청구일에 공고되는 기준가격으로 환매청구일에 환매한다는 내용을 집합투자규약에 정한 경우에는 환매청구일 후에 산정되는 기준가격으로 환매할 의무를 적용받지 아니한다(법 제236조 제 1 항 단서, 시행령 제255조 제 1 항).

#### (2) 환매수수료

집합투자증권을 환매하는 경우에 부과하는 환매수수료는 집합투자규약에서 정하는 기간 이내에 환매하는 경우 집합투자증권의 환매를 청구하는 투자자가 부담하며, 해당 투자자가 부담한 환매수수료[2]는 집합투자재산에 귀속된다(법 제236조 제 2 항, 시행령 제255조 제 2 항 제 1 문).

### 3. 환매의 연기

#### (1) 환매연기의 개념

환매연기는 환매청구 자체가 제한되는 환매중지와 달리 환매청구는 수용하되 환매의 승낙을 유보하는 것으로서, 집합투자재산 전부에 대하여 환매가 제한되는 전부환매연기 및 집합투자재산 일부에 대해서만 환매가 제한되는 일부환매연기로

---

1) 시행령 제255조(환매가격 및 수수료) ① 법 제236조 제 1 항 단서에서 "대통령령으로 정하는 경우"란 다음 각 호의 어느 하나에 해당하는 경우로서 환매청구일에 공고되는 기준가격으로 환매청구일에 환매한다는 내용을 집합투자규약에 정한 경우를 말한다.
   1. 투자매매업자 또는 투자중개업자가 단기금융집합투자기구의 집합투자증권을 판매한 경우로서 다음 각 목의 어느 하나에 해당하는 경우
      가. 투자자가 금융투자상품 등의 매수에 따른 결제대금을 지급하기 위하여 단기금융집합투자기구의 집합투자증권을 환매하기로 그 투자매매업자 또는 투자중개업자와 미리 약정한 경우
      나. 투자자가 공과금 납부 등 정기적으로 발생하는 채무를 이행하기 위하여 단기금융집합투자기구의 집합투자증권을 환매하기로 그 투자매매업자 또는 투자중개업자와 미리 약정한 경우
      다. 시행령 제77조 제 1 항 제 2 호 다목에 해당하는 단기금융집합투자기구의 집합투자증권을 환매하는 경우
   2. 투자매매업자 또는 투자중개업자가 다음 각 목의 어느 하나에 해당하는 자에게 단기금융집합투자기구의 집합투자증권을 판매한 경우로서 그 집합투자증권을 환매하는 경우
      가. 「외국환거래법」 제13조에 따른 외국환평형기금
      나. 「국가재정법」 제81조에 따른 여유자금을 통합하여 운용하는 단기금융집합투자기구 및 증권집합투자기구

2) 이 경우 환매수수료는 환매금액 또는 이익금 등을 기준으로 부과할 수 있다(시행령 제255조 제 2 항 제 2 문).

분류된다.[1)]

### (2) 환매연기의 사유

투자신탁이나 투자익명조합의 집합투자업자 또는 투자회사등은 집합투자재산인 자산의 처분이 불가능한 경우 등 아래의 일정한 사유로 인하여 집합투자규약에서 정한 환매일에 집합투자증권을 환매할 수 없게 된 경우 그 집합투자증권의 환매를 연기할 수 있다(법 제237조 제1항 제1문, 시행령 제256조).

1. 집합투자재산의 처분이 불가능하여 사실상 환매에 응할 수 없는 경우로서 다음 각 목의 어느 하나에 해당하는 경우
   가. 뚜렷한 거래부진 등의 사유로 집합투자재산을 처분할 수 없는 경우
   나. 증권시장이나 해외 증권시장의 폐쇄·휴장 또는 거래정지, 그 밖에 이에 준하는 사유로 집합투자재산을 처분할 수 없는 경우
   다. 천재지변, 그 밖에 이에 준하는 사유가 발생한 경우
2. 투자자 간의 형평성을 해칠 염려가 있는 경우로서 다음 각 목의 어느 하나에 해당하는 경우
   가. 부도발생 등으로 인하여 집합투자재산을 처분하여 환매에 응하는 경우에 다른 투자자의 이익을 해칠 염려가 있는 경우
   나. 집합투자재산에 속하는 자산의 시가가 없어서 환매청구에 응하는 경우에 다른 투자자의 이익을 해칠 염려가 있는 경우
   다. 대량의 환매청구에 응하는 것이 투자자 간의 형평성을 해칠 염려가 있는 경우
3. 환매를 청구받거나 요구받은 투자매매업자 또는 투자중개업자·집합투자업자·신탁업자·투자회사등이 해산등으로 인하여 집합투자증권을 환매할 수 없는 경우
4. 그 밖에 이상의 경우에 준하는 경우로서 금융위원회가 환매연기가 필요하다고 인정한 경우

### (3) 집합투자자총회의 결의 및 통지

환매를 연기할 경우 투자신탁이나 투자익명조합의 집합투자업자 또는 투자회사등은 연기일부터 6주 이내에 집합투자자총회에서 집합투자증권의 환매에 관한 다음 사항을 결의[2)]하여야 한다(법 제237조 제1항 제2문, 시행령 제257조 제1항).

---

1) 임재연(2014), 1176면.

2) 법 제190조 제5항 본문, 제201조 제2항 단서, 제210조 제2항 단서, 제215조 제3항, 제220조 제3항 및 제226조 제3항의 결의를 말한다(법 제237조 제1항 제2문 괄호 안).

1. 환매를 재개하려는 경우에는 환매대금의 지급시기와 지급방법
2. 환매연기를 계속하려는 경우에는 환매연기기간과 환매를 재개할 때의 환매대금의 지급시기 및 지급방법
3. 일부환매를 하는 경우에는 환매연기의 원인이 되는 자산의 처리방법

투자신탁이나 투자익명조합의 집합투자업자 또는 투자회사등은 환매연기를 위한 집합투자자총회에서 집합투자증권의 환매에 관한 사항을 정하지 아니하거나 환매에 관하여 정한 사항의 실행이 불가능한 경우 계속하여 환매를 연기할 수 있다(법 제237조 제 2 항).

집합투자자총회에서 환매에 관한 사항이 결의되거나 법 제237조 제 2 항에 따라 환매의 연기를 계속하는 경우 투자신탁이나 투자익명조합의 집합투자업자 또는 투자회사등은 지체 없이 다음 사항을 투자자에게 통지하여야 한다(법 제237조 제 3 항, 시행령 제257조 제 2 항·제 3 항).

1. 집합투자자총회에서 환매에 관한 사항을 결의한 경우
   가. 환매에 관하여 결의한 사항
   나. 환매가격
   다. 일부환매의 경우 그 뜻과 일부환매의 규모
2. 환매연기를 계속하는 경우
   가. 환매를 연기하는 사유
   나. 환매를 연기하는 기간
   다. 환매를 재개하는 경우 환매대금의 지급방법
   라. 환매를 재개하는 경우에 환매가격 및 환매대금의 지급시기
   마. 일부환매의 경우에 그 뜻과 일부환매의 규모

### (4) 환매연기사유의 해소

투자신탁이나 투자익명조합의 집합투자업자 또는 투자회사등은 환매연기사유의 전부 또는 일부가 해소된 경우 환매가 연기된 투자자에 대하여 환매한다는 뜻을 통지하고 그 집합투자자총회에서 결의한 내용에 따라 환매하고 환매대금을 지급하여야 한다(법 제237조 제 4 항, 시행령 제258조 본문).[1]

---

1) 다만 환매연기를 위한 집합투자자총회의 개최 전에 환매연기사유가 해소된 경우에는 집합

### 4. 일부환매

#### (1) 집합투자기구 재산의 분리

투자신탁이나 투자익명조합의 집합투자업자 또는 투자회사등은 집합투자재산의 일부가 환매연기사유에 해당하는 경우 그 일부에 대하여는 환매를 연기하고 나머지에 대하여는 투자자가 소유하고 있는 집합투자증권의 지분에 따라 환매에 응할 수 있다(법 제237조 제5항).

일부환매의 경우 환매대금의 지급방법은 시행령으로 정해져 있다(법 제237조 제7항). 즉 투자신탁이나 투자익명조합의 집합투자업자 또는 투자회사등은 집합투자증권을 일부환매하거나 환매연기를 위한 집합투자자총회에서 일부환매를 결의한 경우 일부환매를 결정한 날 전날을 기준으로 환매연기의 원인이 되는 자산을 나머지 자산('정상자산')으로부터 분리하여야 하며(시행령 제259조 제1항), 투자신탁이나 투자익명조합의 집합투자업자 또는 투자회사등은 정상자산에 대하여는 집합투자규약에서 정한 방법으로 그 정상자산에 대한 기준가격을 계산하여 투자자가 소유하고 있는 집합투자증권의 지분에 따라 환매대금을 지급하여야 한다(시행령 제259조 제2항).

#### (2) 별도 집합투자기구의 설정·설립

투자신탁이나 투자익명조합의 집합투자업자 또는 투자회사등은 환매가 일부 연기된 집합투자재산만으로 별도의 집합투자기구를 설정 또는 설립할 수 있다(법 제237조 제6항).[1] 별도의 집합투자기구를 설정 또는 설립한 경우는 투자신탁이나 투자익명조합의 집합투자업자 또는 투자회사등은 정상자산으로 구성된 집합투자기구의 집합투자증권을 계속하여 발행·판매 및 환매할 수 있다(법 제237조 제7항, 시행령 제259조 제3항).

### 5. 환매불응

투자신탁이나 투자익명조합의 집합투자업자 또는 투자회사등은 다음의 사유

---

투자자총회를 개최하지 아니하고 환매할 수 있다(시행령 제258조 단서).

1) 이 경우 제81조, 제88조, 제238조 제7항, 제240조 제3항부터 제8항까지 및 제248조를 적용하지 아니한다(법 제237조 제6항 제2문).

중 어느 하나에 해당하는 경우 환매청구에 응하지 아니할 수 있다(법 제237조 제 8 항).

1. 집합투자기구(투자신탁 제외)가 해산한 경우
2. 투자회사의 순자산액이 정관이 정하는 최저순자산액에 미달하는 경우
3. 법령 또는 법령에 따른 명령에 따라 환매가 제한되는 경우
4. 투자신탁의 수익자, 투자회사의 주주 또는 그 수익자·주주의 질권자로서 권리를 행사할 자를 정하기 위하여 주주명부의 폐쇄·기준일에 관한 상법 제354조 제 1 항(제189조 제 9 항에서 준용하는 경우 포함)에 따라 일정한 날을 정하여 수익자명부 또는 주주명부에 기재된 수익자·주주 또는 질권자를 그 권리를 행사할 수익자·주주 또는 질권자로 보도록 한 경우로서 이 일정한 날과 그 권리를 행사할 날의 사이에 환매청구를 한 경우(법 제237조 제 8 항 제 4 호 제 2 문).[1]

## 제 5 절 사모집합투자기구 등에 대한 특례

### I. 사모집합투자기구의 의의

'사모집합투자기구'란 집합투자증권을 사모로만 발행하는 집합투자기구로서 전문투자자 등[2]을 제외한 투자자의 총수가 49인 이하인 것을 말한다(법 제 9 조 제19항, 시행령 제14조). 2015년 7월 법 개정(이하 '2015년 개정법')[3] 시 사모집합투자기구에 관한 법체계가 대폭 수정되었는바, 2015년 개정법은 사모집합투자기구를 크게 두 가지(경영참여형 및 전문투자형)로 구분하여 규율하는 체계를 취하고 있다. 2015년 개정법은 사모펀드 규율체계를 단순화함으로써[4] 다양한 상품 출시를 유도하고

1) 이 경우 기준일은 주주 또는 질권자로서 권리를 행사할 날에 앞선 2개월 내의 날로 정하여야 한다.

2) 사모집합투자기구의 투자자총수 산정 시 산정에서 제외되는 투자자에는 시행령 제10조 제 1 항 각 호에 의한 전문투자자 외에도, 법률에 따라 설립된 기금(시행령 제10조 제 3 항 제10호·제11호는 제외) 및 그 기금을 관리·운용하는 법인(시행령 제10조 제 3 항 제12호), 그리고 법률에 따라 공제사업을 경영하는 법인(시행령 제10조 제 3 항 제13호) 중 금융위원회가 고시하는 자가 포함된다(시행령 제14조 제 1 항).

3) 동법은 2015. 10. 25.자로 시행되었다.

4) 2015년 7월 개정 전의 법은 공모형을 원칙으로 제정된 집합투자기구 규제를 사모펀드에도 적용하면서 다만 특칙을 통하여 적용 예외를 인정하는 방식으로 사모집합투자기구를 규율하고 있었는데(구 자본시장법 제249조 내지 제251조), 그러다 보니 규제방식이 복잡하고 상충 가능성을 배제할 수 없었다.

동시에 사모펀드 시장에 손실의 감내능력이 충분한 투자자만 들어오도록 하여 전문가 시장을 지향하는 것을 의도하고 있다.[1)]

사모집합투자기구 중 경영참여형 사모집합투자기구란 경영권 참여, 사업구조 또는 지배구조의 개선 등을 위하여 지분증권 등에 투자·운용하는 투자합자회사인 사모집합투자기구를 말하며, 전문투자형 사모집합투자기구는 경영참여형 사모집합투자기구를 제외한 사모집합투자기구를 말한다(법 제9조 제19항 각 호).

사모집합투자기구의 투자자 수 산정에 관하여 49인을 산출할 때 다른 집합투자기구가 그 집합투자기구의 집합투자증권 발행총수의 10% 이상을 취득하는 경우 그 다른 집합투자기구의 투자자의 수를 합하여 산출한다(시행령 제14조 제2항). 모집이나 사모의 구분은 취득의 청약을 권유받는 투자자의 수를 기준으로 하므로 청약권유 상대방의 수가 50인 이상이면 실제로 투자한 투자자의 총수가 49인 이하일 경우라도 '사모'에 해당하지 않게 된다(법 제9조 제7항·제8항). 자본시장법은 사모집합투자기구에 대한 특례(제7장)에서 전문투자형 사모집합투자기구(제1절) 및 경영참여형 사모집합투자기구(제2절),[2)] 그리고 은행 및 보험회사에 대한 특칙(제3절)을 두는 체제를 취하고 있다.

사모펀드 규모는 점증되는 추세로 한국금융투자협회에 의하면 2016년 6월 말 기준으로 사모펀드의 순자산총액(228조 9,040억원)은 공모펀드의 순자산총액(227조 9,212억원)을 상회하며 펀드 수 기준으로도 사모펀드(9,499개)가 공모펀드(3,701개)보다 훨씬 많다.[3)]

한편 그 동안 국내 사모펀드의 투자성과와 시장이 성장한 것은 맞지만 해외의 사모펀드의 경우 운용규제가 거의 없고 단지 2008년 금융위기 이후 시스템리스크 차원에서만 관리하는 것에 비하여 볼 때 우리나라 자본시장법상 사모펀드 규제체계는 운용규제가 엄격하여 기업의 장기적 성장을 지원함에 있어서 부족하다는 지적이 항상 있어왔다. 이러한 비판을 고려하여 기존 사모펀드 운용규제를 일원화하여 글로벌 수준의 자율성을 부여하려는 움직임이 2018년 9월 금융위원회

---

1) 금융위원회·금융감독원, "사모펀드 활성화를 위한 「자본시장법」 및 하위법령 개정안 일괄 시행에 따른 주요 변경 사항 안내," 보도자료(2015. 10. 23.), 2면(출처 URL은 생략).

2) 2016년 12월 20일 법 개정으로 기업재무안정 경영참여형 사모집합투자기구 및 창업·벤처전문 경영참여형 사모집합투자기구가 제2절에 추가되었다.

3) 서울경제, "사모펀드 순자산 228조 9,040억원 … 공모펀드 사상 첫 추월"(2016. 6. 29.), 출처: http:// www.sedaily.com/News/NewsView/NewsPrint?Nid=1KXS0A0DAF

주도로 시작되었다. 2019. 7월말 기준으로 이러한 내용의 법 개정이 이루어지지는 않았지만, 대체적인 내용을 정리하면 다음과 같다.[1] ① 현재 헤지펀드와 PEF로 구분하여 존재하는 지분보유의무, 의결권제한, 차입과 대출의 제한 등 펀드의 운용규제를 일원화하여 지분보유와 의결권행사에 관한 제한을 없애고 차입과 대출규제도 최소한으로 하려는 것이다. ② 기관전용 사모펀드를 도입하여 기관투자자들만 참여하는 형태와 개인이 기관투자자펀드를 통한 재간접형태로 투자하는 형태를 도입하고자 한다. ③ 현재 청약권유자의 수가 49인 이하로 되어 있는 사모펀드 투자자 수의 기준을 100인 이하로 확대하고, 전문투자자의 범위도 확대하는 방안을 추진한다. 명실상부한 사모펀드에 맞는 규제만 남기를 기대한다. 다만, 현재 자본시장법과 공정거래법에서 규제하고 있는 대기업의 지배력 확장 방지 관련규제는 그대로 유지하는 입장을 취하고 있는데, 외국펀드와 경쟁함에 있어서 역차별의 논란이 있지 않는 범위에서 완화하는 것도 고려할 필요가 있다.

## Ⅱ. 전문투자형 사모집합투자기구

### 1. 의 의

전문투자형 사모집합투자기구[2]는 경영참여형 사모집합투자기구를 제외한 사모집합투자기구를 말하는데(법 제9조 제19항),[3] 2015년 7월 개정 이전의 법에 의한 기존의 전문사모집합투자기구[4]가 그 전신이다. 경영참여형 사모집합투자기구와 마찬가지로 전문투자형 사모집합투자기구의 투자자가 될 수 있는 자격은 법 제249조의2에 의한 '적격투자자'로 한정된다. 자본시장법은 전문투자형 사모집합투자기구인 투자신탁이나 투자익명조합의 전문사모집합투자업자 또는 전문투자형

1) 금융위원회, 혁신성장과 일자리 창출을 뒷받침하기 위한 사모펀드 체계 개편방향, 2018. 9. 자료 참조.

2) 헤지펀드로 호칭되기도 한다. 금융위원회·금융감독원, 앞의 2015. 10. 23.자 보도자료, 1면.

3) 현행법상 전문투자형 사모집합투자기구는 종전의 적격투자자 대상 사모집합투자기구에서 2013년 5월 법 개정으로 명칭이 변경된 전문사모집합투자기구(구법 제249조의2)에서 유래하는 것이다. 2013년 5월 개정된 구 법상 전문사모집합투자기구란 집합투자증권을 일정한 적격투자자만을 대상으로 사모로만 발행하는 집합투자기구 중 사모투자전문회사를 제외한 집합투자기구로 정의되고 있었다(구 법 제249조의2 제1항).

4) 2015년 7월 개정 이전의 자본시장법은 전문사모집합투자기구라는 개념을 "집합투자증권을 대통령령으로 정하는 적격투자자만을 대상으로 사모로만 발행하는 집합투자기구 중 사모투자전문회사를 제외한 집합투자기구"로 하고 있었으며(구법 제249조의2) 동 전문사모집합투자기구 개념은 또한 그 이전의 적격투자자대상 사모집합투자기구에서 유래한 것이다.

사모집합투자기구인 투자회사등이 적격투자자에 한정하여 집합투자증권을 발행할 수 있다고 규정함으로써(법 제249조의2) 참여 가능한 투자자 범위를 제한하고 있다.

전문투자형 사모집합투자기구의 투자자가 될 수 있는 '적격'투자자의 범위는 다음과 같으며(시행령 제271조), 적격투자자의 범위는 전문투자자(일반투자자와 대비되는 개념)의 범위를 넘어 일정한 거액투자자까지 포함하는 개념이다.

1. 국가
2. 한국은행
3. 금융회사
   - 시행령 제10조 제2항 각 호의 어느 하나에 해당하는 자[1)]
4. 주권상장법인
5. 금융공공기관
   - 시행령 제10조 제3항 제1호부터 제8호까지 및 제13호부터 제18호까지의 어느 하나에 해당하는 자[2)]

---

1) 시행령 제10조 제2항은 금융회사를 다음과 같이 규정한다. ① 은행, ②「한국산업은행법」에 따른 한국산업은행, ③「중소기업은행법」에 따른 중소기업은행, ④「한국수출입은행법」에 따른 한국수출입은행, ⑤「농업협동조합법」에 따른 농업협동조합중앙회, ⑥「수산업협동조합법」에 따른 수산업협동조합중앙회(「은행법」 제5조에서 은행으로 보는 신용사업 부문은 제외), ⑦「보험업법」에 따른 보험회사, ⑧ 금융투자업자[법 제8조 제9항에 따른 겸영금융투자업자(이하 "겸영금융투자업자")는 제외], ⑨ 증권금융회사, ⑩ 종합금융회사, ⑪ 법 제355조 제1항에 따라 인가를 받은 자금중개회사(이하 "자금중개회사"), ⑫「금융지주회사법」에 따른 금융지주회사, ⑬「여신전문금융업법」에 따른 여신전문금융회사, ⑭「상호저축은행법」에 따른 상호저축은행 및 그 중앙회, ⑮「산림조합법」에 따른 산림조합중앙회, ⑯「새마을금고법」에 따른 새마을금고연합회, ⑰「신용협동조합법」에 따른 신용협동조합중앙회, ⑱ 제1호부터 제17호까지의 기관에 준하는 외국 금융기관.

2) 관련 시행령은 다음과 같이 정의한다. ①「예금자보호법」에 따른 예금보험공사 및 정리금융회사, ②「금융회사부실자산 등의 효율적 처리 및 한국자산관리공사의 설립에 관한 법률」에 따른 한국자산관리공사, ③「한국주택금융공사법」에 따른 한국주택금융공사, ④「한국투자공사법」에 따른 한국투자공사, ⑤ 협회, ⑥ 법 제294조에 따라 설립된 한국예탁결제원(이하 "예탁결제원"), ⑦ 거래소, ⑧「금융위원회의 설치 등에 관한 법률」에 따른 금융감독원(이하 "금융감독원"), ⑨ 법률에 따라 공제사업을 경영하는 법인, ⑩ 지방자치단체, ⑪ 해외 증권시장에 상장된 주권을 발행한 국내법인이 있고, 또한 ⑫ 일정한 요건을 모두 충족하는 법인 또는 단체(외국 법인 또는 외국 단체는 제외)로서 해당 요건은 가. 금융위원회에 나목의 요건을 충족하고 있음을 증명할 수 있는 관련 자료를 제출할 것, 나. 관련 자료를 제출한 날 전날의 금융투자상품 잔고가 100억원(「주식회사의 외부감사에 관한 법률」에 따라 외부감사를 받는 주식회사는 50억원) 이상일 것, 그리고 다. 관련 자료를 제출한 날부터 2년이 지나지 아니하여야 한다.

한편 ⑬ 일정한 요건을 모두 충족하는 개인으로, 가. 금융위원회에 나목부터 라목까지의 요건을 모두 충족하고 있음을 증명할 수 있는 관련 자료를 제출할 것, 나. 관련 자료를 제출

6. 일정한 거액투자자
   - 1억원 이상으로서 일정한 금액[1] 이상을 투자하는 개인 또는 법인, 그 밖의 단체(「국가재정법」 별표 2에서 정한 법률에 따른 기금과 집합투자기구를 포함)

적격투자자 개념을 2015년 7월 사모펀드 규제체제를 대폭 변경하기 전 및 변경 후 현행법의 내용을 비교하면 다음과 같다.

### 표 10-1 법 개정 전후 적격투자자 개념 비교[2]

| 구 분 | 개정 전의 적격투자자 | | 구 분 | 현행법상 적격투자자 |
|---|---|---|---|---|
| 일반사모펀드 | 제한 없음 | ⇨ | 전문투자형 사모펀드 | • 모든 전문투자자[3] |
| 헤지펀드 | • 전문투자자(일부 제외)<br>• 5억원 이상 투자하는 개인·법인 등 | | | • 레버리지 200%이하: 1억원 이상 투자자<br>• 레버리지 200%초과: 3억원 이상 투자자 |
| PEF (기업재무안정 PEF) | • 전문투자자(일부 제외)<br>• 10억원 이상 투자자(개인)<br>• 20억원 이상 투자자(법인) | ⇨ | 경영참여형 사모펀드 | • 모든 전문투자자<br>• 3억원 이상 투자자<br>* GP임원·운용역은 1억원 |

한 날 전날의 금융투자상품 잔고가 5억원 이상일 것, 다. 금융투자업자에 계좌를 개설한 날부터 1년이 지났을 것, 라. 소득액 또는 재산가액이 금융위원회가 정하여 고시하는 기준을 충족할 것, 마. 관련 자료를 제출한 날부터 2년이 지나지 아니하여야 한다. 다만, 외국인인 개인 및 「조세특례제한법」 제91조의18 제1항에 따른 개인종합자산관리계좌에 가입한 거주자인 개인(같은 조 제3항 제2호에 따라 신탁업자와 특정금전신탁계약을 체결하는 경우 및 이 영 제98조 제1항 제4호의2 및 같은 조 제2항에 따라 투자일임업자와 투자일임계약을 체결하는 경우로 한정한다)은 제외한다.

마지막으로, ⑭ 다음 중 어느 하나에 해당하는 외국인으로, 가. 외국 정부, 나. 조약에 따라 설립된 국제기구, 다. 외국 중앙은행, 라. 제1호부터 제17호까지의 자에 준하는 외국인 중 하나에 해당하는 경우이어야 한다. 다만, 「조세특례제한법」 제91조의18 제1항에 따른 개인종합자산관리계좌에 가입한 거주자인 외국인(같은 조 제3항 제2호에 따라 신탁업자와 특정금전신탁계약을 체결하는 경우 및 이 영 제98조 제1항 제4호의2 및 같은 조 제2항에 따라 투자일임업자와 투자일임계약을 체결하는 경우로 한정한다)은 제외한다.

1) 시행령은 ① 법 제249조의7 제1항 각 호의 금액을 합산한 금액이 전문투자형 사모집합투자기구의 자산총액에서 부채총액을 뺀 가액의 100분의 200을 초과하지 아니하는 전문투자형 사모집합투자기구에 투자하는 경우: 1억원, ② 위 ① 이외의 전문투자형 사모집합투자기구에 투자하는 경우: 3억원으로 규정한다(시행령 제271조 제2항).
2) 금융위원회·금융감독원, 앞의 2015. 10. 23.자 보도자료, 2면.
3) 모든 금융회사(외국 포함), 금융공공기관 및 주권상장법인 등이 이에 속한다. 금융위원회·금융감독원, 위의 2015. 10. 23.자 보도자료, 2면.

위 〈표 10-1〉에서 볼 수 있듯이 2015년 개정법상의 적격투자자에는 전문투자자에 더하여 투자금액 등 요건을 갖춘 일반투자자가 포함되며 펀드의 투자위험도 및 환매 용이성 등을 감안하여 일반투자자의 적격투자자성 여부가 차등 규정되고 있다.[1)]

## 2. 등 록

전문투자형 집합투자기구를 운용하는 집합투자업자는 2015년 개정법에 따라서 전문사모집합투자업자[2)]로 명명되며 인가가 아니라 등록만으로 진입이 허용된다.[3)] 전문사모집합투자업 등록 없이 전문사모집합투자업을 영위하는 것은 금지된다(법 제249조).

전문사모집합투자업을 영위하기 위한 등록은 금융위원회에 하여야 하며(법 제249조의3 제1항), 전문사모집합투자업자로의 등록요건[4)]은 다음과 같다(법 제249조의3 제2항, 시행령 제271조의2).

> 1. 다음 각 목의 어느 하나에 해당하는 자일 것
>    가. 「상법」에 따른 주식회사이거나 대통령령으로 정하는 금융회사[5)]
>    나. 외국 집합투자업자(외국 법령에 따라 외국에서 집합투자업에 상당하는 영업을 영위하는 자를 말한다. 이하 이 조에서 같다)로서 외국에서 영위하고 있는 영업에 상당하는 집합투자업 수행에 필요한 지점, 그 밖의 영업소를 설치한 자
> 2. 10억원 이상의 자기자본을 갖출 것[6)]

---

1) 금융위원회·금융감독원, 앞의 2015. 10. 23.자 보도자료, 2면.

2) "전문사모집합투자업자"란 집합투자업자 중 전문사모집합투자업을 영위하는 자를 말하며(법 제9조 제29항), "전문사모집합투자업"이란 집합투자업 중 전문투자형 사모집합투자기구를 통한 집합투자를 영업으로 하는 것을 말한다(법 제9조 제28항).

3) 금융위원회·금융감독원, 앞의 2015. 10. 23.자 보도자료, 2면.

4) 전문사모집합투자업자의 등록 심사요건 중 사업계획 타당성 심사가 없다. 금융위원회·금융감독원, 위의 2015. 10. 23.자 보도자료, 2면.

5) 등록 요건 중 대통령령으로 정하는 금융회사란 다음 중 어느 하나에 해당하는 금융회사를 말하며, 이에는 ① 「한국산업은행법」에 따른 한국산업은행, ② 「중소기업은행법」에 따른 중소기업은행, ③ 「한국수출입은행법」에 따른 한국수출입은행, ④ 「은행법」 제5조에서 은행으로 보는 신용사업 부문, ⑤ 「농업협동조합법」에 따른 농협은행, ⑥ 그 밖에 투자자 보호 및 건전한 거래질서를 해칠 염려가 없는 경우로서 금융위원회가 정하여 고시하는 금융회사가 있다(시행령 제271조의2 제1항).

6) 시행령 제271조의2 제3항, 2015년 개정 전의 법은 헤지펀드에 대하여 최소 자기자본을 60

3. 투자자의 보호가 가능하고 그 영위하려는 전문사모집합투자업을 수행하기에 충분한 인력[1]과 전산설비, 그 밖의 물적 설비[2]를 갖출 것
4. 임원이 「금융회사의 지배구조에 관한 법률」 제5조에 적합할 것
5. 대주주나 외국 집합투자업자가 다음 각 목의 구분에 따른 요건을 갖출 것
   가. 법 제249조의3 제2항 제1호 가목의 경우 대주주(법 제12조 제2항 제6호 가목의 대주주)[3]가 충분한 출자능력, 건전한 재무상태 및 사회적 신용을 갖출 것
   나. 법 제249조의3 제2항 제1호 나목의 경우 외국 집합투자업자가 충분한 출자능력, 건전한 재무상태 및 사회적 신용을 갖출 것
6. 경영건전성기준 등 건전한 재무상태와 법령 위반사실이 없는 등 건전한 사회적 신용을 갖출 것[4]
7. 전문사모집합투자업자와 투자자 간, 특정 투자자와 다른 투자자 간의 이해상충을 방지하기 위한 체계를 갖출 것[5]

---

억원, 모든 자산에 대한 전문투자자대상운용업은 최소 자기자본을 40억원으로 하고 있었다. 금융위원회·금융감독원, 앞의 2015. 10. 23.자 보도자료, 2면.

1) 상근 임직원인 투자운용인력을 3명 이상 갖춰야 한다. 시행령 제271조의2 제4항, 기존에 전문사모집합투자업자의 운용전문인력이 갖춰야 하는 자격요건(① 금융회사, 연기금 등(외국 포함)에서 3년 이상 근무하고 2년 이상 운용업무에 종사하거나 ② 공인회계사이면서 2년 이상 운용업무에 종사하거나, ③ 협회의 시험통과자이면서 2년 이상의 운용경력을 충족 후 협회의 헤지펀드 운용인력교육을 인수)이 완화되어, 금융회사 등(외국 포함)에서 3년 이상 근무하고 협회펀드 운용관련교육을 이수한 자로 개정되었다. 금융위원회·금융감독원, 위의 2015. 10. 23.자 보도자료, 3면.

2) 이 경우의 전산설비, 그 밖의 물적 설비에 관한 요건으로, 가. 전문사모집합투자업을 수행하기에 필요한 전산설비와 통신수단, 나. 사무실 등 충분한 업무공간과 사무장비, 다. 전산설비 등의 물적 설비를 안전하게 보호할 수 있는 보안설비, 라. 정전·화재 등의 사고가 발생할 경우에 업무의 연속성을 유지하기 위하여 필요한 보완설비가 요구된다(시행령 제271조의2 제4항).; 물적설비요건은 공모펀드의 자산운용사와 유사하게 설정하되 외부위탁의 범위를 넓게 인정하는 방향으로 운용한다. 금융위원회·금융감독원, 위의 2015. 10. 23.자 보도자료, 2면.

3) 이 경우의 대주주(법 제12조 제2항 제6호 가목에 따른 대주주) 요건으로, ① 대주주가 시행령 별표 2 제1호부터 제3호까지 또는 제5호(라목 제외)에 해당하는 자인 경우에는 같은 표 제1호 라목 및 마목의 요건을 갖추거나, 또는 ② 대주주가 시행령 별표 2 제4호 또는 제5호 라목에 해당하는 자인 경우에는 같은 표 제4호 가목·라목 및 마목의 요건을 갖출 것이 요구되며 이 경우 같은 호 가목 중 "인가신청일"은 "등록신청일"로, "인가 받으려는"은 "등록하려는"으로 본다(시행령 제271조의2 제5항). 다만 시행령 제271조의2 제5항에도 불구하고 금융위원회가 제5항 각 호의 요건을 완화하여 고시할 수 있고 그러한 경우는 ① 법 제8조 제9항 각 호의 어느 하나에 해당하는 자가 전문사모집합투자업을 등록하려는 경우, 또는 ② 전문사모집합투자업자가 다른 회사와 합병·분할하거나 분할합병하는 경우이다(시행령 제271조의2 제6항).

4) 시행령 제271조의2 제7항·제8항이 건전한 재무상태와 건전한 사회적 신용에 대해 규정한다.

5) 2015년 법 개정 전에 헤지펀드 운용인력은 다른 펀드, 일임업무, 신탁재산 운용업무 겸직이

전문사모집합투자업 등록을 하려는 자는 등록신청서를 금융위원회에 제출하면 금융위원회는 그 내용을 검토하여 2개월 이내에 전문사모집합투자업 등록 여부를 결정하고 그 결과와 이유를 지체 없이 신청인에게 문서로 통지하여야 한다(법 제249조의3 제3항·제4항).[1] 금융위원회가 전문사모집합투자업 등록을 거부할 수 있는 사유로 ① 전문사모집합투자업 등록요건을 갖추지 아니한 경우, ② 등록신청서를 거짓으로 작성한 경우, 또는 ③ 법 제249조의3 제4항 후단의 등록신청서 보완요구를 이행하지 아니한 경우가 있으며, 그 외의 사유로는 등록을 거부할 수 없다(법 제249조의3 제6항).[2]

전문사모집합투자업자가 등록 이후 그 영업을 영위하는 경우 법 제249조의3 제2항 각 호의 등록요건을 유지하여야 하나, 건전한 재무상태 및 건전한 사회적 신용요건(제2항 제6호)은 등록유지요건에서 제외되며, 또한 등록요건 중 자기자본 요건(제2항 제2호) 및 대주주 요건(제2항 제5호)의 경우에는 등록유지요건이 완화된다(법 제249조의3 제8항, 시행령 제271조의3).[3] 전문사모집합투자업자에 관한

---

제한되었고 헤지펀드 운용인력의 경우 다른 운용인력의 경우와 달리 운용관련 정보를 다른 운용역과 공유하는 것이 금지되었으나, 2015년 개정 시 전문사모집합투자업자의 운용인력의 겸직제한 및 정보공유 금지의무가 폐지되었다. 금융위원회·금융감독원, 앞의 2015. 10. 23. 자 보도자료, 2면.

1) 이 경우 등록신청서에 흠결이 있는 때에는 보완을 요구할 수 있으며 검토기간을 산정할 때 등록신청서 흠결의 보완기간 등 총리령으로 정하는 기간은 검토기간에 산입하지 아니한다(법 제249조의3 제4항 제2문·제5항).

2) 금융위원회는 제4항에 따라 전문사모집합투자업 등록을 결정한 경우 전문사모집합투자업자 등록부에 필요한 사항을 적어야 하며, 등록결정한 내용을 관보 및 인터넷 홈페이지 등에 공고하여야 한다(법 제249조의3 제7항).

3) 등록유지요건으로 완화된 요건이란 다음의 구분에 따른 요건을 말한다(시행령 제271조의3).
   1. 법 제249조의3 제2항 제2호의 경우: 별표 3의 해당 등록업무 단위 최저자기자본의 100분의 70 이상을 유지할 것. 이 경우 유지요건은 매 월말을 기준으로 적용하며, 특정 월말을 기준으로 유지요건에 미달한 전문사모집합투자업자는 해당 말월부터 6개월이 경과한 날까지는 그 유지요건에 적합한 것으로 본다.
   2. 법 제249조의3 제2항 제5호의 경우: 다음 각 목의 구분에 따른 요건을 유지할 것
      가. 대주주가 별표 2 제1호부터 제3호까지 또는 제5호(라목은 제외한다)에 해당하는 자인 경우에는 같은 표 제1호 마목1) 및 3)에 한정하여 그 요건을 유지할 것. 이 경우 같은 표 제1호 마목1) 중 "최근 5년간"은 "최대주주가 최근 5년간"으로, "벌금형"은 "5억원의 벌금형"으로 본다.
      나. 대주주가 별표 2 제4호 또는 제5호 라목에 해당하는 자인 경우에는 같은 표 제1호 마목1)·3) 및 제4호 라목에 한정하여 그 요건을 유지할 것. 이 경우 같은 표 제1호 마목1) 중 "최근 5년간"은 "최대주주가 최근 5년간"으로, "벌금형"은 "5억원의 벌금형"으로 보고, 제4호 라목 중 "최근 3년간"은 "최대주주가 최근 3년간"으로,

금융위원회 등록요건, 등록신청서의 기재사항·첨부서류 등 등록의 신청에 관한 사항 및 등록검토의 방법·절차, 그 밖에 필요한 사항은 대통령령으로 정한다(법 제249조의3 제 9 항, 시행령 제271조의2·제271조의4).

### 3. 투자권유 등

금융투자업자가 전문투자형 사모집합투자기구의 집합투자증권을 판매하고자 할 경우 투자자가 적격투자자인지를 확인하여야 한다(법 제249조의4 제 1 항). 전문투자형 사모집합투자기구의 집합투자증권의 판매는 적격투자자를 대상으로 하므로 금융투자업자의 영업행위 규제에 관한 규제가 크게 완화된다. 즉, 전문투자형 사모집합투자기구의 집합투자증권을 판매하는 금융투자업자가 그 사모집합투자기구의 집합투자증권을 판매하는 경우에는 적합성 원칙(법 제46조) 및 적정성의 원칙(법 제46조의2)을 적용하지 아니한다(법 제249조의4 제 2 항 본문).

다만, 적격투자자라도 적합성 원칙 및 적정성 원칙의 적용이 배제되지 아니하는 경우가 있는데, 적격투자자 중에서 일반투자자 등 일정한 적격투자자가 요청하는 경우이다(법 제249조의4 제 2 항 단서, 시행령 제275조의5). 시행령은 다음에 열거된 적격투자자의 경우에는 적합성 원칙 및 적정성 원칙의 적용을 요청할 수 있다고 규정한다(시행령 제275조의5).

1. 시행령 제271조 제 1 항 각 호에 따른 자*

* (i) 국가
(ii) 한국은행
(iii) 시행령 제10조 제 2 항 각 호의 어느 하나에 해당하는 자[1)]
(iv) 주권상장법인

---

"본국의 감독기관으로부터 법인경고 이상에 상당하는 행정처분을 받거나 벌금형 이상에 상당하는 형사처벌을 받은 사실"은 "본국의 사법기관으로부터 5억원의 벌금형 이상에 상당하는 형사처벌을 받은 사실"로 본다.

다. 법 제249조의3 제 2 항 제 5 호에 따른 외국 집합투자업자인 경우에는 이 호 나목의 요건에 한정하여 그 요건을 유지할 것. 이 경우에 "최대주주"는 각각 "외국 집합투자업자"로 본다.

1) 관련 시행령의 내용은 다음과 같다(시행령 제10조 제 2 항 각 호). ① 은행, ②「한국산업은행법」에 따른 한국산업은행, ③「중소기업은행법」에 따른 중소기업은행, ④「한국수출입은행법」에 따른 한국수출입은행, ⑤「농업협동조합법」에 따른 농업협동조합중앙회, ⑥「수산업협동조합법」에 따른 수산업협동조합중앙회(「은행법」 제 5 조에서 은행으로 보는 신용사업

(v) 시행령 제10조 제 3 항 제 1 호부터 제 8 호까지 및 제13호부터 제18호까지의 어느 하나에 해당하는 자[1)]

2. 법률에 따라 설립된 기금 및 그 기금을 관리·운용하는 법인

3. 집합투자기구

---

부문은 제외), ⑦「보험업법」에 따른 보험회사, ⑧ 금융투자업자[법 제 8 조 제 9 항에 따른 겸영금융투자업자(이하 "겸영금융투자업자")는 제외], ⑨ 증권금융회사, ⑩ 종합금융회사, ⑪ 법 제355조 제 1 항에 따라 인가를 받은 자금중개회사(이하 "자금중개회사"), ⑫「금융지주회사법」에 따른 금융지주회사, ⑬「여신전문금융업법」에 따른 여신전문금융회사, ⑭「상호저축은행법」에 따른 상호저축은행 및 그 중앙회, ⑮「산림조합법」에 따른 산림조합중앙회, ⑯「새마을금고법」에 따른 새마을금고연합회, ⑰「신용협동조합법」에 따른 신용협동조합중앙회, ⑱ 제 1 호부터 제17호까지의 기관에 준하는 외국 금융기관.

1) 관련 시행령의 내용은 다음과 같다(시행령 제10조 제 3 항 각 호 일부). ①「예금자보호법」에 따른 예금보험공사 및 정리금융회사, ②「금융회사부실자산 등의 효율적 처리 및 한국자산관리공사의 설립에 관한 법률」에 따른 한국자산관리공사, ③「한국주택금융공사법」에 따른 한국주택금융공사, ④「한국투자공사법」에 따른 한국투자공사, ⑤ 협회, ⑥ 법 제294조에 따라 설립된 한국예탁결제원(이하 "예탁결제원"), ⑦ 거래소, ⑧「금융위원회의 설치 등에 관한 법률」에 따른 금융감독원(이하 "금융감독원"), ⑨ 법률에 따라 공제사업을 경영하는 법인, ⑩ 지방자치단체, ⑪ 해외 증권시장에 상장된 주권을 발행한 국내법인이 있고, 또한 ⑫ 일정한 요건을 모두 충족하는 법인 또는 단체(외국 법인 또는 외국 단체는 제외)로서 해당 요건은 가. 금융위원회에 나목의 요건을 충족하고 있음을 증명할 수 있는 관련 자료를 제출할 것, 나. 관련 자료를 제출한 날 전날의 금융투자상품 잔고가 100억원(「주식회사의 외부감사에 관한 법률」에 따라 외부감사를 받는 주식회사는 50억원) 이상일 것, 그리고 다. 관련 자료를 제출한 날부터 2년이 지나지 아니하여야 한다.
한편 ⑬ 일정한 요건을 모두 충족하는 개인으로, 가. 금융위원회에 나목부터 라목까지의 요건을 모두 충족하고 있음을 증명할 수 있는 관련 자료를 제출할 것, 나. 관련 자료를 제출한 날 전날의 금융투자상품 잔고가 5억원 이상일 것, 다. 금융투자업자에 계좌를 개설한 날부터 1년이 지났을 것, 라. 소득액 또는 재산가액이 금융위원회가 정하여 고시하는 기준을 충족할 것, 마. 관련 자료를 제출한 날부터 2년이 지나지 아니하여야 한다. 다만, 외국인인 개인 및「조세특례제한법」 제91조의18 제 1 항에 따른 개인종합자산관리계좌에 가입한 거주자인 개인(같은 조 제 3 항 제 2 호에 따라 신탁업자와 특정금전신탁계약을 체결하는 경우 및 이 영 제98조 제 1 항 제 4 호의2 및 같은 조 제 2 항에 따라 투자일임업자와 투자일임계약을 체결하는 경우로 한정한다)은 제외한다.
마지막으로, ⑭ 다음 중 어느 하나에 해당하는 외국인으로가. 외국 정부, 나. 조약에 따라 설립된 국제기구, 다. 외국 중앙은행, 라. 제 1 호부터 제17호까지의 자에 준하는 외국인 중 하나에 해당하는 경우이어야 한다. 다만,「조세특례제한법」 제91조의18 제 1 항에 따른 개인종합자산관리계좌에 가입한 거주자인 외국인(같은 조 제 3 항 제 2 호에 따라 신탁업자와 특정금전신탁계약을 체결하는 경우 및 이 영 제98조 제 1 항 제 4 호의2 및 같은 조 제 2 항에 따라 투자일임업자와 투자일임계약을 체결하는 경우로 한정한다)은 제외한다.

따라서 전문투자형 사모집합투자기구의 집합투자증권을 판매하는 금융투자업자는 적격투자자에게 적합성 원칙 및 적정성 원칙의 적용을 별도로 요청할 수 있음을 미리 알려야 한다(법 제249조의4 제3항).

전문투자형 사모집합투자기구의 집합투자증권을 판매하는 금융투자업자가 그 사모집합투자기구의 투자광고를 하는 경우에는 ① 전문투자자 또는 투자광고를 하는 날 전날의 금융투자상품 잔고(투자자예탁금 잔액 포함)가 1억원 이상인 일반투자자만을 대상으로 하여야 하고, ② 서면, 전화, 전자우편, 그 밖에 금융위원회가 정하여 고시하는 매체를 통하여 전문투자자 또는 위 ①에서 정하는 일반 투자자에게만 개별적으로 알리는 방식으로 하여야 하며, 위 두 요건을 모두 갖추어야 한다(법 제249조의5, 시행령 제271조의6).

### 4. 설정·설립 및 보고

전문투자형 사모집합투자기구를 설정·설립하는 집합투자업자(투자신탁이나 투자익명조합 설립 시) 또는 투자회사등이 갖춰야 할 요건은 다음과 같다(법 제249조의6 제1항, 시행령 제271조의7).

1. 다음 각 목의 자가 업무정지기간 중에 있지 아니할 것
   가. 그 전문투자형 사모집합투자기구의 집합투자재산을 운용하는 집합투자업자
   나. 그 전문투자형 사모집합투자기구의 집합투자재산을 보관·관리하는 신탁업자
   다. 그 전문투자형 사모집합투자기구의 집합투자증권을 판매하는 투자매매업자·투자중개업자
   라. 투자회사인 경우 그 투자회사로부터 제184조 제6항의 업무를 위탁받은 일반사무관리회사
2. 전문투자형 사모집합투자기구가 이 법에 따라 적법하게 설정·설립되었을 것
3. 전문투자형 사모집합투자기구의 집합투자규약이 법령을 위반하거나 투자자의 이익을 명백히 침해하지 아니할 것
4. 그 밖에 법 제9조 제18항 각 호의 집합투자기구의 형태 등을 고려한 일정한 요건* 을 갖출 것[1]
   *1. 투자회사의 경우: 다음 각 목의 요건을 모두 갖출 것
      가. 감독이사가 「금융회사의 지배구조에 관한 법률」 제5조 제1항 각 호의

1) 시행령 제271조의7.

어느 하나에 해당하지 아니할 것(감독이사를 선임하는 경우로 한정)
나. 설립 당시의 자본금이 1억원[1] 이상일 것
2. 투자유한회사, 투자합자회사, 투자유한책임회사, 투자합자조합 및 투자익명조합의 경우: 설립 당시의 자본금 또는 출자금이 1억원[2] 이상일 것

전문투자형 사모집합투자기구를 설정·설립하는 자[3]가 전문투자형 사모집합투자기구를 설정·설립한 경우 그 날부터 원칙적으로 2주일 이내에 금융위원회에 보고하여야 한다(법 제249조의6 제2항 본문).[4] 한편 2015년 법 개정 전에는 일반사모펀드는 사전등록을, 헤지펀드는 사후보고를, PEF(구 사모투자전문회사)는 등록을 하도록 하고 있었다.[5]

전문투자형 사모집합투자기구를 설정·설립한 집합투자업자가 금융위원회에 제출하는 보고서에는 다음의 사항을 기재하여야 한다(시행령 제271조의9 제1항).

1. 집합투자기구의 명칭
2. 투자목적·투자방침 및 투자전략에 관한 사항
3. 투자위험요소에 관한 사항
4. 집합투자업자[투자회사인 경우에는 발기인과 감독이사(감독이사를 선임하는 경우로 한정한다)를 포함한다]에 관한 사항
5. 집합투자재산의 운용에 관한 사항
6. 신탁업자에 관한 사항
7. 종합금융투자사업자(전문투자형 사모집합투자기구가 그 종합금융투자사업자로부터 전담중개업무를 제공받는 경우로 한정한다)에 관한 사항
8. 그 밖에 투자자를 보호하기 위하여 필요한 사항으로서 금융위원회가 정하여 고시하는 사항

---

1) 금융위원회는 1억원으로 정하고 있다(금융투자업규정 제7-41조의4).
2) 금융위원회는 1억원으로 정하고 있다(금융투자업규정 제7-41조의4).
3) 집합투자업자(투자신탁이나 투자익명조합 설립 시) 또는 투자회사등을 말한다.
4) 시행령이 정하는 일정한 경우에는 투자자 보호 및 건전한 거래질서를 해칠 우려가 있다고 보아 설정·설립 후 지체 없이 보고하도록 할 수 있으나(법 제249조의6 제2항 단서) 현재 시행령은 관련 사항을 정하고 있지 아니하다.
5) 금융위원회·금융감독원, 앞의 2015. 10. 23.자 보도자료, 3면.

금융위원회에 제출하는 보고서에 첨부할 서류로는 집합투자규약(부속서류 포함), 법인 등기사항증명서에 준하는 것으로서 법인 설립을 증명할 수 있는 서류(투자신탁, 투자합자조합 및 투자익명조합의 경우는 제외, 법인 등기사항증명서로 확인 불가한 경우에 한정), 출자금의 납입을 증명할 수 있는 서류(투자신탁의 경우는 제외), 업무위탁계약서 사본 등이 포함된다(시행령 제271조의9 제 2 항). 전문투자형 사모집합투자기구인 투자신탁이나 투자익명조합의 집합투자업자 또는 전문투자형 사모집합투자기구인 투자회사등은 보고사항이 변경된 경우에는 그 변경된 날부터 2주일 이내에 금융위원회에 변경보고를 하여야 한다(법 제249조의6 제 4 항).[1)]

## 5. 재산의 운용방법 등

전문사모집합투자업자가 전문투자형 사모집합투자기구의 집합투자재산을 운용하는 경우 다음의 금액을 합산한 금액이 전문투자형 사모집합투자기구의 자산총액에서 부채총액을 뺀 가액의 100분의 400을 초과해서는 아니 된다(법 제249조의7 제 1 항, 시행령 제271조의10 제 1 항).[2)]

1. 파생상품에 투자하는 경우 그 파생상품의 매매에 따른 위험평가액
2. 집합투자재산으로 해당 전문투자형 사모집합투자기구 외의 자를 위하여 채무보증 또는 담보제공을 하는 방법으로 운용하는 경우 그 채무보증액 또는 담보목적물의 가액
3. 전문투자형 사모집합투자기구의 계산으로 금전을 차입하는 경우 그 차입금의 총액

전문사모집합투자업자가 전문투자형 사모집합투자기구의 집합투자재산을 부동산에 운용할 때 금지되는 행위로, ① 국내에 있는 부동산을 취득한 후 1년[3)] 이

---

1) 다만 투자자 보호를 해칠 우려가 없는 경우로서 ① 자본시장법 및 시행령의 개정이나 금융위원회의 명령에 따라 보고한 사항을 변경하는 경우, 또는 ② 보고한 사항의 단순한 자구수정 등 금융위원회가 정하여 고시하는 경미한 사항을 변경하는 경우는 변경 보고의무가 없다(법 제249조의6 제 4 항, 시행령 제271조의8).

2) 다만, 투자자 보호 및 집합투자재산의 안정적 운용을 해칠 우려가 없는 경우로서 대통령령으로 정하는 전문투자형 사모집합투자기구의 경우에는 전문투자형 사모집합투자기구의 자산총액에서 부채총액을 뺀 가액의 100분의 400을 초과해서는 아니되는 금액이 변경되어 제 1 호와 제 2 호를 합산한 금액 또는 제 3 호의 금액으로 되나(법 제249조의7 제 1 항 단서), 시행령은 그러한 전문투자형 사모집합투자기구에 관하여 정하고 있지 않다(2017년 3월 기준).

3) 시행령 제271조의10 제 3 항 본문, 다만, 집합투자기구가 미분양주택(「주택법」 제38조에 따

내에 이를 처분하는 행위[1], 또는 ② 건축물, 그 밖의 공작물이 없는 토지로서 그 토지에 대하여 부동산개발사업을 시행하기 전에 이를 처분하는 행위[2]가 있다(법 제249조의7 제 2 항).

전문사모집합투자업자는 전문투자형 사모집합투자기구의 집합투자재산 운용현황, 금전차입 현황 등에 관하여 금융위원회에 보고하여야 하며(법 제249조의7 제 3 항), 구체적으로 전문투자형 사모집합투자기구별로 ① 파생상품 매매현황, ② 채무보증 또는 담보제공 현황, ③ 금전차입 현황을 보고하여야 한다(법 제249조의7 제 3 항, 시행령 제271조의10 제 6 항).[3]

그 외에도 전문투자형 사모집합투자기구인 투자신탁이나 투자익명조합의 집합투자업자 또는 전문투자형 사모집합투자기구인 투자회사등은 투자자 보호와 관련하여 일정한 사유[4]가 발생한 경우에는 그 날부터 2주일 이내에 금융위원회에 보고하여야 한다(법 제249조의7 제 4 항, 시행령 제271조의10 제 8 항).

### 6. 특　　례

자본시장법은 전문투자형 사모집합투자기구에 관하여 일반적인 집합투자기구에 관한 규제의 상당부분에 대한 적용면제를 규정한다(법 제249조의8 제 1 항).

전문투자형 사모집합투자기구에 관하여 자본시장법이 규정하는 적용면제 내용으로는, 금융투자업자의 투자광고에 관한 사항(제57조 제 2 항), 집합투자증권 판

---

른 사업주체가 같은 조에 따라 공급하는 주택으로서 입주자모집공고에 따른 입주자의 계약일이 지난 주택단지에서 분양계약이 체결되지 아니하여 선착순의 방법으로 공급하는 주택을 말한다)을 취득하는 경우에는 집합투자규약에서 정하는 기간으로 한다(시행령 제271조의10 제 3 항 단서).

1) 다만, 부동산개발사업에 따라 조성하거나 설치한 토지·건축물 등을 분양하는 경우, 그 밖에 전문투자형 사모집합투자기구가 합병·해지 또는 해산되는 경우는 제외한다(법 제249조의7 제 2 항 제 1 호 단서, 시행령 제271조의10 제 4 항).

2) 다만, 전문투자형 사모집합투자기구의 합병·해지 또는 해산, 부동산개발사업을 하기 위하여 토지를 취득한 후 관련 법령의 제정·개정 또는 폐지 등으로 인하여 사업성이 뚜렷하게 떨어져서 부동산개발사업을 수행하는 것이 곤란하다고 객관적으로 증명되어 그 토지의 처분이 불가피한 경우는 제외한다(법 제249조의7 제 2 항 제 2 호 단서, 시행령 제271조의10 제 5 항).

3) 이 경우 보고의 기준일은 ① 집합투자재산 총액이 100억원 이상인 전문투자형 사모집합투자기구: 매년 6월 30일 및 12월 31일, ② 집합투자재산 총액이 100억원 미만인 전문투자형 사모집합투자기구: 매년 12월 31일이다(시행령 제271조의10 제 7 항).

4) 시행령은 일정한 사유로, ① 법 제249조의7 제 1 항 각 호 외의 부분 본문의 한도를 초과한 경우, ② 법 제89조 제 1 항 제 3 호에 따른 부실자산이 발생한 경우, 또는 ③ 환매연기 또는 환매재개의 결정이 있는 경우를 규정한다(시행령 제271조의10 제 8 항).

매에 관한 특례의 일부분(제76조 제 2 항부터 제 6 항까지), 자산운용의 제한(제81조), 자기집합투자증권의 취득 제한(제82조), 금전차입 등의 제한(제83조), 자산운용보고서의 교부(제88조), 수시공시(제89조)(투자회사등에 준용하는 경우를 포함), 집합투자재산에 관한 보고 등(제90조)(투자회사등에 준용하는 경우를 포함), 집합투자규약의 공시의무(제91조 제 3 항)(투자회사등에 준용하는 경우를 포함), 환매연기 등의 통지의무(제92조), 파생상품의 운용 특례(제93조), 부동산의 운용 특례의 일정부분[1](제94조 제 1 항 내지 제 4 항 및 제 6 항), 집합투자기구의 등록(제182조), 집합투자기구의 명칭(제183조 제 1 항), 자기집합투자증권의 취득 제한 등(제186조)(다만 집합투자업자의 의결권 행사에 관한 사항은 준용됨), 투자신탁계약 체결 후 계약의 변경 및 변경내용의 공시의무(제188조 제 2 항·제 3 항), 수익자의 권리(제189조 제 2 항), 투자회사의 정관변경(제195조), 투자회사의 성립 후 신주발행(제196조 제 5 항)(투자유한회사의 지분증권, 투자합자회사의 지분증권, 투자유한책임회사의 지분증권, 투자합자조합의 지분증권, 투자익명조합의 지분증권에서 준용하는 경우를 포함), 투자회사의 이사 선임(제197조), 법인이사가 이사회결의를 거칠 사항·이사회 정기보고사항(제198조 제 2 항·제 3 항), 감독이사(제199조), 이사회(제200조), 투자유한회사의 등록 전 사원가입제한(제207조 제 5 항), 투자유한회사 사원의 지분증권에 따른 권리(제208조 제 1 항)(투자합자회사, 투자합자조합, 투자익명조합에서 준용하는 경우를 포함), 투자유한회사의 정관변경에 관한 사항(제211조 제 1 항), 투자합자회사의 등록 전 사원가입제한(제213조 제 5 항), 투자합자사의 정관변경에 관한 사항(제216조 제 1 항), 투자유한책임회사의 사원가입제한(제217조의2 제 5 항), 투자유한책임회사 사원의 지분증권에 따른 권리(제217조의3 제 1 항), 투자유한책임회사의 정관변경에 관한 사항(제217조의6 제 1 항), 투자합자조합의 등록 전 조합원가입제한(제218조 제 3 항), 투자합자조합의 조합계약 변경에 관한 사항(제222조 제 1 항), 투자익명조합의 등록 전 익명조합원 가입제한(제224조 제 3 항), 투자익명조합의 익명조합계약 변경에 관한 사항(제227조 제 1 항), 집합투자기구의 종류(제229조), 환매금지형집합투자기구(제230조), 집합투자증권의 환매청구 및 방법 등(제235조), 환매의 연기(제237조), 집합투자증권의 기준가격 산정 및 가격 공고·게시 및 기준가격산정업무의 위탁근거(제238조 제 6 항 내지 제 8 항), 결산서류

1) 법 제94조 제 5 항("투자신탁재산으로 부동산을 취득하는 경우 「부동산등기법」 제81조를 적용할 때에는 그 신탁원부에 수익자를 기록하지 아니할 수 있다.")을 제외한 기타 자본시장법상 집합투자업자에 대하여 적용되는 부동산 운용 시 금전차입, 금전대여, 실사보고서 작성, 사업보고서 작성 등에 관한 일정한 방식규제에 기속되지 아니한다.

중 자산운용보고서 작성의무(제239조 제 1 항 제 3 호), 결산서류의 이사회 승인·서류의 비치 및 보전의무·투자자와 채권자의 서류열람 등 청구권(제239조 제 2 항 내지 제 5 항), 집합투자재산에 관한 회계감사의무·회계감사인 선임 또는 교체 시 통지 및 보고의무·회계감사인의 감사·회계감사인의 자료 열람등 권한·「주식회사의 외부감사에 관한 법률」의 비밀엄수(제 9 조)의 준용(제240조 제 3 항 내지 제 8 항), 회계감사인의 선임기준 등의 시행령 정함(제240조 제10항), 회계감사인의 손해배상책임(제241조), 집합투자재산을 보관·관리하는 신탁업자의 운용행위 감시의무 및 시정요구의무·금융위원회 보고의무 및 집합투자업자의 금융위원회에 관한 이의신청권(제247조 제 1 항 내지 제 4 항), 집합투자재산과 관련하여 신탁업자의 확인사항 중 일부(제247조 제 5 항 제 1 호 내지 제 3 호), 집합투자업자의 이행명세·기타 사항(제247조 제 5 항 제 6 호·제 7 호),[1] 신탁업자의 자료제출요구권 및 신탁업자가 확인할 사항에 관한 기타 사항(제247조 제 6 항·제 7 항), 신탁업자의 자산보관·관리보고서의 투자자 교부의무(제248조), 일반사무관리회사에 관한 사항(제253조)이 있다(법 제249조의8 제 1 항).

전문투자형 사모집합투자기구의 투자자는 그 집합투자증권을 적격투자자가 아닌 자에게 양도해서는 아니 된다(법 제249조의8 제 2 항). 또한 전문투자형 사모집합투자기구의 투자자(투자신탁의 경우 그 투자신탁재산을 운용하는 전문사모집합투자업자)는 법 제188조 제 4 항, 제194조 제 7 항(제196조 제 6 항에서 준용하는 경우를 포함한다), 제207조 제 4 항, 제213조 제 4 항, 제217조의2 제 4 항, 제218조 제 2 항, 제224조 제 2 항에도 불구하고 객관적인 가치평가가 가능하고 다른 투자자의 이익을 해칠 우려가 없는 경우에는 대통령령으로 정하는 방법[2]에 따라 증권, 부동산 또는 실물자산 등 금전외의 자산으로 납입할 수 있다(법 제249조의8 제 3 항, 시행령 제271조의11 제 1 항).

집합투자자총회 및 그와 관련된 사항은 전문투자형 사모집합투자기구에는 적

1) 집합투자재산과 관련하여 기준가격 산정의 적정성 여부를 확인할 의무(법 제247조 제 5 항 제 5 호) 외의 사항이 준용된다.

2) 시행령 제271조의11(전문투자형 사모집합투자기구에 대한 특례) ① 법 제249조의8 제 3 항에서 "대통령령으로 정하는 방법"이란 다음 각 호의 요건을 모두 충족하는 것을 말한다.
   1. 다른 투자자 전원의 동의를 받을 것. 다만, 「공직자윤리법」에 따라 주식백지신탁계약을 체결할 목적으로 설정된 투자신탁의 경우는 제외한다.
   2. 법 제238조 제 1 항에서 정한 가격에 기초하여 집합투자재산평가위원회가 정한 가격으로 납부할 것

용하지 아니한다(법 제249조의8 제 4 항). 또한 전문투자형 사모집합투자기구인 투자신탁이나 투자익명조합의 집합투자업자 또는 전문투자형 사모집합투자기구인 투자회사등이 자본시장법 또는 상법에 따라 투자자에게 공시 또는 공고할 사항에 대하여 집합투자규약에서 정한 방법으로 전체 투자자에게 통지한 경우에는 공시 또는 공고한 것으로 본다(법 제249조의8 제 5 항).

전문투자형 사모집합투자기구인 투자회사는 전문사모집합투자업자인 법인이사 1명을 두며, 상법 제383조 제 1 항에도 불구하고 이사의 수를 1명 또는 2명으로 할 수 있다(법 제249조의8 제 6 항). 전문투자형 사모집합투자기구는 집합투자규약에 따라 투자자에 대한 손익의 분배 또는 손익의 순위 등에 관한 사항을 정할 수 있다(법 제249조의8 제 7 항).

법 제 7 조 제 6 항 제 3 호[1]에도 불구하고 전문사모집합투자업자가 자신이 운용하는 전문투자형 사모집합투자기구의 집합투자증권을 판매하는 경우, 불건전영업행위의 금지(법 제71조 제 5 호 내지 제 7 호[2](제 7 호의 경우 시행령 제68조 제 5 항[3]에 정하는 행위 중 대통령령으로 정하는 것으로 한정), 투자자예탁금 별도예치 의무(법 제74조) 및 집합투자증권 판매 시 판매가격 제한(법 제76조 제 1 항)이 준용된다(법 제249조의8 제 8 항 제 1 문).[4]

1) 법 제 7 조(금융투자업의 적용배제) ⑥ 제 1 항부터 제 5 항까지 규정된 것 외에 다음 각 호의 어느 하나에 해당하는 경우에는 대통령령으로 정하는 바에 따라 제 6 조 제 1 항 각 호의 금융투자업으로 보지 아니한다.
   3. 제 9 조 제29항에 따른 전문사모집합투자업자가 자신이 운용하는 제 9 조 제19항 제 2 호에 따른 전문투자형 사모집합투자기구의 집합투자증권을 판매하는 경우

2) 법 제71조(불건전 영업행위의 금지) 투자매매업자 또는 투자중개업자는 다음 각 호의 어느 하나에 해당하는 행위를 하여서는 아니 된다. 다만, 투자자 보호 및 건전한 거래질서를 해할 우려가 없는 경우로서 대통령령으로 정하는 경우에는 이를 할 수 있다.
   5. 투자권유대행인 및 투자권유자문인력이 아닌 자에게 투자권유를 하게 하는 행위
   6. 투자자로부터 금융투자상품에 대한 투자판단의 전부 또는 일부를 일임받아 투자자별로 구분하여 금융투자상품을 취득·처분, 그 밖의 방법으로 운용하는 행위. 다만, 투자일임업으로서 행하는 경우와 제 7 조 제 4 항에 해당하는 경우에는 이를 할 수 있다.
   7. 그 밖에 투자자 보호 또는 건전한 거래질서를 해할 우려가 있는 행위로서 대통령령으로 정하는 행위

3) 시행령 제68조 제 5 항은 금지되는 불건전 영업행위를 규정하고 있다.

4) 이 경우 제74조 및 제76조 제 1 항 중 "투자매매업자 또는 투자중개업자는"은 "자신이 운용하는 전문투자형 사모집합투자기구의 집합투자증권을 판매하는 전문사모집합투자업자는"으로 본다(법 제249조의8 제 8 항 제 2 문).

### 7. 조 치

일정한 경우 금융위원회는 전문투자형 사모집합투자기구의 해지·해산을 명할 수 있으며 해지·해산 사유는 다음과 같다(법 제249조의9 제1항).

1. 전문투자형 사모집합투자기구가 전문투자형 사모집합투자기구의 설정·설립요건(법 제249조의6 제1항 각 호)을 갖추지 못한 경우
2. 설정·설립 및 변경 시 법 제249조의6 제2항·제4항에 따른 보고 또는 변경보고를 하지 아니한 경우
3. 거짓, 그 밖의 부정한 방법으로 법 제249조의6 제2항·제4항에 따른 보고 또는 변경보고를 한 경우
4. 금융관련 법령 중 대통령령으로 정하는 법령[1]을 위반하는 경우로서 사회적 신용을 훼손하는 등 대통령령[2]으로 정하는 경우
5. 법 제249조의9 제2항 제3호에 따른 시정명령 또는 중지명령을 이행하지 아니한 경우
6. 그 밖에 투자자의 이익을 현저히 해칠 우려가 있거나 전문투자형 사모집합투자기구로서 존속하기 곤란하다고 인정되는 경우로서 대통령령[3]으로 정하는 경우

금융위원회는 전문투자형 사모집합투자기구인 투자회사등(그 집합투자업자 또는 그 법인이사·업무집행사원·업무집행조합원 포함)이 전문투자형 사모집합투자기구의 해지·해산 사유(법 제249조의9 제1항 각 호)에 해당하거나 투자회사등에 대한 처분사유(법 별표 2 각 호)의 어느 하나에 해당하는 경우에는 그 투자회사등에 대하여 ① 6개월 이내의 업무의 전부 또는 일부의 정지, ② 계약의 인계명령, ③ 위법행위의 시정명령 또는 중지명령, ④ 위법행위로 인한 조치를 받았다는 사실의 공표명령 또는 게시명령, ⑤ 기관경고, ⑥ 기관주의, ⑦ 그 밖에 위법행위를 시정하거나 방지하기 위하여 필요한 조치로서 대통령령으로 정하는 조치를 할 수 있다(법 제249조의9 제2항, 시행령 제271조의12 제4항).

금융위원회는 전문투자형 사모집합투자기구인 투자회사의 감독이사가 ① 법 제199조 제5항에서 준용하는 법 제54조를 위반하여 정당한 사유 없이 직무관련

---

1) 시행령 제271조의12 제1항.
2) 시행령 제271조의12 제2항.
3) 시행령 제271조의12 제3항.

정보를 이용한 경우 또는 ② 그 밖에 투자자 보호 또는 건전한 거래질서를 해할 우려가 있는 경우로서 대통령령으로 정하는 경우에 해당할 경우에는 해임요구, 6개월 이내의 직무정지, 문책경고, 주의적 경고, 주의, 그 밖에 대통령령으로 정하는 조치를 할 수 있다(법 제249조의9 제3항, 시행령 제271조의12 제5항·제6항).

전문투자형 사모집합투자기구, 전문사모집합투자업자 및 그 임직원에 대한 조치 등에 관하여는 이지원에 관한 조치 또는 조치요구 시 그 임·직원에 대하여 관리·감독 책임이 있는 임직원에 대한 조치 또는 조치요구권(법 제422조 제3항), 그리고 일정한 처분·조치 시 금융위원회의 청문실시의무(법 제423조), 금융위원회의 처분등 기록 및 공시의무 등(법 제424조), 금융위원회의 처분·조치에 불복하는 자의 이의신청(법 제425조)을 준용한다(법 제249조의9 제4항).

## Ⅲ. 경영참여형 사모집합투자기구

### 1. 개념 및 현황

경영참여형 사모집합투자기구란 경영권 참여, 사업구조 또는 지배구조의 개선 등을 위하여 지분증권 등에 투자·운용하는 투자합자회사인 사모집합투자기구를 말한다(법 제9조 제19항 제1호).

경영참여형 사모집합투자기구는 종전에는 사모투자전문회사라는 집합투자기구의 일종이었으며, 합자회사의 형식을 띠고 있음에도 별개의 집합투자기구로서 다른 집합투자기구와 별도의 장에서 규율되었다(개정 전의 법 제5편 집합투자기구 제10장). 개정 전의 법은 사모투자전문회사를 경영권 참여, 사업구조 또는 지배구조의 개선 등을 위하여 지분증권 등에 투자·운용하는 투자합자회사로서 지분증권을 사모로만 발행하는 집합투자기구로 정의하고 있었으나(구법 제9조 제18항 제7호), 2015년 7월 개정된 현행법은 이를 경영참여형 사모집합투자기구라는 명칭으로 변경함으로써 명칭상 사모집합투자기구의 일종임이 명백하게 되었다(법 제5편 집합투자기구 제7장 제2절).[1]

1) 2015년 7월 법 개정 전에는 경영참여형 사모집합투자기구는 사모투자전문회사라는 유형으로 투자합자회사와 별개의 집합투자기구 유형에 속하였으며(구법 제9조 제18항 제7호), 사모투자전문회사에 관한 특례를 두어 전반적으로 별도로 규율하고 있었다(구법 제268조 내지 제278조의3). 그러나 현행법상 경영참여형 사모집합투자기구는 정의상으로 명백히 '투자합자회사'에 해당하므로(법 제9조 제19항 제1호) 일반 집합투자기구로서의 투자합자회사

경영참여형 사모집합투자기구 역시 구 사모투자전문회사와 마찬가지로 사모의 방식으로 특정소수 투자자들을 대상으로 증권의 취득의 청약을 권유하고 지분증권에 주로 투자하는 펀드라는 의미에서 PEF(Private Equity Fund) 등 다양한 명칭으로 불릴 수 있다.

현행법상 경영참여형 사모집합투자기구는 종전의 사모투자전문회사와 마찬가지로 원칙적으로 기업인수를 위한 바이아웃펀드(buy-out fund)이다. 구 간접투자자산운용업법이 간접투자기구의 범위에서 투자전문회사를 제외하였던 반면에, 자본시장법은 개정 전의 사모투자전문회사 또는 현행법상 경영참여형 사모집합투자기구를 집합투자기구의 일종으로 분류하고 있다.

**그림 10-1 경영참여형 사모집합투자기구(구 사모투자전문회사)의 기본운용구조[1]**

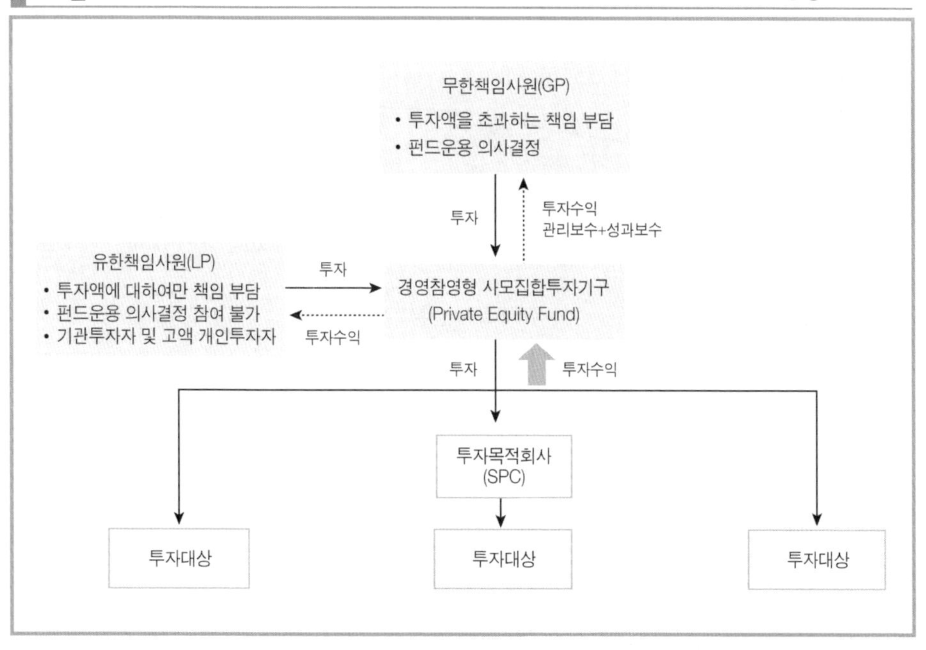


2015년 말 기준 경영참여형 사모집합투자기구의 현황은 다음 〈그림 10-2〉과 같다.

---

에 관한 규정(법 제213조 내지 제217조)이 일반적으로 적용되는 것을 막기 위하여 법 제249조의20 제 1 항에 특례를 두어 해결하고 있다.

1) 금융감독원, 「사모투자전문회사 실무안내」(2011. 12), (이하 '2011년 PEF 실무안내'), 12면의 표를 수정·인용.

2015년 말 기준 경영참여형 사모집합투자기구(PEF)는 총 316사, 약정액 58.5조원, 이행액 38.4조원으로 2014년 말 대비 상당부분 증가한 수준이며[1] 2015년 중 PEF의 투자회수액은 5.8조원으로 전년(3.5조원) 대비 2.3조원(약 66%) 증가하였다. 투자대상기업의 업종은 주로 국내 제조업이고, 이외에도 유통업, 운수업 등 다양한 업종에 투자하였다.[2] 한편 2016년 8월 말 기준의 통계를 보면, 경영참여형 사모집합투자기구는 2015년 말 대비 소폭 증가하여 총 368개사로 집계되어 있으며 이 중 자본시장법에 근거하여 설립된 PEF의 수 및 출자약정액이 압도적이다.[3]

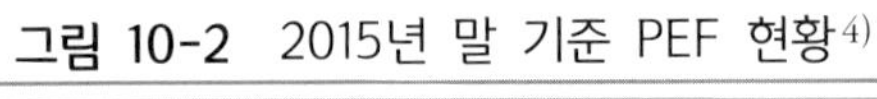
그림 10-2 2015년 말 기준 PEF 현황[4]

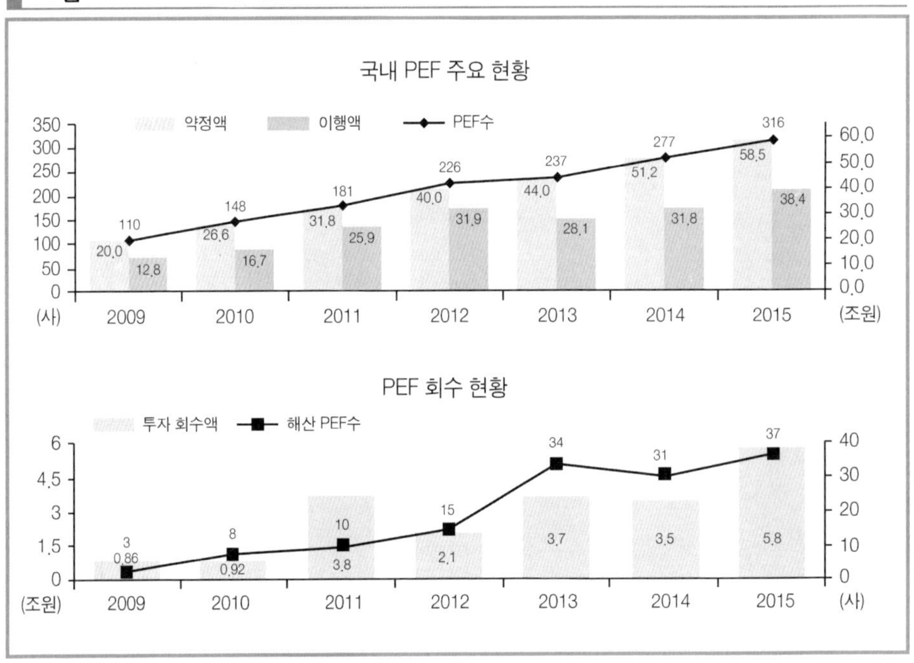


1) 금융감독원, "15년 PEF 동향 및 시사점," 보도자료(2016. 4. 26.), 1면·5면(출처 URL은 생략).

2) 2015년 중 PEF가 투자한 기업(140여개, 투자액 약 12.8조원) 중 국내 제조업은 100여개, 투자액은 약 6조원이며, PEF가 투자한 해외기업 수는 전체 투자대상기업 중 10% 수준이다. 금융감독원, 위의 2016. 4. 26.자 보도자료, 3면.

3) 2016년 8월 말 기준 각 출자약정액 총액은 자본시장법에 근거하여 설립된 PEF의 경우 360개사 594,557억원인 반면, 산업발전법에 근거하여 설립된 PEF의 경우 2개사 351억원, 해외자원개발사업법에 근거하여 설립된 PEF의 경우 6개사 21,515억원이다. 금융감독원, "경영참여형 사모집합투자기구(PEF) 현황(2016. 8. 31. 기준)"(출처 URL은 생략).

4) 금융감독원, 앞의 2016. 4. 26.자 보도자료, 1면·4면(출처 URL은 생략).

## 2. 설립 및 등기·등록

경영참여형 사모집합투자기구를 설립할 경우 그 정관에 일정한 사항을 기재하고 총사원이 기명날인 또는 서명하여야 한다(법 제249조의10 제1항 본문), 정관의 필요적 기재사항에는 목적, 상호, 회사의 소재지, 각 사원의 출자의 목적과 가격 또는 평가의 기준, 회사의 존속기간(설립등기일부터 15년 이내로 함), 회사의 해산사유를 정한 경우에는 그 내용, 사원의 성명·주민등록번호(법인인 경우에는 상호 또는 명칭·사업자등록번호) 및 주소, 무한책임사원 또는 유한책임사원의 구분, 그리고 정관의 작성연월일이 있다(법 제249조의10 제1항 각 호).

경영참여형 사모집합투자기구는 회사이므로 회사등기로서 설립되는데, 설립시 등기되어야 할 사항으로 정관의 필수적 기재사항 중 각 사원의 출자의 목적과 가격 또는 평가의 기준을 제외하고 목적, 상호, 회사의 소재지, 회사의 존속기간(설립등기일부터 15년 이내) 및 회사의 해산사유를 정한 경우에는 그 내용, 그리고 추가적으로 무한책임사원의 상호 또는 명칭·사업자등록번호 및 주소가 있다(법 제249조의10 제2항).

경영참여형 사모집합투자기구는 설립등기일부터 2주 이내에 금융위원회에 일정한 사항[1]을 보고하여야 한다(법 제249조의10 제4항 본문, 시행령 제271조의13 제1

---

1) 시행령 제271조의13(경영참여형 사모집합투자기구 설립 보고 등) ① 경영참여형 사모집합투자기구는 법 제249조의10 제4항 본문에 따라 다음 각 호의 사항을 기재한 보고서를 금융위원회에 제출하여야 한다.
1. 법 제249조의10 제2항에 따른 등기사항
2. 업무집행사원에 관한 사항
3. 경영참여형 사모집합투자기구 집합투자재산의 운용에 관한 사항
4. 그 밖에 투자자를 보호하기 위하여 필요한 사항으로서 금융위원회가 정하여 고시하는 사항
② 제1항에 따른 보고서에는 다음 각 호의 서류를 첨부하여야 한다.
1. 정관(법 제249조의10 제1항 제4호, 제7호 및 제8호는 제외한다)
2. 업무집행사원에 관한 다음 각 목의 서류
가. 최근 사업연도말 재무제표
나. 대주주의 성명·주민등록번호(대주주가 법인인 경우에는 상호 또는 명칭, 법인등록번호 또는 사업자등록번호) 및 소유주식수 등 대주주의 내역
3. 경영참여형 사모집합투자기구의 업무를 제3자에게 위탁한 경우에는 그 제3자와 체결한 업무위탁계약서의 사본. 다만, 해당 사업연도에 같은 내용의 업무위탁계약서 사본을 이미 첨부하여 제출하였으면 그 업무위탁계약서 사본으로 갈음할 수 있다.
4. 그 밖에 경영참여형 사모집합투자기구 사원의 이익을 보호하기 위하여 필요한 서류로서 금융위원회가 정하여 고시하는 서류

항·제 2 항). 다만 투자자 보호 및 건전한 거래질서를 해칠 우려가 있는 일정한 경우[1]에는 설립등기 후 지체 없이 보고할 의무가 있다(법 제249조의10 제 4 항 단서, 시행령 제271조의13 제 5 항).[2]

금융위원회는 경영참여형 사모집합투자기구가 행한 보고 내용에 흠결이 있는 경우 보완을 요구할 수 있다(법 제249조의10 제 5 항). 경영참여형 사모집합투자기구는 금융위원회에 보고한 사항이 변경된 경우에는 경미한 사항으로서 대통령령으로 정하는 경우[3]를 제외하고는 2주 이내에 그 내용을 금융위원회에 변경보고를 하여야 하며, 이 경우 법 제249조의10 제 4 항·제 5 항을 준용한다(법 제249조의10 제 6 항).

경영참여형 사모집합투자기구는 ① 경영참여형 사모집합투자기구가 이 법에 따라 적법하게 설립되었어야 하고, ② 경영참여형 사모집합투자기구의 정관이 법령을 위반하거나 투자자의 이익을 명백히 침해하지 아니해야 한다는 요건을 갖추어야 한다(법 제249조의10 제 3 항).

---

1) 시행령 제271조의13 ⑤ 법 제249조의10 제 4 항 단서에서 "대통령령으로 정하는 경우"란 다음 각 호의 어느 하나에 해당하는 경우를 말한다.
   1. 같은 상호출자제한기업집단(공정거래법 제 9 조 제 1 항에 따른 상호출자제한기업집단을 말한다. 이하 같다)에 속하는 계열회사가 출자한 지분의 합계가 경영참여형 사모집합투자기구 출자총액의 100분의 30 이상으로서 금융위원회가 정하는 비율 이상인 경우
   2. 상호출자제한기업집단의 계열회사가 업무집행사원인 경우
   3. 업무집행사원의 특수관계인이 경영참여형 사모집합투자기구 출자총액의 100분의 30 이상으로서 금융위원회가 정하는 비율 이상을 출자한 경우
   4. 제 1 호부터 제 3 호까지의 규정에 준하는 경우로서 금융위원회가 정하여 고시하는 경우
   5. 다음 각 목의 어느 하나에 해당하는 자가 사원으로서 출자한 지분의 합계가 경영참여형 사모집합투자기구 출자총액의 100분의 30 이상으로서 금융위원회가 정하여 고시하는 비율 이상인 경우. 이 경우 제 1 호부터 제 4 호까지의 규정에 해당하는 자가 다음 각 목의 자가 운용하는 집합투자재산 또는 신탁재산에 금융위원회가 정하여 고시하는 금액 이상으로 투자한 경우로 한정한다.
      가. 투자신탁, 투자익명조합의 집합투자업자
      나. 투자회사등
      다. 신탁재산을 운용하는 신탁업자
2) 2015년 7월 개정 전의 법에 의하면 금융위원회 등록사항이었으나 보고사항으로 변경하였다.
3) 법 제249조의10 제 6 항 전단에서 '대통령령으로 정하는 경우'란 ① 회사의 소재지(법 제249조의10 제 1 항 제 3 호의 사항), ② 무한책임사원의 상호·명칭·사업자등록번호 및 주소(시행령 제271조의13 제 2 항 제 2 호 또는 제 3 호의 사항), ③ 그 밖에 경영참여형 사모집합투자기구의 업무집행사원에 관한 사항 등으로서 금융위원회가 정하여 고시하는 사항 중 어느 하나에 해당하는 경우이다(시행령 제271조의13 제 6 항).

## 3. 사원의 구성 및 출자

경영참여형 사모집합투자기구의 사원은 1인 이상의 무한책임사원과 1인 이상의 유한책임사원으로 하되, 사원의 총수는 49명 이하로 한다(법 제249조의11 제1항). 이때 사원 총수를 계산함에 있어서 다른 집합투자기구가 그 경영참여형 사모집합투자기구의 지분을 10% 이상 취득하는 경우에는 그 다른 집합투자기구의 투자자의 수를 합하여 계산하여야 한다(법 제249조의11 제2항). 또한 전문투자자 중 일정한 자[1]는 경영참여형 사모집합투자기구의 사원의 총수 계산에서 제외한다(제249조의11 제3항, 시행령 제271조의14 제1항).

| 전문투자형 사모집합투자기구의 적격투자자 | 경영참여형 사모집합투자기구의 사원 |
|---|---|
| 1. 국가<br>2. 한국은행<br>3. 시행령 제10조 제2항 각 호의 어느 하나에 해당하는 자[2]<br>4. 주권상장법인<br>5. 시행령 제10조 제3항 제1호부터 제8호까지 및 제13호부터 제18호까지의 어 | 1. 49명 이하의 사원 (49명 산정 시 일반투자자를 제외시키는 조항 없음)<br>2. 사원 총수 계산 시 다음의 일정한 전문투자자는 사원 총수 계산 시 제외됨<br>· 시행령 제10조 제1항 각 호의 어느 하나에 해당하는 자 |

1) 일정한 자에 대하여 시행령 제271조의14 제1항 참조. 시행령 제271조의4는 법 제249조의11 제3항에서 "대통령령으로 정하는 자"를 전문투자자 중 일반투자자 대우를 받을 수 있는 전문투자자(시행령 제10조 제1항 각 호) 또는 시행령 제10조 제3항 제12호(법률에 따라 설립된 기금(제10호·제11호는 제외) 또는 그 기금을 관리·운용하는 법인) 또는 제13호(법률에 따라 공제사업을 경영하는 법인)에 해당하는 자 중 금융위원회가 정하여 고시하는 자로 정하고 있다.

2) 시행령 제10조 제2항 각 호는 다음과 같다. ① 은행, ②「한국산업은행법」에 따른 한국산업은행, ③「중소기업은행법」에 따른 중소기업은행, ④「한국수출입은행법」에 따른 한국수출입은행, ⑤「농업협동조합법」에 따른 농업협동조합중앙회, ⑥「수산업협동조합법」에 따른 수산업협동조합중앙회(「은행법」 제5조에서 은행으로 보는 신용사업 부문은 제외), ⑦「보험업법」에 따른 보험회사, ⑧ 금융투자업자[법 제8조 제9항에 따른 겸영금융투자업자(이하 "겸영금융투자업자")는 제외], ⑨ 증권금융회사, ⑩ 종합금융회사, ⑪ 법 제355조 제1항에 따라 인가를 받은 자금중개회사(이하 "자금중개회사"), ⑫「금융지주회사법」에 따른 금융지주회사, ⑬「여신전문금융업법」에 따른 여신전문금융회사, ⑭「상호저축은행법」에 따른 상호저축은행 및 그 중앙회, ⑮「산림조합법」에 따른 산림조합중앙회, ⑯「새마을금고법」에 따른 새마을금고연합회, ⑰「신용협동조합법」에 따른 신용협동조합중앙회, ⑱ 제1호부터 제17호까지의 기관에 준하는 외국 금융기관.

| | |
|---|---|
| 느 하나에 해당하는 자[1]<br>6. 1억원 이상으로서 일정한 금액[2] 이상을 투자하는 개인 또는 법인, 그 밖의 단체(「국가재정법」 별표 2에서 정한 법률에 따른 기금과 집합투자기구를 포함) | •법률에 따라 설립된 기금(다만 시행령 제10호·제11호는 제외) 또는 그 기금을 관리·운용하는 법인 중 금융위원회가 정하여 고시하는 자(시행령 제10조 제3항 제12호)<br>•법률에 따라 공제사업을 경영하는 법인 중 금융위원회가 정하여 고시하는 자(시행령 제10조 제3항 제13호) |

전문투자형 사모집합투자기구의 경우 전문투자자 범위에 들어가는 자들을 위주

1) 시행령상 해당하는 자는 다음과 같다. ①「예금자보호법」에 따른 예금보험공사 및 정리금융회사, ②「금융회사부실자산 등의 효율적 처리 및 한국자산관리공사의 설립에 관한 법률」에 따른 한국자산관리공사, ③「한국주택금융공사법」에 따른 한국주택금융공사, ④「한국투자공사법」에 따른 한국투자공사, ⑤ 협회, ⑥ 법 제294조에 따라 설립된 한국예탁결제원(이하 "예탁결제원"), ⑦ 거래소, ⑧「금융위원회의 설치 등에 관한 법률」에 따른 금융감독원(이하 "금융감독원"), ⑨ 법률에 따라 공제사업을 경영하는 법인, ⑩ 지방자치단체, ⑪ 해외 증권시장에 상장된 주권을 발행한 국내법인이 있고, 또한 ⑫ 일정한 요건을 모두 충족하는 법인 또는 단체(외국 법인 또는 외국 단체는 제외)로서 해당 요건은 가. 금융위원회에 나목의 요건을 충족하고 있음을 증명할 수 있는 관련 자료를 제출할 것, 나. 관련 자료를 제출한 날 전날의 금융투자상품 잔고가 100억원(「주식회사의 외부감사에 관한 법률」에 따라 외부감사를 받는 주식회사는 50억원) 이상일 것, 그리고 다. 관련 자료를 제출한 날부터 2년이 지나지 아니하여야 한다.
한편 ⑬ 일정한 요건을 모두 충족하는 개인으로, 가. 금융위원회에 나목부터 라목까지의 요건을 모두 충족하고 있음을 증명할 수 있는 관련 자료를 제출할 것, 나. 관련 자료를 제출한 날 전날의 금융투자상품 잔고가 5억원 이상일 것, 다. 금융투자업자에 계좌를 개설한 날부터 1년이 지났을 것, 라. 소득액 또는 재산가액이 금융위원회가 정하여 고시하는 기준을 충족할 것, 마. 관련 자료를 제출한 날부터 2년이 지나지 아니하여야 한다. 다만, 외국인인 개인 및「조세특례제한법」 제91조의18 제1항에 따른 개인종합자산관리계좌에 가입한 거주자인 개인(같은 조 제3항 제2호에 따라 신탁업자와 특정금전신탁계약을 체결하는 경우 및 이 영 제98조 제1항 제4호의2 및 같은 조 제2항에 따라 투자일임업자와 투자일임계약을 체결하는 경우로 한정한다)은 제외한다.
마지막으로, ⑭ 다음 중 어느 하나에 해당하는 외국인으로, 가. 외국 정부, 나. 조약에 따라 설립된 국제기구, 다. 외국 중앙은행, 라. 제1호부터 제17호까지의 자에 준하는 외국인 중 하나에 해당하는 경우이어야 한다. 다만,「조세특례제한법」 제91조의18 제1항에 따른 개인종합자산관리계좌에 가입한 거주자인 외국인(같은 조 제3항 제2호에 따라 신탁업자와 특정금전신탁계약을 체결하는 경우 및 이 영 제98조 제1항 제4호의2 및 같은 조 제2항에 따라 투자일임업자와 투자일임계약을 체결하는 경우로 한정한다)은 제외한다.

2) ① 법 제249조의7 제1항 각 호의 금액을 합산한 금액이 전문투자형 사모집합투자기구의 자산총액에서 부채총액을 뺀 가액의 100분의 200을 초과하지 아니하는 전문투자형 사모집합투자기구에 투자하는 경우: 1억원, ② 위 ① 이외의 전문투자형 사모집합투자기구에 투자하는 경우: 3억원이다(시행령 제271조 제2항).

로 투자가 가능한 '적격'투자자의 범위를 정하고 있는 반면(시행령 제271조), 경영참여형 사모집합투자기구의 경우 사원 총수를 49명 이하로 제한하면서도 49명 산정 시 일반투자자를 제외시키는 조항이 없어 이론적으로 일반투자자도 참여할 수 있다는 점에서 차이를 보이고 있다. 다만 일반투자자 중에서 3억원 이상 투자하는 개인 또는 법인의 경우로 한정된다(법 제249조의11 제6항 제2호, 시행령 제271조의14 제4항 제2호).

경영참여형 사모집합투자기구 사원의 출자의 방법은 금전에 한정하나, 객관적인 가치평가가 가능하고 사원의 이익을 해칠 우려가 없는 경우로서 다른 모든 사원의 동의가 있는 경우에는 증권으로 출자하는 것이 허용된다(법 제249조의11 제5항). 2015년 7월 개정 전의 법은 사원의 출자 시 유한책임사원의 최소 출자가액을 제한하고 있었으나(구법 제269조 제5항·제6항),[1] 현행법은 최소 출자가액 제한을 완화하였다(법 제249조의11 제5항, 시행령 제271조의14 제4항).

## 4. 회사재산 운용방법

### (1) 재산운용방법

경영참여형 사모집합투자기구(일정한 방법[2]에 따라 다른 경영참여형 사모집합투자기구와 공동으로 운용하는 경우를 포함)는 법이 정한 일정한 방법으로 경영참여형 사모집합투자기구 재산을 운용할 의무를 진다(법 제249조의12 제1항, 시행령 제271조의15 제2항 내지 제5항). 경영권 참여, 사업구조 또는 지배구조의 개선 등을 위하여 지분증권 등에 투자·운용하는 경영참여형 사모집합투자기구 제도의 취지상 경영참여형 사모집합투자기구[3]의 회사재산에 대한 운영방법은 다음과 같다(법 제

1) 2015년 7월 개정 전의 법은 최소출자가액을 100억원 이내에서 대통령령으로 정하는 금액으로 제한하고 있었다.

2) 이 경우의 일정한 방법에 관하여 시행령은, ① 주권, 신주인수권이 표시된 것, 그 밖에 이와 유사한 것으로서 출자지분 또는 출자지분을 취득할 권리가 표시된 것, 주권 관련 사채권("지분증권등")을 공동으로 취득하거나 처분하는 행위, ② 지분증권등을 공동 또는 단독으로 취득한 후 그 취득한 지분증권등을 상호 양도 또는 양수하는 행위, ③ 의결권(의결권의 행사를 지시할 수 있는 권한을 포함한다)을 공동으로 행사하는 행위라고 정하고 있다(시행령 제271조의15 제1항).

3) 이하의 방법에 따라 다른 경영참여형 사모집합투자기구와 공동으로 운용하는 경우도 마찬가지이다. ① 지분증권, 신주인수권(그 밖의 신규발행 지분증권을 인수할 수 있는 권리를 포함)이 표시된 것, 전환사채권, 신주인수권부사채권 또는 교환사채권(이하 이 항에서 "지분증권등"이라 한다)을 공동으로 취득하거나 처분하는 행위, ② 지분증권등을 공동 또는 단독으로 취득한 후 그 취득한 지분증권등을 상호 양도 또는 양수하는 행위, ③ 의결권(의결권의 행사를 지시할 수 있는 권한을 포함)을 공동으로 행사하는 행위(시행령 제292조 제1항).

249조의12 제 1 항 각 호).

① 다른 회사(투자회사, 투자유한회사, 투자합자회사, 투자유한책임회사, 그 밖에 대통령령[1]으로 정하는 회사 제외)의 의결권 있는 발행주식 총수 또는 출자총액의 10% 이상 되도록 하는 투자(제 1 호)
② 위 ①에 불구하고 임원의 임면 등 투자하는 회사의 주요 경영사항에 대하여 사실상의 지배력 행사가 가능하도록 하는 투자(제 2 호)
③ 위 ① 또는 ②를 목적으로 하는 경우로서 증권(지분증권을 제외)에 내한 투자로 주권 관련 사채권에 투자하는 경우[2](제 3 호)
④ 투자대상기업(경영참여형 사모집합투자기구 또는 제249조의13에 따른 투자목적회사가 위 ①부터 ③까지의 방법으로 투자한 기업)이 발행한 증권에 대한 투자위험을 회피하기 위하거나 또는 경영참여형 사모집합투자기구의 집합투자재산에 대한 환율 변동에 따른 위험을 회피하기 위한 투자로서 대통령령으로 정하는 장내파생상품 또는 장외파생상품[3]에 대한 투자(제 4 호)
⑤ 「사회기반시설에 대한 민간투자법」에 따른 사회기반시설투융자회사가 발행한 증권에 대한 투자(제 5 호)
⑥ 투자목적회사의 지분증권에 대한 투자(제 6 호)[4]
⑦ 그 밖에 이상의 투자에 준하는 것으로서 대통령령으로 정하는 투자[5](제 7 호)

---

1) 시행령 제271조의15 제 2 항.
2) 주권 관련 사채권에 투자하는 경우로서, ① 법 제249조의12 제 1 항 제 1 호에 따른 다른 회사의 의결권 있는 발행주식과 주권 관련 사채권의 전환권·신주인수권의 행사 등으로 인하여 취득할 수 있는 의결권 있는 발행주식(금융위원회가 정하여 고시하는 기준과 방법에 따라 산정한 발행주식을 말한다)의 합계가 그 회사의 의결권 있는 발행주식 총수의 100분의 10 이상이 되는 투자, 또는 ② 투자계약 등에 따라 임원의 임면 등 투자하는 회사의 주요 경영사항에 대하여 사실상의 지배력 행사가 가능하도록 하는 투자에 해당하는 경우를 말한다(시행령 제271조의15 제 3 항). 경영참여를 목적으로 하므로 사채 중 의결권 행사를 통한 임원선임이 가능할 수 있는 전환사채나 신주인수권부사채 등에 대한 투자만 허용되는 것으로 해석되어 왔고 감독당국 역시 전환사채 등 투자 시 임원선임등의 내용이 계약에 명시되어야 한다는 입장을 보여 왔다. 금융감독원, 앞의 2011년 PEF 실무안내, 58면; 유석호·윤영균, "사모투자회사의 실무상 쟁점과 과제," 증권법연구 제14권 제 2 호, 한국증권법학회(2013), 433면.
3) '대통령령으로 정하는 장내파생상품 또는 장외파생상품'이란 법 제 5 조 제 1 항 제 1 호부터 제 3 호까지의 어느 하나에 해당하는 계약상의 권리, 즉 선도(선물), 옵션, 스왑을 말한다(시행령 제271조의15 제 4 항).
4) 종전에는 "법 제271조에 따른 투자목적회사의 지분증권에 대한 투자"(개정 전 자본시장법 제270조 제 1 항 제 6 호)라고 하여 투자목적회사 중 자본시장법 제271조에 따른 투자목적회사에 한하여 투자가 가능한지 논란이 있었으나(유석호·윤영균, 앞의 논문, 441면), 법 개정으로 모든 투자목적회사의 지분증권에 투자할 수 있는 것으로 하여 논란이 해소되었다.
5) 소정의 투자에 대하여 자세한 것은 시행령 제292조 제 6 항 참조.

경영참여형 사모집합투자기구는 경영참여형 사모집합투자기구 집합투자재산의 운용방법에 관한 법 제249조의12 제 1 항 각 호의 방법으로 운용하고 남은 경영참여형 사모집합투자기구의 집합투자재산을 일정한 방법[1]에 기하여 운용할 수 있다(법 제249조의12 제 2 항, 시행령 제271조의16).

### (2) 재산운용의 제한

#### 1) 투자개시 및 운용방법

경영참여형 사모집합투자기구는 사원이 출자한 날부터 2년 이내에 출자한 금액의 50% 이상의 금액을 아래의 일정한 방법으로 운용하여야 한다(법 제249조의12 제 3 항, 시행령 제271조의17 제 1 항).

1. 다른 회사(투자회사, 투자유한회사, 투자합자회사, 그 밖에 대통령령으로 정하는 회사 제외)의 의결권 있는 발행주식 총수 또는 출자총액의 10% 이상 되도록 하는 투자
2. 위 1.에 불구하고 임원의 임면 등 투자하는 회사의 주요 경영사항에 대하여 사실상의 지배력 행사가 가능하도록 하는 투자
3. 「사회기반시설에 대한 민간투자법」에 따른 사회기반시설투융자회사가 발행한 증권에 대한 투자
4. 투자목적회사의 지분증권에 대한 투자(투자목적회사가 이상의 1, 2, 3의 방법으로 투자한 경우에 한함)

다만, 투자대상기업을 선정하기 곤란한 경우, 그 밖에 대통령령[2]으로 정하는

1) 자본시장법은 여유 집합투자재산의 운용방법으로, ① 일정한 금융기관에 대한 30일 이내의 단기대출(법 제83조 제 4 항), ② 시행령 제79조 제 2 항 제 5 호 각목 어느 하나에 해당하는 금융회사 및 체신관서에의 예치, ③ 경영참여형 사모집합투자기구의 자산총액에서 부채총액을 뺀 가액의 30% 이내에서 경영참여형 사모집합투자기구의 집합투자재산을 투자계약증권 등(법 제 4 조 제 1 항 각 호의 증권)이 아닌 증권에 투자하는 방법, 그리고 ④ 그 밖에 경영참여형 사모집합투자기구의 건전한 자산운용을 해칠 우려가 없는 방법으로서 원화로 표시된 양도성 예금증서 또는 시행령 제79조 제 2 항 제 5 호에 따른 어음(기업어음증권은 제외)으로 운용하는 경우를 정하고 있다(법 제249조의12 제 2 항, 시행령 제271조의16).

2) 시행령은 ① 경영참여형 사모집합투자기구 집합투자재산이 법 제249조의12 제 1 항 제 1 호 또는 제 2 호에 따라 투자대상기업의 지분증권을 취득하기에 부족한 경우, ② 시행령 제271조의15 제 5 항 제 4 호 각 목의 어느 하나에 해당하는 시설 및 설비에 투자하는 경우, 또는 ③ 투자자 보호와 건전한 거래질서의 유지를 위하여 필요한 경우로서 금융위원회가 정하여 고시하는 불가피한 사유가 있는 경우 중 어느 하나에 해당하는 경우로 정하고 있다(시행령 제271조의17 제 2 항).

경우로서 미리 금융위원회의 승인을 받은 경우에는 그러하지 아니하다(법 제249조의12 제3항 단서).

그 외 경영참여형 사모집합투자기구 재산의 투자비율의 산정방식 및 재산의 운용에 관하여 필요한 사항의 상당수가 시행령으로 정할 수 있도록 위임되어 있다(법 제249조의12 제8항, 시행령 제271조의18).

2) 최소투자기간

경영참여형 사모집합투자기구는 그 재산운용방법을 정한 법 제249조의12 제1항 제1호부터 제3호까지의 어느 하나에 부합되는 날부터 투자대상기업이 발행한 지분증권, 그 밖에 주권 관련 사채권("지분증권등")을 6개월 이상 소유하여야 하며, 6개월 미만의 기간 중에는 그 지분증권등을 처분해서는 아니 된다(법 제249조의12 제4항 본문, 시행령 제271조의17 제3항). 다만, 그 지분증권등을 계속 소유함으로써 사원의 이익을 명백히 해칠 우려가 있는 경우, 그 밖에 대통령령[1]으로 정하는 경우로서 미리 금융위원회의 승인을 받은 경우에는 6개월 미만의 기간 중에도 이를 처분할 수 있다(법 제249조의12 제4항 단서, 시행령 제271조의17 제4항).

또한 경영참여형 사모집합투자기구(법 제249조의13 제1항 제3호 나목 또는 다목에 따라 투자목적회사의 주주 또는 사원이 된 자를 포함)는 투자목적회사가 발행한 지분증권을 취득한 날부터 6개월 이상 소유하여야 하며, 6개월 미만의 기간 중에는 그 지분증권을 처분해서는 아니 된다(법 제249조의12 제5항 본문). 다만, 투자목적회사의 지분증권을 계속 소유함으로써 사원의 이익을 명백히 해칠 우려가 있는 경우, 그 밖에 대통령령으로 정하는 경우[2]로서 미리 금융위원회의 승인을 받은 경우에는 6개월 미만의 기간 중에도 이를 처분할 수 있다(법 제249조의12 제5항 단서, 시행령 제271조의17 제5항).

3) 경영권 참여요건 미충족과 처분의무

경영참여형 사모집합투자기구는 다른 회사의 지분증권등을 최초로 취득한 날부터 6개월이 경과할 때까지 경영참여형 사모집합투자기구 집합투자재산의 운용

---

1) 시행령은 ① 투자대상기업의 영업이 정지된 경우, ② 투자대상기업이 3개월 이상 조업을 중단한 경우, ③ 투자자 보호와 건전한 거래질서의 유지를 위하여 필요한 경우로서 금융위원회가 정하여 고시하는 불가피한 사유가 있는 경우를 정하고 있다(시행령 제271조의17 제4항).
2) 시행령은 위 시행령 제271조의17 제4항의 각 호를 준용하고 있다(시행령 제271조의17 제5항).

방법에 관한 법 제249조의12 제 1 항 제 1 호부터 제 3 호까지의 어느 하나에 부합하지 아니하는 경우에는 이미 취득한 그 다른 회사의 지분증권등 전부를 다른 자(그 경영참여형 사모집합투자기구와 출자관계를 가지고 있거나 같은 자로부터 출자에 의한 지배를 받는 자는 제외)에게 6개월 이내에 이를 처분하고 금융위원회에 지체 없이 보고하여야 한다(법 제249조의12 제 6 항 본문, 시행령 제271조의17 제 6 항). 다만, 지분증권등의 처분이 곤란한 경우, 그 밖에 대통령령[1]으로 정하는 경우로서 미리 금융위원회의 승인을 받은 경우에는 투자대상기업의 지분증권의 처분이 가능할 때까지의 기간으로서 금융위원회의 확인을 받은 기간 이내에는 이를 처분하지 아니할 수 있다(법 제249조의12 제 6 항 단서, 시행령 제271조의17 제 8 항).

이와 관련하여 경영참여형 사모집합투자기구가 금전대여성 옵션부 투자를 할 수 있는지 논란이 있어 왔다. 과거 금융감독당국은 경영참여가 아닌 금전대여성 투자는 금지된다는 태도하에 경영참여형 사모집합투자기구의 투자대상기업에 대한 금전대여성 옵션부 투자를 원칙적으로 금지하였으나,[2] 2015년 2월부터 옵션부 투자를 원칙적으로 허용하는 것으로 입장을 변경하였다.[3]

4) 자금차입과 채무보증

경영참여형 사모집합투자기구는 일정한 사유 — ① 사원의 퇴사에 따른 출자금을 지급하기 위하여 불가피한 경우, ② 운영비용에 충당할 자금이 일시적으로 부족한 경우, 또는 ③ 투자대상기업에 투자하기 위하여 필요한 자금이 일시적으로 부족한 경우 — 가 발생할 경우에는 자금을 차입하거나 투자대상기업 또는 투자대상기업과 관련된 타인을 위한 채무보증을 할 수 있다(법 제249조의12 제 7 항 제 1 문). 이 경우 차입금액 및 채무보증액의 합계는 경영참여형 사모집합투자기구의 자산총액에서 부채총액을 뺀 가액의 10%를 초과하지 못한다(법 제249조의12 제 7 항 제 2 문).

경영참여형 사모집합투자기구(종전의 사모투자전문회사)의 재산운용상태에 관

1) 시행령은 ① 증권시장이나 해외 증권시장에서 투자대상기업의 지분증권의 매매거래가 정지되거나 중단된 경우, ② 투자자 보호와 건전한 거래질서의 유지를 위하여 필요한 경우로서 금융위원회가 정하여 고시하는 불가피한 사유가 있는 경우를 규정하고 있다(시행령 제271조의17 제 7 항).

2) 2013년 4월 금융감독당국이 발표한 '사모투자전문회사 옵션부투자 모범규준'(2013. 4. 15. 시행) 역시 금전대여성 옵션부투자를 원칙적으로 금지하고 예외적으로 일정한 요건(행사조건, 행사가격, 자료작성·보관의무)을 충족할 경우에 한하여 허용하였다.

3) 금융위원회·금융감독원, "PEF 운영 관련 법령해석 안내," 보도자료(2015. 2, 10.); 이에 따라 종례의 옵션부투자 모범규준을 폐지하고 유권해석으로 운영하고 있다. 동 보도자료, 3면.

하여 감독기관이 정보를 효과적으로 취득할 수 있도록 하기 위하여 경영참여형 사모집합투자기구는 대통령령[1]으로 정하는 바에 따라 집합투자재산의 운용 현황, 차입 또는 채무보증의 현황(제249조의13 제3항에 따른 투자목적회사의 차입 또는 채무보증의 현황을 포함) 등에 관하여 금융위원회에 보고할 의무를 진다(법 제249조의12 제9항, 시행령 제271조의17 제9항).

### 5. 투자목적회사

#### (1) 의 의

자본시장법상의 투자목적회사는 상법에 따른 주식회사 또는 유한회사로 설립하는 것만 허용되며 다음의 요건을 모두 충족하여야 한다(법 제249조의13 제1항, 시행령 제271조의19).

1. 「상법」에 따른 주식회사 또는 유한회사일 것
2. 경영참여형 사모집합투자기구 집합투자재산 운용방법(법 제249조의12 제1항의 투자)에 의한 투자를 목적으로 할 것
3. 그 주주 또는 사원이 다음의 어느 하나에 해당하되, 가목에 해당하는 주주 또는 사원의 출자비율이 50% 이상일 것
   가. 경영참여형 사모집합투자기구 또는 그 경영참여형 사모집합투자기구가 투자한 투자목적회사
   나. 투자목적회사가 투자하는 회사의 임원 또는 대주주
   다. 그 밖에 투자목적회사의 효율적 운영을 위하여 투자목적회사의 주주 또는 사원이 될 필요가 있는 자로서 대통령령[2]으로 정하는 자
4. 그 주주 또는 사원인 경영참여형 사모집합투자기구의 사원 수와 경영참여형 사모집합투자기구가 아닌 주주 또는 사원의 수를 합산한 수가 49명 이내일 것
5. 상근임원을 두거나 직원을 고용하지 아니하고, 본점 외에 영업소를 설치하지 아니할 것

1) 시행령은 이 경우의 보고의 기준일에 대하여, ① 집합투자재산 총액이 100억원 이상인 경영참여형 사모집합투자기구: 매년 6월 30일 및 12월 31일, ② 집합투자재산 총액이 100억원 미만인 경영참여형 사모집합투자기구: 매년 12월 31일로 규정한다(시행령 제271조의17 제9항).

2) 자세한 것은 시행령 제271조의19 제2항을 참조.

### (2) 설립·운영 등

자본시장법상 투자목적회사는 주식회사 또는 유한회사의 형식으로 설립되어야 하므로 투자목적회사에 관하여 자본시장법에 특별한 규정이 없으면 「상법」의 주식회사 또는 유한회사에 관한 규정을 적용한다(법 제249조의13 제2항).

투자목적회사는 차입을 하거나 투자대상기업 또는 투자대상기업과 관련된 타인을 위하여 채무보증을 하는 것이 허용되나, 이 경우 차입금액과 채무보증액의 합계는 대통령령으로 정하는 한도[1]를 초과하지 못한다(법 제249조의13 제3항). 투자목적회사 재산의 투자비율 산정방식과 그 밖에 투자목적회사 재산의 운용에 관하여 필요한 사항은 대통령령으로 정한다(법 제249조의13 제4항). 이에 따라 시행령은 투자목적회사 재산의 투자비율은 시행령 제271조의18 제1항·제2항에 따른 경영참여형 사모집합투자기구 집합투자재산의 투자비율의 산정 방법과 같은 방법으로 산정할 수 있도록 하며(시행령 제271조의19 제4항), 투자목적회사는 그 회사의 주주나 사원인 경영투자형 사모집합투자기구의 업무집행사원에게 그 회사의 재산의 운용을 위탁하도록 하고 있다(시행령 제271조의19 제5항). 또한 시행령은 투자목적회사가 운용 후 남은 회사재산을 운용하는 방법[2]에 관하여 정하고 있으며(시행령 제271조의19 제6항), 투자목적회사가 지분증권에 투자할 경우 그 지분증권의 평가에 관한 사항[3]도 정하고 있다(시행령 제271조의19 제7항).

투자목적회사에 관하여 준용되는 법 조항으로 투자자에 대한 이익금의 분배(법 제242조), 일정한 전문투자자에 대한 사원 총수 산정제외 특례(제249조의11 제3항), 투자대상기업이 발행한 지분증권의 계속 소유의무 및 6개월 내 처분금지 의무(법 제249조의12 제4항·제6항) 및 상호출자제한기업집단 계열 경영참여형 사모

---

1) 법 제249조의13 제3항 후단에 따라 ① 경영참여형 사모집합투자기구가 같은 조 제1항 제3호 가목에 따라 주주 또는 사원이 되는 투자목적회사(제1호의 투자목적회사), 또는 ② 제1호의 투자목적회사가 같은 조 제1항 제3호 가목에 따라 주주 또는 사원이 되는 투자목적회사가 차입 또는 채무보증을 하는 경우에 그 합계액은 제1호에 따른 투자목적회사의 자기자본의 300%를 초과할 수 없다(시행령 제271조의19 제3항).

2) 법 제249조의13 제1항 제2호의 목적으로 운용하고 남은 투자목적회사 재산을 법 제249조의12 제2항 각 호의 어느 하나에 해당하는 방법으로 운용할 수 있다(시행령 제271조의19 제6항).

3) 법 제249조의12 제1항 제1호 또는 제2호에 따라 지분증권에 투자하는 경우에는 그 지분증권에 대한 평가는 제260조 제1항 제1호에 따른 경영참여형 사모집합투자기구 집합투자재산의 평가와 같은 방법으로 평가할 수 있다(시행령 제271조의19 제7항).

집합투자기구 등에 대한 제한(법 제249조의18)을 준용한다(법 제249조의13 제5항). 반면 투자목적회사에 대하여 주식회사의 설립등기 시 자본금의 액 및 발행주식의 총수·종류·각종주식의 내용과 수를 등기할 의무(상법 제317조 제2항 제2호·제3호) 및 유한회사의 설립등기 시 자본금의 총액 및 출자 1좌의 금액을 등기할 의무(상법 제549조 제2항 제2호)는 적용하지 아니한다(법 제249조의13 제6항).

### 6. 업무집행사원

#### (1) 업무집행사원의 선임 및 업무집행권

경영참여형 사모집합투자기구는 정관으로 무한책임사원 중 1인 이상을 업무집행사원으로 정하여야 하며, 이 경우 그 업무집행사원이 회사의 업무를 집행할 권리와 의무를 가진다(법 제249조의14 제1항). 은행법 등 금융관련 법령[1]에서 규정하고 있는 업무를 영위하는 자는 해당 법령에 불구하고 업무집행사원이 될 수 있으며, 이 경우 그 업무집행사원은 해당 법령에서 제한·금지하는 규정을 위반하지 아니하는 범위에서 업무를 집행할 수 있다(법 제249조의14 제2항).

경영참여형 사모집합투자기구 역시 집합투자기구의 일종이지만,[2] 경영참여형 사모집합투자기구의 경우 그 업무집행사원이 등록의무를 진다(법 제249조의15 제1항). 이 경우 경영참여형 사모집합투자기구의 업무집행사원은 그 등록요건을 준수하여야 한다(법 제249조의15 제1항 각 호).

경영참여형 사모집합투자기구의 업무집행사원은 다른 사원(잠재적 사원 포함)들에게 어떠한 주의의무를 지는가? 자본시장법 제정 이전 구 간접투자자산운용업법하의 사건에 대한 판례는 구 사모투자전문회사의 설립·운용자가 투자자들에게 투자 참여를 권유하는 과정에서 투자에 관한 정확한 정보를 제공할 의무가 있다

---

1) 시행령은 ① 은행법 ② 한국산업은행법 ③ 중소기업은행법 ④ 한국수출입은행법 ⑤ 보험업법 ⑥ 상호저축은행법 ⑦ 여신전문금융업법 ⑧ 신용보증기금법 ⑨ 기술신용보증기금법 ⑩ 신용협동조합법 ⑪ 새마을금고법 ⑫「신용정보의 이용 및 보호에 관한 법률」 ⑬「금융기관부실자산 등의 효율적 처리 및 한국자산관리공사의 설립에 관한 법률」 ⑭ 한국주택금융공사법 ⑮ 부동산투자회사법 ⑯ 선박투자회사법 ⑰ 산업발전법 ⑱「중소기업창업 지원법」을 정하고 있다(시행령 제271조의20 제1항).

2) 부언하면 2015년 7월 개정 전의 자본시장법은 집합투자기구의 유형에 사모투자전문회사 유형을 따로 두고 있었으나, 2015년 7월 개정 시 사모투자전문회사를 경영참여형 사모집합투자기구로 명칭을 변경하고 집합투자기구의 유형을 열거한 법 제9조 제18항에서 기존의 사모투자전문회사 유형을 삭제하였다.

고 한다.[1])

경영참여형 사모집합투자기구의 업무집행사원이 해당 집합투자재산의 운용 및 보관·관리 등을 하는 행위가 인가업무 단위의 전부나 일부를 선택하여 금융위원회로부터 하나의 금융투자업인가를 받도록 하는 금융투자업의 인가 관련 규제(법 제11조)에 위반되지 않는지의 의문이 들 수 있다. 자본시장법은 금융투자업 인가취득에 관한 법 제11조에 관한 예외규정을 명시적으로 두어, 경영참여형 사모집합투자기구의 업무집행사원이 경영참여형 사모집합투자기구 재산의 운용 및 보관·관리, 경영참여형 사모집합투자기구 지분의 판매 및 환매 등을 영위하는 경우 법 제11조가 적용되지 않는다고 규정한다(법 제249조의14 제4항).

### (2) 업무집행사원의 권리와 의무

업무집행사원은 법령과 정관에 따라 경영참여형 사모집합투자기구를 위하여 그 직무를 충실히 수행하여야 한다(법 제249조의14 제5항). 또한 업무집행사원(법인이 업무집행사원인 경우 제2호·제3호에 대하여는 법인의 임직원 포함)은 다음의 행위를 하여서는 아니된다(법 제249조의14 제6항, 시행령 제271조의20 제2항).

1. 사원 전원의 동의가 없는 상황에서 경영참여형 사모집합투자기구와 거래하는 행위
2. 원금 또는 일정한 이익의 보장을 약속하는 등의 방법으로 사원이 될 것을 부당하게 권유하는 행위
3. 사원 전원의 동의 없이 사원의 일부 또는 제3자의 이익을 위하여 경영참여형 사모집합투자기구가 소유한 자산의 명세를 사원이 아닌 자에게 제공하는 행위

---

1) "특정 투자를 목적으로 사모투자전문회사를 설립하여 무한책임사원 겸 업무집행사원이 된 자(이하 '사모투자전문회사의 설립·운용자'라고 한다)가 투자자들에게 투자 참여를 권유하는 과정에서 계획된 투자대상 및 투자방법과 투자회수구조에 관하여 정확한 정보를 제공할 의무를 위반함으로 말미암아 사모투자전문회사의 유한책임사원으로 투자에 참여한 투자자가 입은 손해액은 사모투자전문회사의 지분을 취득하기 위하여 지급한 금전 총액에서 지분으로부터 회수하였거나 회수할 수 있는 금전의 총액을 뺀 금액(이하 '미회수금액'이라고 한다)이므로, 사모투자전문회사의 설립·운용자가 위와 같은 주의의무를 위반함에 따른 투자자의 손해는 미회수금액의 발생이 확정된 시점에 현실적으로 발생하고, 그 시점이 투자자가 사모투자전문회사의 설립·운용자에게 갖는 손해배상청구권에 대한 지연손해금의 기산일이 된다." 대법원 2016. 9. 30. 선고 2015다19117, 19124 판결; 2015년 7월 개정 이후 현행 자본시장법하에서는 (구법과 달리) 투자합자회사 규정이 경영참여형 사모집합투자기구에 적용된다고 해석할 수 있고 따라서 집합투자업자의 영업행위 규칙(제2편 제4장 제2절 제2관)이 적용될 수 있다.

4. 그 밖에 경영참여형 사모집합투자기구 사원의 보호 및 경영참여형 사모집합투자기구 재산의 안정성 등을 해할 우려가 있는 일정한 행위(시행령 제271조의20 제2항).
   - 정관을 위반하여 경영참여형 사모집합투자기구 재산을 운용하는 행위
   - 경영참여형 사모집합투자기구 재산을 운용할 때 정당한 이유 없이 일반적인 거래조건을 벗어나는 불공정한 조건으로 거래하는 행위
   - 경영참여형 사모집합투자기구 재산에 관한 정보를 업무집행사원의 고유재산 운용에 이용하는 행위
   - 특정 경영참여형 사모집합투자기구나 투자목적회사의 이익을 해치면서 자기 또는 제3자의 이익을 도모하는 행위
   - 법 제249조의11(사원 및 출자), 제249조의12(집합투자재산의 운용방법), 제249조의13(투자목적회사), 제249조의14(업무집행사원 등), 제249조의15(업무집행사원의 등록), 제249조의16(이해관계인과의 거래제한), 제249조의17(지분양도) 및 제249조의18(상호출자제한기업집단 계열 경영참여형 사모집합투자기구 등에 대한 제한)의 규정에 따른 금지나 제한을 회피할 목적으로 하는 행위로서 장외파생상품거래, 신탁계약, 연계거래 등을 이용하는 행위

경영참여형 사모집합투자기구는 위 법 제249조의14 제5항 및 제6항에 따라 업무집행사원이 준수하여야 할 구체적인 행위준칙을 제정하여야 하며, 행위준칙을 제정·변경한 경우에는 지체 없이 이를 금융위원회에 보고할 의무가 있다(법 제249조의14 제7항 제1문). 이 경우 금융위원회는 보고받은 행위준칙이 법령을 위반하거나 사원의 이익을 해칠 우려가 있는 때에는 그 내용을 변경하거나 보완할 것을 명할 수 있다(법 제249조의14 제7항 제2문).

업무집행사원은 6월마다 1회 이상 경영참여형 사모집합투자기구 및 경영참여형 사모집합투자기구가 출자한 투자목적회사의 재무제표 등을 사원에게 제공하고 그 운영 및 재산에 관한 사항을 설명하여야 하며, 그 제공 및 설명 사실에 관한 내용을 기록·유지하여야 한다(법 제249조의14 제8항, 시행령 제271조의20 제3항).

경영참여형 사모집합투자기구는 정관으로 업무집행사원에 대한 손익의 분배 또는 손익의 순위 등에 관한 사항을 정할 수 있으며(법 제249조의14 제3항), 정관에서 정하는 바에 따라 경영참여형 사모집합투자기구 재산으로 업무집행사원에게 보수(운용실적에 따른 성과보수 포함)를 지급할 수 있다(법 제249조의14 제11항).

### (3) 업무집행사원의 등록 등

2013년 5월 개정 자본시장법은 경영참여형 사모집합투자기구의 업무집행사원의 등록에 관한 규정을 신설하였고 현행법에서도 업무집행사원의 등록 의무가 유지되고 있다. 따라서 경영참여형 사모집합투자기구의 업무집행사원으로서 경영참여형 사모집합투자기구의 집합투자재산 운용업무를 영위하려는 자는 아래의 일정한 요건을 갖추어 금융위원회에 등록하여야 한다(법 제249조의15 제 1 항, 시행령 제271조의21 제 1 항 내지 제 4 항).

1. 1억원 이상의 자기자본을 갖출 것(등록신청일 기준)
2. 임원(합자회사의 업무집행사원 등 대통령령으로 정하는 자[1]를 포함)이 「금융회사의 지배구조에 관한 법률」 제 5 조에 적합할 것
3. 운용인력을 2명 이상 갖출 것
4. 법 제44조에 따라 이해상충이 발생할 가능성을 파악·평가·관리할 수 있는 적절한 내부통제기준을 갖출 것
5. 일정한 건전한 재무상태와 사회적 신용을 갖출 것[2]
   - (1) 건전한 재무상태: 재무건전성에 관한 기준으로서 금융위원회가 정하여 고시하는 기준을 충족할 것(「금융위원회의 설치 등에 관한 법률」 제38조에 따른 검사대상기관의 경우만 해당한다)
   - (2) 사회적 신용: 다음 각 목의 모든 요건에 적합할 것. 다만, 그 위반 등의 정도가 경미하다고 인정되는 경우는 제외한다.
     가. 최근 3년간 금융관련법령, 「독점규제 및 공정거래에 관한 법률」 및 「조세범 처벌법」을 위반하여 5억원의 벌금형 이상에 상당하는 형사처벌을 받은 사실이 없을 것. 다만, 법 제448조, 그 밖에 해당 법률의 양벌 규정에 따라 처벌을 받은 경우는 제외한다.
     나. 최근 3년간 「금융산업의 구조개선에 관한 법률」에 따라 부실금융기관으로 지정되었거나 법 또는 금융관련법령에 따라 영업의 허가·인가·등록 등이 취소된 자가 아닐 것

경영참여형 사모집합투자기구의 업무집행사원으로서 집합투자재산 운용업무

1) 합자회사의 업무집행사원, 유한책임회사의 업무집행자, 유한회사의 이사 또는 합명회사의 업무집행사원을 말한다(시행령 제271조의21 제 2 항).
2) 2015년 7월 법 개정으로 경영참여형 사모집합투자기구 전면개편 시에 추가된 내용이다.

를 영위하려는 자는 금융위원회에 등록신청서를 제출하여야 한다(법 제249조의15 제2항). 금융위원회는 해당 등록신청서를 접수한 경우에는 그 내용을 검토하여 1개월 이내[1]에 등록 여부를 결정하고, 그 결과와 이유를 지체 없이 신청인에게 문서로 통지하여야 하며, 이 경우 등록신청서에 흠결이 있는 때에는 보완을 요구할 수 있다(법 제249조의15 제3항).

금융위원회는 경영참여형 사모집합투자기구의 업무집행사원에 관한 등록 여부를 결정함에 있어서 등록요건을 갖추지 아니한 경우, 등록신청서를 거짓으로 작성한 경우, 또는 금융위원회의 보완요구를 이행하지 아니하는 사유가 없는 한 그 등록을 거부하여서는 아니 된다(법 제249조의15 제5항).

경영참여형 사모집합투자기구의 업무집행사원은 금융위원회에 등록한 이후 그 경영참여형 사모집합투자기구재산의 운용업무를 영위함에 있어서 위의 등록요건(법 제249조의15 제1항 각 호)을 유지하여야 한다(법 제249조의15 제6항).

경영참여형 사모집합투자기구의 업무집행사원이 일정한 사항에 해당하는 경우 금융위원회는 해당 업무집행사원의 등록을 취소할 수 있는바, 현행법은 등록취소사유로, ① 거짓, 그 밖의 부정한 방법으로 업무집행사원의 등록을 한 경우, ② 법 제249조의15 제6항에 따른 등록요건의 유지의무를 위반한 경우, ③ 업무의 정지기간 중에 업무를 한 경우, ④ 금융위원회의 시정명령 또는 중지명령을 이행하지 아니한 경우, ⑤ 그 밖에 투자자의 이익을 현저히 해할 우려가 있거나 해당 경영참여형 사모집합투자기구 재산의 운용업무를 영위하기 곤란하다고 인정되는 일정한 경우[2]를 규정한다(법 제249조의15 제7항).[3]

---

1) 이 경우의 검토기간을 산정함에 있어서 등록신청서 흠결의 보완기간 등 총리령으로 정하는 기간은 검토기간에 산입하지 아니한다(법 제249조의15 제4항).

2) 시행령은 ① 법 제249조의21 제3항 제1호 나목에 따른 직무정지의 조치를 받은 날부터 1개월(직무정지의 조치를 하면서 1개월을 초과하는 보정기간을 정한 경우에는 그 기간) 이내에 해당 조건을 보정하지 아니한 경우, ② 업무와 관련하여 부정한 방법으로 타인으로부터 금전등을 받거나 타인에게 줄 금전등을 취득한 경우, ③ 같거나 비슷한 위법행위를 계속하거나 반복하는 경우라고 정하고 있다(시행령 제272조의21 제5항).

3) 그 외 등록신청서의 기재사항·첨부서류 등 등록의 신청에 관한 사항과 등록검토의 방법·절차, 그 밖에 필요한 사항은 대통령령으로 정하며(법 제249조의15 제8항), 기타 업무집행사원등록의 신청과 검토, 등록신청서의 서식과 작성방법 등에 관하여 필요한 사항은 금융위원회가 정하여 고시한다(시행령 제271조의21 제8항).

### (4) 이해관계인과의 거래제한

업무집행사원의 이해관계인과의 거래제한 규정(법 제249조의16)은 2015년 7월 법 개정 시 신설된 사항이다. 업무집행사원은 경영참여형 사모집합투자기구의 집합투자재산을 운용할 때 일정한 이해관계인과 거래행위를 하는 것이 금지되는데(법 제249조의16 제 1 항 본문), 시행령은 경영참여형 사모집합투자기구의 업무집행사원이 거래하는 것이 금지되는 이해관계인을 다음과 같이 정하고 있다(시행령 제271조의22 제 1 항).

1. 업무집행사원의 임직원과 그 배우자
2. 업무집행사원의 대주주와 그 배우자
3. 업무집행사원의 계열회사로서 다음 각 목의 어느 하나에 해당하는 회사를 제외한 계열회사
   가. 해당 업무집행사원이 그 집합투자재산을 운용하는 경영참여형 사모집합투자기구가 투자한 투자대상기업 또는 투자목적회사
   나. 가목의 투자대상기업이나 투자목적회사에 대하여 제271조의15 제 1 항에 따른 방법으로 공동 운용함으로써 그 투자대상기업이나 투자목적회사에 투자한 다른 경영참여형 사모집합투자기구 및 그 업무집행사원
   다. 그 밖에 경영참여형 사모집합투자기구 사원의 이익 및 건전한 거래질서를 해칠 우려가 없는 회사로서 금융위원회가 정하여 고시하는 회사

다만 경영참여형 사모집합투자기구와 이해가 상충될 우려가 없는 다음의 일정한 거래는 경영참여형 사모집합투자기구의 업무집행사원이 이해관계인과 거래하는 것이 허용된다(법 제249조의16 제 1 항 단서, 시행령 제271조의22 제 2 항).

1. 증권시장 등 불특정다수인이 참여하는 공개시장을 통한 거래
2. 일반적인 거래조건에 비추어 경영참여형 사모집합투자기구에 유리한 거래
3. 그 밖에 대통령령으로 정하는 거래
   - 집합투자업자는 집합투자재산을 운용함에 있어서 이해관계인과 거래가 허용되는 거래(시행령 제85조 각 호의 어느 하나에 해당)
   - 그 경영참여형 사모집합투자기구 사원 전원이 동의한 거래

- 그 밖에 경영참여형 사모집합투자기구의 사원의 이익 및 건전한 거래질서를 해칠 우려가 없는 거래로서 금융위원회가 정하여 고시하는 거래

업무집행사원은 경영참여형 사모집합투자기구와 이해상충우려가 없는 거래로서 위와 같이(법 제249조의16 제1항 단서) 허용되는 이해관계인과의 거래가 있는 경우 또는 이해관계인의 변경이 있는 경우에는 그 내용을 해당 경영참여형 사모집합투자기구의 집합투자재산을 보관·관리하는 신탁업자에게 즉시 통보하여야 한다(법 제249조의16 제2항). 업무집행사원은 경영참여형 사모집합투자기구의 집합투자재산을 운용할 때 경영참여형 사모집합투자기구의 계산으로 그 업무집행사원이 발행한 증권을 취득해서는 아니 된다(법 제249조의16 제3항).

업무집행사원은 경영참여형 사모집합투자기구의 집합투자재산을 운용할 때 집합투자재산의 5%를 초과하여 ① 그 업무집행사원의 계열회사 또는 ② 그 경영참여형 사모집합투자기구에 사실상 지배력을 행사하는 유한책임사원으로서 대통령령으로 정하는 자[1]의 계열회사가 발행한 증권(그 계열회사가 발행한 지분증권과 관련한 증권예탁증권 및 대통령령[2]으로 정하는 투자대상자산 포함)을 취득해서는 아니 된다(법 제249조의16 제4항 제1문·시행령 제271조의22 제3항). 이 경우 경영참여형 사모집합투자기구의 집합투자재산으로 취득하는 증권은 시가로 평가하되 평가의 방법과 절차는 대통령령[3]으로 정하는 바에 따른다(법 제249조의16 제4항 제2문).

### 7. 업무집행사원이 아닌 사원의 권리와 의무

업무집행사원이 아닌 사원은 영업시간 내에만 경영참여형 사모집합투자기구 또는 경영참여형 사모집합투자기구가 출자한 투자목적회사의 재산에 관한 장부·서류의 열람이나 등본 또는 초본의 교부를 청구할 수 있다(법 제249조의14 제9항). 업무집행사원이 아닌 사원은 업무집행사원의 업무집행에 관한 견제로서, 업무집

---

1) 그 경영참여형 사모집합투자기구 출자총액의 100분의 30 이상의 출자지분을 보유한 유한책임사원을 말한다(시행령 제271조의22 제6항).

2) 법 제249조의16 제4항 각 호 외의 부분 전단에서 '대통령령으로 정하는 투자대상자산'이란 시행령 제86조 제3항 각 호의 어느 하나에 해당하는 투자대상자산을 말한다(시행령 제271조의22 제4항).

3) 경영참여형 사모집합투자기구의 집합투자재산으로 취득하는 증권에 대한 시가평가를 하는 경우 시행령 제260조 제1항 및 제2항에 따른다(시행령 제271조의22 제5항).

행사원이 업무를 집행함에 있어서 현저하게 부적합하거나 업무수행에 중대한 위반행위가 있는 경우 금융위원회의 승인을 받아 경영참여형 사모집합투자기구 또는 경영참여형 사모집합투자기구가 출자한 투사목적회사의 업무와 재산상황을 검사할 수 있다(법 제249조의14 제10항).

경영참여형 사모집합투자기구의 경우 해당 집합투자기구의 유한책임사원이 경영참여형 사모집합투자기구재산인 주식 또는 지분의 의결권 행사 및 대통령령[1]으로 정하는 업무집행사원의 업무에 관여하는 것은 금지된다(법 제249조의11 제 4 항, 시행령 제271조의14 제 2 항). 만일 업무집행사원이 될 수 없는 유한책임사원이 경영참여형 사모집합투자기구의 업무에 관여할 경우 해당 사원에게 어떠한 책임을 지울 수 있는가.

예컨대 유한책임사원이 자본시장법 제249조의11 제 4 항을 위반하여 경영참여형 사모집합투자기구의 집합투자재산인 주식 또는 지분의 의결권 행사에 영향을 미치는 경우는 어떨까? 유사한 맥락에서 상법 제278조는 "유한책임사원은 회사의 업무집행이나 대표행위를 하지 못한다"고 규정하고 있다. 일반적인 견해는 상법상 합자회사의 외부관계에 관한 규정은 강행규정이며 내부관계에 관한 규정은 임의규정임을 전제하여 유한책임사원이 업무집행을 하는 것은 무방하다고 본다. 그러나 이러한 해석에 논란이 없는 것이 아니다.[2]

---

1) 시행령은 법 제249조의11 제 4 항에서 '대통령령으로 정하는 업무집행사원의 업무'를 제271조의18제 3 항 각 호의 업무로 정하고 있다(시행령 제271조의14 제 2 항). 시행령 제271조의18제 3 항은 경영참여형 사모집합투자기구의 업무집행사원이 제 3 자에게 위탁을 할 수 없는 업무를 정하고 있는바, ① 투자대상기업의 선정이나 투자목적회사의 설립 또는 선정 업무, ② 투자대상기업이나 투자목적회사의 지분증권을 매매하는 경우에는 그 가격·시기·방법 등을 결정하는 업무, ③ 경영참여형 사모집합투자기구 집합투자재산이나 투자목적회사재산에 속하는 지분증권에 대한 의결권의 행사 업무, ④ 그 밖에 사원의 이익 보호 및 건전한 거래질서의 유지를 위하여 필요한 업무로서 금융위원회가 정하여 고시하는 업무가 이에 해당한다.

2) 상법의 해석상 문제를 제기하는 견해로, 유한책임사원의 업무집행은 대외적으로 표출되는 대표행위와 엄밀히 구별될 수 있는 개념이 아닐 수 있다. 이철송, 179면; 만일 유한책임사원에게 대내적으로 업무집행권 부여가 허용된다고 할 때 유한책임사원이 집행할 수 있는 업무의 범위는 어디까지인지, 아울러 유한책임사원이 어떠한 책임을 질 것인지, 상법 제281조의 자칭무한책임사원의 책임과 어떠한 관계가 있는지 모호해지며, 또한 상법 제278조를 임의규정으로 해석하여 유한책임사원에게 업무집행을 허용할 경우 권한과 책임의 불비례 현상이 발생한다. 양기진, "투자전문회사의 사원간 관계에 관한 연구," 서울대학교박사학위논문(2007), 164면; 이러한 우려에도 불구하고 2012년 4월 시행된 개정 상법은 합자조합이라는 기업유형을 신설하면서 상법 제86조의8 제 3 항에서 합자회사의 유한책임사원에 관한 조항을 광범위하게 준용하고 있는데, 상법 제86조의8 제 3 항은 규정형식상 합자회사의 유한책임

자본시장법의 집합투자의 정의[1]에서 유한책임사원이 경영참여형 사모집합투자기구의 업무집행사원이 행하는 의사결정에 관여하는 행위를 금지하는 근거를 찾는 견해[2]도 상당한 설득력이 있다. 나아가 2015년 개정법은 구 사모투자전문회사의 명칭을 개정하여 경영참여형 사모'집합투자기구'로 명명하고 있으므로 종전보다 집합투자기구에 관한 규율의 적용을 받아야 한다는 주장이 더욱 설득력 있게 되었다.

그럼에도 불구하고 프로젝트 펀드(deal-by-deal fund)의 경우, 즉 경영참여형 사모집합투자기구의 설립 이전에 이미 유한책임사원이 투자대상기업을 결정하고 이에 따라서 집합투자기구의 설립 및 자금운용이 이뤄지는 데 이러한 실무를 들어 자본시장법[3]을 위반한 것으로 보기 어렵다. 경영참여형 사모집합투자기구의 설립 전에 투자대상기업을 선정하는 행위와 경영참여형 사모집합투자기구 설립 이후 유한책임사원이 업무집행사원의 업무에 관여하는 것을 금지하는 것은 적용국면이 다르다고 할 수 있다.[4]

## 8. 지분의 양도

경영참여형 사모집합투자기구의 무한책임사원은 해당 집합투자기구의 업무집행권을 가질 수 있으므로 그가 회사를 떠나게 되면 그 파급효과가 클 수 있다. 따라서 자본시장법은 경영참여형 사모집합투자기구의 무한책임사원이 그 지분을 임의로 타인에게 양도하고 회사를 떠나는 것을 제한한다. 즉 경영참여형 사모집합투자기구의 무한책임사원은 출자한 지분을 타인에게 양도할 수 없으며, 예외적으로

---

사원이 회사의 업무집행이나 대표행위를 하지 못한다고 정한 상법 제278조를 임의규정화함으로써(조합계약에 의하여 달리 정할 수 있도록 함) 업무집행을 하는 유한책임조합원의 출현을 허용한다. 이에 대한 지적 및 비판은 양기진(2012) 참조 바람; 경영참여형 사모집합투자기구(구 사모투자전문회사)에서도 사실상 업무집행사원 개념을 검토하여 책임을 부여할 필요가 있다는 견해로, 양기진(2007), 199면 이하.

1) '집합투자'란 2인 이상의 투자자로부터 모은 금전등 또는 「국가재정법」 제81조에 따른 여유자금을 투자자 또는 각 기금관리주체로부터 일상적인 운용지시를 받지 아니하면서 재산적 가치가 있는 투자대상자산을 취득·처분, 그 밖의 방법으로 운용하고 그 결과를 투자자 또는 각 기금관리주체에게 배분하여 귀속시키는 것을 말한다(법 제6조 제5항 본문).

2) 유석호·윤영균, 앞의 논문, 431면.

3) 유한책임사원은 경영참여형 사모집합투자기구재산인 주식 또는 지분의 의결권 행사 및 대통령령으로 정하는 업무집행사원의 업무에 관여하는 것이 금지된다(법 제249조의11 제4항, 시행령 제271조의14 제2항).

4) 윤석호·윤영균, 앞의 논문, 432-433면.

정관으로 정한 경우 사원 전원의 동의를 받아 지분을 분할하지 않는 것을 조건으로 타인에게 양도할 수 있다(법 제249조의17 제1항).[1] 반면 경영참여형 사모집합투자기구의 유한책임사원은 무한책임사원에 비하여 더 용이하게 투자를 회수할 수 있다. 경영참여형 사모집합투자기구의 유한책임사원은 무한책임사원 전원의 동의를 얻는 경우 출자한 지분을 분할하지 아니할 것을 조건으로 타인에게 양도하는 것이 허용된다(법 제249조의17 제2항).

상법상 합자회사 사원의 지분양도 규정[2]에 비교할 때 자본시장법상 경영참여형 사모집합투자기구 사원들의 지분양도는 지분 분할이 제한되므로 양도요건이 보다 엄격하다. 사원의 지분 양도 시 지분 분할을 제한하는 것은 경영참여형 사모집합투자기구의 '사모'적 성격을 지키기 위함이다. 따라서 위의 양도 제한에 불구하고 경영참여형 사모집합투자기구의 무한책임사원(정관으로 양도 가능 근거조항을 두어야 함) 및 유한책임사원은 양도의 결과 경영참여형 사모집합투자기구의 사원 총수가 49명[3]을 초과하지 아니하는 범위에서는 지분을 분할하여 양도하는 것이 허용된다(법 제249조의17 제3항). 한편 자본시장법은 경영참여형 사모집합투자기구의 유한책임사원이 될 수 있는 자격을 정하고 있으므로(법 제249조의11 제6항) 유한책임사원의 지분을 양수받는 자 역시 법 제249조의11 제6항이 정하는 유한책임사원의 자격요건[4]을 구비하여야 한다(법 제249조의17 제5항).

다만 이 경우 지분 양도 시 대항요건을 별도로 갖춰야 하는지에 관하여 자본시장법은 침묵을 지키고 있어서 분쟁의 소지가 있다. 경영참여형 사모집합투자기

1) 반면 2015년 개정 전의 자본시장법은 업무집행사원의 퇴사에 관한 명문규정을 두고 있지 않았고, 사원이 부득이한 사유가 있을 때에는 언제든지 퇴사할 수 있다는 상법 규정(상법 제269조/제217조 제2항)을 구 사모투자전문회사에 적용하지 않고 있었으며(구법 제277조 제2항) 자본시장법상 존속기간을 정하고 정관에 기재·등기하도록 하는 이상(구법 제268조 제1항·제2항) 구 사모투자전문회사의 업무집행사원의 퇴사에 관한 규정이 공백상태라는 견해가 있었다. 유석호·윤영균, 앞의 논문, 443-443면.

2) 무한책임사원은 사원은 다른 사원의 동의를 얻어 그 지분의 전부 또는 일부를 타인에게 양도할 수 있으며(상법 제269조/제197조), 유한책임사원은 무한책임사원 전원의 동의가 있으면 그 지분의 전부 또는 일부를 타인에게 양도할 수 있다(상법 제276조).

3) 이 경우에도 전문투자자 중 대통령령으로 정하는 자는 사원의 총수 계산에서 제외한다(법 제249조의17 제3항 제2문).

4) 자본시장법은 경영참여형 사모집합투자기구의 유한책임사원이 될 수 있는 요건으로, ① 전문투자자로서 대통령령으로 정하는 투자자이거나 또는 ② 1억원 이상으로서 대통령령으로 정하는 금액 이상을 투자하는 개인 또는 법인, 그 밖의 단체(「국가재정법」 별표 2에서 정한 법률에 따른 기금과 집합투자기구 포함)를 규정한다(법 제249조의11 제6항).

구의 지분 매입 시 통상 거액의 출연이 이뤄지고 있으므로 법률관계의 불명확성으로 인하여 발생할 수 있는 피해액도 클 수 있다.

대법원은 2015년 선고한 사원명의변경절차이행 관련 판결(자본시장법 시행 전의 「간접투자자산 운용업법」상 사모투자전문회사에 대한 것임)에서 사모투자전문회사의 유한책임사원 지분에 대한 질권 설정의 효력이 발생하기 위한 요건[1]과 함께, 질권에 대한 별도의 대항요건 설정이 필요한지에 대하여 판시하였다. 대법원은 사모투자전문회사 유한책임사원의 지분에 대하여 질권을 갖는 질권자가 제 3 자에게 대항하기 위하여 추가적인 대항요건을 갖추어야 하는지 여부에 대하여 제 3 자에 대한 대항요건에 관하여 관련 법률에 규정이 없는 상황에서 별도로 그 질권으로써 제 3 자에 대하여 대항하기 위하여 추가적인 대항요건을 갖출 필요는 없다고 하여[2] 별도의 대항요건이 필요하지 않다고 보았다.

그러나 동일한 회사 지분권의 양도에 관하여 물적회사인 주식회사의 경우 주권이 발행되지 않은 주식 양도의 경우 지명채권 양도의 대항요건을 갖추도록 하는 것에 비하여 인적회사의 지분 양도의 경우를 달리 취급할 이유가 명확하지 않으며 무엇보다 거래안전에 취약할 수밖에 없다.[3] 따라서 향후 입법으로 대항요건을 규정할 필요가 있다.

한편 무한책임사원이 유한책임사원에게 그 지분을 양도하거나 그 반대의 경우가 허용된다고 볼 것인가. 어느 한 사원이 무한책임사원으로의 지위 및 유한책임사원으로의 지위를 겸하는 소위 사원의 이중적 지위(dual capacity)가 인정되는지에 관하여 현행 상법 및 자본시장법은 침묵하고 있으나 허용된다고 볼 것이다.[4]

---

1) 대법원은 사모투자전문회사의 유한책임사원 지분에 대한 질권 설정에 관하여 구 간접투자자산 운용업법상 관련 법률에 달리 규정이 없는 이상 이에 대하여 질권을 설정하기 위하여는 권리질권의 설정에 관한 민법 제346조에 기하여 지분 양도에 관한 방법에 의하여야 하고, 지분 양도에 관하여는 간접투자법 제144조의14 제 3 항이 규정하고 있으므로, 사모투자전문회사의 유한책임사원이 자신의 지분에 관하여 질권자와 질권 설정계약을 체결하고 질권 설정에 대하여 무한책임사원 전원의 동의를 얻으면 이로써 질권 설정의 효력이 발생한다고 하였다(대법원 2015. 4. 23. 선고 2014다218863 판결).

2) 이 판결은 사모투자전문회사의 유한책임사원 지분권은 인적 회사의 사원권으로서 지명채권과는 성질을 달리하는 이상, 지명채권에 대한 질권 설정의 대항요건에 관한 민법 제349조 제 1 항이 유추 적용될 수도 없다고 보았다(대법원 2015. 4. 23. 선고 2014다218863 판결).

3) 자세한 논의에 관하여는, 양기진, "합자회사에 관한 몇 가지 쟁점 및 개선방향," 선진상사법률연구 제72호, 법무부(2015) 참조.

4) 구 사모투자전문회사에 관하여 금융위원회와 금융감독원은 "GP 최대주주 및 GP 운용인력

또한 자본시장법은 경영참여형 사모집합투자기구가 다른 회사(다른 경영참여형 사모집합투자기구 포함)와 합병하는 것을 금지하는데(법 제249조의17 제 4 항), 동 합병 제한 규정은 경영참여형 사모집합투자기구의 재산운용 및 그 운용결과가 합병의 결과로 다른 회사의 운용재산 및 운용결과와 섞여 분별되지 않는 것을 예방하려는 취지로 해석된다.

## 9. 각종 특례규정

### (1) 상호출자제한기업집단 계열 경영참여형 사모집합투자기구 등에 대한 제한

경영참여형 사모집합투자기구가 상호출자제한기업집단의 계열회사에 해당하는 경우 또는 경영참여형 사모집합투자기구의 무한책임사원이 상호출자제한기업집단의 계열회사일 경우 상호출자제한 관련 제한이 별도로 부과된다. 이러한 경영참여형 사모집합투자기구가 다른 회사(법 제 9 조 제16항 제 4 호[1]에 따른 외국 기업 제외)를 계열회사로 편입한 경우, 편입일부터 5년 이내에 그 다른 회사의 지분증권을 그 상호출자제한기업집단의 계열회사가 아닌 자에게 처분할 의무를 진다(법 제249조의18 제 1 항).

그럼에도 불구하고 일정한 상호출자제한기업집단의 계열회사인 경영참여형 사모집합투자기구 또는 상호출자제한기업집단의 계열회사가 무한책임사원인 경영참여형 사모집합투자기구가 다른 회사(제 9 조 제16항 제 4 호에 따른 외국 법령에 따라 설립된 외국 기업 제외)를 계열회사로 편입한 경우에는 편입일부터 7년[2] 이내에 그 다른 회사의 지분증권을 그 상호출자제한기업집단의 계열회사가 아닌 자에게 처분할 의무가 있다(법 제249조의18 제 2 항 본문). 이 경우 편입일로부터 7년 이내 지

---

등 GP 관련인도 법령에서 정한 최소출자가액 이상을 출자하는 경우에는 원칙적으로 LP로 참여할 수 있다"고 하여(금융위·금감원, "PEF 운영관련 법령해석 안내," 보도자료(2015. 2. 10.), 4면. 적어도 이중적 지위(dual capacity)에 '준하는' 운영방식을 인정하였다. 비교법적으로 미국 ULPA 2001은 GP와 LP의 지위를 동시에 갖는 파트너의 존재를 인정하고 그 의무에 대해 규정하고 있다(ULPA 2001 § 113). GP이면서 동시에 LP인 파트너는 파트너십 법 및 파트너십 계약상 부여되는 권리, 권한 및 의무를 가진다(ULPA 2001 § 113 제 1 문). 이중적 지위를 가진 파트너가 GP로 행위할 경우 GP에 대한 의무와 제약을 적용받으며, LP로 행위할 경우에는 LP에 대한 의무와 제약을 적용받는다(ULPA 2001 § 113 제 2 문·제 3 문). 양기진, 위 2015년 논문, 137면.

1) 외국 법령에 따라 설립된 외국 기업을 말한다(법 제 9 조 제16항 제 4 호).

2) 다만, 대통령령으로 정하는 방법에 따라 금융위원회의 승인을 받은 경우에는 처분기한을 3년 이내에서 더 연장할 수 있다(법 제249조의18 제 2 항 단서).

분증권에 대한 처분의무가 발생하는 일정한 상호출자제한기업집단이란 법 제249조의18 제2항 각 호의 일정한 자("경영참여형 사모집합투자기구등")[1]를 제외한 상호출자제한기업집단의 계열회사 전체의 자산총액[2]에 대한 금융업 또는 보험업을 영위하는 회사의 자본총액 또는 자본금 중 큰 금액의 합계액의 비율이 75% 이상인 경우이다(법 제249조의18 제2항 본문, 시행령 제271조의23 제1항). 즉, 다음의 식에 의하여 산출된 비율이 75%가 넘는 경우이다(법 제249조의18 제2항 본문).

산출비율[3]

= 상호출자제한기업집단의 계열회사 중 금융업 또는 보험업을 영위하는 회사의 Max[대차대조표상 자본총액*, 자본금] 합계액 ÷ 상호출자제한기업집단의 계열회사 전체의 자산총액**

* 자본총액=B/S상 자산총액−부채총액
** 계열회사 중 금융업 또는 보험업을 영위하는 회사의 경우 자산총액의 산정방법: Max[대차대조표상 자본총액, 자본금]

또한 위 법 제249조의18 제2항에 해당하는 상호출자제한기업집단의 계열회사에 대하여 금지되는 행위로, ① 경영참여형 사모집합투자기구등이 경영참여형 사모집합투자기구등이 아닌 계열회사의 지분증권을 취득 또는 소유하는 행위, ② 경영참여형 사모집합투자기구등이 아닌 계열회사가 법 제249조의18 제2항 제4호 또는 제5호의 자의 지분증권을 취득 또는 소유하는 행위가 있다(법 제249조의18 제4항).

상호출자제한기업집단의 계열회사인 경영참여형 사모집합투자기구 또는 상호출자제한기업집단의 계열회사가 무한책임사원인 경영참여형 사모집합투자기구는 그 계열회사(투자목적회사 및 투자대상기업은 제외)가 발행한 지분증권을 취득해서는 아니 된다(법 제249조의18 제3항).

---

1) 자본시장법(법 제249조의18 제2항 각 호)은 상호출자제한기업집단의 계열회사 전체의 자산총액을 산정 시 자산액 산입에서 제외되는 일정한 자로, ① 경영참여형 사모집합투자기구, ② 제1호에 해당하는 자가 투자한 투자목적회사, ③ 제2호에 해당하는 자가 투자한 투자목적회사, ④ 제1호부터 제3호까지에 해당하는 자가 투자한 투자대상기업, ⑤ 제4호에 해당하는 자가 지배하는 회사를 정하고 있다.

2) 금융업 또는 보험업을 영위하는 회사의 경우 자본총액(대차대조표상의 자산총액에서 부채총액을 뺀 금액) 또는 자본금 중 큰 금액으로 한다(법 제249조의18 제2항 본문).

3) 법 제249조의18 제2항 각 호의 '경영참여형 사모집합투자기구등'을 제외하고 산정한다.

(2) 금융지주회사법상 지배관계 설정의 예외적 허용

금융지주회사법은 자본시장법상 경영참여형 사모집합투자기구 또는 투자목적회사로서 일정한 경우에 해당할 경우 해당 경영참여형 사모집합투자기구를 비금융주력자로 규정한다(금융지주회사법 제2조 제1항 제8호 라목·마목). 경영참여형 사모집합투자기구가 금융지주회사법상 비금융주력자에 해당하는 경우에는 ① 자본시장법상 경영참여형 사모집합투자기구로서 일정한 경영참여형 사모집합투자기구[1] 또는 ② 위 ①의 경영참여형 사모집합투자기구가 투자목적회사의 주식 또는 지분의 100분의 4를 초과하여 취득·보유하거나 임원의 임면 등 주요 경영사항에 대하여 사실상의 영향력을 행사하는 경우 해당 투자목적회사가 있다(금융지주회사법 제2조 제1항 제8호 라목·마목).

동일인이 은행지주회사의 의결권 있는 발행주식 총수의 100분의 10을 초과하여 은행지주회사의 주식을 보유할 수 없도록 하는 금융지주회사법의 금지(금융지주회사법 제8조 제1항 본문)에 불구하고, 비금융주력자에 해당하는 일정한 경영참여형 사모집합투자기구가 은행지주회사의 주식을 보유할 수 있는 한도는 더욱 줄어들어 은행지주회사의 의결권 있는 발행주식 총수의 100분의 4(지방은행지주회사의 경우 100분의 15)로 제한된다(금융지주회사법 제8조의2 제1항).

금융지주회사법상 금융지주회사는 금융기관(외국의 법령에 의하여 설립된 금융기관을 포함)과 사실상 금융지주회사의 사업내용을 지배하는 지배관계[2]에 있는 것

1) 금융지주회사법은 일정한 경우를 다음과 같이 규정한다(법 제2조 제1항 제8호).
① 금융지주회사법 제2조 제1항 제8호 가목부터 다목까지의 어느 하나에 해당하는 자가 경영참여형 사모집합투자기구 출자총액의 100분의 10 이상의 지분을 보유하는 유한책임사원인 경우(이 경우 지분을 계산할 때 해당 사원 외의 유한책임사원으로서 해당 사원의 특수관계인인 자의 지분을 포함한다)
② 금융지주회사법 제2조 제1항 제8호 가목부터 다목까지의 어느 하나에 해당하는 자가 경영참여형 사모집합투자기구의 무한책임사원인 경우. 다만, 가목부터 다목까지의 어느 하나에 해당하지 아니하는 무한책임사원이 다른 경영참여형 사모집합투자기구를 통하여 비금융회사의 주식 또는 지분에 투자함으로써 가목부터 다목까지의 어느 하나에 해당하게 된 경우로서 해당 경영참여형 사모집합투자기구의 유한책임사원(해당 사원 외의 유한책임사원으로서 해당 사원의 특수관계인인 자를 포함한다)이 그 다른 경영참여형 사모집합투자기구에 출자하지 아니한 경우는 제외한다.
③ 다른 상호출자제한기업집단(공정거래법에 따른 상호출자제한기업집단을 말한다)에 속하는 각각의 계열회사(공정거래법에 따른 계열회사를 말한다. 이하 같다)가 취득한 경영참여형 사모집합투자기구의 지분의 합이 경영참여형 사모집합투자기구 출자총액의 100분의 30 이상인 경우

2) 공정거래법 시행령 제3조에 따른 기준에 의하여 사실상 금융지주회사의 사업내용을 지배

이 금지된다(금융지주회사법 제7조 제1항). 그러나 투자회사·경영참여형 사모집합투자기구 또는 투자목적회사가 금융지주회사와 지배관계에 있는 경우 등은 허용된다(금융지주회사법 제7조 제1항).

현행 금융지주회사법은 동일인의 은행지주회사주식의 보유제한 규제(법 제8조 제3항)[1]에 관하여 경영참여형 사모집합투자기구 또는 투자목적회사가 일정한도를 초과하는 주식을 보유할 수 있음을 전제로 금융위원회의 승인을 받기 위한 요건을 정하고 있다(법 제8조의5 제2항). 금융위원회의 승인을 받기 위하여 경영참여형 사모집합투자기구 또는 투자목적회사는 ① 경영참여형 사모집합투자기구의 업무집행사원에 관한 일정한 요건,[2] ② 그 밖에 경영참여형 사모집합투자기구 또는 투자목적회사의 주식보유가 해당 은행지주회사의 건전성에 미치는 영향 등을 고려하여 정한 일정한 요건을 구비하여야 한다(금융지주회사법 제8조의5 제2항 각 호, 시행령 제9조 제2항).

경영참여형 사모집합투자기구이나 투자목적회사 또는 그 주주·사원이 금융지주회사법 제8조 제3항에 따른 승인을 받아 은행지주회사의 주식을 보유한 경우 일정한 행위가 금지된다. 이 경우의 금지행위로 금융지주회사법은 ① 경영참여형 사모집합투자기구의 유한책임사원 또는 투자목적회사로부터 재산운용을 위탁받은 경영참여형 사모집합투자기구의 업무집행사원 외의 자가 경영참여형 사모집합투자기구 또는 투자목적회사가 보유한 은행지주회사 주식의 의결권 행사에 영향을 미치는 행위, ② 비금융회사의 주식 또는 지분에 투자함으로써 자본시장법 제249조의12 제1항 제1호 또는 제2호에 따른 투자에 해당하게 되는 행위, ③ 금융지주회사법 또는 동법에 따른 명령을 위반하는 행위, ④ 주주 또는 사원 사이에 금융지주회사법 또는 다른 금융 관련 법령을 위반하는 계약을 체결하는 행위

---

하는지 여부를 판단하도록 하고 있다(금융지주회사법 시행령 제5조의3).

1) 동일인이 은행지주회사의 의결권 있는 발행주식 총수의 100분의 10, 은행지주회사의 의결권 있는 발행주식 총수의 100분의 25, 은행지주회사의 의결권 있는 발행주식 총수의 100분의 33의 한도를 각각 초과하여 주식을 보유하려고 할 경우 금융위원회의 승인을 요구한다(금융지주회사법 제8조 제3항 본문).

2) 금융지주회사법은 ① 법인으로서 자신이 업무집행사원으로 있거나 그 재산운용을 위탁받은 경영참여형 사모집합투자기구등의 다른 사원 또는 주주의 특수관계인이 아니고, ② 자신이 업무집행사원으로 있거나 그 재산운용을 위탁받은 경영참여형 사모집합투자기구등의 다른 사원 또는 주주가 해당 경영참여형 사모집합투자기구등의 재산인 주식 또는 지분에 대하여 영향력을 행사하는 것을 배제할 수 있을 정도의 자산운용 능력·경험 및 사회적 신용을 갖출 것을 정하고 있다(법 제8조의5 제2항 제1호).

등 대통령령으로 정하는 행위[1])로 규정한다(법 제 8 조의7).

금융위원회의 승인을 받아 은행지주회사의 주식을 보유한 경영참여형 사모집합투자기구이거나 투자목적회사, 또는 경영참여형 사모집합투자기구이거나 투자목적회사의 주주·사원이 금융지주회사법 제 8 조의7에서 정한 금지행위를 하는 경우, 해당 경영참여형 사모집합투자기구 또는 투자목적회사는 초과보유한 주식에 대하여 의결권을 행사할 수 없고, 초과보유한 주식은 지체 없이 처분하여야 하며(금융지주회사법 제57조의3 제 1 항), 해당 경영참여형 사모집합투자기구 또는 투자목적회사가 법 제57조의3 제 1 항의 의무를 준수하지 않는 경우 금융위원회는 1개월 이내의 기간을 정하여 초과보유 주식에 관한 처분명령을 할 수 있다(금융지주회사법 제57조의3 제 2 항).

## Ⅳ. 기업재무안정 경영참여형 사모집합투자기구[2])

### 1. 의 의

자본시장법상 기업재무안정 경영참여형 사모집합투자기구란 일정한 재무구조개선기업[3])의 경영정상화 및 재무안정 등을 위하여 동 법이 정한 바(법 제249조의22 제 2 항)에 따라 투자·운용하여 그 수익을 투자자에게 배분하는 것을 목적으로 하는 경영참여형 사모집합투자기구를 말한다(법 제249조의22 제 1 항 본문).

1. 「기업구조조정 촉진법」 제 2 조 제 7 호에 따른 부실징후기업
2. 「채무자 회생 및 파산에 관한 법률」 제34조 또는 제35조에 따라 법원에 회생절차 개시를 신청한 기업

---

1) 2017년 3월 현재 시행령상 정하는 사항은 없다.
2) 종전의 자본시장법상 '기업재무안정투자회사'(이후 명칭변경으로 '기업재무안정 경영참여형 사모집합투자기구')가 한시적으로 도입되었다가 2016년 11월 만료되었다. 그러나 시장을 통한 선제적인 구조조정 기능의 필요성이 커지자 2016년 12월 20일 법 개정 시 기업재무안정 경영참여형 사모집합투자기구라는 명칭으로 재도입되었으며, 동 제도는 기업재무안정 경영참여형 사모집합투자기구를 상시화하여 재무구조 개선이 필요한 기업에 사모집합투자기구를 통한 민간의 자금 공급이 가능하도록 하려는 것이다. 법제처 제공, 「법 개정 이유」 중.
3) 「금융산업의 구조개선에 관한 법률」에서 정하는 금융기관은 제외된다. 이 점은 법 제249조의22에서 동일하다.

3. 「채무자 회생 및 파산에 관한 법률」 제294조 또는 제295조에 따라 법원에 파산을 신청한 기업
4. 채권금융기관(대통령령[1]으로 정하는 금융기관)과 일정한 재무구조개선을 위한 약정[2]을 체결한 기업
5. 법인(그 계열회사를 포함한다)의 합병·전환·정리 등 인정한 방법[3]에 따라 구조조정 또는 재무구조개선 등을 하려는 기업
6. 그 밖에 기업의 재무구조개선 또는 경영정상화의 추진이 필요한 기업으로서 일정한 요건[4]에 해당하는 기업

---

1) 시행령은 '대통령령으로 정하는 금융기관'에 관하여 ① 시행령 제10조 제2항의 금융기관(같은 항 제9호·제11호·제12호의 금융기관은 제외), ② 1. 투자회사, 경영참여형 사모집합투자기구 및 투자목적회사, 2. 「금융회사부실자산 등의 효율적 처리 및 한국자산관리공사의 설립에 관한 법률」에 따른 한국자산관리공사, 3. 「기술보증기금법」에 따른 기술보증기금, 4. 「무역보험법」에 따라 설립된 한국무역보험공사, 5. 「신용보증기금법」에 따른 신용보증기금, 6. 「예금자보호법」에 따른 예금보험공사 및 정리금융회사, 7. 「자산유동화에 관한 법률」에 따른 유동화전문회사, 8. 제1호부터 제7호까지에 준하는 외국 금융기관 중 어느 하나에 해당하는 경우를 규정한다(영 제271조의27 제1항).

2) 시행령은 해당 "재무구조개선을 위한 약정"에 대하여 채권금융기관의 총 채권액 중 100분의 50 이상을 차지하는 채권금융기관이 개별적으로 또는 공동으로 해당기업에 재무구조 개선을 위하여 체결한 약정으로 규정한다(영 제271조의27 제2항).

3) 시행령은 이 경우의 기업에 대하여 ① 합병, 분할, 분할합병, 주식교환, 주식이전, 영업양수도(일부양수도 포함), 자산매각, 지분양도 등의 방법으로 구조조정 또는 재무구조개선 등을 하려는 기업으로서 동시에 ② 일정한 재무요건을 충족하는 기업으로 규정한다(영 제271조의27 제3항).

이 경우의 일정한 재무요건에 관하여 시행령은 ① 「주식회사의 외부감사에 관한 법」 제1조의2 제1호에 따른 재무제표[같은 법 제3조 제1항에 따른 감사인이 작성한 감사보고서에서 한정의견(감사인의 감사 결과 적정의견을 표명할 수는 없지만 부적정의견이나 의견표명을 거절할 정도에 이르지 아니하는 경우에 표명하는 감사의견을 말한다) 이상의 감사의견을 받은 것만 해당한다. 이하 이 조에서 같다]상의 자본금의 총계가 납입자본금보다 적은 기업; ② 재무제표상의 자본총계에 대한 부채총계의 비율(이하 "부채비율"이라 한다)이 업종별 평균 부채비율[한국은행이 발표하는 기업경영분석에 따른 해당 업종(한국표준산업분류의 중분류에 따른 업종을 말한다. 이하 같다)의 부채비율을 말하되, 기업경영분석에 해당 업종의 부채비율이 없는 경우에는 전체 업종의 평균 부채비율로 한다]의 1.5배를 초과하는 기업; ③ 어음의 부도, 외상매출금 또는 수출대금의 미회수, 또는 보증채무의 이행으로 인한 손실액이 직전 사업연도 매출액의 100분의 5 이상인 기업; ④ 6개월 이내에 둘 이상의 신용평가회사로부터 회사채 투자부적격 등급을 받은 기업; ⑤ 사업연도 말 재무제표에 따른 영업 손실이 최근 2년간 연속하여 발생한 기업; 그리고 이상(제1호부터 제5호)의 어느 하나에 해당하는 기업의 계열회사로 규정한다(영 제271조의27 제3항 각 호).

4) 시행령은 별도로 정하고 있지 아니하다.

## 2. 재산운용방법

자본시장법은 기업재무안정 경영참여형 사모집합투자기구의 재산운용방법에 대하여 경영참여형 사모집합투자기구 집합투자재산의 운용방법에 관한 법 제249조의12에 관한 특례를 부여하고 있다. 즉, 기업재무안정 경영참여형 사모집합투자기구는 그 집합투자재산을 운용할 경우 사원이 출자한 날부터 6개월 이상의 기간으로서 일정한 기간[1] 이내에 출자한 금액의 100분의 50 이상으로서 일정한 비율[2] 이상을 다음의 어느 하나에 해당하는 방법으로 운용하여야 한다(법 제249조의22 제2항).

1. 재무구조개선기업이 발행한 증권의 매매
2. 재무구조개선기업이 채무자인 대출채권 등 채권, 이에 수반되는 담보권 및 그 밖의 권리의 매매
3. 재무구조개선기업이 보유하고 있는 부동산, 영업권 등 경제적 가치가 있는 자산의 매매
4. 자산총액에서 부채총액을 뺀 가액을 초과하지 아니하는 범위에서의 재무구조개선기업에 대한 자금의 대여 및 지급의 보증
5. 법 제249조의22 제3항에 따른 투자목적회사의 지분증권에 대한 투자

위와 같이 운용하고 남은 재산이 있는 경우 그러한 재산은 다음의 방법에 따라 운용할 수 있다(법 제249조의22 제2항, 시행령 제271조의27 제6항).

1. 증권에 대한 투자
2. 증권에 대한 투자위험을 회피하기 위한 장내파생상품 또는 장외파생상품에 대한 투자
3. 재무구조개선기업의 인수·합병에 드는 자금의 대여 또는 지급의 보증
4. 법 제83조 제4항에 따른 단기대출
5. 시행령 제79조 제2항 제5호 각 목의 어느 하나에 해당하는 금융회사(이에 상당하는 외국 금융회사 포함)에의 예치
6. 원화로 표시된 양도성 예금증서에 대한 투자
7. 시행령 제79조 제2항 제5호에 따른 어음(기업어음증권은 제외)에 대한 투자

1) 이 경우의 기간은 2년을 말한다(영 제271조의27 제4항).
2) 이 경우의 비율은 100분의 50을 말한다(영 제271조의27 제5항).

### 3. 투자목적회사

기업재무안정 경영참여형 사모집합투자기구 역시 경영참여형 사모집합투자기구의 일종이므로 해당 투자기구가 설립한 투자목적회사가 있을 경우 해당 투자목적회사에 대하여 경영참여형 사모집합투자기구에 관한 사항이 적용된다. 그러나 자본시장법은 기업재무안정 경영참여형 사모집합투자기구가 관여하는 투자목적회사 중 일정한 경우에 대하여 재산운용방법에 관한 특례를 두고 있다(법 제249조의22 제3항).

기업재무안정 경영참여형 사모집합투자기구가 관여하는 투자목적회사로서 재산운용 특례가 적용되기 위하여는 해당 투자목적회사에 기업재무안정 경영참여형 사모집합투자기구가 주주 또는 사원이어야 하며 동시에 그 출자비율이 일정 비율[1] 이상이어야 한다(법 제249조의22 제3항, 시행령 제271조의27 제7항). 이러한 투자목적회사는 일반적인 투자목적회사에 관한 재산운용방법[2]에 불구하고 기업재무안정 경영참여형 사모집합투자기구의 재산운용방법[3] 및 여유자산에 관한 재산운용방법으로 재산을 운용할 수 있다(법 제249조의22 제3항 제1문, 시행령 제271조의27 제8항).[4]

또한 기업재무안정 경영참여형 사모집합투자기구의 재산운용에 관하여 경영참여형 사모집합투자기구의 재산운용방법 중 적용되지 않는 경우가 있다. 즉, 경영참여형 사모집합투자기구의 재산운용방법 중 ① 투자대상기업이 발행한 지분증권에 관한 6개월 이상 계속 소유의무(법 제249조의12 제4항) 및 ② 해당 투자기구가 다른 회사의 지분증권등을 최초 취득일로부터 6개월 내에 경영참여형 사모집

---

1) 시행령은 100분의 50으로 규정한다(시행령 제271조의27 제7항).

2) 경영참여형 사모집합투자기구가 설립한 투자목적회사는 경영참여형 사모집합투자기구의 재산운용방법에 준하여 그 재산을 운용하도록 되어 있다(법 제249조의13 제1항 제2호·제249조의12 제1항).

3) 다만 이 경우 '자산총액에서 부채총액을 뺀 가액을 초과하지 아니하는 범위에서의 재무구조개선기업에 대한 자금의 대여 및 지급의 보증'에 의한 재산운용 시 해당 '자산총액'은 투자목적회사의 자산총액을 말한다(법 제249조의22 제3항 괄호 안).

4) 이에 관한 자본시장법의 표현은 "제249조의13 제1항 제2호에도 불구하고 제2항 제1호부터 제4호까지(제4호를 적용할 때 자산총액은 투자목적회사의 자산총액을 말함)의 어느 하나에 해당하는 방법 및 그 밖에 대통령령으로 정하는 방법으로 재산을 운용할 수 있다"이다(법 제249조의22 제3항 제1문).

합투자기구 집합투자재산의 운용방법 중 일부(법 제249조의12 제1항 제1호 내지 제3호)에 부합하지 않을 경우 다른 자에 처분하고 금융위원회에 보고할 의무(법 제249조의12 제6항)는 기업재무안정 경영참여형 사모집합투자기구가 설립한 투자목적회사[1]에 적용되지 않는다(법 제249조의22 제3항 제2문).[2]

그 대신 자본시장법은 별도 조문을 두고 있는데, 기업재무안정 경영참여형 사모집합투자기구 및 그 투자목적회사(법 제249조의22 제3항의 투자목적회사를 말함)는 6개월 미만의 기간 중에는 취득한 지분증권을 처분할 수 없도록 하고 있다(법 제249조의22 제6항 본문). 다만 그 지분증권을 계속 소유함으로써 사원의 이익을 명백히 해칠 우려가 있는 경우 또는 그 외 일정한 경우[3]로서 미리 금융위원회의 승인을 받은 경우에는 6개월 미만의 기간 중에 이를 처분할 수 있다(법 제249조의22 제6항 단서).

또한 집합투자업자가 집합투자재산을 운용함에 있어서 집합투자기구의 계산으로 하는 금전 차입을 금지하는 법 제83조에 불구하고, 기업재무안정 경영참여형 사모집합투자기구는 금전을 차입하거나 재무구조개선기업 또는 재무구조개선기업과 관련된 타인을 위하여 채무보증을 하는 것이 허용된다(법 제249조의22 제4항 제1문). 다만 이 경우 차입금액 및 채무보증액의 합계는 기업재무안정 경영참여형 사모집합투자기구의 순자산액(자산총액에서 부채총액을 차감한 가액)의 100분의 200을 초과하지 못한다(법 제249조의22 제4항 제2문 전단). 또한 기업재무안정 경영참여형 사모집합투자기구의 투자목적회사가 할 수 있는 차입 또는 채무보증의 한도를 설정할 경우에는, ① 기업재무안정 경영참여형 사모집합투자기구가 차입한 금액 및 채무보증한 금액, ② 해당 투자목적회사가 차입한 금액을 합산하여 이를 산정한다(법 제249조의22 제4항 제2문 후단).

일정한 기금[4]을 관리하는 자는 해당 기금 여유자금운용액의 100분의 10의

1) 법 제249조의22 제3항의 투자목적회사이어야 한다.

2) 법 제249조의22 제3항 제2문은 괄호 안에 "제249조의13 제5항에서 준용하는 경우를 포함한다"고 규정한다.

3) 시행령은 그러한 경우로, ① 투자대상기업의 영업이 정지된 경우, ② 투자대상기업이 3개월 이상 조업을 중단한 경우, ③ 투자대상기업의 주식에 대한 공개매수에 응하는 경우, ④ 기업재무안정 경영참여형 사모집합투자기구의 존립기간 만료 등 해산사유가 발생한 경우, ⑤ 투자대상기업의 합병 등으로 인하여 사원의 이익을 침해할 우려가 있는 경우를 규정한다(영 제271조의27 제10항).

4) 「국가재정법」 제13조 제1항 제2호부터 제5호까지의 기금을 말한다(법 제249조의22 제5항).

범위에서 일정한 비율[1] 이내의 자금을 해당 기금운용계획에 따라 기업재무안정 경영참여형 사모집합투자기구에 출자할 수 있으며, 이 경우 기금이 출자한 금액은 그 투자목적회사(법 제249조의22 제3항의 투자목적회사)에 출자한 금액을 합하여 산정한다(법 제249조의22 제5항).[2]

## V. 창업·벤처전문 경영참여형 사모집합투자기구[3]

### 1. 의 의

'창업·벤처전문 경영참여형 사모집합투자기구'란 창업·벤처기업등의 성장기반 조성 및 건전한 발전을 위하여 자본시장법이 정하는 바에 따라 투자·운용하여 그 수익을 투자자에게 배분하는 것을 목적으로 하는 경영참여형 사모집합투자기구를 말한다(법 제249조의23 제1항 본문). 창업·벤처전문 경영참여형 사모집합투자기구가 투자하는 '창업·벤처기업등'에 해당하려면 다음 중 어느 하나에 해당하여야 한다(법 제249조의23 제1항 각 호).

1. 「중소기업창업 지원법」 제2조 제2호에 따른 창업자. 다만, 해당 창업자가 창업하거나 창업하여 사업을 개시한 중소기업이 「중소기업창업 지원법」 제3조 각 호의 어느 하나에 해당하는 업종의 중소기업인 경우는 제외한다.
2. 「벤처기업육성에 관한 특별조치법」 제2조 제1항에 따른 벤처기업
3. 「중소기업 기술혁신 촉진법」 제15조에 따른 기술혁신형 중소기업 또는 같은 법 제15조의3에 따른 경영혁신형 중소기업

1) 이때의 비율이란 100분의 10을 말한다(시행령 제271조의27 제9항).

2) 그 외 자본시장법은 기업재무안정 경영참여형 사모집합투자기구 등에 대한 특례의 하나로, 기업재무안정 경영참여형 사모집합투자기구의 집합투자재산 및 그 투자목적회사(법 제249조 제3항의 투자목적회사) 재산의 투자비율의 산정방식, 그 밖에 기업재무안정 경영참여형 사모집합투자기구의 집합투자재산 및 제3항의 투자목적회사 재산의 운용 및 운용제한, 자금차입 한도 산정방법 등에 관하여 필요한 사항은 대통령령으로 정하도록 하고 있으나(법 제249조의22 제7항), 2017년 3월 현재 시행령으로 정해진 바는 없다.

3) 2016년 12월 20일 자본시장법 개정으로 도입된 '창업·벤처전문 경영참여형 사모집합투자기구'는 창업·벤처전문 경영참여형 사모집합투자기구 제도의 근거를 마련하여 원활한 자금조달 및 투자 활성화를 유도하고자 도입되었다. 법제처 제공, 「법 개정 이유」 중; 또한 2017년 2월 7일 국무회의를 통과한 자본시장법 시행령(대통령령 제27861호)이 제정되어, 창업·벤처전문 경영참여형 사모집합투자기구의 의무 운용기간, 의무투자비율, 재산의 운용방법 및 금융위원회 보고사항을 규정하였다.

4. 「기술보증기금법」 제 2 조 제 1 호에 따른 신기술사업자
5. 「소재·부품전문기업 등의 육성에 관한 특별조치법」 제 2 조 제 2 호에 따른 소재·부품전문기업으로서 「중소기업기본법」 제 2 조에 따른 중소기업
6. 그 밖에 성장기반 조성 및 건전한 발전이 필요한 「중소기업기본법」 제 2 조에 따른 중소기업으로서 대통령령으로 정하는 기업

다만, 「중소기업창업 지원법」 제 2 조 제 4 호에 따른 중소기업창업투자회사가 업무집행사원인 경영참여형 사모집합투자기구의 경우는 자본시장법상 창업·벤처전문 경영참여형 사모집합투자기구'에서 제외한다(법 제249조의23 제 1 항 본문 단서).

## 2. 재산운용방법

자본시장법은 경영참여형 사모집합투자기구 집합투자재산의 운용방법에 관한 법 제249조의12에도 불구하고 창업·벤처전문 경영참여형 사모집합투자기구의 재산운용방법을 별도로 규정한다(법 제249조의23 제 2 항). 즉, 창업·벤처전문 경영참여형 사모집합투자기구는 그 집합투자재산을 운용할 때에는 사원이 출자한 날부터 2년 이내[1)]에 출자한 금액의 100분의 50 이상을 ① 창업·벤처기업등이 발행한 증권에 대한 투자, ② 투자목적회사(법 제249조의23 제 3 항에 따른 투자목적회사를 말함)의 지분증권에 대한 투자, 또는 ③ 그 밖에 창업·벤처기업등에 대한 자금 지원을 위한 일정한 방법[2)] 중 어느 하나에 해당하는 방법으로 운용하여야 하며(법 제249조의23 제 2 항 전단, 시행령 제271조의28 제 1 항·제 2 항·제 3 항), 운용하고 남은 재산은 시행령이 정하는 일정한 방법[3)]에 따라 운용할 수 있다(법 제249조의23 제 2 항

1) 다만, 투자회수 또는 투자대상기업 선정 곤란의 사유로 2년 이내에 시행령 제271조의28 제 2 항에 따른 비율을 달성하기 어려운 경우 미리 금융위원회의 승인을 받아 1년의 범위에서 그 기간을 연장할 수 있다(시행령 제271조의28 제 1 항 단서).

2) 시행령은 다음의 어느 하나에 해당하는 방법으로 규정하고 있다(시행령 제271조의28 제 3 항).
   1. 법 제249조의23 제 1 항에 따른 창업·벤처기업등(이하 이 조에서 '창업·벤처기업등'이라 한다)이 채무자인 대출채권 등 채권, 이에 수반되는 담보권 및 그 밖의 권리의 매매
   2. 창업·벤처기업등이 개발 또는 제작하며, 다른 사업과 회계의 독립성을 유지하는 방식으로 운영되는 사업에 대한 투자
   3. 창업·벤처기업등으로부터 「지식재산 기본법」 제 3 조 제 3 호에 따른 지식재산권 및 이의 사용·실시를 위한 권리의 매입

3) 시행령은 남은 재산에 관한 운용방법을 다음과 같이 규정한다(시행령 제271조의28 제 4 항).
   1. 증권에 대한 투자
   2. 법 제83조 제 4 항에 따른 단기대출

후단, 시행령 제271조의28 제4항).

### 3. 투자목적회사

경영참여형 사모집합투자기구에 관한 투자목적회사의 투자 목적 제한(제249조의13 제1항 제2호)에 불구하고, 투자목적회사 중 창업·벤처전문 경영참여형 사모집합투자기구가 주주 또는 사원인 경우로서 주주 또는 사원의 출자비율이 100분의 50 이상인 투자목적회사에는 자본시장법상 특례가 적용된다(법 제249조의23 제3항, 시행령 제271조의28 제5항). 이러한 투자목적회사는 재산운용, 창업·벤처전문 경영참여형 사모집합투자기구의 재산운용방법 중 일부(법 제249조의23 제2항 제1호·제3호)[1] 또는 그 밖에 대통령령으로 정하는 방법[2]으로 재산을 운용할 수 있다(법 제249조의23 제3항 제1문, 시행령 제271조의28 제6항).

이 경우 법 제249조의12 제4항·제6항(제249조의13 제5항에서 준용하는 경우 포함)은 해당 투자목적회사에 대하여 적용하지 아니하므로(법 제249조의23 제3항 제2문), ① 투자대상기업이 발행한 지분증권에 관한 6개월 이상 계속 소유의무(법 제249조의12 제4항) 및 ② 해당 투자기구가 다른 회사의 지분증권등을 최초 취득일로부터 6개월 내에 경영참여형 사모집합투자기구 집합투자재산의 운용방법 중 일부(법 제249조의12 제1항 제1호 내지 제3호)에 부합하지 않을 경우 다른 자에 처분하고 금융위원회에 보고할 의무(법 제249조의12 제6항)는 창업·벤처전문 경영참여형 사모집합투자기구의 투자목적회사[3]에 적용되지 아니한다.[4]

---

3. 시행령 제79조 제2항 제5호 각 목의 어느 하나에 해당하는 금융회사(이에 상당하는 외국 금융회사를 포함)에의 예치
4. 원화로 표시된 양도성 예금증서에 대한 투자
5. 시행령 제79조 제2항 제5호에 따른 어음(기업어음증권은 제외)에 대한 투자
6. 투자대상인 창업·벤처기업등에 대한 금전의 대여

1) 창업·벤처기업등이 발행한 증권에 대한 투자 또는 그 밖에 창업·벤처기업등에 대한 자금지원을 위하여 필요한 방법으로서 대통령령으로 정하는 방법을 말한다(법 제249조의23 제2항 제1호·제3호).

2) 시행령 제271조의28 제4항 각 호의 어느 하나에 해당하는 방법을 말한다(시행령 제271조의28 제6항).

3) 법 제249조의23 제3항의 투자목적회사이어야 한다.

4) 앞서 기술한 기업재무안정 경영참여형 사모집합투자기구 및 그 투자목적회사의 경우에도 유사한 조항이 있다.

### 4. 기타 보고의무 등

창업·벤처전문 경영참여형 사모집합투자기구는 대통령령으로 정하는 바에 따라 법 제249조의23 제 2 항에 따른 집합투자재산 운용 현황, 그 밖에 대통령령[1]으로 정하는 사항에 관하여 금융위원회에 보고하여야 한다(법 제249조의23 제 5 항, 시행령 제271조의28 제 7 항).

## Ⅵ. 산업발전법상 기업구조개선 경영참여형 사모집합투자기구

### 1. 금융위원회에의 등록

기업구조개선 경영참여형 사모집합투자기구는 기업구조조정을 원활화하기 위한 것으로 자본시장법이 아닌 산업발전법에 그 설립근거를 두고 있다. 자본시장법상의 경영참여형 사모집합투자기구로서 다음의 요건에 해당하는 경우 금융위원회에 기업구조개선 경영참여형 사모집합투자기구로 등록할 수 있다(산업발전법 제20조 제 1 항, 동법 시행령 제10조).

1. 산업발전법 제21조에 따른 구조조정 대상기업에 경영참여형 사모집합투자기구 재산의 100분의 50 이상을 투자하는 것을 목적으로 할 것
2. 유한책임사원의 자격에 관한 자본시장법 제249조의11 제 6 항에도 불구하고 각각의 유한책임사원이 일정한 금액 이상을 출자할 것. 유한책임사원이 개인인 경우에는 각 5억원을, 유한책임사원이 법인이나 그 밖의 단체[2]인 경우에는 각 10억원 이상을 출자할 것
3. 최저 출자금액으로 15억원 이상을 갖출 것

이 경우 산업발전법 제20조 제 1 항에 따라 등록한 위 기업구조개선 경영참여형 사모집합투자기구는 자본시장법에 따른 경영참여형 사모집합투자기구로 본다(산업발전법 제20조 제 2 항). 금융위원회는 기업구조개선 경영참여형 사모집합투자기구의 등록에 관하여 미리 산업통상자원부장관과 협의하여야 한다(산업발전법 제

1) 시행령은 ① 창업·벤처전문 경영참여형 사모집합투자기구에 대한 출자 관련사항, ② 그 밖에 투자자 보호와 건전한 거래질서의 유지를 위하여 필요한 사항으로서 금융위원회가 정하여 고시하는 사항으로 규정한다(시행령 제271조의28 제 7 항).

2) 유한책임사원이 법인이나 국가재정법 별표 2에서 정한 법률에 따른 기금과 자본시장법 제182조 제 1 항에 따른 집합투자기구를 말한다(산업발전법 시행령 제10조 제 1 항).

20조 제 3 항). 기업구조개선 경영참여형 사모집합투자기구와 관련하여 산업발전법에 달리 규정되지 않은 이상 자본시장법을 적용한다(산업발전법 제20조 제 4 항).

기업구조개선 경영참여형 사모집합투자기구가 투자하는 것을 목적으로 하는 구조조정 대상기업이란 금융업 및 보험업을 제외한 업종의 영업을 하고 있는기업으로서 다음의 어느 하나에 해당하여야 한다(산업발전법 제21조, 동법 시행령 제11조·제12조).

1. 어음교환소로[1]부터 최근 3년 이내에 1회 이상 거래정지처분을 받은 기업
2. 「채무자 회생 및 파산에 관한 법률」에 따른 회생절차개시 또는 간이회생절차개시를 법원에 신청하거나 같은 법에 따른 파산을 법원에 신청한 기업
3. 해당 기업의 채권을 가진 금융기관이 부실채권을 정리하기 위하여 그 기업과 경영에 대한 위임계약을 체결하여 관리하는 기업
4. 해당 기업의 채권을 가진 금융기관 등으로 구성된 기구로서 대통령령으로 정하는 기구[2]가 기업 정상화를 추진하는 것이 필요하다고 인정한 기업
5. 영업양도, 합병, 자산 매각 등을 통하여 해당 기업의 재무구조 개선 또는 경영 정상화의 추진이 필요한 기업으로서 일정한 요건[3]에 해당하는 기업

---

1) 법률 제1001호 어음법 부칙 제83조에 따라 지정된 어음교환소이어야 한다.

2) '대통령령으로 정하는 기구'란 ① 해당 기업에 대한 채권금융기관(「기업구조조정 촉진법」 제 2 조 제 5 호에 따른 주채권은행을 말하되, 주채권은행이 없는 경우에는 해당 기업에 대한 채권을 가장 많이 보유하고 있는 「기업구조조정 촉진법」 제 2 조 제 3 호에 따른 채권금융기관) 또는 ② 해당 기업에 대한 채권 총액이 해당 기업의 금융기관에 대한 부채 총액의 100분의 50 이상에 해당하는 자가 기업구조조정에 관한 협약 등에 따라 구성한 기구를 말한다(산업발전법 시행령 제11조).

3) 산업발전법 시행령은 구조조정 대상기업의 요건을 정하고 있으며, 그 요건은 ① 「주식회사의 외부감사에 관한 법률」 제 1 조의2 제 1 호에 따른 재무제표(같은 법 제3 조 제 1 항에 따른 감사인이 작성한 감사보고서에서 한정의견 이상의 감사의견을 받은 것만 해당한다. 이하 이 조에서 같다)상의 자본금의 총계가 납입자본금보다 적은 기업으로서 경영 정상화가 필요한 기업, ② 재무제표상의 자본총계에 대한 부채총계의 비율(이하 "부채비율"이라 한다)이 산업통상자원부령으로 정하는 업종별 평균 부채비율의 1.5배를 초과하는 기업, ③ 시행령 제 6 조 제 1 항에 따른 사업 전환 등을 위하여 자산 또는 영업의 매각 등이 불가피하다고 인정되는 기업, ④ 일정한 사유(어음의 부도, 외상매출금 또는 수출대금의 미회수, 보증채무의 이행)로 인한 손실액이 직전 사업연도 매출액의 100분의 5 이상인 기업, ⑤ 6개월 이내에 자본시장법에 따른 신용평가회사 둘 이상으로부터 회사채 투자부적격 등급을 받은 기업, ⑥ 사업연도 말 재무제표에 따른 영업 손실이 최근 2년간 연속하여 발생한 기업, ⑦ 「자유무역협정 체결에 따른 무역조정 지원에 관한 법률」 제 6 조에 따른 무역조정지원기업으로서 구조조정을 할 필요가 있다고 인정되는 기업 중 어느 하나에 해당하는 경우이다(산업발전법시행령 제12조).

기업구조개선 경영참여형 사모집합투자기구는 2년 이내에 회사재산의 50% 이상을 산업발전법 제21조에 따른 구조조정 대상기업에 다음의 어느 하나의 방법에 따라 투자하여야 한다(산업발전법 제22조 제1항, 동법 시행령 제13조).

1. 경영참여형 사모집합투자기구의 회사재산 운용방법에 관한 자본시장법 제249조의12 제1항 제1호부터 제4호까지 및 제6호[1]의 투자[2]
2. 위 1.에 준하는 회사재산의 운용방법으로서 금융위원회와 협의하여 행하는 아래의 투자
   - 자본시장법 제249조의12 제1항 제7호[3]에 따른 투자
   - 구조조정 대상기업의 대주주가 해당 기업에 출자하기 위하여 매각하는 부동산을 매입하기 위한 투자

---

1) 자본시장법 제249조의12 제1항 제1호부터 제4호까지 및 제6호의 투자란 다음과 같다.
   1. 다른 회사(투자회사, 투자유한회사, 투자합자회사, 투자유한책임회사, 그 밖에 대통령령으로 정하는 회사는 제외한다. 이하 이 조에서 같다)의 의결권 있는 발행주식 총수 또는 출자총액의 100분의 10 이상이 되도록 하는 투자
   2. 제1호에도 불구하고 임원의 임면 등 투자하는 회사의 주요 경영사항에 대하여 사실상의 지배력 행사가 가능하도록 하는 투자
   3. 증권(지분증권은 제외한다)에 대한 투자(제1호 또는 제2호의 목적을 달성하기 위한 대통령령으로 정하는 투자로 한정한다)
   4. 다음 각 목의 어느 하나에 해당하는 투자로서 대통령령으로 정하는 장내파생상품 또는 장외파생상품에 대한 투자
      가. 투자대상기업[경영참여형 사모집합투자기구 또는 제249조의13에 따른 투자목적회사(이하 "투자목적회사"라 한다)가 제1호부터 제3호까지의 방법으로 투자한 기업을 말한다. 이하 이 장에서 같다]이 발행한 증권에 대한 투자위험을 회피하기 위한 투자
      나. 경영참여형 사모집합투자기구의 집합투자재산에 대한 환율 변동에 따른 위험을 회피하기 위한 투자
   6. 투자목적회사의 지분증권에 대한 투자
2) 다만, 자본시장법 제249조의12 제1항 제6호의 투자는 같은 법 제249조의13에 따른 투자목적회사가 회사재산의 100분의 50 이상을 같은 법 제270조 제1항 제1호부터 제4호까지의 방법으로 투자를 하는 경우에만 한정한다(산업발전법 제22조 제1항 제1호 단서).
3) 자본시장법 제270조 제1항 제7호와 관련하여 동법 시행령은, ① 투자대상기업의 금전채권에 대한 투자(법 제270조 제1항 제1호 또는 제2호에 따른 투자를 목적으로 하는 경우만 해당), ② 투자대상기업의 사업구조나 지배구조 등을 개선하는 과정에서 처분하는 부동산(지상권·지역권·전세권·임차권·분양권 등 부동산 관련 권리를 포함) 또는 금전채권 등에 대한 투자, ③ 「사회기반시설에 대한 민간투자법」에 따른 사회기반시설에 대한 투자, ④ 조세특례제한법 관련 시설 및 설비에 대한 투자(조세특례제한법 제24조 제1항 각 호의 어느 하나 또는 같은 법 제25조 제1항 각 호의 어느 하나에 해당하는 시설 및 설비, 또는 같은 법 제25조의2 제1항에 따른 에너지절약시설, 같은 법 제25조의3 제1항에 따른 환경보전시설, 또는 같은 법 제25조의4 제1항에 따른 의약품 품질관리개선시설을 규정한다(시행령 제292조 제5항).

산업통상자원부장관은 기업구조개선 경영참여형 사모집합투자기구의 등록 현황 및 재산 운용 등과 관련하여 금융위원회에 필요한 자료를 요청할 수 있으며, 이 경우 금융위원회는 특별한 사유가 없으면 그 요청에 따라야 한다(산업발전법 제22조 제2항).

### 2. 해지·해산

금융위원회는 기업구조개선 경영참여형 사모집합투자기구가 산업발전법 제20조 제1항 각 호의 등록요건을 갖추지 못하게 되거나 산업발전법 제22조에 따른 재산운용방법에 따르지 아니하는 경우에는 전문투자형 사모집합투자기구의 해지·해산에 관한 자본시장법 제249조의9에 따른 해산명령 등의 조치를 할 수 있다(산업발전법 제23조 제1항). 금융위원회가 자본시장법 제249조의9에 따라 기업구조개선 경영참여형 사모집합투자기구의 해산명령 등의 조치를 할 경우에는 미리 산업통상자원부장관과 협의하여야 한다(산업발전법 제23조 제2항).

### 3. 출자 등

국가재정법에 따른 일정한 기금[1]은 해당 기금의 운용자금 중 10% 이내의 자금을 해당 기금운용계획에 따라 기업구조개선 경영참여형 사모집합투자기구에 출자할 수 있다(산업발전법 제24조 제1항, 시행령 제14조). 또한 「벤처기업육성에 관한 특별조치법」 제4조의2 제1항에 따른 중소기업투자모태조합은 같은 항에 따른 투자관리전문기관이 작성한 모태조합운용계획에 따라 기업구조개선 경영참여형 사모집합투자기구에 출자할 수 있다(산업발전법 제24조 제2항).

산업통상자원부장관은 기업구조조정을 원활하게 하기 위하여 필요한 지원시책을 수립·추진할 수 있으며 지원시책의 수립·추진을 위하여 구조조정의 동향 및 구조조정의 산업경제적 효과 분석 등 대통령령으로 정하는 사업을 할 수 있다(산업발전법 제25조, 시행령 제15조). 기업구조개선 경영참여형 사모집합투자기구가 아닌 자는 기업구조개선 경영참여형 사모집합투자기구의 명칭을 사용하여서는 아니 된다(산업발전법 제26조).

---

1) 산업발전법 시행령 별표 3이 정하는 기금을 말한다(산업발전법 시행령 제14조 제1항).

# 제 6 절 감독, 관계회사, 외국 집합투자증권에 대한 특례

## Ⅰ. 집합투자기구에 대한 감독

### 1. 집합투자기구에 대한 감독·검사

금융위원회는 투자자를 보호하고 건전한 거래질서를 유지하기 위하여 투자회사등[1]에 대하여 ① 집합투자재산의 운용에 관한 사항, ② 집합투자재산의 공시에 관한 사항, ③ 집합투자증권의 환매에 관한 사항, ④ 집합투자재산의 평가와 회계에 관한 사항, ⑤ 집합투자기구의 해산과 합병에 관한 사항, ⑥ 일반사무관리회사에 대한 투자회사의 업무위탁사항에 관하여 필요한 조치를 명할 수 있다(법 제252조 제 1 항, 시행령 제274조). 금융투자업자의 검사에 관한 자본시장법 제419조(제 2 항부터 제 4 항까지 및 제 8 항은 제외)는 투자회사등에 대한 검사에 관하여 준용된다(법 제252조 제 2 항).

### 2. 금융위원회의 조치권

금융위원회는 다음의 경우 집합투자기구의 등록을 취소할 수 있다(법 제253조 제 1 항 본문, 시행령 제275조 제 1 항 내지 제 4 항).

1. 거짓, 그 밖의 부정한 방법으로 법 제182조 제 1 항 또는 제 8 항에 따른 등록이나 변경등록을 한 경우
2. 법 제182조 제 2 항 각 호에 따른 등록요건을 갖추지 못하게 된 경우
3. 집합투자기구가 해지 또는 해산한 경우[2]
4. 투자회사의 순자산액이 3개월 이상 계속하여 법 제194조 제 2 항 제 7 호에 따른 최저순자산액에 미달하는 경우
5. 법 제182조 제 8 항에 따른 변경등록을 하지 아니한 경우

---

1) 투자신탁이나 투자익명조합의 집합투자업자 또는 투자회사·투자유한회사·투자합자회사·투자합자조합을 말한다(법 제182조 제 1 항).

2) 이 경우에는 의무적인 등록취소사유이다(법 제253조 제 1 항 단서).

6. 금융위원회의 시정명령 또는 중지명령을 이행하지 아니한 경우
7. 법 별표 2 각 호의 어느 하나에 해당하는 경우로서 대통령령[1]으로 정하는 경우 (시행령 제275조 제1항)
8. 대통령령으로 정하는 금융관련 법령 등을 위반한 경우로서 대통령령으로 정하는 경우[2]
9. 그 밖에 투자자의 이익을 현저히 해할 우려가 있거나 집합투자기구로서 존속하기 곤란하다고 인정되는 경우로서 대통령령으로 정하는 경우[3]
   - 등록을 한 날부터 6개월 이내에 집합투자재산의 운용을 시작하지 아니한 경우
   - 업무와 관련하여 부정한 방법으로 타인으로부터 금전등을 받거나 타인에게 줄 금전등을 취득한 경우
   - 법 제253조 제2항 제1호에 따른 업무정지의 조치를 받은 날부터 1개월(업무정지의 조치를 하면서 1개월을 초과하는 보정기간을 정한 경우에는 그 기간) 이내에 해당 조건을 보정하지 아니하거나, 업무정지의 기간 중에 업무를 한 경우
   - 같거나 비슷한 위법행위를 계속하거나 반복하는 경우

금융위원회는 투자회사등(그 집합투자업자 또는 그 법인이사·업무집행사원·업무집행조합원 포함)이 법 제253조 제1항 각 호(제7호 제외)의 어느 하나에 해당하거나 법 별표 2 각 호의 어느 하나에 해당하는 경우에는 그 투자회사등에 대하여 다음의 조치를 할 수 있다(법 제253조 제2항, 시행령 제275조 제5항).

---

1) 시행령 제275조 제1항은 다음과 같이 정하고 있다.
   1. 법 별표 2 제2호에 해당하는 경우로서 법 제81조 제1항 또는 법 제84조 제1항을 위반하여 집합투자재산을 운용한 경우
   2. 법 별표 2 제4호에 해당하는 경우로서 법 제85조(제8호는 제외한다)를 위반하여 같은 조 각 호의 어느 하나에 해당하는 행위를 한 경우
   3. 법 별표 2 제6호에 해당하는 경우로서 법 제87조 제2항부터 제5항(법 제186조 제2항에서 준용하는 경우를 포함한다)까지의 규정을 위반하여 의결권을 행사한 경우
   4. 법 별표 6 제3호에 해당하는 경우로서 법 제174조에 따른 미공개중요정보 이용행위 금지 의무를 위반한 경우
   5. 법 별표 6 제4호에 해당하는 경우로서 법 제176조에 따른 시세조종행위 등의 금지 의무를 위반한 경우
   6. 법 별표 6 제5호에 해당하는 경우로서 법 제178조에 따른 부정거래행위 등의 금지 의무를 위반한 경우

2) 시행령은 시행령 제373조 제2항 각 호의 법령 및 시행령 제373조 제3항 각 호의 어느 하나로 규정한다(시행령 제275조 제2항·제3항).

3) 시행령 제275조 제4항.

1. 6개월 이내의 업무의 전부 또는 일부의 정지
2. 계약의 인계명령
3. 위법행위의 시정명령 또는 중지명령
4. 위법행위로 인한 조치를 받았다는 사실의 공표명령 또는 게시명령
5. 기관경고
6. 기관주의
7. 그 밖에 위법행위를 시정하거나 방지하기 위하여 필요한 조치로서 대통령령으로 정하는 조치
   - 경영이나 업무방법의 개선요구나 개선권고
   - 변상 요구
   - 법을 위반한 경우에는 고발 또는 수사기관에의 통보
   - 다른 법률을 위반한 경우에는 관련 기관이나 수사기관에의 통보
   - 그 밖에 금융위원회가 법 및 이 영, 그 밖의 관련 법령에 따라 취할 수 있는 조치

금융위원회는 투자회사의 감독이사에 대해서 일정한 사유[1]에 해당하는 경우에는 해임요구, 6개월 이내의 직무정지, 문책경고, 주의적 경고, 주의 등의 조치를 할 수 있다(법 제253조 제3항, 시행령 제275조 제6항·제7항).

금융위원회가 집합투자기구의 등록을 취소하거나 투자회사의 감독이사에 대한 해임요구를 하고자 하는 경우에는 청문을 실시하여야 한다(법 제253조 제4항). 금융위원회의 처분·조치 등의 내용 기록 및 공시 등의 의무에 관한 법 제424조 및 금융위원회의 처분 또는 조치에 대하여 불복하는 자의 이의신청에 관한 법 제425조는 집합투자기구 및 투자회사의 감독이사에 대한 조치 등에 관하여 준용된다(법 제253조 제5항).

---

1) 1. 법 제253조 제3항 각 호 및 시행령 제275조 제7항은 다음과 같이 규정한다.
① 법 제195조 제1항 각 호 외의 부분 단서를 위반하여 정관을 변경한 경우
② 법 제199조 제5항에서 준용하는 제54조를 위반하여 정당한 사유 없이 직무관련 정보를 이용한 경우
③ 법 제200조 제3항을 위반하여 결의한 경우
④ 법 제247조 제2항을 위반하여 시정을 요구하지 아니하거나, 같은 조 제3항을 위반하여 보고 또는 공시에 관한 업무를 이행하지 아니한 경우
⑤ 그 밖에 투자자 보호 또는 건전한 거래질서를 해할 우려가 있는 경우로서 법 별표 6 각 호의 어느 하나에 해당하는 경우

## Ⅱ. 집합투자기구의 관계회사

### 1. 일반사무관리회사

#### (1) 금융위원회에의 등록의무

투자회사의 위탁을 받아 투자회사 주식의 발행 및 명의개서, 투자회사재산의 계산, 법령 또는 정관에 의한 통지 및 공고, 이사회 및 주주총회의 소집·개최·의사록 작성 등에 관한 업무 등을 영위하려는 일반사무관리회사는 금융위원회에 등록하여야 한다(법 제254조 제1항).

일반사무관리회사의 등록을 하려는 자는 다음 요건을 모두 갖추어야 한다(법 제254조 제2항, 시행령 제276조).

1. 다음 각 목의 어느 하나에 해당할 것
   가. 상법에 따른 주식회사
   나. 명의개서대행회사
   다. 그 밖에 대통령령으로 정하는 금융기관[1]
2. 20억원 이상의 자기자본을 갖출 것
3. 상근 임직원 중 대통령령으로 정하는 기준[2]의 전문인력을 보유할 것
4. 전산설비 등 대통령령으로 정하는 물적 설비[3]를 갖출 것
5. 임원이 「금융회사의 지배구조에 관한 법률」 제5조의 임원의 자격에 적합할 것

---

1) 시행령 제276조 제1항은 시행령 제16조 제1항 제1호 내지 제5호의 금융기관으로 규정하며 이에 해당하는 기관은 ① 한국산업은행법에 따른 한국산업은행, ② 중소기업은행법에 따른 중소기업은행, ③ 한국수출입은행법에 따른 한국수출입은행, ④ 농업협동조합법에 따른 농업협동조합중앙회 및 농협은행, ⑤ 수산업협동조합법에 따른 수산업협동조합중앙회가 있다(시행령 제276조 제1항).

2) '대통령령으로 정하는 기준의 전문인력'이란 ① 「금융위원회의 설치 등에 관한 법률」 제38조에 따른 검사대상기관, ② 외국 금융투자업자, ③ 「국가재정법」 제8조 제1항에 따른 기금관리주체가 같은 법 제77조 제1항에 따라 설치한 자산운용을 전담하는 부서나 같은 법 별표 2에 따른 기금설치 근거 법률에 따라 기금의 관리·운용을 위탁받은 연금관리공단 등, 또는 ④ 일반사무관리회사에서 증권 등 자산가치의 계산에 관련된 업무나 집합투자재산의 보관·관리업무에 2년 이상 근무한 경력이 있는 2인 이상의 집합투자재산의 계산전문인력을 말한다(시행령 제276조 제3항).

3) 이 경우의 물적 설비란, ① 일반사무관리회사의 업무를 하는 데에 필요한 전산설비, 업무공간 및 사무장비, 그리고 ② 정전·화재 등의 사고가 발생할 경우에 업무의 연속성을 유지하기 위하여 필요한 보완설비를 말한다(시행령 제276조 제4항).

6. 대통령령으로 정하는 이해상충방지체계[1]를 구축하고 있을 것(대통령령으로 정하는 금융업[2]을 영위하고 있는 경우)

일반사무관리회사의 등록을 하려는 자는 금융위원회에 등록신청서를 제출하여야 하며(법 제254조 제3항), 금융위원회는 등록신청서를 접수한 경우 그 내용을 검토하여 30일 이내에 등록 여부를 결정하고, 그 결과와 이유를 지체 없이 신청인에게 문서로 통지하여야 한다(법 제254조 제4항). 금융위원회는 일반사무관리회사로의 등록 여부를 결정함에 있어서 일정한 사유[3]가 없는 한 그 등록을 거부하여서는 아니 된다(법 제254조 제6항).

금융위원회에 일반사무관리회사의 등록을 한 자('일반사무관리회사')는 등록 이후 그 영업을 영위함에 있어서 법 제254조 제2항의 등록요건(자기자본의 경우에는 완화되어 최저자기자본의 100분의 70 이상일 것)을 계속 유지하여야 한다(법 제254조 제8항, 시행령 제276조 제7항). 금융투자업자의 업무위탁(법 제42조), 직무관련 정보의 이용금지(법 제54조), 자료의 기록유지의무(법 제60조), 손해배상책임(법 제64조)에 관한 규정은 일반사무관리회사에 준용된다(법 제255조).

### (2) 금융위원회의 감독·검사·처분

금융위원회는 투자자를 보호하고 건전한 거래질서를 유지하기 위하여 일반사무관리회사에 대하여 고유재산의 운용에 관한 사항, 영업의 질서 유지에 관한 사항, 영업방법에 관한 사항 등[4]에 관하여 필요한 조치를 명할 수 있다(법 제256조

1) 이해상충방지체계는 다음 요건을 구비하여야 한다(시행령 제276조 제5항).
① 일반사무관리회사의 업무와 그 외의 업무 간에 독립된 부서로 구분되어 업무처리와 보고가 독립적으로 이루어질 것
② 일반사무관리회사의 업무와 그 외의 업무 간에 직원의 겸직이나 파견을 금지할 것
③ 일반사무관리회사의 업무와 그 외의 업무를 하는 사무실이 정보공유를 막을 수 있을 정도로 공간적으로 분리될 것
④ 일반사무관리회사의 업무와 그 외의 업무에 관한 전산자료가 공유될 수 없도록 독립되어 저장·관리·열람될 것

2) '대통령령으로 정하는 금융업'이란 다음을 말한다. ① 은행법에 따른 은행업, ② 보험업법에 따른 보험업, ③ 금융투자업, ④ 종합금융회사 업무(시행령 제276조 제6항).

3) 법 제254조 제6항의 등록거부사유란, ① 법 제254조 제2항의 등록요건을 갖추지 아니한 경우, ② 법 제254조 제3항의 등록신청서를 거짓으로 작성한 경우, ③ 법 제254조 제4항 후단의 보완요구를 이행하지 아니한 경우를 말한다.

4) 시행령 제278조는 그 외에 ① 이해상충방지에 관한 사항, ② 업무수탁에 관한 사항, ③ 협회

제 1 항, 시행령 제278조). 금융위원회의 금융투자업자에 관한 검사에 대한 법 제419조(제 2 항부터 제 4 항까지 및 제 8 항은 제외)는 일반사무관리회사에 대한 검사에 관하여 준용된다(법 제256조 제 2 항).

금융위원회는 일반사무관리회사가 「일반사무관리회사 및 그 임직원에 대한 처분사유」에 관한 법 별표 3 각 호의 어느 하나에 해당하는 경우에는 일반사무관리회사 등록을 취소할 수 있으며(법 제257조 제 1 항), 해당 일반사무관리회사에 대하여 일정한 조치[1]를 할 수 있다(법 제257조 제 2 항, 시행령 제279조 제 1 항).

그리고 금융위원회는 일반사무관리회사의 임원이 법 별표 3 각 호의 어느 하나에 해당하는 경우에도 일정한 조치[2]를 할 수 있으며 일반사무관리회사의 직원이 법 별표 3 각 호의 어느 하나에 해당하는 경우에는 일정한 조치[3]를 취하도록 그 일반사무관리회사에 요구할 수 있다(법 제257조 제 3 항·제 4 항, 시행령 제257조 제 3 항·제 4 항).

## 2. 집합투자기구평가회사

### (1) 금융위원회에의 등록의무

집합투자기구를 평가하고 이를 투자자에게 제공하는 업무를 영위하려는 집합투자기구평가회사는 금융위원회에 등록하여야 한다(법 제258조 제 1 항). 이 경우 등록을 하려는 자는 다음 요건을 모두 갖추어야 한다(법 제258조 제 2 항, 시행령 제280조).

---

에 가입하지 아니한 일반사무관리회사에 대하여 협회가 건전한 영업질서의 유지와 투자자를 보호하기 위하여 행하는 자율규제에 준하는 내부기준을 제정하도록 하는 것에 관한 사항을 정하고 있다.

1) 법 제257조 제 2 항은 ① 6개월 이내의 업무의 전부 또는 일부의 정지, ② 계약의 인계명령, ③ 위법행위의 시정명령 또는 중지명령, ④ 위법행위로 인한 조치를 받았다는 사실의 공표명령 또는 게시명령, ⑤ 기관경고, ⑥ 기관주의, ⑦ 그 밖에 위법행위를 시정하거나 방지하기 위하여 필요한 조치로서 대통령령으로 정하는 조치(시행령 제279조 제 1 항)를 정하고 있다.

2) 법 제257조 제 3 항은 ① 임원의 해임요구, ② 6개월 이내의 직무정지, ③ 문책경고, ④ 주의적 경고, ⑤ 주의, ⑥ 그 밖에 위법행위를 시정하거나 방지하기 위하여 필요한 조치로서 대통령령으로 정하는 조치(시행령 제279조 제 2 항)를 정하고 있다.

3) 법 제257조 제 4 항은 직원에 대한 ① 면직, ② 6개월 이내의 정직, ③ 감봉, ④ 견책, ⑤ 경고, ⑥ 주의, ⑦ 그 밖에 위법행위를 시정하거나 방지하기 위하여 필요한 조치로서 대통령령으로 정하는 조치(시행령 제279조 제 2 항)를 정하고 있다.

1. 상법에 따른 주식회사일 것
2. 투자매매업자·투자중개업자 또는 집합투자업자와 그 계열회사가 아닐 것
3. 5억원 이상의 자기자본을 갖출 것
4. 상근 임직원 중 대통령령으로 정하는 기준[1]의 전문인력을 보유할 것
5. 전산설비 등 대통령령으로 정하는 물적 설비[2]를 갖출 것
6. 임원이 「금융회사의 지배구조에 관한 법률」 제5조의 임원의 자격에 적합할 것
7. 대통령령으로 정하는 집합투자기구평가체계를 갖출 것[3]
8. 대통령령으로 정하는 이해상충방지체계[4]를 구축하고 있을 것(대통령령으로 정하는 금융업[5]을 영위하고 있는 경우)

집합투자기구평가회사의 등록을 하려는 자는 금융위원회에 등록신청서를 제출하여야 하며(법 제258조 제3항), 금융위원회는 등록신청서를 접수한 경우 그 내용을 검토하여 30일[6] 이내에 등록 여부를 결정하고 그 결과와 이유를 지체 없이 신청인에게 문서로 통지하여야 한다(법 제258조 제4항). 금융위원회는 집합투자기구평가회사의 등록 여부를 결정함에 있어서 일정한 사유[7]가 없는 한 그 등록을

1) '대통령령으로 정하는 기준의 전문 인력'이란 시행령 제276조 제3항 제1호부터 제3호까지의 기관 또는 집합투자기구평가회사에서 증권·집합투자기구 등의 평가·분석업무나 기업금융업무(법 제71조 제3호에 따른 기업금융업무)에 2년 이상 종사한 경력이 있는 3인 이상의 집합투자기구 평가전문인력을 말한다(시행령 제280조 제2항).

2) '대통령령으로 정하는 물적 설비'란 ① 집합투자기구평가회사의 업무를 하기에 필요한 전산설비, 업무공간 및 사무장비 및 ② 정전·화재 등의 사고가 발생할 경우 업무의 연속성을 유지하기 위하여 필요한 보완설비를 말한다(시행령 제280조 제3항).

3) '대통령령으로 정하는 집합투자기구평가체계'란 ① 평가대상 집합투자기구에 관한 사항, ② 집합투자기구의 유형 분류 기준 및 유형별 기준지표에 관한 사항, ③ 수익률과 위험지표의 계산에 관한 사항, ④ 집합투자기구의 등급 결정에 관한 사항, ⑤ 자료제공과 공시 등에 관한 사항에 관한 집합투자기구평가체계를 말한다(시행령 제280조 제4항).

4) 이 경우의 이해상충방지체계란 ① 집합투자기구평가회사의 업무와 그 외의 업무 간에 독립된 부서로 구분되어 업무처리와 보고가 독립적으로 이루어질 것, ② 집합투자기구평가회사의 업무와 그 외의 업무 간에 직원의 겸직과 파견을 금지할 것, ③ 집합투자기구평가회사의 업무와 그 외의 업무를 하는 사무실이 정보공유를 막을 수 있을 정도로 공간적으로 분리될 것, ④ 집합투자기구평가회사의 업무와 그 외의 업무에 관한 전산자료가 공유될 수 없도록 독립되어 저장·관리·열람될 것을 말한다(시행령 제280조 제5항).

5) 이 경우의 금융업이란 ① 은행법에 따른 은행업, ② 보험업법에 따른 보험업, ③ 금융투자업, ④ 종합금융회사 업무를 말한다(시행령 제280조 제6항).

6) 이 경우의 검토기간을 산정함에 있어서 등록신청서 흠결의 보완기간 등 총리령으로 정하는 기간은 검토기간에 산입하지 아니한다(법 제258조 제5항).

7) 등록이 거부될 수 있는 사유로는, ① 법 제258조 제2항의 등록요건을 갖추지 아니한 경우,

거부하여서는 아니 된다(법 제258조 제6항).[1]

집합투자기구평가회사의 등록을 한 자('집합투자기구평가회사')는 등록 이후 그 영업을 영위함에 있어서 법 제258조 제2항 각 호의 등록요건(자기자본 요건의 경우는 완화된 요건[2])을 계속 유지하여야 한다(법 제258조 제8항, 시행령 제280조 제7항).

### (2) 영업행위준칙, 집합투자재산 명세, 집합투자기구에 관한 평가기준

집합투자기구평가회사는 집합투자기구 평가와 관련된 일정한 사항[3]이 포함된 영업행위준칙을 제정하여야 한다(법 제259조 제1항, 시행령 제282조 제1항). 집합투자기구 평가를 위하여 필요한 범위에서 집합투자업자는 집합투자재산의 명세를 직접 또는 협회를 통하여 집합투자기구평가회사에 제공할 수 있다(법 제259조 제2항, 시행령 제282조 제2항).

집합투자기구평가회사는 집합투자기구에 관한 평가기준을 협회와 그 회사가 운영하는 인터넷 홈페이지 등을 이용하여 공시하여야 하며(법 제259조 제3항, 시행령 제282조 제3항), 집합투자기구 간, 집합투자업자 간, 집합투자증권을 판매하는 투자매매업자·투자중개업자 간 운용성과를 비교하여 공시하거나 제공하는 경우에는 그 비교기준을 함께 공시하거나 제공하여야 한다(법 제259조 제3항, 시행령 제282조 제4항). 집합투자기구평가회사는 이상의 공시 또는 제공한 내용을 수정한 경우 그 수정내용을 지체 없이 공시하거나 제공하여야 한다(법 제259조 제3항, 시행령 제282조 제5항).

금융투자업자에 관한 직무관련 정보의 이용금지(법 제54조), 자료의 기록·유지의무(법 제60조) 및 손해배상책임(법 제64조)는 집합투자기구평가회사에 준용된다(법 제260조).

---

② 법 제258조 제3항의 등록신청서를 거짓으로 작성한 경우, ③ 법 제258조 제4항 후단의 보완요구를 이행하지 아니한 경우가 있다(법 제258조 제6항).

1) 금융위원회는 집합투자기구평가회사의등록을 결정한 경우 집합투자기구평가회사등록부에 필요한 사항을 기재하여야 하며, 등록결정한 내용을 관보 및 인터넷 홈페이지 등에 공고하여야 한다(법 제258조 제7항).

2) 완화된 요건이란 최저자기자본의 70% 이상을 말한다(시행령 제280조 제7항).

3) 영업행위준칙에 포함되어야 할 사항은 ①보편타당하고 공정한 기준에 따라 집합투자기구평가업무의 일관성이 유지되도록 하기 위한 사항, ② 미공개정보의 이용을 금지하기 위한 사항, ③ 집합투자기구 평가를 위하여 얻은 정보를 다른 업무를 하는 데에 이용하지 아니하도록 하기 위한 사항이 있다(시행령 제282조 제1항).

### (3) 금융위원회의 조치권 등

금융위원회는 투자자를 보호하고 건전한 거래질서를 유지하기 위하여 집합투자기구평가회사에 대하여 고유재산의 운용에 관한 사항, 영업의 질서유지에 관한 사항, 영업방법에 관한 사항, 이해상충방지에 관한 사항, 협회에 가입하지 아니한 집합투자기구평가회사에 대하여 협회가 건전한 영업질서의 유지와 투자자를 보호하기 위하여 행하는 자율규제에 준하는 내부기준을 제정하도록 하는 것에 관한 사항에 관하여 필요한 조치를 명할 수 있다(법 제261조 제1항, 시행령 제283조).

금융투자업자의 검사에 관한 법 제419조(제2항부터 제4항까지 및 제8항은 제외)는 집합투자기구평가회사에 대한 검사에 관하여 준용된다(법 제261조 제2항).

집합투자기구평가회사가 「집합투자기구평가회사 및 그 임직원에 대한 처분사유」를 정한 법 별표 4 각 호의 어느 하나에 해당하는 경우, 금융위원회는 집합투자기구평가회사의 등록을 취소할 수 있으며(법 제262조 제1항) 해당 집합투자기구평가회사에 대하여 일정한 조치[1]를 할 수 있다(법 제262조 제2항).

또한 금융위원회는 집합투자기구평가회사의 임원이 법 별표 4 각 호의 어느 하나에 해당하는 경우에도 일정한 조치[2]를 할 수 있으며(법 제262조 제3항), 집합투자기구평가회사의 직원이 법 별표 4 각 호의 어느 하나에 해당하는 경우에도 일정한 조치[3]를 그 집합투자기구평가회사에 요구할 수 있다(법 제262조 제4항).

---

1) 집합투자기구평가회사에 대한 ① 6개월 이내의 업무의 전부 또는 일부의 정지, ② 계약의 인계명령, ③ 위법행위의 시정명령 또는 중지명령, ④ 위법행위로 인한 조치를 받았다는 사실의 공표명령 또는 게시명령, ⑤ 기관경고, ⑥ 기관주의, ⑦ 그 밖에 위법행위를 시정하거나 방지하기 위하여 필요한 조치로서 대통령령으로 정하는 조치가 가능하다(법 제262조 제2항). 이와 관련하여 시행령은 ① 지점, 그 밖의 영업소의 폐쇄 또는 그 업무의 전부나 일부의 정지, ② 경영이나 업무방법의 개선요구나 개선권고, ③ 변상 요구, ④ 법을 위반한 경우에는 고발 또는 수사기관에의 통보, ⑤ 다른 법률을 위반한 경우에는 관련기관이나 수사기관에의 통보, ⑥ 그 밖에 금융위원회가 법 및 이 영, 그 밖의 관련 법령에 따라 취할 수 있는 조치를 규정한다(시행령 제284조 제1항).

2) 임원에 대한 ① 해임요구, ② 6개월 이내의 직무정지, ③ 문책경고, ④ 주의적 경고, ⑤ 주의, ⑥ 그 밖에 위법행위를 시정하거나 방지하기 위하여 필요한 조치로서 대통령령으로 정하는 조치가 가능하다(법 제262조 제3항). 이와 관련하여 시행령은 ① 자본시장법을 위반한 경우에는 고발 또는 수사기관에의 통보, ② 다른 법률을 위반한 경우에는 관련기관이나 수사기관에의 통보, ③ 그 밖에 금융위원회가 법 및 이 영, 그 밖의 관련 법령에 따라 취할 수 있는 조치를 규정하고 있다(시행령 제284조 제2항).

3) 일정한 조치에는 ① 면직, ② 6개월 이내의 정직, ③ 감봉, ④ 견책, ⑤ 경고, ⑥ 주의, ⑦ 그

## 3. 채권평가회사

### (1) 금융위원회에의 등록

집합투자재산에 속하는 채권 등 자산의 가격을 평가하고 이를 집합투자기구에게 제공하는 업무를 영위하는 채권평가회사는 금융위원회에 등록하여야 한다(법 제263조 제1항). 채권평가회사의 등록을 하려는 자는 다음의 요건을 모두 갖추어야 한다(법 제263조 제2항, 시행령 제285조).

1. 상법에 따른 주식회사일 것
2. 30억원 이상의 자기자본을 갖출 것
3. 상호출자제한기업집단의 출자액 또는 일정한 금융기관[1]의 출자액이 각각 10% 이하일 것
4. 상근 임직원 중 대통령령으로 정하는 기준의 전문인력[2]을 보유할 것
5. 전산설비 등 대통령령으로 정하는 물적 설비[3]를 갖출 것
6. 임원이 「금융회사의 지배구조에 관한 법률」 제5조의 임원의 자격에 적합할 것
7. 대통령령으로 정하는 채권 등의 가격평가체계[4]를 갖출 것
8. 대통령령으로 정하는 이해상충방지체계[5]를 구축하고 있을 것(대통령령으로 정하

---

밖에 위법행위를 시정하거나 방지하기 위하여 필요한 조치로서 대통령령으로 정하는 조치가 있다(법 제262조 제4항, 시행령 제284조 제2항).

1) 시행령은 일정한 금융기관에 대하여 ① 은행, ② 한국산업은행법에 따른 한국산업은행, ③ 중소기업은행법에 따른 중소기업은행, ④ 신용보증기금법에 따른 신용보증기금, ⑤ 기술신용보증기금법에 따른 기술신용보증기금, ⑥ 보험회사, ⑦ 금융투자업자, ⑧ 종합금융회사로 규정하고 있다(시행령 제285조 제2항).

2) '대통령령으로 정하는 기준의 전문인력'이란 ① 금융투자상품을 분석하는 능력을 검증하기 위하여 협회에서 시행하는 시험에 합격한 자, ② 시행령 제276조 제3항 제1호부터 제3호까지의 기관이나 채권평가회사에서 금융투자상품의 평가·분석업무에 3년 이상 종사한 자 중 어느 하나에 해당하는 사람 3명 이상을 포함하여, 금융투자상품의 평가·분석업무에 상근하는 10명 이상의 집합투자재산 평가전문인력을 말한다(시행령 제285조 제3항).

3) '대통령령으로 정하는 물적 설비'란 ① 채권평가회사의 업무를 하기에 필요한 전산설비, 업무공간 및 사무장비 그리고 ② 정전·화재 등의 사고가 발생할 경우 업무의 연속성을 유지하기 위하여 필요한 보완설비를 말한다(시행령 제285조 제4항).

4) '대통령령으로 정하는 채권 등의 가격평가체계'란 ① 평가대상 채권 등에 관한 사항, ② 채권 등의 분류기준에 관한 사항, ③ 수익률 계산방법, ④ 자료제공과 공시 등 이상의 사항에 대한 가격평가체계를 말한다(시행령 제285조 제5항).

5) 채권평가회사에 관한 이 경우의 이해상충방지체계란 ① 채권평가회사의 업무와 그 외의 업

는 금융업[1]을 영위하고 있는 경우)

채권평가회사의 등록을 하려는 자는 금융위원회에 등록신청서[2]를 제출하여야 한다(법 제263조 제3항). 금융위원회는 채권평가회사의 등록신청서를 접수한 경우 그 내용을 검토하여 30일 이내에 등록 여부를 결정하고 그 결과와 이유를 지체 없이 신청인에게 문서로 통지하여야 한다(법 제263조 제4항). 금융위원회는 채권평가회사의 등록 여부를 결정함에 있어서 일정한 사유[3]가 없는 한 그 등록을 거부하여서는 아니 된다(법 제263조 제6항).

채권평가회사의 등록을 한 자('채권평가회사')는 등록 이후 그 영업을 영위함에 있어서 채권평가회사의 등록요건(자기자본 요건의 경우 완화된 요건[4])을 계속 유지하여야 한다(법 제263조 제8항).

### (2) 업무준칙 등

채권평가회사는 일정한 사항이 포함된 업무준칙을 제정하여야 하며(법 제264조 제1항), 이때 업무준칙에 포함시켜야 할 사항은 ① 보편타당하고 공정한 기준에 따라 채권 등 자산의 가격평가업무를 일관성이 유지되도록 하기 위한 사항, ② 미공개정보의 이용을 금지하기 위한 사항, ③ 채권 등 자산의 가격평가업무를 위하여 얻은 정보를 다른 업무를 하는 데에 이용하지 아니하도록 하기 위한 사항이다(시행령 제287조 제1항).

---

무 간에 독립된 부서로 구분되어 업무처리와 보고가 독립적으로 이루어질 것, ② 채권평가회사의 업무와 그 외의 업무 간에 직원의 겸직과 파견을 금지할 것, ③ 채권평가회사의 업무와 그 외의 업무를 하는 사무실이 정보공유를 막을 수 있을 정도로 공간적으로 분리될 것, ④ 채권평가회사의 업무와 그 외의 업무에 관한 전산자료가 공유될 수 없도록 독립되어 저장·관리·열람될 것을 말한다(시행령 제285조 제6항).

1) '대통령령으로 정하는 금융업'이란 ① 은행법에 따른 은행업, ② 보험업법에 따른 보험업, ③ 금융투자업, ④ 종합금융회사 업무를 말한다(시행령 제285조 제7항).

2) 시행령 제286조는 등록신청서에 기재하여야 할 사항 및 첨부할 서류 등에 관한 사항을 규정한다.

3) 채권평가회사의 등록을 거부할 수 있는 사유로는, ① 법 제263조 제2항의 등록요건을 갖추지 아니한 경우, ② 법 제263조 제3항의 등록신청서를 거짓으로 작성한 경우, ③ 법 제263조 제4항 후단의 보완요구를 이행하지 아니한 경우가 규정되어 있다(법 제263조 제6항).

4) '대통령령으로 정하는 완화된 요건'이란 최저자기자본의 70% 이상을 말한다(시행령 제285조 제8항).

채권평가회사는 증권평가기준을 협회와 그 회사가 운영하는 인터넷 홈페이지 등을 이용하여 공시하여야 하며 공시한 내용을 수정한 경우 그 수정내용을 지체 없이 공시하여야 하며, 집합투자업자는 집합투자재산 평가를 위하여 필요한 범위에서 직접 또는 협회를 통하여 집합투자재산의 명세를 채권평가회사에 제공할 수 있다(법 제264조 제 2 항, 시행령 제287조 제 2 항 내지 제 4 항). 금융투자업자의 직무관련 정보의 이용금지(법 제54조), 자료의 기록·유지의무(법 제60조) 및 손해배상책임(법 제64조)에 관한 조항은 채권평가회사에 준용된다(법 제265조).

### (3) 금융위원회의 조치권 등

금융위원회는 투자자를 보호하고 건전한 거래질서를 유지하기 위하여 채권평가회사에 대하여 일정한 사항에 관하여 필요한 조치를 명할 수 있다(법 제266조 제 1 항). 금융위원회가 채권평가회사에 대하여 조치를 명할 수 있는 사항은, ① 고유재산의 운용에 관한 사항, ② 영업의 질서 유지에 관한 사항, ③ 영업방법에 관한 사항, ④ 그 밖에 투자자 보호 또는 건전한 거래질서를 위하여 필요한 사항으로서 대통령령으로 정하는 사항이다(법 제266조 제 1 항). 이와 관련하여 시행령은 ① 이해상충방지에 관한 사항, ② 협회에 가입하지 아니한 채권평가회사에 대하여 협회가 건전한 영업질서의 유지와 투자자를 보호하기 위하여 행하는 자율규제에 준하는 내부기준을 제정하도록 하는 것에 관한 사항을 규정하고 있다(시행령 제288조).

금융투자업자의 검사에 관한 법 제419조(제 2 항부터 제 4 항까지 및 제 8 항은 제외)는 채권평가회사에 대한 검사에 관하여 준용된다(법 제266조 제 2 항).

채권평가회사가 「채권평가회사 및 그 임직원에 대한 처분사유」에 관한 법 별표 5 각 호의 어느 하나에 해당하는 경우, 금융위원회는 채권평가회사의 등록을 취소할 수 있으며(법 제267조 제 1 항) 해당 채권평가회사에 대하여 일정한 조치[1]를 할 수 있다(법 제267조 제 2 항).

---

1) 채권평가회사에 대하여 금융위원회는, ① 6개월 이내의 업무의 전부 또는 일부의 정지, ② 계약의 인계명령, ③ 위법행위의 시정명령 또는 중지명령, ④ 위법행위로 인한 조치를 받았다는 사실의 공표명령 또는 게시명령, ⑤ 기관경고, ⑥ 기관주의, ⑦ 그 밖에 위법행위를 시정하거나 방지하기 위하여 필요한 조치로서 대통령령으로 정하는 조치를 할 수 있다(법 제267조 제 2 항). 채권평가회사에 대한 금융위원회의 조치권과 관련하여 시행령은 ① 지점, 그 밖의 영업소의 폐쇄 또는 그 업무의 전부나 일부의 정지, ② 경영이나 업무방법의 개선요구나 개선권고, ③ 변상 요구, ④ 법을 위반한 경우에는 고발 또는 수사기관에의 통보, ⑤ 다른 법률을 위반한 경우에는 관련 기관이나 수사기관에의 통보, ⑥ 그 밖에 금융위원회가 법 및 이 영, 그 밖의 관련 법령에 따라 취할 수 있는 조치를 규정한다(시행령 제289조 제 1 항).

금융위원회는 채권평가회사의 임원이 「채권평가회사 및 그 임직원에 대한 처분사유」에 관한 법 별표 5 삭 호의 어느 하나에 해당하는 경우 일정한 조치[1]를 할 수 있으며(법 제267조 제3항), 채권평가회사의 직원이 법 별표 5 각 호의 어느 하나에 해당하는 경우에도 일정한 조치[2]를 그 채권평가회사에 요구할 수 있다(법 제267조 제4항). 임직원에 관한 조치를 할 경우 해당 임직원에 대하여 관리·감독의 책임이 있는 임직원에 대한 조치를 함께 하거나 이를 요구할 수 있으며 다만 관리·감독의 책임이 있는 자가 그 임직원의 관리·감독에 상당한 주의를 다한 경우에는 조치를 감면할 수 있다(법 제267조 제5항, 제422조 제3항).

금융위원회의 처분 또는 조치 이전에 청문 실시에 관한 법 제423조, 금융위원회의 처분 또는 조치 시 그 내용을 기록·유지·관리할 의무(법 제424조), 금융위원회의 처분 또는 조치에 대하여 불복하는 자의 이의신청(법 제425조) 규정은 채권평가회사 및 그 임직원에 대한 조치 등에 대하여 준용된다(법 제267조 제5항).

## Ⅲ. 외국 집합투자증권에 대한 특례

### 1. 금융위원회에의 등록의무

외국 집합투자기구에도 금융위원회에 등록할 의무가 부여된다. 외국 투자신탁(투자신탁과 유사한 것으로서 외국 법령에 따라 설정된 투자신탁)이나 외국 투자익명조합(투자익명조합과 유사한 것으로서 외국 법령에 따라 설립된 투자익명조합)의 외국 집합투자업자(외국 법령에 따라 집합투자업에 상당하는 영업을 영위하는 자) 또는 외국 투자회사등(외국 법령에 따라 설립된 투자회사등)은 외국 집합투자증권(집합투자증권과 유사한 것으로서 외국 법령에 따라 외국에서 발행된 것)을 국내에서 판매하고자 하는 경우 해당 외국 집합투자기구(집합투자기구와 유사한 것으로서 외국 법령에 따라 설정·

1) 임원에 대한 ① 해임요구, ② 6개월 이내의 직무정지, ③ 문책경고, ④ 주의적 경고, ⑤ 주의, ⑥ 그 밖에 위법행위를 시정하거나 방지하기 위하여 필요한 조치로서 대통령령으로 정하는 조치가 가능하다(법 제267조 제3항). 이와 관련하여 시행령은 ① 법을 위반한 경우에는 고발 또는 수사기관에의 통보, ② 다른 법률을 위반한 경우에는 관련 기관이나 수사기관에의 통보, ③ 그 밖에 금융위원회가 법 및 이 영, 그 밖의 관련 법령에 따라 취할 수 있는 조치를 규정한다(시행령 제289조 제2항).

2) 직원에 대한 ① 면직, ② 6개월 이내의 정직, ③ 감봉, ④ 견책, ⑤경고, ⑥ 주의, ⑦ 그 밖에 위법행위를 시정하거나 방지하기 위하여 필요한 조치로서 대통령령으로 정하는 조치가 가능하다(법 제267조 제4항, 시행령 제289조 제2항).

설립된 것)를 금융위원회에 등록하여야 한다(법 제279조 제1항).

외국 투자신탁이나 외국 투자익명조합의 외국 집합투자업자 또는 외국 투자회사등이 외국 집합투자기구를 등록하고자 하는 경우 일정한 외국 집합투자업자 적격 요건 및 외국 집합투자증권 판매적격 요건을 갖추어야 한다(법 제279조 제2항). 시행령이 정하는 외국 집합투자업자의 적격요건 및 외국 집합투자증권 판매적격 요건은 다음과 같다(시행령 제301조 제1항).

1. 외국 집합투자업자 적격 요건
   가. 최근 사업연도 말 현재 운용자산규모(금융위원회가 정하여 고시하는 방법에 따라 계산한 것을 말한다)가 1조원 이상일 것. 이 경우 외국 집합투자업자가 그 운용자산의 운용업무 전부를 다른 외국 집합투자업자에 위탁한 경우에는 위탁받은 외국 집합투자업자의 운용자산규모가 1조원 이상이어야 한다.
   나. 국내에서 판매하려는 외국 집합투자기구의 종류(법 제229조에 따른 종류를 말한다)에 따라 시행령 별표 1에 따른 집합투자업 인가업무 단위별 최저자기자본 이상일 것
   다. 최근 3년간 금융업에 상당하는 영업과 관련하여 본국이나 국내의 감독기관으로부터 업무정지 이상에 해당하는 행정처분을 받거나 벌금형 이상에 상당하는 형사처벌을 받은 사실이 없을 것
   라. 투자자를 보호하기 위하여 금융위원회가 정하여 고시하는 요건에 해당하는 연락책임자를 국내에 둘 것

2. 외국 집합투자증권 판매적격 요건
   가. 경제협력개발기구에 가입되어 있는 국가(속령은 제외한다), 홍콩·싱가포르 또는 투자자 보호 등을 고려하여 총리령으로 정하는 국가의 법률에 따라 발행되었거나 발행이 예정되어 있을 것
   나. 보수·수수료 등 투자자가 부담하는 비용에 관한 사항이 명확히 규정되어 있고, 국제관례에 비추어 지나치게 높은 금액으로 설정되어 있지 아니할 것
   다. 투자자의 요구에 따라 직접적·간접적으로 환매 등의 방법으로 투자금액의 회수가 가능할 것
   라. 그 밖에 투자자를 보호하기 위하여 필요한 요건으로서 금융위원회가 정하여 고시하는 요건을 충족할 것

국내에서 판매하더라도 전문투자자 중 일정한 자[1]만을 대상으로 외국 집합투자증권을 판매하고자 하는 경우에는 외국 집합투자업자 적격 요건 및 외국 집합투자증권 판매적격 요건을 달리 정할 수 있으며(법 제279조 제2항, 시행령 제301조 제2항), 이 경우의 요건은 다음과 같다(시행령 제301조 제3항).

1. 외국집합투자업자의 경우 최근 3년간 금융업에 상당하는 영업과 관련하여 국내의 감독기관으로부터 업무정지 이상에 해당하는 행정처분을 받거나 벌금형 이상에 상당하는 형사처벌을 받은 사실이 없을 것
2. 외국집합투자증권의 경우 보수·수수료 등 투자자가 부담하는 비용에 관한 사항이 명확히 규정되어 있을 것

또한 일정한 전문투자자를 대상으로 외국 집합투자증권을 판매하는 경우에 관한 법 제279조 제2항 후단에 따라 시행령 제7조 제4항 제6호의2[2]에 따른 외국 집합투자증권을 국내에서 판매하는 경우에 대해서는 투자매매업자나 투자중개업자를 통하여 판매하도록 하는 법 제280조 제1항을 적용하지 아니한다(법 제279조 제2항 후단, 시행령 제301조 제4항).

집합투자기구의 등록에 관한 법 제182조 제2항부터 제9항까지의 규정은 외국 집합투자기구의 등록에 관하여 준용된다(법 제279조 제3항 전단).[3]

---

1) 이 경우의 일정한 자란 ① 국가, ② 한국은행, ③ 시행령 제10조 제2항 제1호부터 제17호까지의 어느 하나에 해당하는 자, ④ 시행령 제10조 제3항 제1호부터 제14호까지의 어느 하나에 해당하는 자를 말한다(시행령 제301조 제2항).

2) 시행령 제7조 제4항 제6호의2는 외국 투자신탁(법 제279조 제1항에 따른 외국 투자신탁)이나 외국 투자익명조합(법 제279조 제1항에 따른 외국 투자익명조합)의 외국 집합투자업자(법 제279조 제1항에 따른 외국 집합투자업자) 또는 외국 투자회사등(법 제279조 제1항에 따른 외국 투자회사등)이 외국 집합투자증권(법 제279조 제1항에 따른 외국 집합투자증권을 말한다. 이하 같다)을 국내에서 판매하는 경우로, ① 해당 외국 집합투자증권에 그 집합투자기구 자산총액의 100분의 100까지 투자하는 집합투자기구(투자신탁 또는 투자익명조합의 경우 그 집합투자재산을 보관·관리하는 신탁업자를 포함)에 대하여 판매하며, ② 해당 외국 집합투자증권을 발행한 외국 집합투자기구(법 제279조 제1항에 따른 외국 집합투자기구)는 시행령 제80조 제1항 제6호 가목에 따라 그 집합투자재산을 외화자산에 100분의 70 이상 운용하는 것으로서 법 제279조 제1항에 따라 등록한 외국 집합투자기구일 것이라는 요건을 모두 갖춘 경우로 규정한다.

3) 이 경우 법 제182조 제2항 제2호 중 "이 법"은 "외국 집합투자기구가 설정·설립된 국가의 법"으로 본다(법 제279조 제3항 후단).

## 2. 외국 집합투자증권의 국내판매

외국 투자신탁이나 외국 투자익명조합의 외국 집합투자업자 또는 외국 투자회사등은 외국 집합투자증권을 국내에서 판매하는 경우 투자매매업자 또는 투자중개업자를 통하여 판매하여야 한다(법 제280조 제1항). 외국 집합투자업자는 법 제88조에 따른 자산운용보고서를 작성하여 3개월마다 1회 이상 해당 외국 집합투자기구의 투자자에게 제공하여야 한다(법 제280조 제2항).

투자자는 외국 투자신탁이나 외국 투자익명조합의 외국 집합투자업자, 외국 투자회사등 또는 외국 집합투자증권을 판매한 투자매매업자 또는 투자중개업자에 대하여 영업시간 중 이유를 기재한 서면으로 그 투자자에 관련된 집합투자재산에 관한 장부·서류로서 일정한 장부·서류[1]의 열람이나 등본 또는 초본의 교부를 청구할 수 있다(법 제280조 제3항, 시행령 제302조 제1항). 이 경우 외국 투자신탁이나 외국 투자익명조합의 외국 집합투자업자, 외국 투자회사등 또는 외국 집합투자증권을 판매한 투자매매업자 또는 투자중개업자는 정당한 사유[2]가 없는 한 이를 거절하지 못한다(법 제280조 제3항, 시행령 제302조 제2항).

외국 투자신탁이나 외국 투자익명조합의 외국 집합투자업자 또는 외국 투자회사등은 해당 외국 집합투자증권의 기준가격을 매일 공고·게시하여야 한다(법 제280조 제4항 본문). 다만 기준가격을 매일 공고·게시하기 곤란한 일정한 경우[3]에

---

1) 이 경우의 장부·서류란 ① 집합투자재산 명세서에 상당하는 서류, ② 집합투자증권 기준가격대장에 상당하는 서류, ③ 재무제표와 그 부속명세서, ④ 집합투자재산 운용내역서에 상당하는 서류를 말한다(시행령 제302조 제1항).

2) 장부·서류의 열람이나 등본등의 교부를 거절할 수 있는 사유로는, ① 외국 집합투자기구의 집합투자재산의 매매주문내역 등이 포함된 장부·서류를 제공함으로써 제공받은 자가 그 정보를 거래 또는 업무에 이용하거나 타인에게 제공할 것이 뚜렷하게 염려되는 경우, ② 외국 집합투자기구의 집합투자재산의 매매주문내역 등이 포함된 장부·서류를 제공함으로써 다른 투자자에게 손해를 입힐 것이 명백히 인정되는 경우, ③ 해지·해산된 외국 집합투자기구에 관한 장부·서류로서 법 제239조 제4항에 따른 보존기한이 지나는 등의 사유로 인하여 투자자의 열람제공 요청에 응하는 것이 불가능한 경우가 규정되어 있으며 이 경우 열람이나 교부가 불가능하다는 뜻과 그 사유가 기재된 서면을 투자자에게 교부하여야 한다(시행령 제302조 제2항).

3) 기준가격을 매일 공고·게시하기 곤란한 경우에 대하여 시행령은, ① 외화자산에 투자하는 경우로서 기준가격을 매일 공고·게시하기 곤란한 경우, ② 환매금지형집합투자기구에 상당하는 외국 환매금지형집합투자기구의 경우, ③ 외국집합투자기구가 설정·설립된 국가의 법령에 따라 기준가격을 매일 공고·게시하지 아니할 수 있도록 허용되어 있는 경우를 규정한다(시행령 제302조 제3항).

는 해당 집합투자규약에서 기준가격의 공고·게시기간을 15일 이내의 범위에서 별도로 정할 수 있다(법 제280조 제4항 단서, 시행령 제302조 제3항).

### 3. 금융위원회의 조치권 등

금융위원회는 투자자를 보호하고 건전한 거래질서를 유지하기 위하여 외국 투자신탁이나 외국 투자익명조합의 외국 집합투자업자 또는 외국 투자회사등에 대하여 해당 집합투자재산의 공시 등에 관하여 필요한 조치를 명할 수 있다(법 제281조 제1항).

금융투자업자의 검사에 관한 자본시장법 제419조(제2항부터 제4항까지 및 제8항 제외)는 외국 투자신탁이나 외국 투자익명조합의 외국 집합투자업자 또는 외국 투자회사등에 대한 검사에 관하여 준용된다(법 제281조 제2항).

금융위원회는 일정한 사유[1]가 있는 경우에는 외국 집합투자기구의 등록을 취소할 수 있으며(법 제282조 제1항), 이 경우 금융위원회는 청문을 실시하여야 한다(법 제282조 제2항). 금융위원회의 처분등의 기록·공시에 관한 법 제424조, 이의 신청에 관한 법 제425조는 외국 집합투자기구의 등록 취소에 관하여 준용된다(법 제282조 제3항).

---

1) 금융위원회가 외국 집합투자기구의 등록을 취소할 수 있는 사유로는, ① 거짓, 그 밖의 부정한 방법으로 법 제279조 제1항에 따른 등록을 하거나 법 제279조 제3항에서 준용하는 법 제182조 제8항에 따른 변경등록을 한 경우, ② 법 제279조 제3항에서 준용하는 법 제182조 제2항 각 호에 따른 등록요건을 갖추지 못하게 된 경우, ③ 법 제279조 제3항에서 준용하는 법 제182조 제8항에 따른 변경등록을 하지 아니한 경우, ④ 법 제279조 제2항에 따른 외국 집합투자업자 적격 요건 또는 외국 집합투자증권 판매적격 요건을 갖추지 못하게 된 경우, ⑤ 법 제280조를 위반한 경우, ⑥ 법 제281조 제1항에 따른 명령을 위반한 경우, ⑦ 그 밖에 투자자의 이익을 현저히 해할 우려가 있거나 외국 집합투자기구로서 존속하기 곤란하다고 인정되는 경우로서 대통령령으로 정하는 경우가 있다(법 제282조 제1항). 이와 관련하여 시행령은 ① 외국 집합투자기구가 해지되거나 해산한 경우, 또는 ② 법 제281조 제2항에서 준용하는 법 제419조 제1항에 따른 검사를 거부·방해 또는 기피한 경우, 그리고 ③ 외국 집합투자증권의 국내판매를 중지하려는 경우로서 외국 집합투자업자 또는 외국 투자회사등이 외국 집합투자기구의 등록취소를 신청한 경우를 규정한다(시행령 제304조).

# 찾아보기

[ㅅ]

## 공저자 약력

### 김 병 연

연세대학교 졸업(법학사)
연세대학교 대학원 졸업(법학석사)
Indiana University School of Law 졸업(LL.M. & S.J.D.)
자본시장법 제정 T/F 위원
한국거래소 시장감시위원회 위원
Georgetown University Visiting Researcher
한국증권법학회 부회장
현) 건국대학교 법학전문대학원 교수

### 권 재 열

연세대학교 졸업(법학사)
연세대학교 대학원 졸업(법학석사)
University of California at Berkeley School of Law 졸업(LL.M.)
Georgetown University Law Center 졸업(S.J.D.)
법무부 상법 특별위원회 위원
한국거래소 유가증권시장 상장공시위원회 위원
대법원 재판연구관
한국증권법학회 부회장
현) 경희대학교 법학전문대학원 교수

### 양 기 진

서울대학교 졸업(법학사)
서울대학교 대학원 졸업(법학석사)
서울대학교 대학원 졸업(법학박사)
KDI 국제정책대학원 졸업(정책학석사)
금융감독원 공시감독국
홍익대학교 법과대학 조교수
대법원 재판연구관(상사조)
금융감독원 제재심의위원회 위원
현) 전북대학교 법학전문대학원 교수

제 4 판
자본시장법 : 사례와 이론

초판발행 2012년 3월 6일
제 4 판발행 2019년 8월 30일

지은이 김병연 · 권재열 · 양기진
펴낸이 안종만 · 안상준

편 집 김선민
기획/마케팅 정연환
표지디자인 조아라
제 작 우인도 · 고철민

펴낸곳 (주) 박영사
서울특별시 종로구 새문안로3길 36, 1601
등록 1959. 3. 11. 제300-1959-1호(倫)
전 화 02)733-6771
f a x 02)736-4818
e-mail pys@pybook.co.kr
homepage www.pybook.co.kr
ISBN 979-11-303-3470-7 93360



정 가 34,000원